W0244997

Klassiker der
Religionsphilosophie

KLASSIKER DER RELIGIONSPHILOSOPHIE

VON PLATON

BIS KIERKEGAARD

Herausgegeben von
Friedrich Niewöhner

VERLAG C.H. BECK MÜNCHEN

Mit 18 Abbildungen

Die Deutsche Bibliothek – CIP-Einheitsaufnahme

Klassiker der Religionsphilosophie : von Platon
bis Kierkegaard / hrsg. von Friedrich Niewöhner.
– München : Beck, 1995
ISBN 3-406-39912-6
NE: Niewöhner, Friedrich [Hrsg.]

ISBN 3 406 39912 6

© C.H. Beck'sche Verlagsbuchhandlung (Oscar Beck), München 1995
Satz: Fotosatz Otto Gutfreund GmbH, Darmstadt
Druck und Bindung: Ebner, Ulm
Gedruckt auf säurefreiem,
aus chlorfrei gebleichtem Zellstoff hergestelltem Papier
Printed in Germany

INHALT

Anhang

Friedrich Niewöhner

EINLEITUNG

Dieses Buch zeichnet sich dadurch aus, daß alle hier versammelten «Klassiker der Religionsphilosophie» keine Werke mit dem Titel «Religionsphilosophie» geschrieben haben und daß die meisten der vorgestellten Religionsphilosophen sich wohl kaum als solche hätten bezeichnen wollen, viele noch nicht einmal als Philosophen. Die Tatsache, daß sie trotzdem hier gemeinsam als Klassiker der Religionsphilosophie vorgestellt werden, macht aber auch die Schwierigkeiten aus, die bei dieser Einleitung entstehen müssen. Und diese sind nicht unerheblich.

Die größte Schwierigkeit besteht darin zu definieren, was genau unter einer «Religionsphilosophie» zu verstehen ist: Es gibt zwar Untersuchungen zu der Frage «Was ist Religionsphilosophie?»,[1] doch müssen solche «Versuche einer Ortsbestimmung» vermieden werden, denn sonst hätte der eine oder andere Denker, der hier vorgestellt wird, nicht in diese Sammlung aufgenommen werden können. Religionsphilosophie ist bis heute nämlich eine vor allem christliche Disziplin, d. h. einmal eine katholisch geprägte, einmal eine Disziplin protestantisch-evangelischer Ausrichtung. Die in diesem Jahrhundert bekanntesten katholischen Religionsphilosophien sind die von Erich Przywara,[2] Karl Rahner,[3] Bernhard Welte[4] und Richard Schaeffler.[5] Auf evangelischer Seite entsprechen diesen die von Emil Brunner,[6] Paul Tillich,[7] Ulrich Mann[8] und Wolfgang Trillhaas.[9] Die Lektüre dieser verschiedenen Religionsphilosophen und die Arbeiten derer, die über Religionsphilosophie schreiben, und zwar älteren wie neueren Datums, lehren zudem, daß jeder zu den schon vorhandenen eine neue Definition von Religionsphilosophie hinzugefügt hat. Das wird auch ersichtlich in den «Einführungen in die Religionsphilosophie».

An neueren «Einführungen» sind zu nennen die von Ulrich Mann (evanglisch, s. Anm. 8), Hubertus Gezinus Hubbeling (evangelisch),[10] Erich Menne (katholisch)[11] und Wilhelm Dupré (evangelisch).[12] Diese Aufteilung nach Konfessionen wäre ordentlich und schön, wenn es nicht noch die dialektische Theologie gäbe mit dem schrillen «Nein!» Karl Barths, jene vehemente Absage an alle Art von Religionsphilosophie, der gefährlichen Schlange, der man das Haupt zertreten muß.[13] Ein apologetischer Charakter kennzeichnet seitdem alle modernen Religionsphilosophien.[14]

Es soll auch nicht gefragt werden, ob man überhaupt so etwas wie Religionsphilosophie heute noch braucht.[15] Hier soll nur hervorgehoben werden, daß in keinem der bisher genannten Werke die in diesem Band vorgestellten islamischen und jüdischen Denker berücksichtigt worden sind. Der vorliegende Band ist das erste Buch in der Disziplin «Religionsphilosophie», das Denker aus den *drei* Offenbarungsreligionen versammelt, «Leute des Buches» wie sie im Koran heißen. Der Begriff Religionsphilosophie erfährt hiermit eine Ausdehnung, die erst einmal dokumentiert, nicht reflektiert wird. Kann man aber überhaupt von einer islamischen oder jüdischen Religionsphilosophie sprechen? Im Hinblick auf den Islam hat Abdoljavad Falaturi prägnant festgestellt: «Die islamische Tradition kennt keine Religionsphilosophie im christlich-abendländischen Sinne.»[16]

Diese Feststellung ist insofern richtig, da es den *Begriff* «islamische Religionsphilosophie» nicht gibt; weiterhin ist diese Feststellung dahingehend zu verstehen, daß die «christlich-abendländische» Religionsphilosophie in den letzten 200 Jahren die muslimischen Denker nicht berücksichtigt, ja noch nicht einmal beachtet hat. Dadurch hat sie sich immer weiter von ihren Ursprüngen entfernt und eine Art Sonderweg eingeschlagen. Im Mittelalter war das jedoch nicht so: alle Schriften des Muslim Averroes seien lesenswert, versicherte der Jude Maimonides, der von dem Christen Thomas von Aquin über eintausend Mal zitiert oder erwähnt wird. Hätten Maimonides oder Thomas den Begriff Religionsphilosophie gekannt, sie hätten ihn ohne Zögern auf die islamischen Denker, auf die sie sich beziehen, angewendet. Es gibt eine islamische Religionsphilosophie, speziell im Mittelalter, nur ist sie anders als die christliche Religionsphilosophie der Neuzeit. Christliche Philosophen haben den Begriff «Religionsphilosophie» geprägt und dann vornehmlich auf die christliche bzw. jüdisch-christliche Tradition angewendet. Die Muslime standen abseits.

Im Hinblick auf die jüdische Philosophie[17] ist die Lage etwas komplexer: Der erste, der von einer jüdischen Religionsphilosophie bzw. «Religionsphilosophie der Juden» sprach, war, soweit ich sehe, Rabbiner Dr. Samuel Hirsch, der 1842 eine «Religionsphilosophie der Juden» verfaßte.[18] Diese Schrift ist eine Darstellung der mosaischen Lehren in Hegelscher Manier. Julius Fürst begann dann 1845 eine Reihe über philosophische Profile des Mittelalters, die er «Die Jüdischen Religionsphilosophen des Mittelalters» nannte.[19] Wieder drei Jahre später (1848) behandelte J. Goldenthal den «Kuzari» des Jehuda Halevi als ein «religionsphilosophisches Werk».[20] David Kaufmann stellte 1877 die gesamte jüdische Philosophie des Mittelalters als «jüdische Religionsphilosophie» vor.[21] Dr. Julius S. Spiegler aus Budapest konfrontierte 1890 die «Religionsphilosophie der Hebräer» (im Mittelalter) mit der «universalen Philosophie bei den Hebräern» (in der Neuzeit).[22] Philipp Bloch war 1900 der erste, der einen jüdischen Denker der Neuzeit als einen Religionsphilosophen bezeichnete.[23] In Julius Goldsteins Zeitschrift «Der Morgen» wurden 1926 von Rabbiner Max Dienemann ebenso zeitgenössische

Denker unter dem Stichwort «jüdische Religionsphilosophie» abgehandelt.[24] Wenige Jahre später (1930) findet man zum ersten Mal einen Abschnitt zur «jüdischen Religionsphilosophie» in einem allgemeinen Handbuch zur Religionsphilosophie.[25] Vor allem wurde hierin Hermann Cohen behandelt. Hans Joachim Schoeps verlagerte 1934 endgültig die jüdische Religionsphilosophie vom Mittelalter in die Neuzeit.[26] Karl Löwith (1968)[27] und neuerdings Reinhold Mayer (1988)[28] und Eveline Goodman-Thau (1994)[29] interpretieren das Werk Hermann Cohens als «jüdische Religionsphilosophie».

Bei diesem Befund ist zu fragen, was richtiger ist: soll man die jüdische Religionsphilosophie nur im Mittelalter oder aber auch in der Neuzeit ansiedeln? Hermann Cohen selbst spricht nie von einer «jüdischen Religionsphilosophie», und selbst gegenüber dem bloßen Begriff «Religionsphilosophie» hat er sowohl in seinen religiösen[30] wie in seinen philosophischen Werken ein «unüberwindliches Mißtrauen»,[31] zumal er meint, die Religionsphilosophie der Neuzeit gehe von dem ihm so verhaßten Spinoza aus.[32] Es scheint mir somit sinnvoller, Cohens sogenannte Religionsphilosophie nicht unter einer «jüdischen Religionsphilosophie» abzuhandeln, sondern unter der «Religionsphilosophie des Neukantianismus».[33] Diese ist in diesem Band nicht berücksichtigt worden (was gleich noch näher erklärt wird).

Auch Maimonides, von Mendelssohn wie von Cohen hoch verehrt, hätte sich selbst wohl weder als einen «jüdischen Philosophen», noch als einen Philosophen verstanden,[34] ähnliches gilt in gleicher Schärfe für Moses Mendelssohn.[35] Dennoch dürfen diese beiden Denker in einem religionsphilosophischen Band, der auch das Judentum behandelt, nicht fehlen. Diese zwei Denker sind es, die das jüdische Denken im Mittelalter (Maimonides) wie in der Moderne (Maimonides und Mendelssohn) am nachhaltigsten beeinflußt und inspiriert haben.

Da neben diesen beiden jüdischen Denkern auch vier islamische Philosophen – zwei aus dem Westen, zwei aus dem Osten – vorgestellt werden, mußte bei den christlichen Denkern notwendigerweise eine Auswahl getroffen werden.

Unter den Autoren der Antike hätte noch das «Corpus Hermeticum» angesiedelt werden können. Zwischen Meister Eckhart und Hegel wären z.B. noch Jean Bodin (1530–1596) und Jacob Böhme (1575–1624) zu nennen gewesen. Da die Akzente in diesem Buch jedoch anders gesetzt wurden, sei hier nur auf die neueste Literatur zu diesen Denkern verwiesen.[36]

Auch Immanuel Kant (1724–1804) fehlt. Der Begriff «Religionsphilosophie» geht auf den Wiener Jesuiten und Professor für Logik und Metaphysik Siegmund von Storchenau (1731–1798) zurück, der 1772 eine «Philosophie der Religion» schrieb und anonym veröffentlichte.[37] Später nannte er diese Philosophie selbst Religionsphilosophie.[38] Aber erst seit

C. L. Reinholds «Briefe über die Kantische Philosophie» (1787) etablierte sich der Begriff, nun speziell verbunden mit Kants Ethiktheologie.[39] Etwa zehn Jahre bleibt der Begriff Religionsphilosophie inhaltlich mit den Arbeiten Kants und der Kantianer verbunden, und Kant wird so für die Geschichte des Begriffs Religionsphilosophie einer der wichtigsten Autoren. Dennoch kann bezweifelt werden, daß Kant zu den Klassikern der Religionsphilosophie zu zählen ist. Denn in seiner Philosophie ist der Bezug zu einer empirischen Religion nicht notwendig, er kann sie unabhängig davon entwickeln, ob Religion (als empirische Realität) überhaupt existiert. Der Glaube an Gott und die Unsterblichkeit der Seele sind für Kant keine theologischen Aussagen, sondern eine moralische Notwendigkeit. Für Kant (und die Neukantianer) wird sich die Religion selbst zur Erledigung bringen und als Religion der Vernunft zur Ethik werden. Insofern ist Kants Religion der Vernunft vielleicht die erste wirkliche Religions-Philosophie, dennoch paßt sie nicht in den Rahmen, der durch die hier vorgestellten Denker gesteckt wird. Kant versucht zwar, in seiner Schrift «Die Religion innerhalb der Grenzen der bloßen Vernunft» (1793) seine Vernunft-Religion (neben Logik, Ethik und Ästhetik der letzte Teil des philosophischen Systems) mit dem Christentum in einen gewissen Einklang zu bringen, aber gerade dieser Versuch, für viele Interpreten nicht sehr überzeugend, zeigt die ganze Problematik seiner Konstruktion auf, in welcher ihm das historische Christentum nur zur Illustration seiner Philosophie dient, nicht zur Demonstration der Entwicklung seiner Gedanken.[40]

Eine systematische Religionsphilosophie ohne Religionskritik ist nicht möglich.[41] Trotzdem sind die beiden Denker, die in einem solchen wie dem vorliegenden Buch hätten berücksichtigt werden können (weil sie in den Arbeiten zur Religionsphilosophie immer wieder genannt werden), nicht aufgenommen worden: Baruch de Spinoza und Ludwig Feuerbach. Spinoza wie Feuerbach nämlich haben *keine* Religionsphilosophie geschrieben, auch wenn der Spinozismus des 18. Jahrhunderts als so etwas wie eine Religionsphilosophie bezeichnet werden kann.[42] Doch dieser hat wenig mit den genuin spinozistischen Gedanken in der «Ethik» zu tun, geschweige denn mit Spinozas «Tractatus Theologico-Politicus». Spinozas Denken wird durch einen Titel von Leo Strauss am trefflichsten charakterisiert: «Die *Religionskritik* Spinozas als Grundlage seiner Bibelwissenschaft».[43] Und L. Feuerbach hat sein «Wesen des Christentums» nicht als Religionsphilosophie verstanden, sondern als einen «Beitrag zur *Kritik* der speculativen Religionsphilosophie» («Kritik der reinen Unvernunft»).[44] Spinoza wie Feuerbach sollten darum nicht in einem Band über Religionsphilosophie, sondern in einem über Religionskritiker zu Worte kommen.

Man könnte gegen diesen Band einwenden, daß russische Religionsphilosophen nicht vorgestellt werden.[45] Neben dem bekannten, 1900 ge-

storbenen Vladimir Solovjev hätte unter diesen Leon Isakowitsch Schestow (Lew Schwarzmann, 1866–1938) und sein Buch «Athen und Jerusalem»[46] genannt werden müssen.[47] Diese Philosophen fehlen hier, weil
ihre Darstellungen – mehr als die aller anderen hier versammelten Denker
– auch aus ihrem nationalen Denken bzw. ihrer russischen Geistesart verstanden werden müssen. Nicht, daß sie darin aufgehen, aber dieses «Russische» gehört charakteristisch zu ihnen hinzu. Dies ist auch der Grund
dafür, daß sie im Westen sehr wenig rezipiert worden sind. Es sei hier
wenigstens auf die gute Übersicht über die russische Religionsphilosophie von Frederick Charles Copleston verwiesen.[48]

Jeder Auswahl haftet etwas Willkürliches an, bedingt durch die Interessen des Auswählenden wie die der Autoren, die zur Mitarbeit an einem
solchen Buch gewonnen werden konnten. Und so ist auch die Aufnahme
der vier Muslime zu erklären: Ibn Ruschd (Averroes),[49] sein Lehrer Ibn
Ṭufail[50] und der große Gegenspieler im Osten al-Ghazālī.[51] Daß diese
drei Denker in diesem Band nicht fehlen dürfen, versteht sich für den, der
sich mit dem Islam beschäftigt hat, von selbst und bedarf keiner längeren
Begründung. Anders jedoch verhält es sich mit al-Rāzī, sicher für viele
Leser heute der unbekannteste der hier versammelten Philosophen. Daß
er ein Philosoph war, hat er von sich selbst behauptet,[52] daß er zu den
«Klassikern» der islamischen Philosophie zu rechnen ist, haben andere
von ihm gesagt.[53] Al-Rāzī hat sowohl ein Werk über die religiösen Wissenschaften als auch eins über das philosophische Leben geschrieben, er
ist also durchaus als ein Religionsphilosoph anzusehen, wenn auch vielleicht nicht als ein rechtgläubiger Muslim. Darüber hinaus aber hat er
eine Schrift verfaßt, die ihn bei vielen Denkern diskreditiert, mir aber besonders sympathisch gemacht hat: «Über die Betrügereien der Propheten» bzw. »Über die Betrügereien derjenigen, die sich als Propheten ausgeben».[54] Al-Rāzī war unter den islamischen Philosophen sicher einer der
kritischsten Köpfe. Seit 1936 wurde sein Werk wiederentdeckt und bearbeitet durch die beiden großen deutschen Orientalisten Shlomo Pines
und Paul Kraus, die beide dann durch die Barbarei jener Jahre aus
Deutschland vertrieben wurden. Al-Rāzī jetzt erstmals wieder einer
deutschen Leserschaft vorstellen zu können, ist mir darum ein ganz besonderes Anliegen.

Zum Schluß dieser Einleitung muß nun doch gesagt werden, was das
Gemeinsame der in diesem Buch versammelten Denker ist. Dieses Gemeinsame kann nicht durch eine räumliche oder zeitliche Begrenzung gefunden werden, auch nicht durch eine konfessionelle oder philosophische
Inhaltsbestimmung. Die antiken (paganen) Autoren wurden aufgenommen, weil sie philosophisch das Fundament errichtet haben, auf dem alle
späteren Religionsphilosophen stehen. Sieht man von ihnen ab, dann ist
das Gemeinsame der anderen Autoren, daß sie zu den «Leuten der
Schrift» oder dem «Volk des Buches» (arabisch: *ahl al-kitāb*) gehören,

jener Gemeinschaft von Menschen also, die Gott «ergeben sind» (arabisch: *al-muslimūn*), weil sie von ihm eine Offenbarung erhalten haben. Im Koran wird auf diese Gemeinschaft immer wieder hingewiesen. In der dritten Sure (Vers 64) heißt es: «Ihr Leute der Schrift! Kommt her zu einem Wort des Ausgleichs zwischen uns und euch! [Einigen wir uns darauf], daß wir Gott allein dienen und ihm nichts beigesellen, und daß wir [Menschen] uns nicht untereinander an Gottes Statt zu Herren nehmen.» Diesem «Wort des Ausgleichs» könnten wohl alle jüdischen, christlichen und muslimischen Religionsphilosophen zustimmen. Das Modell «Leute der Schrift» ist hier auf die «Klassiker der Religionsphilosophie» übertragen worden. Das sieht aus wie ein kleinster gemeinsamer Nenner, aber dieses Modell bietet, wenn es ernst genommen wird, die Grundlage für eine vernünftige Verständigung zwischen den Anhängern der drei großen Offenbarungs-Religionen.

Die Aufsätze dieses Buches sind nicht von christlichen Religionsphilosophen, sondern von jüdischen, muslimischen und christlichen Philosophen geschrieben; diese Tatsache ist ein Novum in der religionsphilosophischen Forschung. Die je verschiedene Sichtweise und das Selbstverständnis der Verfasser bestimmen auch die *Art* ihrer Beiträge, in welche der Herausgeber nicht redaktionell eingegriffen hat. «Bunt» ist eine schöne Farbe.

Die Anregung zu diesem Buch gab mir Dr. Günther Schiwy, München, ihm danke ich dafür.

Am 5. Mai 1995 ist Jakob S. Levinger gestorben. Seinem Andenken möchte ich dieses Buch widmen.

Wolfenbüttel, im Mai 1995   *Friedrich Niewöhner*

Hans Schwabl

PLATON
(428 / 427 – 348 / 347)

Der im Folgenden unternommene Versuch, Platon als Religionsphilosophen darzustellen, hat seine besondere Schwierigkeit darin, daß in den
Platonischen Schriften zwar eine Fülle von Aussagen vorliegt, die theologischer Natur sind, Platon jedoch keine konsequente Theologie entwik-
kelt hat. Die theologische Ausrichtung des Platonischen Systems ist vor
allem ein Ergebnis der an Platon anschließenden Tradition, die bereits in
der Alten Akademie ihren Ansatz hat, sich voll aber erst ab dem 1. Jh.
v. Chr. entfaltet. Dabei erhalten mittel- und neuplatonische Anschau-
ungsmodelle Bedeutung sowohl für die Erklärung der paganen religiösen
Traditionen als auch für die jüdische und christliche Auslegung der
Schrift und Formulierung von Glaubenswahrheiten. Wir müssen uns auf
die bei Platon selbst vorliegenden Gegebenheiten beschränken, werden
aber versuchen, auch einige Grunddaten der Entwicklung des Platonismus anzudeuten.

I. Leben

Platon wurde im 4. Jahr des peloponnesischen Krieges (428 / 427) in
Athen als Sohn des Ariston und der Periktione geboren. Die biographische Tradition nennt als Geburts- (ebenso wie als Todes-)Tag ein apollini-
sches Datum, den 7. Thargelion (= Mai / Juni), welcher auf Delos als Tag
von Letos Niederkunft gefeiert wurde, und die Anknüpfung an Apollon
spielt auch sonst in der Platonlegende eine Rolle, am ausgeprägtesten in
der Vorstellung von Apollon als dem wahren Vater Platons. Ansätze für
solche Legenden gehen wohl schon bis in die Alte Akademie zurück,
während Platons eigene Schriften von dieser Art gesteigerten Selbstver-
ständnisses frei bleiben. Unverkennbar ist der Familienstolz, bei dem die
Linie der Mutter im Vordergrund steht. Einzelne Angaben der biographischen Tradition über Platons Jugend mögen auf Familienüberlieferung
beruhen, die Speusippos (Platons Neffe und Nachfolger in der Leitung
der Akademie) vermitteln konnte; so glaubt man gern an die scharfe Auffassungsgabe und den Lerneifer des Heranwachsenden, auch an sein Bemühen um die Dichtkunst, nicht zuletzt um die Tragödie. Die Überlieferung, daß Sokrates ihn davon abgebracht habe, drückt jedenfalls den von
Platon intendierten Traditionsbruch aus; trotzdem baut er auf der literarischen Tradition, die er sehr genau kennt, immer wieder auf. Was die

philosophische Entwicklung angeht, so berichtet Aristoteles (*met* 1, 987a 29ff.), Platon sei «von Jugend an zuerst mit Kratylos und den heraklitischen Ansichten vertraut gewesen» und habe in seiner Lehre dann sokratische und pythagoreische Grundgedanken damit verbunden. Die biographische Tradition läßt Platon mit zwanzig Jahren Schüler des Sokrates werden und bis zu dessen Tod (399) bleiben; auf Prozeß und Tod des Sokrates beziehen sich auch die einzigen Selbstnennungen Platons (*Apologie* 33ef., 38b; *Phaidon* 59b).

Über Platons Stellung zu den politischen Verhältnissen Athens gibt der 7. Brief einigen Aufschluß. Er macht deutlich, daß Platon zunächst bereit war, Hoffnungen auf das Regime der ‹Dreißig› (an dem immerhin seine nächsten Verwandten, Kritias und Charmides, beteiligt waren) zu setzen und der Parole zu glauben, man würde «die Stadt aus ihrem ziemlich rechtlosen Zustand zu einer gerechten Art führen und sie dementsprechend verwalten» (324d). Es folgte bald die herbe Enttäuschung, vor allem als Sokrates in Gefahr geriet; doch auch unter der wiederhergestellten Demokratie kam es zum Prozeß, zu Verurteilung und Hinrichtung des unvergleichlichen Mannes. Dieses Ereignis und die Schwierigkeit, unter den neuen Verhältnissen zu Einfluß zu kommen, nennt Platon als Grund für die Nichtbeteiligung an den politischen Angelegenheiten seiner Stadt. Ob die Nachricht, Platon sei mit anderen nach dem Tode des Sokrates für einige Zeit zu Eukleides nach Megara gegangen, Vertrauen verdient, wird man fragen, doch kann an einer Beziehung zu dem teilweise an eleatischen Problemstellungen anknüpfenden Denker wohl kein Zweifel sein.

Im Vordergrund bleibt ganz Sokrates. Platons frühe, wohl im Zeitraum vom Tod des Sokrates bis zur ersten Reise nach Unteritalien und Sizilien verfaßten Schriften gelten dem Bestreben, die Gestalt des Sokrates und die Weise seines Philosophierens zu beleuchten. Sokrates zeigt sich dabei stets als der ‹Nicht-Wissende›, der mit seinen Fragen zu Untersuchungen anregt, die jeweils in Aporie enden, und das bedeutet, daß gerade in den entscheidenden Bereichen die ‹Fachleute› fehlen – ein sehr negatives Urteil über das Tun und Meinen der einzelnen und der Masse. Die Kritik richtet sich jedoch nie gegen die Einrichtungen des Staates selbst. So entspricht der Überzeugung des Sokrates, daß ein rechtschaffener Mann bei Beteiligung an den politischen Geschäften nur zu Tode kommen kann (*Apol.* 32e), anderseits unbedingter Legalismus und Bejahung der überkommenen Institutionen, wie im Kriton dargestellt ist. Hierin liegt der deutliche Unterschied zum späteren Platon, der sich um den Idealstaat bemüht.

Die Reise Platons nach Unteritalien und Sizilien läßt sich mit ungefährer Genauigkeit auf 388 durch eine Bemerkung im 7. *Brief* (324a) datieren, er sei beim ersten Zusammentreffen mit Dion kaum vierzig Jahre alt gewesen. Weitere Reisen nach Kyrene und nach Ägypten wird man,

Platon (428/427–348/347)

wenn man die Tradition akzeptiert, am besten damit verbinden. Zu sichern ist jedenfalls der für Platons weiteres Werk wichtige Aufenthalt bei
den unteritalischen Pythagoreern (Archytas von Tarent) und in Syrakus,
wo die enge und später folgenreiche Freundschaft mit dem jungen Dion,
dem Schwager des Dionysios I., ihren Anfang hatte.

Nach Athen zurückgekehrt, gründete Platon in Anlehnung an ein al-
tes, etwa eine halbe Wegstunde außerhalb der Stadt gelegenes Gymnasion
im Bezirk Akademeia seine nach dem Ort benannte Schule, in der er, mit
Unterbrechung durch zwei weitere sizilische Reisen in den Jahren 367
und 362, bis an sein Lebensende lehrte. Diese beiden Reisen stehen im
Zusammenhang mit dem Versuch, durch Bildung und Beratung von Dionysios II. von Syrakus einen an platonischen Idealen orientierten Staat
auf Sizilien Wirklichkeit werden zu lassen. Platons Versuch endete – so
Kurt von Fritz, der dies unter dem Aspekt des auch «in unserer Zeit sehr
akuten Problems der Rolle der sogenannten ‹Intellektuellen› im Staat und
in der Politik» betrachtet –, mit «dem Debacle seiner eigenen Bemühungen, den jungen Tyrannen für seine Ideen zu gewinnen, dem Debacle der
Herrschaft des jungen Tyrannen selber, und endlich dem Debacle von
Platons Freund Dion» (S. 17).

Platons Akademie war allem Anschein nach als Kultgemeinschaft
(Thiasos) der Musen organisiert, und sie wußte sehr verschiedene Geister
anzuziehen: etwa Speusippos und Xenokrates, die ersten beiden Nachfolger Platons in der Leitung der Schule, den Dynasten Hermias von
Atarneus und Assos in der Troas (mit dem auf engem Raum etwas von
dem Traum von der politischen Wirksamkeit der Philosophie in Erfüllung ging), ferner den Mathematiker Theaitetos, oder Eudoxos von Kni-
dos, und nicht zuletzt Aristoteles, welcher ab 367/366 bis zu Platons Tod
im Rahmen der Akademie geblieben ist und seine Philosophie von platonischen Ansätzen ausgehend entwickelt hat. Was Platon selbst angeht, so
gehört die Frage nach dem Wert der Nachrichten über seinen mündlichen
Unterricht, über seine ‹ungeschriebene Lehre›, zu den wichtigsten Problemen der Forschung. Man wird die in diesen Quellen kenntliche Tendenz
zu dogmatischen Fixierungen der Lehre nicht für unvereinbar halten mit
dem in den Dialogen kenntlichen Streben nach Offenheit und Reserve gegenüber dem jeweils fixierten schriftlichen Ansatz. Selbstverständlich sind
Elemente von Platons mündlichem Unterricht in der Platondeutung seiner
unmittelbaren Schüler gegenwärtig.

Gestorben ist Platon hochbetagt, gemäß der Legende bei einem Hoch-
zeitsmahl und, was eine ungefähr richtige Angabe mit symbolischer Deutung fixiert, zum genauen Zeitpunkt der Vollendung von 81 Lebensjahren.

II. Werke

Der Eindruck, den Gestalt und Wirken des Sokrates auf seine Zeitgenossen gemacht hat, führte fast notwendig zu dem Versuch, etwas davon auch in schriftlicher Form festzuhalten. So steht für uns neben Platon auch Xenophon mit seinen sokratischen Schriften, doch weisen die Nachrichten über andere Schüler des Sokrates auf eine nicht geringe Literatur, deren Form und Thematik sich mit Platonischem berührt, etwa wenn wir von Dialogen des schon genannten Eukleides von Megara hören und auf Titel wie *Alkibiades, Aischines, Kriton* und *Erotikos* treffen. Eine dieser Titelfiguren, Aischines von Sphettos (er ist *Apol.* 33 e und *Phaid.* 59 b als Sokratesschüler genannt), hat sokratische Dialoge mit Titeln wie *Alkibiades, Axiochos, Aspasia* und *Kallias* verfaßt, und es ist sehr gut möglich, daß Platon manches davon gegenwärtig gewesen ist.

Platon selbst war ohne jeden Zweifel zunächst bestrebt, die unvergleichliche Gestalt und das Wirken des Sokrates möglichst getreu nachzubilden und damit das Vorbild und den Effekt der Prüfung, welche Sokrates den Menschen Athens hat zuteil werden lassen, auch nach dem Tode des geliebten Meisters lebendig zu erhalten. Dabei müssen für unser Thema drei Aspekte besonders hervorgehoben werden. Der erste ist das unverrückbare Gottvertrauen, das – wie vor allem Platons Darstellung in der *Apologie* zeigt – Sokrates offenkundig besessen hat und das allem Anschein nach in der festen Überzeugung wurzelte, daß die Gottheit ausschließlich Gutes wirkt und nicht Ursache von irgend etwas Schlechtem oder Verwerflichem sein könne. Der zweite ist, daß Sokrates bereit war, auf Stimmen und Weisungen zu hören, wobei neben das *Daimonion*, das (nach der so gut wie sicher richtigen Darstellung Platons) ausschließlich hemmende und abmahnende innere Zeichen, auch Träume und Orakel treten, auf die Sokrates auch seinen Trieb zur Menschenprüfung zurückgeführt hat. Der dritte aber ist die geniale Rationalität des Sokrates, die mit ihrer Beschränkung auf Gegenstände der Ethik und mit der Suche nach dem jeweils durch Definition zu findenden Allgemeinen die dialektische Untersuchung an das Ziel der Normenfindung bindet.

Der jeweils aporetische Ausgang der (im engeren Sinn) sokratischen Dialoge macht zwar die Schwierigkeit deutlich und stellt auch zu kurz greifende traditionelle Antworten bloß, er läßt jedoch keinen Zweifel an der Gegebenheit der Normen des ‹Guten› (agathon), des ‹Gerechten› (dikaion), des ‹Frommen› (hosion), des ‹Tapferen› (andreion), des ‹Besonnenen› (sophron) und des ‹Weisen› (sophon), und es hat offenkundig bereits die sokratische Fragestellung als Kern das Problem des Verhältnisses der (bei Platon schließlich als Vierheit formulierten) Kardinaltugenden (Wissen, Gerechtigkeit, Besonnenheit, Tapferkeit) zueinander und zur ‹Tugend› (arete) überhaupt.

Für das Verständnis der Position des Sokrates mag es förderlich sein, sie im Rahmen des Wandels zu betrachten, welcher seit dem 6. Jh. in immer stärkerem Maß die tradierten religiösen Vorstellungen der Griechen fragwürdig gemacht und zugleich auch zu neuen Formen der Religiosität geführt hat. Die Entwicklung der vorsokratischen Philosophie überwindet zunächst die Anschauungsformen der mythischen Theogonie (in der die Welt sich als ein System göttlicher Mächte darstellt) durch neue und aufklärerische Weisen der Erklärung, doch treten auf einer neuen Ebene in den philosophischen Weltbildern Konzepte von tatsächlicher oder potentieller religiöser Relevanz bald auch wieder auf. Zu nennen ist vor allem Xenophanes, der seine scharfe Kritik an dem anthropomorphen Gottesbild und den dazugehörenden ‹anstößigen› Mythen mit einem neuen Gottesbild verbindet, das henotheistisch verstanden werden kann und die Vorstellung der Lokomotion als für die Gottheit unziemlich ausschließt, welche – ohne besondere Organe – als ganze sieht, denkt und hört und mit der Kraft ihres Geistes sonder Mühe das All erschüttert. Es gibt Hinweise darauf, daß auf diese gegen das Götterbild Homers und der Tradition gerichtete Kritik bald der Versuch der Verteidigung durch allegorische Deutung des Anstößigen erfolgte, und dieses Mittel blieb ebenso wie die gegen Homer und Hesiod gerichtete Schelte ein wichtiges Element der Tradition.

Heraklit und Platon schließen mit ihrer Kritik an Xenophanes an. Besondere Bedeutung hat Heraklit ferner dadurch, daß bei ihm das Nachdenken über das allen Dingen zugrundeliegende Prinzip (welches «Feuer», aber auch «Logos», «das eine, allein Weise» und «Gott» heißen kann) sich mit einem Nachdenken über die Unergründlichkeit der «Seele» (psyche) verbindet, so daß die Begriffe ‹Gott› und ‹Seele› einander berühren. Dieselbe Affinität besteht auch für Platon, und er hat überdies von den Herakliteern die ‹Flußlehre› übernommen und zur Beschreibung der Welt der Sinne verwendet.

Die Gegenposition dazu bietet die Ontologie des Parmenides, welche die gesamte nachfolgende Vorsokratik beeinflußt hat, so vor allem Empedokles und Anaxagoras. Anaxagoras ist der erste, der den ‹Geist› (nous) als Prinzip der Weltordnung eingeführt hat, und die bekannte Stelle im *Phaidon* (97 b ff.), wo Sokrates kritisiert, Anaxagoras habe das damit gegebene Prinzip nicht in ausreichender Weise angewendet, zeigt die Wichtigkeit dieser Lehre für Sokrates ebenso wie für Platon. Die Doxographie hat Sokrates mit dem Anaxagorasschüler Archelaos, die Komödie des Aristophanes hat ihn mit Diogenes von Apollonia zusammengebracht, und mit beidem ergibt sich ein Verweis auf eine den Ansatz des Anaxagoras fortentwickelnde Tradition teleologischer Naturerklärung, die den weisen, zweckmäßig gestaltenden und auf die Vollkommenheit der Einrichtung zielenden Gott zur Voraussetzung hat. Man erkennt leicht, daß in diesem Umfeld eine der wichtigsten Wurzeln für das entschiedene Gottvertrauen des Sokrates zu suchen ist; doch liegt freilich in der radikalen Verlagerung der Bemühung auf den ethischen Bereich das Besondere des Sokrates. Es besteht auch kein Zweifel, daß Erlebnisse, die er als Einflußnahme der Gottheit erfahren hat, den Weg des Sokrates bestimmten. Dazu tritt als drittes die vollkommene Verknüpfung dieser irrationalen und transzendenten Dimension mit den Wegen rationaler Untersuchung, welche die eigentliche Instanz der Entscheidung bietet, und es erstaunt an Sokrates nicht zuletzt das darin zum Ausdruck kommende Vertrauen in die Zuverlässigkeit des Logos, sofern man ihm nur richtig zu folgen und die geforderte Untersuchung bis zu ihrem Ende zu führen verstünde.

Die frühen Dialoge Platons zeigen den Kampf des Sokrates gegen vermeintliches und angemaßtes Wissen, so im Gespräch mit dem Rhapsoden *Ion*, der als reiner Spezialist sich allein auf den Vortrag und die Erklärung Homers versteht und darin die Quelle allen Wissens und aller Fertigkeiten zu haben meint; oder im Gespräch mit *Euthyphron*, der auf sein Verständnis von traditioneller und geheimer Göttermythologie stolz ist und sich für eine Anklage gegen den eigenen Vater auf das Vorgehen des Zeus gegen Kronos beruft. Die Auseinandersetzung gilt aber auch den Vertretern des neueren und aufgeklärten Wissens, den Sophisten, welche Sokrates im *Protagoras* in drei Hauptvertretern (Protagoras, Prodikos, Hippias) präsentiert und z. T. komödienhaft karikiert; besonders den Alleskönner und Vielwisser *Hippias* trifft auch in den beiden nach ihm benannten Dialogen der Spott. Heller ist der Eindruck in den Gesprächen, die mit achtbaren attischen Bürgern und mit jungen Leuten geführt werden, so im *Laches* mit den beiden Heerführern Laches und Nikias, oder im *Lysis*, *Charmides* und dem (in seiner Authentizität zwar zweifelhaften, aber für die platonische Tradition bedeutend gewordenen) *Alkibiades*. Bestimmte Themen sind auch hier schon wichtig: das Reden über den Wert und die Gefährdung der Seele, über Freundschaft und Liebe; besonders aber fällt die Konzentration auf eine im wesentlichen feste Reihe von Tugendbegriffen auf, durch deren Untersuchung auch diese frühen und grundsätzlich aporetisch endenden Dialoge in eine Art von systematischem Zusammenhang kommen. So wirft der *Protagoras* die Frage nach dem Verhältnis von ‹Wissen›, ‹Besonnenheit›, ‹Tapferkeit›, ‹Gerechtigkeit› und ‹Frömmigkeit› zu ‹Tugend› überhaupt auf (329cff.; 349b), während der *Laches* die Untersuchung der ‹Tapferkeit›, der *Charmides* die der ‹Besonnenheit› und der *Euthyphron* die der ‹Frömmigkeit› zum Gegenstand hat. Dabei formuliert der *Euthyphron* die Suche nach der durch Definition zu findenden Frömmigkeit bzw. dem «Frommen an und für sich» (5d) in einer den Formulierungen der Ideenlehre am meisten nahekommenden Weise, wenn nach «jener Gestalt (eidos, idea) selbst» gefragt wird, «durch welche alles Fromme fromm ist» (6d), und diese als Muster und Urbild (paradeigma) gilt, auf das blickend man sich orientieren und alles Fromme als fromm erkennen kann (6e). Es bleibt offen, welchen Status des Urbilds eine solche Ausdrucksweise voraussetzt; zweifellos findet sich die Vorstufe dazu in traditioneller religiöser Begriffsbildung, die das Abstraktum als göttliche Macht darstellen kann. Und diese mögliche Verbindung, die sich z. B. zwischen der Göttin Dike und der sokratischen bzw. platonischen Tugend der ‹Gerechtigkeit› (dikaiosyne) oder dem ‹Gerechten an und für sich› herstellen läßt, weist darauf hin, daß das sokratische Fragen nach den Normen bereits eine religiöse Dimension besitzt und daß jedenfalls mit der platonischen Ideenlehre die Reaktivierung und Neuprägung einer älteren theologischen Anschauungsform erfolgt, für die auch die «Absonderung» (chorismos) der Ideen von den Dingen die (gewissermaßen selbstverständliche) Konsequenz ist. Es genügt zur Verdeutlichung wohl schon der Verweis auf pindarische Beispiele wie «Charis, die alles, was erfreulich ist, den Menschen bereitet» (*Ol.* 1, 30), oder die «vielnamige Theia, die Mutter der Sonne», welche Ursache ist von allem, was Glanz hat (*Isthm.* 5, 1).

Den Höhepunkt und die Zusammenfassung der Aussagen über das Wirken des Sokrates bietet die *Apologie*, die den als Gottlosen und Jugendverderber Angeklagten zeigt als den von der Gottheit bestellten Prüfer der Menschen und als das Gewissen der Stadt Athen. Sokrates betont, sein «Geschäft der Prüfung» sei ihm «von dem Gotte auferlegt durch Orakel und Träume und auf jede andere Weise, in der je göttliche Schickung einem Menschen etwas auferlegt hat» (33 c). Charakteristisch ist auch, wie er dem Spruch des Orakels in Delphi, kein Mensch sei weiser als er, mit einer Untersuchung begegnet und zur Überzeugung kommt, der Gott meine, es sei allein sein «Wissen, daß er nichts wisse», das ihn vor allen anderen auszeichne. Bei diesem Bewußtsein des grundsätzlichen Nichtwissens kommt eine ganz traditionelle religiöse Auffassung mit ins Spiel, denn Gegenpol zum menschlichen Nichtwissen ist das ungetrübte Wissen der Gottheit. Sokrates geht ferner davon aus, daß die alles bestimmende Gottheit sich durch ihr Gutsein und ihre Gerechtigkeit auszeichnet, und daß es «für den guten Mann kein Übel gibt, weder im Leben noch im Tode, noch daß je von den Göttern seine Angelegenheiten vernachlässigt werden» (41 d, vgl. 30 cd). In diesem Zusammenhang stehen auch Aussagen über das Fortleben nach dem Tod im Hades (41 a, die Unterweltsrichter), ein Motiv, das, mit Vorstellungen der Rechenschaftslegung und dem Postulat der Gerechtigkeit in immer neuen Fassungen verbunden (die zugleich den mythischen Charakter der Aussagen unterstreichen), das platonische Werk durchzieht; zu nennen sind vor allem die entsprechenden Abschnitte im *Kriton* (54 b), im *Gorgias* (529 a ff.), im *Phaidon* (113 d ff., die Büßer und die Frommen), und im *Staat* (X 614 b ff.).

Wir wollen nun mit einem notwendigerweise nur kurzen Blick auf die für unser Thema wichtigsten Dialoge versuchen, etwas von der Vielfalt der platonischen Ansätze und von der Entwicklung der Hauptpunkte der Lehre zu vermitteln.

Der Dialog *Menon* ist von besonderer Wichtigkeit, weil in ihm zuerst die Lehre von der ‹Rückerinnerung› (anamnesis) eingeführt ist; daß Lernen Wiedererinnerung sei, versucht Platon an der Fähigkeit eines jungen Sklaven darzutun, ihm vorher unbekannte geometrische Sachverhalte in Beantwortung von Fragen selbst zu entwickeln. Die eigentliche Basis dafür bietet freilich die «von Männern und Frauen, welche in göttlichen Dingen weise waren» gehörte Lehre, für welche auch Pindar (fr. 133 Snell) zitiert wird, daß nämlich «die Seele des Menschen unsterblich sei, so daß sie bald ende (was man sterben nennt) und bald wieder werde, niemals aber zugrunde gehe; und deshalb müsse man aufs heiligste sein Leben verbringen» (81ab). Der Dialog endet aporetisch, mit dem (von Ironie nicht freien) vorläufigen Ergebnis, die «Tugend könne weder von Natur gegeben noch lehrbar sein, sondern durch göttliche Schickung ohne Vernunft zu denen kommen, denen sie zuteil wird» (99e–100a); als Analoga sind Propheten, Seher und Dichter präsent (99c), und das erinnert daran, wie im *Ion* (536aff.) das Modell der dichterischen Inspiration problematisiert wird.

Der *Kratylos* mag hier anschließen, weil Sokrates sich für sein Spiel der Etymologien auf «Ansteckung» bei der Inspiration des Euthyphron beruft. Allein die Nennung dieser Quelle und viele Einzelheiten in der Durchführung zeigen die Distanzierung gegenüber den Beliebigkeiten etymologisierender Sprachbetrachtung als wichtigen Aspekt. Es befinden sich jedoch nicht alle Elemente des etymologischen Spiels in diesem Dialog auf derselben Ebene, und so läßt sich manches davon auch in sinnvolle Platonische Gedankenzusammenhänge einordnen, wie das Spätere ohne Bedenken getan haben. Wichtig ist, daß Sokrates am Ende des Dialogs die Ideenlehre andeutet in der Form, daß «es das Schöne an sich, das Gute und ein jedes vom Seienden gäbe» (439c). Und bei der Behandlung der Götternamen, die uns besonders interessieren muß, fließen Anschauungen ein, die man als im großen und ganzen Platonisch bewerten kann, auch wenn mit einer Traditionsmasse gespielt wird, wie das bei der Deutung der Götter des Sukzessionsmythos der Fall ist: Uranos wird mit der «Schau nach oben», Kronos dagegen mit der «Reinheit des Nous» zusammengebracht, und Zeus wird als der verstanden, «durch den Leben immerdar allen Lebewesen ist» (396a–c). Das deutet den Zusammenhang von Ideenwelt, Geist und Seele (vgl. auch 399d) an, auch wenn z.B. die Aussage, die Meteorologen sagten, der reine Geist käme vom Himmel, sich im Rahmen später vorsokratischer Gedanken hält.

Plotin deutet die Götter des Sukzessionsmythos als die Sequenz der Hypostasen (das Eine, Geist, Seele). Auch die Erklärung der Begriffe theoi (von theo, ‹ich laufe› nach der Bewegung der Gestirngötter), daimones (= daemones ‹Vernünftige›) und heroes (= Meister in Fragen und Reden) wird man mit Platonischen Vorstellungen verbinden. Wichtig ist auch, daß bei der Deutung von theoi (Götter) als Gestirngötter eine kulturhistorische und ethnologische Theorie ins Spiel kommt, die als Urreligion der ältesten Griechen die noch bei vielen Fremdvölkern gegebene ausschließliche Verehrung von Sonne, Mond und Erde, Sternen und Himmel ansetzt (397cd). Dieser Aussage entspricht die bei Platon auch sonst kenntliche Unsicherheit (und oft kaum verhüllte Skepsis) gegenüber den traditionellen Griechengöttern, etwa im *Timaios* (40d–41a) oder in den *Nomoi*, wo der Gottesbeweis mit dem Blick auf den Himmel und die Gestirngötter geführt wird (X 886a, 898cd). Im Kratylos selbst beginnt die Behandlung von weiteren Götternamen mit einer Art von frommem Vorspruch, der erklärt, «daß wir von den Göttern nichts wissen, weder von ihnen selbst noch von ihren Namen, wie sie sich untereinander nennen» (400d), worauf den Göttern versichert wird, «daß wir über sie gar keine Untersuchung anstellen wollen, denn wir bilden uns gar nicht ein, dies zu können, sondern nur über die Menschen, von welchen Gedanken sie wohl ausgegangen sind bei Bestimmung ihrer Namen». Die Untersuchung kommt dann bald in ein heraklitisierendes Fahrwasser, so daß überall die ‹Flußlehre› in den Götternamen aufgedeckt wird.

Behandelt sind Hestia, Kronos und Rhea, Okeanos und Tethys, Poseidon, Pluton = Hades, Demeter, Hera, Persephone, Apollon, die Musen, Leto, Artemis, Dionysos, Aphrodite, Athena, Hephaistos, Ares, Hermes und Pan (401b–408d). Dann folgen die Bezeichnungen für die Gestirne und die Elemente, für die Jahreszeiten und das Jahr (410cd). Besondere Aufmerksamkeit verdienen dabei die Deutung des Hades, nicht wie *Phaidon* 80d durch aides ‹unsichtbar›, sondern als des Gottes, der die des Leibes ledigen Seelen festzuhalten versteht, indem er «alles Schöne weiß» (404b); die der Athena als entweder «Vernunftkraft Gottes» (theou noesis) oder «die das Göttliche denkt» (ta theia noousa = Theonoe, 407b); und die Deutung von Hermes als Vater des Alls und des Logos (= Pan), der mit seiner symbolischen Gestalt die beiden Bereiche, den oberen der Götter und der Wahrheit sowie den unteren des «tragischen Lebens» (mit Mythos und Unwahrheit) zum Ausdruck bringt (407d–408d).

Unbestreitbare Höhepunkte unter Platons Dialogen auch für unser Thema sind der *Phaidon* und das *Symposion*, die man immer mit Recht als zusammengehörig empfunden hat. Der erste zeigt Sokrates am Tag seines Todes und fügt einen Schlußstein an die im platonischen Werk immer wiederkehrenden Meditationen über den Sinn von Sokrates' Sterben, der andere zeigt Sokrates, den ‹Erotiker›, bei einem Fest, der Feier von Agathons erstem Tragödiensieg (416).

Im *Phaidon* wird für die beiden Hauptgesprächspartner des Sokrates, die Thebaner Simmias und Kebes, ein Kontakt mit dem Pythagoreer Philolaos vorausgesetzt, als es um den Satz geht, daß Selbstmord nicht statthaft sei (61c–e). Sokrates fügt daran die Aussage geheimer Lehre, daß der Mensch in seinem Leben sich in einer Art von Gewahrsam befinde und sich dem nicht entziehen dürfe (62 b). Der Satz vom ‹Gewahrsam› (phroura) berührt sich aufs engste mit der im *Kratylos* gegebenen (und auf Orpheus und die Seinen zurückgeführten) Etymologie von soma (Leib) als ‹Bewahrnis› der Seele, was als ‹Gefängnis› der ihr Vergehen büßenden Seele gedeutet wird (400 c) und sich auch neben die Deutung soma = sema, Grab der Seele, stellt. Der *Phaidon* zeigt die gelassene Zuversicht des Sokrates im Angesicht des Todes und geht dabei aus von der Überzeugung, daß Sterben die Trennung von Leib und Seele bedeute (64 c; 67 d) und Philosophieren ein auf diese Trennung gerichtetes Leben. Das Streben nach der Wahrheit stellt sich als Reinigung (katharsis, 67 c) dar, als ein möglichstes Absondern der Seele vom Leibe und als Übung der Seele, «sich für sich von überall her aus dem Leibe zu sammeln und zu konzentrieren und, soweit wie möglich, sowohl in dem augenblicklichen Zustand als auch hernach allein und für sich zu bleiben, befreit, wie aus Banden, vom Leibe» (67 cd).

Es findet sich so, wie Sokrates die «wahrhaft Philosophierenden» zueinander sagen läßt, «gleichsam ein Pfad, der mit der Vernunft in der Untersuchung hinausträgt» und die denkerische ‹Jagd› nach der Wahrheit und dem Seienden zu ihrem Ziele führt (66 b). Die Seele wird auf die Seite des Göttlichen, Unsterblichen, Intelligiblen, Eingestaltigen, Unauflösbaren und immer mit sich selbst Identischen, der Leib aber auf die Seite des Menschlichen, Sterblichen, Unintelligiblen, Vielgestaltigen, Auflösbaren und niemals mit sich selbst Gleichbleibenden gestellt (zusammenfassend 80 ab). In diesem Zusammenhang erfolgt wiederum eine Deutung des Namens Hades, bei der dem Bereich des Leibes und des Sichtbaren (80 c) der der Seele und des ‹Unsichtbaren› (aeides, 80 d, vgl. schon 79 aff.) entgegengesetzt ist: «Die Seele, das Unsichtbare, begibt sich an einen anderen ebensolchen Ort, der edel und rein und unsichtbar ist, also wirklich (so wie der Name es sagt) in den Bereich des Hades zu dem guten und weisen Gott» (80 d). Alle Beweisführungen des *Phaidon* erstreben den Erweis dieser Anschauung, wobei die Argumente für die Unsterblichkeit der Seele (69 e–107 d) vor allem auf der Theorie, daß Lernen Anamnesis bedeute (vgl. *Menon* 73 a), und auf der damit unlösbar verknüpften Ideenlehre beruhen. Knapp berührt ist auch die Lehre von der Seelenwanderung mit den der jeweiligen Lebensführung entsprechenden Einkörperungen, z. B. als Esel oder als reißender Wolf (81 e–82 a), aber auch als Gott, eine Stufe, die allein der philosophischen und in den Zustand vollkommener Reinheit gelangten Seele vorbehalten ist (82 b). Ausgeführt ist das Schicksal der Seelen nach dem Tode im abschließenden Mythos.

Das *Symposion* besteht in seinem Hauptteil aus einer Folge von Lobreden auf Eros, die in der (angeblich von einer Priesterin, Diotima aus Mantinea, gehörten) Darlegung des Sokrates ihren Höhepunkt haben. Eros wird von Diotima nicht mehr wie in den vorausgegangenen Reden als Gott, sondern als Daimon aufgefaßt, als Zwischenwesen, das zwi-

schen Göttern und Menschen vermittelt (202 de). Sein Wesen wird in einem Geburtsmythos verdeutlicht, der ihn zum Sohne des von Metis (der
‹Klugheit›) stammenden Poros (‹Wegfinder›) und der Penia (‹Bedürftig-
keit›) macht. Eros erhält so auch Bezug zur Philosophie, denn «kein Gott
philosophiert oder strebt danach weise zu werden – er ist es ja schon»
(204 a, vgl. *Lys.* 218 a); und er zeigt sich weiter als der Trieb, das Schöne
und Gute immerdar zu haben (206 a) und im Schönen zu zeugen
(206 b–e), ist also «Trieb zur Unsterblichkeit» (207 a). Im Bereich der
Seele bedeutet dies Erwerb der Tugend (arete), der Vernunft (phronesis),
der Besonnenheit (sophrosyne), der Gerechtigkeit (dikaiosyne) und deren Übung in den entsprechenden Bereichen (209 a), etwa besonders als
Gesetzgeber (209 de). Doch der Weg, den Eros führt, geht noch eine Stufe
höher, und die Rede Diotimas weist in Ausdrücken der Mysteriensprache
auf die noch fehlende letzte Schau (ta telea kai epoptika, 210 a).

Für Platon ist charakteristisch, auf welche Weise vom Konkreten zum
Abstrakten hingeführt wird, von der Schönheit im einzelnen (schönen Lei-
bern, schönen Seelen, schönen Wissenschaften) zur Schönheit überhaupt,
die in der Weise einer Epoptie erfahren und deutlich mit eleatischen Kategorien beschrieben wird als «erstens ewig ohne Werden und Vergehen,
ohne Wachsen und Schwinden, das ferner nicht von hier aus schön, von
dort her häßlich, noch heute schön und morgen nicht, noch schön neben
diesem, häßlich neben jenem», sondern sich zeigt, «als es selbst, das an sich
und mit sich von einer Art und ewig ist, indes alles übrige Schöne irgendwie so an ihm teilhat, daß, wenn dies übrige entsteht und vergeht, es selbst
nicht gemehrt und nicht gemindert noch überhaupt davon berührt wird»
(210 e–211 b). Im Anschluß an diese Beschreibung der Schau des Absoluten und der aus dieser Orientierung folgenden Hervorbringung und
Förderung wahrer Tugend verbindet sich zuletzt mit dem Motiv des Ge-
liebtseins von den Göttern wiederum das der Unsterblichkeit (212 a).
Schließlich kommt in der Rede des trunkenen Alkibiades die Tugend und
das Wesen der Erotik des Sokrates (216 d ff.) zur Darstellung.

Der *Phaidros* verbindet das Thema der Erotik mit der Kritik an sophi-
stischer Rhetorik. Der frivolen These, daß ein Schöner einem, der ihn
nicht liebt, eher seine Gunst schenken solle als einem, der ihn liebt, folgt
zunächst eine (von Sokrates aus Scham mit verhülltem Haupt gehaltene)
verbesserte Rede zur selben These (237 b ff.), dann eine Palinodie, in welcher der zuvor als schändliche Verrücktheit bewertete Liebestrieb (241 a,
eros kai mania) unter «die von den Göttern kommenden Formen von Begeisterung» eingereiht wird. Aufgezählt sind dafür zunächst die Mantik
(244 a–d, Apollon als Patron 265 b), dann die Kathartik (244 d, für die Te-
lestik ist 265 b Dionysos genannt), weiter das Musenwesen (245 a) und
schließlich folgt die Erotik (245 b ff.; 265 b Aphrodite und Eros genannt).
Erstrebt ist der Erweis, daß eine derartige Ergriffenheit von den Göttern
zum größten Glück gegeben wird (245 bc).

Die Demonstration beginnt mit einem – diesmal sehr konzisen und in sich gerundeten – Beweis der Unsterblichkeit der Seele, der einen Neuansatz gegenüber dem *Phaidon* darstellt. Die Seele wird definiert als «das Immerbewegte», «das Sich-selbst-Bewegende» und als «Quelle und Prinzip der Bewegung». Dann wird die Gestalt der Seele mit einem Bild ausgedrückt: Sie ließe sich gleichnishaft darstellen als der zur Einheit gewordene Komplex eines geflügelten Gespanns mit Wagenlenker; sowohl Pferde als auch Wagenlenker seien bei den Göttern makellos, bei den menschlichen Seelen lenke der Wagenlenker ein Zweigespann, von dem das eine Pferd als gut, das andere aber als schwierig sich darstelle (246 ab; dieses Bild von den drei Seelenteilen wird 253 c ff. breit ausgeführt). Als Eigenschaft von allem, was Seele ist, wird festgehalten, daß es sich um alles, was unbelebt ist, kümmere. Daraus folgt, daß Seele den ganzen Himmel und den ganzen Kosmos durchwaltet, doch kann dieselbe auch die ihr eigene Flügelkraft verlieren und in der Folge einen irdenen Leib annehmen und somit ein sterbliches Lebewesen bilden, das aus Leib und Seele besteht.

Das alles ergibt ein einigermaßen geschlossenes Weltbild, zu dem Platon jedoch noch eine Bemerkung über die Götter hinzufügt, die ziemlich offen wiederum sein Ringen mit dem traditionellen Gottesbild der Griechen zeigt und dabei Skepsis ausdrückt: «von unsterblichem (Lebewesen) aber», so sagt er, «sprechen wir nicht aufgrund einer festen begründeten Argumentation, sondern wir bilden, ohne ihn gesehen oder hinreichend erkannt zu haben, Gott als ein unsterbliches Lebewesen, das eine Seele und das einen Leib hat, beide für ewige Zeit miteinander vereinigt. Doch das verhalte sich so, wie es dem Gotte lieb ist, und dementsprechend sei auch die Rede» (246 c).

Es folgt der Mythos über die Erhebung zu den Wohnstätten der Götter, zum überhimmlischen und transzendenten Bereich, in dem die Wesenheiten gedacht sind; es folgt jedoch auch der Mythos vom Verlust der Beflügelung, der den Einkörperungen vorausgeht. Der erste Mythos gilt der Beflügelung als der Kraft der Erhebung zum Göttlichen, das als «das Schöne, Weise, Gute und was dem ähnlich ist» (246 de) näher bestimmt und auch als die Nahrung aufgefaßt wird, durch welche die Beflügelung der Seele gedeiht. Daran schließt das berühmte Bild vom Zug der Götter über den Himmel: «Der große Herrscher im Himmel, Zeus, seinen geflügelten Wagen lenkend, zieht als der erste voran, alles anordnend und versorgend, und ihm folgt die Schar der Götter und der Daimones, in elf Zügen geordnet. Denn Hestia bleibt in der Götter Hause allein» (246 e). Offenkundig wirken hier Vorstellungen, die mit Gestirngöttern verbunden sind, ein, doch bleibt die Vorstellung des Vereins der zwölf Götter bestimmend im Vordergrund; sie stellen die Anführer, denen die übrigen Götter und Daimones folgen, und auch, wer sonst jeweils will und kann, «denn Mißgunst ist verbannt aus dem göttlichen Chor» (247 a). Prachtvoll sind dabei die Wege der Götter innerhalb des Himmels, wo «jeder das Seine tut» (d. h. arete erweist, indem er seine Funktion ausübt, vgl. Charm. 160 b ff., Staat 433 ab mit den Definitionen der Besonnenheit und der Gerechtigkeit), doch ziehen die Scharen auch zu Mahl und Fest steil hinauf zur äußersten Wölbung unter dem Himmel, die Götter mit Leichtigkeit, nur mit Mühe jedoch die anderen, da das schlechte Pferd stört. ‹Mahl und Fest› bestehen in der Schau der Gegebenheiten «außerhalb des Himmels» (247 c), und bei dem folgenden Versuch einer Aussage über den «überhimmlischen Ort» (hyperuranios topos) beschreibt Platon diese Schau in einer Weise, die weitgehend der Beschreibung der letzten epoptischen Schau im *Symposion* entspricht. Es ist an jenem Ort «die Wahrheit: das farblose, gestaltlose, stofflose, wahrhaft seiende Wesen, das nur der Seele Führer, die Vernunft (nous), zum Beschauer hat und um das das Geschlecht der wahrhaften Wissenschaft ist» (247 c). Und bei dessen Schau, welche im Zusammenhang mit jeweils einem Umschwung des Himmels erfolgt, sehen die Götter «das Seiende», betrachten «die Wahrheiten», erblicken «die Gerechtigkeit selbst, die Besonnenheit und die Wissenschaft, nicht die, welche eine Entstehung hat, noch welche wieder eine andere ist für jedes andere von den Dingen, die wir wirkliche nennen, sondern die in dem, was wahrhaft ist, befindliche wahrhafte Wissenschaft»; daran fügt Platon noch, abschließend: «Und so auch von dem anderen erblickt die Seele das wahrhaft Seiende, und wenn sie sich daran erquickt hat, taucht sie wieder in das Innere des Himmels und kehrt nach Hause zurück» (247 de).

Mehrfach wird von den übrigen Seelen gesagt, sie hätten die Möglichkeit, sich dem Zug der Götter anzuschließen: doch selbst die Besten könnten das Seiende nur mit Mühe oder nur teilweise erblicken (248 a); die übrigen, welche «der Schau des Seienden unteilhaftig werden» (248 b), geraten an «scheinbare Nahrung», und das führt schließlich «nach dem Gesetz der Adrasteia» zum Verlust des Gefieders, zur Einkörperung, deren Stufen und Zeiten 248 de angegeben sind. Auch die Vorstellungen von Gericht und Schicksalswahl tauchen auf (249 ab), ebenso die Möglichkeit der Tierwerdung und der Befreiung durch Philosophie; die dem Menschen gegebene Abstraktionsfähigkeit wird als ‹Wiedererinnerung› gedeutet (249 cd) und schließlich von hieraus auch die ‹vierte mania› (249 d), die mit dem Eros verbundene Betroffenheit und Verrücktheit, erklärt: Verliebtheit in Schönheit hienieden ist Erinnerung an die wahre, an die Idee der Schönheit, deren Schau die Seele einst im Gefolge eines der Götter teilhaft geworden ist. Ziel des Eros ist es, dorthin wiederum zu führen.

Strukturell liegt hier ein Analogon zu den Gedankengängen des *Symposion* vor. Es hat jedoch der *Phaidros* mit der Zuordnung der verschiedenen menschlichen Seelen zu den verschiedenen Anführern des Göttervereins eine Art von Charakterologie, welche von dem in vieler Hinsicht prototypischen Wesen des traditionellen olympischen Gottes ausgeht. Ausgeführt ist das nur andeutungsweise, für Zeus, Ares, Hera und Apollon, wobei auch die übrigen Götter stets vorausgesetzt sind (250b ff.). So heißt es etwa: «Die dem Zeus angehören, suchen, daß ihr Geliebter ein der Seele nach dem Zeus ähnlicher sei. Daher sehen sie zu, wo einer philosophisch und anführend ist von Natur; und wenn sie einen gefunden und liebgewonnen, so tun sie alles, damit er ein solcher auch wirklich werde. Wenn sie also sich nie zuvor dieser Sache befleißigt, so werden sie nun kräftig darin lernen, woher sie nur können, und auch selbst nachforschen. Und indem sie bei sich selbst nachspüren, gelingt es ihnen, die Natur ihres Gottes aufzufinden, weil sie genötigt sind, angestrengt auf den Gott zu schauen, und indem sie ihn in der Erinnerung auffassen, nehmen sie begeistert von ihm Sitten und Bestrebungen an, soweit einem Menschen etwas von einem Gotte zu übernehmen möglich ist...» Mit dieser Beziehung auf den persönlichen Gott als Ideal ist etwas religionstypologisch sehr Wichtiges gegeben; man muß aber hinzufügen, daß bei Platon der Gott selbst erst durch die Beziehung auf über ihm stehende Normen sein Wesen hat und daß diese Beziehung es ist, die ihn zum Gott macht. Prägnant ausgesagt ist dies, wenn es vom Denken (dianoia) des Philosophen heißt, «... denn es ist immer mit der Erinnerung soviel als möglich bei jenen Dingen, bei denen Gott sich befindet und eben deshalb göttlich ist» (249c).

Die *Politeia* geht aus von der Frage nach der Gerechtigkeit (dikaiosyne) und wählt dafür den Staat als das größere Untersuchungsmodell; definiert werden die vier Kardinaltugenden, da die ideale Stadt (bzw. der ideale Staat) ‹vollkommen gut› und daher ‹weise›, ‹tapfer›, ‹besonnen› und ‹gerecht› sein muß (IV 427 e). Damit verknüpft sich die im wesentlichen den Ausführungen in *Phaidros* und *Timaios* entsprechende Lehre von den drei Seelenteilen (435 a ff., 504 a, vgl. auch 588 b ff.) und damit wiederum die Ordnung des Staates in Ständen (434 c, 440 e–441 a). Regieren müssen die Philosophen, und so führen die Fragen nach den Gegenständen ihrer Bildung hin zu den Urgründen, wobei sich «das Wissen um die Idee des Guten als die größte Einsicht» darstellt (505 a). Diese Benennung des Absoluten entspricht sehr genau dem Thema des Staates, wie es in der gerade zitierten Aussage vom guten Staat seine Formulierung erhalten hat. Diese Formulierung ist die Anwendung des bei Platon von Anfang an zentralen sokratischen Problems der Bestimmung des Verhältnisses von arete (Tugend) und den einzelnen Kardinaltugenden (Wissen, Tapferkeit, Besonnenheit, Gerechtigkeit). Von diesem Ansatz her ist Transzendenz gegenüber ‹Erkenntnis› und ‹Wahrheit› (episteme, aletheia, 509 a) angelegt, aber Platon formuliert die Transzendenz der Idee des Guten ausdrücklich auch ontologisch. Man müsse sagen, «daß dem Erkennbaren nicht nur das Erkanntwerden von dem Guten komme, sondern auch das Sein und Wesen habe es von ihm, da doch das Gute selbst nicht das

Sein ist, sondern noch über das Sein an Würde und Kraft hinausragt» (509 b). Der Verdeutlichung dienen Gleichnisse, zunächst die Analogie von Sonne und Idee des Guten, die «im Bereich des Intelligiblen» (508 c) «für Geist und Gedachtes» das Entsprechende ist wie die Sonne «im Bereich des Sichtbaren» für Sehkraft und Gesehenes. Die Sonne stellt sich dabei als «Sprößling des Guten» (506 e) dar, welches so auch ‹Vater› heißen kann. Ausgegangen wird also von der allgemeinen Entsprechung des Sinnlichen zum Bereich des Intelligiblen, was im Liniengleichnis (509 c ff.), dann im Höhlengleichnis (514 a ff.) ausgeführt ist.

Den wahren Philosophen zeichnet aus, daß er die wahren Verhältnisse denkend und erinnernd erfassen kann; das ergibt für Platon als Konsequenz Entrückung und Weltflucht, zugleich aber aus der Erkenntnis der wahren Ordnung auch die Verpflichtung zur Staatslenkung im idealen Staat, aus dem alles nur Abgeleitete, Scheinhafte und Falsche möglichst verdrängt wird. Daraus folgt die Verwerfung der bloß mimetischen Kunst, auch die Vertreibung Homers und der ihm entsprechenden traditionellen Dichter. Aufgegriffen ist damit die seit Xenophanes deutlich ausgesprochene Kritik am falschen Gottesbild der Dichtung, also Mythenkritik (II 377 c ff.), und dem das Postulat entgegensetzt, Gott als gut und als ausschließliche Quelle des Guten darzustellen (II 379 a ff.). Die Dichterkritik wird im 10. Buch wiederholt und der eschatologische Mythos dort, die Erzählung des Pamphyliers Er, nimmt bei der Wahl der Lebenslose durch die Seelen mit seinem «die Schuld ist des Wählenden. Gott ist schuldlos» (617 e) als Kern der Aussage das auf, was Platon im Zusammenhang mit der Dichterkritik im 2. Buch postuliert hatte: «Gott, weil er ja gut ist, kann nicht an allem Ursache sein, wie man insgemein sagt, sondern nur von wenigem ist er den Menschen Ursache, an dem meisten aber unschuldig. Denn es gibt weit weniger Gutes als Böses bei uns; und das Gute zwar darf man auf keine andere Ursache zurückführen, von dem Bösen aber muß man sonst andere Ursachen aufsuchen, nur nicht Gott» (II 379 e).

Im 6. Buch (507 c) bezeichnet der Begriff demiourgos (VI 507 c) den göttlichen ‹Bildner› (der Sinneswerkzeuge), bei einem Gedankenexperiment (das Abbild, Gegenstand und Idee des Bettes in Beziehung setzt) sind die jeweiligen Schöpfer der Maler, der Tischler, Gott. Es ist das eine für Platon selbst offenkundig nicht, für spätere Platoniker jedoch zentrale Stelle.

Aus dem *Theaitetos*, der vom ‹Wissen› (episteme) handelt, ist die zentrale Aussage über den Philosophen und seine Weltfremdheit (173 d ff.), welche ihren Höhepunkt in Sätzen über die erstrebte Weltflucht hat, für die platonische Tradition ganz besonders wichtig geworden. Die Stelle formt ein mit der Gestalt des Sokrates durchgehend verbundenes (und besonders im *Phaidon* gestaltetes) Motiv um, erinnert aber auch an die ‹Theologie› der Palinodie des *Phaidros*; sie sagt: «Das Böse... kann weder ausgerottet werden, denn es muß immer etwas dem Guten Entgegengesetztes geben, noch auch bei den Göttern seinen Sitz haben, und so wandelt es im Bereich der sterblichen Natur und an diesem unteren Orte nach Notwendigkeit herum. Deshalb muß man auch trachten, von hier dorthin zu entfliehen aufs schleunigste. Der Weg dazu ist Verähnlichung mit Gott soweit als möglich; und Verähnlichung bedeutet, daß man gerecht und fromm wird mit Einsicht» (176 ab).

Der Dialog *Parmenides* gibt vom Ringen Platons mit Schwierigkeiten der Ideenlehre Zeugnis (130 aff.); die dialektischen Betrachtungen über die Natur des «Einen» sind von späterer Zeit im Sinne einer Aussage über das Absolute und die Gottheit gelesen worden.

Im *Sophistes* führt Platon ein auch schon in früheren Dialogen sich andeutendes System binärer Klassifikation zum ersten Mal konsequent durch, indem, von Oberbegriffen ausgehend, durch fortschreitende ‹Diairesis› die Einordnung der jeweils gesuchten Gegebenheit geschieht. Grundlegend ist die Kritik der parmenideischen Ontologie, bei der das Nichtseiende als ‹irgendwie seiend› und das Seiende als ‹irgendwie nichtseiend› sich herausstellen. Es ergibt sich daraus logisch die Möglichkeit der Differenzaussage und (was bei Platon untrennbar damit verbunden ist) ontologisch die Grundlage des Verschiedenseins und der Differenzierung. «Gigantomachie um das Sein» (246 a) nennt er die Auseinandersetzung zwischen Materialisten (die «Körper und Sein als identisch definieren», 246 b) und Anhängern der Ideenlehre, die «sich gar vorsichtig von oben herab aus dem Unsichtbaren verteidigen und behaupten, gewisse denkbare und unkörperliche Ideen wären das wahre Sein, die Körper jener aber und was sie das Wahre nennen, stoßen sie ganz klein in ihren Reden, und schreiben ihnen statt des Seins nur ein bewegliches Werden zu» (246 bc). Eine wichtige und neue Stufe in der Formulierung der Ideenlehre ist, daß neben der Trennung von Sein (ousia) und Werden (genesis), bei der dem einen Seele und Denken, dem anderen Leib und Sinneswahrnehmung zugeordnet wird (248 ab), gerade dem wahrhaft Seienden neben Seele und Vernunft auch Bewegung und Leben zugeschrieben werden (248 eff.). Wesentlich ist, daß der *Sophistes* nach einer Unterscheidung von göttlichem und menschlichem Schaffen (265 b) an die Stelle der von selbst und planlos hervorbringenden Natur (265 c und e) die Konzeption des mit vernünftiger Kunst gestaltenden Gottes und Demiurgen setzt. Alles Entstandene, auch die die Dinge begleitenden Abbilder, sind ebenso wie die Dinge selbst «Werke göttlicher Hervorbringung» (265 ce; 266 bc).

Der *Politikos* gibt mit dem Mythos von den zwei Weltperioden eines der schönsten Beispiele für Platons Begabung, aus Elementen der tradierten Mythologie ein neues und ebenso tiefsinnig wie phantastisch gestaltetes Gebilde zu schaffen. Grundthema ist das einer Welt mit vollkommener göttlicher Leitung unter Kronos (269 aff.) und im Gegensatz dazu die

dessen verlustig gegangene und in rückläufiger Bewegung befindliche
Welt im Zeitalter des Zeus (272 b ff.). Das Weltall wird dabei als Lebewesen bezeichnet, das «mit Vernunft begabt ist von dem, der es im Anfang
zusammenfügte» (269 d). Angedeutet ist für den Menschen auch die Problematik vollkommener Lenkung, die Philosophie ausschließt. Die Unterscheidung von göttlichem und sterblichem Leiter erweist sich als notwendig und als für die Bestimmung des Staatsmannes wesentlich. Sehr
entschieden wird auch neben anderen Verwechslungen die des Staatsmannes mit Priestern und Sehern (unter Hinweis auf Ägypten und Griechenland) abgewiesen (290 d): Seher und Priester haben nur dienende Funktion, auch wenn sie Verbindung zu den Göttern herstellen. Der beste
Staatsmann ist der mit Vernunft ordnende königliche Mann (294 a), sein
lebendiges Urteil übertrifft auch das der Gesetze. Für ihn, den «königli-
chen Weber der Staatskunst», ergibt die rechte Meinung, die er über das
Verhältnis der Tugenden (des Guten, Gerechten, etc.) erlangt hat, das
göttliche Band, das ihn zum Erzieher, Ordner und Gesetzgeber befähigt
(309 c ff.).

Im *Timaios* finden sich alle Hauptmotive der platonischen Theologie
wieder, doch ist die Perspektive durch das Thema der Kosmogonie und
der Anthropogonie eine besondere. Das Werk schließt an ein fiktives Gespräch über den Staat an, das im wesentlichen der Platonischen *Politeia*
entspricht, und zielt auf eine historische Fortsetzung, von der im *Kritias*
nur ein Teil ausgeführt ist. Wichtig ist auch für den *Timaios* das Ausgehen
von den beiden Bereichen, dem des Intelligiblen (Noetischen) und dem
der Sinnenwelt. Betont wird, daß über den letzten bestenfalls nur wahrscheinliche Aussage (ein eikos logos oder mythos) möglich ist, und diese
(auch sonst auftauchende) Konzeption zeigt im *Timaios* ganz besonders
deutlich den Zusammenhang mit der Ontologie im Gedicht des Parmenides, auf die eine probable Darstellung der Scheinwelt (diakosmos eoikos,
doxa) folgt.

Im *Timaios* vermittelt ein Schöpfergott, der u. a. als demiourgos («Wer-
ker»), «Macher und Vater dieses Alls» oder auch einfach als «der Gott»
bezeichnet wird, die Formen des Ewigen, auf die als Vorbild er schaut, an
den Bereich des Sinnlichen, der dadurch zur geordneten Welt (kosmos)
wird. Als Grund für das Wirken des Urhebers wird das (für Platon im
Begriff ‹Gott› mitgegebene) Gutsein und die Neidlosigkeit genannt, so
daß der Gott, indem er wollte, «daß alles gut und nach Möglichkeit nichts
schlecht wäre, alles Sichtbare, das keine Ruhe hielt, sondern sich in sinn-
loser und ungeordneter Bewegung befand, sich vornahm und es aus dem
Zustand der Unordnung zur Ordnung führte» (30 a). Der Gott verfährt
dabei so, daß er Geist in die Seele, die Seele aber in den Körper einbildete
und so das All gestaltete, weshalb die Welt als ein «beseeltes und mit
Geist begabtes Lebewesen in Wahrheit» (30 b) sich darstellt. Der systematische Ort, der dem Demiurgen dieses Weltschöpfungsmythos zukommt,

ist seit dem Altertum umstritten, man wird ihn aber jedenfalls im transzendenten Bereich ansetzen und gleichzeitig die von Platon zum Ausdruck gebrachte Abhängigkeit des Urhebers von den Normen nicht nur der mythischen Darstellungsform zuschreiben. Der Demiurg setzt die von ihm geschaffenen Gestirngötter (40 a ff.) und die davon geschiedenen (und mit einer Aussage der Unsicherheit eingeführten) traditionellen Götter (40 d ff.) als Unterdemiurgen zur Bildung der sterblichen Welt ein. Besonders wichtig ist, daß sich der gesamte noetische Bereich und der gesamte sinnliche Bereich im Verhältnis von Vorbild und Abbild (eikon) befinden, wie das auch die abschließende Aussage des Dialogs besonders schön zum Ausdruck bringt, wenn es heißt, daß diese unsere Welt «sichtbares Lebewesen ist, das alles Sichtbare umfaßt, ein Abbild des Intelligiblen und ein sinnlich wahrnehmbarer Gott» (92 c; für das Vorbild vgl. auch *Soph.* 248 e ff.). Was den Begriff ‹Gott› angeht, so ist er auf allen Seinsstufen anwendbar, sowohl (ausnahmsweise) für den Bereich der Ideen («der ewigen Götter gewordenes Abbild» = die Welt, 37 c) als auch für den Demiurgen wie für die Welt und die Götter in ihr. Für den Bereich der Ideen besteht jedoch deutlich die Tendenz, die Göttlichkeit neutral auszudrücken und die personale Ausdrucksweise zu vermeiden. Es entspricht das dem Verhältnis des Demiurgen zu den Vorbildern, das der Timaios voraussetzt.

Von höchster Wichtigkeit ist es schließlich, daß Platon im *Timaios* auch den Versuch unternommen hat, in einem zweiten Anlauf ein einziges dem Bereich des Sinnlichen zugrundeliegendes Prinzip ausfindig zu machen (52 a ff.). Er benennt es als «Raum» (chora), aber auch als «Amme», «Mutter» und Grundlage zur Aufnahme der Formen. Es ist das die Platonische Vorform des Begriffs Materie (hyle), den spätere Tradition dafür setzt, und es liegt hierin ein wesentlicher Ansatz für dualistische Konzeptionen.

Eine Stelle der *Nomoi*, in der gesagt ist, man wolle nicht weniger als zwei Arten von Seele annehmen, «eine wohltätige und eine, die das Gegenteil zu bewirken vermag» (896 s), ist als Zeugnis für die Annahme einer bösen Weltseele durch Platon verstanden worden, doch legt der weitere Zusammenhang diese Auffassung nicht nahe. Das Werk geht aus von den Traditionen über gottgegebene Gesetze auf Kreta und in Lakedaimon und gibt sich als Gespräch auf dem Weg von Knossos zur idäischen Höhle des Zeus, wo dieser einst Minos belehrt hat. Der Gottesglaube ist Fundament im neuzugründenden Staat der *Nomoi*, und so beginnt das Gesetzeswerk mit einer Rede über den «Gott, der, wie das alte Wort sagt, Anfang, Ende und Mitte von allem hält, was da ist» (715 e), und nicht der Mensch, sondern Gott erscheint als das Maß der Dinge (716 c). Für den Kult orientiert sich Platon an den traditionellen Formen (738 b ff.), und es erscheinen bei der Begründung und Formulierung der Gesetzestexte auch jeweils die nach griechischem Glauben entsprechenden Götter als Garan-

ten (z. B. Zeus Horios im Zusammenhang mit den Grenzen und Grenz-
steinen, 842 e), wobei auch für sie an einem reinen, jeden Anstoß aus-
schließenden Gottesbegriff festgehalten wird (vgl. etwa die Ablehnung
mythischer Geschichten über Hermes als den Gott der Diebe, 941 b). Die
Gottesbeweise, die im 10. Buch geführt werden, gehen aus von der Seele
als Prinzip der Bewegung und von der Göttlichkeit des Himmels und der
Gestirne. Die Argumentation richtet sich dabei gegen den Zweifel an der
Existenz der Götter, gegen die Vorstellung, diese kümmerten sich nicht
um die Menschen, und schließlich gegen die Meinung, es ließen die Götter sich durch Opfer und Gebete bestimmen und von der Gerechtigkeit
abbringen (885 b; 888 c; 907 b; 948 c). Der Gott ist so das Vorbild, und
Platon spricht von ewigem Kampf und Wachsamkeit um das Gute, wo
uns Götter und Dämonen Mitstreiter sind und wo allein Gerechtigkeit
und Besonnenheit zusammen mit vernünftiger Einsicht Rettung bringen
kann, die Kardinaltugenden also, welche, wie Platon sagt, «in den beseelten Kräften der Götter heimisch sind» (906 ab); auch das Schicksal und
der Rang der Wesen entscheidet sich dabei entsprechend ihrer jeweiligen
Wahl.

III. Wirkung

Der vorangegangene Überblick hat versucht, einen gewissen Eindruck
von Entwicklungslinien und von der Polyphonie ebenso wie von der Per-
sistenz bestimmter Motive im Platonischen Œuvre zu vermitteln. Zu den
Konstanten gehört die Orientierung an Begriffen der Tugend und des
Gutseins (wozu auch der Begriff der Göttlichkeit gehört), die Abstraktion als Weg zum Absoluten, welches als Fülle gedacht und erlebt ist, und
schließlich die Entwicklung eines Seelenmodells, dessen Gültigkeit für
das All ebenso wie für die Einzelwesen (Götter, Daimones und Menschen mitsamt deren tierischen Stadien des Verfalls) angesetzt wird. Der
Platonismus ist letztlich Religion des Guten, Schönen und Geordneten in
allen Bereichen und Ausrichtung auf dessen transzendenten Grund. Und
er enthält gleichzeitig in der Anamnesis-Lehre den ersten Entwurf einer
Transzendentalphilosophie, die denn auch zu Recht das Interesse noch
der neukantianischen Philosophie gefunden hat. Die gesamte Tradition
der Geistmetaphysik hängt jedoch an der platonischen Wurzel.

Die historischen Etappen der platonischen Tradition zu zeichnen, ist
hier nicht mehr der Ort. In den Vordergrund gerückt werden nach der
skeptischen Phase der Akademie der *Timaios* und eine im Grunde er-
staunlich geringe Anzahl von Kernstellen des Platonischen Werks, zu denen insbesondere der Mythos im *Phaidros* und die Stelle aus dem *Theaitetos* (176 ab) über die Angleichung an Gott (homoiosis theo) als Ziel des
Daseins gehören. Der Mittelplatonismus tendiert zu einem dualistischen

Grundmodell, wie sich das etwa an Plutarchs Interpretation des Mythos von Isis und Osiris ersehen läßt. Besonders wichtig ist, daß die Ideen als Gedanken Gottes aufgefaßt werden. Die jüdische (Philon) und christliche Genesisexegese nimmt den *Timaios* auf, und etwa Justin (Apol. 10) kann als christlichen Glauben formulieren, daß der Gott «das Weltall am Anfang, da er gut war, aus gestaltloser Materie um der Menschen willen gebildet hat». Plotin bringt sodann eine neue Stufe mit seinem wohldurchdachten Modell der Hypostasen (Hen, Nous, Psyche), und von diesem Ansatz geht der Neuplatonismus aus, der die pagane Philosophie des ausgehenden Altertums dominiert und auch für große christliche Autoren in Auseinandersetzung und Übernahme ein wichtiges Element ihrer Geistigkeit wird. Genannt sei für den Westen allein Augustinus und für den Osten die Frömmigkeit der Hymnen des Synesios. Mit Gemistos Plethon kommt (1438 Konzil von Ferrara/Florenz) die griechische Tradition des Platonismus in den Westen und wird zur Anregung für die von Cosimo de' Medici gegründete platonische Akademie von Florenz, als deren Leuchte Marsilio Ficino (vor allem mit seiner *Theologia Platonica* und mit seinem ‹Kommentar› zu Platons *Symposion*) auch heute noch strahlen kann. Doch gibt es, genau besehen, wohl immer noch kaum eine Provinz der Bildung, wo man – in dieser oder jener Verkleidung – Platons Einfluß und Anregung nicht finden wird.

Rudolf Rieks

SENECA (4 v. Chr. / 1 n. Chr. –65)
und STOA

I. Leben und Werk

Senecas Leben, reich an Extremen und spektakulär geendet, hat Zeitgenossen wie Nachwelt als exemplarisch fasziniert, deshalb besonders, weil
er selbst als erklärter Lebensphilosoph die reale menschliche Existenz in
den Mittelpunkt seines Denkens gerückt und damit die gültigen Wert-
maßstäbe zur Beurteilung seiner eigenen Lebenspraxis gesetzt hat.

L. Annaeus Seneca wurde um die Zeitenwende in Cordoba geboren.[1]
Beide Eltern entstammten einflußreichen Familien italischen Ursprungs.
Sein Vater, der angesehene Redelehrer M. Annaeus Seneca, war aufgrund
seines Vermögens zum Ritterstand aufgestiegen, kam noch unter Augustus mit seinen drei jugendlichen Söhnen nach Rom und verkehrte in den
Rhetorenschulen. Mit den Brüdern besuchte Seneca den Unterricht der
führenden Redner. Obwohl für die zum erstrebten Anwaltsberuf grundlegenden Wissenschaften der Grammatik, Rhetorik, Dialektik überaus
begabt, widmete er sich weit intensiver der Philosophie bei den aus der
stoischen Schule der Sextii hervorgegangenen Papirius Fabianus und Sotion von Alexandreia, später auch bei dem Stoiker Attalos. Neben der
Physik mit Theologie, Kosmologie, Anthropologie, Psychologie, studierte er vornehmlich die Ethik. Diese in den Grundsätzen stoische Ethik
hatte infolge des hellenistischen Synkretismus und des römischen Eklektizismus seit langem kynische, akademisch-peripatetische und epikurei-
sche Züge, seit neuerer Zeit auch Einflüsse der neupythagoreischen und
astrologischen Spekulation aufgenommen und sich in vielen praktischen
Fragen der römischen Lebenswirklichkeit angepaßt.

Daß Seneca um das Jahr 20 gleichzeitig die Ämterlaufbahn und eine
Tätigkeit als Anwalt begann, gilt als sicher. Längere Zeit verbrachte er
dann in Ägypten im Haus seiner Tante, der Frau des C. Galerius, der von
15–31 n. Chr. Präfekt von Ägypten war. Er setzte dort seine Studien fort
und verfaßte zwei naturwissenschaftliche Werke, die nicht erhalten sind.
Die Rückreise, auf der Galerius starb, fand im Jahr 31 statt.[2] In den letzten Jahren des Tiberius festigte Seneca, indem er einen neuen, pointen-
und sentenzenreichen Stil mit kurzen, vielgliedrigen Sätzen entwickelte,
seinen Ruf als einer der glanzvollsten Redner Roms und erreichte die
Quaestur und damit die Aufnahme in den Senat. Er führte einen auffälligen Lebenswandel als Weltmann, erhielt Zugang zur Herrscherfamilie
und zog sich – wohl durch seinen Einfluß als Redner, durch seine stoisch-

oppositionelle Haltung und aus persönlichen Gründen – den heftigen Haß des Caligula zu.[3] Als dieser zur Herrschaft kam, trachtete er Seneca nach dem Leben und ließ davon nur ab, weil man ihm versicherte, der von Natur stets kränkliche Mann habe seine Gesundheit durch den von Sotion übernommenen strengen Vegetarismus vollends ruiniert und werde ohnedies bald sterben. In dieser Zeit verfaßte Seneca drei weitere, uns nicht erhaltene naturwissenschaftliche Schriften und vielleicht die drei Bücher *Über den Zorn (De ira)*. Als nach Caligulas Ermordung im Januar 41 Claudius die Herrschaft angetreten hatte, wurde auf Betreiben von dessen dritter Frau, Messalina, noch im selben Jahr Seneca des Ehebruchs mit Julia Livilla, einer Schwester des Caligula, angeklagt, vom Senat zum Tod verurteilt, aber von Claudius zu einer Verbannung auf Korsika begnadigt. Eine solche Strafe war für den antiken Menschen, wie der ganz ähnliche Fall des Ovid lehrt, fast gleichbedeutend mit dem Tod. Seneca selbst bittet in einem Epigramm das schreckliche Korsika, den Verbannten, die, obwohl sie noch leben, bereits verwest und zu Asche zerfallen seien, gnädig zu sein.[4]

Hatte Seneca vorher schon der Marcia, einer Tochter des von Seian in den Tod getriebenen republikanischen Geschichtsschreibers Cremutius Cordus, eine *Trostschrift zum Tod des Sohnes (Ad Marciam de consolatione)* gewidmet, so behandelte er nun mit der *Trostschrift an seine Mutter Helvia (Ad Helviam matrem de consolatione)* die Verbannung als das andere große Thema der antiken Konsolationsliteratur. Eine *Trostschrift an Polybius zum Tod des Bruders (Ad Polybium de consolatione)* sollte im Winter 43/44 über jenen mächtigen Freigelassenen am Hof des Claudius die Rückkehr erwirken. Aber erst im Jahr 49 ließ sich Claudius von seiner vierten Frau Julia Agrippina, einer Schwester von Livilla und Caligula, zur Rückberufung Senecas bewegen. In der effektvollen protreptischen Schrift: *Über die Kürze des Lebens (De brevitate vitae)* gab der Zurückgekehrte die Quintessenz seiner stoischen Lebensphilosophie. Der tiefen Erniedrigung folgte ein steiler Aufstieg: Agrippina wählte ihn zum Erzieher ihres damals zwölfjährigen Sohnes Nero und verschaffte ihm die Praetur des Jahres 50. Als im Jahr 54 Nero seinem von Agrippina vergifteten Adoptivvater Claudius nachfolgte, kam Seneca zusammen mit dem Gardepräfekten Burrus zur Regentschaft des römische Weltreiches.

Seneca verfaßte Neros Reden, die Grabrede auf Claudius ebenso wie die Rechtfertigungsrede nach Ermordung der Agrippina (59); er suggerierte Nero, wie aus der Satire *Verkürbissung des göttlichen Claudius (Apocolocyntosis)* ersichtlich, eine politische Erneuerung im Sinne des Augustus;[5] in dem 56 – wahrscheinlich während seines einzigen Konsulates – dem Princeps gewidmeten Fürstenspiegel *Über die Milde (De clementia)* suchte er jenen mittels panegyrischer Provokation – anfangs nicht ohne Erfolg – auf eine maßvolle und gerechte Herrschaft festzulegen. Acht Jahre lang lenkte er selbst die Geschicke des Staates umsichtig

Seneca (4 v. Chr. / 1 n. Chr.–65)

und glücklich, bis er nach dem Tod des Burrus, von Neidern wegen seines Reichtums und seiner Machtfülle bei Nero angeklagt und nicht länger fähig, dessen immer stärker hervortretende schlechte Eigenschaften zu zügeln, Nero seinen Rücktritt erklärte.[6] Er gab sich nun ganz der Philosophie hin, begründete seine Entscheidung in *Über die Muße (De otio)*, verfaßte eine Schrift *Über den Aberglauben (De superstitione)* sowie mehrere Bücher zur *Moralphilosophie (Moralis philosophiae ll.)* und widmete seinem Freund Lucilius ein Werk über *Naturwissenschaftliche Fragen (Naturales quaestiones)*, eine Schrift *Über die Vorsehung (De providentia)* sowie weit über hundert *Moralische Briefe (Epistulae morales)*.

Senecas Distanz und seine stillschweigende Mißbilligung von Neros längst zur Tyrannei entarteter Herrschaft reizten diesen aufs äußerste, so daß er im Jahr 65 Seneca Beteiligung an der Pisonischen Verschwörung vorwarf und ihn zum Selbstmord nötigte. Diesen hat Seneca mit einer nach dem Vorbild des Sokrates zur Schau getragenen, wahrhaft stoischen Gelassenheit vollzogen, ja inszeniert.[7]

Zu nennen sind noch diejenigen erhaltenen Schriften, deren Datierung ganz unsicher ist:[8] *Über die Standhaftigkeit des Weisen (De constantia sapientis)*, *Über die Ruhe des Geistes (De tranquillitate animi)*, *Über das glückliche Leben (De vita beata)*, *Über die Wohltaten (De beneficiis; 7 Bücher)*. Von den zehn unter Senecas Namen überlieferten Tragödien gelten acht als authentisch: *Thyestes, Phaedra, Hercules furens, Troades, Phoenissae, Medea, Oedipus* und *Agamemno*. Wenn auch viele Gelehrte gemäß einer These von A. W. Schlegel die Bühnengerechtheit dieser Stücke bezweifeln und sie für Rezitationsdramen halten, so mindert das doch nicht den Wert dieser wortmächtigen und gedankenreichen Dichtungen, die das europäische Theater sehr nachhaltig beeinflußt haben.[9]

II. Die Theologie der Stoa

Vor der Analyse der Theologie Senecas ist es geboten, die vorausgehende Tradition der einschlägigen Probleme in der griechischen, zumal der stoischen Philosophie zu überblicken und die entscheidenden Wendepunkte zu markieren.[10] Gegen Ende des 6. Jahrhunderts brachen die jonischen Naturphilosophen die gestalthafte Weltanschauung des Mythos auf, jenen hierarchischen Kosmos, in dem vor allem Homer und Hesiod Göttern, Heroen und Menschen ihren genauen Platz angewiesen hatten. Wenn Thales das Wasser, Anaximander das Unbegrenzte, Anaximenes die Luft, Heraklit das Feuer oder den Logos jeweils als den einen göttlichen Urgrund des Seienden erklärten, wenn Xenophanes ergänzend die bisherige Vorstellung von den Göttern als gesteigerten Menschen ablehnte und durch das abstrakte Gegenbild eines obersten, unveränderlichen, vollkommenen, rein geistigen, unbewegten Allbewegers ersetzte, so ging es nun vorrangig um die Beschreibung und Erklärung der in der Natur und im Weltganzen wahrnehmbaren Phänomene und wirkenden Prinzipien, wie sie etwa auch Thales mit dem Satz ‹Alles ist voll von Göttern› erfassen wollte, und erst mittelbar um den Menschen. Am Ende dieser Denkbewegung steht eine doppelte Konsequenz: einerseits rücken die Götter in immer weitere Ferne, bis sie in dem von den Atomisten neu entworfenen Kosmos überhaupt keinen Platz mehr haben; andererseits werden sich die Naturforscher der Grenzen ihrer Erkenntnismöglichkeiten bewußt und sehen sich auf den Menschen als einzige feste Größe zurückverwiesen, den daher Demokrit als einen ‹Mikrokosmos› bezeichnet, während Protagoras den Satz formuliert: ‹Der Mensch ist das Maß aller Dinge, der seienden, daß sie sind, der nichtseienden, daß sie nicht sind.›

Unsere moderne Begriffsbildung ‹Vorsokratiker› beruht auf einer scharfen Grenzziehung Ciceros: «Sokrates aber hat als erster die Philosophie vom Himmel herabgerufen und in den Städten angesiedelt und sogar in die Häuser eingeführt und sie gezwungen, nach dem Leben und den Sitten, den guten und den schlechten Dingen zu fragen.»[11] Durch die Sophistik herausgefordert, hat Sokrates eben deren anthropologischen Ansatz gewählt, um aber den durch seine unsterbliche Seele und durch die göttliche innere Stimme seines Gewissens ausgezeichneten Menschen letztlich doch wieder einer metaphysischen Weltordnung zu unterstellen. In seiner Nachfolge haben Platon und Aristoteles in je eigener Weise eine neue Integration der Naturwissenschaften vollzogen, während die Sokratiker der strengeren Observanz, wie die Kyniker und Kyrenaiker, bei der Betrachtung des menschlichen Individuums in seiner Lebenswirklichkeit verharrten.

Die ungeheure Ausdehnung der hellenischen Welt durch Alexander den Großen, der wirtschaftliche, politische, kulturelle Aufstieg neuer Machtzentren und die gleichzeitige Auflösung der alten Polisordnung mit ihrer Wertehierarchie führten zu einer tiefen Bewußtseinskrise.[12] Während die bereits scholastisch verfestigten Systeme von Akademie und Peripatos darauf nur langsam reagierten, entschlossen sich die Gründer der beiden hellenistischen Philosophenschulen, Epikur und Zenon, zu einer neuen ‹sokratischen› – bei jenem kyrenaisch, bei diesem kynisch eingefärbten – Radikalität des Fragens nach der Selbstvervollkommnung des Individuums. Epikur behält zwar im Anschluß an die Atomisten die kosmologische Einbindung des Menschen, obwohl er ihn von den Göttern durch unüberwindliche Distanz getrennt sieht,[13] als vage Rahmenbedingung bei, gibt aber die politische Integration ganz auf und verweist den einzelnen mit dem Leitsatz ‹Lebe im Verborgenen› strikt auf den Rückzug in eine selbstgenügsame Innerlichkeit. Zenon hingegen will die mit Vorrang zu erstrebende individuelle Glückseligkeit organisch in die größeren gesellschaftlichen, natürlichen und kosmischen Zusammenhänge einbetten. Obwohl er eine Vielzahl von älteren Prinzipien aufgreift, gelangt er, freilich nicht ohne gewisse Vereinfachungen und Gleichsetzungen, zu einem einheitlichen und ganzheitlichen Weltentwurf.

Die oberste, die ganze Welt schaffende, ordnende, bewegende, verändernde Kraft ist für Zenon der Logos, ein materiell an die Körperlichkeit gebundenes, feuriges Energieprinzip. Dieser Denkansatz ist konsequent – sicher im Rückgriff auf Heraklit, vielleicht im Anschluß an Isokrates[14] – aus dem griechischen Logosbegriff entwickelt, weil ‹Logos› neben zahlreichen anderen die drei für die menschliche Kommunikation und für jegliche Philosophie konstitutiven Bedeutungskomponenten umfaßt:[15] Regel, Gesetz, Maß, Prinzip realer Sachverhalte; Vernunftstruktur des Wahrnehmens, Erkennens, Denkens; vernunftgemäße sprachliche Artikulation der Denkinhalte. Die Logik bedeutet somit für die Stoiker weitaus mehr als eine bloß instrumentelle Systematik des richtigen Erkennens, Urteilens und Schließens – obschon gerade die Stoa gegenüber Aristoteles beträchtliche Fortschritte in der formalen Logik erreicht hat[16] – und sie steht in dynamischer innerer Wechselwirkung zu den anderen Teilbereichen der Philosophie, der Physik und der Ethik.

Wenngleich die Stoa nie eine feste Dogmatik ausbildete und Zenon selbst seine Anhänger sogar ausdrücklich zu eigenständigen neuen Thesen aufforderte, lehnte sich sein eifrigster Schüler und Nachfolger Kleanthes notorisch eng an die Lehre des Meisters an. Sein Zeushymnus spiegelt also am besten die altstoische Theologie und soll daher hier kurz analysiert werden. Der von Stobaios zitierte Text umfaßt 39 Hexameter, die sich in drei Abschnitte gliedern:[17]

1. Preisende Anrufung (V. 1–6): Zeus wird als höchster der Götter, als Träger vieler Namen und als ewiger Herrscher der Natur (physis) und des Alls (panta) nach dem von ihm unabänderlich festgelegten Gesetz (nomos) begrüßt. Kleanthes knüpft so zwar mit dem Namen ‹Zeus› an traditionelle religiöse Vorstellungen an, will aber zugleich mit der abstrakten Formel der Vielnamigkeit – in der konventionellen Gebetssprache werden die konkreten Beinamen als Ausdrücke der einzelnen Machtoffenbarungen der jeweiligen Gottheit genannt – die neuen und unerhörten Möglichkeiten der stoischen Gottesanschauung umfassen. Zeus anzurufen ist für die Menschen deshalb notwendig, weil er sie allein von allen sterblichen Lebewesen mit Geist und Sprache begabt und ihnen eine besondere Vorrangstellung in seiner Schöpfung eingeräumt hat.

2. Aretalogie der Weltherrschaft (V. 7–31): Eine erste, allgemeine Versreihe (V. 7–14) umschreibt die Allmacht des Zeus im Kosmos, die er durch die Gewalt des Blitzes ausübt. Kraft seiner teilt er das ewige Feuer der göttlichen, allumfassenden Vernunft (logos) der gesamten Welt mit. Es ist das gleiche Feuer, das die Gestirne beseelt und durch die Sonne der Erde Wärme und Leben spendet. Es folgt eine spezielle Darlegung der göttlichen Allmacht (V. 15–21), ohne die auf der Erde, im Äther, im

Meer nichts geschehen kann. Daraus ergibt sich als Theodizee, daß alles Unglück nur die unverständigen, bösen Menschen selbst verschulden, die sich der einen und ewigen Weltvernunft (logos) entziehen. Zeus aber gleicht beständig das Ungerade aus, ordnet das Ungeordnete, versöhnt das Feindliche durch die Liebe, fügt alles zu einer einzigen großen Harmonie. Ein dritter Unterabschnitt (V. 22–31) schildert den Irrweg der bösen, unverständigen und daher unglücklichen Menschen, die das umfassende göttliche Weltgesetz (nomos) verkennen und falschen Zielen wie Besitz, Ruhm, Lebensgenuß nachjagen.

3. Gebet um Hilfe (V. 32–39): Zeus selbst, der über alle Gaben verfügt, wird angefleht, die Menschen ihrer Torheit zu entreißen, sie an seiner Einsicht und Gerechtigkeit teilhaben zu lassen, damit sie, von ihm solcherart geehrt, ihm ihrerseits die Ehre geben und die höchste Aufgabe der Menschen und Götter erfüllen, das allen gemeinsame Weltgesetz zu rühmen.

Zwei weitere Fragmente des Kleanthes mögen ergänzend den anthropologischen Bezug jener Aussagen verdeutlichen. Klemens von Alexandreia lobt Kleanthes, weil er statt einer dichterischen Theogonie nach Art des Hesiod eine wahrhafte Theologie entworfen habe, und zitiert zum Beleg Kleanthes' Bestimmungen des Guten, die eben zugleich auf Gott zuträfen:[18]

> Nach dem Guten fragst du mich, wie es ist? Höre denn:
> geordnet, gerecht, heilig, gottesfürchtig,
> sich selbst beherrschend, tüchtig, edel, notwendig,
> streng, schlicht, immer nützlich,
> furchtlos, leidlos, vorteilhaft, schmerzlos,
> brauchbar, angenehm, (sicher, lieb,
> ehrenvoll, (wohlgefällig)), angemessen
> ruhmvoll, bescheiden, sorgsam, sanft, eifrig,
> ausdauernd, untadelig, immer bestehend.

Epiktet und Seneca selbst, dem wir nicht weniger als zehn Fragmente des Kleanthes verdanken, überliefern uns einige Verse, mit denen dieser sich in unbedingter, militärischer Disziplin dem obersten Gott und dem Schicksal unterwirft. Das griechische Originalzitat des Epiktet umfaßt vier jambische Verse:[19]

> Führe mich, o Zeus, und du, die Schicksalsbestimmung,
> wohin ich je von euch in die Weltordnung gestellt bin,
> so werde ich ohne Zögern folgen; wenn ich aber nicht will,
> indem ich feige werde, will ich nichtsdestoweniger folgen.

Seneca hat – nach dem Beispiel Ciceros, wie er bemerkt – diese Verse in freier Form ins Lateinische übertragen:[20]

Führe mich, o Schöpfer und Herrscher des hohen Himmels,
wohin es dir gefällt; es gibt kein Zögern zu gehorchen,
bin unverdrossen bereit. Wollte ich nicht, folge ich seufzend,
leide als Feiger, was ich als Tapferer frei hätte tun können.
Den Willigen führen die Geschicke, den Widerwilligen reißen sie mit.

III. Senecas stoische Theologie und Anthropologie

In einem Brief, den er etwa ein Jahr vor seinem Tod verfaßt hat, versteht
Seneca die gesamte philosophische Tradition als ein Vermächtnis (here-
ditas), das ihm zu seiner Freude von vielen früheren Weisheitslehrern zu-
geflossen ist und das er wie ein guter Familienvater mit reichen eigenen
Erkenntnissen mehren und der Nachwelt hinterlassen will. Diese schöpferische Denkarbeit sei prinzipiell unendlich und werde auch nach tausend Generationen nicht abgeschlossen sein.[21]
     Obwohl Seneca uns keine umfassende Systematik seines Denkens bie-
tet, ist es möglich und angemessen, die Fülle der Gedanken zu Leitmotiven
zu bündeln und zu einer Synopse zu führen, wenn man sich bewußthält,
daß eine solche Herauslösung der einzelnen Aussagen aus dem Kontext
immer eine gewisse Verfälschung bedeutet und daß sie bisweilen chronologische Differenzen überdeckt. Letztlich ergibt sich jedoch ein überraschend einheitliches Bild von Senecas Lehre, ohne daß wir, bei einigen
durchgehenden inneren Widersprüchen, für tiefgreifende Wandlungen in
seinem Denken auffällige Anhaltspunkte fänden.[22] Natürlich ist die kom-
pilative Methode der Darstellung durch selektive Beifügung längerer
exemplarischer Belege zu ergänzen.
     Seneca bewegt sich durchaus auf den von Kleanthes vorgezeichneten
Bahnen. Er hat einen monotheistischen und zugleich pantheistischen
Gottesbegriff.[23] Er entwirft Gott als ein unsterbliches Wesen von unbedingter Vollkommenheit, allmächtig, allwissend und allgegenwärtig. Er
ist Schöpfer, Beweger, Erhalter und Herrscher der gesamten Welt, ja mit
der Welt selbst identisch; das ganze Universum ist sein Tempel. Da er als
oberstes Prinzip den ewigen Weltenplan unabänderlich festgelegt hat und
immerfort vollzieht, sind die Begriffe Schicksal, Vorsehung, Verhängnis,
Zufall, Glück, Natur, Vernunft und andere Namen für ihn selbst. In seiner Beweisführung überläßt Seneca es zumeist dem Belieben des Lesers,
welchen Begriff er für das oberste göttliche Prinzip einsetzen will. Und
da er seinem einen Gott keine individuellen, persönlichen Züge gibt, ihn
vielmehr in allen naturgesetzlichen Erscheinungen und Abläufen des
Himmels, der Erde, des Meeres wirkend sieht, kann er auch für gewöhnlich die traditionelle Sprechweise von den unsterblichen Göttern beibe-
halten, wenngleich er sich gelegentlich von der Göttervielfalt des Volks-
glaubens distanziert, indem er entweder Götterklassen minderen Ranges

bildet (Unterweltsdämonen, Laren, Genien, Totengeister) oder ausdrücklich die Götter Bacchus und Hercules und ihre Leistungen als Aspekte
der Offenbarung des einen und höchsten Iuppiter auffaßt.[24]

Gottes Schöpfung der Welt ist eine Form der Selbstverwirklichung seiner Vollkommenheit, eine Abbildung seiner selbst. Im 65. Brief sieht Seneca zunächst in dieser Schöpferleistung die vier Ursachen des Aristoteles
(causa materialis, causa efficiens, causa formalis, causa finalis) mit der
Idealursache Platons (causa exemplaris) vereint, um aber schließlich doch
wieder zu der stoischen Lehre zurückzukehren, in jenem Vorgang habe
Gott als eine einzige, erste und allgemeine Ursache (causa prima et generalis), nämlich als schaffende Vernunft (ratio faciens), eine formlose Materie zu einem vollendeten Kosmos gestaltet.[25] Es ist dies aber nicht nur
eine einmalige Tat, sondern Gott bewirkt beständig sämtliche Bewegungen des Universums nach ewigem Gesetz, erhält in jedem Augenblick
durch den Umlauf der Gestirne und die Kraft der Elemente alles Leben,
das er immerzu neu schafft und vergehen läßt.[26] Immer wieder stellt
Seneca fest, daß wie alle Lebewesen so auch alle Menschen Gott ihr Leben verdanken.[27] Einzelne Momente einer auf den Menschen bezogenen
Teleologie der Schöpfung führt er öfter an, aber nur einmal verweilt er
etwas länger bei diesem Gedanken, ohne daß man freilich auf ebenso
dichte Einflüsse des Poseidonios schließen könnte, wie sie sich im 2.
Buch von Ciceros Werk *Vom Wesen der Götter* ausgeprägt haben.[28]

Seneca ist sich bewußt, daß, obwohl die Machtoffenbarungen Gottes
sich in überwältigender Fülle unserer Wahrnehmung darbieten, die Menschen doch keineswegs leicht zu einer wahren und richtigen Auffassung
Gottes gelangen. Auch er greift das altbekannte Argument auf, die Existenz der Götter werde dadurch bestätigt, daß allen Völkern eine bestimmte Vorstellung von ihnen eingeboren sei;[29] aber wenn er die Gotteserkenntnis als ein von der Natur den Menschen eingepflanztes Streben
erklärt[30] und zu Beginn des 90. Briefes (1–3) betont, daß die Philosophie
als wertvollste Gabe der Götter zu eben deren Erkenntnis führe, so verdeutlicht er später (28–29), daß nach stoischem Verständnis erst in einem
langwierigen Prozeß der vollendete Weise (sapiens) zu dieser wahren
Schau und damit zur Glückseligkeit vordringe. Da aber noch kein
Mensch die vollkommene Weisheit erreicht habe, und Seneca dies auch
für sich selbst nicht beansprucht, relativiert er jene Erkenntnismöglichkeiten, indem er auf der objektiven Seite nur eine partielle und graduelle
Offenbarung Gottes und der Natur annimmt, und auf der subjektiven,
sowohl der individuellen wie der allgemein-menschlichen Seite, die stoische Lehre vom unabschließbaren Prozeß der Wahrheitserkenntnis voraussetzt.[31]

Viel wichtiger aber ist für Seneca die Zurückweisung der zahlreichen
falschen Auffassungen Gottes und der Götter: Nur die wahre, philosophische Anschauung (religio) verehrt die Götter, der Aberglaube (super-

stitio) fürchtet oder entehrt sie.[32] Augustinus hat uns einige längere Fragmente aus der Schrift *Über den Aberglauben* erhalten.[33] Deren Inhalt läßt sich – hier ohne Rücksicht auf Augustins Gedankengang oder auf die Rekonstruktion der Schrift – in vier Punkten zusammenfassen: 1. Die östlichen Kulte der Magna Mater, der Bellona, der Isis umfassen unvernünftige, ja abstoßende Riten (Fr. 34; 35). 2. Der jüdische Kult mit dem unverständlichen Sabbatgebot ist ebenfalls abzulehnen, mögen auch die Juden einzelne Züge historisch erklären (Fr. 41–43). 3. Unsinnig ist die Bilddarstellung von Göttern in Menschengestalt, in Tiergestalt oder in monströser menschlich-tierischer Mischgestalt.[34] Aber auch die Philosophen haben viele unzulängliche Gottesvorstellungen entwickelt, so etwa Platon einen rein spirituellen und Straton einen rein materiellen Gott. Lächerlich sind die Augenblicks- und Funktionsgötter der Römer und ihre planlosen Ehen (Fr. 31–33; 39). 4. Albern sind die Auswüchse bei der alltäglichen Verehrung der kapitolinischen Göttertrias: die Salbung des Iuppiterbildes, die Morgentoilette bei Iuno und Minerva,[35] die Einbildung einzelner Tempelbesucherinnen, von Iuppiter ein Kind zu erwarten (Fr. 36; 37).

Augustinus macht natürlich dieses Referat seiner polemisch-apologetischen Absicht nutzbar. Das scheinbare Lob – während Varro nur die Theologie der Dichter anzugreifen gewagt habe, habe Seneca viel heftiger gegen die Staatsreligion seiner Zeit Front gemacht – geht einher mit dem zunächst nur leisen Tadel, diese Freiheit habe er sich nur in seinen Schriften, nicht aber im Leben genommen (Fr. 31). Aber mit zwei scharfen Pointen jeweils am Ende von Fr. 38 und 39 und in seiner Schlußbetrachtung sucht Augustinus schonungslos die Haltung Senecas als inkonsequent und heuchlerisch anzuprangern, da er wider seine bessere, philosophische Einsicht in das wahre Wesen der Götter den Vollzug der staatlichen Kulte um der Gesetze und des Brauches willen dem Weisen ausdrücklich angeraten und selbst, die Öffentlichkeit bewußt täuschend, praktiziert habe. – Diese Kritik wird Seneca kaum gerecht, wie noch zu zeigen ist.[36]

In der stoischen Abwehr falscher Gottesauffassungen durfte die Theodizee nicht fehlen. So hat Seneca im Vorgriff auf ein später nicht vollendetes größeres Werk diesem Problem die kleine Schrift *Über die Vorsehung (De providentia)* gewidmet.[37] Geradezu leidenschaftlich durchdrungen von der Überzeugung, daß Gott in seiner Vorsehung alles Geschehen im Universum nach einem von ihm selbst im Anfang unverbrüchlich festgelegten Gesetz lenke und daß er sich insbesondere der Menschen annehme, verflicht Seneca die beiden Grundgedanken, daß vom höchsten Guten kein Übel ausgehen und daß einem guten Menschen überhaupt nichts Schlechtes widerfahren könne, zu einer eindrucksvollen rhetorischen Beweiskette. Er betont die enge innere Wesensverwandtschaft zwischen Gott und den guten Menschen, denen das Weltgesetz gemeinsam ist. Gott schicke den Rechtschaffenen Leiden, Unglücke, ja den Tod nur zu ihrer Bewährung und Selbstvollendung. Als wahrhaft gute Menschen nähmen sie alles dies willig auf sich. Nichts erscheine ihm als unglücklicher, so zitiert er einen Ausspruch des ihm eng befreundeten Kynikers Demetrios, als derjenige, dem niemals etwas Unglückliches zugestoßen sei.

Demnach bedeute der Freitod eines Cato für Iuppiter das schönste Schauspiel (spectaculum),[38] für jenen selbst den äußersten Grad der Tugend, für die gesamte Menschheit ein unübertreffliches Musterbild (exemplum). Mit Metaphern und Vergleichen aus Gladiatorenspiel und Militärwesen führt er Sokrates und die Reihe der republikanischen Tugendhelden, Scaevola, Fabricius, Rutilius, Regulus, aber auch Phaeton, den todesverachtenden Lenker des Sonnenwagens, als Beispiele an. Als Anwalt der Götter läßt er zunächst die Natur direkt zu Wort kommen und sich Cato als würdigsten Gegenspieler wünschen, dann gibt er Gott selbst das Schlußwort, der wie ein Feldherr in einer großen Adhorte die Menschen zum tapferen Ertragen aller Schicksalsschläge und zur Verachtung der Armut, des Schmerzes, des Todes, des Schicksals überhaupt auffordert.

Die Frage, ob denn überhaupt der Durchschnittsmensch die zu einer solch erhabenen Perspektive notwendige Seelengröße erreichen könne, führt uns zu Senecas Anthropologie.[39] Im 65. Brief verwendet er den Begriff humanitas nicht nur im prägnanten Sinn von ‹Wesen des Menschen›, sondern in der platonischen Bedeutung von ‹Idee des Menschen›. Und Ciceros ganz römisch eingefärbte humanitas überspringend, greift er auf die genuin griechische, von Delphi aus über Sokrates, Platon, Aristoteles zur Stoa gelangte Wesensbestimmung des Menschen von der Gottheit her zurück,[40] indem er von dieser sagt (§ 7): «Sie hat in sich die Fülle dieser Gestalten, die Platon Ideen nennt, und die unsterblich sind, unveränderlich, unverbrauchbar. Daher vergehen zwar die einzelnen Menschen, die Idee des Menschen selbst aber, gemäß deren der Einzelmensch je gebildet wird, dauert fort, und während die Menschen Schaden leiden und vergehen, unterliegt jene keinerlei Einwirkung.» Das Wesen des Menschen ist also im göttlichen Prinzip, in der Welt- und Naturordnung ewig verankert. Von der Gottheit her wird die Menschheit entworfen.

Als Verfechter des platonisch-stoischen Dualismus von Leib und Seele erkennt Seneca das Auszeichnende des Menschen, das Wesensmerkmal seines einzigartigen Vorranges vor allen anderen Geschöpfen in seiner Geistnatur, die ihm als Mitgift Gottes mit diesem gemeinsam ist.[41] Das menschliche Bewußtsein (mens) hat seinen Ursprung in jenem himmlischen Feuerhauch (spiritus), der auch die Gestirne beseelt,[42] ja im Innern jedes rechtschaffenen Menschen wirkt Gott selbst als heiliger Odem (sacer spiritus), als göttliche Kraft (vis divina), als himmlische Fähigkeit (caelestis potentia).[43] Von den Begriffen zur Bezeichnung des menschlichen Geistes gebraucht Seneca mens (Verstand, Bewußtsein) selten und bevorzugt bei weitem animus vor ratio; animus, der zentrale Begriff innerhalb der Metaphorik des Feuerhauches, bezeichnet allgemeiner die Potentialität der Geistbegabung, speziell die Nuance der ‹geistigen Personalität›, während ratio eher die Aktualität der Vernunft meint. Der Geist (animus) bedarf als kostbarstes Gut des Menschen dessen sorgfältigster Pflege,[44] jeder Mensch muß allein nach seinem Geist als seinem eigentlichen Wesensvorzug beurteilt werden.[45] Die Vernunft (ratio) ist das aktuell wirkende Leitprinzip, das nach der stoischen Telosformel den Lebensvollzug des Menschen im Maße seines Erkenntnisfortschritts nach den Bedingungen der allgemeinen und der individuellen Natur ausrichtet. Erst die Vollendung dieser praktischen Vernunft (ratio perfecta) verwirklicht ganz den eigentümlichen Wesensvorzug (proprium bonum) des Menschen, durch sie erst wird der Mensch wahrhaft Mensch (homo qua homo).[46] Die vollendete Vernunft aber ist insofern gleichbedeutend mit dem Vollzug der höchsten sittlichen Tüchtigkeit (virtus). Oder umgekehrt: nur das vernünftige sittliche Handeln auf ein bonum hin, die Wertverwirklichung (virtus), ist die wahre Form der menschlichen Selbstverwirklichung, weil der Mensch, das menschliche Selbst, seinen eigenen höchsten, ja einzigen Wert in der ratio hat.[47] ‹Nach der natürlichen Beschaffenheit der Dinge zu leben› heißt also für den Menschen, seinem göttlichen Ursprung treu zu bleiben, seine göttliche Geistbegabung zu verwirklichen und sich der göttlichen Existenzweise soweit als möglich anzunähern.[48]

Wenige andere Denker der Antike haben sich so intensiv wie Seneca mit der Sterblichkeit des Menschen auseinandergesetzt, jener Grundbedingung, die die menschliche von der göttlichen Existenz scharf unterscheidet.[49] Der gesamte Entwurf seiner Ethik ist der Versuch, diese Grundbedingung zugleich mit voller Bewußtheit anzunehmen und mit aller Willenskraft zu transzendieren. Immer wieder betont er die Unabdingbarkeit des Todes für alles Menschliche.[50] Der Tod ist das Gesetz des Lebens (lex vitae), das Äquivalent, das der Mensch als Schuldner Gottes für seine Geburt und sein Leben erstatten muß.[51] Eine Hauptursache falscher Lebensführung, besonders der schrankenlosen Genußsucht, erkennt Seneca in der Todesfurcht und der daraus erwachsenden Lebensangst. Diese ist daher in einem freien Akt geistiger Selbstverfügung in die Todesgewißheit zu überführen;[52] denn Epikurs Aufforderung, über den Tod zu meditieren, versteht Seneca als Aufruf zur Meditation der Freiheit.[53] Der Tod ist die einzige Möglichkeit, die Sklaverei des Lebens abzuschütteln,[54] ja in der Form des freiwilligen Todes ein äußerster Vollzug der Freiheit, der weder den Göttern noch den Tieren, sondern allein den Menschen offensteht.[55]

Seneca leugnet nicht die menschliche Schwäche (imbecillitas humana), er stellt sie vielmehr immer wieder fest und betont sogar, daß auch die höchste sittliche Tüchtigkeit (virtus) sich nicht vom Gesetz der Sterblichkeit (mortalitas) befreien kann.[56] Einen Gedanken Theophrasts aufgreifend, setzt er aber dem Grundbefund der menschlichen Hinfälligkeit und Sterblichkeit die einzigartige Möglichkeit der geistigen Selbstaneignung des Weisen entgegen.[57] In der Schrift *Über die Kürze des Lebens (De brevitate vitae)* unterscheidet er zwischen dem einfachen Dasein (esse), das auch dem Tier zukomme, und dem freien, bewußten, erfüllten Leben des eigenen Lebens (vitam suam agere, suum esse), das nur dem Menschen möglich sei. Der Mensch soll also ganz frei über sein Leben und seine kurz bemessene Lebenszeit verfügen. Erreichen kann er dies nur, wenn er jederzeit bewußt das stoische Streben nach geistiger Erkenntnis und Weisheit zum höchsten Lebensziel erklärt: «von allen Menschen sind die allein frei zur Muße, die für die Weisheit Zeit haben, sie allein leben.»[58] Die meisten Menschen sind befangen in ihren vielfältigen Beschäftigungen, sie stoßen nie zur Eigentlichkeit ihres Lebens vor (suus nemo est), das Leben wird ihnen geführt und entführt.[59] Nur der stoische Weise gelangt durch die Annahme seiner menschlich-sterblichen Kondition, durch die Selbstaneignung (cultorem sui esse; sibi ipsi vacare) dazu, wirklich sein eigenes Leben zu führen. Indem er bewußt Besitz ergreift vom eigenen Leben, seine Identität ganz bejaht und die vom Schicksal gewährte kostbare Lebenszeit gewissenhaft ausnutzt, vermag der philosophische Mensch, der stoische Weise Senecas, alle Zeitdimensionen in den flüchtigen Moment der Gegenwart zu versammeln. «Ein einziger Tag hat für gebildete Menschen mehr Dauer als für törichte die längste Zeitspanne», so sagt Seneca mit Poseidonios.[60]

Das unausgesetzte Bedenken der Sterblichkeit stellt schon den Beginn ihrer Überwindung dar, insofern diese Reflexion angeregt wird von den göttlichen Geistesfunken in uns.[61] Auf dem Weg der Erkenntnis, angetrieben von virtus und sapientia, verwirklicht der Mensch das unsterbliche Moment in sich und nähert sich dem universalen Unsterblichen, dem Göttlichen.[62] Seneca behauptet nirgends mit Entschiedenheit die Unsterblichkeit der Seele, aber er greift diesen alten Gedanken öfter zustimmend auf[63] und prägt dafür in einem späten Brief ein originelles Bild: Der Tod darf nicht nur nicht gefürchtet, er muß vielmehr sogar erhofft werden, bedeutet er doch, vergleichbar dem Eintritt ins irdische Leben, die Wiedergeburt zu einer neuen Existenz, in die der betreffende Sterbende mit seinem ganzen Wesen eingeht. Dasjenige, was den Menschen eigentlich ausmacht, seine unsterbliche Seele, wird im Tod nicht nur nicht zerstört, sondern erfährt durch ihn erst seine wahre Werdung und Freisetzung, so daß der Modus der Körperlichkeit als nur vorübergehende, uneigentliche Seinsweise vom Menschen freudig aufgegeben werden kann.[64]

IV. Nachwirkung

Seneca hat auf seine Zeitgenossen und noch auf die folgenden Generationen starken Einfluß ausgeübt, aber mehr durch die Faszination seiner Persönlichkeit und durch seinen märtyrerhaften Freitod als durch seine Dichtungen und philosophischen Schriften.[65] Dies entsprach auch, wie Tacitus bezeugt, seiner letzten Willenserklärung, seinen Freunden statt der bereits konfiszierten materiellen Besitztümer das einzige noch verfügbare und schönste Geschenk zu hinterlassen: ‹das Musterbild seines Lebens› (imaginem vitae suae).[66] Grundsätzlich hängt die Rezeption seiner Werke stets eng zusammen mit der historischen Bewertung seiner Person. Insofern war es für die gesamte Folgezeit entscheidend wichtig, daß Tacitus trotz gewisser Vorbehalte mit sorgfältiger Quellenbenutzung und hoher Stilkunst ein ausführliches und recht günstiges Senecaporträt entworfen hat, das der von jenem selbst gewünschten Ikone nahekommt.[67] Die hundert Jahre später verfaßte, sehr gehässige Darstellung Senecas durch Cassius Dio ist weit weniger überzeugend und hat insgesamt deutlich geringere Wirkung gehabt.

Was den Stil der Reden und der philosophischen Prosa Senecas angeht, so haben nach dem Abebben einer ersten modischen Nachahmungswelle das sehr zurückhaltende Urteil Quintilians und später die völlige Ablehnung des Archaisten Fronto[68] Senecas Rezeption beeinträchtigt. Epiktet und Marc Aurel – ein Schüler Frontos –, die beide Senecas Schriften gekannt und vielfach ähnliche Gedanken vorgetragen haben wie er, nennen ihn nirgends ausdrücklich und geben zugleich durch die Wahl der griechischen Sprache zu erkennen, daß sie direkt auf die Originalschriften der älteren Stoiker zurückgreifen. Hingegen haben die christlichen Schriftsteller, zuerst Tertullian und Minucius Felix, später Lactanz, Hieronymus und Augustinus Seneca als einen in mancher Hinsicht geistesverwandten heidnischen Vorläufer der christlichen Lehre und als wichtigen Zeugen ihrer apologetischen Argumentationen entdeckt.[69] Das hat seinen eigentlichen Grund nicht etwa in einer heimlichen Konversion Senecas zum Christentum, wie uns ein im 4. Jahrhundert gefälschter angeblicher Briefwechsel zwischen Seneca und Paulus glauben machen will, sondern darin, daß die Ursprünge der christlichen Lehre und zumal ihre Entfaltung durch Paulus tief von der hellenistischen, besonders der stoischen Philosophie imprägniert sind. Von den Kirchenvätern hat Lactanz Seneca am höchsten geschätzt und am häufigsten – meist mit ausdrücklicher Anerkennung – zitiert.[70]

Das beste Beispiel findet sich im 6. Buch der *Göttlichen Unterweisungen*, das *Über die wahre Gottesverehrung* handelt (Kap. 24, 12–17). Lactanz zitiert dort den Schluß und eine Partie des 1. Buches der mehrere Bücher umfassenden, verlorenen *Ermunterungen* (zur Philosophie).[71] An beiden Stellen leitet Seneca aus der absoluten, die menschliche Vorstellungskraft übersteigenden Größe Gottes (magnum... nescioquid maiusque quam cogitari potest numen est, cui vivendo operam damus) dessen Allgegenwart und Allwissenheit in unserem Gewissen her und empfiehlt den sittlichen Lebensvollzug als den besten Gottesdienst. Lactanz folgt dieser Argumentation und billigt Seneca zu, daß er, wenn jemand ihn unterwiesen hätte, ein wahrhafter, das heißt christlicher Verehrer Gottes hätte sein können. Obwohl Lactanz unmittelbar anschließend (6, 24, 18) eine ähnlich prägnante Aussage Ciceros über das Gewissen als göttliche Mitgift des Menschen zitiert,[72] belegen doch zahlreiche andere Partien bei Seneca, daß vor allem er innerhalb der abendländischen Tradition einen herausragenden Beitrag zur Ausprägung des Gewissensbegriffs als absoluter sittlicher Norm geleistet hat.[73]

Jener Grundgedanke der alles übersteigenden Größe Gottes aber verweist auf die metaphysische Grundlegung zu Beginn der *Naturwissenschaftlichen Fragen,* wo Seneca sagt (n. q. 1, pr. 13): «Was ist Gott? Das Ganze, was du siehst, und das Ganze, was du nicht siehst. So erst wird ihm seine Größe zuerkannt, im Vergleich zu der die nichts Größeres gedacht werden kann (magnitudo... qua nihil maius cogitari potest), wenn er allein Alles ist, wenn er sein Werk von innen und von außen umspannt.» In mehreren Anläufen hat die Forschung überzeugend nachgewiesen, daß eines der Glanzstücke der scholastischen negativen Theologie, der berühmte ontologische Gottesbeweis des Anselm von Canterbury, der für den Begriff Gottes als des absolut größten und vollkommenen Wesens (aliquid quo nihil maius cogitari possit) als denknotwendig auch dessen Existenz postuliert, von jenen sprachlich einprägsamen und durch ihre markante Stellung innerhalb der jeweiligen Werke auffälligen, deshalb auch von früheren Kirchenschriftstellern schon reflektierten Aussagen Senecas her inspiriert ist.[74]

Hatte das Mittelalter – viele berühmte Namen wären zu nennen – sich mit dem Naturforscher und Theologen Seneca auseinandergesetzt, so wendet sich Petrarca in seinem neuen, existentiellen Verständnis der Antike dem realen Menschen und dem Ethiker Seneca zu, rechnet ihn neben Vergil und Cicero zu den Leitfiguren seines Lebens, zitiert ihn öfter als alle anderen antiken Autoren – ausgenommen Vergil – und spielt ihn, den Verächter von Logik, Dialektik und Schulsystematik, gegen die dogmatisch erstarrte Scholastik und gegen die averroistische Naturwissenschaft seiner Zeit aus. Wie zu den anderen antiken Autoren tritt er zu ihm in ein persönliches, dialogisches Verhältnis, so daß er ihn auch in einem Brief – wie ebenso Cicero im ersten an diesen gerichteten Brief – an seine Fehler erinnern kann.[75] Petrarcas existentielle Begegnung mit dem seelenverwandten Seneca vollzieht sich im Medium der Sprache: nicht nur seine lateinischen Werke, sondern selbst seine italienischen Dichtungen zeigen den starken Einfluß von Senecas Stilistik und Rhetorik. Zwei Leitthemen, die Petrarcas Denken unaufhörlich beherrscht haben, scheinen exemplarisch für Senecas mächtige Wirkung: einmal die stete Bemühung um radikale, ja schonungslose Selbstanalyse, um meditative, oft asketische Züge annehmende Auslotung der eigenen Innerlichkeit;[76] zum anderen das Ringen um stoische Unerschütterlichkeit und Schicksalsergebenheit, die bei Petrarca natürlich als fromme Ergebung in den Willen des wahren Gottes verstanden ist.[77]

Die Größe eines klassischen Autors wie Seneca zeigt sich nicht zuletzt darin, daß er in verschiedenen Epochen verschiedene, je neue Energien aus seinem reichen Wirkungspotential freizusetzen vermag. Hatte er, der von der Scholastik so hoch geschätzte Autor, Petrarca zu seinen neuen, humanistischen Bestrebungen inspiriert, so wies er auch am Ende des Mittelalters den Weg zur Entdeckung der neuen Welt, und zwar durch jene Vision, in der er den menschlichen Geist aus der Sternensphäre die Kleinheit der Erdkugel ermessen läßt: «Dann verachtet er die Enge seines früheren Wohnsitzes. Wieviel ist es denn, was sich von den äußersten Küsten Spaniens bis zu den Indern erstreckt? Eine Strecke von ganz wenigen Tagen, wenn das Schiff der richtige Wind voranbringt.»[78] Mag diese Auffassung von der Kugelgestalt der Erde letztlich auch auf Platon, Aristoteles und Herakleides zurückgehen und Seneca – wie auch Plinius – durch Poseidonios und Strabon vermittelt sein, Senecas Worte dürften Kolumbus vor Augen gestanden haben, als er seine Fahrt lange plante, dann endlich antrat und trotz aller Schwierigkeiten durchhielt.[79]

Mit besonderer Intensität hat sich M. de Montaigne in seinen *Essais* (verf. 1571–1588) den Dichter wie den Philosophen Seneca angeeignet. Dabei kommt es weder auf die Zitate und direkten Entlehnungen entscheidend an, die er ebenso vielen anderen antiken Autoren entnimmt, noch auf die stoische Dogmatik, der er letztlich doch den Skeptizismus vorzieht, sondern auf die innere Form der Nähe und Anverwandlung in jahrelanger geistiger Zwiesprache; denn aus dieser Auseinandersetzung mit Senecas *Dialogen* und *Moralischen Briefen* – seiner erklärten Lieblingslektüre neben Plutarchs *Moralischen Schriften* – hat Montaigne die bei jenem vorgeprägte neue Prosagattung des Essay – als Brief oder Dialog ohne bestimmten Adressaten – geschaffen.[80]

Die europäische Senecarezeption erreichte ihre höchste Blüte in einer durch Justus Lipsius (1547–1606) heraufgeführten Epoche des Neostoizismus.[81] Am Kölner Jesuitencolleg glänzend ausgebildet, kam Lipsius nach umfassenden Studien der Altertumswissenschaft über Jena, Köln, Löwen 1578 nach Leiden, wo er zu den Reformierten übertrat. Er entfaltete dort an der 1575 als geistiges Zentrum im Kampf der protestantischen niederländischen Nordprovinzen gegen Spanien gegründeten Universität eine reiche Tätigkeit, bis er 1591, nun wieder katholisch geworden, an seine Heimatuniversität Löwen zurückkehrte. Tacitus und Seneca galten seine bedeutendsten philologischen Leistungen: die kommentierte Tacitusausgabe von 1574 und die Ausgabe der Prosaschriften

Senecas von 1605; und aus diesen beiden Autoren hat er auch seinen eigenen Neuentwurf der stoischen Philosophie geschöpft, dessen Quintessenz in den zwei Büchern *Von der Standhaftigkeit* (1584) niedergelegt ist,
deren 86 Neuauflagen und viele Übersetzungen von ihrer ungemeinen
Wirkung zeugen.[82] Angesichts der schlimmen Kriegswirren seiner Zeit
rät er den Menschen zur Rückbesinnung auf die stoische Weisheitslehre,
die, jenseits allen Konfessionsstreits, zur Einsicht in das göttliche Weltgesetz, zur Schicksalsergebenheit und seelischen Unerschütterlichkeit an-
leitet. Den von Seneca angeführten stoischen Mustergestalten Sokrates
und Cato stellt Lipsius jenen selbst, dessen Freitod er mit Tacitus als Tat
heroischer Selbstüberwindung sieht, würdig an die Seite.

In demselben Geiste hat P. P. Rubens seine berühmten Gemälde: *Der
sterbende Seneca* (ca. 1609) und *Lipsius und seine Schüler* (1611 o. 1615)
geschaffen.[83] Jenes, in enger Anlehnung an Tacitus' Schilderung konzi-
pierte Bild zeigt im Vordergrund den bis auf ein Lendentuch nackten
Seneca, der mit schmerzhaft gekrümmtem Körper in einem flachen Was-
serbecken steht. Trotz Falten und Altersspuren wirkt sein Körper eher
athletisch-trainiert. Aus der von dem neben ihm stehenden Arzt geöffneten Vene der linken Armbeuge fließt ein dünner Blutstrahl. Links sitzt ein
junger Schüler, der seine letzten Worte aufschreibt. Im Hintergrund beobachten zwei von Neros Soldaten die Szene. Senecas geöffneter Mund
zeigt, daß er diktiert, der nach oben gerichtete Blick, daß er über die Formulierungen nachdenkt. Die ganze Szene ist wie ein Martyrium, ja geradezu wie eine Pietà gestaltet. Seneca hatte den heroischen Kampf des
Weisen gegen das Schicksal als ein erhabenes Schauspiel (spectaculum) für
den Gott bezeichnet (prov. 2, 8–9). Diesen Gedanken haben Tacitus in
seiner literarischen und Rubens in seiner malerischen Schilderung konge-
nial nachempfunden.

Auf dem anderen Bild sitzt Lipsius an einem Tisch, mit der Linken auf
eine Stelle in einem Buch deutend, mit der geöffneten Rechten seine Auslegung unterstreichend. Über ihm steht in einer Wandnische die römische
Kopie einer hellenistischen Büste, die Rubens sich als angebliches Senecaporträt aus Rom mitgebracht hatte. Neben Lipsius sitzt rechts sein Lieb-
lingsschüler Jan Wouwer, links Rubens' jüngerer Bruder Philipp mit
schreibbereiter Feder. Ganz links steht Rubens selbst, der durch Wegzie-
hen eines Vorhangs den Blick auf ein fernes Idealbild von Forum und Pa-
latin in Rom freigibt. Seneca und Lipsius sind durch die Ähnlichkeit von
Kopfhaltung, Blickrichtung, Gesichtsausdruck eng verbunden: Der römische Philosoph kommt durch die Lehre seines modernen niederländischen Propheten zu neuer lebendiger Wirkung, die auch den Maler zur
Umsetzung in sein Medium begeistert. Als Rubens das Bild schuf, waren
Lipsius und Philipp Rubens bereits tot. Ein profanes Andachtsbild also,
das die todüberdauernde Kraft und unaufhörliche Transformation der
stoischen Prinzipien zeigt.

Mit der mächtigen Wirkung von Senecas stoischer Weltanschauung verbindet sich um 1600 der beherrschende Einfluß seiner Tragödien im europäischen Theater; vor allem die zwei weitverbreiteten Typen der Märtyrertragödie und der Tyrannentragödie beruhen wesentlich auf dem Vorbild Senecas. Eine entscheidende Vermittlungsfunktion zwischen den beiden Werkkomponenten Senecas einerseits sowie zwischen der lateinischen und der nationalsprachlichen Dramenproduktion andererseits übernahmen dabei die Jesuitenbühnen. In Frankreich etwa zeigen sich die bedeutendsten jesuitischen Tragiker Mousson, Petau, Caussin, Cellot in Sprache, Stil, Metrik, Komposition wie in Thematik, Idee, Moral, Argumentation bis in die Details von ihrem erklärten Musterautor Seneca inspiriert. Und die französischen Klassiker, allen voran Corneille, der von 1615 bis 1622 das Jesuitencolleg in Rouen besucht hat, nehmen von den gleichen ästhetischen und philosophischen Prinzipien ihren Ausgang, um sie dann freilich zu einem neuen Kunstideal zu transzendieren.[84]

Eine vielfach parallele Entwicklung vollzogen in den Niederlanden Grotius, Heinsius, Hooft und van den Vondel.[85] In Deutschland hat M. Opitz 1625 Senecas *Troerinnen,* die ‹Königin der Tragödien› (Grotius), in deutsche Alexandriner übersetzt und als Mustertragödie gemäß seiner neuen Dichtungstheorie (*Poeterey,* 1624) propagiert. Der junge A. Gryphius hat um 1635 die in der Manier Senecas gehaltene Märtyrertragödie *Felicitas* von N. Caussin (1620) ins Deutsche übersetzt. Daniel Casper von Lohenstein schließlich, der ‹deutsche Seneca›, hat besonders in den Tragödien *Agrippina* (n. 1657) und *Epicharis* (1665) die durch Lipsius und Rubens aktivierten Spannungspole der kaiserzeitlichen Stoa, Seneca und Tacitus, wiederbelebt, indem er die aus dem Historiker geschöpften Stoffe nach der Art des Dichters gestaltete.[86]

Nach einem Jahrhundert ging das Zeitalter Senecas, einer beherrschenden Wirkung des Philosophen wie des Dramatikers im gesamten Europa, zu Ende. In ganz eigener Weise ist dann noch einmal G. E. Lessing in eine intensive Auseinandersetzung mit dem Tragiker Seneca eingetreten, an dem ihn natürlich zumal seine stoische Philosophie faszinierte.[87]

Zurück zur Philosophie! R. Descartes hat im Jesuitencolleg von La Flèche (1604–1612) Senecas Prosaschriften aufs genaueste kennengelernt und den Geist seiner Tragödien mindestens durch die vielbewunderten Nachahmungen des Tragikers P. Mousson in sich aufgenommen.[88] Sein lebhaftes Interesse an Seneca bezeugen der frühe Kommentar zur Schrift *Vom glückseligen Leben,* seine Naturforschungen allgemein und innerhalb dieser besonders die Abhandlung über *De Meteore* (1637), die an Senecas *Meteor*buch (= n. q. 1) anknüpft, und schließlich die Schrift *Über die Leidenschaften der Seele* (1649), die indes Senecas stoischer Ablehnung der Affekte nicht folgt. Descartes' Themen und Probleme, seine Begrifflichkeit, seine klare und geschliffene Latinität scheinen tief von Seneca imprägniert. Eines von vielen Beispielen direkter Anlehnung mag genügen: Sowohl im 4. Teil der *Abhandlung über die Methode* (1637), wo er Gottes Existenz aus der von der Natur dem Menschen eingegebenen Idee eines vollkommenen Wesens beweist, wie auch in der 3. seiner *Meditationen* (1641), wo er in Gott die Summe aller Ursachen erkennt, bewegt er sich auf Bahnen, die Seneca in jenem *Meteor*buch und im 65. Brief vorgezeichnet hat.[89]

B. de Spinoza zeigt sich ebenfalls mit Senecas Philosophie gründlich vertraut. In seiner *Ethik* (1677) behandeln die fünf Hauptteile *(Von Gott, Von der Seele, Von den Affekten, Vom Umgang mit den Affekten, Vom Verstand)* in derselben Hierarchie, in demselben lateinischen Denkhorizont dieselben zentralen Probleme, um die auch Senecas Überlegungen stets kreisen. Die Beweise für die Existenz Gottes und die Aussagen über sein Wesen berühren sich streckenweise eng mit Senecas entsprechenden Gedanken. Wenn etwa Spinoza erklärt (Ethik 1, Lehrsatz 17 u. Folgesätze 1–2), daß nichts ohne Gott sein und begriffen werden kann, daß nichts außerhalb Gottes ihn zum Handeln zwingen kann, daß er allein eine freie Ursache ist, daß er allein existiert und handelt kraft der bloßen Notwendigkeit seiner Natur, dann entspricht dies genau Senecas Feststellung in der Einleitung des *Meteor*buches (n. q. 1, pr. 3), Gott sei trotz seiner eigenen ewigen Festlegung des Weltschicksals nicht weniger frei und mächtig, da er ja selbst seine eigene Notwendigkeit sei.

In dem Alterswerk *Essay über die Herrschaft der Kaiser Claudius und Nero sowie über das Leben und die Schriften Senecas zur Einführung in die Lektüre dieses Philosophen* ([1]1778; [2]1782) hat D. Diderot mit dem Scharfsinn des Historikers wie des Psychologen nicht nur in enger Anlehnung an Tacitus und Seneca selbst eine kluge Analyse der politischen Verhältnisse jener Zeit und eine engagierte Rechtfertigung Senecas unternommen, sondern auch nach dem Vorbild Montaignes und der Moralisten seine eigene Epoche und seine eigenen philosophischen Anschauungen im Spiegel der Antike reflektiert. Er bewundert Seneca als römischen Sokrates, als Verfechter der auch von ihm propagierten Prinzipien der Natur, der Vernunft, einer auf Freiheit und Gleichheit aller beruhenden Gesellschaftsordnung, als aufrechten Staatsmann, der in den Jahren seiner Regierung Großes für Rom geleistet hat, und als bis in den Tod konsequenten Philosophen. Indem er sich vor der Nachwelt einen ebensolchen Fürsprecher erhofft, wie er es für Seneca sein will, sieht er sich gewissermaßen als den Seneca seiner Zeit.

Für das 19. Jh. ist A. Schopenhauer als ein intimer Kenner und überzeugter Verehrer Senecas zu nennen. In seinen Werken trifft man allenthalben – insgesamt ca. 70 – Zitate und Entlehnungen aus Seneca, an dem er vor allem die praktische Lebensbemeisterung schätzt: «Die platten Schulexercitien des Zeno und Chrysippos halten keinen Vergleich aus mit den so energischen und geistvollen Schriften des Seneka.»[90] In unterschwelliger Kontinuität haben die entscheidenden Grundgedanken Senecas – ohne als solche jeweils ausdrücklich ausgewiesen zu sein – durch die

Vermittlung von Kierkegaard, Dilthey, Husserl, Scheler bis in die moderne Existenzphilosophie nachgewirkt.[91]

V. Schlußbetrachtung

Wer sich auf Senecas Philosophie einlassen will, sollte sich mit der Frage seiner Glaubwürdigkeit nicht zu lange aufhalten, sondern, dem Bericht des Tacitus folgend, anerkennen, daß Seneca eventuelle frühe Verfehlungen mit der langen Verbannung gesühnt, als Lenker Neros und der Regierung lange Jahre eine bewundernswerte Leistung vollbracht und am Ende durch seinen Rücktritt und seinen Tod entschlossen alle noch offenen Widersprüche aufgehoben hat. Greifen wir das für unser Thema zentrale Problem heraus: Wie steht es mit seiner religiösen Überzeugung?

Seneca kann als Musterfall der theologia tripertita gelten, einer im Hellenismus – nicht unbedingt in der Stoa – entstandenen Lehre, die, wie Augustin uns nach Varro referiert, in der alltäglichen Lebenspraxis drei Anschauungsweisen des Göttlichen unterschied: die mythologische, der Phantasie der Dichter entspringende theologia fabularis; die philosophisch-wissenschaftliche, besonders auf die Erscheinungen der Natur bezogene theologia physica; die allgemeine Konvention der staatlichen Kulte als theologia civilis.[92] Während Seneca einerseits in seinen Tragödien den Göttern des Mythos beträchtlichen Raum gewährt, sie sogar als handelnde Figuren, nicht als bloße Sinnbilder nach Art der stoischen Allegorese, einführt und andererseits als Naturwissenschaftler die Nennung der Götter und die mythologischen Anspielungen zugunsten der einen Universalgottheit meidet, bleibt er doch in seiner alltäglichen Lebensführung, zumal dort, wo sie sich in der Öffentlichkeit vollzieht, erklärter Anhänger der römischen Staatsreligion. Aber wenn er betont, daß man die Vergöttlichung des Augustus nicht wie auf Befehl, sondern wegen seiner tatsächlichen Verdienste anerkenne, so impliziert dies zugleich die Ablehnung der Divinisierung unwürdiger Herrscher, wie er sie kurz zuvor in der Satire auf Claudius ausgedrückt hat.[93] Als Nero nach dem Brand Roms zu rascher Finanzierung eines prunkvollen Neubauprogramms in Rom, Italien und den Provinzen die Tempelschätze plündern und die Götterbilder einschmelzen ließ, blieb Seneca ostentativ dem Senat fern, um sich von diesem Sakrileg zu distanzieren.[94] Seine Kritik am zeitgenössischen Götterglauben richtete sich, wie diejenige Varros, vornehmlich gegen unverständliche oder abstoßende Riten fremdländischer, meist orientalischer Kulte, gegen obskure römische Gottheiten und gegen einzelne Auswüchse der römischen Kulte. Augustins Vorwurf der Heuchelei trifft also neben Seneca die große Mehrzahl der übrigen antiken Philosophen und für unsere Zeit jeden, der den Glauben an eine Offenbarungsreligion mit philosophischer Aufgeklärtheit zu verbinden sucht.

Halten wir noch einmal die Wesensmerkmale von Senecas Philosophie fest: Gestützt auf umfassende Kenntnis der griechischen Quellen, schafft Seneca einen selbständigen Entwurf der stoischen Philosophie, der sich durch sokratische Offenheit und Radikalität auszeichnet, griechische Universalität mit römischer Eigenprägung verbindet. Wollte Cicero das griechische Denken in Rom einbürgern, so will Seneca sich als Römer in die griechische Denktradition einfügen. Er erstrebt nicht primär die Synthese, die sichere Systematik, sondern betont die prozessuale Unabgeschlossenheit der Weisheitssuche. Er bleibt stets auch Skeptiker, liebt die Ironie, das Paradox, ja das Absurde.

Das wichtigste Organ seiner Philosophie ist sein einzigartiges Sprachvermögen. Er beherrscht alle Feinheiten der Dialektik und Rhetorik, alle Register der Argumentation und Stilistik. Er sucht die funkelnde Klarheit der Gedanken, Begriffe, Bilder, drängt den Ausdruck in knappe, durch Pointen und Antithesen aufgeladene Sätze, die er mit perfekten Klauseln rhythmisiert. Um die dauernde pathetische Spannung seines Stiles zu erreichen, variiert er zwischen der dichten Fülle kurzer, kraftvoller Satzläufe und lakonischer Prägnanz. Selbst überzeugte Ciceronianer wie Quintilian müssen anerkennen, daß er den neuen Sprachstil der frühen Kaiserzeit in unnachahmlicher Vollkommenheit ausgeprägt hat.[95] Und man wird hinzufügen, daß dieser ‹athletische› Stil nicht nur Senecas eigene zwiespältige Seelenverfassung und das spannungsreiche Bewußtsein seiner historischen Epoche, sondern zumal die heroisch-asketischen Grundzüge der stoischen Lehre angemessen wiedergibt. Seine Latinität hat bestimmenden Einfluß auf das Neulatein ausgeübt.

Seneca ist zuallererst ein ernstzunehmender und selbständiger Naturforscher, ein arbeitsamer Empiriker und sorgfältiger Phänomenologe. Für ihn führt nur die möglichst eindringliche Naturerkenntnis zur Gotteserkenntnis. Er formuliert seinen sehr überzeugenden Gottesbegriff mit den Kategorien der negativen Theologie. Im Geist der jonischen Naturphilosophen will er die Gesetze des Kosmos erklären. Vor allem sein *Kometen*buch (= n. q. 7) hat auch nach modernen Kriterien als eine naturwissenschaftliche Leistung ersten Ranges zu gelten.[96] Und ist nicht das stoische, aber gerade von Seneca mit Leidenschaft verfochtene Postulat der Übereinstimmung mit der Natur – der Einfügung in das Weltganze wie der Selbstverwirklichung der Individualnatur – heute so aktuell wie eh und je?

Seneca sieht den Menschen bestimmt durch die konträren Grundbedingungen der Sterblichkeit und der Geistbegabung. Konsequent stößt er zu dem Gedanken von der prinzipiellen Gleichheit aller Menschen und von der einen Menschheit vor. Nur in dem Maße, in dem der Mensch seinen Geist als seinen göttlichen Teil verwirklicht, sich seiner eigenen Natur ganz vergewissert, vollendet er sein wahres Menschsein, kann er seine räumlich-zeitliche Begrenztheit, ja seine Sterblichkeit überwinden.

Dies geschieht nicht in der Theorie, sondern nur in der sittlichen Bewährung, die die Krisen und Grenzsituationen der realen Lebenspraxis meistert. Nach Rhetorenart illustriert Seneca seine Darlegung mittels einer vielfältigen Kasuistik, die mit ganzen Katalogen negativer und positiver Exempla aufwartet.

Seneca bleibt nicht bei der Individualethik stehen, sondern verweist den einzelnen auch auf seine Pflichten im gesellschaftlichen Kontext. So entwerfen die sieben Bücher *Über die Wohltaten* ein sehr differenziertes System sozialer Aufgaben und Leistungen. Natürlich gilt für Seneca in dieser Frage eine vielfach abgestufte Wertehierarchie, die von der allgemein menschlichen Solidarität über das Standesethos der Senatsaristokratie bis zum äußersten persönlichen Engagement und zur Verwirklichung stoischer Ideale in der Lenkung des Staates reicht.

Seneca gehört zu den großen Erziehergestalten der Antike.[97] Unter Anweisung seiner Lehrer hat er sich von Jugend auf strenger körperlicher und vor allem geistiger Disziplin unterworfen. Durch regelmäßige Gewissensprüfungen, Meditationen, geistige Exerzitien – Ignatius von Loyola ist stark von ihm beeinflußt – und Techniken der Autosuggestion hat er in einem vorher nicht gekannten Maße die Seelenkräfte der Erkenntnis und des Willens zu erfassen und zu entfalten vermocht. Diese Erfahrungen gab er an seine Schüler weiter. Vor allem die *Briefe an Lucilius* dokumentieren in dialogischer Form den aufregenden Prozeß des Eindringens in die seelischen Tiefendimensionen und eines beiderseitigen Aufstiegs zu einem idealen Stoizismus.

Klaus Kremer

PLOTIN
(204–270)

Nach der platonischen Akademie und dem aristotelischen Lykeion gibt
es wohl keine antike philosophische Schule mehr, die hinsichtlich ihrer
philosophischen Bedeutung wie geistesgeschichtlichen Nachwirkung einen Vergleich mit den beiden erstgenannten Schulen zuläßt, ausgenommen die neuplatonische Schule. In ihrem Mittelpunkt steht Plotin, der eigentliche Begründer des Neuplatonismus.[1]

I. Leben

Plotin, über dessen Leben und Werke uns Porphyrios, sein begabtester
Schüler, eine kostbare Biographie hinterlassen hat, ist 204 n. Chr. geboren. Über seine Herkunft, seine Eltern oder seine Heimat verriet er
nichts, weigerte sich auch, einem Maler oder Bildhauer Modell zu sitzen,
damit nicht noch ein «Abbild des Abbildes» angefertigt werde (VP 1,8).
    In seinem 28. Lebensjahr wendet er sich der Philosophie zu, und zwar
zu Alexandrien, daher die Annahme seiner ägyptischen Herkunft. Er
sucht allerdings eine Weile, bis er in Ammonios Sakkas, einem in der
Stille wirkenden Philosophen, denjenigen antrifft, von dem er bekennt:
«Das ist der, den ich suchte» (VP 3,13). Elf Jahre bleibt er bei diesem Ammonios, der nichts geschrieben hat, aber dem Ausruf und langjährigen
Aufenthalt Plotins zufolge eine Persönlichkeit von erstaunlichem Charisma gewesen sein muß. Als Schüler dieses Ammonios werden neben
Plotin Erennios, Origenes der Neuplatoniker, Longinos, Olympios,
Theodosios und ein gewisser Antonios genannt (VP 3,24; 7,18; 10,2),[2]
von denen die ersten drei den inneren Kreis bildeten. Diese drei hatten
nämlich einen Schweigevertrag vereinbart, nichts von der Lehre des Ammonios zu veröffentlichen. Ob man auch Origenes den Christen, der
nach Porphyrios[3] wenigstens eine oder mehrere Vorlesungen vor der Zeit
des Plotin bei Ammonios gehört hat, als Schüler des Ammonios bezeichnen kann, ist bis zur Stunde umstritten. Ähnliches gilt für den Christen
Heraklas.
    In seinem 39. Lebensjahr, d. h. 242 oder auch erst 243 (das ist wohl der
Zeitpunkt des Todes seines Lehrers), schließt Plotin sich dem Feldzug
Kaiser Gordians III. gegen die Perser an, um die Philosophie der Perser
und Inder kennenzulernen. Da Plotins Vorhaben durch die Ermordung
des Kaisers vereitelt wird, flieht er 244 nach Rom, vermutlich aufgrund

Plotin (204–270)

ererbter Verbindungen zu römischen Senatoren, die ihm offenbar auch
die Teilnahme an dem römischen Kriegszug ermöglicht hatten. Er wohnt
im Hause einer Römerin Gemina, die mit ihrer gleichnamigen Tochter
seiner Philosophie anhängt, und hat unter seinen Hörern zahlreiche Römer und Römerinnen, besonders aus Senatskreisen. Es waren diese
Kreise, die ihn ersuchten, das Amt der Vormundschaft für Waisen zu
übernehmen. Das ging dann so weit, daß Plotin den in sein Haus aufge-
nommenen Kindern die Schulaufgaben abhörte und die von den Betreu-
ern der jungen Menschen vorgelegten Abrechnungen akribisch kontrol-
lierte.

Plotins Plan, in Kampanien, wo die Güter seiner Freunde lagen, eine
längst zerstörte Stadt neu zu besiedeln, um gemäß den platonischen *Gesetzen* dort mit seinen Schülern zu leben und zu arbeiten, kam nicht zur
Ausführung. Er erhielt nämlich das von Kaiser Gallienus erbetene umlie-
gende Land für das Projekt «Platonopolis» nicht.

Nach 26jähriger Lehrtätigkeit zog er sich aufgrund einer schweren
Krankheit, die infolge der Symptome ein weiteres Zusammensein mit
Menschen unmöglich machte, nach Kampanien auf das Landgut seines
verstorbenen Freundes und Schülers Zethos zurück. Dieses lag nördlich
von Neapel, unweit der Küstenstadt Minturnae (heute Minturno) am Li-
ris. In Anwesenheit seines in letzter Minute aus dem ca. 70 Kilometer
entfernten Puteoli (heute Pozzuoli) herbeigeeilten Schülers und Arztes
Eustochios starb er dort sechsundsechzigjährig im Jahre 270, mit einem
ihm wohl von Porphyrios beigelegten Ausspruch: «Versucht, den Gott in
uns hinaufzuführen zum Göttlichen im All» (VP 2,26f.).

An namentlich zu erwähnenden Schülern Plotins seien genannt: Porphyrios, Eustochios, der sicher auch eine Ausgabe oder mindestens eine
Teilausgabe von Plotins Schriften geschaffen hat, der Italiker Amelios,
der 24 Jahre in Plotins Schule weilte, und die beiden Gutsbesitzer Zethos
und Castricius.[4] Porphyrios unterrichtet uns auch über die Lehrgegen-
stände in Plotins Vorlesungen. Sie betrafen die Kommentare der Platoniker Severos, Kronios, Numenios, Gaios und Attikos sowie der Peripate-
tiker Aspasios, Alexander von Aphrodisias und Adrastos zu den Klassikern. Auch stoische Lehren griff Plotin auf. «Niemals aber übernahm er
einfach eine ihrer Lehren, sondern er war originell und ungewöhnlich in
seinem wissenschaftlichen Denken, und brachte den Geist des Ammonios [Sakkas] in den Unterricht hinein» (VP 14,14–16).

Erst nach zehnjähriger Lehrtätigkeit, d. h. ab 253, läßt Plotin sich bewegen, über das im Schülerkreis Vorgetragene und Diskutierte zu schreiben. Sein schriftstellerischer Zeitraum umfaßt daher lediglich 15 bis 16
Jahre. Sofern man überhaupt eine Entwicklung im plotinischen Denken
annimmt, ist sie auf wenige und eng umgrenzte Punkte zu reduzieren.[5]
Die beste Hilfe für die Entscheidung dieser Frage ist die uns von Porphyrios überlieferte chronologische Folge von Plotins Schriften.

II. Werk

1. Die zweifache Sicht in der plotinischen Philosophie

Seit E. Zeller hat sich in der Plotinforschung die Unterscheidung einer zweifachen Sicht in der plotinischen Philosophie durchgesetzt. Die eine betrifft den subjektiven bzw. religiös-ethischen oder aktualen Ursprung und Ausgangspunkt von Plotins Denken, die andere den objektiven bzw. philosophischen, d. h. metaphysisch-kosmologischen oder gegenständlichen Ursprung. Der subjektiv-aktuale Ausgangspunkt ist die Einkehr der Seele in sich selbst, die Entdeckung ihres ursprungslosen Ursprungs in sich selbst und in eins damit das Erwachen der Sehnsucht, mit diesem verborgen anwesenden Ursprung vereinigt zu werden. Dies ist zugleich der für Plotin fundamentale und argumentativ begründete Weg von und aus der Vielfalt zum gänzlich differenzlosen Einen, dem plotinischen Gott. Der objektiv-gegenständliche Ausgangspunkt ist, allgemein gesprochen, die von Platon übernommene Unterscheidung zwischen der sinnlichen und intelligiblen Welt, näher gesehen das Hervorgehen aller Dinge aus ihrem Ursprung, insbesondere der Hypostasen (Seinsheiten) Geist und Seele aus dem Einen sowie deren Unterscheidung vom Einen. Die subjektiv-aktuale Sicht setzt, ontologisch betrachtet, die objektiv-gegenständliche voraus, da die Seele sich erst mit ihrem Ursprung vereinen kann, wenn sie aus diesem hervorgegangen ist. Dieselbe Wirklichkeit wird daher von zwei unterschiedlichen Ausgangspunkten her erfaßt, die weder gegeneinander ausgespielt noch einander untergeordnet werden dürfen, sondern als gleichrangig und natürlich als miteinander kompatibel anzusehen sind.

Obwohl Plotin nun sehr oft die ihn «quälende» Frage formuliert, wie das Viele aus dem gänzlich Einen hervorgehen könne, hat er sich nicht geschmeichelt, gleichsam auf der Höhe Gottes zu stehen, um von hier aus miterleben zu können, wie aus dem absolut Einen das weniger Eine und aus diesem wiederum das noch weniger Eine usw. entstehe. In Wirklichkeit ist Plotin den Weg von unten nach oben gegangen, von der Vielheit zur Einheit, vom Sinnenhaften zum Unsinnlichen, von der Selbsterkenntnis zur Gotteserkenntnis.[6] «Alles Seiende ist durch das Eine ein Seiendes... Denn was könnte es sein, wenn es nicht Eines ist... Denn es kann kein Heer sein, wenn es nicht Eines sein soll, und kein Reigen und keine Herde, ohne Eines zu sein» (VI 9,1,1–6). Aber wer bewirkt nun letztlich die Einheit in allem Seienden, fragt Plotin weiter. Ist es die Seele? Ist es der Geist? Oder müssen wir auch diesen noch transzendieren? Plotin antwortet mit Ja und nennt zugleich den entscheidenden Punkt für diesen Weg nach oben, der für ihn immer ein Weg ins Innere des Menschen ist: Von den Sinnendingen, die das Letzte sind, gilt es «hinaufzusteigen zum Ursprung, der in uns selbst ist, und aus der Vielheit Eines zu werden» (VI 9,3,18–21).

Mehrfach hat er ausdrücklich klargestellt, daß wir nur aus dem der
Natur nach Späteren, zu dem in erster Linie die Vielheit der Sinnendinge
gehört, zur Erkenntnis des der Natur nach Früheren und Ersten, des
Einen, gelangen. Dieser Ansatz eines Erkenntnisweges «von unten» hat
nichts mit Empirismus zu tun, weil die Seele ihre Inhalte von dem ihr
unmittelbar übergeordneten Geist empfängt, und wir durch das in uns,
das dem Einen ähnlich ist, das Eine zu erfassen vermögen. Bei diesem
Aufstieg führt uns daher bereits ein irgendwie vorgängig gegebenes Bewußtsein um das gänzlich Eine. In gewissem Sinne stehen Geist und
Eines schon am Ausgangspunkt unseres Erkenntnisweges. Im Unterschied
zu den meisten Plotindarstellungen soll daher im folgenden dieser Weg
Plotins von unten nach oben, d. h. von außen nach innen nachvollzogen
werden, um zugleich Plotins großes Interesse am Selbst des Menschen zu
bekunden.

2. Die sinnenhafte Welt und ihre Verteidigung gegen die Gnosis

Die Sinnenwelt, unterster Rang der Wirklichkeit, ist in aktualer Sicht mit
der geistigen Welt nur homonym, nicht synonym vergleichbar. Sie umfaßt die Dinge, «denen man am meisten Sein zuzuschreiben pflegt, die
aber am meisten Nichtsein haben» (V 5,11,8f.). Ihr Kennzeichen ist, Einheit nur vorzutäuschen und erst durch Teilhabe als Eines in Erscheinung
zu treten. Sie flieht daher das wahrhaft Eine, ist hoffnungslos in Vielheit
gespalten. Vielheit aber ist Mangel. Betrachtet man die Welt jedoch von
ihrem Ursprung her, also in objektiv-gegenständlicher Sicht, so ist sie als
das im Bereich des Sinnlichen vollkommenste Schöne eine Offenbarung
des vollendeten Guten im geistigen Reich. Ja sie ist, wie Plotin in der
Schrift gegen die Gnostiker mehrfach hervorhebt, ein derart schönes Abbild der oberen Welt, daß man sich ein schöneres nicht vorstellen kann.
Weder die in ihr vorhandenen Widrigkeiten noch ihr Geringersein gegenüber der geistigen Welt sprechen dagegen. Denn dies liegt im Wesen eines
Abbildes, daß es mit seinem Urbild nicht mehr identisch sein kann. Kritik am Aufbau des Kosmos ist daher nicht angebracht.
    Die jüngere Plotinforschung sowie die in vollem Gang sich befinden-
den Editionsarbeiten und Auswertungen der bei Nag Hammadi 1945/46
entdeckten koptisch-gnostischen Bibliothek zeigen immer mehr, daß die
von H. Jonas[7] vorgetragene These, Plotin stehe dichter bei der Gnosis als
bei der platonischen Tradition, sich nicht erhärten läßt.[8] Bekämpft hat
Plotin die Gnostiker deshalb, weil sie seiner Meinung nach Platon falsch
auslegten. Wollte er doch seinen eigenen Angaben zufolge nichts anderes in seiner Philosophie, als eine richtige Auslegung Platons zu bieten
(V 1,8,10–14). C. Schmidts schon 1901 geäußerte Meinung, daß die va-
lentinianische Gnosis der Hauptadressat von Plotins Kritik sei, scheint
sich zu bestätigen.

3. Die Seele

Vielheit bedeutet letztlich Mangel, obwohl auch die Vielheit nicht ohne eine gewisse Einheit ist. Stammt diese Einheit in der Sinnenwelt von der Seele, fragt Plotin, da die Seele die Sinnenwelt doch geschaffen hat. Plotin antwortete mit Ja, betont aber im selben Atemzug, daß auch die Seele noch ein Vieles sei, da es viele Kräfte wie z. B. Denken, Streben und Wahrnehmen in ihr gebe (VI 9,1,40 f.). «So führt also die Seele einem anderen [= der Sinnenwelt] das Eine zu, wobei sie selbst freilich ein Eines ist; aber ihr widerfährt auch ihrerseits eben dies [= Einessein] von einem anderen» (VI 9,1,42 f.; vgl. VI 9,5,5–7; V 1,3,1–15).

Die Seele, ein «Eines und Vieles» (V 1,8,26), bildet gemeinsam mit den ihr übergeordneten Hypostasen Geist (Nus) und Eines (Hen) den intelligiblen Bereich im weiteren Sinne. Der Nus ist die intelligible Welt im eigentlichen Sinne. Plotin glaubt, diese Hypostasentrias bereits in den drei Hypothesen des platonischen *Parmenides* erkennen zu können (V 1,8, 23–27).[9] Der Seele kommt daher eine Mittelstellung im Reich der Wirklichkeit zu, insofern sie, zwar prinzipiell dem Intelligiblen zugehörig, doch am untersten Rand des geistigen Reiches lebt und der sinnlichen Welt als ihr «Grenznachbar» etwas von ihrem Sein dargibt (IV 8,7,1–8; VI 4,16,18 f.). Sie ist die letzte Wesenheit der geistigen, die erste der sinnenhaften Welt. Daraus resultiert ihr Charakter, «gleichsam wie Amphibien» in zwei Elementen leben zu müssen, bald dort oben, bald hienieden (IV 8,4,31–35). Sie ist «Grenzscheide» von und «Dolmetscherin» zwischen geistiger und sinnenhafter Welt (IV 4,3,11 u. IV 3,11,19). Von daher versteht sich auch die von Plotin gegenüber den bisherigen Platonikern vorgetragene Neuerung, daß ein «Etwas» der Seele immer im Nus, ihrem Ursprung und Vater, bleibe, wenn wir dies auch meistens nicht bemerken (IV 8,8,1–6). Plotin kann damit die Entdeckung des Unbewußten für sich in Anspruch nehmen, die wir nicht erst Leibniz oder gar Freud verdanken.[10]

Mit ihrem «Grenzscheide»-Charakter hängt zusammen, daß die Seele jeweils das ist, dem sie nachjagt. Auf der Stufe der Pflanze ist sie bloß zeugend, auf der des Tieres Wahrnehmung ohne Überlegung, auf der des Menschen vorstellendes und diskursives Denken, auf der Stufe darüber, in der Einung mit dem Nus, ist sie reines Denken. Ethisches und religiöses Ziel der Seele ist es, sich schon während ihres irdischen Lebens von der Sinnenwelt und ihrem Körper abzuscheiden und dank der Tugend hinaufzusteigen, d. h. zurückzukehren zu ihrem Ursprung.

Schwierigkeiten bereitet Plotin die Antwort auf die Frage des Abstieges der Seele in die Sinnes- und Leibeswelt. Bald wird dieser Abstieg als freiwillig im Sinne einer Verfehlung geschildert, häufiger jedoch im Sinne einer Notwendigkeit. Denn ohne ihren Abstieg wäre der ihr nachgeordnete Kosmos überhaupt nicht zur Existenz gelangt. «Einer jeden Natur wohnt nämlich das Streben inne, das ihr Nachgeordnete hervorzubringen und sich zu entfalten» (IV 8,6,7 f.). Wie Platon nimmt Plotin nicht nur Einzelseelen, sondern auch eine Weltseele an. Beide sind, weil gleichen Wesens, Geschwisterseelen und nehmen ihren Ursprung von der Hypostase Seele.[11]

4. Der Geist, die intelligible Welt

Da die Seele ihre Einheit, wie anfangs vermerkt, nicht aus sich selber hat, verdankt sie die ihr eigentümliche Einheit und mit ihr sich selbst der ihr übergeordneten Hypostase des Geistes. Dieser ist im Unterschied zur Seele nicht mehr ein «Eines und Vieles», sondern schon ein «Eines Vieles» (VI 7,14,11 f.). Auch der Geist ist also noch Vielheit. Denn in ihm ist die Fülle aller Ideen ‹angesiedelt›. Sodann ist in ihm noch die Unterscheidung von Denken, Denkendem und Gedachtem möglich, obwohl er nur sich selber denkt. Aber auch das Sich-selbst-Denken muß die Momente der Selbigkeit und Andersheit sowie der Ständigkeit und Bewegung aufweisen. Zugleich ist der Geist jedoch Einheit, und zwar eine größere Einheit als die der Seele, weil die Vielheit der Ideen in ihm «unscheidbar ungeschieden und doch wieder geschieden ist» (VI 9,5,16), im Unterschied zu den von der Seele gedachten Gedanken. Die drei genannten Komponenten des Sich-selbst-Denkens sind außerdem im Nus eins, was man von der Seele, ihrem Denken und Gedachten nicht sagen kann. «Der Nus denkt durch das Denken, das er selber ist, und er denkt das Gedachte, das er wiederum selbst ist» (V 3,5,45 f.).

In diese Konzeption des Geistes läßt Plotin mehrere Momente aus der philosophischen Tradition einfließen: das parmenideische Wort von der Identität von Denken und Sein sowie die aus Platon herauslesbare Gleichsetzung von Nus = Sein und Sein = Idee, so daß der Geist mit dem platonischen mundus intelligibilis identisch[12] und dieser Vorbild der sinnlichen Welt wird. Hinzu kommt die Übernahme von Aristoteles' unbewegtem Beweger als eines sich selbst denkenden Geistes, wobei der plotinische Nus im Unterschied zum aristotelischen die Ideen zum Denkinhalt hat und nicht Erster Grund von allem ist. Der Nus ist daher die Fülle des Denkens, Lebens und Seins.

Der Nus denkt aber nicht nur sich und die mit seinem Selbst identische Ideenwelt, sondern er weiß auch, daß er sich denkt, so daß ihn mit der Selbsterkenntnis auch das Selbstbewußtsein auszeichnet. Bedeutungsvoll ist ferner die Auffassung der Ideen als Zahlen.[13]

5. Das Eine-Gute: Ziel des menschlichen Lebensweges

Ist der Geist untrennbar mit seinem Denkgegenstand, dieser seinerseits aber ebenso untrennbar mit dem Geist verbunden, dann ist der Geist wesentlich Zweiheit. «Die Vielheit ist aber später als das Eine» (III 8,9,3). Der rational begründete und konsequent durchzuführende Gedanke, daß Vielheit Einheit voraussetze, führt Plotin zu der abschließenden Einsicht, daß jenseits des Geistes ein ganz Eines und Einfaches anzunehmen sei. Wie soll man sich dieses Eine denken? Kann man Es überhaupt denken? Plotins ganzes philosophisches Bemühen kreist um dieses Eine, Es ist sein philosophisches und zugleich sein persönliches Lebensziel (vgl. sein letztes Wort: VP 2,26f.). Aber seine Verlegenheit, dieses Eine zu erfassen und über Es zu sprechen, ist äußerst groß. Mit der Feststellung, daß wir nur sagen können, «was Es nicht ist, nicht aber, was Es ist» (V 3,14, 6f.), beschreitet Plotin den von Platon initiierten Weg der negativen Theologie. Auch die von Plotin favorisierten Bezeichnungen des Einen und Guten verfallen dieser negativen Theologie, weil Eines bloß die Aufhebung des Vielen besagt und das Gute im Sinne des Überguten zu verstehen ist. Da wir aber, wollen wir uns miteinander verständigen, notgedrungen über das Eine sprechen müssen und die Sinnenwelt uns dazu einen gewissen Ansatz liefert, wie Plotin ausdrücklich klarstellt (III 8,11,33–39; VI 9,5,39–6,16), ergibt sich von hieraus eine gewisse Annäherung an das Eine.[14] Es ist Ursprung des Lebens, Denkens und Seins, weil Es dies alles zwar gewährt, aber gemäß einer tiefen Einsicht Plotins selbst nicht das sein darf, was Es gibt. Mit der Negation von Sein wird Ihm jedoch nicht die Wirklichkeit abgesprochen, mit der Negation von Leben Ihm nicht Bewußtlosigkeit oder gar Tod und mit der Negation von Denken und Selbsterkenntnis nicht Unwissenheit zugesprochen. Es kommt Ihm nämlich ein «Über-Denken» (VI 8,16,32) zu, Es hat bzw. ist Wille und «gleichsam Liebe zu sich selbst» (VI 8,15,1; 16,12–14).[15] Nimmt man diese beiden Bestimmungen mit dem häufig, oft in derselben Satzstruktur, gegebenen Gebrauch des Masculinum für das Eine zusammen, dann dürfen wir bei Plotin, im Unterschied zu Platon und Aristoteles, von einer personalen Gottesvorstellung sprechen.

Daher ist auch die mystische bzw. ekstatische Einung der menschlichen Seele mit diesem Einen auf ein personales Wesen bezogen. Diese ist kein irrationaler, gegen die Vernunft gerichteter, wohl aber sie übersteigender Akt, weil der «vernunfthafte Geist» (VI 7,35,19–24) dem «liebenden Geist» (ebd.) gewichen ist, der allein eine Totalhingabe in der Einung erlaubt. Die unio mystica – Plotin deutet ein persönliches Erlebnis dieser Art wohl in IV 8,1,1–11 an – führt auch nicht zur Selbstauslöschung bzw. Wesensverschmelzung der Seele mit dem Einen. Denn wenn die Seele zum Einen gelangt, gelangt sie nicht zu einem anderen, sondern zu sich selbst. «Selbstentäußerung und Selbstverwirklichung der Seele fallen dort zusammen.»[16] Es handelt sich um einen punktuellen ‹Zustand› intensivster Verwirklichung des Selbst, nicht ohne Folgen für das künftige Handeln. Die unio mystica ist zwar das Ziel der plotinischen Philosophie, insofern kommen Philosophie und Religion in diesem Punkt zur völligen Deckung. Aber sie ist doch «nur gerade das Umkippen einer höchst rationalen Denkbewegung».[17]

6. Hervorgang und Rückkehr des Vielen zum Einen

Das Plotin leitende Erkenntnisprinzip, daß alle Vielheit auf ein schlechterdings Eines zurückzuführen sei, hat ihn aber nun auch vor die Fragen geführt, *wie* und *warum* aus dem gänzlich Einen und Einfachen das Viele entstehen könne. Die zweite Frage beantwortet Plotin unter Rückgriff auf den aus reiner Güte die Welt formenden Demiurgen des platonischen *Timaios* dahingehend, daß das Gute nicht gut sein könne, wenn es sich nicht mitteile.[18] Die erstere Frage nimmt einen noch zentraleren Platz in Plotins Denken ein. Sie ist aber, wie es z. B. der unmittelbare Anschluß dieser Frage an die vorausgegangene Rückführung der Vielheit auf ein absolut Eines in V 3,16,16f. zeigt, nicht der Ausgangspunkt seines Denkens. Die beste Antwort auf diese Frage erteilt er in V 3,15,6–10: Was aus dem Einen hervorgeht, kann nicht mehr mit ihm «identisch» sein, aber auch nicht «besser», daher nur «geringer», und das heißt «bedürftiger». Bedürftiger aber ist das «Nicht-mehr-Eine», das «Viele» also.

Im Unterschied zum christlichen Denken kennt Plotin nur einen stufenweisen Hervorgang des Vielen aus dem Einen (Eines-Geist-Seele-Welt). Das Eine hat jedoch nicht nur Wille zu sich selbst, sondern schafft auch aufgrund von Freiheit.[19] In der Frage, ob auch die Materie als solche letztlich hervorgebracht sei, ist Plotin kaum eindeutig.[20] Er erblickt in dieser formlosen Materie sogar das eigentlich Böse, obwohl er sie noch als eine «Art letzte Form» (V 8,7,22f.) bezeichnet und sie vom Einen erleuchtet sein läßt. Ein gegenüber dem Einen dualistischer Ursprung ist sie jedoch nicht. Denn sie ist bloß ein «Schattenbild der Vernunft» (VI 3,7,8).

Wie einem jeden Wesen das Streben innewohnt, das ihm Nachgeordnete hervorzubringen, so wendet sich auch jedes Wesen wiederum seinem Ursprung und Erzeuger zu, um von ihm seine ihm eigentümliche Vollendung zu empfangen. Beständiges Hervorgehen aus und beständiges Sich-hin-Wenden zu dem Einen sind daher für alles Hervorgebrachte seinskonstituierend. Der Gedanke dieser permanenten und sozusagen zweiphasig sich vollziehenden Seinskonstituierung eines jeden Seienden wird noch dadurch verstärkt, daß nach Plotin nicht die Seele im Leibe ist, sondern umgekehrt der Leib in der Seele, die Welt in der Weltseele, die Weltseele im Nus und der Nus im Einen.[21] Da das Eine nichts mehr vor sich hat, in dem Es sein könnte, ist Es nirgends, richtiger: zugleich überall und nirgendwo.

7. Der Mensch

Für Plotin ist der Mensch weder Seele noch Körper allein, wenngleich die Seele unser eigentliches Selbst ausmacht. Jeder von uns ist zwar eine «intelligible Welt» (III 4,3,22; 6,21–23), obwohl «wir nicht (mehr) Nus sind» (V 3,3,31). Aber der überlegende Teil unserer Seele hat sein Vermögen durch den Nus (dia nou), weshalb er auch «dianoetisch» heißt (V 3,6, 20–22; 3,33 f.). Die «Mitte» von Sinneswahrnehmung und Nus definiert uns, nicht das intuitive, mit einem Schlage alles erfassende, sondern das diskursive, im Nacheinander der einzelnen Überlegungsschritte sich vollziehende Denken. Diese «Mitte», bereits Distinktivum der Seele, weist unserer spezifisch menschlichen Bestimmung den Platz zwischen Göttern und Tieren zu.

Mitte beinhaltet, sich nach beiden Seiten neigen, aufsteigen wie absteigen, sich finden oder auch verfehlen können. Und die für Plotin so unverzichtbare Freiheit des Menschen besteht darin, tun zu wollen und tun zu können, was man tun soll.[22]

Der Hervorgang der Seele aus dem Nus und vermittels dieses aus dem Einen ist nun, wie wir oben gesehen haben, nicht möglich ohne das beständige Blicken der Seele auf den Nus, durch welches Blicken sie erst ihre Vollendung erfährt. Will daher auch der Mensch seine ihm wesenseigene Erfüllung erfahren, so muß er sich zum Nus und durch diesen zum Einen hin- und zurückwenden. Erforderlich dazu ist eine dianoetische und ethische Läuterung, die im wesentlichen aus folgenden Elementen besteht: a) Abwendung von der äußeren Sinnenwelt und Hinwendung ins eigene Innere, von Plotin mit dem protreptisch klingenden Aufruf unterstrichen: «Kehre ein zu Dir selbst und sieh Dich an» (I 6,9,7); b) Abkehr von allem Bösen und Schlechten kraft der von Plotin so geschätzten und mit Platon als «herrenlos» (VI 8,5,31) bezeichneten Tugend; c) Streben nach Einswerdung, wodurch der Mensch sich bewußt in das Gesamtstreben der Wirklichkeit nach Einheit einordnet; d) das Einkehren zu sich selbst und das Sich-selbst-Anblicken läßt den Menschen nicht nur seine Seele, sondern zugleich den Geist und das Eine erfassen, die nicht irgendwo draußen, sondern in der Seele selbst zutiefst gegenwärtig sind. Die Erfassung von Geist und Einem setzt aber nicht nur eine sittliche, sondern auch eine erkenntnismäßige Umwandlung voraus, wobei aufgrund unserer Abkunft vom Nus das diskursive Denken in das noetische Denken und dieses schließlich in die «Berührung» (V 3,17,25 f.,34; V 6,6,35) und «Einung» (VI 9,11,6) mit dem Einen übergeht. Denn Ähnliches nur vermag sich mit Ähnlichem zu verbinden.

Plotin hat diese Rückkehr des Menschen zum Einen mit dem lapidaren Appell umschrieben: «Tu alles fort» (V 3,17,38). Es handle sich um eine «Flucht des Einsamen zum Einsamen» (VI 9,11,51). Diese und viele ähnlich klingenden Äußerungen haben ihm den Vorwurf eingebracht, daß er ein zutiefst solipsistisches und weltflüchtendes, ja weltverachtendes Menschenbild hege, das zu guter Letzt den Menschen selbst destruiere.[23] Gegen die Destruktion des Menschen in der Einung mit dem Einen hat er sich eigens verwahrt. Gegen den Solipsismus spricht das von Plotin in seiner römischen Schule 26 Jahre lang gepflegte Miteinander-Philosophieren, wohl auch seine tägliche Fürsorge um die ihm anvertrauten Waisen und das geplante, aber durch andere nicht zur Realisierung gekommene Vorhaben der Platonopolis. Gegen die Weltflucht und -verachtung zeugt sein schon in der ersten und nochmals in der viertletzten Schrift im treuen Anschluß an Platon niedergelegtes Bekenntnis: «Denn als ‹Flucht› bezeichnet er [Platon] nicht das Fortgehen von der Erde, sondern noch auf Erden weilend ‹gerecht und fromm zu sein, mit Einsicht verbunden›.[24] Was er meint, ist also: Man soll die Schlechtigkeit fliehen. Das Böse besteht für ihn demnach in der Schlechtigkeit und allem, was aus ihr folgt» (I 8,6,10–13). Gegenüber den Gnostikern urgiert er: «In Wahrheit zeigt den Weg zu Gott die Tugend, die in der Seele sich fortschreitend entwickelt im Bunde mit der Einsicht. Wenn man ohne die wahrhafte Tugend von Gott redet, so ist das leerer Name» (II 9,15,38–40).

III. Nachwirkung

Plotins Denken hat namentlich, aber auch anonym und sogar pseudonym weitergewirkt. Es beeinflußte fast die gesamte spätantike Philosophie und Theologie in Ost und West, war im mittelalterlichen Denken anonym und in der gleichzeitigen islamischen Philosophie pseudonym präsent. Seit der beginnenden Neuzeit mehren sich die Namen derer, die ihre Geistesverwandtschaft mit Plotin entdecken oder doch seine überragende philosophische Bedeutung herausstellen. Das 20. Jahrhundert schließlich hat durch die verschiedenen Plotinausgaben und -übersetzungen und die dadurch ausgelöste, kaum noch überschaubare Literaturflut eine Plotinrenaissance hervorgerufen, deren zukünftige Wirkung jetzt noch nicht abzuschätzen ist.

Für die Spätantike sind neben Plotins Schüler Porphyrios der Gründer der syrischen Schule, Jamblichos v. Chalkis († um 330 n. Chr.) und der Meister der neuplatonischen Schule zu Athen, Proklos (410–485), zu nennen. Dieser hat Kommentare zu Schriften Plotins verfaßt (sie sind alle verlorengegangen), aber es gibt keine Schrift Plotins, aus der nicht wenigstens ein Zitat in dem erhaltenen Proklischen Werk zu finden ist. Unter den Lateinern hat Plotin vor allem auf Marius Victorinus († n. 362), der Plotins Enneaden ganz oder teilweise ins Lateinische übersetzt hat, und Augustinus gewirkt. Letzterer kannte sicher die Enneaden I 6, III 2, IV 3, V 1 u. V 6, wohl auch IV 2, V 3, V 5 u. VI 9. Mit einem Plotinischen Wort aus I 4,7,23 f. auf den Lippen («Der ist kein Großer, der es für etwas Großes hält, wenn Holz und Steine fallen und Sterbliche sterben», Possidius, Vita Augustini 28) stirbt er 430 zu Hippo. Kenntnis Plotins verraten auch Ambrosius und Macrobius, weniger Boethius. Die drei Kappadokier aus dem Osten im vierten Jahrhundert, Basilius der Große, Gregor v. Nyssa und Gregor v. Nazianz, sind nachweislich mit plotinischem Gedankengut vertraut.[25]

Von Proklos ist das Schrifttum des Dionysius Pseudo-Areopagita abhängig (entstanden um 500 n. Chr.). Diesen, aber auch Proklos selbst, hat Nikolaus von Kues († 1464) sehr gut gekannt und reichlich benutzt. Plotins Name ist Cusanus bloß aus den bei Eusebius v. Cäsarea erhaltenen Fragmenten einer ganzen oder bloß teilweisen Eustochios-Ausgabe des Plotin bekannt. Das Wenige, das Cusanus hier liest, veranlaßt ihn immerhin zu den Worten: «Von Plotin, siehe Wunderbares (hier).»

Die plotinische Kenntnis des Mittelalters betrifft vor allem die Einteilung der Tugenden aus Enneade I 2, wie sie Macrobius überliefert hat, und die durch Proklos und Pseudo-Dionysius Areopagita vermittelte plotinische Dreiheit ‹Sein-Leben-Geist›. Diese machen jetzt, im Unterschied zu Plotin, das Wesen Gottes aus.

Erst die platonische Akademie zu Florenz im 15. Jahrhundert beschäftigt sich wieder ausführlich mit Plotin. In ihrem Mittelpunkt steht Marsilio Ficino, der eine vorzügliche lateinische Übersetzung der Plotinischen Schriften angefertigt hat. Großes Interesse an Plotin bekunden die Cambridger Platoniker (17. Jh.), ferner Leibniz und Berkeley sowie die Romantiker Novalis und Schelling. Gelegentliche Berührungen indirekter Art mit Plotin finden sich auch bei Goethe. Seine Verse aus den «Zahmen Xenien»: «Wär' nicht das Auge sonnenhaft, die Sonne könnt' es nie erblicken. Läg' nicht in uns des Gottes eigne Kraft, wie könnt' uns Göttliches entzücken?» greifen ein plotinisches Wort aus I 6,9,30–32 auf. Aus Hegel wiederum, der wohl durch F. Creuzers Plotinstudien auf Plotin gestoßen war, spricht das volle Bewußtsein von dem geschichtlichen Schwergewicht Plotins. Den Einwand der Schwärmerei, den Philosophiehistoriker wie Brucker (1742) und Meiners (1782) vorbrachten und den später Fr. Brentano (1876) erneuerte, weist er entschieden zurück. Hegel erblickt in dem Denken Plotins und seiner Nachfolger einen «Ruck des... Weltgeistes».[26]

Einen Überlieferungsstrang plotinischen Denkens ganz eigener Art stellt die in der arabischen Tradition überlieferte sogenannte *Theologie des Aristoteles* dar, die lange Zeit als ein geheimes Buch des Aristoteles angesehen wurde. Abgesehen von zwei Stellen[27] scheint Plotins Name den Arabern unbekannt gewesen zu sein. In Wahrheit handelt es sich bei der *«Theologie»* um eine erweiterte Paraphrase von Teilen der Enneaden IV, V u. VI. Solche paraphrasierten Texte aus den Enneaden IV–VI finden sich auch in zwei anderen arabischen Schriften: *Dicta sapientis graeci* und *Epistola de scientia divina*. (Eine Konkordanz der Nummern der ara-

bischen Texte mit den parallelen Enneadenstellen findet sich in H–S[1], II,
489–501, mit Berichtigungen in H–S[1], III, 408–10.) Alle drei Schriften
führen sich wahrscheinlich auf eine gemeinsame arabische Quelle zurück,
die ihrerseits, wie allgemein angenommen wird, auf ein syrisches Mittel-
glied zurückgehen dürfte. Verfasser eines früheren griechischen Originals
der «*Theologie*», das zweifellos anzunehmen ist und das die *Enneaden*-
ausgabe voraussetzt, ist vielleicht Porphyrios (und dann auch der beiden
anderen Schriften).[28] Für diese Hypothese spricht, daß Porphyrios sowohl zu Beginn des Prooemiums der «*Theologie*» als auch in der Einleitung zu den vermuteten Inhaltsangaben (Kephalaia), die er seiner Plotin-
Ausgabe beigegeben hatte, genannt ist und daß die über den Plotin-Text
hinausgehenden Zusätze eine außerordentlich große Vertrautheit mit der
plotinischen Gedankenwelt aufweisen.[29] (Eine grobe Übersicht über den
Inhalt der dreiteiligen «*Theologie*» gibt Schwyzer[2], 500,18–502,38.) Unter dem Pseudonym des Aristoteles hat die islamische Philosophie und
Theologie auf diese Weise Plotin rezipiert.

Christoph Horn

AUGUSTINUS
(354–430)

I. Leben und Werk

Augustinus wird 354 im nordafrikanischen Thagaste geboren. In Karthago studiert er von 370 bis 373 Rhetorik. Seine rhetorisch-literarische Bildung erscheint ihm jedoch als zu oberflächlich; er berichtet von dem Leseerlebnis, das Ciceros Aufruf zur Philosophie im *Hortensius* für ihn bedeutet. Die dadurch ausgelöste Suche führt Augustinus zunächst zum Manichäismus, einer pointiert dualistischen Form der spätantiken Gnosis. Augustinus bleibt neun Jahre lang Manichäer (373–382), wendet sich schließlich aber enttäuscht ab.

In diesen Jahren vollzieht sich eine bemerkenswerte Karriere des Rhetorikprofessors mit den Stationen Thagaste, Karthago und Rom; schließlich gelingt ihm sogar der Schritt an den kaiserlichen Hof von Mailand. Nachdem er in Rom für kurze Zeit mit dem Skeptizismus der ‹Neuen Akademie› sympathisiert hat, erhält Augustinus in Mailand zwei bedeutende Anstöße, die ihn schließlich zum kirchlichen Christentum führen. Dessen Unglaubwürdigkeit und scheinbare Primitivität wird zum einen durch die rhetorisch und philosophisch brillanten Predigten des Bischofs Ambrosius (339–397) relativiert. Zum anderen lösen neuplatonische Schriften *(Platonicorum libri)*, die Augustinus von Mitgliedern eines christlichen Neuplatonikerkreises erhält, die Probleme, die sich aus Augustins bis dahin materialistischer Gottesvorstellung ergaben.

Im Sommer 386 vollzieht sich bei Augustinus eine markante Wende zu einem platonisierenden Christentum, die nach eigenem Bericht auf ein eindrucksvolles philosophisches Lektüreerlebnis zurückgeht und die er später als dramatisches Bekehrungserlebnis schildert. Augustinus entscheidet sich für die Preisgabe seiner Karriere und zieht sich mit Verwandten, Freunden und Schülern auf das Landgut Cassiciacum in Norditalien zurück. Dort entstehen die ersten überlieferten Schriften, in Dialogform verfaßte philosophische Abhandlungen.

Im Jahr 387 läßt sich Augustinus taufen. Nach Mailand zurückgekehrt, widmet er sich der schriftstellerischen Arbeit; er beabsichtigt, in Afrika ein klösterliches Leben zu führen (388). In Thagaste kann Augustinus sein monastisches Ideal aber nur kurzzeitig realisieren. Er wird im Jahr 391 in Hippo zum Priester und im Jahr 395 zum Bischof der Stadt geweiht. Augustinus gewinnt durch seine anti-manichäische und anti-donatistische Tätigkeit bald eine Führungsrolle im afrikanischen Episkopat.

Mit seiner Wendung gegen die Donatisten richtet sich der Bischof von
Hippo u. a. gegen die Ansicht, die Gültigkeit der Sakramente sei von der
Dignität ihrer Spender abhängig. Von nun an haben viele seiner Schriften
den Charakter von theologischen Gelegenheitsarbeiten; daneben entstehen besonders exegetische Werke.

Nach 410 kommt es zu langwierigen Kontroversen mit den Pelagianern. Diese stellen sich bewußt gegen Augustins Gnadentheologie und
betonen die Rolle der moralischen Autonomie für Erlösung oder Verwerfung des Menschen. Der Konflikt zwischen der afrikanischen Kirche unter Augustins Führung und den Pelagianern spielt sich auf der Ebene von
theologischen Streitschriften, Synodendebatten und Lehrverurteilungen
ab; er dauert bis zu Augustins Lebensende. Besonders intensiv ist die
Auseinandersetzung Augustins mit dem Pelagianer Julian von Aeclanum.
Im Jahr 426 erfährt Augustinus von ‹semipelagianischen› Gegnern seiner
Gnadenlehre und wendet sich auch gegen diese.

Augustinus nimmt im Verlauf des pelagianischen Streits Züge von Bit-
terkeit und Resignation an; seine enorme literarische Produktivität und
seine amtlichen Verpflichtungen erschöpfen seine Kräfte zusehends. Bis
in seine letzten Lebensjahre arbeitet er an den Großschriften *Enarrationes in Psalmos*, *De trinitate* und *De civitate dei*. Er stirbt im August 430
in Hippo im Alter von fast 76 Jahren während einer Belagerung der Stadt
durch die Vandalen.

II. Religionsphilosophie bei Augustinus

Augustins Religionsphilosophie darf man nicht mit einem vernunftfeind-
lichen Fideismus verwechseln. Zwar wird der Kirchenvater im Hochmittelalter und ähnlich erneut im 17. Jahrhundert zur Verteidigung einer
Form von Philosophie angeführt, die sich unmittelbar an die Theologie
anschließt. Augustinus selbst lehrt aber keineswegs eine alleinige Wahr-
heitsrelevanz des Glaubens; er spricht der Philosophie ihre Selbständigkeit durchaus nicht ab. Im Gegenteil, in den zentralen Theologumena
Trinität, Christologie, Schöpfungslehre, Soteriologie und Ekklesiologie
vertritt er dem Anspruch nach philosophische Auffassungen. Diese über-
raschende Tatsache läßt sich aus Augustins rationalistischem Verständnis
von Autorität erklären. Demnach lehrt die auctoritas Christi und der Kirche nichts, was nicht auch ein Philosoph wissen könnte; Augustinus hat
die Bedeutung der Philosophie, besonders Platons und der Neuplatoniker, zeitlebens außerordentlich hoch veranschlagt.

Der Glaube spielt demgegenüber die Rolle einer (faktisch, nicht prinzipiell unentbehrlichen) heuristischen Grundlage für die Philosophie. Glau-
bensaussagen geben der Vernunft Hinweise, wo diese die Lösung eines
Problems zu suchen hat; die Offenbarung hilft der Schwäche der Vernunft

Augustinus (354–430)

(*Confessiones* VI 5, 8). Das Modell eines solchen einsichtsleitenden Glaubens hat später Anselm von Canterbury mit Hilfe der Augustinischen Wendung *credo ut intelligam* charakterisiert: der Glaube selbst zielt auf philosophische Erkenntnis. Augustinus beruft sich hierfür auf das Schriftwort «Wenn ihr nicht glaubt, werdet ihr nicht erkennen» (Jesaja 7,9; *De libero arbitrio* II 2, 6). Philosophie und Glaube erreichen demnach dann ihre jeweilige Vollform, wenn sie zur Deckung gebracht werden; somit ist auch umgekehrt «der wahre Philosoph jemand, der Gott liebt» (verus philosophus est amator dei). Augustinus führt diese Gleichsetzung sogar noch einen Schritt weiter: er deutet Christus nach dem Prolog des Johannesevangeliums als ‹Weisheit› und kann daher folgern, daß Philosophie (amor sapientiae) nichts anderes als die Liebe zu Christus bedeute.

1. Frühe Probleme mit dem Gottesbegriff

Folgt man dem autobiographischen Bericht der *Confessiones*, so beruhte Augustins frühe Ablehnung des Christentums wesentlich darauf, daß ihm dessen spiritualistischer Gottesbegriff als unplausibel erschien. Seine schrittweise Annäherung an die christliche Gottesvorstellung läßt sich daher nachvollziehen, wenn man beim frühen Augustinus drei konzeptionelle Phasen auseinanderhält.

In seiner manichäischen Zeit nahm Augustinus zwei ewige, göttliche ‹Massen› an, von denen eine gut, die andere böse und häßlich sein sollte. Die gute wie die böse göttliche Substanz stellte er sich als materiell vor sowie als räumlich endlos ausgedehnt; er bezeichnete sie als ‹monas› und als ‹dyas› (*Confessiones* IV 15, 20). Augustinus hoffte, mit diesem Modell die Existenz von irdischem Übel erklären zu können, ohne es dem guten Gott, also der guten Masse, anlasten zu müssen. In einer zweiten Phase vertrat Augustinus ein stoisches Modell, demzufolge Gott eine einzige, unendlich ausgedehnte Masse bilden soll, die die sichtbare Welt physisch durchdringt (VII 1, 1f.). Die zusätzliche Erklärungskraft dieser Lehre lag darin, daß sie die Allgegenwart und Allmacht Gottes aufgrund seiner materiellen Präsenz plausibel machte.[1] In einer dritten Phase stieß Augustinus schließlich auf die neuplatonische Konzeption eines immateriellen Geistigen. Die neuplatonische Ansetzung einer ‹intelligiblen Welt› über der ‹sinnlichen Welt›, wie er sie den Schriften Plotins und besonders des Porphyrios entnahm, löste drei zentrale Probleme der bisherigen Gottesbegriffe. 1. Aus der Auffassung, daß Gott als geistiges Wesen immateriell ist, wird erklärbar, weshalb er über ein unwandelbar-unzerstörbares Wesen verfügt; damit scheint Gott erstmals angemessen charakterisiert zu sein. 2. Die Unräumlichkeit des Geistlichen erklärt ungleich besser als seine räumliche Unendlichkeit, weshalb Gott überall als Ganzer präsent sein kann; Plotin hatte diese Überlegung u. a. am Beispiel der Präsenz der Seele im Körper dargelegt. 3. Die göttliche Unendlichkeit meint gerade keine quantitativ-räumliche Endlosigkeit, wie der frühe Augustinus annahm (VII 1, 2), sondern bezeichnet die Tatsache, daß Gott von keiner ihm übergeordneten Grenze umfaßt sein kann.

2. Unsterblichkeits- und Gottesbeweis

Für Augustinus bildet die biblische Offenbarung nicht den einzigen Weg der Gotteserkenntnis. Gott – und damit zugleich die Unsterblichkeit der Seele – soll überdies mittels der Vernunft erkennbar sein. Denn Gott sei Autor *zweier* Bücher, der Heiligen Schrift und eines ‹Buchs der Natur›. Die in späteren Jahrhunderten wirkungsreiche Metapher vom liber naturae[2] bezeichnet bei Augustinus die Vorstellung, die sinnlichen Phänomene deuteten als Indizien auf die Existenz einer intelligiblen Welt hin. Wer solche Indizien entziffern kann, steht im Sinn dieser platonischen Konzeption am Beginn eines rationalen Aufstiegs, der ihn über verschiedene Stufen bis hin zu Gott führt. Augustinus lokalisiert solche sinnlichen Indizien oder ‹Spuren› (vestigia) besonders in mathematischen und ästhetischen Ordnungsphänomenen. Von ihnen gehe ein Anstoß aus, sich von der Außenwelt abzuwenden und sich der Innenwelt zu widmen. Anders als in der Neuzeit meint ‹Innenwelt› hierbei keineswegs den affektiv-emotionalen Bereich oder die Vorstellungskraft. Gemeint ist ein Bereich ‹unveränderlicher Wahrheit›, für den Augustinus zumeist Beispiele aus der Logik, der Mathematik sowie des moralischen und ästhetischen Urteilens anführt.

Der systematische Aufstieg wird in *De vera religione* als ein siebenstufiger Prozeß geschildert (26, 49); die *Confessiones* unterscheiden fünf Stufen: 1. Abwendung von den körperlichen Dingen, 2. Zuwendung zur Seele und deren ‹innerer Kraft›, 3. Erfassung des Denkvermögens, 4. Abwendung der Urteilskraft von den Bildern des Sinnlichen und 5. Hinwendung zu dem Licht, das die Urteilskraft erleuchtet (VII 17, 23). Das Aufstiegsschema unterstellt, daß die Themen Seele und Gott einen einzigen, und überdies den einzig wertvollen Wissensgegenstand bilden; in den *Soliloquia* heißt es, wissenswert seien «Gott und die Seele und nichts außerdem» (I 7). Auch das bekannte Augustinische Diktum von der «Wahrheit, die im inneren Menschen wohnt», beschreibt den hier gemeinten Zusammenhang von seelischer Innenwelt und Gotteserkenntnis.[3]

Inwiefern soll sich aus der Entdeckung und der methodischen Gewinnung von invariantem, apriorischem Wissen ein Unsterblichkeits- und ein Gottesargument ergeben? Augustins Beweisidee besteht in beiden Fällen darin, daß die apriorische Wissensform einen Rückschluß auf bestimmte metaphysische Voraussetzungen gestattet. Das Unsterblichkeitsargument behauptet, daß die Seele selbst die Eigenschaften jener Wahrheit besitzen müsse, die sie erfassen kann, nämlich Unveränderlichkeit und Ewigkeit. Das ist jedoch eine voraussetzungsreiche und keineswegs selbstverständliche Folgerung, die eine Geltung des Prinzips ‹Gleiches wird durch Gleiches erkannt› impliziert. Aus der Tatsache, daß invariantes Wissen nur transitorisch erreichbar ist, schließt das Gottesargument, daß es dieses Wissen zusätzlich bewußtseinsunabhängig geben müsse. Falls nun etwas Höheres als die ratio existiere, müsse es auch Gott geben – gleichgültig, ob das entdeckte höhere Seiende selbst bereits Gott sei (*De libero arbitrio* II 15, 39). Mit diesem Schluß läßt sich jedoch bestenfalls die Existenz transsubjektiver, idealer Entitäten beweisen, nicht aber die Existenz eines personalen Gottes.

Die Form dieser Beweise ist offenkundig weniger streng als diejenige in der späteren Tradition eines Anselm, Thomas von Aquin, Descartes oder Leibniz. Jedoch ist zu beachten, daß Augustins Argumente dem Kontext der Aufstiegskonzeption entstammen; ihr argumentativer Eigenwert ist nicht der zentrale Punkt. Hierzu paßt die Beobachtung, daß die Unsterblichkeit der Seele nur in *De immortalitate animae* und in *Soliloquia* II bewiesen werden soll und daß ein Gottesbeweis lediglich in *De vera religione* 27–30 und in *De libero arbitrio* II unternommen wird.

Die indirekte Form des Gottesbeweises – gezeigt wird Gottes Existenz durch den Aufweis, daß es überhaupt etwas Höheres als die ratio gibt – erklärt sich übrigens daraus, daß Augustinus nur die Wahrheit (veritas) oder die Weisheit (sapientia), nicht aber unmittelbar den Ursprung (principium) für erkennbar hält. Hinter dieser Unterscheidung verbirgt sich die trinitarische Vater-Sohn-Relation. Während der Gottessohn der Vernunft zugänglich sein soll, bleibt der Vater dem Vernunftzugriff entzogen. Christus gilt näherhin als das «unkörperliche Licht» (lumen), «durch das unser Geist auf eine bestimmte Weise angestrahlt wird, so daß wir richtig urteilen können» (*De civitate dei* XI 27). Die Christusbezeichnungen veritas, sapientia und lumen beruhen auf biblischen, besonders Johanneischen Aussagen; philosophisch gesehen ist es die Plotinische Geistmetaphysik, die Lehre vom sich selbst denkenden *nus*, die Augustinus auf Christus überträgt.

3. Schriftauslegung und Negative Theologie

Kann man über Gott, wenn man ihn als immateriell, transzendent und als unendlich deutet, irgend etwas Angemessenes aussagen? Als christlicher Theologe bleibt Augustinus natürlich an die biblische Offenbarung gebunden; daß die Schrift sinnvolle Aussagen über Gott trifft, zieht er nirgends in Zweifel. Als Philosoph steht Augustinus andererseits in enger Verbindung zu jener mit Platon beginnenden Tradition, nach der das oberste Prinzip der Wirklichkeit nur negativ erfaßbar ist. Augustinus hat die beiden Bereiche als zwei Ebenen der Rede über Gott interpretiert und sie damit in eine unmittelbare Beziehung zueinander gesetzt.

Fragen der Schriftauslegung gehören zur Augustinischen Religionsphilosophie, seitdem der Kirchenvater in seiner Mailänder Zeit in der Exegesetechnik des Ambrosius den Schlüssel für das Verständnis der dunklen Passagen der Bibel fand. Ambrosius sei es gelungen, dem Alten Testament seinen «geheimnisvollen Schleier» zu nehmen (*Confessiones* VI 4,5). Den biographischen Hintergrund für sein Interesse an der Schriftinterpretation bildet der Umstand, daß die Manichäer den Wert der Bibel grundsätzlich bestritten. Sie betrachteten das Alte Testament als das Zeugnis eines bösen Weltschöpfers; zudem sahen sie die nachapostolischen Texte des Neuen Testaments, also die Evangelien und die Apostelgeschichte, weitgehend als Fälschungen an und hielten auch die Paulinischen Briefe für durchsetzt mit späteren Interpolationen.[4]

Als wirksames Mittel gegen die manichäische Textkritik empfahl sich Origenes' Lehre vom vierfachen Schriftsinn, besonders deren vierte, die allegorische Interpretationsstufe. Diese Methode wurde bereits lange vor Augustinus zu einem subtilen exegetischen Instrument entwickelt. Augustinus referiert und verteidigt sie (*De utilitate credendi* 5–9). Ein biblischer Text muß demnach auf vier Bedeutungsstufen gelesen werden: 1. auf der historischen Sinnebene, 2. auf der aitiologischen Ebene, d. h. unter Berücksichtigung seines Entstehungsmotivs, 3. auf der Ebene der Analogie, d. h. durch Textvergleich mit verwandten Stellen, und 4. auf der allegorischen Ebene. Der eigentliche Wert der Methode liegt für Augustinus im vierten Arbeitsschritt: dunklen Schriftstellen (mysteria) läßt sich ein hintergründiger Sinn entnehmen, indem man den Text als signum, figura oder allegoria versteht.

Augustinus führt die Anwendung aller vier Methoden auf eine einzige Bibelstelle zwar tatsächlich gelegentlich vor; in seiner Auslegungspraxis steuert er aber meist direkt auf den vierten, den philosophischen Exegeseschritt zu. Beispielsweise deutet er die sechs Wasserkrüge der Hochzeit zu Kana als die sechs historischen Weltalter oder die fünf Brote des Speisungswunders als die fünf Bücher Mose. Derartige Auslegungen erscheinen dem modernen Leser als unhistorisch und willkürlich; das Problem interpretatorischer Beliebigkeit ist Augustinus aber keineswegs entgangen. Vielmehr sind für Augustins Exegese folgende Prinzipien konstitutiv: 1. Die Interpretation darf keiner privaten, exklusiven Einsicht entstammen, sondern muß der Vernunft zugänglich sein; 2. sie darf der Glaubenslehre (regula fidei) nicht widersprechen; 3. sie muß die Gottes- und Nächstenliebe vertiefen. Dies führt zu folgender Verfahrensregel für den Interpreten: «Was immer in der göttlichen Lehre (d. h. der Bibel) weder auf die Würde der Sitten noch auf die Wahrheit des Glaubens in eigentlicher Weise bezogen werden kann, sollst du für bloß figurativ halten» (*De doctrina christiana* III 10, 14). Der Litteralsinn soll also, soweit dies moralisch oder dogmatisch möglich ist, den Vorzug erhalten; erweist er sich als unhaltbar, soll man zu einer allegorischen Deutung übergehen.

Augustins exegetische Prinzipien gestatten offenkundig keinen biblizistischen Fundamentalismus, sondern beruhen auf einem philosophischen Gottesbild, das er in der Schrift geheimnisvoll angedeutet sieht. Der Kirchenvater partizipiert auch hierin eng an der philosophischen Theologie des Platonismus, in der allegorische Interpretationen traditioneller Texte gleichfalls üblich waren. Die zentrale Einsicht dieser philosophischen Theologie, wie man sie bei Platon, Alkinoos, Plotin oder Porphyrios findet, besteht jedoch in der sprachlichen Unabbildlichkeit des höchsten Prinzips. Demnach steht kein angemessener sprachlicher Ausdruck für die elementare Einfachheit Gottes zur Verfügung. Innerhalb dieser als ‹Negative Theologie› bezeichneten Konzeption läßt sich näherhin ein aphairetisches von einem apophatischen Verfahren unterscheiden.[5] Die erste Methode besteht darin, alle überflüssigen Kennzeichnungen schrittweise aufzuheben, um schließlich zum philosophischen Elementarbegriff eines absolut Einfachen und Ersten zu gelangen. So müssen vom obersten Prinzip z. B. die Vorstellungen ferngehalten werden, es sei räumlich-zeitlich ausgedehnt oder durch Qualitäten bestimmt. Die zweite Methode negiert zudem noch den positiven Rest des ersten Verfahrens und stellt Gott als reine, gedanklich strikt unerfaßbare Negativität dar.

Augustinus verwendet zweifellos beide Verfahren der Negativen Theologie. In einem frühen Text spricht er «vom höchsten Gott, der besser durch Nichtwissen bewußt wird» (*De ordine* II 16, 44). Offenkundig meint er ein systematisches aphairetisches Vorgehen, denn er sagt, dieses Nichtwissen sei nur für *docti* zu erlangen, also für die Philosophen. Andererseits wird in *De trinitate* bezweifelt, ob der «Mund eines Menschen» überhaupt etwas Eigentliches über Gott sagen könne (V 10, 11). Ähnlich heißt es in *De doctrina christiana*, über die Trinität lasse sich überhaupt nichts aussagen (I 6, 6); Gott sei so sehr unabbildbar, daß sogar ein Prädikat wie ‹unabbildbar› nicht auf ihn zutreffe. Augustins berühmtes Diktum über das Erfassen Gottes lautet daher: «Wenn du begreifst, ist es nicht Gott» (si enim comprehendis, non est deus: *Predigt* 117, 3, 5). Hierin zeigt sich der apophatische Aspekt in Augustins Negativer Theologie.

4. Gottesprädikate und Mystik

Neben den Elementen der Negativen Theologie weist das Werk des Kirchenvaters auch jene typischen Gottesprädikate auf, die in der platonisch-neuplatonischen Tradition unmittelbar an die Methode der Negativen Theologie geknüpft worden sind. Demnach ist das oberste Prinzip ‹Eines›; es ist ein ‹unmeßbares Maß›; es ist das Unendliche; und schließlich gilt es als das ‹Sein›.

1. Der Begriff des Einen besitzt eine in der Antike vieldiskutierte Besonderheit. Versteht man ihn in einem strikten Sinn, so muß bei seiner Darstellung jede Form von Vielheit vermieden werden. Schon Platon

zieht im zweiten Teil seines *Parmenides* hieraus die Konsequenz, daß das strikt verstandene Eine nur negativ darstellbar ist. In der weiteren Tradition, besonders bei Plotin, wird ‹das Eine› zum zentralen Gottesprädikat, da es sich – ähnlich wie Gott dem Denken – sogar der Subjekt-Prädikat-Struktur des Aussagesatzes entzieht. So wird auch bei Augustinus der ‹Vater› der Trinitätsrelation wiederholt als das unum principale bezeichnet (z. B. *De vera religione* 43, 81), während der Sohn als unum et de uno erscheint (z. B. *De musica* VI 17, 56).

2. Eine ähnlich wichtige Rolle spielt in der Tradition der Begriff eines ‹unmeßbaren Maßes›. Gott ist nur dann das Prinzip alles Seienden, wenn ihm kein noch höheres Prinzip vorhergeht. Analog spricht man von einem Meßvorgang erst dann, wenn das Messende weder selbst gemessen werden kann noch muß. Wie der Ausdruck ‹das Eine› läßt sich also auch der Maßbegriff als Metapher für etwas schlechthin Unbedingtes auffassen. Die Gottesprädikate modus und mensura finden sich bei Augustinus häufig. Die früheste Stelle ist zugleich die eindrucksvollste: die Wahrheit, also Christus, wird dort zurückgeführt auf ein «Maß, an das kein weiteres Maß mehr anlegbar ist» (*De beata vita* 4, 34). Zweifellos ist hier die Person des Vaters gemeint. Unmittelbar verknüpft sind das Transzendenz- und das Maßmotiv in der Aussage, nur wenigen Menschen gelinge es, «alles Meßbare zu überschreiten und so das Maß ohne Maß zu erreichen» (mensura sine mensura: *De Genesi ad litteram* IV 3, 8).

3. Daß ‹Unendliches› als Prädikat des höchsten Prinzips fungieren kann, läßt sich bereits für Platon und die Ältere Akademie nachweisen und ist bei allen Neuplatonikern belegbar.[6] Dabei ist nicht primär an den Begriff einer quantitativen Unendlichkeit gedacht, sondern erneut daran, daß das höchste Prinzip von keiner weiteren Größe begrenzt sein kann. Augustinus wendet beide Unendlichkeitsbegriffe auf das Göttliche an, indem er sie zwei verschiedenen trinitarischen Personen zuteilt. Der Sohn ist als veritas quantitativ unendlich, denn die Gesamtwahrheit bestehe aus unbegrenzt vielen Einzelwahrheiten, wie etwa die unendliche Zahlenmenge beweise. Der Vater dagegen ist «anderswie unendlich» (*Confessiones* VII, 14, 20); daneben bezeichnet Augustinus aber auch alle drei göttlichen Personen als unendlich, insofern sie sich wechselseitig nicht begrenzen sollen (*De trinitate* VI 10, 12).

4. Augustinus sagt wiederholt, Gott müsse als das ‹höchste Sein› oder auch als das ‹Sein selbst› bezeichnet werden. Neben dem Infinitiv esse gebraucht er auch die Verbalform ‹Ist› (est) sowie die Ausdrücke substantia und essentia. Bezeichnungen aus dem Wortfeld ‹Sein› sollen die Unwandelbarkeit und Beständigkeit Gottes zum Ausdruck bringen. Augustinus leitet dieses Gottesprädikat wiederholt von der biblischen Selbstaussage in *Exodus* 3, 14 her.[7] Aus der Tatsache, daß bei Augustinus ‹Sein› in dieser Funktion häufiger vorkommt als der Ausdruck ‹Eines›, hat man geschlossen, daß er der Tradition Platons, der die Idee des Guten «jenseits des

Seins» ansetzt (*Politeia* 509b), geradezu eine Absage erteilt. So hat E. Gilson die These vertreten, es handle sich im Gegensatz zur heidnischen Tradition um eine bewußt biblische ‹Exodusmetaphysik›.[8] Die These erweist
sich jedoch bei näherem Hinsehen als unhaltbar. Augustinus ist in seiner
Ausdrucksweise maßgeblich von Porphyrios beeinflußt; Porphyrios –
wie vor ihm bereits Plutarch – bezeichnet das neuplatonische ‹Eine› auch
als ‹Sein›, ohne dabei mit der Tradition in Konflikt zu geraten.[9]

Der Moment des Erreichens jenes absolut einfachen, unwandelbaren
Gottes läßt sich als die ‹Mystik› Augustins bezeichnen. Unser zeitgenös-
sisches Vorverständnis, das die Begriffe Mystik und Rationalität als Gegensätze auffaßt, ist hier allerdings irreführend. Mystik bestimmt sich bei
Augustinus gerade durch Begriffe wie ratio, sapientia und scientia. Augustins Schilderungen mystischer Erfahrung enthalten keine emotionalen
Verzückungen oder bildreichen Visionen; die geschilderten Erfahrungen
bestehen nur für einen Augenblick und sind ihrem Inhalt nach unaussag-
bar. Der klassische Text für diese Form von Mystik ist Augustins Schilderung der ‹Vision von Ostia› (*Confessiones* IX 10, 23–26). Im Herbst 387,
wenige Tage vor dem Tod der Mutter Monnica, hätten Mutter und Sohn
in der römischen Hafenstadt «die Weisheit mit einem ganzen Stoß des
Herzens berührt». In dieser Schilderung liegt der Akzent erneut auf einem schrittweise vollzogenen Aufstieg mit den Stufen: 1. Durchwandern
alles Sinnlichen einschließlich des Himmels, 2. Wendung nach innen,
3. Erfassung und Überschreitung unseres Geistes. Die Methode des Weg-
lassens soll sich auf folgende Inhalte erstrecken: 1. auf die leiblichen Begierden, 2. auf die Phantasien, 3. auf das Selbstgespräch der Seele, 4. auf
die Trauminhalte, 5. auf die Sprache und Zeichen.

Vergleichbar dem Begriff einer ‹unvermittelten› Erfahrung (exaiphnês)
bei Platon und Plotin werden solche Augenblicke einer Gottespräsenz
bei Augustinus durch den Ausdruck ‹ictus› (Stoß, Ruck) umschrieben. So
ist an markanter Stelle vom Erfassen Gottes «im Stoß eines erzitternden
Anblicks» die Rede (in ictu trepidantis aspectus: *Confessiones* VII 17, 23);
ausdrücklich heißt es, der Augenblick sei nicht festhaltbar. Eine ver-
gleichbare Erfahrung beschreibt Augustinus als einen «ganzen Stoß des
Herzens» (toto ictu cordis: IX 10, 24).

Ähnlich eng lehnt sich Augustinus an die platonische Tradition an,
wenn er betont, daß sich das Absolute jeder Bemächtigung entziehe. In
der *Predigt* 157 wird dem unmöglichen Erfassen Gottes (comprehendere)
ein bescheideneres Berühren (attingere) gegenübergestellt. Auch laut *De
doctrina christiana* I 6 kann das Denken nur versuchen, das Absolute zu
‹berühren›. Das Wort attingere spielt ferner in der Ostia-Vision eine pro-
minente Rolle. Gelegentlich umschreibt Augustinus die Gotteserfahrung
übrigens auch als Berührung, die von Gott ausgeht (tetigisti me: *Confessiones* X 27, 38).

5. Trinität

In der Theologiegeschichte wurde der Begriff eines dreieinigen Gottes vielfach als zentrales Charakteristikum des Christentums verteidigt oder im Gegenteil als eine unbiblische Erblast aus der antiken Philosophie abgelehnt. Augustinus dagegen hält die Trinitätslehre keineswegs für eine spezifisch christliche Konzeption und noch weniger für ein willkürlich aus der Schrift abgeleitetes Motiv. Im Gegenteil, die Trinität gehört für ihn zu den Einsichten, die bereits die paganen Philosophen erreicht hätten; ebenso klar sei sie in der Schrift präsent. Die Übereinstimmung von Platonismus und Offenbarung in diesem Punkt bildet sogar eines seiner Konversionsmotive. Die Bedeutung des Themas zeigt sich daran, daß Augustins Werk Dutzende von trinitätsanalogen Triaden aufweist. Meist sieht er die Dreiheit der Personen in solchen Dreierreihen angedeutet, auf die sich das neuplatonische Schema von Verharren, Hervorgang und Rückkehr anwenden läßt.

Augustinus stand vor der Aufgabe, entsprechend dem Konzil von Nizäa (325) den Sohn als wesensgleich (consubstantialis) mit dem Vater zu denken und gemäß dem Konzil von Konstantinopel (381) auch den Heiligen Geist als gleichrangig einzubeziehen. Selbst in dieser christlich-dogmatischen Frage par excellence stützt sich Augustinus aber auf Porphyrios; bereits dieser scheint ihm eine nicht-subordinierende Trinitätskonzeption gelehrt zu haben (vgl. *De civitate dei* X 23).

Das zu lösende Dilemma bestand darin, daß man Vater, Sohn und Geist entweder wegen ihrer Selbständigkeit als drei Substanzen bezeichnen kann. Dann ist die Einheit Gottes aber zugunsten eines Tritheismus aufgelöst. Oder aber man wahrt die göttliche Einheit und bezeichnet die Personen als Akzidentien einer einzigen Substanz. Dann gerät man in Konflikt mit der Behauptung, Gottes Existenz sei unveränderlich. Denn Akzidentien können einer Substanz nur unwesentlich zugehören; an Gott darf es aber nichts Beliebiges geben. Augustins Lösung in der Schrift *De trinitate* will die Substanz-Akzidens-Unterscheidung der aristotelischen *Kategorien* unterlaufen. Nach dem Vorbild des Porphyrios interessiert sich der Kirchenvater für begriffliche Implikationsverhältnisse. So ist etwa die Relation zweier Freunde eine grundlegend andere als die Relation von Farbe (Akzidens) und farbigem Gegenstand (Substanz). Freundschaft ist eine Relation selbständiger Individuen; innerhalb dieser Relation ist keines der Individuen ein Akzidens. Weitergehend sucht Augustinus solche Beispiele, bei denen sich anders als im Fall der Relation Freundschaft eine notwendige Interdependenz der Relate zeigen läßt. Denn daß etwa Paul und Markus Freunde sind, ist ein kontingentes Faktum. Dagegen ist das begriffliche Wechselverhältnis eines Liebenden und eines Geliebten notwendig, sobald von Liebe die Rede ist. Die Freiheit von Liebendem, Geliebtem und ihrem Verbindungsmoment, der Liebe, bildet in *De trinitate* eine wichtige Trinitätsanalogie (VIII 10, 14). Das Beispiel der Liebe als des dritten Gliedes in der amans-amatus-Relation zeigt bereits, daß ein Argumentationsziel Augustins darin besteht, die übergeordnete Relation selbst als eines der Relate zu interpretieren.

Von besonderem Interesse sind für ihn schließlich die Analogien, mit deren Hilfe er in den Büchern VIII–XV «Abbilder» oder «Spuren» der Trinität aufweisen will (vgl. imago trinitatis; IX 12, 18; vestigium trinitatis; XI 1, 1). Augustinus konzentriert seine Suche nach solchen Abbildern auf den menschlichen Geist; berücksichtigt werden jetzt Phänomene wie Selbstbewußtsein, Wahrnehmung oder Gedächtnis. Das Selbstverhältnis des menschlichen Geistes wird damit zur bevorzugten Trinitätsanalogie.

6. Gnadentheologie

Um das Jahr 396 vollzieht sich in Augustins Denken eine wichtige Veränderung. Sie ist greifbar in einer Auslegung des Römerbriefs, in der Augustinus erstmals die Lehre von Gottes souveräner Gnadenwahl vertritt und diese mit einer Theorie von Sündenfall und Erbsünde in Verbindung bringt (*Ad Simplicianum* I 2). Nach der neuen Theorie ist es nicht mehr die von Gott vorhergesehene moralische Bewährung, die einem Menschen die Erwählung sichert, sondern es ist Gottes unbegründbare Gnade, die einige Menschen von der allgemeinen Schuldverstrickung und der daraus folgenden Verwerfung ausnimmt. Man würde diese Innovation allerdings überschätzen, nähme man an, daß der Gnadenbegriff vor 396 keine Rolle spielt; ebensowenig darf man unterstellen, daß die neue Konzeption eine Abwendung Augustins von der Philosophie bedeutet. Noch weniger markiert die Gnadenlehre eine Wende Augustins hin zu einer autoritären klerikalen Gesinnung.

Zwar ist es richtig, daß die Gnade seit der Schrift *Ad Simplicianum* willkürlich wirken soll. Der Bischof von Hippo läßt dem Menschen aber die Möglichkeit einer aktiven Mitwirkung; er sieht ihn als verantwortlich für seine Bereitschaft zu Glaube oder Unglaube an (I 1, 14). Zudem meint er, daß es sehr wohl moralische Verdienste seien, was jemanden von der ersten Berufung zur endgültigen Rettung beim Jüngsten Gericht führe. Weiterhin ist es falsch zu behaupten, Augustins Gnade wirke unwiderstehlich: es bleibt die Möglichkeit menschlicher Zurückweisung. Auch sein Gebrauch der biblischen Wendung «der Wille wird vom Herrn vorbereitet» meint keineswegs eine göttliche Willensmanipulation; im Gegenteil, der menschliche Wille wird bleibend als frei konzipiert. Gegenüber Julian von Aeclanum verwahrt sich Augustinus ausdrücklich gegen den Vorwurf, er lehre einen Determinismus; ein erzwungener Wille sei ein unsinniger Begriff.[10]

Mit seiner gnadentheologischen Wende reagiert der Kirchenvater auf die zentrale Schwierigkeit der Soteriologie. Wenn die Kirche heilsnotwendig ist, wen erwählt Gott dann in sie und weswegen? Entweder konnte Augustinus behaupten, daß für Gottes Auswahl menschliche Verdienste ausschlaggebend sind; dieses Kriterium erklärt aber nicht, weshalb einige Säuglinge getauft werden, während andere ungetauft bleiben. Oder er konnte die Ansicht vertreten, Gott erwähle oder verwerfe einen Menschen ohne menschlich einsehbaren Grund; in diesem Fall erscheint Gott aber als grausamer Tyrann. Der zweite Flügel der Alternative wird jedoch dann akzeptabel, wenn eine Unergründlichkeit des göttlichen Ratschlusses nicht mehr von Erwählung und Verwerfung, sondern nur noch von der Erwählung behauptet wird. Dies gilt aber im Fall einer Schuld, die allen Menschen gemeinsam ist. Wenn Gott nicht blindlings rettet und straft, sondern lediglich unter allen Verworfenen (massa damnationis) eine undurchschaubare Auswahl trifft, dann gleicht er nicht länger einem willkürlichen Tyrannen, sondern einem milden Richter, der einige der Verbrecher unerwartet begnadigt. Augustins Idee ist, daß man Gott aus dieser Perspektive betrachtet nicht länger als ungerecht tadeln kann.

Augustinus glaubt, mit der Erbsündenlehre auf der Grundlage der Schrift eine höchst rationale Lösung entdeckt zu haben. Er bringt sie geradezu in die Form eines Syllogismus: wenn (I) kein Ungetaufter erlöst werden kann und (II) dem Erlösungsakt eine Schuld vorhergehen muß – ohne sie wäre der Erlösungsbegriff sinnlos –, dann muß es (III) eine allgemeine Sündenschuld geben. Durch eine Verbindung der Kapitel 5 und 9 des *Römerbriefs* gelangt Augustinus zu der Auffassung, Paulus lehre neben der Gnade eine allgemeine Sündenverstrickung; ausnahmslos alle Menschen hätten «in Adam gesündigt», wodurch die menschliche Natur gravierend korrumpiert worden sei.

Die Schwäche der Augustinischen Konzeption liegt nicht so sehr im Gnadenbegriff als vielmehr in dieser Theorie, nach der die gesamte Menschheit in einem verdammungswürdigen Ausmaß schuldig sein soll. Wie kann ein Mensch stellvertretend für alle anderen gesündigt haben? Wie soll man sich die Übertragung einer Schuld vorstellen? Augustinus sagt, in Adam habe «unser Wesen» gesündigt. Zwei Modelle werden für diese Übertragung diskutiert (vgl. *Brief* 165). Entweder erschafft Gott zugleich mit jeder menschlichen Seele auch eine Verbindung zur Schuld Adams; dann verursacht jedoch Gott selbst die Sündentradierung. Oder die Schuld vererbt sich beim Geschlechtsakt; in diesem Traduzianismus wird jedoch ein moralisches Problem zu einem biologischen uminterpretiert. Augustinus sieht zwar den Fehler, der in der zweiten Antwort liegt, hält an ihr aber in einer nicht sehr präzisen Form fest.

III. Wirkung

Im westlichen Mittelalter stellt Augustinus nach der Bibel die oberste Instanz in Fragen von Glaube, Theologie und Philosophie dar; neben Ambrosius, Hieronymus und Gregor dem Großen zählt er zu den ‹großen Kirchenlehrern›. Als theologischen Augustinismus bezeichnet man hierbei das Fortwirken der Gnadenlehre, deren Stellung seit der Verurteilung des gnadentheologischen Semipelagianismus (529) unangefochten blieb. Der sogenannte philosophische Augustinismus behauptet eine Vollendung der Philosophie mittels der Theologie und lehnt einen glaubensunabhängigen Vernunftgebrauch ab. Schließlich deutet der politische Augustinismus den Gegensatz von geistlicher und weltlicher Macht mittels der Antithese zweier ‹Reiche› oder ‹Herrschaften›.

Für Augustins überragende Geltung ist bezeichnend, daß sich innerhalb der frühmittelalterlichen Kontroverse um die Gnaden- und Prädestinationslehre des Mönchs Gottschalk (803–69) alle Beteiligten auf den Kirchenvater berufen. Neben Hrabanus Maurus gilt dies für Bischof Hinkmar von Reims ebenso wie für Johannes Scotus Eriugena (um 810–77), die sich gegen Gottschalk wenden.

Eine wichtige äußere Grundlage für die mittelalterliche Tradierung Augustins bilden die Ordensgemeinschaften, die sich auf monastische Regeln des Kirchenvaters berufen. Es handelt sich um den *Brief* 121, eine *Regula secunda* sowie eine *Regula sancti Augustini*. Die Augustiner-Chorherren, die sich seit dem 11. Jahrhundert auf die zuletzt genannte Regel stützen, und ebenso die Augustiner-Eremiten (seit 1256) gehören zu den bedeutendsten kirchlichen Kommunitäten des Mittelalters und der frühen Neuzeit.

Im Hochmittelalter bleibt Augustins zentrale Stellung gewahrt. Im *Sentenzenwerk* des Petrus Lombardus (etwa 1095–1160) machen Augustinustexte neunzig Prozent aller Zitate aus. Anselm von Canterbury (1033–1109), der ‹Vater der Scholastik›, beruft sich für seinen Begriff einer christlichen Philosophie (fides quaerens intellectum) ausdrücklich auf Augustinus. Kontrovers diskutiert wird der philosophische Augustinismus erst, als Albertus Magnus (1206–80) und Thomas von Aquin (1225–74) pointiert zwischen Vernunft- und Offenbarungswahrheiten unterscheiden; doch bleibt auch Thomas, u. a. in seiner Trinitätskonzeption, stark von Augustinus beeinflußt. Bonaventura (1221–74), dessen franziskanischer Augustinismus sich als eine Replik auf den dominikanischen Aristotelismus versteht, sieht dagegen die Zurückweisung der Ideenlehre als Quelle der «Irrtümer» des Aristoteles und seiner Gefolgsleute an. Der anti-aristotelische Platonismus der rheinischen Mystiker stützt sich u. a. auf Augustins Lehre von den sieben Stufen des Aufstiegs zu Gott.

Die philosophisch-theologische Präsenz Augustins setzt sich in der frühen Neuzeit nur in den Fragen von Gnade und Prädestination ungebrochen fort. Die Tatsache, daß sich sowohl die Reformatoren als auch das Konzil von Trient (1542–64) auf ihn berufen, erinnert an die frühmittelalterliche Monopolstellung des Bischofs von Hippo. Vorbereitet wird seine neuerliche Wirksamkeit in der Zeit von Reformation und Gegenreformation durch spätmittelalterliche Theologen wie Thomas von Bradwardine (1290–1349), Gregor von Rimini (1300–58) und John Wyclif (1320–84), die alle eine radikale Gnadenlehre vertreten. Martin Luther (1483–1546) beruft sich im Kontext der zentralen reformatorischen Einsichten auf Augustinus: Seit 1515/16 kennt er die anti-pelagianischen Schriften, von deren Römerbriefauslegungen er einen ausgedehnten Gebrauch macht. Dabei nennt er Augustinus den «treuesten Ausleger des göttlichen Paulus». Nach 1519 und besonders nach 1527 geht er indessen wieder auf Distanz zum Bischof von Hippo. Für Johannes Calvin (1509–64) ist eine noch stärkere Prägung durch die anti-pelagianischen Traktate nachgewiesen. Calvin nimmt den Kirchenvater ganz für sein Anliegen in Anspruch (Augustinus totus noster).

Mit dem Jansenismus des 17. Jahrhunderts, der sich gegen semipelagianische Tendenzen bei den zeitgenössischen Jesuiten wendet, erhält das Gnadenthema noch einmal den Rang eines zentralen weltanschaulichen Problems. Der niederländische Theologe Cornelius Jansen (1585–1638) lehrt – beeinflußt vom Augustinismus des Belgiers Michael Baius (1513–89) – das vollständige menschliche Unvermögen zu einer Versöhnung mit Gott. Jansens Werk *Augustinus* (posthum 1640) bestimmt die weitere Auseinandersetzung, die sich auf Frankreich konzentriert. A. Arnauld (1612–94) und die Nonnen von Port-Royal stehen dabei gegen Richelieu und Mazarin. Unterstützung erhält die Bewegung von Port-Royal dagegen durch die anti-jesuitischen *Lettres à un provincial* von Blaise Pascal (1623–62). Pascals augustinisch geprägte Religiosität, vorgetragen in einem brillanten Stil, leitet ihren zentralen Begriff einer raison du cœur aus Augustins Konzeption des ‹Herzens› als des seelischen Zentrums des Menschen ab.

Theo Kobusch

DIONYSIUS AREOPAGITA

(um 500)

I. Autor und Werk

Der Autor des Corpus Dionysiacum (= CD) erhebt den Anspruch, der
Bekehrte vom Areopag und nachmalige Schüler des Paulus zu sein, von
dem in der Apostelgeschichte die Rede ist. Er gibt vor, ein Zeitgenosse und
Bekannter des Timotheus und Titus und sonstiger Persönlichkeiten der
apostolischen Zeit zu sein, insbesondere auch des hl. Johannes, an den er
den 10. Brief adressierte und dem er die Befreiung aus der Gefangenschaft
in Patmos verkündete. Darüber hinaus gibt er sich als Zeuge der beim Tode
Jesu herrschenden Sonnenfinsternis und des Todes der Jungfrau Maria
aus. Über Jahrhunderte galten die Schriften des Areopagiten als Werk des
Paulusschülers und waren mit einer besonderen Autorität ausgestattet,
die im Westen zudem durch Hilduins *Passio S. Dionysii* (PL 106, 23–50)
noch verstärkt wurde. Denn nach dieser Vita erscheint der Paulus-Schüler
auch als tatkräftiger Missionar Galliens, der als erster Bischof von Paris auf
dem Mons Mercurii, der zum Mons Martyrium wird (Mont Martre),
den Märtyrertod erleidet. Über seinem Grab wird die erste Saint-Denis-
Kathedrale errichtet. Doch zugleich gab es gewissermaßen von Anfang
an parallel zu dieser unerschütterlichen Überzeugung auch Äußerungen
des Zweifels an der Authentizität des Autors. Schon auf der monophysi-
tisch-orthodoxen Synode von Konstantinopel (532/533), auf der überhaupt zum ersten Mal bei der Konferenz auf das CD Bezug genommen
wird, weist der Erzbischof Hypatios von Ephesus die Berufung der Se-
verianer auf das CD zurück, weil dies möglicherweise eine Fälschung sei.
L. Valla, Nikolaus von Kues, Erasmus und Luther haben die Autorschaft
des Paulusschülers in Zweifel gezogen, ehe im 19. Jahrhundert insbesondere J. G. Engelhardt und F. Creuzer eine Abhängigkeit des CD von
Proklos erkannten, die dann – im selben Jahr 1895 – durch J. Stiglmayr
und H. Koch im Blick auf die Lehre vom Bösen in *De divinis nominibus*
und der proklischen Schrift *De malorum subsistentia* unwiderleglich
bewiesen wurde. Was die Forschungen dieser beiden Gelehrten für das
letzte Jahrhundert bedeuten, das ist die durch B. R. Suchla, G. Heil und
A. M. Ritter besorgte kritische Edition des CD (1990/1991) in diesem
Jahrhundert: ein Fundament, hinter das nicht mehr zurückgegangen
werden kann. Die Versuche, Dionysius mit einer bekannten historischen
Person zu identifizieren, sind freilich allesamt als gescheitert anzusehen
(dazu Hathaway 31–35).

Das CD besteht in seinen authentischen Teilen aus 10 Briefen und folgenden vier Abhandlungen: *De divinis nominibus* (d. n.) behandelt die philosophischen und in der Schrift belegten göttlichen Attribute. *De mystica theologia* (m. t.) ist die klassische Kurzformulierung der These von der absoluten Transzendenz Gottes gegenüber menschlicher Erkenntnis. *De caelesti hierarchia* (c. h.) ist die Darstellung der hierarchisch geordneten Welt der rein intelligiblen Wesen, während *De ecclesiastica hierarchia* (e. h.) die Hierarchie der inkorporierten Wesen, ihrer Stände und Ämter und der sakramentalen Zeichen zum Gegenstand hat. Wahrscheinlich erschienen die Schriften des CD gleichzeitig und waren – wie schon Stiglmayr zeigte – von Anfang unter dem Namen des Areopagiten vereinigt. Daneben gibt es eine Menge fiktiver Schriften, auf die das CD als schon verfaßte oder erst geplante verweist. Was die Abfassungszeit des CD angeht, so kann es keinen Zweifel geben, daß es in die Zeit des späten Neuplatonismus gehört, nicht nur weil die Proklosrezeption evident ist, sondern auch weil Einflüsse Syrians, vielleicht auch des Damascius festzustellen sind und darüber hinaus bestimmte späte Interpretationen des platonischen *Parmenides* vorausgesetzt werden müssen, auf die das CD reagiert. So kann man annehmen, daß die Abfassungszeit im späten 5. oder frühen 6. Jahrhundert liegt. Als Terminus ante quem können die Jahre 510 oder 518/28 angesehen werden, in denen die Schriften des monophysitischen Patriarchen Severus von Antiochien verfaßt wurden, wo erstmals aus dem CD zitiert wird. Wie erstmals Stiglmayr gezeigt hat, ist für die Darstellung der liturgischen Gestalt der Messe in e. h. 3 die Einführung des Credos in die Messe durch Petrus Fullo (476) bereits vorausgesetzt, so daß dieses Jahr als Terminus post quem angesehen werden kann.

II. Wie ist philosophische Theologie möglich?

Das aus den Werken *De caelesti hierarchia, De ecclesiastica hierarchia, De divinis nominibus, De mystica theologia* und den Briefen bestehende CD ist durch die einheitliche Sprache und den übereinstimmenden Inhalt verbunden. Seit 817 werden denn auch diese Schriften als ein homogenes, in sich geschlossenes Corpus überliefert.[1]

Der eine Gedanke, der diese Schriften und Briefe zusammenhält, ist die Antwort auf die Frage, wie die totale göttliche Transzendenz mit dem Gedanken der Selbstmitteilung zusammengebracht werden kann. Die Hierarchienschriften behandeln die verschiedenen Weisen der göttlichen Selbstmitteilung an rein geistige Wesen und an inkarnierte Geister. Aber auch die Schrift über die göttlichen Namen thematisiert dieses Problem. Denn die Bezeichnungen des göttlichen Wesens in der Hl. Schrift und in der Überlieferung sind selbst «Teilsymbole», die in ihrer Vielheit das Einfache, in ihrer Sinnfälligkeit das Intelligible, in ihrer Gestalt- und Wesen-

S. DIONYSIVS AREOPAGITA

Magna mei moles vitij: tua gratia maior :
Deleat ô vitium gratia prona meum .

Dionysius Areopagita (um 500)

haftigkeit das Ungestaltete und Überwesenhafte erscheinen lassen. Symbolhaft sind aber diese intelligiblen Namen nicht, insofern sie wie ein Zeichen für eine gemeinte Sache stünden. Vielmehr ist das, auf was sie hinweisen, der göttliche «überwesentliche Strahl», selbst völlig unerkennbar. Entzieht aber eine solche These von der Unerkennbarkeit nicht einer Schrift wie der *Über die göttlichen Namen* jegliche Grundlage? Ps.-Dionysius sagt selbst: «Wenn der Strahl vorzüglicher ist als jegliche Vernunft und jede Erkenntnis und überhaupt jenseits von Geist und Wesenheit gründet, der zwar alles umfaßt, einschließt und vorher schon enthält, allen aber selbst im Ganzen unfaßbar ist, und wenn es von ihm weder eine Wahrnehmung noch eine Vorstellung noch eine Meinung noch einen Namen noch einen Begriff noch eine Berührung noch ein Wissen gibt, wie kann dann von uns eine Abhandlung *Über die göttlichen Namen* verfaßt werden, wo sich die überwesenhafte Gottheit als unbenennbar und über jeden Namen erhaben erweist?» (d.n. I, 5; 115,19–116,6).

Diese Frage nach der Möglichkeit philosophischer Theologie wird durch den Hinweis auf eine besondere Art der Erfahrung, bzw. der «Erleuchtung» beantwortet, in der schon etwas von der eschatologischen «intelligiblen Lichtspendung» antizipiert wird. Dionysius hat beide Erkenntnisweisen ausdrücklich unterschieden. Während der Mensch nach dem Tode durch seinen immateriellen Geist Anteil gewinnt an der den Geist selbst übersteigenden «Einung», indem er die göttlichen Strahlen in «seligen Intuitionen» erfaßt, kann er jetzt nur durch die Vermittlung der Symbole sich bis zur Wahrheit des einfachen, intellektuellen Erfassens und schließlich, nach dem Beenden aller intellektuellen Tätigkeit, sich zur «Intuition» des überwesentlichen Strahls erheben. In dieser «jetzt» möglichen Intuition wird freilich vom göttlichen Strahl nicht erfaßt, was er ist, sondern nur, was er nicht ist. Auf diese Weise kann das göttliche Licht jetzt nur durch die «Abstraktion von allem Seienden» gepriesen werden, «infolge der allerseligsten Einung mit ihm darüber erleuchtet, daß es von allem Seienden zwar Ursache, selbst aber nichts ist, weil es allem auf eine alle Begriffe überschreitende Weise enthoben ist» (vgl. d.n. I, 4.5; 114,7–117,4).

Alle Hierarchien, ja alles Seiende als solches kann so symbolhaft auf den einfaltigen göttlichen Strahl hinweisen. Aber das ist nur deswegen möglich, weil alles Seiende eine Form der Selbstdarstellung des Göttlichen ist. Gleichwohl wird die göttliche überwesenhafte Wesenheit selbst in solchen Darstellungen nicht offenbar. Sie bleibt ein selber Nichterscheinendes (anekphanton), so daß Dionysius als Ziel seiner eigentlich theologischen Schrift angibt, nicht das unsagbare und unerkennbare überwesenhafte Göttliche, sondern den wesenhaften Hervorgang desselben feiern zu wollen. Der Gegenstand der philosophischen Theologie ist somit die Selbstdarstellung des göttlichen Wesens in den verschiedenen Formen des «Hervorgangs» (prohodos).

Die Frage, wie denn philosophische Theologie, also z. B. eine Schrift
wie *De divinis nominibus*, möglich sein soll, wenn doch der ihr eigene
Gegenstand weder durch eine Sinneswahrnehmung, noch Vorstellung,
noch einen Namen, noch eine Aussage, ja nicht einmal in einer intuitiven
Berührung erfaßt werden kann, wird somit durch den Hinweis auf die
negative Theologie beantwortet. Beides gehört zusammen: die mystische
Theologie und die negative Theologie. Die mystische Theologie führt zur
«Einung» (henosis) mit dem über jedem Sein und Erkennen erhabenen
göttlichen Strahl. Die negative Theologie aber ist (neben der kataphati-
schen) die angemessene Form der Entfaltung, d. h. der diskursiven Darlegung oder der «Trennung» (diakrisis). Henosis und Diakrisis sind in
diesem Sinne Wesensmomente der philosophischen Theologie. Ps.-Dio-
nysius versteht seine eigene Theologie teils als «Entfaltung» der Worte
der Hl. Schrift durch den «wahren Logos», teils als mystische Vereinigung, d. h. als über die einzelnen geistigen Vermögen hinausführende
Vereinigung mit dem Göttlichen. Entscheidend für das Verständnis des
Eigentümlichen dieser Philosophie ist aber, daß durch die konstitutiven
Elemente der philosophischen Rede von Gott schon etwas von seinem
Wesen offenbar wird. «So bemühen auch wir uns darum, das Göttliche
durch den Logos zu einen und zu scheiden so, wie das Göttliche selbst
geeint und geschieden ist» (d. n. I, 6; 130,12). Einung und Scheidung sind
als Wesensmomente des theologischen Redens Abbilder des göttlichen
Wesens selbst.

Diese philosophische Rede von Gott versteht Ps.-Dionysius als eine
bestimmte Form der Metaphysik. Denn er bezeichnet die «gegenwärtige
Pragmatie», d. h. die Abhandlung über die göttlichen Namen als eine
Form der «Epoptie» und ist sich dabei des terminologischen Gebrauchs
des Wortes bewußt *(kyrios eipein)*. Der Begriff der Epoptie aber bezeichnet seit dem Mittelplatonismus die Metaphysik als von der Ethik und
Physik unterschiedene Pragmatie, die dem platonischen Verständnis gemäß den Prozeß der «Vereinigung» mit dem Göttlichen so weit wie möglich vollzieht. Bezeichnenderweise haben Origenes und Gegor von Nyssa
(und die ihnen Folgenden bis ins Mittelalter) das Hohelied in diesem Sinn
als Epoptie (bzw. *scientia inspectiva*), d. h. als die Metaphysik der christlichen Philosophie verstanden.[2] Indem Ps.-Dionysius diesen Terminus
öfter verwendet,[3] stellt er sein theologisches Hauptwerk in diese neupla-
tonisch-christliche Metaphysiktradition.

Einung und Scheidung als die Wesensbestandteile der philosophischen
Rede von Gott konstituieren die Metaphysik als mystische und negative
Theologie. Die mystische Theologie vollzieht die Einigung mit dem
Göttlichen, die negative (und die affirmative) Theologie aber entfaltet das
Erkennbare des göttlichen Wesens. Da aber die «Theologie» die sprach-
liche Wiederholung der göttlichen Tätigkeit ist, können nach Ps.-Diony-
sius auch auf der Objektseite, d. h. im göttlichen Wesen selbst, Einung

und Scheidung, d. h. das Eine und die Hervorgänge unterschieden werden. Auf diese Weise zeigen sich Henosis und Diakrisis als die Grundpfeiler, auf denen das gesamte Geistesgebäude des Ps.-Dionysius beruht.

III. Mystische und negative Theologie

Das dialektische Verhältnis zwischen Henosis und Diakrisis, zwischen Einheit und Scheidung, zeigt sich am deutlichsten in der Beziehung zwischen mystischer und negativer Theologie. Nicht nur weil die kleine Schrift *Mystische Theologie* zu weiten Teilen eine Form der negativen Theologie darstellt, muß eine enge Zuordnung beider angenommen werden, sondern auch aus sachlichen Erwägungen. Denn die mystische Theologie, die zur Einung führt, schlägt notwendig um in die negative Theologie, soweit es zum Wesen des Geistes gehört, sich darzustellen. Nach Ps.-Dionysius ist die negative Theologie dabei nicht als eine Form der Aussage, die wahr oder falsch sein kann, aufzufassen, sondern als die Sprachhandlung des Lobgesangs oder des Feierns. In *De divinis nominibus* (I, 5; 116,14–117,4) ist dieser enge Zusammenhang beider Formen der Theologie ausgedrückt: «Durch diese Einungen werden die gottähnlichen Vernunftwesen in Nachahmung der Engel, soweit es möglich ist, geeint, da ja durch Beenden jeder geistigen Tätigkeit eine solche Einung der vergotteten Vernunftwesen mit dem übergöttlichen Licht entsteht, und sie feiern dieses Licht im eigentlichen Sinne durch die Abstraktion alles Seienden und sind somit wahrhaftig und außerordentlich aufgrund der allerseligsten Einung mit ihm darüber erleuchtet, daß es von allem Seienden zwar Ursache, selbst aber nichts ist, weil es allem auf überwesentliche Weise enthoben ist.» Die Einung, von der hier die Rede ist, nennt Ps.-Dionysius unio mystica (d. n. II, 9; 134,3). Sie vollzieht sich – wie Ps.-Dionysius auch sonst betont – jenseits aller intellektuellen Tätigkeit, d. h. besonders auch durch das Beenden jener Tätigkeit, die dem Geist nach Aristoteles als solchem zukommt: des geistigen Erfassens einfacher geistiger Prinzipien. Zur Bezeichnung jenes überintellektuellen Vorgangs benutzt Ps.-Dionysius den neuplatonischen Terminus technicus der «Intuition», in der die Seele den Strahlen des göttlichen Lichtes begegnet, ohne sie doch zu sehen. Er will damit aussagen, daß die Seele hier, jenseits des aristotelischen Prinzipienwissens, eine Wirklichkeit erfährt, die ihr nicht mehr als ein Objekt gegenübersteht, wie ja noch in jeder Art von Schau, sondern derer sie mit einem Schlag, ganzheitlich, sie selbst einbegriffen, innewird.[4]

Das ist das Entscheidende an der Unio mystica, daß der Geist selbst dabei ist, sich selbst daran gibt, sich selbst verändert, um in Gemeinschaft mit dem Göttlichen treten zu können. Ps.-Dionysius hat diesen Prozeß als die «Ekstase» des Geistes verstanden. «Man muß wissen» – so be-

schreibt er sie in neuplatonischen Termini –, «daß zwar unser Intellekt die
Fähigkeit zum Denken hat, durch die er das Intelligible schaut, die Einung aber, durch die er mit der Wirklichkeit jenseits seiner selbst verbunden wird, die Natur des Intellekts transzendiert. Im Sinne dieser Einung
muß man das Göttliche denken, nicht uns gemäß, sondern indem wir
selbst ganz aus uns selbst vollständig heraustreten und ganz Gott gehören, denn es ist besser, Gott zu gehören als sich selbst» (d.n. VII, 1;
194,10–15). Die «Ekstase» ist dabei als das Ende einer Entwicklung bzw.
als der Gipfel des Aufstiegs der Seele anzusehen. Denn nachdem die Seele
von allem Sinnfälligen abgelassen, von allen Bildern der Vorstellungskraft
abstrahiert hat, über alle Gegenstände der diskursiven Vernunft und
schließlich auch die Inhalte des intuitiven Prinzipienwissens hinausgegangen ist, muß sie, insofern sie Geist ist, auch noch sich selbst loslassen,
um die Vereinigung mit Gott vollziehen zu können. Das Sichloslassen –
ein Vorläufer des mystischen Begriffs der «Gelassenheit»[5] – ist die entscheidende Bedingung der Möglichkeit der unio mystica. Deswegen bezeichnet Ps.-Dionysius jene im Sinne der überintellektuellen Vereinigung
verstandene Gotteserkenntnis als die «göttlichste», die nur dann gewonnen werden kann, wenn «der Intellekt von allem Seienden Abstand
nimmt, dann auch sich selbst verläßt und dadurch mit den überhellen
Strahlen geeint wird» (d.n. VII, 3; 198,12ff.).

Was in diesem Licht erscheint, ist freilich nicht zu benennen. Es entzieht sich der Kraft des Sinnes- und Vorstellungsvermögens, des Logos
und der intuitiv erfassenden Vernunft und damit auch der Sprache. Die
angemessene Verehrung ist deswegen eigentlich das Schweigen. Da aber
nicht einmal gesagt werden kann, es erscheine etwas Bestimmtes in diesem Licht, kann nur von der Erscheinung eines Lichtes gesprochen werden, das freilich in seiner übermächtigen Helle dem menschlichen Geist
als Finsternis erscheint. Von einer Erkenntnis im eigentlichen Sinne, in
der etwas als etwas erkannt wird, kann deswegen keine Rede sein. Gott
zu erkennen im Sinne der unio mystica besagt vielmehr, «in das wahrhafte mystische Dunkel des Nichterkennens» geführt zu werden. Gemessen an der Konstitutionsleistung der einzelnen Erkenntnisvermögen ist
die unio mystica, in der das Göttliche «erlitten» wird, ein Nichterkennen,
eine Art der Unwissenheit, die doch zugleich das höchste Wissen ist. In
der mystischen Vereinigung erlebt der menschliche Geist die «mystischen
Schauungen», aber der so Schauende vereint sich mit «dem gänzlich Unerkennbaren», kann nur «durch Nichtblicken und Nichterkennen sehen
und erkennen, was über Schau und Erkenntnis hinaus ist» (m.t. I, 1.2;
141–143). Offenkundig entspricht so der negativen Theologie eine Art
negativer Gnoseologie auf der subjektiven Seite.

Wie aber im Aufstieg der einzelnen Erkenntnisvermögen gesagt werden kann, daß sie nicht die Vereinigung ausmachen, daß diese vielmehr
über alle geistigen Tätigkeiten, von der Sinneserkenntnis bis zum intuiti-

ven Prinzipienwissen, hinaus ist, so ist auch die negative Theologie als ein «Aufstieg durch Negationen» (d. n. XIII, 3; 230,1) aufzufassen. Gott ist demgemäß nicht nur das nicht, was die den Sinnen verhafteten Vermögen wahrnehmen, sondern auch über jeden geistigen Inhalt hinaus. Gott ist das «Übergute, das Übergöttliche, das Überseiende, das Überlebendige, das Überweise und was immer zu einer überschwenglichen Abstraktion gehört». Gleichzeitig ist er Grund alles Guten, alles Göttlichen, alles Lebendigen, ja er ist «eines jeden Grundes auf überwesenhafte Weise übergrundhafter Grund» (d. n. I, 3; 112,2). Und um deutlich zu machen, daß das göttliche Wesen auch nicht durch die Beschreibungen der negativen Theologie erfaßt werden kann, so als ob es auf einer Seite der vom menschlichen Geist formulierten Gegensätze stünde, muß diese negative Theologie über sich selbst noch einmal hinausgehen. Deswegen ist nach Ps.-Dionysius Gott nicht nur jenseits aller Erkennbarkeit und in diesem Sinne unerkennbar, sondern auch der «Überunerkennbare» (m. t. I, 1, 141,3; d. n. I, 4; 115,13) oder Überunaussagbare. In diesem Sinne endet auch die Schrift *Mystische Theologie* mit einer Aufzählung der Verneinung verschiedener Gegensätze: Gott ist weder Gleichheit noch Ungleichheit, weder Ähnlichkeit noch Unähnlichkeit, weder steht er noch bewegt er sich, er ist weder Ewigkeit noch Zeit ... weder Sohnschaft noch Vaterschaft, er ist weder etwas vom Seienden noch vom Nichtseienden, ... weder Licht noch Finsternis», kurzum: Gott ist allen Setzungen und Abstraktionen unseres Bewußtseins entzogen. Hier wird deutlich, daß die mystische bzw. die negative Theologie auch die Negationen überschreiten muß, weil auch sie Tätigkeiten unseres Bewußtseins sind. Was die endliche Vernunft an Aussagen über das göttliche Wesen hervorbringt, sind allenfalls bestimmte «hypothetische Aussagen» (m. t. I, 3; 144,6f.), d. h. Voraussetzungen für eine höhere Art der Erkenntnis.

Indem Ps.-Dionysius die Unzulänglichkeit aller unserer Aussagen hervorhebt, bringt er ein Grundanliegen aller neuplatonischen Philosophie zum Ausdruck: Das göttliche Wesen hat eine dem menschlichen Bewußtsein (epinoia) schlechthin überlegene und von ihr völlig unabhängige Präsenzweise.[6]

IV. Der Gottesbegriff

Der Gottesbegriff des Ps.-Dionysius hängt mit seinen methodologischen Überlegungen zum Charakter der philosophischen Theologie innerlich, d. h. direkt zusammen. Denn der theoretische Logos, in dem sich zugleich eine Einung und eine Scheidung vollzieht, ist das sprachliche Abbild der göttlichen Tätigkeit. Daraus aber ergibt sich notwendig zunächst, daß auch das göttliche Wesen durch Einung und Scheidung bestimmt ist. Henosis und Diakrisis sind dialektische Bestimmungen, d. h. Momente

des einen göttlichen Wesens, die sich gegenseitig bedingen. Was diese Bestimmungen besagen, hat Ps.-Dionysius im zweiten Kapitel von *De divinis nominibus* – welches diese Differenzierung thematisch behandelt –
deutlich gesagt: Die göttlichen Einungen werden die «verborgenen und
nicht emanierenden Übergründungen der überunaussprechlichen und
überunerkennbaren Permanenz, die Geschiedenheiten dagegen die wohl-
tätigen Hervorgänge und Offenbarungen der Urgottheit» genannt (d. n.
II, 4; 126,8–11). Die Henosis bezeichnet also das göttliche Wesen, soweit
es in unveränderlicher Identität in sich gegründet ist und verharrt und in
überwesenhafter Weise selbstgenugsam aus sich selbst existiert. Die Rezeption bestimmter Elemente des aristotelisch-neuplatonischen Gottesbegriffs ist hier deutlich zu erkennen. Die «Geschiedenheiten» aber bezeichnen schlechthin alle Weisen des Hervorgangs, der Selbstmitteilung
oder des Sichdarstellens des göttlichen Wesens.

Ps.-Dionysius beansprucht als erster, diese beiden Bestimmungen als
nichtwiderstreitende Elemente des einen göttlichen Wesens denken zu
können. Er hat dafür die Formulierung von dem Hervorgang in der Permanenz bzw. der sich in allen Hervorgängen durchhaltenden Permanenz
gefunden. Gott ist demnach nicht nur «dem Ganzen enthoben, selbst in
sich selbst identisch und ewig seiend, feststehend, verharrend, immer auf
dieselbe Weise sich verhaltend und niemals außerhalb seiner tretend, und
auch nicht den eigenen Sitz und die unbewegliche Bleibe und den Herd
verlassend», sondern vollzieht zugleich auch die ganzen und vollständigen Vorsehungsakte, hervorgehend zu allem und bei sich bleibend, und
deswegen könnte man am ehesten sagen: Er hat die Vorsehungstätigkei-
ten in der Permanenz und die Permanenz im Vorhersehen.[7] Nur so kann
man verstehen, daß Gott, obwohl er in unbewegter Identität festgefügt in
sich selbst gründet, doch zugleich bei allem mit seiner Sorge, mit seinen
vorsorglichen Hervorgängen und Wirksamkeiten ist (d. n. IX, 8.9.).

An vielen Stellen unterscheidet Dionysius diese beiden Elemente als
das «Verborgene» und das «Offenbare» des göttlichen Wesens. Wir können sagen, daß das der erste Entwurf einer Lehre vom deus absconditus
(c. h. IV, 3; 22,3) und deus revelatus ist. Dabei ist das Verhältnis beider
nicht so zu denken, als ob das eine seinsmächtiger oder ontologisch wert-
voller sei als das andere. Vielmehr geht es um zwei Seinsweisen desselben.
So enthält der deus absconditus, der als solcher nach c. h. II, 3; 12,12 jenseits von Sein und Leben ist, durchaus schon die Bestimmungen, die im
deus revelatus offenbar und wirksam werden, allen voran die durch die
neuplatonische Trias ausgedrückten Bestimmungen des Seins, Lebens
und Denkens. Alles, was, wie das Leblose, bloß existiert, was lebt und
denkt, hat Anteil am göttlichen Sein, Leben und Denken, d. h. an der
«Vorsehung», die selbst aus der überwesenhaften Gottheit quillt (c. h.
IV, 1; 20,13 ff.). Aber der deus revelatus ist das, was diese Begriffe ausdrücken, im Verhältnis zum außergöttlichen Sein, d. h. er ist die Ursache

allen Seins, allen Lebens und Denkens – und die metaphysische Erklärung kann sich allein auf diesen deus revelatus beziehen. Denn auch sie
verdankt sich einer vorgängigen Offenbarung des göttlichen Wesens.
«Alles Göttliche nämlich, auch jenes, was uns geoffenbart wird, läßt sich
nur aus Mitteilungen erkennen (d. n. II, 7; 131,5).

Die Gotteslehre des Ps.-Dionysius kulminiert in dieser Theorie vom
deus absconditus und deus revelatus als zwei Weisen des göttlichen Seins.
Ps.-Dionysius bringt so eine langwährende, wohl durch Plotin und den
Parmenideskommentar des Porphyrios ausgelöste neuplatonische Diskussion zum Abschluß. Denn einerseits hatte Plotin das Eine als das
Prinzip bestimmt, welches als Ursache von Sein, Leben und Denken jenseits dieser Triade ist. Andererseits aber war durch Porphyrios in der neuplatonischen Welt der Gedanke aufgekommen, daß Sein, Leben und Denken die inneren Momente der intelligiblen Substanz selbst seien, so daß
das Eine zusammenfällt mit dem ersten Moment der Triade, nämlich dem
Sein verstanden im Sinne des reinen Aktes.[8] Die späteren Neuplatoniker,
namentlich Damascius und Proklos haben sich, obgleich sie die porphyri-
sche Interpretation weithin übernahmen, in diesem einen wichtigen
Punkt von Porphyrios distanziert: Das absolut transzendente, mit nichts
im Zusammenhang stehende Eine kann nicht ein Moment jener intelligiblen Triade sein, sondern muß ihr voraus sein und kann somit nicht als
Sein oder Seiendes, Leben oder Geist begriffen werden.[9]

Für das Verständnis des Ps.-Dionysischen Gottesbegriffs ist es von
fundamentaler Wichtigkeit, den Zusammenhang mit dieser Tradition und
zugleich die Loslösung von ihr zu sehen. Denn einerseits sind nach Ps.-
Dionysius Sein, Leben und Denken in der Tat, wie der Neuplatonismus
es lehrt, die wichtigsten Bereiche der Wirklichkeit, aber ihr Ursprung
kann nicht in einer vom höchsten Gott unterschiedenen Hypostase liegen. Deswegen distanziert sich Ps.-Dionysius von denen – und nur Proklos, Damascius oder Syrian können gemeint sein –, die eine hypostati-
sche Verschiedenheit des Einen bzw. Guten und der intelligiblen Triade
annehmen: «Unsere Abhandlung behauptet nicht, daß das eine das Gute,
etwas anderes das Seiende und das nächste das Leben oder die Weisheit
sei, und nicht, daß es viele Ursachen und für die einen diese, für die anderen hingegen jene erschaffenden, über- und untergeordnete Gottheiten
gebe, sondern vielmehr, daß alle gütigen Hervorgänge und die von uns
gefeierten Namen Gottes zu einem einzigen Gott gehören» (d. n. V, 2;
181,16–19). Das ist die deutliche Ablehnung der spätneuplatonischen
Lehre von einem Guten oder Einen, das, selbst undifferenzierbar, in keinem Zusammenhang mit der übrigen intelligiblen Wirklichkeit steht.
Nicht in irgendeiner Bagatelle, sondern in der Lehre vom Einen ist die
Distanz des Ps.-Dionysius zu dem ihm so nahe verwandten Proklos am
deutlichsten greifbar. Sie beruht auf einem je verschiedenen Verständnis
der «Hypothesen» des platonischen *Parmenides*. Während nach Proklos

die erste Hypothesis die philosophische Rede von dem in sich relations-
losen, differenzlosen, allem enthobenen, überseienden Einen darstellt
und die zweite Hypothesis das davon hypostatisch verschiedene, in sich
differenzierte, vielheitliche, «seiende Eine» thematisiert, betreffen nach
Ps.-Dionysius diese Bestimmungen als verschiedene Sichtweisen dasselbe
einheitliche Wesen. Die Transzendenz im Sinne des «Überseins» und das
«Erscheinen» als Sichdarstellen sind nur verschiedene Momente desselben. Die erste und zweite Hypothesis des *Parmenides* werden hier zu-
sammengedacht.[10]

Das Eine ist so nach Ps.-Dionysius eine in sich schon differenzierte
Einheit, d. h. geistige Einheit, die als Ursache aller Seienden zu betrachten
ist. Das göttliche Eine des Ps.-Dionysius ist somit zugleich auch Geist.
Als Geist aber vollzieht das göttliche Eine die Bewegung vom deus absconditus zum deus revelatus (c. h. XIII, 4; 48,13). Dionysius hat damit
offenkundig die Bestimmungen, die Proklos dem «seienden Einen» oder
«Intelligiblen» zuschrieb (vgl. z. B. Theol. Plat. III, 12) auf das göttliche
Eine übertragen. Eine solche Bewegung ist nur denkbar, wenn schon das
überwesentliche verborgene Sein Gottes, das Gute selbst, den Drang hat,
sich zu offenbaren und außerhalb seiner zu treten. Ps.-Dionysius hat das
in seinem Lehrsatz von der ekstatischen Liebe Gottes deutlich gemacht.
Wenn es zum Wesen der Liebe gehört, ekstatisch zu sein, d. h. nicht mehr
sich, sondern dem geliebten Objekt zu gehören, dann muß das auch für
die göttliche Liebe gelten. Deswegen muß gesagt werden, daß der Urheber aller Dinge «in den auf alles Seiende sich beziehenden Vorsehungsak-
ten außerhalb seiner tritt». Ps.-Dionysius bezeichnet diese Rede als ein
«Wagnis», und in der Tat ist es in der neuplatonischen Gedankenwelt, in
der diese Aussage immer verneint wurde, eine gewagte Formulierung.
Durch diese Charakterisierung des in sich unerkennbaren, eingestaltigen,
sich differenzierenden göttlichen Wesens als einer ekstatischen Liebe ist
Dionysius einen entscheidenden Schritt über die Konzeptionen der Neuplatoniker, Plotins aber auch des Proklos, hinausgegangen.

V. Hierarchien

Während die im engeren Sinne theologischen und erkenntnistheoretischen Gedanken des Ps.-Dionysius Areopagita eine große, aber eben akademische Wirkungsgeschichte hatten, ist ein Grundgedanke seiner christlichen Philosophie in ein breiteres allgemeines Bewußtsein eingedrungen
und auch heute noch präsent. Noch heute singen die Gläubigen in den
Kirchenliedern von den Seraphim und Cherubim, den Thronen, Fürsten,
Herrschaften, Mächten und Gewalten und nehmen so unbewußt Bezug
auf die dionysische Konzeption der «himmlischen Hierarchie». Den beiden Schriften *«Von der himmlischen Hierarchie»* und *«Von der kirchli-*

chen Hierarchie» liegt ein einheitlicher Hierarchie-Begriff zugrunde, der zwar neuplatonischen Ursprungs und insbesondere bei Proklos vorbereitet ist, zugleich aber erst von Dionysius zu einem Grundpfeiler neuplatonischen Philosophierens gemacht wurde.

Der Begriff der Hierarchie bezeichnet jene Ordnung der Welt, in der alle Wesen in gestufter Teilhabe und Teilgebung eine relationale Einheit bilden. Ausdrücklich hebt Ps.-Dionysius die für die himmlische wie für die kirchliche Sphäre einheitliche Bedeutung des Begriffs hervor, nach der der Hierarch durch seine eigene Vergöttlichung die Teilhabe niederer Stufen an diesem Zustand und somit ihre Erhöhung ermöglicht. Da diese so erhöhten, gleichsam vergöttlichten Wesen ihrerseits wieder beispielhaft anderen niedrigeren den Weg weisen, herrscht eine «hierarchische Harmonie», in der jedes einzelne Anteil hat am «wirklich seienden Schönen, Weisen und Guten» (e. h. I, 21; 65,7). Bedenkt man zudem, daß das Sein des göttlichen Einen, insofern es Geist ist, in der Darstellung seiner selbst besteht, dann muß die gesamte hierarchisch gestufte Welt des Seienden als Erscheinungsweise des göttlichen Seins angesehen werden. In diesem Sinne sind die einzelnen hierarchischen Stufen bis hin zur symbolischen Hierarchie Hervorgänge und Darstellungen des Heiligen, das selbst seine Unberührtheit bewahrt (Ep. 8, 1; 177,3 ff.). Die symbolischen Hierarchien sind jene, denen es nur vermittelt durch Symbole möglich ist, das gemeinsame Ziel aller Hierarchien, die Vergöttlichung oder Erkenntnis des Seienden als Seienden, zu erreichen. Was somit den himmlischen Wesen in einem einheitlichen und eingefalteten Erkennen geschenkt ist, das ist «uns», den symbolischen Hierarchien, nur in der «Mannigfaltigkeit und Fülle gesonderter sinnlicher Zeichen» zugänglich (e. h. I, 2 – 5). Da jedoch die sinnlichen Zeichen nicht um ihrer selbst willen geschaut werden, sondern hinaufführen zur mystischen Erkenntnis, muß «unsere» Hierarchie auch die Möglichkeit rein geistiger Erkenntnis besitzen. Deswegen begreift Dionysius «unsere Hierarchie» – gemäß der neuplatonischen Lehre vom Menschen als amphibischem Wesen – als jene Ordnung der «Mitte», die sowohl an der Welt des rein Geistigen wie auch an der Welt des Sinnenfälligen und Symbolhaften teilhat (e. h. V, 1; 105,18 ff.). Auf diese Weise wird durch das Prinzip der Hierarchie ein universaler Zusammenhang alles Heiligen hergestellt, der von der Welt des Intelligiblen zur Welt des Sinnlichen reicht. Dabei ist das sinnenfällige Heilige Abbild und zugleich Handleite und Weg zum Prinzip seiner selbst, dem intelligiblen Heiligen.

Die sinnlichen Symbole sind so in ihrer Vielfalt als Darstellung des in sich einen und eingefalteten göttlichen Grundes anzusehen. Sie sind Weisen der göttlichen Erscheinung und Wirksamkeit. Das gilt in besonderem Maß für die Taufe, die Dionysius als «Prinzip» und Wegbereiterin allen weiteren heiligen Tuns begreift. Denn sie, die den «ursprünglichsten Hervorgang» heiliger Liebe darstellt, verdankt sich der unaussprechlichen

Schöpfung, in der sich die göttliche Seligkeit unserer Hierarchie mitteilt und ihr Anteil an ihrem Licht gewährt. Auch im Sakrament der Eucharistie teilt sich das göttliche Wesen in der heiligen bunten Fülle der sinnlichen Zeichen dem Menschen aus Menschenfreundlichkeit mit, um alle zu ihm Heraufgeführten im Einen wieder zu vereinigen. Im Sakrament der Eucharistie wird so das nach neuplatonischem Verständnis begriffene wahre Wesen des Göttlichen, sein Hervorgang und seine Rückkehr, sinnbildlich dargestellt. Dionysius sieht in dieser Vervielfältigung des ursprünglichen Einen ein Bild der göttlichen Bewegung der Menschwerdung. Denn ebenso ist «das Eine, Einfache und Verborgene Jesu, der ursprünglich göttliche Logos», durch die Menschwerdung in das Zusammengesetzte und Sichtbare «hervorgegangen» und hat so die Einheit zwischen Göttlichem und Menschlichem bewirkt. Ebenso wird im Sakrament der Myronweihe diese grundlegende theologische Einsicht von dem sich darstellenden, mitteilenden und hingebenden göttlichen Wesen veranschaulicht (e. h. IV, 4; 98,23 ff.). Im Sakrament der Priester- und Mönchsweihe ist die Wirkung des göttlichen Wesens in der Selbstdifferenzierung in die verschiedenen Stände und Ordnungen der Bischöfe, Priester usw. erkennbar. Denn die Einheit dieser unvermischten Ordnungen und ihrer Tätigkeiten ist ein Abbild der göttlichen Einheit. Der Kosmos des Heiligen umfaßt schließlich auch den toten Leib des Menschen, denn die göttliche Gerechtigkeit gewährt dem ganzen Menschen, der Seele und dem Leib, die Teilhabe am Heiligen, jener in der reinen Schau der Geheimnisse, diesem durch die Teilnahme an den sinnlichen Symbolen.

VI. Wirkungsgeschichte

Die Wirkung des *Corpus Dionysiacum* ist ebenso intensiv und gut belegbar wie weitreichend und kaum absehbar. Sie gründet sich im Osten auf die Übersetzungen zunächst ins Syrische (durch Sergius von Reshaina, gest. 536, bzw. durch Phocas bar Sergius von Edessa gegen Ende des 7. Jh.), später ins Altarmenische, Altgeorgische und Kirchenslavische. In der griechischen Tradition sind die Scholien des Johannes von Scythopolis zum CD eine Hilfe für das Verständnis. Aber erst im Werk des Maximus Confessor (gest. 662) wird das CD ein konstitutiver Bestandteil seiner mit der Kirchenlehre verträglichen Philosophie. Von da an sind die Grundgedanken des CD in der byzantinischen Philosophie, bei Johannes Damascenus ebenso wie bei Michael Psellos (11. Jh.) und Nicetas präsent, wenngleich auch hier, besonders im Umkreis von Photius (9. Jh.), Zweifel an der Authentizität des CD geäußert wurden.

Die Wirkung des CD im Westen beginnt, obwohl Spuren des Einflusses schon bei Gregor dem Großen (6. Jh.) zu erkennen sind, mit der ersten vollständigen lateinischen Übersetzung von Hilduin (827–835), die später, in der Mitte des Jahrhunderts, von Johannes Scotus Eriugena verbessert wurde. Während Hugo und Richard von St. Viktor, beide von der Mystik des CD beeinflußt, offenbar die Übersetzung Eriugenas benutzen, geht der Einfluß der dionysischen Schriften in der Theologie und Philosophie des späten Mittelalters auf die im Unterschied zu jener Eriugenas nicht suspekten Übersetzung des Sarazenus in der Mitte des 12. Jh. zurück. Auch bei Bernhard von Clairvaux und Wilhelm von St. Thierry und anderen Autoren des 12. Jh. ist der Einfluß der dionysischen Erkenntnis- und Gotteslehre deutlich spürbar. Aus der weiteren Rezeptionsgeschichte ragen die in den Jahren 1240–1243 entstandene Übersetzung des CD von R. Grosseteste und seine Kommentare zu Ps.-Dionysius hervor, die später R. Bacon, R. Marston, Wyclif und andere englische Autoren benutzten. Albert der Große und Thomas von Aquin haben (in den 40er und 60er Jahren des 13. Jh.) nicht nur umfangreiche Kommentare zum CD geschrieben, sondern auch in ihren Werken areopagitische Grundgedanken aufgenommen. In der Mystik des 14. und 15. Jh., bei Meister Eckhart, Tauler, Jan van Ruysbroek, J. Gerson (und durch ihn vermittelt bei Luther), bei Nikolaus von Kues und Dionysius dem Karthäuser sind die Gedanken des CD geradezu omnipräsent.

Auch für die Renaissancephilosophie ist Dionysius eine große Autorität. Nachdem Ambrosius Traversari von 1431–1437 das gesamte CD neu übersetzt hatte, widmete sich auch Marsilio Ficino, für den Dionysius trotz der Bedenken L. Vallas immer der bekehrte Paulusschüler und Meister aller Neuplatoniker blieb, am Ende seines Lebens der Übersetzung und Kommentierung von *De Mystica Theologia* und *De Divinis Nominibus*. Diese Übersetzung benutzte später Giordano Bruno. Pico della Mirandola schrieb, den Zweifeln an der Authentizität entgegentretend, eine *Epistola apologetica pro S. Dionysio Areopagita* (ed. J. Eck, Ingolstadt 1526). Schließlich ist der Einfluß des CD auch in der späten Mystik besonders in Spanien, bei Johannes von Kreuz bis zur Schule der Karmeliter, belegbar. Für Franz von Sales, Mme. Guyon und Fénelon ist Dionysius noch immer neben dem hl. Clemens ein Zeuge für den apostolischen Ursprung des Glaubens und zugleich – gemäß der Darstellung Hilduins – «Frankreichs großer Apostel». (Diese wirkungsgeschichtlichen Zusammenhänge sind von verschiedenen Autoren ausführlich und trefflich dargestellt im *Dictionnaire de Spiritualité* III 286–429.)

Die noch zu schreibende Wirkungsgeschichte des Areopagiten in den letzten beiden Jahrhunderten müßte – als historische Wegbereitung – den Einfluß auf Sebastian Franck und die protestanische Mystik überhaupt hervorheben, ehe die Philosophie des Deutschen Idealismus, insbesondere Schellings und der englischen Romantik, hauptsächlich berücksichtigt würde. Wohl schon unter dem Einfluß der Werke von Engelhardt, Vogt, H. Ritter und A. Helfferich bemerkt F. X. von Baader (SW Bd. 8, hg. v. Hoffmann, Leipzig 1855, ND Aalen 1963, 303), daß ohne die

Schriften des Areopagiten «kein Scotus Erigena, kein Thomas Aquin etc. gelehrt haben würde». A. Schopenhauer, der ebenfalls das Lehrbuch von Helfferich benutzte, hat die innere Verwandtschaft der Philosophie des Areopagiten mit Proklos einerseits und Scotus Eriugena andererseits deutlich gespürt. Auch für V. Solovjev ist das Schrifttum des Dionysius eine unschätzbare Quelle.

In unserem Jahrhundert sind neben der historischen Forschung im strengen Sinne insbesondere E. Stein und H. Ball zu erwähnen. H. Ball, dessen 1923 erschienene Arbeit «Byzantinisches Christentum» (vgl. die Rezension von Stiglmayr, ZKTh 1923) zu großen Teilen in der von W. Tritsch besorgten deutschen Übersetzung als Einführung abgedruckt ist und für die Dionysius «die vorgesehene Widerlegung Nietzsches» darstellt, hat selbst im Rückblick zwischen seiner Dada-Zeit und der Konversion zum mystischen Christentum eine Verbindung gesehen. Er fügte den vielen Deutungen des Wortes Dada eine weitere originelle hinzu: «Als mir das Wort ‹Dada› begegnete, wurde ich zweimal angerufen von Dionysius D. A.-D. A.» H. Ball zeigt sich zudem beeindruckt von der 1918 erschienenen Arbeit von F. Morel, *L'introversion mystique. Étude psychologique Ps.-Denys l'Aréopagite et de quelques autres cas de Mysticisme* (Genève 1918), in der die «Symptome» des «Ablegers Plotins», «Askese und Träumerei» mit psychoanalytischen Mitteln untersucht werden. Diese Koinzidenz von Psychoanalyse und Mystik, die in anderer Form auch bei C. G. Jung mit häufiger Bezugnahme auf den Areopagiten zu beobachten ist, bedarf noch eingehender Untersuchungen.

Meir M. Bar-Asher

ABŪ BAKR AL-RĀZĪ
(865–925)

I. Leben und Werk

Abū Bakr Muḥammad Ibn Zakāriyāʾ al-Rāzī, der im europäischen
Sprachraum eher unter seinem lateinischen Namen Rhazes bekannt ist,
war einer der großen Philosophen und Ärzte in der Geschichte des Islam.
Al-Rāzī wurde in Raiy in Nordpersien, nicht weit von Teheran, am Anfang des Monats Schaʿbān im Jahr 251 der muslimischen Zeitrechnung
(September 865 n. Chr.) geboren.[1] In seiner Geburtsstadt erwarb al-Rāzī
erste Kenntnisse in verschiedenen Wissenschaften: Mathematik, Philosophie, Astronomie und sogar Alchemie. Einigen Quellen nach verdiente er
in seiner Jugend seinen Lebensunterhalt als Goldschmied, Geldwechsler
oder Glücksspieler. Der Medizin wandte er sich erst in fortgeschrittene-
rem Alter zu, allem Anschein nach erst in seinen Dreißigern. Einige
Quellen berichten, daß der Grund dafür in einer Augenverletzung lag,
die von alchimistischen Versuchen herrührte. Dies brachte ihn dazu, ärzt-
liche Hilfe aufzusuchen, und in der Folge, sich selbst der Medizin zuzu-
wenden.[2] Innerhalb weniger Jahre erlangte der Name des Arztes al-Rāzī
in seiner Stadt große Berühmtheit, was dazu führte, daß der damalige
Gouverneur von Raiy, Manṣūr Ibn Isḥāq (Gouverneur 902–908), ihn
zum Direktor des städtischen Krankenhauses ernannte. Als Beweis ihrer
Freundschaft widmete ihm al-Rāzī sein medizinisches Werk *Kitāb al-
Manṣūrī* (*Liber Almansoris* in der lateinischen Übersetzung). Al-Rāzī
wurde schnell über die Grenzen seiner Stadt hinaus bekannt. Er ging
nach Bagdad und hatte dort eine ähnliche Position unter der Regierung
des Kalifen al-Mustakfī (Gouverneur 901–907) inne. Nach dem Tod des
Kalifen kehrte al-Rāzī in seine Geburtsstadt zurück und begann, Medizin
zu unterrichten und seine zahlreichen Werke zu verfassen. Er starb in seiner Geburtsstadt am 5. Schaʿbān im Jahre 313 (27. Oktober 925).[3]
Al-Rāzī beschäftigte sich mit verschiedenen Wissenschaften: Medizin,
Philosophie, Chemie, Mathematik und Astrologie und hinterließ auf allen Gebieten zahlreiche Werke. Sein literarisches Werk betrug – nach seinen persönlichen Angaben – «etwa 200 Bücher, Artikel und Briefe».[4]
Nach der Beurteilung von Max Meyerhoff (einem der wichtigsten Forscher der Islamwissenschaften der vergangenen Generation), erwarb er
sich einen großen Teil seines Einflusses auf die Nachwelt durch seine Leistungen auf dem Gebiet der Medizin, «als zweifellos der größte Arzt der
islamischen Welt und einer der größten Ärzte aller Zeiten».[5] Auf diesem

Gebiet hinterließ al-Rāzī ein umfangreiches Werk, dessen wichtige Teile schon im Mittelalter ins Lateinische übersetzt wurden. Außer der bereits erwähnten Schrift wäre hier das monumentale Werk *al-Ḥāwī* («Das Umfassende»; *Continens* im Lateinischen) erwähnenswert, das im Jahre 1279 von dem sizilianischen jüdischen Übersetzer Faraǧ Ibn Salīm ins Lateinische übertragen und viele Male gedruckt wurde; sowie *al Ṭibb al-mulūkī* («Die königliche Medizin»; auf lateinisch *Liber Regius*) und sein Buch *Kitāb al-ǧadarī waʾl ḥaṣba*, («Das Buch der Pocken und Masern»).[6]

In einer Auflistung der Werke al-Rāzīs zählt al-Bīrūnī 56 Schriften auf dem Gebiet der Medizin.[7] Aber so zahlreich die überlieferten medizinischen Schriften al-Rāzīs auch sind, so gering sind die Überreste seiner Werke auf anderen wissenschaftlichen Gebieten. Von seinen nicht-medizinischen Schriften gelangten nur die folgenden vollständig in unsere Hand: zwei Schriften über Ethik – *al-Ṭibb al-ruḥānī* («Die geistige Medizin»)[8] und *al-Sīra al falsafiyya* («Über das philosophische Leben»)–, deren letztere eine Apologie ist, die die wichtigsten Punkte von al-Rāzīs ethischer Weltanschauung enthält, wie sie sich gegen Ende seines Lebens darstellte, und die sich, wie im Folgenden deutlich werden wird, in bedeutender Weise von der Ethik seiner früheren Schrift unterscheidet.[9] Weiter sind erhalten sein Buch *al-Shukūk ʿalā Ġalinus* («Die Zweifel an Galen»), in dem al-Rāzī seine Einwände gegen verschiedene Ansichten Galens hauptsächlich auf dem Gebiet der Medizin zusammenfaßte, sowie ein kurzer Artikel zur Staatslehre *Maqāla fī amarāt al-iqbāl waʾl-dawla* («Über die Zeichen der Ankunft des Reiches»).

Von allen anderen Schriften al-Rāzīs sind nur kurze Abschnitte überliefert, die meisten in Werken von muslimischen Philosophen und Häresiographen des Mittelalters, die aus ihnen zitiert haben, um gegen seine Ansichten, die in vielem umstritten waren, zu polemisieren. Al-Rāzī hatte sich gegen viele Lehren gewandt, die allgemein als Fundamente des muslimischen Glaubens und seiner Institutionen angesehen wurden: Er leugnete z. B. die Schöpfung ex nihilo, wies die Prophetie entschieden zurück, verachtete den Koran und verspottete das muslimische Dogma der Unnachahmbarkeit des Korans *(iʿǧāz al-qurʾān)*.

Die meisten Fragmente von al-Rāzīs philosophischen Schriften (einschließlich Zitaten aus den Werken anderer Autoren) wurden von Paul Kraus, dem wichtigsten der al-Rāzī-Forscher der vergangenen Generation, gesammelt, mit wissenschaftlichen Registern versehen und veröffentlicht. Einen wichtigen Beitrag zur Erforschung der Philosophie von al-Rāzī leistete auch Shlomo Pines, dessen Arbeit über al-Rāzīs atomistische Erkenntnisse besondere Beachtung verdient.

Abū Bakr al-Rāzī (865–925)

II. Das philosophische System

Im Folgenden soll der Versuch unternommen werden, die wichtigsten
Züge von al-Rāzīs Philosophie zu beschreiben. Zunächst wollen wir uns
seiner Methode der Metaphysik zuwenden.

Seine besondere Auffassung der Metaphysik erläuterte al-Rāzī vor allem in seiner Schrift *Sharḥ al-ʿilm al-ilāhī*, die uns jedoch nicht erhalten
ist. Dennoch läßt sich eine recht detaillierte Vorstellung vom Inhalt dieser
Schrift gewinnen, indem man die zahlreichen Zitate betrachtet, die sich in
Werken späterer Gelehrter finden, in denen gegen seine Lehren polemisiert wird. Dies gilt vor allem für die Werke des bekannten schiitisch-
ismailischen Propagandisten Nāṣir-i-Khūsraw.

Al-Rāzī war der Ansicht, daß es fünf ewige Prinzipien gebe: den
Schöpfer, die Seele, die Materie, den Raum und die Zeit. Diese Prinzipien bestehen gemeinsam seit ewigen Zeiten. Die beiden verbreitetsten
Schöpfungsauffassungen der muslimischen mittelalterlichen Philosophie akzeptierte er nicht, nach denen die Welt als natürlicher Emana-
tionsakt aus Gott heraus geschaffen wurde, oder der Schöpfer die Welt
willentlich erschaffen habe. Dagegen faßt er die Schöpfung als einen zufälligen Prozeß auf, der von einer Störung der Beziehung oder des
Gleichgewichts zwischen den ewigen Prinzipien (vor allem der drei ersten) herrührte. Diesen Prozeß, der zur Schöpfung führte, erklärt al-Rāzī
mit Hilfe eines gnostischen Mythos, der von Nāṣir-i-Khūsraw überliefert
wurde:

«Ferner hat er gelehrt, daß das uranfängliche Prinzip die Seele war, die
Leben, aber kein Wissen besaß. Und er hat gelehrt, daß auch die Materie
anfangslos war, bis die Seele in ihrer Unwissenheit in der Materie gepei-
nigt wurde und in sie verhaftet wurde und aus ihr Formen hervorrief, um
daran körperliche Lüste zu erlangen. Da aber die Materie sich der Form
enthalten und vor dieser Gestaltung auszuweichen suchte, so lag es Gott
dem Allmächtigen und Gnädigen ob, der Seele zu Hilfe zu kommen, um
sie aus dieser Not zu retten. Diese seine Hilfeleistung für die Seele bestand darin, daß Gott diese Welt schuf und feste, langlebige Formen in ihr
hervorrief, damit die Seele an diesen Formen körperliche Lüste erlangte
und Menschen hervorbrächte. Den Geist [...] aber sandte er aus der Substanz seiner Göttlichkeit zum Menschen in diese Welt, damit er die Seele
im Gehäuse [...] des Menschen aus ihrem Schlafe wecke und ihr auf den
Befehl des Schöpfers zeige, daß diese Welt nicht ihre Stätte ist, und daß sie
eine Sünde begangen hat, in der Weise, wie wir es berichtet haben, so daß
diese Welt geschaffen worden ist. Und es sagt der Geist zum Menschen:
da die Seele in die Materie verhaftet sei, so möge sie bedenken, daß, wenn
sie sich von dieser trenne, derselben keine Existenz mehr bleibe, damit
die Seele des Menschen, wenn sie von diesem Sachverhalt, den wir berichtet haben, Kenntnis erhält, die Hochwelt erkennt, und sich vor dieser

Welt hütet, um in ihre eigene Welt, die der Ort der Ruhe und des Glückes ist, zurückzuverlangen...»[10]

In dieser Erzählung sind wesentliche Komponenten eines gnostischen Schöpfungsmythos enthalten: die Versuchung der Seele durch die Materie und die Einmischung der Gottheit zugunsten der Seele. Diese Einmischung kommt zum Ausdruck durch die Erschaffung von Körpern, darunter der der Menschen, und auch durch die Sendung des Geistes oder Verstandes, der ein Teil des Gotteswesens ist. Er soll die Seele aus ihrem Schlaf erwecken, in den sie aufgrund ihrer Anwesenheit in der Welt der Materie gefallen ist, und sie in ihre Ausgangsposition zurückbringen.[11]

Auf den Ursprung dieser mythischen Erzählung, die in der muslimischen Philosophie des Mittelalters einzigartig ist, soll später eingegangen werden. Zuerst eine kurze Beschreibung von al-Rāzīs spezifischen Ansichten bezüglich drei seiner Urprinzipien: die Materie, der Raum und die Zeit.

Die Ewigkeit der Materie beweist al-Rāzī auf zweierlei Weise:

a) Durch das Argument der Unmöglichkeit der creatio ex nihilo. Die erste Annahme besteht darin, daß die Schöpfung aus dem Nichts einfacher sei als die Schöpfung aus vorhandener Materie; z. B. sei die schlagartige Schöpfung des Menschen ex nihilo einfacher als die viele Jahre dauernde Gestaltung aus der Materie. Die zweite Annahme besteht darin, daß es unmöglich sei, daß der allweise Schöpfer den weniger leichten und von der Erfüllung seiner Absicht weiter entfernten Weg der Schöpfung gewählt hätte. Aus der Verbindung dieser beiden Thesen geht hervor, daß Gott eine creatio ex nihilo, die den Abschluß des Schöpfungswerkes schlagartig ermöglicht hätte, einer komplizierten und andauernden Schöpfung hätte vorziehen müssen. Aber empirisch gesehen wissen wir, so al-Rāzī, daß es in der Wirklichkeit keine creatio ex nihilo gebe, und daraus müssen wir die Schlußfolgerung ziehen, daß kein Schöpfer diese Macht besitze. Vielmehr erschuf er alles Existierende aus der Materie, die das Urprinzip darstelle.

b) Durch das Argument, daß die Beziehung zwischen dem Schöpfer und dem Erschaffenen eine Beziehung zwischen ungeformter Materie (ewig) und geformter Materie (neu erschaffen) voraussetze. Diese Beweisführung basiert ebenfalls auf zwei Annahmen: Zunächst darauf, daß die Existenz des Erschaffenen einen ihm vorangehenden Schöpfer voraussetze; dann auf der Annahme, daß das Erschaffene geformte Materie sei. Daraus folgt: So wie das Schaffende dem Erschaffenen vorangeht, so bildet die ungeformte Materie eine Voraussetzung der geformten Materie. Die Urform, bevor sie eine Form annimmt, nennt al-Rāzī «absolute Materie», und seiner Ansicht nach führen die Teilchen, aus denen sich diese Materie zusammensetzt, in aktiver Form (und nicht nur in potentia, wie nach Platos Anschauung) die Eigenschaften der Materie mit sich.

Diese Auffassung von zwei verschiedenen Formen von Materie brachte al-Rāzī dazu, eine besondere atomistische Anschauung zu entwickeln, die sich in signifikanter Weise von der Lehre des Aristoteles ebenso wie von den Zielvorstellungen der muslimischen Theologen, der Mutakallimūn, die in dieser Angelegenheit Aristoteles folgten, unterscheidet. Es bestand jedoch, wie Pines gezeigt hat, eine eindeutige Beziehung zwischen al-Rāzīs atomistischer Auffassung und der Lehre des Demokrit.

Al-Rāzī glaubte, daß die absolute Urmaterie aus zweierlei Teilchen zusammengesetzt sei: Teilchen der Materie und Teilchen des Zwischenraumes oder der Leere. Aus diesen Teilchen verschiedener Größe und verschiedener Eigenschaften entstanden die fünf Grundelemente der Natur: Erde, Wasser, Feuer, Luft und das «himmlische Element». Die physikalischen Eigenschaften dieser Grundelemente werden von den Beziehungen zwischen den beiden verschiedenen Arten von Teilchen bestimmt, aus denen sie sich zusammensetzen. Die Tendenz der Erde und des Wassers zur Erdmitte z. B. rührt daher, daß sie schwere Elemente sind, d. h. eine große Dichte in den Teilchen der Materie und eine geringe Anzahl von Teilchen des Zwischenraums beinhalten. Die Tendenz von Feuer und Luft dagegen, nach oben zu steigen, rührt daher, daß sie leichte Elemente sind, d. h. in ihnen mehr Teilchen der Leere als Teilchen der Materie vorhanden sind.

An dieser Stelle tritt der große Unterschied zwischen al-Rāzīs Atomismus und dem Atomismus von Aristoteles und den Mutakallimūn zutage. Aristoteles und seine Schüler akzeptierten ausschließlich die Teilchen der Materie, während der Zwischenraum zwischen ihnen überhaupt keine selbständige Existenz hat. Al-Rāzī dagegen glaubte, daß auch der Zwischenraum aus voluminösen und schweren Teilchen zusammengesetzt sei und daß diese Teilchen einen wichtigen Anteil an der Gestaltung der Eigenschaften der Elemente haben.

Al-Rāzīs Auffassung von Raum und Zeit ist unmittelbar mit seiner atomistischen Auffassung von Materie verbunden. Auch Raum und Zeit unterscheiden sich auf zweierlei Art. Was den Raum betrifft, so differenziert al-Rāzī zwischen dem «absoluten Raum» oder dem «universellen Raum» und zwischen dem «relativen Raum» oder dem «partiellen Raum».

Auch diese Auffassung des Raums unterscheidet sich in erheblicher Weise von der artistotelischen Lehre. Sie definiert Raum als die «Oberfläche des (einen Körper umgebenden) Körpers»; d. h., die Existenz von Raum hängt von der Existenz eines in ihm befindlichen Körpers ab. Ein selbständiger, von der Existenz eines Körpers unabhängiger Raum ist unvorstellbar. Dies gilt nicht für al-Rāzīs System. Die oben erwähnte Raumdefinition des Aristoteles stimmt mit seiner Auffassung des «relativen» oder des «partiellen Raums» überein. Er glaubte jedoch, daß es darüber hinaus einen absoluten Raum gebe, der sich über die Grenzen der Welt hinaus ausdehne und nicht von konkreten Körpern abhängig sei.

Eine ähnliche Anschauung gilt analog auch für den Begriff der Zeit:
Auf der einen Seite existiert die begrenzte Zeit, die sich mit der aristoteli-
schen Zeitdefinition als Messung von Bewegungen in einem gegebenen
Zeitabschnitt, d. h. als «Zeitdauer», deckt. Außerdem existiert nach al-
Rāzīs Meinung jedoch auch eine absolute Zeit, die eine unabhängige
Größe darstellt, die in den ewigen Bewegungen der Körper im Kosmos
fließt. Zu diesem von konkreter Bewegung unabhängigen Zeitbegriff gibt
es Parallelen in der neuplatonischen Philosophie, so beispielsweise bei
Plotin und Proklos.

III. Die Ethik

Al-Rāzīs Lehre der Ethik blieb der Nachwelt in besserem Zustand als die
anderen Teile seines philosophischen Denkens erhalten; zwei Werke zur
Ethik sind uns, wie erwähnt, vollständig überliefert. Aber trotz ihres gemeinsamen Themas bestehen zwischen diesen beiden Schriften bedeutende Unterschiede, sowohl in ihrem Charakter und in der Art und Weise
der Themenbehandlung, als auch in ihrem Inhalt. Das eine Werk, *al-Ṭibb
al-rūḥānī*, ist al-Rāzīs Jugendzeit zuzurechnen und als ein systematisches
Handbuch der Ethik angelegt. Die Ethik dieses Buches gründet sich
hauptsächlich auf die platonische Seelenlehre. Der moralische Mensch
handelt mit der Absicht, Harmonie zwischen den drei Seelen des Menschen herzustellen, d. h. die «Seele der Begierde» mittels der «choleri-
schen Seele» unter die Herrschaft der «rationalen Seele» zu bringen.
Doch al-Rāzī, der sich dessen bewußt war, daß nicht jeder Mensch sich
unbedingt um das Wohl der Seele sorgt, versucht zunächst, seine Leser
davon zu überzeugen, daß das Ideal der Ethik ein lohnendes und nutz-
bringendes Ziel sei, selbst wenn ein Mensch nur körperliche Interessen
habe. Zu diesem Zweck entwickelte er – auf der Basis von Platons *Timaios* – eine Theorie des Wesens der Leidenschaft, die den materiellen
Genuß des Menschen begleitet. Mit dieser Theorie wollte er zeigen, daß
der Genuß, den der Mensch in seinem Streben nach Lust zu erlangen
hofft, im Grunde eine Selbsttäuschung sei, und daß eine rechte Betrachtung der Folgen seiner Lusttendenz den Menschen zu der Erkenntnis
führe, daß der unmittelbare Schaden (für den Körper) größer sei als der
Nutzen: Lust *(ladhdha)* bedeute nämlich nichts anderes als die Rückkehr
eines Gegenstandes in den Zustand, in welchem er sich befand, bevor ein
schädlicher Faktor ihn daraus entfernte. Lust könne nur im Verhältnis zu
dem Schmerz entstehen, der ihr vorausgegangen sei, da Schmerz eine
Folge der Entfernung des Körpers aus seinem natürlichen Zustand sei.
Die moralisch richtige Handlung basiert daher auf einer permanenten
Abwägung, in der der Mensch für jede seiner Handlungen das Ausmaß
des Schadens, der ihm widerfahren könnte, gegen das Ausmaß der Lust,

die er sich daraus erhofft, abwägen muß, um dann natürlich die Handlung vorzuziehen, durch die die resultierende Lust den darin verborgenen Schmerz überwiegt. Über diese Einstellung hinaus empfiehlt al-Rāzī, daß sich der Mensch grundsätzlich davor hüte, sich von Leidenschaften mitreißen zu lassen, auch und gerade dann, wenn er das Übel nicht erkennt, das ihm daraus erwachsen kann.

Nachdem al-Rāzī so die Grundsätze seiner Ethik entwickelt hat, wendet er sie systematisch an vielen Stellen des *al-Ṭibb al-rūḥānī* und des *al-Sīra al-falsafiyya* an. Seine Argumentation ist fast immer die gleiche: Mit Hilfe seiner ausgezeichneten medizinischen Kenntnisse bemüht er sich durch detaillierte technische Erklärungen, die Schäden aufzuzeigen, die den Menschen erwarten können: zunächst diejenigen, die physisch seine Gesundheit und sein körperliches Wohlbefinden bedrohen, dann, von einem spirituellen Standpunkt aus, jene, die als Folgen von Leidenschaften entstehen. Danach versucht er zu beweisen, daß die Lust, die einige Handlungen oder Dinge zu beinhalten scheint, nichts weiter als Lug und Trug ist. So ist al-Rāzīs Ethik in *al-Ṭibb al-rūḥānī* auch durch eine deutliche Tendenz zur Askese charakterisiert, die an verschiedenen Stellen ausdrücklich empfohlen wird.

Deutlich unterscheidet sich hiervon, wie bereits erwähnt, sein späteres ethisches Werk *al-Sīra al-falsafiyya*. Es handelt sich hierbei um ein apologetisches Werk, in dem sich al-Rāzī gegen Anschuldigungen verteidigt, denen zufolge er der Lebensweise von Sokrates, den er als seinen herausragenden spirituellen Lehrer ansah, abtrünnig geworden sei und im Gegensatz zu seinem Lehrer einen hedonistischen Lebensstil pflege. Al-Rāzī versucht, sich zu verteidigen, indem er eine vollständige Analogie zwischen sich und Sokrates herstellt: Er teilt Sokrates' Biographie (und entsprechend auch seine eigene) in zwei Teile auf. Zu Anfang ihres Lebens tendierten beide zu einem asketischen Lebensstil, der von der Zielsetzung bestimmt war, sich der Philosophie und der Wissenschaft zu widmen. Aber sobald sie dieses Ziel in angemessenem Maße erreicht hatten, begannen sie in bescheidenem und kontrolliertem Umfang, an den Vergnügungen der Welt teilzuhaben. Die Kritik seiner Gegner rührte seiner Ansicht nach nicht nur von der fehlenden Anerkennung seiner eigenen Lebensweise, sondern auch daher, daß ihnen Sokrates' Leben nicht hinreichend bekannt war.

Diese Stellungnahme al-Rāzīs gegen seine Widersacher ist originell und von größtem Interesse. In der arabischen philosophischen Tradition des Mittelalters waren zwei «Persönlichkeitstypen» des Sokrates bekannt: Der eine, weiter gefaßte, beschrieb den «asketischen» Sokrates (wie er hauptsächlich in der zynischen Tradition überliefert wurde), der andere dagegen einen Sokrates, der aktiv am Leben und seinen Vergnügungen teilhatte (wie in der Tradition des Aristophanes und einigen der wichtigen Dialoge Platos deutlich wird). Die Besonderheit von al-Rāzīs Sokrates-

Interpretation liegt nun darin, daß er die beiden Traditionen miteinander verbindet und sie als zwei Phasen im Leben des bewunderten griechischen Philosophen darstellt. Offenbar ist es dabei al-Rāzīs Absicht, durch diese Verbindung seinen Widersachern nicht zuletzt sein eigenes moralisches Leben zu erklären. Es sei hier noch hinzugefügt, daß al-Rāzī in diesem Werk jegliche Tendenz zur Askese deutlich zurückweist und verschiedene Religionen und Sekten verurteilt, die eine asketische Lebenshaltung fordern.

Der Unterschied zwischen diesen beiden ethischen Werken al-Rāzīs besteht jedoch nicht nur in der Einstellung zur Frage der Askese. Al-Rāzī bringt in dem letzteren auch in ausdrücklicher Form seinen Glauben an die Unsterblichkeit der Seele zum Ausdruck. In seinem früheren Werk zeigte er keine Neigung, einen scharf umrissenen Standpunkt zu diesem Thema einzunehmen, eher tendierte er dazu, eine skeptische Haltung zu vertreten. Außerdem ist nun das ethische Ziel, das in dem früheren Werk gänzlich von Gott getrennt schien, nach Plato ausdrücklich so formuliert: «Es gilt, gemäß der Fähigkeit des Menschen, Gott nachzuahmen.»[12]

Woher rühren diese so wesentlichen Unterschiede zwischen den beiden Werken? Zur Beantwortung dieser Fragen lassen sich mehrere Hypothesen aufstellen, doch zwei der plausibelsten sollen hier genügen:

a) Es scheint, als ob al-Rāzī in seiner frühen Zeit von den Schriften Galens stark beeinflußt wurde, der bei verschiedenen Themen (unter ihnen z. B. die Frage des Schicksals der Seele nach ihrer Trennung vom Körper) zu skeptischen Einstellungen tendierte.[13] Demgegenüber war er in seinen späteren Jahren auf der einen Seite zu einem erklärten Anhänger der sokratisch-platonischen Tradition geworden und stand auf der anderen Seite unter dem Einfluß gnostischer Lehren. Vor diesem Hintergrund nun gilt es, seine positiven Einstellungen zur Frage des Schicksals der Seele nach dem Tod und zur Frage nach dem Zweck der Ethik zu erklären.

b) Ein weiterer Unterschied liegt in der Zielsetzung der beiden Werke: Die Tatsache, daß das späte Werk, wie gesagt, eine Apologie ist, verpflichtete al-Rāzī dazu, keine zaudernden oder mehrdeutigen Positionen einzunehmen. Dagegen verstand sich das erste Werk als systematisches Handbuch der Seelenethik, wo al-Rāzī sich frei fühlte, verschiedene Alternativen vorzuschlagen, ohne zwischen ihnen entscheiden zu müssen.

IV. Religion und Verstand

Abgesehen von dem gnostischen Mythos, durch den al-Rāzī die Entstehung der Welt zu erklären versuchte und der allem Anschein nach einer späteren Phase seiner philosophischen Entwicklung zuzurechnen ist, zeichnet sich sein philosophisches Denken im ganzen durch Rationalität aus. Das erste Kapitel seines Werkes *al-Ṭibb al-rūḥānī* («Über den Vorteil des Verstandes und seine Erhabenheit») stellt diesen Aspekt beispielhaft dar.[14] Al-Rāzī erläutert dort ausführlich die Vorzugsstellung, die dem Verstand bei allen Taten und Überlegungen des Menschen zuzukommen habe. Gegenüber dem erhabenen Status des Verstandes komme der Religion nur geringerer Wert zu. Seiner Meinung nach gilt es, gegen die Gültigkeit aller Religionen Einspruch zu erheben, da sie auf irrationalen Grundfesten basieren.

Von dieser Voraussetzung her ist auch zu verstehen, daß al-Rāzī die Herausforderung, eine Harmonie zwischen der religiösen und der philosophischen Tradition herzustellen, die viele Philosophen des Mittelalters auf sich genommen haben, zurückgewiesen hat. Viele aristotelische und platonische Philosophen glaubten, daß Religion und Philosophie die eine Wahrheit nur in verschiedenen Sprachen lehrten, und sahen daher eine wesentliche Aufgabe des Philosophen darin, diese beiden Wege zur Wahrheit aufeinander abzustimmen. Al-Rāzī jedoch vertrat die Ansicht, daß die Philosophie den einzig richtigen Weg zur Wahrheit darstelle und daß der Mensch durch sie das Jenseits erreichen könne. Unter den Titeln seiner Werke, die uns nicht überliefert sind, werden zwei Schriften erwähnt, die die Kritik der Religion zum zentralen Thema haben. Die eine, *Ḥiyal al-mutanabiyyin*, («Über die Betrügereien derer, die Anspruch auf die Prophetie erheben»), die auch den Titel *Makhārīq al-anbiyāʾ* («Aufschneidereien der Propheten») trug, war eine hochgeschätzte Lektüre in häretischen Kreisen und heterodoxen islamischen Sekten. Das andere Buch war *fī al-nubuwwāt* («Über die Prophetie») oder *fī naqḍ al-adyān* («Über eine Kritik der Religion»), von dem Teile in der Schrift *Kitāb aʿlām al-nubuwwa* («Über die Zeichen der Prophetie») des ismailischen Gelehrten Abū Ḥātim al-Rāzī, eines Landsmannes und Widersachers al-Rāzīs, erhalten geblieben sind.[15]

Al-Rāzī wandte sich ausdrücklich gegen die Versuche der Religionen, eine Hierarchie unter den Menschen herzustellen. Besonders die Behauptung vieler Religionen, daß es auserwählte Menschen (Propheten, Imame usw.) gebe, die auf natürliche Weise über andere Menschen erhaben seien, ist nach al-Rāzī eine Lüge. Seiner Meinung nach stehen alle Menschen auf der gleichen Stufe, denn alle sind vernunftbegabte Geschöpfe. Wenn ein Unterschied zwischen den Menschen bestehe, so rühre dieser von ihrer Bildung und Erziehung her und nicht von ihren intellektuellen Anlagen. Durch ihre Vernunft können die Menschen zu einem Verständnis aller Gebiete der Wirklichkeit gelangen – von den einfachsten bis hin zu den kompliziertesten Zusammenhängen z. B. der exakten Wissenschaften oder der Kosmologie, wozu sie die Vermittlung oder die Hilfe von Propheten oder anderen religiösen Führern nicht benötigen. Überdies haben die heiligen Schriften der verschiedenen Religionen keinerlei Nutzen. Im Gegenteil, sie beinhalten dummes Geschwätz und widersprechen sich ge-

genseitig. Überdies tragen nach al-Rāzīs Meinung die Religionen die
Schuld an vielen Kriegen, die sie unter den Menschen verursacht haben.

V. Wurzeln und Wirkung

Die erhaltenen Quellen vermitteln nur wenige Informationen über die
Lehrer al-Rāzīs. Einige Biographen bezeichnen ᶜAlī Ibn Rabban al-Ṭa-
barī, einen Arzt und Philosophen des 9. Jahrhunderts, als seinen unmittelbaren Lehrer. Ihre Meinungen über die chronologische Wahrscheinlichkeit dieser Angabe sind jedoch geteilt. Besser dagegen sind wir über
seine «spirituellen» Lehrer unterrichtet, d. h. die frühen Quellen, durch
die er beeinflußt wurde. Vieles darüber läßt sich der Lektüre seiner Werke
und einer Übersicht der Titel jener Schriften, die nicht erhalten sind, entnehmen.

Al-Rāzī war mit der klassischen medizinischen und philosophischen
Tradition gründlich vertraut. Wichtige Teile des griechischen medizinischen und philosophischen Corpus waren zu seiner Zeit in vollständigen
Übersetzungen oder in gekürzten Ausgaben und Paraphrasen vorhanden.
Bedeutende Ideen, die z. B. in den zentralen Dialogen Platos behandelt
werden, nehmen in seinen Schriften einen wichtigen Platz ein. Sein Kommentar zum *Timaios* wurde bereits erwähnt, die Schriften des Aristoteles,
darunter vor allem die *Physik,* die *Metaphysik* und die *Ethik* sind in den
Schriften al-Rāzīs gut erkennbar – teilweise werden sie mit Zustimmung
angeführt, öfters jedoch stehen sie kritisch zur Diskussion, wie z. B. die
Fragen des Raums und der Zeit, die oben erwähnt wurden.

Allgemein scheint es, daß al-Rāzī die klassische griechische Tradition
hauptsächlich durch Galen, einen Arzt und Philosophen des 2. Jahrhunderts n. Chr., kennenlernte, dessen Schriften er besser als die aller
Philosophen des Mittelalters kannte. Viele Ideen, die al-Rāzī aus der griechischen Tradition schöpfte, dürften ihm durch die Vermittlung Galens
vertraut geworden sein, dessen Name sowie wichtigste Ansichten auf allen Gebieten in seinen Werken häufig erwähnt werden. Er machte sich
sogar die Mühe, einen besonderen Brief zu verfassen, in dem er die Titel
der Schriften Galens sammelte, die sich nicht in der Liste des bekannten
Übersetzers Ḥunayn Ibn Isḥāq (verstorben im Jahre 260 der muslimischen Zeitrechnung, 873 n. Chr.) befanden.[16] So ist es kein Wunder, daß
al-Rāzī in der arabischen Literatur als «der Galen der Araber» bezeichnet
wurde. Über die ähnlichen Interesssensgebiete hinaus glich al-Rāzī seinem Lehrer auch in dessen Skepsis. Indem er durch dessen Schriften die
Anschauungen früherer Philosophen kennenlernte, lernte er daraus auch
die Notwendigkeit einer kritischen und skeptischen Haltung gegenüber
deren Meinungen. Daß zu den Schriften al-Rāzīs auch die schon erwähnte Schrift *Zweifel an Galen* zählt, ist aufschlußreich: Al-Rāzī fürch-

tete sich nicht, gegen seinen bewunderten Lehrer die gleichen Prinzipien
anzuwenden, die er aus dessen Schriften gelernt hatte. Er kann so als ein
deutliches Beispiel für freies philosophisches Denken gelten, das zwischen der Bewunderung für frühere Gelehrte und der Notwendigkeit, ihnen gegenüber kritisch zu sein, zu unterscheiden wußte. Jeder Gedanke
an Selbstverleugnung gegenüber einer Autorität war ihm gänzlich fremd.

Al-Rāzīs Anschauungen zu diesem Thema sind mit seinem Glauben an
die Progressivität des menschlichen Wissens eng verbunden. Und trotz
seiner Hochachtung, die er für die Gelehrten früherer Zeiten, besonders
für die griechischen Philosophen hegte, glaubte er, daß ein Angehöriger
seiner Generation, der sein Leben der Wissenschaft widme, sich auf einem höheren Niveau als jene befinde, da er über alles menschliches Wissen verfügen könne, das sich bis zu seiner Zeit angesammelt habe: Die
Wissenschaften *(ṣinā'at)* hätten sich mit der Zeit kontinuierlich entwik-
kelt und näherten sich mehr und mehr der Perfektion. Ein heutiger
Mensch brauche darum weniger Zeit als ein früherer Gelehrter, um Entdeckungen machen zu können. Er sei dem früheren Gelehrten dann überlegen, wenn er eine perfekte Kenntnis dessen Werke besitze.

Jedoch reichen al-Rāzīs Beziehungen zur griechischen Medizin und
Philosophie – und vor allem zu Galens Schriften – nicht aus, um die Wurzeln all seiner Ideen zu erklären. Eine der Fragen, die wir bei der Darstellung seiner Philosophie in den Vordergrund stellten, war jene nach dem
Ursprung der fünf ewigen Prinzipien. Obwohl einige Elemente dieser
Anschauung in der griechischen Philosophie vorgeformt sind, wie z. B.
die Idee des Urzustands der Seele und des Urzustands der Materie (Plato)
und in gewissem Maße auch die Idee der absoluten Zeit und al-Rāzī selbst
behauptet hat, ihre Wurzeln lägen bei den frühen Griechen, hauptsächlich
bei Pythagoras und Demokrit, findet sich hier doch kein ausgeführtes System der fünf ewigen Prinzipien. Die Vorstellung der fünf ewigen Prinzipien wurde zwar in vielen arabischen Quellen des Mittelalters den Harraniern[17] zugeschrieben, aber es scheint, als müsse man sich der Meinung
bedeutender Forscher, unter ihnen L. Massignon, P. Kraus und S. Pines
anschließen, die dazu tendierten, die Verknüpfung des Phänomens der
fünf ewigen Prinzipien mit den Harraniern als eine literarische Fiktion zu
betrachten. Mit anderen Worten: Al-Rāzī verhielt sich in dieser Angelegenheit wie andere Gelehrte des Mittelalters und sprach persönliche Meinungen frühen Sekten zu.

In diesem Zusammenhang ist auch die Verbindung zu erwähnen, die
Nāṣir-i-Khūsraw zwischen al-Rāzī und Erānscharī herzustellen versuchte, einem esoterischen Philosophen, über den fast nichts außer einigen Einzelheiten bei Nāṣir-i-Khūsraw und al-Bīrūnī bekannt ist. Al-Bīrūnī beschreibt ihn als einen Gelehrten, der keinen formellen Glauben
hatte und der in den Schriften Mani's bewandert und von ihnen beeinflußt war. Jedenfalls schrieb Nāṣir-i-Khūsraw verschiedene Lehren des

al-Rāzī, wie vor allem den Glauben an die fünf ewigen Prinzipien, auch Erānscharī zu, obwohl die Bedeutung der Verbindung zwischen beiden Gelehrten nicht klar wird.[18]

Al-Rāzī war auch mit manichäischen Lehren bekannt, was aus einigen Titeln seiner Werke und auch aus erhaltenen Schriften hervorgeht. So ist z. B. anzunehmen, daß seine scharfe Kritik der Religionen in gewissem Maße von manichäischen Ideen beeinflußt war.[19]

Dieser Überblick über al-Rāzī soll mit einer kurzen Darstellung seines Einflusses auf die ihm nachfolgende Generation abgeschlossen werden. Informationen über seine unmittelbaren Schüler besitzen wir kaum; die Quellen erwähnen lediglich den jakobitischen Philosophen-Theologen Yaḥyā Ibn ᶜAdī (verstorben im Jahre 364 der muslimischen Zeitrechnung, 975 n. Chr.).[20] Aber so spärlich unser Wissen über Gelehrte, die mit ihm in direkter Verbindung standen, auch ist, so zahlreich sind die Informationen über zeitgenössische und spätere Gelehrte, die seine Lehren gekannt und diskutiert haben. Seine außergewöhnlichen und kontroversen Anschauungen stellten eine Herausforderung für Kritiker aus allen Richtungen dar. Sein Einspruch gegen die wichtigsten Punkte des muslimischen Glaubens, wie sein Glaube an ewige Existenzen neben Gott selbst und seine Häresie bezüglich der Offenbarung und der Prophetie erregten die Kritik von vielen, vor allem aber die der schiitisch-ismailitischen Gelehrten, von denen einige oben erwähnt wurden. Auf der anderen Seite zog er die Kritik wichtiger Philosophen auf sich, die seine Einwände gegen verschiedene Auffassungen Platos und Aristoteles sowie Lehren, die unter gnostischem Einfluß standen, zurückwiesen. Zu seinen Kritikern zählten u. a. der muslimische Philosoph Abū Naṣr al-Fārābī und auch Maimonides, der al-Rāzī scharf angriff (er nannte seine Lehren «dummes Geschwätz» und ihn selbst einen «Narren»)[21] mit der Behauptung, al-Rāzī habe in seinem Buch *Die göttliche Wissenschaft* behauptet, daß das Böse in der Welt das Gute überwiege, woraus zu entnehmen sei, daß das Böse Gott selbst sei.

Seine Kritik der Religion brachte Widersacher aus allen Richtungen gegen ihn auf, und es bestand bei vielen Gelehrten die weitverbreitete Meinung, daß zwischen al-Rāzī dem Arzt, der als Autorität höchsten Ranges anzusehen sei, und al-Rāzī dem Philosophen, von dem man sich auf jeden Fall distanzieren sollte, zu unterscheiden sei. Maimonides brachte z. B. auf diese Weise seine Meinung über al-Rāzī in einem Brief an Samuel Ibn Tibbon, der den *Führer der Unschlüssigen* ins Hebräische übersetzt hatte, zum Ausdruck: «Al-Rāzī hat ein Buch über die göttliche Weisheit geschrieben. Es ist aber ohne Nutzen, da al-Rāzī nur ein Arzt ist.»[22]

Übersetzt aus dem Hebräischen von Almuth Lessing

Mahmoud Zakzouk

ABŪ ḤĀMID MUḤAMMAD AL-GHAZĀLĪ
(1058–1111)

I. Leben

Der berühmte Denker Abū Ḥāmid Muḥammad al-Ghazālī wurde im Jahr 1058 (450 H., nach islamischer Zeitrechnung) in der Stadt Ṭūs in Khorasan in Persien geboren. Als sein Vater früh starb, wurde er auf dessen Wunsch zusammen mit seinem Bruder der Erziehung eines mit seinem Vater befreundeten Sufi (islamischen Mystikers) übergeben. Er studierte in Ṭūs und Gurgan islamische Rechtswissenschaft und anschlie-ßend bei dem bedeutendsten Theologen jener Zeit, Imām al-Ḥaramain al-Ġuwainī, u. a. Theologie, Dialektik, Philosophie und Logik. Nach dem Tode seines Lehrers im Jahr 1085 (478 H.) begab er sich in die Umgebung des Großwesirs des Sultans, Niẓām al-Mulk, der ihn im Jahr 1091 (484 H.) zum Professor an der von ihm gegründeten Niẓāmīya-Hoch-schule in Baghdad ernannte. Damit bekleidete er bereits mit 33 Jahren eine der wichtigsten Positionen in der akademischen Welt seiner Zeit, in der er auch eine große Anzahl von Schülern um sich versammelte. Doch vier Jahre später gab er seine Lehrtätigkeit auf und begann das Leben ei-nes armen Sufi, das etwa zehn Jahre dauern sollte. Er hielt sich vor allem lange in Damaskus auf und reiste auch nach Jerusalem, Mekka und Me-dina. Danach nahm er auf Befehl des Sultans für kurze Zeit seine Lehrtä-tigkeit an der Niẓāmīya-Hochschule in Nischapur wieder auf. Dann kehrte er in seine Heimatstadt zurück. Er errichtete neben seinem Haus eine Schule für islamische Rechtswissenschaft und ein Sufikloster. Am 19. Dezember 1111 (505 H.) starb al-Ghazālī.

Die beste Quelle für das Leben al-Ghazālīs ist sein Werk *al-Munqiḏ min aḍ-ḍalāl (Der Erretter aus dem Irrtum)*.[1] In diesem Buch, das er ge-gen Ende seines Lebens verfaßte, schildert er seine geistige Entwicklung und die damit zusammenhängenden wichtigsten zwei Krisen seines Le-bens. Wie wir hier sehen, steht sein Bemühen um geistige Selbständigkeit im Zentrum seines Lebens. Wie er es ausdrückt, war ihm der Trieb, die ‹Wahrheiten der Dinge›, d. h. die Dinge, wie sie wirklich sind, zu erfas-sen, praktisch angeboren, so daß er sich schon früh von jeder Autoritäts-gläubigkeit, jeder ‹blinden Nachahmung›, befreien konnte. Der Schritt zur geistigen Selbständigkeit ist, wie er darlegt, unwiderrufbar: «Gibt man die blinde Nachahmung einmal auf, so kann man auch kein Verlan-gen mehr haben, zu ihr zurückzukehren. Denn es ist eine Voraussetzung des blinden Nachahmers, daß er nicht weiß, daß er nachahmt. Wenn er

von diesem Umstand erfährt, bricht das Glas seiner Nachahmung...»[2]
Mit seiner Forderung nach selbständigem Denken befindet Ghazālī
sich in voller Übereinstimmung mit der Lehre des Koran, wonach Dinge
des Glaubens nicht wirklich durch mittelbare Kenntnis erfaßbar sind,
sondern nur durch eigenständige geistige Anstrengungen verstanden
werden.[3]

Das Ziel von Ghazālīs Bemühungen war der dem Menschen ursprüngliche Glaube. Er wollte «die Wirklichkeit dieser ursprünglichen Natur
(des Menschen)»[4] erkennen. Er wundert sich darüber, daß der Glaube
eine Sache der in der Erziehung übermittelten Lehren zu sein scheint,
«daß die Kinder der Christen auf nichts anderes als auf das Christentum,
die Kinder der Juden auf das Judentum und die Kinder der Muslime zum
Islam hin erzogen wurden...» Und er will die Wahrheit der «zufälligen
(d.h. durch Autorität übernommenen) Glaubensgrundsätze» erfassen.
Aber er schildert uns seine Wahrheitssuche auch als ein großes Wagnis.
Alle Lehrrichtungen und Auffassungen seiner Zeit untersucht er und vergleicht die Vielfalt der Meinungen, der er sich gegenübersieht, mit einem
tiefen Meer, in das er sich stürzte, um alles zu untersuchen, in dem aber
die meisten ertrunken seien. Auf der anderen Seite sei es jedoch ebenso
gefährlich, nicht der eigenen Intelligenz zu vertrauen. «Wisse, ... wenn
du das Wahre durch die Menschen erkennst, ohne auf deine eigene Intelligenz zu vertrauen, dann ist dein Bemühen vom richtigen Weg abgewi-
chen. Der Wissende ist wie die Sonne oder wie die Lampe, er gibt das
Licht. So sieh mit deinen Augen. ... Und wer sich zur Nachahmung ent-
schließt, begibt sich mit Sicherheit in Gefahr.»[5] Daher ist alles, was sich
nicht unmittelbar als wahr ausweist, zunächst zu bezweifeln: «Die Zweifel leiten zur Wahrheit.»[6] Ghazālī leitet uns also sozusagen vorbei an der
Skylla der Gefahr blinder Nachahmung und Autoritätsgläubigkeit auf
der einen Seite und der Charybdis der Gefahr eines dogmatischen Skeptizismus auf der anderen Seite.

Die Wahrheit – so lehrt er – erschließt sich dem, der sein Denken und
Handeln in Übereinstimmung bringt. Er berichtet, wie er selber, nachdem er sämtliche Wissenschaften und Glaubensrichtungen seiner Zeit
gründlich und kritisch studiert und systematisch dargestellt hatte, im Jahr
1095 (488 H.) sechs Monate lang auf so radikale Weise von zahllosen
Zweifeln befallen wurde, daß er ganz krank wurde und schließlich auch
nicht mehr essen, sogar kein einziges Wort mehr hervorbringen konnte.
Daher mußte er seine Lehrtätigkeit unterbrechen. Als er dann auch noch,
wie er es ausdrückte, seine «Entscheidungsfähigkeit völlig verloren hatte»
und überhaupt keinen Ausweg mehr sah, wandte er sich in seinem Innern
Gott zu und erbat seine Hilfe, der «den erhört, der in Not ist, wenn er zu
ihm betet».[7] Und Gott erleichterte dann «seinem Herzen die Abkehr von
Ruhm und Reichtum, Familie und Freunden». Er hatte den Weg zu Gott
gefunden. Wie er berichtete, wollte aber niemand unter den religiösen

والتشديد بين مند ولاحول ولا قوة الا بالله العلى العظيم

العقبة الاولى وهى عقبة العلم فاقول وبالله التوفيق يا
طالب العلم والعبادة عليك اولا وفقك الله بالعلم فان الوظيفة عليه
المدار واعلم ان العلم والعبادة جوهران لاجلهما كان كل ما ترى
وتتسمع من تصنيف المصنفين وتعليم المعلمين ووعظ الواعظين
وتظهر الناظرين بل لاجلهما انزلنا الكتب وارسلنا الرسل بل
لاجلهما خلقت السموات والارض وما فيهما من الخلق فتامل ان بين
من كتاب الله عز وجل احديهما فاقوله تعالى الله الذى خلق
سبع سموات ومن الارض مثلهن يتنزل الامر بينهن لتعلموا
ان الله على كل شىء قدير وان الله قد احاط بكل شىء علما
وكفى بهذن الآية دليلا على شرف العلم لاسيما علم التوحيد والآية
الثانية قوله عز وجل من فايله وما خلقت الجن والانس لیعبد
وكفى بهذن الآية دليلا على شرف العبادة ولزوم الاقبال عليها
فاعظم بأمر بين ما المقصود من خلق البريّن فى للعبادة لا يتبذل
الا بها فانيته انا لها اوا لا ينظر الا بها   **فا ع لم**

Führern des Irak ein religiöses Motiv für die von ihm durchgeführte Abwendung von seiner bisherigen Lebensweise anerkennen, da man glaubte, daß seine Stellung als Professor an der berühmten Niẓāmīya-Hochschule die höchste in der Religion sei. Ghazālī aber hatte das gewählt, was den Menschen eigentlich mit der Religion verbindet: echte Religiosität.

Dieser Krise, die zu seinem zehnjährigen Wandern als armer Sufi führte, war in seiner Jugendzeit eine andere, sein philosophisches Denken entscheidend begründende und prägende Krise vorangegangen.[8] Sie wurde dadurch ausgelöst, daß er auf systematische, philosophische Weise sein gesamtes Denken einem radikalen methodischen Zweifel unterzogen hatte, bis er schließlich keine einzige Gewißheit und Sicherheit mehr entdecken konnte. Diese Krankheit, wie er das nannte, verschlimmerte sich und dauerte ungefähr zwei Monate. Er erhielt seine seelische Gesundheit und Ausgeglichenheit sowie das Vertrauen in die Vernunftprinzipien «mit Sicherheit und Gewißheit» zurück durch ein von Gott gesandtes Licht, «das Gott in die Brust warf. Dieses Licht ist der Schlüssel für die meisten Erkenntnisse.» Die Überwindung dieser Krise, das Licht, von dem hier die Rede ist, ist häufig mystisch oder irrationalistisch erklärt worden; zutreffend ist jedoch – wie wir an anderer Stelle festgestellt haben[9] – die philosophische Interpretation des Lichts als Intuition der Vernunft. Nur aus diesem philosophischen Grundsatz von Ghazālīs Denken ist ein gründliches und systematisches Verständnis seiner Werke und seines Denkens möglich. Daher heißt es bei Ghazālī nicht: «Suche die Wahrheit durch mystische Erleuchtung», sondern: «Suche die Wahrheit durch Denken. (...) Sei nicht wie ein Blinder ... Es ist kein Heil außer in der Selbständigkeit...»[10]

II. Philosophische Entwicklung und Werke

Ghazālī hat zahlreiche Werke über Themen der verschiedensten wissenschaftlichen Gebiete geschrieben, vor allem über Theologie, Philosophie und Mystik.[11] Wichtig für ihr richtiges Verständnis ist die Tatsache, daß er neben seinen rein wissenschaftlichen Büchern auch Schriften für einfache und ungebildete Leser verfaßte. Diese populären Schriften behandeln in leicht verständlicher Form vor allem religiöse und ethische Probleme und verzichten auf solche kritischen Überlegungen, durch die einfache Leute ihren Glauben verlieren könnten, da sie ja infolge ihrer mangelnden Bildung nicht in der Lage sind, ihn durch selbständiges Denken wiederzugewinnen.[12] Ghazālīs wissenschaftliche Werke dagegen verlangen vom Leser einen hohen Grad an Reflexionsfähigkeit. Er will, daß der Leser seinen Büchern nicht einfach Belehrungen und Informationen entnimmt, sondern durch sie den Weg zu einer Entwicklung seiner angeborenen vernünftigen Intuition findet, indem er sich um ein selbständiges und kritisches Denken bemüht. Ghazālī schreibt daher: «Wer sich mit den Wissenschaften beschäftigt hat, erlangt ... durch Intuition ... viele Erkenntnisse, die er aber nicht beweisen kann. Er kann auch an ihnen nicht zweifeln, er kann andere nicht durch Belehrung an ihnen teilnehmen lassen, (er kann) nur dem Sucher den Weg, den er (selber) eingeschlagen hat, aufzeigen.»[13] Doch ist er sich sehr wohl darüber im klaren, wie selten und außergewöhnlich die philosophische Wahrheitsfindung ist. Nach seiner Auffassung kann man die Menschen gemeinhin in zwei Gruppen einteilen, welche beide die Wahrheit verfehlen, indem sie entweder einem Autoritätsglauben oder einem dogmatischen Skeptizismus verfallen.[14]

Hinsichtlich der Wahrheitsfindung macht Ghazālī eine wichtige Unterscheidung: die Wahrheit zu erkennen und den Weg der Wahrheit zu gehen. Diese zwei Stufen der Wahrheitsfindung lassen sich in seinem eigenen Leben – in den beiden Hauptkrisen und ihrer Überwindung – deutlich unterscheiden. Die Wahrheit oder die Wirklichkeit der Dinge erfaßt derjenige oder denjenigen, der von allem anderen abläßt – so könnte man Ghazālīs Wahrheitslehre auch zusammenfassen.

Um Ghazālīs Werk näher zu verstehen, ist es notwendig, einen Blick auf die Umstände und den Geist seiner Epoche zu werfen. Ghazālī beklagt den allgemeinen geistigen und sittlichen Verfall seiner Zeit, der sich immer mehr auszubreiten schien, und sagt, daß die Ärzte, welche die Krankheit zu heilen hätten, selber krank seien. Vor allem setzte er sich mit folgenden vier Richtungen auseinander: den Mutakallimūn (spekulative Theologen des Islam), den Philosophen, der Sekte der Batiniten und den Sufis.[15]

1. Zuerst studierte er die von den Mutakallimūn entwickelten theologischen Theorien, die sich mit einer rationalen Begründung der Offenbarungslehren beschäftigten. Obwohl sie behaupteten, dabei eine vernunftgemäße, unabhängige Methode zu benutzen, ist, wie Ghazālī darlegt, ihr Ziel nicht wirklich die vorurteilsfreie Erfassung der «Wahrheit der Dinge». Denn sie machen sich abhängig von «blinder Nachahmung, dem Konsensus der Gemeinschaft oder der bloßen Annahme von Koran und Überlieferungen». Ihr Hauptziel ist die Verteidigung der orthodoxen Lehren des Glaubens gegen die Angriffe ketzerischer Lehren. Da sie sich vor allem damit beschäftigten, die Widersprüche der ketzerischen Gegner aufzudecken und diese mit ihren eigenen Waffen anzugreifen, besaßen sie nur eine dialektische und keine philosophisch-kritische Methode. Ghazālī meint schließlich am Ende seines Studiums ihrer theologischen Lehren, daß letzten Endes der Schaden, den sie anrichten, größer sei als ihr Nutzen, da sie vorwiegend mehr Verwirrung stifteten als Aufklärung brächten. Ihre Wissenschaft sei nicht nur unfähig, zu wahren Erkenntnissen zu führen, sondern halte sogar davon ab, da ihre Methode nicht zur echten Gotteserkenntnis führt. An anderer Stelle sagt er: «Wer sich ein-

läßt mit den Theologen dieser Zeit, dessen Natur wird beherrscht von Disput und Argument, und es ist schwierig für ihn zu schweigen, da schlechte Gelehrte den Leuten einreden, daß dies [Disputieren] exzellent sei [...]. Fliehe sie, als wenn du vor einem Löwen fliehst. Mit Sicherheit ist Disputieren die Ursache von Haß bei Gott und Mensch.»[16]

2. Anschließend befaßte er sich mit dem Studium der philosophischen Richtungen seiner Zeit. Er fand, es gab «in den Büchern der islamischen Scholastiker dort, wo sie sich mit den Antworten auf die Philosophen beschäftigten, nichts außer unzusammenhängenden und komplizierten Worten, deren Widersprüchlichkeit und Falschheit eindeutig ist. Sie können nicht einmal einen gewöhnlichen Menschen verblenden, geschweige denn einen, der für sich beansprucht, die Besonderheiten der Wissenschaften erfaßt zu haben.» Ghazālī studierte nun die ihm zugänglichen philosophischen Quellenwerke in seiner Freizeit, weniger als zwei Jahre lang, und danach meditierte er noch ein Jahr lang darüber. Weiter unten werden wir noch auf seine Kritik der philosophischen Richtung seiner Zeit eingehen, wenn wir uns mit seinen philosophischen Werken im einzelnen beschäftigen.

3. Während die Philosophen seiner Zeit einem einseitigen Intellektualismus huldigten, wollten die Batiniten, die Ghazālī nun anschließend studierte, dem Intellekt gar keine Bedeutung zugestehen und jegliche Wahrheit nur von einem unfehlbaren Imām erhalten, den es nach ihrer Lehre zu jeder Zeit geben sollte. Die Batiniten, die man u. a. auch Taʿlimiten nannte wegen ihrer Auffassung von der bedingungslosen Annahme der Lehre eines unfehlbaren Imām, waren religiöse Sekten mit versteckten politischen Bestrebungen. Ihre Lehren führten, obwohl sie das nicht zugeben wollten, schließlich zu libertinistischen und antinomistischen Auffassungen, wie Ghazālī in seinen Schriften bewies. Ebenso wies er nach, daß die Lehre vom unfehlbaren Imām einen Widerspruch in sich selbst darstellt, denn für den Beweis der Richtigkeit dieser Lehre müßte man logisches Denken anwenden, dessen Wert doch gleichzeitig mit dieser Lehre geleugnet wird.

4. Schließlich wandte Ghazālī sich dem Studium der islamischen Mystik zu. Er erkannte, daß der Weg der Sufis nur durch die Verbindung von Theorie und Praxis nachvollziehbar ist. Das hängt mit der Tatsache zusammen, daß die Sufis die Erziehung der Seele auf ihrem Weg zu Gott anzielen. Zuerst beschäftigte Ghazālī sich mit den Theorien der Sufis, bis er, wie er sagt, «den Kern ihrer wissenschaftlichen Ziele erkannt und ... [sich] angeeignet hatte, was man sich über ihren Weg durch Lernen und Zuhören aneignen kann». Aber was man sich durch das theoretische Studium der sufischen Lehren als Wissen erwirbt, führt nicht wirklich zu einem Verstehen der eigentlich besonderen Eigenschaften der Sufis. Man gelangt «zu ihren spezifischen Eigenschaften nicht durch Studium, sondern nur durch Schmecken, (seelisches) Erleben und Verwandlung der

Eigenschaften». Er vergleicht diese Tatsache auch mit dem Unterschied, ob man die Definition der Gesundheit und der Sattheit, ihre Ursachen und Bedingungen kennt, oder ob man selbst gesund und satt ist. Er erkannte jedenfalls, «daß die Mystiker Menschen der Erlebniszustände, nicht aber der bloßen Reden sind».

Nachdem Ghazālī nun die Geistesströmungen seiner Zeit sehr gründlich und kritisch studiert hatte, wandte er sich der Betrachtung seines eigenen Lebens im Licht seiner neu gewonnenen Erkenntnisse zu. Er stellt fest, daß sein Glaube an Gott, an die Prophetie und an den Jüngsten Tag nun nach seinem Studium der religiösen und der rationalen Wissenschaften unerschütterlich feststand. Wie er beschreibt, sind diese drei Glaubensgrundsätze in seiner «Seele nicht durch einen bestimmten niedergeschriebenen Beweis, sondern durch unzählige festverwurzelte Ursachen, Begleitumstände und Erfahrungen begründet, deren Einzelheiten nicht aufgezählt werden können». Zugleich aber mußte er sich eingestehen, daß seine Lebensführung mit seinen Überzeugungen nicht zu vereinbaren war, wonach nur völlige Hingabe an Gott die Seele befreien konnte. Er fand, daß er von allen Seiten in Bindungen verstrickt war. Seine Arbeiten, auch seine Lehrtätigkeit, erschienen ihm im Hinblick auf den Weg zum Jenseits als Beschäftigungen mit unbedeutenden und nutzlosen Wissenschaften, da ihr Beweggrund und ihre Motivation das Streben nach Ruhm und Ansehen waren.

Schließlich gelangte er zu der oben bereits geschilderten zweiten Krise seines Lebens und ihrer Überwindung. Jetzt beginnt seine zehnjährige Wanderzeit als armer Sufi, während derer er sich bemüht, durch Zurückgezogenheit, Einsamkeit sowie religiöse und geistige Übungen seine Seele zu läutern, seine ethische Gesinnung zu verbessern und sein Herz für die Hingabe an Gott zu reinigen. Als er schließlich nach zehn Jahren in die Heimat zurückkehren mußte, tat er das, weil er von verschiedenen Seiten darum gebeten wurde, obwohl ihm »der Gedanke an eine Heimkehr so weit entfernt war wie wohl keinem anderen». Während seiner Zurückgezogenheit waren ihm Dinge erschlossen worden, die er «weder aufzählen noch ergründen kann». Er wußte jetzt mit Gewißheit, daß die Sufis den Weg der Wahrheit gehen, daß sie, wie er sagt, «diejenigen sind, die auf dem Wege des erhabenen Gottes voranschreiten, besonders weil ihre Lebensweise die beste aller Lebensweisen, ihr Weg der richtigste aller Wege und ihre Gesinnung die reinste aller Gesinnungen ist». Doch hielt ihn seine Begeisterung für den sufischen Weg nicht davon ab, die Irrtümer und Irrwege einiger sufischer Richtungen zu erkennen und sie energisch zu verurteilen. Er gelangte auf diese Weise schließlich zu einer ganz originellen systematischen Erfassung des Sufismus. Zusammenfassend läßt sich sagen, daß die Mystik ihn nicht von der Philosophie wegführte, von seinen Bemühungen um ein selbständiges, schöpferisches Denken, sondern daß sie ihn im Gegenteil dabei unterstützte. Denn nach seiner Lehre führt sie dazu, «die Seele von der Gewohnheit zu befreien; und dies ist eine Fähigkeit, die dem Philosophen unentbehrlich ist».[17]

Das erste Buch, das Ghazālī nach seiner gründlichen Überprüfung aller philosophischen Lehren seiner Zeit schrieb, ist *Maqāṣid al-falāsifa (Die Absichten der Philosophen)*. In diesem Werk stellt er die zeitgenössischen philosophischen, d. h. arabisch-aristotelischen Theorien in bezug auf Logik, Metaphysik und Physik dar, und zwar mit dem ausdrücklich formulierten Ziel, dieser Darstellung in einem anderen Buch die Kritik dieser Lehren folgen zu lassen. Dieses Werk der Kritik ist das bekannte *Tahāfut al-falāsifa (Die Widerlegung der Philosophen)*.[18] Wie Ghazālī in diesem Buch feststellt, glaubt man im islamischen Raum irrtümlicherweise, daß die Metaphysik und die Physik in der gleichen Weise exakte Wissenschaften seien wie die Mathematik und Logik. Er zeigt aber, daß die Metaphysik der Philosophen unbewiesen ist und nur auf bloßen Vermutungen beruht. Wenn sie z. B. lehrten, daß die Welt ewig sei, daß Gott nur Allgemeines erkenne oder daß die Auferstehung nur den Geist betreffe – womit sie die Glaubenslehren angriffen, ohne aber wirkliche Beweise vorzuführen –, dann beweist ihnen Ghazālī, daß vom Standpunkt der Vernunft her gesehen ihre Auffassungen unbeweisbar und unhaltbar sind, und schlägt sie mit ihren eigenen Waffen. Er zeigt im *Tahāfut* in zwanzig Punkten die Widersprüche dieser Philosophen bezüglich metaphysischer Fragen und einiger Probleme der Physik auf. Aber getreu seiner ursprünglichen Absicht bleibt er hier nur in der Rolle des Kritikers, d. h. er zerstört das Lehrgebäude der dogmatischen Philosophen, ohne in dem gleichen Buch bereits ein neues System an dessen Stelle zu setzen. Zusammenfassend läßt sich zu seiner Kritik dieser Philosophen sagen, daß sie «in der Reihe der Auseinandersetzungen zwischen Religion und Philosophie einerseits und reiner Vernunft und dogmatischer Philosophie andererseits» steht.[19]

Während also Ghazālī die von den Philosophen vertretene Metaphysik als unbewiesen zurückwies, hat er doch die von ihnen gelehrte Logik übernommen und sie in verschiedenen Werken mit großer Ausführlichkeit dargestellt. Und bei dieser Hochschätzung der Logik als Maßstab jedes Denkens und jeder Wissenschaft ist er zeit seines Lebens geblieben. Nach dem *Tahāfut* schrieb er das Buch *Miʿyār al-ʿilm (Maßstab der Wissenschaft)*, in dem er die Lehren der Logik darstellt und erläutert. Auch in seinen Büchern *Miḥakk an-naẓar (Prüfstein des Denkens)* und *al-Qisṭās al-mustaqīm (Die rechte Waage)* werden die Lehren der Logik erklärt und dargelegt. Etwa zwei Jahre vor seinem Tode geht Ghazālī in seinem Werk *al-Mustaṣfā*[20] (in der langen Einleitung) wieder auf die Frage der Logik und ihrer Bedeutung für jede Wissenschaft ein. In diesem Zusammenhang ist es auch wichtig zu wissen, daß zu jener Zeit fanatische Theologen die Logik der griechischen Philosophen zusammen mit allen ihren übrigen Lehren als ketzerisch verdammten. Ghazālī beweist ihren Irrtum, indem er die logischen Lehren erklärt und zeigt, daß auch die Mutakallimūn sich auf diese stützten, obwohl sie andere Fachausdrücke verwandten und auch die Lehren der Logik nicht gründlich und systematisch entwickelt hatten. Ghazālī erläutert im *Miḥakk*, daß er, um die Lehren der Logik folgerichtig darzulegen, viele Fachausdrücke selber erfunden, und nur diejenigen, die den Mutakallimūn, den Fuqahā' (Gesetzesgelehrten) und den Logikern gemeinsam waren, übernommen habe.

Doch hat er nicht nur die Logik, sondern auch die metaphysischen Grundfragen nach der Seele, Gott und der Welt in seinen philosophischen Werken behandelt und der Vernunft prinzipiell das Recht zuerkannt, in diesen Fragen unabhängig von der Offenbarung zu Erkenntnissen zu gelangen.[21] Die von ihm in diesem Zusammenhang entwickelte philosophische Methode, auf die wir oben bereits hingewiesen haben, stellte er besonders in seinem Werk *Munqiḏ* dar, und mit Hilfe dieser Methode führte er die Grundlegung seiner Philosophie durch. Vor allem in seinem Buch *Miškāt al-anwār (Die Nische der Lichter)*[22] entwickelt Ghazālī seine Lehre von der Vernunft als einem selbständigen schöpferischen Vermögen, das verschiedene Entwicklungsstufen durchläuft. Es wird von seinem philosophischen Grundansatz her verständlich, warum er im *Miškāt* davon spricht, daß es notwendige Erkenntnisse gibt, die nicht sofort von der Vernunft erfaßt werden, sobald man sie ihr vorlegt. Wie er sagt, muß die Vernunft erst «davon ergriffen und entbrannt sein und darauf ausdrücklich aufmerksam gemacht werden ... Durch die Erleuchtung des Lichts der Weisheit wird die Vernunft in actu eine schauende, nachdem sie es zuvor nur der Möglichkeit nach war».[23]

Diese Tatsache der intuitiven Erkenntnis gilt in ganz besonderer Weise für den Bereich der Grundfragen des menschlichen Daseins nach dem Sinn, nach der Seele, der Welt und Gott. Daß nur derjenige, «der sich selbst erkennt ... auch seinen Herrn erkennen [kann]»; daß die Gotteserkenntnis die wahre Selbsterkenntnis voraussetzt, gehört zu den Erkenntnissen, die nur die von ihnen «ergriffene» Vernunft erkennt. «Nur derjenige, der Feuer besitzt, der kann sich an ihm erwärmen, nicht aber derjenige, der von ihm hört.»[24] Die Erkenntnisse stehen in einem engen Verhältnis zu dem moralischen Handeln; nach Ghazālīs Lehre gilt dies in besonderem Maße für unsere metaphysischen bzw. religiösen Erkenntnisse. Es gibt, wie Ghazālī vor allem im *Miškāt* erläutert, viele Stufen der Entfernung von der Selbst- und Gotteserkenntnis, wie auch viele Stufen der Annäherung an diese. Ganz, nämlich durch «reine Finsternis», sind jene Menschen von der Erkenntnis Gottes entfernt, die nur mit der Zunge das Glaubensbekenntnis des Einen Gottes aussprechen: «Es gibt keinen Gott außer Gott.» Wie Ghazālī sagt, sind sie zu dieser Aussage vielleicht «aus Angst gebracht worden..., der Suche nach Beistand der Muslime, aus Schmeichelei, der Suche nach finanzieller Unterstützung

oder aus Fanatismus, um der Lehre der Väter zum Sieg zu verhelfen».[25]
Diese Menschen seien verloren, wenn Denken bzw. Überzeugungen und
Handeln nicht übereinstimmten, wenn sie «nicht durch dieses Wort (‹Es
gibt keinen Gott außer Gott›) zu guten Taten geführt werden...». Die
ethischen Lehren Ghazālīs finden sich vor allem in seinem Hauptwerk
Iḥyā 'ulūm ad-dīn (*Wiederbelebung der Religionswissenschaften*) sowie
in seinem Buch *Mīzān al-'amal* (*Waage des Handelns*), das er parallel zu
seinem Werk *Mi'yār al-'ilm* (*Waage der Wissenschaften*) abfaßte; und im
letztgenannten Werk betont er wieder, daß der Leser beide Bücher mit
den Augen der Vernunft, d. h. selbständig denkend, und nicht mit den
Augen der Nachahmung lesen solle.

Die Vernunft des Menschen spielt im Denken Ghazālīs eine souveräne
Rolle. Warum und in welcher Weise dies geschieht, wird klar, wenn man
seinen philosophischen Grundansatz betrachtet: Ghazālī geht – wie 500
Jahre später auch Descartes – nicht wie im scholastischen Denken und
wie bei den Mutakallimūn (den islamischen Scholastikern) von einer als
selbstverständlich angesehenen Annahme Gottes aus, sondern vom Denkenden selbst.[26] In seiner Suche nach absolut gewisser Wahrheit stößt er
mit Hilfe der Methode des philosophischen Zweifels durch eine vertiefte
Selbsterkenntnis hindurch bis zu der evident intuitiven Gotteserkenntnis
vor. Am Anfang jeder Erkenntnis steht die selbständig verwirklichte
Gotteserkenntnis, ohne die sich weder in der Naturwissenschaft noch in
der Ethik noch im Denken überhaupt ein gewisser und sicherer Schritt
machen läßt.

Mit dieser Lehre steht Ghazālī im Gegensatz zu den Philosophen vor
ihm, welche den Gottesbegriff «jenseits des Geschehens [verlegen], ans
metaphysische Ende des physikalischen und sittlichen Kausalnexus, von
wo aus er zu Welt und Mensch keine Brücke findet»,[27] wobei sie sich in
ihrem Denken in unaufhebbare Widersprüche verstricken. Die Vernunft
ist, wie Ghazālī sagt, «die Naturanlage und das ursprüngliche Licht, wodurch der Mensch die Wahrheit der Dinge begreift».[28] Und zwar ist sie
das dann, wenn sie sich «von den Täuschungen der Phantasie und Imagi-
nation befreit»[29] sowie von den durch taqlīd (blinde Nachahmung) er-
langten Meinungen. Sowohl die notwendigen angeborenen wie auch die
theoretischen Vernunfterkenntnisse, die durch Studium und Beweisführung erlangt werden, können nicht durch blinde Nachahmung, also bloße
Übernahme, sondern nur durch selbständige Aneignung erlangt werden.
Die metaphysischen Erkenntnisse werden nach Ghazālīs Lehre wie alle
theoretischen Erkenntnisse, im Gegensatz zu den notwendigen Vernunft-
wahrheiten, durch geistige Anstrengung erworben, und sie erfordern also
«die richtige Intuition, eine scharfsinnige Vernunft und einen reinen
Geist».[30] Die Logik mit ihrem Syllogismus ist nach seiner Lehre ein Mittel zur Überwindung der Täuschungen, welche die vernünftige Intuition
verhindern.

Die Metaphysik ist nach Ghazālīs Lehre die wichtigste philosophische Disziplin, ja sie ist sogar, wie er sagt, «der Zweck der Wissenschaften und ihr Ziel»,[31] da man philosophisch gesehen keinen gewissen und sicheren Schritt in den Wissenschaften machen kann, ohne vorher die selbständig verwirklichte Erkenntnis Gottes vollzogen zu haben. Konsequenterweise hat Ghazālī auch in seiner Auseinandersetzung mit der Mystik und bei ihrer Darstellung seine philosophische Auffassung von der Vernunft durchgehalten. Neben dem durch Lernen und Studien erworbenen Wissen gibt es noch ein unmittelbares Wissen, welches die Propheten und Heiligen haben und «das ohne menschliche Unterweisung unmittelbar von Gott ihren Herzen zufließt».[32]

Zu diesem Wissen führt der mystische Weg. Die Rolle der Vernunft bezüglich des sufischen Weges kann man in zwei Grundfunktionen zusammenfassen. Erstens müssen vermittels der Vernunft die folgenden drei Bedingungen erfüllt werden: das Studium der Wissenschaften, echte Selbstdisziplin und Nachdenken. Sind sie gegeben, so wird «im Herzen [des Nachdenkenden] ... ein Fenster zur unsichtbaren Welt hin geöffnet, und er wird wissend, vollkommen, vernünftig, inspiriert, gestärkt».[33] Die zweite Grundfunktion der Vernunft ist die kritische Beurteilung und Auswertung der mystischen Erlebnisse, denn die mystischen Ekstasen verführen die Sufi, wie Ghazālī feststellte, leicht zu subjektiven und einseitigen Aussagen. Ghazālī macht in diesem Zusammenhang die wichtige Unterscheidung zwischen dem bloßen Nichtbegreifenkönnen und dem Fürunmöglichhalten. Als Beispiel für das erste bringt er die Tatsache, daß es möglich ist für heilige Menschen, Dinge vorherzusagen, obwohl wir nicht begreifen, wie sie das tun. Als Beispiel für das zweite führt er an, daß einem Heiligen enthüllt wird, daß Gott morgen einen Gott wie sich selbst schaffen wird. Der Gelehrte darf sich jedenfalls grundsätzlich nicht gegenüber anderen Formen des Wissens versperren. Dann ist er besonders befähigt, den mystischen Weg zu beschreiten, da er sich durch falsche Einbildungen oder unwichtige Zweifel nicht so verwirren läßt wie ein ungebildeter Mensch.

Abschließend soll noch kurz auf das Verhältnis von Vernunft und Offenbarung bei Ghazālī hingewiesen werden. Er sagt hierüber: «Die Vernunft ist wie das Baufundament, und die Religion (šarʿ) wie der Bau.»[34] Beide ergänzen sich: Die Aufgabe der Vernunft ist es, uns zur Religion hinzuführen und uns ihr dann zu überantworten. «[...] die Propheten sind die Ärzte der Krankheiten des Herzens.»[35] Daß Vernunft und Offenbarung einander nicht widersprechen dürfen, ist nach Ghazālīs Auffassung klar, da beide dieselbe Wahrheit vermitteln. Die Vernunft ist für ihn «ein Muster vom Lichte Gottes»,[36] und ebenso stammt die Offenbarung von Gott. Also haben beide dieselbe Quelle. So ist «die Religion ... eine Vernunft von außen, und die Vernunft ist eine Religion von innen; sie arbeiten zusammen, ja, bilden sogar eine Einheit».[37]

Die Vernunft, die Ghazālī als eine komplexe und dynamische Einheit ansieht, die sich in verschiedenen Erscheinungsformen entwickelt, ist zwar, grammatikalisch gesehen, ein Substantiv singular, wird aber mißverstanden, wenn man sie als einzelnes und feststehendes Faktum betrachtet. Ghazālī schildert sie als eine Wirklichkeit, die zunächst potentiell, d. h. der Möglichkeit nach, vorhanden ist, und die sich, unter gewissen Bedingungen, stufenweise entwickelt.[38] Wenn dies geschieht, gehört sie zu den «leuchtenden menschlichen Seelen», welche im Prinzip fünf Stufen durchlaufen können: Die erste Stufe, die wahrnehmende Seele, empfängt das, was die fünf Sinne ihr vermitteln, und ist bereits beim Säugling vorhanden. Die zweite Stufe ist die vorstellende Seele, welche die Erfahrungen der fünf Sinne speichert, und sie existiert erst später beim Säugling, kann auch bei einigen Tieren vorhanden sein. Die dritte ist die vernünftige Seele, durch welche Ideen erfahren werden, die über das Sinnes- und Vorstellungsvermögen hinausgehen; sie ist die spezifisch menschliche Substanz, und ihr Erfahrungsbereich sind die notwendigen und universellen Erkenntnisse. Die vierte ist die denkende Seele, welche die rein rationalen Erkenntnisse aufgreift und zwischen ihnen durch Schlußfolgerungen Zusammenhänge und Parallelen herstellt. Die fünfte ist der heilige prophetische Geist, der die Propheten und einige Gottvertraute auszeichnet. In allen fünf Stufen handelt es sich wohlgemerkt um die eine «leuchtende menschliche Seele», die in der fünften Stufe Vollkommenheit erreicht. Alles Licht, das sie erhält, ist in allen fünf Stufen (also nicht nur in den fünften Stufe!) das Licht Gottes. Wenn die Seele sich in ihrem Handeln von Gott abwendet, begibt sie sich in immer größere Finsternisse, und wenn sie sich ihm zuwendet, begibt sie sich in immer helleres Licht.

Durch logisches Schlußfolgern können wir uns klarmachen, sagt Ghazālī, daß es hinter der Sphäre der rationalen Vernunft (der vierten Stufe) noch eine andere höhere Sphäre (eine fünfte Stufe, eine Metavernunftssphäre) geben müsse, so wie es – im zeitlichen Sinn – hinter der ersten eine zweite Stufe gibt usw. Ghazālī warnt den, der sich auf die bloße rationale Vernunft zurückzieht: «Betrachte nicht dich allein als den Gipfel der Vollkommenheit!» Er bringt auch analoge Beispiele für die geistigen (metavernünftigen) Erfahrungen, die der fünften Stufe der Seele zugehören, so den Genuß an der Dichtung oder an der Musik, die manche zu «starker Gemütserregung und Leidenschaft erfaßt» – Erfahrungen, die, wie er sagt, nur zum «Geschmack» fähige Menschen haben.[39] Die Gottesvertrauten besitzen diesen Geschmack zum großen Teil. «Der Mensch ist», erklärt Ghazālī auch in diesem Zusammenhang, «für ein höheres und erhabeneres Ziel geschaffen.» Die fünf Teile bzw. Lichter der erleuchteten Seele dienen ihm als «Netz, um damit aus der niederen [materiellen] Welt Prinzipien der hervorragenden religiösen Erkenntnis zu gewinnen». Die Vernunft, das dem Menschen verliehene göttliche Licht, dient in allen ihren Entwicklungsstufen, die aufeinander aufbauen, dem Menschen zu seiner immer größeren Vervollkommnung, solange er ihr selbständig in seinem Denken und Handeln folgt und diese beiden konsequent miteinander verknüpft – in der gleichen Weise, wie die Ober- und Unterseite der Hand miteinander verbunden sind.

III. Wirkung

Wie so viele der großen geistigen Reformer der Menschheit ist Ghazālī zwar häufig gelobt und gepriesen, aber selten wirklich verstanden worden, da sein Format des Denkens schwer zu erreichen ist.[40] Doch wurde seine geistige und sittliche Größe in der islamischen Welt schließlich schon zu seinen Lebzeiten allgemein anerkannt; und man nannte ihn daher den Reformer des fünften (islamischen) Jahrhunderts. Hierbei stützte man sich auf eine Aussage des Propheten, wonach in jedem Jahrhundert ein Erneuerer des religiösen Lebens erscheine. Man erteilte ihm auch das größte Lob, als man sagte: «Könnte es nach Muḥammad noch einen Propheten geben, so wäre das sicher al-Ghazālī.»[41] Er erhielt den Ehrentitel «Beweis des Islam» (Ḥuǧǧat al-Islām).[42]

Doch nicht nur von den muslimischen, sondern auch von europäischen Gelehrten wurde er als der größte Muslim gefeiert. In der europäischen Gelehrtenwelt wurde seine Eigenart – diese eigentümliche Verbindung von schöpferischem Philosophieren und Mystik – kürzlich gut herausgestellt, als man ihn als einen ‹prophetischen Intellektuellen› (prophetic intellectual) beschrieb und darauf hinwies, daß wir in seinem eigenen Leben sehen, wie die Erneuerungen der großen Religionen ihren Ursprung im Herzen eines einzelnen Menschen haben.[43] Seine zahlreichen hervorragenden Leistungen als Theologe, Rechtsgelehrter, origineller Denker, Mystiker und religiöser Reformator werden allgemein anerkannt.[44] Von einigen Gelehrten wird er als der originellste Denker und der größte Theologe des Islam bezeichnet[45] und als ein Philosoph, bei dem Leben und Lehre eins waren.[46] Am besten ist dies zu verstehen, wenn man seine Werke unter dem Gesichtspunkt ihres Ziels betrachtet, zum geistig unabhängigen, intuitiven Leben der Seele zu erziehen und zugleich zum Bewußtsein der Abhängigkeit des Menschen von der Quelle dieser Intuition, welches Bewußtsein wiederum letztlich auf der Gotteserkenntnis und der Liebe Gottes basiert.[47] Nur ein in diesem Sinne ‹erzogener› Mensch, so lehrt und beweist Ghazālī, besitzt auch die Fähigkeit, schöpferische Lösungen, d. h. wirkliche Lösungen, für die spezifischen Probleme der jeweiligen Situation und Zeit zu finden und damit im umfassenden Sinne verantwortungsvoll zu handeln.[48]

Wie läßt sich nun die Frage seiner geschichtlichen Wirkung am besten beantworten? Verschiedene Aspekte lassen sich anführen, etwa, daß er dem Sufismus zum Heimatrecht im Islam verhalf,[49] daß er suchte, «den Menschen von trockener Scholastik zum lebendigen Kontakt mit Gott, zur Verinnerlichung des Lebens» zu führen,[50] und allgemein gesehen, daß sein «Einfluß in der Förderung der Nächstenliebe, in dem Antrieb zu selbständigem Forschen und geistiger Betätigung wirksam» war und ist. Er zeigte, daß die religiösen Pflichten und die theologischen Lehren nicht in bloß äußerlicher Beziehung zu dem einzelnen Menschen stehen müssen und dürfen, sondern durch selbständiges Denken und entsprechendes Handeln verbunden werden können mit tiefstem seelischem Leben.[51] Daher zählt er zu den großen Erneuerern der Religiosität.

Auch über seinen Einfluß auf das Denken des europäischen Mittelalters gibt es zahlreiche Untersuchungen.[52] Man hat ihn nicht nur mit Sokrates, sondern auch mit Augustinus verglichen,[53] und z. B. auch auf seinen Einfluß auf Thomas von Aquin hingewiesen.[54] Am Beginn der Neuzeit schließlich stehen die philosophischen Bemühungen des Descartes, dessen Grundlegung der Philosophie wie auch seine philosophische Methode die größte Ähnlichkeit mit denjenigen Ghazālīs zeigen.[55] Aber auch bei vielen anderen Denkern, so etwa bei Hume mit seiner Kausalitätsauffassung[56] oder bei religionsphilosophischen Reflexionen Pascals[57] können überraschend Übereinstimmungen mit Ghazālīs Lehren festgestellt werden. So wurde Ghazālī wegen seiner jede Dogmatik ablehnenden kritischen Denkweise auch der Kant der islamischen Philosophie genannt.[58] Bis in unsere Zeit hinein ist sein Einfluß kaum zu überschätzen. So ist mit Recht darauf hingewiesen worden, daß in der heutigen Situation, wo der Islam ebenso mit dem westlichen Denken kämpft wie einst mit der griechischen Philosophie und nun ebenso wie damals einer Erneuerung bedarf, ein vertieftes Studium von Ghazālī helfen könnte, den richtigen Weg zu finden.[59] Andererseits wird westlicherseits auch ganz richtig die Auffassung vertreten, daß die Christen in einer Zeit, wo die Welt zu einem kulturellen Schmelztiegel geworden sei, sich nun auch darauf vorbereiten müßten, vom Islam zu lernen.

Ulrich Rudolph

ABŪ BAKR IBN ṬUFAIL
(ca. 1100–1185)

I. Einführung

1. Das Problem

Die Vorstellung, völlig alleine auf einer tropischen Insel zu leben, weckt in uns Heutigen durchweg angenehme Assoziationen. Denn Sonne, Meer und Palmen scheinen ein Leben in genußvoller Muße zu verheißen und wirken auf uns wie Symbole der Glückseligkeit.

Das Bild, das uns beseligt, läßt sich indes auch anders deuten, wie in dem philosophischen Roman, der uns im folgenden beschäftigen wird. In ihm ist ebenfalls von einem Menschen die Rede, der alleine auf einer Insel aufwächst und lebt. Und auch hier wird uns die Insel als ein herrliches Eiland mit idealem Klima und einer gesegneten Natur beschrieben. Aber der Einsame, der sie bewohnt, ist kein Müßiggänger und kein Genießer. Er denkt vielmehr nach und richtet all seine Anstrengungen darauf, so viel an Erkenntnis zu gewinnen, wie dies in seiner besonderen Situation möglich ist.

Der Text bedient sich des Motivs der Insel also nicht, um uns ins Reich der Phantasie zu entführen. Er will damit vielmehr eine philosophische Überlegung illustrieren, die eine alte und immer wieder aktuelle Frage aufgreift: Wieviel kann ein Mensch erkennen, wenn er allein auf seine rationalen Fähigkeiten angewiesen ist? Oder, um es im Kontext der Religion, der hier vorausgesetzt ist, zu formulieren: Gelingt es dem Menschen mit seinem Verstand, Gott und den göttlichen Ratschluß zu erfassen, auch wenn er in keiner Weise mit der Offenbarung in Berührung gekommen ist? Damit behandelt diese Schrift ein klassisches Problem der Religionsphilosophie, ja, sie führt uns an deren theoretische Grundlagen heran. Denn es geht nicht nur darum, das Verhältnis von Glauben und Vernunft näher zu bestimmen. Verhandelt wird, welche Rolle die autonome Spekulation des Verstandes, also die Philosophie, überhaupt in den Grenzen einer Offenbarungsreligion spielen kann.

2. Der Autor

Der Mann, der diese Probleme im Rahmen eines Romanes zu lösen versuchte, stammte aus Andalusien und hieß Abū Bakr Ibn Ṭufail.[1] Von ihm wüßten wir nur zu gerne, wie er lebte, von wem er lernte, mit wem er sich ausgetauscht und diskutiert hat. Aber wie bei so vielen mittelalterlichen Gelehrten ist uns auch seine Biographie nur in groben Umrissen bekannt. Als sicher kann gelten, daß er aus dem heutigen Guadix in der Provinz Granada stammte, wo er zu Beginn des 12. Jahrhunderts geboren worden sein dürfte. Sicher ist auch, daß er im Jahre 1185 in Marrakesch starb. Ansonsten wissen wir, daß er seinen Lebensunterhalt als Arzt und wohl auch als Sekretär verdiente. Dabei war es sein Glück, daß er den Almohaden dienen konnte, das heißt der letzten großen maghrebinischen Dynastie, die noch einmal weite Teile Spaniens und Marokkos in ihrer Hand vereinigt hat. Für sie wirkte er in Granada, Ceuta und Tanger. Und schließlich wurde Ibn Ṭufail sogar als Leibarzt des Sultans Abū Yaᶜqūb Yūsuf nach Marrakesch geholt. Damit dürfte er den nötigen Freiraum für seine intellektuellen Tätigkeiten gewonnen haben, denn Abū Yaᶜqūb stand in dem Ruf, den Wissenschaften gegenüber ungewöhnlich aufgeschlossen zu sein.

So erklärt sich auch, daß Ibn Ṭufail am Hofe einen jüngeren Kollegen einführen konnte, dessen Ruhm seinen eigenen sehr bald weit überstrahlen sollte. Die Rede ist von Averroes (gest. 1198), dem großen Aristoteles-Kommentator, der auch das lateinische Mittelalter maßgeblich beeinflußt hat. Ob es zu einem tieferen Austausch zwischen beiden kam, läßt sich heute nicht mehr feststellen. Doch es gibt Anzeichen dafür, daß zwischen ihnen ein längerer Kontakt bestand. Denn Averroes sollte später Ibn Ṭufail als Leibarzt des Sultans folgen, und er hat in einer seiner zahlreichen Schriften Überlegungen geäußert, die durchaus mit den Ansichten unseres Gelehrten vergleichbar sind.[2]

Ibn Ṭufails eigene literarische Produktion scheint allerdings nicht sehr umfangreich gewesen zu sein. Nach Aussage unserer Quellen interessierte er sich für verschiedene Wissenschaften wie Philosophie, Medizin, Astronomie und Poesie, was für das islamische Mittelalter keineswegs ungewöhnlich war. Hinterlassen hat er jedoch nur einen einzigen vollständigen Text, nämlich den besagten Roman, der den Titel *Ḥaiy Ibn Yaqẓān* trägt. In ihm behandelt er jene Fragen, die noch heute von Interesse sind, und so ist es auch für uns aufschlußreich, diese Schrift näher zu betrachten.

II. Das Werk

1. Der Inhalt[3]

Ḥaiy Ibn Yaqẓān, das heißt übersetzt *Der Lebendige, Sohn des Wachenden*, lautet der Name des Einsamen, der auf einer Insel im Indischen Ozean unter der Sonne des Äquators lebt. Wie er dorthin gelangen konnte, läßt unser Autor offen, oder, genauer gesagt, er stellt dazu dem

Abū Bakr Ibn Ṭufail (ca. 1100–1185)

Leser zwei verschiedene Möglichkeiten anheim. Entweder sei Ḥaiy spontan aus der Materie entstanden, was sich mit den idealen klimatischen Bedingungen seines Aufenthaltsortes erklären ließe. Oder aber er stamme von einer vornehmen Dame ab, die einstmals auf einer Nachbarinsel lebte und gezwungen war, ihr neugeborenes Kind im Meer auszusetzen. In beiden Fällen ist das Resultat dasselbe: Das Kind wächst auf, ohne jemals Kontakt zu einem anderen menschlichen Wesen aufnehmen zu können. Und wir erhalten die Gelegenheit, eine Entwicklung zu verfolgen, die sich in völliger Autonomie und Individualität vollzieht.

Ibn Ṭufail beschreibt insgesamt einen Zeitraum von fünfzig Jahren, aber er gliedert seine Darstellung, indem er jeweils nach sieben oder nach vierzehn Jahren eine Zäsur vornimmt. Dadurch wird jeder Lebensabschnitt mit einer bestimmten Wissensstufe und einem bestimmten Erkenntnisfortschritt in Beziehung gesetzt. Die ersten sieben Jahre etwa stehen ganz im Zeichen des kindlichen Entdeckens. Ḥaiy, der überleben kann, weil eine Gazelle sich seiner annimmt, lernt durch seine Pflegemutter elementare Gefühle und Verhaltensweisen kennen. Er teilt mit ihr die Gemeinschaft anderer Tiere, ißt deren Nahrung und ahmt verschiedene Stimmen nach. Zudem beginnt er, sich mit Blättern zu kleiden und mit Stöcken zu verteidigen, weil er an sich das Fell und die natürlichen Kampfesmittel seiner Gefährten vermißt.

Die zweite Phase, die bis zum Alter von einundzwanzig Jahren andauert, wird dominiert von der praktischen Vernunft. Jetzt baut Ḥaiy beispielsweise eine Höhle, entdeckt die Wirkung des Feuers und lernt, sich Tiere mittels Zähmung dienstbar zu machen. Darüber hinaus führt ihn sein forschender Intellekt aber auch zu einem wichtigen theoretischen Schritt. Anlaß dazu ist der Tod der ihn ehedem umsorgenden Gazelle. Er macht ihm deutlich, daß der Körper nur die äußere, sterbliche Hülle eines Lebewesens darstellt. Sein eigentliches Prinzip muß etwas anderes sein, nämlich ein Geist, der die Tiere offenkundig beim Tode verläßt. In ihm erkennt Ḥaiy nunmehr das Wesen seiner verstorbenen Pflegemutter. Und zugleich meint er zu ahnen, daß derselbe Geist alle Gazellen beseelt und in gewisser Hinsicht zu einer Einheit werden läßt.

Auf dieser Erkenntnis bauen die Überlegungen des nächsten Lebensabschnitts auf. Er dehnt sich aus bis zum Alter von achtundzwanzig Jahren und bildet, wenn man so will, die Epoche der Logik und der Physik. Nun lernt Ḥaiy, Pflanzen von Tieren und beide wieder von Mineralien zu unterscheiden. Er erfaßt, was ein Individuum, was eine Art und was eine Gattung ist. Vor allem aber begreift er, daß für jedes sensible Ding sowohl ein materieller Grund als auch eine Formursache existiert. Damit wird der Weg frei für zwei Entdeckungen, die seine weitere Entwicklung entscheidend beeinflussen. Der Begriff der Form führt ihn zum Konzept der Seele. Und der Begriff der Ursache öffnet ihm die Augen für die alle Natur durchwaltende Kausalität. Diese Kausalkette, so schließt Ḥaiy weiter, muß letzten Endes auf eine oberste Ursache zurückgehen, die folglich das Prinzip aller Dinge ist. Obwohl er jetzt noch nicht angeben kann, wie jene erste Ursache beschaffen sein mag, weiß unser Held doch, daß sie alle Geschehnisse lenkt und leitet. Ja, er gesteht sich sogar ein, daß selbst seine eigenen Handlungen von dem obersten Prinzip hervorgebracht werden. So gewinnt sein Weltbild einen deterministischen Zug, der von Ibn Ṭufail noch zusätzlich durch ein einschlägiges Koranzitat untermalt wird: «Und nicht ihr habt sie getötet, sondern Gott. Und nicht du hast geworfen, als du warfst, sondern Gott.»[4]

Im Alter von achtundzwanzig Jahren ist Ḥaiy somit an der Pforte zur Metaphysik angekommen. Er hat die Welt, soweit er sie wahrnehmen konnte, verstanden und hat Dinge erkannt, die zu erkennen während eines ganzen Lebens nicht selbstverständlich ist. Aber deswegen steht sein Drängen und Forschen noch nicht vor dem Ende. Im Gegenteil! Jetzt endlich weiß der Einsame auf seiner Insel, was es vor allem anderen wirklich zu begreifen gilt. Den Urheber dieser Welt muß er erfassen, also jenes oberste Prinzip, von dem alles abhängt und aus dem sich alles ableiten läßt. So ist es nur folgerichtig, wenn von nun an sein gesamtes Sinnen nur noch um dieses letzte und höchste Problem kreist.

Der Weg zur Lösung führt über die Kosmologie, also die Welt der Gestirne. Ḥaiy fragt sich, wie er die Himmelskörper, die so majestätisch über ihn hinwegziehen, beschreiben und in sein Konzept einordnen soll. Auch sie sind offenkundig endlich ausgedehnte Körper. Auch sie gehören zu dem einen Universum, dessen unscheinbarer Teil er selbst auf seiner Insel ist. Aber kann dieser gewaltige Kosmos wirklich einmal geschaffen worden sein? Oder besteht er vielleicht von Ewigkeit her, so ungeheuer und so erhaben, wie er sich nun einmal präsentiert? Ḥaiy müht sich einige Jahre um eine Antwort auf diese Frage, aber er findet nur Argumente für beide Thesen, ohne von einer wirklich überzeugt zu sein. In der Tat bleibt dieses Problem in seinen Überlegungen auch offen, obwohl man später im Text Hinweise auf die Lehre von der Ewigkeit zu erkennen meint. Entscheidend ist jedoch, daß unserem Helden dabei eine ganz andere Einsicht zuteil wird. Unabhängig davon, ob die Welt einen zeitlichen Anfang besitzt oder nicht – sie ist in jedem Falle geschaffen, weil eben nichts, auch nicht das Universum, ohne einen Urheber existieren kann. Damit ist das Problem des Anfangs bedeutungslos geworden. Die Frage des Ursprungs der Welt ist gelöst. Ein Schöpfer hat sie hervorgebracht, und zwar ein Schöpfer, der vollkommen und weit erhabener als der ganze Kosmos sein muß. Jetzt kann sich Ḥaiy Ibn Yaqẓān einen Begriff von Gott bilden, indem er von der Schönheit der Welt auf ihren Urheber zurückschließt. Auf diesem Wege erkennt er die wichtigsten göttlichen Attribute und folgert, daß der Schöpfer allmächtig, allwissend und barmherzig sein muß. Und Ibn Ṭufail tut ein Übriges, um die Bedeutung dieser Einsicht zu unterstreichen, indem er dazu ausführlich den *Koran* zitiert.

«Wenn Er (d. h. Gott) etwas sagen will, sagt Er dazu nur: Sei!, dann ist es.» «Ihm entgeht nicht das Gewicht eines Stäubchens, weder im Himmel noch auf der Erde, und nichts, was kleiner oder größer ist als dieses.» «Alles vergeht außer Seinem Antlitz.»[5]

Ḥaiy ist jetzt fünfunddreißig Jahre alt und weiß um Gottes überragende Stellung und Vollkommenheit. Seine Aufgabe kann nur noch darin bestehen, sich diesem erhabenen Wesen zu nähern. Ihr widmet er sich, bis er fünfzig Jahre alt wird, und nach all dem, was wir bislang gehört haben, kann es nicht überraschen, wenn er auch sie mit Beharrlichkeit und feinem Gespür meistert.

Den Ansatz dazu bietet ihm eine Besinnung auf sein eigenes Wesen. Sie macht ihm noch einmal deutlich, daß sein eigentliches Selbst in der Seele, genauer: in dem rationalen Teil dieser Seele liegt. Es bildet jenes unzerstörbare Element des Menschen, das seinem Schöpfer ähnelt. Daraus ergibt sich, daß die Seele erst dann ihre letzte Erfüllung findet, wenn sie zu ihrem Ursprung zurückkehrt, indem sie, Gott erkennend, ihm immer ähnlicher wird.

Der Weg dorthin führt einmal mehr über die Beobachtung der Sterne. Ihnen spricht Ḥaiy nicht nur zu, Materie zu sein, sondern auch, rationale Seele zu besitzen, die ihrem Schöpfer sogar besonders nahe stehen sollen. Deswegen versucht er, die Gestirne zu imitieren, das heißt konkret: sich wie sie kreisförmig zu bewegen und sich wie sie völlig auf Gott zu konzentrieren. So gelingt es ihm in der Tat zum erstenmal, der Anschauung des Göttlichen teilhaftig zu werden. Die schnelle Kreisbewegung nämlich hat ihm die Sinne geraubt und hat sein Bewußtsein ganz für die reine Erkenntnis geöffnet.

Von nun an weiß Ḥaiy Ibn Yaqẓān, wie er den Weg zur Anschauung Gottes findet. Er bedarf keiner weiteren Anleitung durch die Sterne und verzichtet darauf, seinen Geist durch körperliche Übungen für den Aufstieg zu präparieren. Ḥaiy imitiert fortan Gott selbst, wird reines Denken und dabei vereint mit seinem Schöpfer, während in solchen Momenten alles Sinnliche um ihn herum vergeht. So schaut er «was kein Auge gesehen und was kein Ohr gehört hat und was in keines Menschen Herz gekommen ist».[6] Und er empfängt eine Vision, die uns in herrlichen Farben geschildert wird. Sie offenbart ihm alle himmlischen Sphären mitsamt den Intellekten, die sie dirigieren. Und sie enthüllt ihm, was mit den Seelen der Menschen im Jenseits geschieht. Den einen, die wie Ḥaiy selbst Gott gefunden haben, wird ewige Seligkeit zuteil. Auf andere, die sich von ihrem Schöpfer abwenden, wartet die Hölle. Wieder andere verlöschen einfach, ohne jenseitigen Lohn oder jenseitige Strafe zu finden. Sie haben Gott niemals gekannt und waren außerstande, sich im Guten oder Schlechten auszuzeichnen.

Ḥaiy Ibn Yaqẓān aber weiß nun endgültig um seine Bestimmung. Er hat die Glückseligkeit gekostet und kennt kein anderes Ziel mehr, als ihrer sooft wie möglich teilhaftig zu sein. Das gelingt ihm auch immer häufiger und für immer längere Perioden. Schließlich ist die Anschauung Gottes der Zustand, den er beständig genießt und fast nicht mehr verläßt. An dieser Stelle könnte unser Roman eigentlich enden. Denn Ḥaiy hat die Vollkommenheit, soweit sie einem Menschen überhaupt zugänglich ist, erreicht. Doch Ibn Ṭufail entläßt uns nicht mit dieser verheißungsvollen Perspektive, sondern fügt seiner Schilderung noch einen wichtigen Epilog an. In ihm konfrontiert er unseren Helden mit der menschlichen Gesellschaft, und dabei erfahren wir, daß sein beseligender Erkenntnisweg nur sehr wenigen Individuen offensteht.

Auf einer zweiten, benachbarten Insel, heißt es da nämlich, lebt eine Gemeinschaft. Sie folgt einer wahren, geoffenbarten Religion, mit der ganz offensichtlich der Islam gemeint ist. Das religiöse Verständnis dieser Menschen möchte Ibn Ṭufail nicht allzu hoch veranschlagen, denn, wie er angibt, halten sie sich an die prophetische Überlieferung mitsamt ihren Bildern und Symbolen, ohne deren tiefere Bedeutung wirklich zu erfassen. Aber zwei einzelne Personen ragen doch aus der Gemeinschaft der Gläubigen heraus: Absāl, der bemüht ist, auch den inneren Sinn der Offenbarung zu begreifen; und Salamān, der sich zwar auf das äußere, symbolische Verständnis der Texte beschränkt, aber dabei ein Mann von untadeligem Charakter und integrer Lebensführung ist.

Absāl möchte in Ruhe seinen tiefsinnigen Spekulationen nachgehen und läßt sich, ohne von Ḥaiys Existenz zu wissen, auf dessen Insel bringen. Nach einiger Zeit treffen sich die beiden Eremiten, und es kommt zu einem bewegenden Austausch dessen, was jeder erlebt und zu erkennen gemeint hat. Dabei stellt sich heraus, daß die Wahrheit, die Ḥaiy Ibn Yaqẓān intellektuell erfaßt hat, mit der Offenbarung, der Absāl folgt, im Grunde übereinstimmt. Nur Ausdrucksform und Klarheit sind jeweils verschieden. Denn Ḥaiy sieht die Dinge rein und unverhüllt, während Absāl, den Symbolen anhängend, mit manchen Andeutungen zufrieden sein muß.

Angesichts dieser Erfahrung sieht sich Ḥaiy verpflichtet, nicht nur mit Absāl zu sprechen, sondern allen Menschen seine Erkenntnisse mitzuteilen. Deswegen segelt er mit seinem neuen Gefährten zu der anderen Insel und beginnt dort, die Glaubensgemeinschaft in der Metaphysik zu unterweisen. Doch genau das führt zu einer deprimierenden Entdeckung. Denn Salamān und seine Freunde ehren zwar den Philosophen und Gottesfreund Ḥaiy Ibn Yaqẓān. Aber sie fühlen sich von seiner Weisheit bedrängt und schließlich sogar belästigt, weil sie ganz einfach außerstande sind, seinen Erkenntnisweg nachzuvollziehen. Somit lautet die letzte Botschaft des Romans, man möge die Menschen nach ihren Verständnismöglichkeiten unterscheiden. Die meisten sind der Spekulation abhold. Sie begnügen sich mit der bildhaften Darstellung der Wahrheit, die ihnen von der religiösen Überlieferung auf vortreffliche Weise nahegebracht wird. Für wenige andere gilt dagegen, daß sie erst dann ihren Frieden finden, wenn sie Gott unverhüllt erkannt haben. Zu ihnen zählen Ḥaiy Ibn Yaqẓān sowie sein Adept Absāl. Ihr Schicksal ist es, Außenseiter bleiben zu müssen, weshalb sie abschließend auch die einzige jetzt noch mögliche Konsequenz ziehen: Sie segeln zurück auf ihre einsame Insel, um fortan allein zu sein und sich nur noch der reinen Kontemplation zu widmen.

2. Gedanklicher Hintergrund[7]

a) Die Verwurzelung in der islamischen Philosophie

Der Roman über Ḥaiy Ibn Yaqẓān findet also ein nüchternes Ende. Aber es wäre falsch, deswegen den Text als pessimistisch anzusehen. Denn sein Fazit lautet ja nicht, der Mensch sei unfähig, Gott und seine eigene Bestimmung zu erkennen. Vielmehr diente ein Großteil der Beschreibung gerade dem Zweck, zu beweisen, daß diese Fähigkeit prinzipiell im Menschen angelegt sei. Nur möchte Ibn Ṭufail in ihr nicht den einzigen Schlüssel zum Glück sehen. Er will die Sphäre der Gotteserkenntnis differenzierter beschreiben, wobei sich sein Konzept in vier grundlegenden Thesen zusammenfassen läßt.

Die beiden ersten werden ausführlich entfaltet und bilden den Hauptteil des Romans, was zugleich bedeutet, daß ihnen vorrangiges Interesse zukommt. Sie lauten: Der Mensch ist als vernunftbegabtes Lebewesen imstande, die ihn umgebende Welt mitsamt ihrem Schöpfer zu erfassen. Ja, er braucht nicht einmal bei dieser theoretischen Betrachtung stehenzubleiben. Er kann sich Gott auch erkennend nähern, bis er ihm ähnlich wird und sich schließlich mit ihm vereinigt hat. Diese Botschaft wird dann im Epilog durch zwei weitere Aussagen ergänzt, die das zuvor Gesagte nicht relativieren sollen, wohl aber in seinem Geltungsbereich einschränken. Jetzt hören wir, die spekulativ gefundene Wahrheit stimme mit der Offenbarung überein. Und es heißt weiter, der Kreis der Adressaten sei jeweils ein anderer. Denn die Offenbarung wende sich dank ihrer anschaulichen Sprache an alle, während die subtile Form der Gotteserkenntnis nur wenigen vorbehalten sei.

Ibn Ṭufail weiß also für jeden, der nach dem Metaphysischen strebt, einen Rat und eine Lösung. Aber seine Sympathien sind doch eindeutig verteilt. Sie gelten jenen einsamen Denkern, die wie Ḥaiy Ibn Yaqẓān unmittelbar auf Gott zugehen, ohne den Umweg über religiöse Texte und Symbole zu nehmen. Ihnen gibt er die Verheißung, daß sie der reinen Anschauung teilhaftig werden können. Somit liegt es nur nahe, daß Ibn Ṭufail, der Philosoph und Arzt am mondänen Hofe zu Marrakesch, insgeheim meinte, einer dieser solitären Erwählten zu sein.

Indessen: Woher stammt eigentlich das Konzept, das er uns in seinem Roman so eloquent und auf so anschauliche Weise schildert? Hat Ibn

Ṭufail diese Vorstellungen etwa völlig neu entwickelt? Oder wiederholt er im wesentlichen Gedanken, die sich bereits bei früheren Philosophen finden, ja, die womöglich Allgemeingut der islamischen Philosophie gewesen sind?

Die Antwort auf eine solche Frage bedarf ohne Zweifel mehrerer Überlegungen und Erklärungen. Aber im ersten Zugriff lautet sie in der Tat, daß unser Autor eine Fülle von Gedanken und Ideen seiner Vorgänger übernommen hat. Das gilt insbesondere für den Epilog seines Romans. Doch es gilt in abgeschwächter Form auch für den Hauptteil, in dem Ḥaiys Lebensbahn bis zum Zusammentreffen mit Absāl geschildert wird.

Der konzeptuelle Rahmen des Epilogs geht letztlich zurück auf al-Fārābī (gest. 950 n. Chr.), den großen Lehrer des 10. Jahrhunderts, mit dem die islamische Philosophie ihren eigentlichen Aufschwung genommen hat. Von ihm stammt bereits die berühmte platonisierende These von der Harmonie zwischen Philosophie und Offenbarung. Und er erklärte ebenfalls, daß man die meisten Menschen nur mit religiösen Symbolen, nicht aber mit philosophischen Spekulationen ansprechen könne. Nach ihm finden wir dann Ähnliches bei Avicenna (gest. 1037). Und Averroes, der jüngere Zeitgenosse Ibn Ṭufails, sollte beide Prinzipien noch einmal ausdrücklich zur Geltung bringen. Er schrieb zu diesem Thema einen eigenständigen Traktat, durch den die Vorstellung, als Lehre von der doppelten Wahrheit mißverstanden, auch im Abendland berühmt geworden ist.[8]

Was dagegen den Hauptteil unseres Romans betrifft, also die Schilderung der Erkenntnisse des Ḥaiy Ibn Yaqẓān, so bemerkt man sehr schnell, daß er sich einer vergleichbar raschen und eindeutigen Klassifizierung entzieht. Denn wieder begegnen uns verschiedene bekannte philosophische Theoreme. Doch neben sie treten zusätzliche Elemente, die spürbar anderer Provenienz und von anderer Geisteshaltung sind. In die philosophische Tradition gehören ohne Zweifel Ibn Ṭufails logische Kategorien, dazu die gesamte Beschreibung des Universums, das heißt seine Aussagen über Physik und Kosmologie. Auch der Weg, auf dem Ḥaiys rationale Seele Gott erfaßt, ist ohne die Anlehnung an seine Vorgänger nicht denkbar, wobei jetzt insbesondere Avicenna als Quelle und Ausgangspunkt zu nennen ist.[9] Aber wie steht es mit dem Zustand der Anschauung Gottes? Wie mit der glückseligen Vereinigung, die unser Verfasser offensichtlich als höchstes Ziel des Menschen ansieht? Hier befindet er sich offenkundig nicht mehr auf dem Boden der traditionellen islamischen Philosophie, und so ist zu überlegen, welchen Anregungen er nun in seiner Darstellung folgt.

Die Frage erweist sich als problematisch, aber glücklicherweise verdanken wir Ibn Ṭufail selbst einen Hinweis, mit dem er uns zu einer Antwort führt. Sein Roman umfaßt nämlich nicht nur die bislang erzählte Geschichte mitsamt ihrem Epilog. Er enthält auch ein kurzes, aber aufschlußreiches Vorwort, auf das wir bisher noch nicht eingegangen sind. In ihm erfahren wir, aus welchem Anlaß unser Autor das Leben des Ḥaiy Ibn Yaqẓān erzählen wollte. Und außerdem hören wir, wie er seine eigenen Vorgänger in der Philosophie beurteilt. Damit erreicht Ibn Ṭufail zweierlei: Er hilft uns, seinen Standort und seine Intentionen besser zu verstehen. Aber er zwingt uns zugleich, genauer als bisher auf die Geschichte der islamischen Philosophie einzugehen.

In dem besagten Prolog[10] heißt es nämlich, ein Freund sei an Ibn Ṭufail herangetreten mit der Bitte, ihm darzulegen, was Avicenna mit den «Geheimnissen der östlichen Weisheit» gemeint habe. Durch diese Anfrage zutiefst bewegt, habe unser Gelehrter selbst ein Verlangen nach höherer Erkenntnis verspürt, was dazu führte, daß ihm zum erstenmal die Wonnen der reinen Anschauung Gottes zuteil geworden seien. Voller Glückseligkeit überlegte er daraufhin, wie man diesen Zustand anderen Menschen beschreiben könnte und prüfte entsprechende Äußerungen früherer Philosophen nach. Doch diese Suche führte ihn von Enttäuschung zu Enttäuschung, denn sie alle schienen nicht wirklich zu den letzten Geheimnissen vorgedrungen zu sein. Aristoteles etwa, der erste Lehrer, blieb in dieser Hinsicht vollkommen stumm. Al-Fārābī verstrickte sich in Widersprüche über das Schicksal der Seele. Die älteren Andalusier gar redeten nur von Logik und Mathematik. Und auch Ibn Bāǧǧa (gest. 1138), der damals bekannteste spanische Philosoph und zugleich unmittelbarer Vorgänger des Ibn Ṭufail, bot sich nicht recht als lehrreiches Vorbild an. Er war zwar bis zur Stufe der Gotteserkenntnis vorgedrungen, verfolgte sie aber auf rein intellektuelle Weise, so daß ihm die wahre Freude der Anschauung verschlossen blieb.

Gelten läßt Ibn Ṭufail schließlich allein Avicenna. Aber selbst bei ihm möchte er eine wichtige Unterscheidung vornehmen, die für die gesamte Interpretation des *Ḥaiy Ibn Yaqẓān* ausschlaggebend ist. Auch Avicenna habe in seinen bekannten philosophischen Werken nicht die ganze Wahrheit gesagt. Im Gegenteil: Er selbst habe angegeben, in diesen Schriften nur Aristoteles auszulegen und damit gewissermaßen exoterische Philosophie zu betreiben. Die unverhüllte Erkenntnis finde man dagegen nur, wenn man seine Lehre esoterisch verstehe, oder, besser noch, indem man nachschlage in seinem speziellen Buch über die *Östliche Philosophie*. Denn dort sei alles Nötige unverschlüsselt und deutlich gesagt. Und genau jenes erhabene Werk – so wird uns damit suggeriert – sei der Wegweiser, dem Ibn Ṭufail folgte und in dessen Sinn er seinen *Ḥaiy Ibn Yaqẓān* geschrieben hat.

An dieser Stelle steht unsere Interpretation vor einer Entscheidung. Denn wir dürfen aufgrund der Ergebnisse der Forschung sicher sein, daß die philosophiegeschichtliche Betrachtung, die Ibn Ṭufail uns hier vorträgt, in dieser Form nicht richtig ist. Avicenna hat seine Lehre nicht un-

terteilt in eine offizielle aristotelische Version und in eine zweite, die erst
die wahren Geheimnisse offenbarte. Er hat in seiner vielzitierten *Östlichen Philosophie* nichts grundlegend anderes als in seinen sonstigen Werken gesagt. Überdies konnte dieser spezielle Text gar keine besondere Wirkung ausüben. Denn was wir vor allem von ihm wissen, besteht in der
Nachricht, daß er kurz nach seiner Entstehung verlorengegangen sei.[11]

Was also hat Ibn Ṭufail bewogen, sich ausgerechnet auf dieses Werk zu
berufen? Man darf vermuten, daß es gerade seine geheimnisumwitterte
Unzugänglichkeit gewesen ist. Denn offenbar ging es unserem Autor
darum, Avicennas Philosophie neu zu deuten und zu modifizieren. Doch
dabei wollte er nominell ein Schüler Avicennas sein. Deswegen, so kann
man folgern, dürfte er sich bewußt auf eine verlorene Schrift des Meisters
bezogen haben. Denn sie gab ihm die Möglichkeit, sich von dessen bekannter Lehre zu entfernen und gleichzeitig zu behaupten, daß dies die
eigentliche Doktrin seines großen Vorbildes sei.

Ist das aber der Fall, so ist zu überlegen, in welcher Richtung Ibn Ṭufail
die Philosophie des Avicenna verändern wollte. Wie sollte sie interpretiert werden, was mußte hinzukommen, auf daß sie für die wahre Erkenntnis und Gottesanschauung tauglich sei? Wir sind – in einer präzi-
sierten Form – wieder zu unserer Ausgangsfrage zurückgekehrt. Und das
bedeutet, daß wir uns noch einmal dem Prolog des Romans zuwenden
müssen, um zu sehen, ob man mit seiner Hilfe nicht auch die Antwort
genauer fassen kann.

b) Der Brückenschlag zur Mystik

Ibn Ṭufail gibt uns dort nämlich eine weitere Hilfe, und zwar diesmal,
indem er auf seine Beziehung zur islamischen Mystik hinweist. Diese
Verbindungslinie kann im Grunde nicht überraschen. Denn Mystik hat
bekanntlich das Anliegen, das menschliche Bewußtsein für Gott zu öff-
nen, und das heißt, jenen Zustand zu erreichen, in dem der Held unseres
Romans die letzten Jahre seines Lebens verbringt. Aber auch jetzt macht
uns Ibn Ṭufail das Verständnis seiner Absichten nicht ganz einfach. Denn
wieder führt er eine zusätzliche Unterscheidung ein. Es gibt, so betont er,
auch in der Mystik eine Reihe älterer Autoren, die das Phänomen der
Gotteserfahrung nur unzureichend beschrieben haben. Ihnen steht wiederum ein einziger Gelehrter gegenüber, dem man sich wirklich anver-
trauen kann. Doch selbst bei ihm ist Vorsicht angemahnt. Denn seine
Lehre enthält scheinbar widersprüchliche Elemente; sie hat, wir ahnen es
schon, ein exoterisches und ein esoterisches Gesicht. Deswegen muß man
erneut Ibn Ṭufail folgen, wenn man sich nicht in den Fallstricken der Interpretation verirren will.

Die tadelnswerten Autoren heißen diesmal al-Ḥallāǧ (gest. 922) und
Abū Yazīd al-Bisṭāmī (gest. ca. 875).[12] Das Vorbild dagegen ist al-Ghazālī
(gest. 1111), jener berühmte islamische Denker, der durch seine Beiträge

zur Mystik wie zur Theologie, aber auch durch seine Attacken auf die Philosophen bekannt geworden ist. An ihm hat unser Verfasser manches zu kritisieren. Aber wichtiger ist, daß er sich trotzdem ausdrücklich an ihm orientiert. Denn er billigt al-Ghazālī zu, die höchste Glückseligkeit erfahren zu haben. Und er sagt explizit, er selbst kenne die Wahrheit nur deswegen, weil er den Lehren des Ghazālī und des Avicenna gefolgt sei.[13]

Hat man diese Bemerkung erst einmal ernstgenommen, so stellt man bald fest, daß die Geschichte von Ḥaiy Ibn Yaqẓān in der Tat Vorstellungen aus der islamischen Mystik enthält. Sie fallen, aufs Ganze gesehen, weniger ins Auge und betreffen häufig nur terminologische Details, die zu erklären hier unangemessen ist. Aber drei Beispiele sollen doch kurz zur Sprache kommen, damit auch diese Seite des Romans greifbarer wird.

Erinnern wir uns zunächst daran, daß Ḥaiy zum erstenmal Gott schaute, nachdem er sich körperlich auf diesen Zustand vorbereitet hatte. Er drehte sich wie die Sterne im Kreise, wobei ihm das Bewußtsein für alles Irdische schwand.[14] Eine solche, gewissermaßen physische Propädeutik wäre einem Philosophen kaum in den Sinn gekommen. Aber sie erinnert sehr wohl an manche mystische Praxis, bei der auch körperliche Übungen eine Rolle spielen können.

Das zweite Beispiel betrifft die Gotteserkenntnis selbst. Von ihr heißt es, daß ein logisch voranschreitender Philosoph wie Ibn Bāǧǧa sie ebenfalls erlangen könne. Aber Logik und Rationalität allein führen laut Ibn Ṭufail nicht zur Glückseligkeit. Der vollkommene Zustand ist erst erreicht, wenn man Gott schaut,[15] das meint: wenn die Erkenntnis durch unmittelbare Präsenz und beseligende Klarheit erleuchtet wird. Das ist die Vollendung, in der Ḥaiy seinen Frieden findet. Und man kommt nicht umhin, in dieser Stufe das höchste Ziel des gottsuchenden Asketen zu sehen.

Der wichtigste inhaltliche Brückenschlag zur Mystik dürfte allerdings erst der dritte, hier zu nennende Fall sein. Er besteht darin, daß Ibn Ṭufail in seiner Erkenntnislehre ein Element zurückdrängt, das in der Philosophie und namentlich bei Avicenna eine entscheidende Bedeutung besaß. Gemeint ist der aktive Intellekt, den Avicenna in der Sphäre des Mondes ansiedelte und dem er zwei herausragende Funktionen zuwies. Zum einen sollte er schöpferisch wirken, indem er die intelligiblen Formen für unsere Welt spendete. Andererseits sollte er bei der menschlichen Erkenntnis unabdingbar sein. Denn jedes Begreifen, sei es der Welt, sei es Gottes, wurde dadurch erklärt, daß die einzelne rationale Seele mit dem aktiven Intellekt in Verbindung trete.

Avicenna hatte demnach dem Intellekt der Mondsphäre eine vermittelnde Rolle zwischen Gott und den Menschen zugesprochen, und genau dafür handelte er sich wiederholt Tadel von religiösen Gelehrten ein. Ibn Ṭufail dagegen will dieses Bild korrigieren und zielt bewußt auf Unmittelbarkeit. Er läßt den Schöpfer selbst die Formen für die materielle Welt spenden. Zudem besteht er darauf, daß sich sein Romanheld mit Gott und eben nicht mit dem aktiven Intellekt vereinigt hat. Denn Ḥaiy erkennt nicht nur seinen fernen Urheber. Er schaut ihn und ist sehend bei ihm, ohne von einer Zwischeninstanz abhängig zu sein.[16]

c) Die theologische Anregung

Der Hinweis auf die Mystik hat uns somit geholfen, Ibn Ṭufail und seinen einsamen Denker besser zu verstehen. Denn er hat manches erklärt, was man zuvor nicht deuten konnte, und er hat damit gezeigt, daß man den Text nicht nur als philosophische Schrift interpretieren kann. Trotzdem bleibt zu fragen, ob mit dieser zweifachen Anbindung an Avicenna und al-Ghazālī tatsächlich schon der gesamte Roman verstanden ist. Denn schließlich gab es noch eine weitere auffällige Besonderheit, die bislang nur unzureichend zur Sprache gekommen ist. Die Rede ist von dem Motiv des ganzen Buches, also der nicht alltäglichen Vorstellung, daß ein Mensch alleine auf einer Insel lebt und dort seinen Erkenntnissen nachgeht.

Um die Antwort gleich vorwegzunehmen: Auch dieses fiktive Szenario dürfte nicht auf Ibn Ṭufail zurückgehen, sondern scheint im Islam schon länger diskutiert worden zu sein. Nur haben wir es hier nicht mit einem Problem zu tun, das von Philosophen oder von Mystikern erörtert wurde. Es verweist uns vielmehr auf eine dritte Linie der metaphysischen Spekulation, und zwar diesmal in den Bereich der islamischen Theologie.

Das mag nach allen vorherigen Überlegungen überraschend klingen. Aber es ist von der Sache her weniger fernliegend, als dies zunächst der Fall zu sein scheint. Die Frage nämlich, ob jemand allein mit seinem Verstand zur metaphysischen Erkenntnis gelangen könne, ist in Wahrheit gar keine philosophische. Denn jeder Philosoph, sofern er Metaphysik treiben möchte, setzt voraus, daß sein Intellekt auch auf diesem Felde zuständig sei. Ein Theologe dagegen muß sich erklären. Er kann behaupten, daß man Gott nur mittels der Offenbarung erfasse. Oder aber er betont die Rolle des Verstandes, indem er meint, daß jener ohne Hilfe zur Gotteserkenntnis imstande sei.

Beide Richtungen waren im mittelalterlichen Islam vertreten, und es liegt nahe, daß Ibn Ṭufail bei seinen Überlegungen auch von dieser Kontroverse angeregt worden ist. Für die Autonomie des Verstandes plädierte am prononciertesten die Schule der Muʿtaziliten. Ihre Überzeugung war es, daß sich der Mensch selbständig einen Begriff von Gott bilde, was unter anderem damit begründet wurde, daß man einsame Bewohner in der Wüste nicht von der Gotteserkenntnis ausschließen könne. Dagegen reagierten die Aschʿariten. In diesem Zusammenhang taucht unser Motiv von der Insel zum erstenmal auf. Denn jetzt heißt das Argument, wer ganz alleine auf einer Insel lebe, könne kein Gläubiger sein. Er wisse nämlich nichts vom religiösen Gesetz und sei überdies außerstande, mit dem Verstand zu begreifen, wer sein Schöpfer sei.[17]

Ibn Ṭufail, so viel ist deutlich, schlägt sich auf die Seite der Muʿtaziliten, wozu noch manch andere Formulierung paßt, die man in seinem Roman finden kann. Außerdem liegt es jetzt nahe, daß er nicht zufällig, sondern ganz bewußt eine Insel als Aufenthaltsort des Ḥaiy Ibn Yaqẓān gewählt hat. Aber das soll nicht bedeuten, daß seine Geschichte, wenn man sie nur richtig verstehe, zu guter Letzt eine theologische Parabel sei. Im Gegenteil: Es bleibt bei dem, was wir zuvor überlegten. Ibn Ṭufail hat ein philosophisches Lehrstück geschrieben. Und er hat dabei die traditionelle Philosophie durch mystische Elemente ergänzt. Nur zeigt uns die Verwendung des besonderen Motives, daß er diese eigenwillige Synthese nicht um ihrer selbst willen suchte, sondern um auf eine grundsätzliche theologische Herausforderung zu reagieren.

III. Wirkung

1. Im Orient

Der Roman über Ḥaiy Ibn Yaqẓān, so kann man unsere Beobachtungen zusammenfassen, erweist sich letzten Endes als ein Versuch einer religiösen Synthese. Sein Zweck war es, verschiedene metaphysische Richtungen zu verbinden, sein Anspruch, einen Weg zu Gott zu weisen, der Philosophen, Mystikern und Theologen gleichermaßen überzeugend schien. Ob Ibn Ṭufail diese Synthese allerdings gelungen ist, ja, ob er mit ihr tatsächlich die religiösen Diskussionen seiner Zeit beeinflussen konnte, ist eine ganz andere Frage. Sie führt uns schließlich heran an die Rezeptionsgeschichte, also an die Überlegung, ob unser Roman Wirkungen auf die spätere Literatur ausgeübt hat.

Das Ergebnis dieser Spurensuche ist, aufs Ganze gesehen, erfolgreich, aber es überrascht doch, wie sich die Rezeption im einzelnen verteilt. Denn die Schrift über Ḥaiy Ibn Yaqẓān sollte zwar letztlich ein großes Echo finden. Aber das geschah nicht in der Epoche und nicht in dem Kulturkreis, denen sie entstammte, sondern erst sehr viel später in Europa, nachdem sie dort in Übersetzungen bekannt geworden war.

Im islamischen Mittelalter nämlich finden sich nur vereinzelte Hinweise dafür, daß man den Text überhaupt rezipierte. So wissen wir beispielsweise aus der handschriftlichen Überlieferung, daß man ihn im Verbund mit verschiedenen neuplatonischen Schriften (wie dem sogenannten *Liber de Causis*) studiert und weitergegeben hat.[18] Außerdem kennen wir eine hebräische Übersetzung, die im 14. Jahrhundert von Moses von Narbonne kommentiert worden ist.[19] Beide Nachrichten jedoch sprechen eher gegen als für ein allgemeines Interesse an unserem Roman. Denn sie belegen, daß er der engeren philosophischen Literatur zugerechnet wurde und nur in ganz bestimmte, kleine Zirkel Eingang fand. Das aber bedeu-

tet zugleich, daß er nicht als Anregung und Wegweiser für die allgemeine
religiöse Diskussion galt.

Bestätigt wird dies im übrigen durch die Tatsache, daß im 13. Jahrhundert eine Widerlegung oder, besser gesagt, eine Parodie auf unseren Text
geschrieben wurde. Sie stammt von Ibn an-Nafīs (gest. 1288), einem vielseitigen ägyptischen Gelehrten, dessen Ziel offenkundig in der Denunzierung der Absichten Ibn Ṭufails bestand. Ibn an-Nafīs nämlich imitiert die
Geschichte über Ḥaiy Ibn Yaqẓān, indem er ebenfalls einen Menschen allein auf einer Insel aufwachsen und Erkenntnisse gewinnen läßt. Aber die
Imitation dient nur der Polemik. Denn sein einsamer Held kommt zu
keiner einzigen philosophischen oder mystischen Einsicht. Er erkennt
vielmehr mit seinem Verstand, daß die Religion des Islam – mitsamt ihrer
Theologie, ihrem religiösen Gesetz und sogar ihrer wechselhaften Geschichte – die vollkommene, umfassende, gleichsam vernunftnotwendige
Wahrheit darstellt.[20]

2. In Europa

Für Ibn Ṭufails Ideen war demnach kein Platz in seiner Epoche, und so
wäre der Roman womöglich vollends in Vergessenheit geraten – hätte ihn
nicht die europäische Aufklärung neu entdeckt und nun ihrerseits bewundert und gepriesen. Sie kannte den Text, weil er 1671 von Edward
Pococke ediert und in einer lateinischen Übersetzung vorgelegt worden
war. Und sie schätzte ihn, weil sie meinte, in ihm ihre eigenen Vorstellungen von der Autonomie der Vernunft wiederentdecken zu können, was
dazu führte, daß man sich über ein Jahrhundert lang in mehrfacher Hinsicht mit der Schrift auseinandergesetzt hat.

Zum einen fand sie die Aufmerksamkeit der Philologen, die dafür Sorge
trugen, daß der Roman schon bald in mehreren europäischen Sprachen zugänglich war. Bereits 1672 erschien eine holländische Übersetzung, 1674
eine englische, denen bald noch weitere Übertragungen in beide Sprachen
folgen sollten. 1728 publizierte dann J. Georg Pritius eine deutsche Version.
1783 sollte Johann Eichhorn eine zweite Übersetzung ins Deutsche vorlegen, die unter dem Titel *Der Naturmensch* bekannt geworden ist.[21]

Hinter dieser anhaltenden Publikationstätigkeit stand wiederum das
Interesse der Philosophen. Sie glaubten, in der Figur des Ḥaiy Ibn Yaqẓān
ein frühes Beispiel für einen vollends aufgeklärten Denker sehen zu dürfen, und ehrten Ibn Ṭufail als einen Mann, der vorurteilslos für eine natürliche Religion eingetreten sei. So weiß man etwa, daß Leibniz an unserem Text Gefallen fand. Spinoza gar beließ es nicht bei der bloßen
Lektüre, sondern soll selbst die Anregung für die erste Übersetzung ins
Holländische gegeben haben. Doch auch Jahrzehnte später wurde die
Schrift noch gerne gelesen, was man allein schon daraus ersehen kann,
daß Lessing sie lobte und seinen Freunden zur Erbauung empfahl.[22]

Eine dritte Form der Rezeption war schließlich die literarische. Ihren Ausgangspunkt bildete das Motiv unseres Romans, also die Vorstellung von dem einsamen Menschen auf einer tropischen Insel, die man gerne aufgegriffen und weiter ausgestaltet hat. Ob bereits Daniel Defoes *Robinson Crusoe* (erschienen 1719) von Ibn Ṭufail inspiriert wurde, gilt als fraglich und kann vielleicht heute nicht mehr eindeutig entschieden werden. Aber gewiß ist, daß unser Roman andere Werke des 18. Jahrhunderts beeinflußt hat. Besonders deutlich wird das bei einer anonymen Schrift mit dem Titel *The Life and Surprizing Adventures of Don Antonio de Trezzanio,* die 1761 erschien und in der zahlreiche Passagen aus *Ḥaiy Ibn Yaqẓān* (wie auch aus *Robinson Crusoe*) nahezu wörtlich übernommen sind.[23]

Die europäische Aufklärung hat Ibn Ṭufail demnach aufgewertet und völlig anders als das islamische Mittelalter beurteilt. Aber in einer Hinsicht zeigt sich doch, daß die Reaktionen nicht gar so unterschiedlich gewesen sind. Denn auch im 18. Jahrhundert hat man übersehen, daß unser Text verschiedene religiöse Dimensionen und gedankliche Ansätze enthält. Er wurde – wie bei den Muslimen – ausschließlich als Dokument einer scheinbar rationalistischen Philosophie gelesen, nur daß man jetzt dieser Tendenz nicht mehr ablehnend, sondern in geradezu euphorischer Weise positiv gegenüberstand. Insofern ist der Erfolg, den unsere Schrift im Zeitalter der Aufklärung hatte, zwiespältiger Natur. Denn er sorgte zwar dafür, daß der Roman bekannt wurde und sogar an Einfluß gewann. Aber er trug andererseits nichts dazu bei, daß man die Intentionen seines Autors genauer nachvollzog und in ihrer ursprünglichen Vielschichtigkeit verstand.[24]

Oliver Leaman

AVERROES
(1126–1198)

Averroes ist ein interessanter und einflußreicher Denker, der paradoxerweise in der Entwicklung des christlichen und jüdischen Denkens eine bedeutendere Rolle gespielt hat als in der islamischen Philosophie. Dennoch muß er als ein fester Bestandteil einer besonderen Epoche der islamischen Kulturgeschichte verstanden werden – einer Epoche, in der es Philosophen nicht leicht hatten. Er wurde im muslimischen Spanien geboren zu einer Zeit, in der das philosophische und theologische Denken gewissermaßen wie unter einer vorüberziehenden Wolke verborgen lagen. Die Philosophie, wie sie z. B. von den Philosophen Ibn Bāǧǧa und Ibn Ṭufail vertreten wurde, hatte in Andalusien unter den Almoraviden, die am Ende des 11. Jahrhunderts das Land von Nordafrika aus erobert hatten, geblüht. Und dies trotz der Ablehnung durch die fuqahā', jene gewissermaßen «offiziellen» Denker, die die Auffassung vertraten, daß die islamische Theologie und Rechtsprechung durchaus auch all jene Probleme lösen könne, von denen die Philosophen, die falāsifa, behaupteten, sie seien angemessen nur mit der Lehre des Aristoteles zu behandeln. Entscheidend in dieser Kontroverse war die Rolle der politischen Eliten. Während sie es zu gewissen Zeiten für notwendig hielten, den Philosophen – zumindest in der Öffentlichkeit – ihre Unterstützung zu verweigern, da sie die politische Hilfe der fuqahā' benötigten, gaben sie der Philosophie unter anderen Umständen Raum zur Entfaltung, besonders, wenn ihr Einfluß auf den engen Kreis der Eliten beschränkt und der Kontakt mit dem religiösen Glauben der einfachen Leute verhindert werden konnten. Wenn wir von jenen Beziehungen zwischen den Herrschenden und den Philosophen lesen, fällt es schwer zu glauben, daß es je eine andere Haltung gegeben haben könnte als die jener ursprünglichen Neugier gegenüber den Methoden, mit denen die falāsifa – und die griechisch beeinflußte Philosophie im allgemeinen – wichtige und komplexe Probleme behandelten; Probleme, die von der islamischen Theologie und Rechtswissenschaft sonst entweder nicht zur Kenntnis genommen oder an den Rand gedrängt wurden.

I. Philosoph der «doppelten Wahrheit»?

Averroes hieß mit vollem Namen Abul Walīd Muḥammad Ibn Aḥmad Ibn Muḥammad Ibn Ruschd und wurde 1126 (520 nach islamischer Zeitrechnung) in Cordoba geboren. Er stammte aus einer angesehenen Familie von Juristen, Theologen und Beamten. Im Alter von achtzehn Jahren ging er nach Marrakesch an den Hof des 'Abd al-Mu'mín, des Führers der Almohaden, die die Herrschaft der Almoraviden in Spanien und Nordafrika gestürzt hatten. Mit seiner Unterstützung wurde er hier zum Hofarzt ernannt und später zum Nachfolger seines Vaters als qāḍī, d. h. Richter, von Cordoba. So scheint es, als habe er sich in beiden Bereichen zunächst hoher Wertschätzung erfreut. Gegen Ende seines Lebens jedoch traf ihn als Siebzigjährigen noch die Verbannung durch den Kalifen nach Nordafrika und das Verbot seiner Philosophie und seiner Schriften. Auch wenn Averroes nach ungefähr einem Jahr zurückkehren konnte, wurde der Bann doch nicht aufgehoben, und seine Rechtgläubigkeit als Muslim wurde öffentlich überwacht. So berichtet eine bekannte Anekdote aus den Jahren 1168/1169 von einem Treffen zwischen Averroes und dem Kalifen, bei dem jener aufgefordert worden sei, die Werke des Aristoteles so zu erläutern, daß der Kalif die Lehre dieses Philosophen besser verstehen könne. Averroes muß gewußt haben, wie gefährlich diese Aufgabe zu jener Zeit war, da durch veränderte politische Verhältnisse der Vergangenheit – und auch in Zukunft – Aristoteles und seine Anhänger schwersten Verdächtigungen seitens der Theologen ausgesetzt waren. Und so konnte das philosophische Interesse des Herrschers sich leicht ändern und in Feindschaft umschlagen, falls die Zeiten dies erfordern sollten.

Die Philosophie hat in der kulturellen Welt des Islam oft eine problematische Rolle gespielt. Immer war sie unmittelbar verdächtig durch ihre Herkunft aus einer fremden Kultur sowie durch ihren Mangel an innerer Beziehung zur Religion. Das besondere Mißtrauen ihrer Gegner galt der Philosophie des Aristoteles und der Neuplatoniker, die trotz ihrer fundamental unterschiedlichen Lehren zu grundlegenden religiösen Fragen Eingang in die islamische Welt gefunden hatten. So schien Aristoteles z. B. zu lehren, die Welt sei ewig, die Gottheit könne nicht wissen, was in ihr vorgehe, und die religiöse Anschauung von einem Leben nach dem Tode sei philosophisch äußerst mangelhaft. Der größte Teil der Philosophiekritik in der islamischen Kultur konzentrierte sich auf solche kontroversen Positionen. Der eigentliche Streitpunkt in der Auseinandersetzung zwischen Philosophen und Theologen war jedoch die Frage, wer das Recht besitze, zu wichtigen theoretischen Problemen Stellung zu nehmen. Die Philosophen führten die Allgemeingültigkeit ihrer Wissenschaft ins Feld, während die Theologen darauf bestanden, ihre Lehre reiche vollkommen aus, alle Fragen zu beantworten. Die falāsifa – und besonders Averroes – vertraten die Auffassung, es gebe eigentlich keine funda-

Averroes (1126–1198)

mentale Unvereinbarkeit zwischen Islam und Philosophie, wenn man
sich nur um ein entsprechend tiefes Verständnis der philosophischen Methode der Wahrheitsfindung bemühe. Allerdings sahen sie durchaus die
Schwierigkeit, solche Philosophie dem einfachen Gläubigen zu vermitteln. Gewöhnlich seien im Denken ungeübte Menschen entweder unfähig
oder unwillig, die Anstrengungen der geistigen Arbeit auf sich zu nehmen, um die grundsätzliche Vereinbarkeit zwischen Religion und Philosophie nachvollziehen zu können – und diese Leute solle man nicht
durch philosophische Fragestellungen und Argumente in Unruhe und
Verwirrung versetzen. Dagegen sei die Offenbarung eine Wahrheitsver-
mittlung, die allen Menschen zugänglich sei.

Diese Sicht des Verhältnisses von Philosophie und Theologie findet
sich nirgendwo so deutlich ausgesprochen wie im Werk des Averroes,
und so hat sich in der Tradition die Überzeugung verbreitet, er habe hinsichtlich dieses Verhältnisses eine Theorie der «doppelten Wahrheit» vertreten. Gemäß dieser Theorie gibt es zwei verschiedene Begriffe der
Wahrheit, deren einer der Religion – und den einfachen Gläubigen – zu-
gehöre, während der andere der Philosophie und einer intellektuellen
Elite vorbehalten sei. Mit dieser «Theorie der doppelten Wahrheit» einher
geht die Unterstellung, Averroes habe seine philosophischen Lehren bewußt in eine Sprache gekleidet, die ihre häretischen Inhalte vor den einfachen Gläubigen verbergen sollte. Doch wäre sein Werk nicht eigentlich
philosophisch uninteressant, wenn diese «Theorie der doppelten Wahrheit» zuträfe? Ist es doch gerade sein Versuch, die aristotelische Philosophie mit den Prinzipien der Religion zu versöhnen, der das Denken des
Averroes so faszinierend macht. Tatsächlich vertrat er mit großer Bestimmtheit immer die Überzeugung, daß es nur eine Wahrheit gebe, der
verschiedene Menschen sich in unterschiedlicher Weise nähern könnten.
Und es sei einer der bemerkenswertesten Züge des Islam, daß er die Fähigkeit besitzt, verschiedene Arten von Menschen in entsprechend verschiedenen Weisen anzusprechen, so daß der im Denken ungeübte Gläubige ebenso wie der reflektierende Philosoph letztlich ein und dieselbe
Wahrheit teilen; und dies gerade dadurch, daß jeder im Islam auf seinem
Weg zum Glauben jene Sprache und jene Bilder findet, die seinen Bedürfnissen, seinen Interessen und seiner Aufnahmefähigkeit entsprechen.

Die unter Interpreten der islamischen Philosophie verbreitete Ansicht,
daß Averroes seine wirklichen Überzeugungen unter religiöser Sprache
und philosophischer Zweideutigkeit verborgen habe, lenkt überdies davon ab, sich auf seine Philosophie als Philosophie zu konzentrieren. Obwohl er natürlich bemüht war, seine philosophischen Lehren so zu formulieren, daß sie die Glaubensüberzeugungen eines einfachen Muslim
nicht verletzten, liefert sein Werk keinen Grund zu der Vermutung, er
habe seine wahren Überzeugungen aus Gründen der Vorsicht systematisch verborgen. Wir wollen uns bemühen, seine Gedanken und Argu-

mente als philosophische Aussagen ernst zu nehmen, und der Versuchung widerstehen, sie als etwas anderes zu interpretieren.[1]

II. Das Werk

Averroes schuf ein umfangreiches Werk, das nicht nur philosophische Schriften umfaßt. Über seine Kommentare zu Aristoteles und Plato sowie Abhandlungen zu philosophischen Spezialfragen hinaus verfaßte er auch zahlreiche medizinische, juristische und theologische Werke. Ein großer Teil dieses Corpus ist heute in keiner Ausgabe mehr zugänglich, einiges davon auch nicht in arabischer Sprache. Daß vor allem seine Kommentare im jüdischen und christlichen Europa weite Verbreitung fanden, bezeugt eine große Anzahl von Übersetzungen, besonders ins Hebräische und Lateinische, die noch Jahrhunderte nach seinem Tod in eifrigem Gebrauch waren, als das Interesse an seinen Schriften in der islamischen Welt längst erloschen war. Seine Kommentare zu Aristoteles und die meisten zu den anderen griechischen Denkern, mit denen er sich auseinandersetzte, verfaßte Averroes in drei verschiedenen Versionen: einer langen, einer mittleren und einer kurzen. Diese Werke sind weit davon entfernt, bloße Kommentare zu sein, sondern stellen auch heute noch gültige Interpretationen der griechischen Denker dar und sind zugleich Ausdruck von Averroes' Bemühen, deren Lehren mit den philosophischen Fragestellungen und Themen seiner Zeit in Beziehung zu setzen. Obwohl er auf unzureichende Aristotelesübersetzungen angewiesen war, die sein Verständnis gelegentlich auch in eine falsche Richtung lenkten, ist die Langlebigkeit dieser Kommentare in Europa, wo weit bessere Textausgaben zur Verfügung standen, doch der beste Beweis für deren Nützlichkeit und denkerische Tiefe.

1. Avicenna und al-Ghazālī

Neben seinen Kommentaren widmete Averroes einen beträchtlichen Teil seiner Arbeit der Widerlegung der Lehren der beiden persischen Denker Avicenna (oder Ibn Sīnā, 980–1037) und al-Ghazālī (1058–1111). Beide waren bedeutende Gestalten in der philosophischen Welt, von denen sich Averroes offensichtlich in seiner ganzen Wesensart und Grundeinstellung erheblich unterschied. Während Avicenna und al-Ghazālī Mystiker waren, hegte Averroes eine grundlegende Abneigung gegen das, was Kant die «Schwärmerei» in der Philosophie genannt hat, wie nicht zuletzt auch der eher trockene und sorgfältige Stil seiner Schriften verrät. Avicenna verfaßte eine große Anzahl von Werken zu beinahe allen Bereichen des Wissens, und seine Philosophie zeigt deutliche Einflüsse des Neuplatonismus, den Averroes für eine unglückliche Fortführung der aristotelischen Lehre hielt. So sah er sich vor eine doppelte Aufgabe gestellt: Er hatte zu berichtigen, was er für die Irrtümer des Avicenna hielt, und zugleich die Kritik al-Ghazālīs an Avicenna zurückzuweisen, der die gesamte peripatetische Philosophie in Zweifel zog. Es ist durchaus beeindruckend in al-Ghazālīs Argumentation, daß er Avicenna nicht einfach vorwirft, seine Lehre widerspreche dem Islam und sei deshalb zu verwerfen, sondern daß er sich auf dessen als sophistisch eingeschätzte Beweisführungen einläßt und sie durch den gesunden Menschenverstand zu korrigieren sucht – von der Überzeugung geleitet, die richtige philosophische Untersuchung müsse erweisen, daß die Grundsätze der Religion auf sicherem logischem Fundament ruhten. Damit soll nicht gesagt sein, er habe geglaubt, durch diese Grundlegung den Glauben an den Islam stärken zu können – das ist die Aufgabe der Offenbarung –, vielmehr wollte er beweisen, daß die Logik nicht im Widerspruch zur Religion stehe.

So bestand al-Ghazālīs Methode darin, die philosophischen Argumente seiner Kontrahenten genau zu beschreiben, um sie daraufhin zu widerlegen. Obwohl die Philosophen vorgäben, ihr Denken solle nur ein differenzierteres Begreifen der Wirklichkeit ermöglichen als dies dem ungebildeten Muslim zugänglich sei, bewirkten sie doch tatsächlich unter dem Deckmantel des rein wissenschaftlichen Interesses die Zerstörung der religiösen Vorstellungen von Gott, vom Leben nach dem Tode oder der Schöpfung. Diese Philosophiekritik al-Ghazālīs ist vor allem ausgeführt in seinem Hauptwerk *Tahāfut al-falāsifa (Die Widerlegung der Philosophen)*, das das ausdrückliche Ziel hat, die theoretische Grundlegung der Philosophie zu widerlegen, wie sie in den Werken al-Fārābīs und Avicennas geleistet worden war. Dieses Werk basiert vor allem auf dem virtuos ausgeführten Argument, daß die Philosophen ihr selbstgesetztes Ziel nicht erreichten, im besonderen nicht davon überzeugen könnten, daß der islamische und der philosophische Standpunkt tatsächlich miteinander zu vereinbaren seien. Es ist diese Philosophiekritik, die Averroes wiederum in seinem Werk *Tahāfut al-tahāfut (Die Widerlegung der Widerlegung)* angreift.

2. Eigenschaften Gottes

Ein zentraler Aspekt der Auseinandersetzung des Averroes mit al-Ghazālī liegt in der Bestimmung der Wesenseigenschaften Gottes. Ersten Aufschluß darüber gibt bereits der Titel seiner «Dritten Diskussion»: «Darlegung der Verwirrung jener, die sagen, Gott sei das wirkende Prinzip und der Schöpfer der Welt und die Welt sei seine Schöpfung und Wirkung, und Darlegung der Tatsache, daß diese Begriffe innerhalb ihres Systems nur Metaphern ohne wirklichen Sinn darstellen» (TT 147). Averroes führt aus, daß man Gott im eigentlichen Sinne nur dann als

Wirkkraft bezeichnen könne, wenn man ihm die Fähigkeit zuspreche, Entscheidungen zu treffen und diese auszuführen mit dem Willen und der Absicht, Veränderungen in der Welt zu bewirken. Insofern solle Gott als ein in seinem Handeln uns Menschen durchaus ähnliches Geschöpf aufgefaßt werden, wenn auch mit dem wesentlichen Unterschied, daß er über größeres Wissen und größere Macht verfüge. Jeder Versuch, seine Eigenschaften von jenen der Menschen fundamental zu trennen, müsse zu einem verarmten Bild Gottes führen, der schließlich nur noch in metaphorischem Sinn überhaupt Gott genannt werden könne. Dieses Argument dürfte wohl nicht auf große Zustimmung seitens der Theologen *(mutakallimūn)* gestoßen sein, da es in seinem Wert von der Wahrheit des Islam, wie auch jeder anderen Religion, vollkommen unabhängig ist. Es will auch nicht als rein dialektisches Argument verstanden werden, sondern vielmehr im Sinne einer demonstrativen Beweisführung, die von den Bedeutungen und vom Sinn der Begriffe ausgeht. Wenn der Name «Gott» in einem religiösen Sinn verstanden werden soll, dann muß man in der Lage sein, seinem Träger eine ganze Anzahl von Eigenschaften und Vermögen zuzusprechen, wie dies zum Beispiel im Koran geschieht. Insofern diese Argumentation sich rein auf die Bedeutung des Gottesnamens bezieht, ist ihre Wahrheit zunächst ganz unabhängig von der Frage nach der Existenz des Gottes – oder irgendeines Gottes – und ruht allein auf dem Sinn, der dem Namen «Gott» in jeder religiösen Sprache zukommen muß. Diese Theorie der Bedeutung ist ein entscheidender Gegenstand in der Auseinandersetzung zwischen al-Ghazālī und Averroes.

3. Schöpfung

Kompromißlos vertrat al-Ghazālī die Auffassung, daß in mindestens drei Punkten die Philosophen nicht nur dem Irrtum, sondern auch der Häresie verfallen seien. Dies gelte für die Ablehnung der leiblichen Auferstehung nach dem Tode, die Behauptung der Unfähigkeit Gottes, besonderes und nicht nur allgemeines Wissen zu besitzen, und schließlich für die Behauptung der Ewigkeit der Welt. In vollkommenem Gegensatz steht er besonders zu der von den falāsifa vertretenen Theorie von der Ewigkeit der Welt. Eine ewig bestehende Welt brauche keinen Schöpfer, sowenig wie einen zukünftigen Zerstörer, wogegen der Koran an zahllosen Stellen von der Erschaffung der Welt und von ihrer möglichen Zerstörung – falls dies Gott gefallen solle – spricht. Averroes' philosophische Argumente, die die Widersprüchlichkeit einer Theorie der Schöpfung zu einem bestimmten Zeitpunkt beweisen sollen, beruhen auf dem zentralen Gedanken der Unvergleichbarkeit eines ewigen und eines zeitlichen Schöpfers. Der Mensch kann seine Handlungen zu einem bestimmten Zeitpunkt beschließen, auf den richtigen Moment für ihre Ausführung warten, auch über ihre Konsequenzen reflektieren. Diese Möglichkeiten können jedoch nicht auf Gott übertragen werden. In seinem Fall kann es keine Kluft geben zwischen Wille und Handeln, ebenso keine Verhinderung einer Handlung – und doch vertritt al-Ghazālī die Auffassung, daß Gott plötzlich beschlossen habe, die Welt zu erschaffen. Warum? Wie kann es für Gott einen Unterschied geben zwischen einem Zeitpunkt und einem anderen? Für den Menschen unterscheiden sich die Zeitpunkte durch verschiedene Umstände. Vor der Erschaffung der Welt kann es solche Unterschiede jedoch nicht gegeben haben, gab es doch nichts, das einen Moment als den richtigen zur Erschaffung der Welt gegenüber einem anderen ausgezeichnet hätte. Wenn es zu jener Zeit nur Gott allein und nichts anderes gab, was könnte ihn dann zur Handlung der Schöpfung veranlaßt haben – und wann?

Al-Ghazālī bezichtigt eine solche Denkweise der geistigen Trägheit (TT 37–8). Selbst die Menschen seien gewöhnlich in der Lage, sich zwischen zwei Möglichkeiten zu entscheiden, auch wenn diese sich in allem zu gleichen schienen. Er gibt das Beispiel eines hungrigen Mannes, dem zwei Zeitpunkte zum Essen zur Wahl gestellt werden, zwischen denen er sich nur für einen entscheiden kann. Da sie in jeder Hinsicht vollkommen gleichwertig sind, würde er dem Rat der Philosophen am ehesten folgen, wenn er einfach nichts täte und dabei verhungerte, da er zwischen ihnen keinen Unterschied entdecken kann. Nach Averroes allerdings trifft dieser Einwand nicht den entscheidenden Punkt, da es ja eigentlich um die Wahl zwischen essen und nicht essen geht und nicht um die Frage des Zeitpunkts. Al-Ghazālīs Argument beruht darauf, daß derjenige, der zu wählen hat, mit seiner Wahl einen Unterschied macht, wo zuvor keiner war (TT 40–1), was hier ja nicht der Fall ist. Es geht ihm darum zu zeigen, welche Reichweite das göttliche Handeln und Entscheiden besitzt, wenn Gott als wirklicher Schöpfer vorgestellt werden soll und nicht bloß als eine Chiffre für beliebige Naturereignisse. Die Schwierigkeit liegt darin, zwischen dem Willen und dem Wissen Gottes zu unterscheiden. Da ein allwissender Gott genau wissen muß, wie das Weltall zum Besten eingerichtet zu sein hat, folgert Averroes, daß es keine zeitliche Kluft geben könne zwischen der Planung und der Verwirklichung der Schöpfung. Ein allmächtiger Gott hat nicht auf einen geeigneten Zeitpunkt für seine Schöpfung zu warten, da es ja auch nichts gibt, das ihn zu solchem Warten veranlassen könnte, und er braucht insofern überhaupt keine Zeit für seine Schöpfung. Dies alles seien spezifisch menschliche Weisen zu handeln, die keinesfalls mit Gott identifiziert werden sollten (TT 438). Averroes argumentiert, daß wir, denen die Schöpfung Gottes gegeben ist, sein Handeln nur aus der Struktur dieser Welt erschließen können. Dieses Argument soll nicht eine Einschränkung der Freiheit seines Handelns bedeuten, sondern will vielmehr als Reflexion auf die Vollkommenheit dieser Schöpfung verstanden werden.

Al-Ghazālī ging davon aus, daß in der Lehre von der Schöpfung aus
dem Nichts, der creatio ex nihilo, keine wesentliche Schwierigkeit liege.
Er hält an der Vorstellung fest, daß es zuerst allein Gott ohne allen Raum
und jede Zeit gegeben habe, bis er diese dann hervorbrachte, und erklärt
die Ablehnung dieser Konzeption als Zeichen eines Mangels an Vorstellungskraft (TT 65–6). Dies ist ein Vorwurf, den er in seiner Kritik häufig
erhebt, indem er den Philosophen mangelnde Phantasie unterstellt, sich
mögliche andere Welten auszumalen, wodurch sie eine bessere Vorstellung von den Möglichkeiten bekämen, die Gott zur Verfügung stünden.
Die Philosophen argumentierten zum Beispiel, daß es für jede Veränderung etwas geben müsse, das sich dann in etwas anderes verwandeln
könne, nach welchem Argument auch Gott etwas gehabt haben müßte,
das er nicht selbst geschaffen hat. Insofern hätte es eine ewige Materie
geben müssen, nur an Hand derer wir überhaupt von Veränderung sprechen können. Al-Ghazālī kritisiert diese Argumentation wiederum, indem er die Notwendigkeit einer ewigen Substanz als Bedingung der Veränderung einem Mangel an Phantasie zuschreibt. Wir seien durchaus in
der Lage – wenn wir nur die geistige Anstrengung unternehmen wollten –, uns vorzustellen, daß zu einer Zeit nichts war und Gott dann eine
Veränderung hervorgebracht habe, indem er ganz nach seinem freien Willen etwas erschuf.

Al-Ghazālī plädiert deutlich für eine andere Theorie der Bedeutung als
die Philosophen, die er kritisiert. Für ihn besitzen abstrakte Begriffe eine
Bedeutung, die von ihrer Beziehung zur konkreten Welt abhängt. Diese
Bedeutung ergibt sich gewissermaßen aus den Vorstellungen und Bildern,
in denen Ereignisse unter spezifischen Umständen vorkommen. Insofern
wir es uns vorstellen können, daß Gott in geheimnisvoller Weise etwas
aus dem Nichts geschaffen habe, insofern ist dies auch möglich. Al-Ghazālī bezieht sich hier auf die verbreitete Theorie der Bedeutung, wie sie
im *kalām* formuliert war, das von der großen Bedeutung der Einbildungskraft ausgeht als eines Mittels, die von den Philosophen behaupteten begrifflichen Notwendigkeiten aufzubrechen. Im Widerspruch dagegen behauptet Averroes, es genüge nicht, eine Reihe von Bildern vor
Augen zu haben, um daraus auch gleich eine sinnvolle Bedeutung ableiten zu können. Der sinnvolle Gebrauch der Sprache sei nur möglich,
wenn die rein sprachlichen Begriffe und Vorstellungen in einem Rahmen
von Regeln miteinander verbunden würden, in dem sie dann Sinn haben,
wenn dieser Rahmen sich mit der konkreten Welt in Übereinstimmung
befinde. Insofern habe allein die Tatsache, daß wir uns die Schöpfungstat
Gottes zu einem bestimmten Zeitpunkt vorstellen könnten, nichts über
den Sinn und die Wahrheit dieser Vorstellung zu sagen.

4. Kausalität

Ein sehr deutliches Beispiel dieser unterschiedlichen Sichtweisen und Ansätze liefert die Frage der Kausalität. Avicenna vertritt eine Theorie der notwendigen Verknüpfung zwischen Ursache und Wirkung, auch für jene Fälle, wo dieser Zusammenhang nicht beobachtet werden kann. Die ascharitischen Theologen dagegen widersprachen dieser Lehre im Sinne eines radikalen Okkasionalismus, nach welchem eine Handlung, die eine neue Wirklichkeit schaffe, keinen Zusammenhang mehr mit ihrem Urheber habe. Dabei war den Aschariten so viel daran gelegen, die Allmacht und Allgegenwärtigkeit Gottes zu betonen, daß sie es sogar ablehnten, die Materialität der gegenständlichen Welt anzuerkennen. Im Gegensatz dazu lehrten sie, daß das einzig Wirkliche die Atome seien, aus denen jeder Gegenstand bestehe und die nur einen Moment lang existierten. Es sei Gott, der die Abfolge der Atome in der Wirklichkeit aufrecht erhalte, um für die Menschen den Eindruck zu erwecken, daß gewisse materielle Ursachen bestimmte materielle Wirkungen hätten – aber all dies sei gewissermaßen eine Sinnestäuschung, die eigentlich in die Irre führe. Alles, was geschieht, und alles, was existiert, verdankt sich dem Wirken Gottes und nicht irgendeiner Kraft der materiellen Körper. Dies sei eine Fehlinterpretation der Kausalität, die unser Denken von Gott ablenke und an die Kraft der Dinge selbst glauben lasse. Das Beispiel eines Stoffstückes und einer Flamme zeige, daß es sowohl möglich sei, daß die Flamme den Stoff berühre und dieser doch nicht brenne, ebenso wie es sein kann, daß der Stoff Feuer fängt, obwohl er mit der Flamme nicht in Berührung kam (TT 517–8). Dies ist nach unserer Erfahrung doch ganz gewiß nicht zutreffend, und dennoch kann «Beobachtung nur die Gleichzeitigkeit beweisen, nicht aber die Verursachung, und in der Wirklichkeit ist Gott nicht als unmittelbare Ursache zu erkennen» (TT 518).

Averroes kritisiert, daß diese Theorie dazu führen müsse, die Möglichkeit jeden Wissens über das Wesen der Welt zu leugnen (TT 522). Da jedoch al-Ghazālī die Kausalität zumindest als eine praktische Hilfe des alltäglichen Denkens akzeptiert hatte, ist es nicht einfach einzusehen, welche Absicht Averroes in diesem Zusammenhang verfolgt. Sein entscheidendes Argument ist das, daß die Verbindung zwischen einem Begriff und seinen kausalen Eigenschaften nicht rein zufällig sein könne, sondern einen wirklichen Zusammenhang der Bedeutung darstellen müsse. Hat er mit dieser Annahme recht, dann ist es sinnlos, an dem Begriff festhalten zu wollen, ohne seine Folgen zu akzeptieren. Al-Ghazālī gibt hierzu das berühmte Beispiel eines Enthaupteten, der handelte wie ein Lebender – allerdings ohne Kopf. Zwar habe so etwas nie stattgefunden, wenn es aber Gottes Wille wäre, so könnte es geschehen. Es wäre möglich, weil Gott allmächtig ist, und weil wir uns eine solche Möglichkeit vorstellen können. Ich kann mir vorstellen, vollkommen nackt eine Vorlesung zu halten. Das ist nie geschehen und wird sicherlich auch nie vorkommen, aber ich kann es mir vorstellen. Wenn Gott einen Menschen ohne Kopf handeln lassen wollte, könnte er es. Dies zeigt, daß der Zusammenhang zwischen der Tatsache, einen Kopf zu haben, und jener, ein handelnder Mensch zu sein, rein zufällig ist und ohne jede Notwendigkeit. Averroes fragt, ob eine solche Situation tatsächlich so zufällig sei. Ist ein Enthaupteter überhaupt wirklich ein Mensch? Wie können wir eine Veränderung in unserem Begriffssystem akzeptieren, ohne auch andere Teile dieses Systems zu ändern? Müßten wir unsere Begrifflichkeit nicht fundamental ändern, wenn der Kopf nicht mehr länger ein wesentlicher Teil des lebendigen Organismus wäre? Bei diesem Argument geht es nicht darum, die Frage als entschieden hinzustellen, indem man da festbestimmte Bedeutungen unterstellt, wo doch eigentlich nur relativ ungenaue Begriffe vorliegen. Schließlich muß zugestanden werden, daß nicht alle Eigenschaften der Dinge für deren Bedeutung wesentlich sind. Das Argument geht dahin, daß manche Eigenschaften für die Bedeutung eines Dings konstitutiv sind und daß eine notwendige Beziehung zwischen diesem Ding und seinen Handlungen existiert. Diese Handlungen wiederum stehen in Beziehungen zu den Handlungen anderer Dinge in der Welt. Der Vorzug einer solchen Theorie liegt darin, daß sie Anhaltspunkte dafür liefert, wie Bedeutung überhaupt möglich sei. Wir können Dinge deshalb benennen, weil wir relativ unveränderliche Wesenheiten mit gesetzmäßigen Verhaltensformen erkennen können. Dabei mögen wir zwar oft in die Irre gehen, aber im großen und ganzen dürfen wir uns darauf verlassen, daß diese Namen unveränderlichen Wesenheiten entsprechen.

Averroes gesteht zu, daß uns das Beispiel des handelnden Leichnams, der theologische Texte verfaßt (TT 535), vor ein ernstes Problem stellt. Wenn Gott einen Toten handeln lassen kann wie einen Lebenden, dann wird das ganze Feld unserer Erfahrung zweifelhaft und unsere Suche nach Kausalitäten, die doch eine so große Rolle in unserem Leben spielt, wird müßig. Alles könnte geschehen und wir könnten die Schwierigkeiten, besondere Ereignisse zu verstehen, getrost Gott überlassen. Und dies könnte so weit gehen, daß wir uns über die Welt, in der wir leben, untereinander gar nicht mehr richtig verständigen könnten. Averroes gesteht zu, daß wir uns eine solche andere Welt vorstellen können, aber er mißt diesem Gedankenexperiment keine Bedeutung zu, da sich «nur die Massen auf ihre Einbildungskraft verlassen, und diejenigen, die im Denken geübt sind..., die Einbildungskraft in ihre Schranken weisen» (TT 256–7). Aber Averroes kritisiert die Auffassung al-Ghazālīs nicht nur, er bietet auch eine andere Theorie der Bedeutung als Grundlage der philosophischen Argumentation an. Vor allem geht er davon aus, daß es zur Begründung einer philosophischen Sichtweise mehr brauche als nur Gedankenexperimente, und distanziert sich hierin ebenso von der volkstümlichen Argumentation des *kalām* wie von ihrer raffinierteren Wiederaufnahme durch al-Ghazālī.

5. Gottes Wissen

Al-Ghazālī hatte Gott als handelnde Macht vorgestellt und Hand in Hand damit ihm konkretes Wissen über die Geschehnisse in der von ihm geschaffenen Welt zugesprochen. Auch dies ist für die falāsifa eine problematische Anschauung, da sie die Vorstellung eines ewigen und unbeweglichen Gottes nicht damit vereinbar hielten, daß er wisse, daß ich jetzt und hier an meiner Schreibmaschine sitze. Er kann nicht wissen, was ich in zehn Minuten tun werde, es sei denn, meine Freiheit wäre beschnitten – wenn er es aber nicht weiß, wie kann er dann allwissend sein? Avicenna hatte versucht, diese Probleme dadurch zu lösen, daß er das Wissen Gottes nur auf allgemeine und abstrakte Vorstellungen der Welt beschränkte, da alles andere Wissen seine Ewigkeit und Unstofflichkeit mindern würde. Aber wenn Gott wiederum nur dies wissen kann, worauf sollen sich dann die individuellen Gebete in persönlichen Anliegen beziehen, und wie kann er dann um unsere Taten wissen, die er doch im Jenseits belohnen oder bestrafen will? Al-Ghazālī besteht darauf, daß jeder Gott, der für den Islam akzeptabel ist, um das alltägliche Leben der Welt wissen müsse. Averroes hält dem entgegen, daß gerade dadurch sich Gott nicht mehr von seinen Geschöpfen unterschiede und ihm ein Wissen zugesprochen werde, das unter seiner Würde sei. Das Wissen Gottes müsse von höherer und ganz einzigartiger Natur sein, da er nicht darauf angewiesen ist, es wie die Menschen und anderen endlichen Geschöpfe aus der Welt zu erhalten. Er ist der Schöpfer der Dinge dieser Welt, und er weiß sie in einer vollkommeneren und absoluteren Weise, als wir je erreichen können.

Dies impliziert, daß Gott Individuen als solche nicht kennen kann. Das absolute Wissen ist abstrakt und allgemein, und nur solchen Wissens kann Gott sich erfreuen. Jene Koranstellen, die davon sprechen, daß Gott sehe oder höre, sollten daher nicht wörtlich genommen werden, sondern nur als auf den einfachen Gläubigen gemünzter Ausdruck dafür, daß Gott keiner Art von Wissen entbehre. Man könnte erwarten, daß Averroes sich darin der Lehre des Avicenna anschlösse, daß das Wissen Gottes auf allgemeine Urteile beschränkt sei. Er tut dies jedoch nicht und behauptet, das Wissen Gottes sei weder allgemein noch individuell, jedoch eher noch von der zweiteren als von der ersteren Art. Unser Wissen ist das Ergebnis des göttlichen Wirkens, seines dagegen kommt aus eigener Kraft und ist eine Wirklichkeit, die er sich selbst geschaffen hat. Für Aristoteles war der Wissende identisch mit dem Gegenstand seines Wissens; wenn Gott etwas weiß, so weiß er zugleich alles, und erkenntnistheoretisch betrachtet ist er also identisch mit allem, was er weiß. Die Struktur des Universums ist ein Reflex des göttlichen Denkens, und indem Gott sich selbst denkt, denkt er zugleich das Weltall, das sein Wesen spiegelt. Er kann mit den zufälligen und akzidentellen Gegenständen der Welt nicht identisch sein, zugleich aber auch nicht vollkommen getrennt von der Welt der Erscheinung. Sie verkörpert die zufälligen Aspekte jener notwendigen und wesentlichen Verhältnisse, die er geschaffen hat. Zum Beispiel bedeutet dies, daß Gott sehr wohl die physikalischen Gesetze kennt, die das Weltall beherrschen, wenn er auch nicht darum weiß, wie sie im einzelnen wirken. Um das Prinzip der Bewegung zu verstehen, braucht er keine sich bewegenden Gegenstände zu beobachten. Solcher Beobachtung als Voraussetzung des Erkennens bedürfen nur jene Wesen, deren Erkenntnis auf ihren Sinnen beruht und die insofern weit unter der Würde des Schöpfers stehen. Averroes betont, daß mit dieser These nicht der Wert des Wissens geschmälert werden solle, sondern daß damit lediglich der Unterschied zwischen göttlichem und menschlichem Erkennen und Wissen betont werden solle.

6. Leben nach dem Tod

Der dritte zentrale Kritikpunkt al-Ghazālīs an der Philosophie bezog sich darauf, daß sie die Lehre von der leiblichen Auferstehung der Toten ablehne, ebenso wie jene von ihrer leiblichen Belohnung oder Bestrafung entsprechend ihrer früheren Lebensführung. Er zielt hier gegen den aristotelischen Seelenbegriff, der die Idee des Lebens nach dem Tode nicht kennt. Die Seele ist die Form des Lebewesens, ein Aspekt seines Seins selbst, so daß es im Blick auf Lebewesen unmöglich ist, überhaupt von Materie ohne Form zu sprechen. Menschen bestehen gleichermaßen aus Seele und Körper, und ohne den letzteren einzubeziehen, hat es keinen Sinn, von einem Menschen zu sprechen. Averroes scheint hier – immer den aristotelischen Begriff der Erkenntnis voraussetzend – so zu argumentieren, daß wir, je vertrauter wir uns mit dem ewigen und unsterblichen Wissen und seinen allgemeinen und abstrakten Prinzipien beschäftigen, desto mehr uns diesen Wissensgegenständen angleichen. Wenn wir also unser Wissen von der formalen Struktur der Welt vervollkommnen, wird es gar kein solches «wir» mehr geben, das Subjekt dieses Wissens wäre. So stellt er die Analogie heraus zwischen unserem Fortschritt in der Erkenntnis und einer Lockerung unserer Bindung an die materiellen und individuellen Eigenschaften und zieht daraus den Schluß, daß nur die menschliche Gattung, nicht aber das Individuum, den Tod überleben könne. Zeitliche und endliche Geschöpfe sind vergänglich, dagegen ist die Gattung ewig und unvergänglich.

Diese These allerdings scheint mit der traditionellen religiösen Vorstellung des Lebens nach dem Tode noch unvereinbarer zu sein als jene Lehre, die al-Ghazālī angegriffen hatte. Averroes folgt ihr, indem er – aus politischer Einsicht heraus – zugleich den Sinn der religiösen Rede zugesteht, insofern sie die einfachen Gläubigen zu tugendhaftem Handeln anhalte und von Immoralität abschrecke (TT 585). Zwar schließt er die Möglichkeit einer Art leiblichen Lebens nach dem Tode nicht ausdrücklich aus, auf der al-Ghazālī bestand, jedoch geht aus seinem Werk deutlich hervor, daß er sie für äußerst unwahrscheinlich hält. Die einzige Bedeutung, die sie in seinen Augen besitzen kann, ist die genannte politische, und auch darin kann er keinen Verstoß gegen das Anliegen der Religion erkennen. Da es schwierig ist, nicht philosophisch eingestellte Gläubige davon zu überzeugen, daß sie das Gute fördern und das Böse vermeiden sollten und daß ihr Verhalten in einem größeren Zusammenhang stehe als jenem ihres unmittelbaren Umfeldes, muß sich jede Religion in der Weise an sie wenden, die sie verstehen und hier auch die Ebene der Gefühle einbeziehen. Anschauliche Bilder des Lebens nach dem Tode, des Gottes, der alles sieht, was auf der Welt geschieht, oder der Erschaffung der Welt aus dem Nichts fördern die Anhänglichkeit der Menschen an ihre Religion, während die philosophischen Theorien eher die Fragen der anspruchsvolleren Gläubigen befriedigen. Beide Arten von Menschen hängen dabei durchaus derselben Wahrheit an, einer Wahrheit, die in verschiedenen Weisen beschrieben werden kann.

7. *Essenz und Existenz*

Averroes ist, wie wir gesagt haben, in der schwierigen Lage, einerseits den Angriffen al-Ghazālīs gegen die Philosophie entgegentreten zu wollen und zugleich sich von den Lehren Avicennas zu distanzieren, der ja der unmittelbare Gegenstand der Angriffe al-Ghazālīs war. Ein Grund seiner Ablehnung der Philosophie Avicennas ist dessen Neigung zum Neuplatonismus. Averroes dagegen ging es darum, zu einer möglichst ursprünglichen Form des Aristotelismus zurückzukehren, auch wenn diese Philosophie nur in neuplatonischer Sprache vorlag. Eines der zentralen Themen der Auseinandersetzung zwischen Avicenna und Averroes zeigt sich in ihren unterschiedlichen Auffassungen des Verhältnisses von Essenz und Existenz. Avicenna geht davon aus, daß eine bestimmte mögliche Realität nur entstehen könne, wenn etwas anderes sie ins Sein bringe – mit der einzigen Ausnahme Gottes. Averroes referiert diese Lehre durchaus zutreffend so, daß hier die Dinge als reine Möglichkeit nichtseiend sind, bis sie durch eine äußere Ursache vom Nicht-Sein ins Sein überführt werden (TT 119). Insofern muß Avicenna notwendig kausale Verbindungen zwischen den Dingen fordern, in dem Sinne, daß diese nur geschehen, wenn etwas anderes sie verursacht. Die reine Möglichkeit ist die Art des Seins, wo die Essenz die Existenz nicht einschließt, und sie ist insofern auf eine Ursache angewiesen, die sie aktual notwendig macht, notwendig allerdings nur in Hinsicht auf diese Ursache. In diesem modalen System gibt es tatsächlich nur zwei Weisen des Seins, diejenige, die ihre Notwendigkeit aus einem anderen erhält, und jene, die ihre Notwendigkeit in sich selbst hat, d. h. die Gottes, durch den das Reich des Möglichen mit dem des Wirklichen und Notwendigen identisch wird.

Sowohl Averroes wie auch Avicenna gehen also davon aus, daß es einen logischen Unterschied zwischen der Essenz und der Existenz gebe, aber der erstere beschuldigt letzteren, er verwechsle die Ordnung des Denkens mit jener der Dinge, die logische mit der ontologischen. Tatsächlich beginnt Avicenna mit der logischen Unterscheidung zwischen Essenz und Existenz, um dann über seine Theorie der Emanation zu zeigen, wie beide in dem notwendigen Handeln des höchsten und notwendigsten Seins miteinander verbunden sind. Der Überfluß an Gründen und Wirkungen besteht sowohl ontologisch wie zeitlich in Übereinstimmung mit deren letzter und höchster Quelle, da das selbstreflexive Wirken Gottes ewig und ununterbrochen dauert und die Kausalkette in Ewigkeit begründet. Die Theorie der Emanation stellt jenes Verbindungsglied zur Verfügung, das Ursache und Wirkung miteinander verknüpft, die Wesenheiten ins Sein bringt und ihnen wiederum die Kraft verleiht, auf andere Wesen zu wirken. Averroes wendet gegen diese Theorie ein, sie messe der Abhängigkeit des Seienden von seinem Grund in Gott zuviel Gewicht zu. Die Emanationslehre geht eindeutig auf den Neuplatonismus zurück und ist nicht sonderlich geeignet, den radikalen Okkasionalismus der Ascharitten zu widerlegen, da schließlich beide Theorien die zufällige Welt der Erscheinungen als zutiefst abhängig von einem außer ihr liegenden Grund interpretieren. Avicennas Theorie von Essenz und Existenz war für al-Ghazālī annehmbar, wenn auch mit dem Vorbehalt, daß es des direkten göttlichen Handelns bedürfe, um die Wesenheiten ins Sein zu bringen.

Avicenna teilte die Welt ein in existierende Dinge und in Wesenheiten, in das Denkbare und in das wirklich Seiende, in Gegenstände, die notwendig sind durch andere und solche, die möglich sind aus sich selbst heraus. Diese Unterscheidung begründet seinen Zweifel an jenem aristotelischen Realismus, wie ihn auch Averroes vertrat, der so großen Wert auf den Begriff der Substanz legte. Er beruht wesentlich auf der Voraussetzung, daß die Welt als eine Entität aufzufassen sei, als eine einzige Ordnung der Natur, die dem menschlichen Forschen und Verstehen keine unüberwindlichen Hindernisse in den Weg legt. All jene Dichotomien, wie zum Beispiel zwischen Geist und Materie, Mensch und Natur, staatlichem und moralischem Gesetz, die so charakteristisch für die Philosophie nach Descartes werden sollten – dieser selbst war ja möglicherweise von Avicenna beeinflußt –, sind in dieser Weise bei Aristoteles und Averroes nicht von wesentlicher Bedeutung. Letzterer führt sogar aus, daß al-Ghazālīs Angriffe gegen die Philosophie gerade dort Erfolg hätten, wo Avicennas Methode vom richtigen Verständnis der Lehre des Aristoteles abweiche. Al-Ghazālīs Forderung nach einer Philosophie, die dem Gott die gleichen Eigenschaften wie den Menschen zuschreibe, verfalle dem Irrtum, ihn als eine Art «Superman» vorzustellen – ganz menschlich, nur einfach mächtiger. Dies sei der Würde des Gottes nicht angemessen, womit er den eigentlichen Sinn der Religion verfehle, und ein Mißverständnis der göttlichen Rolle im Universum, was einen Irrtum in der Philosophie bedeute.

8. *Vernunfterkenntnis und Religion*

Wie wir im Zusammenhang der Diskussion des Begriffs der Unsterblichkeit gesehen haben, spielen politische Erwägungen bei Averroes eine bedeutende Rolle. Tatsächlich war es ja auch so, daß die Position der Philosophen im Staat zunächst einmal der falāsifa reserviert war. Dies hat seine Wurzeln schon in der griechischen Diskussion um die beste Weise der Lebensführung; bereits Aristoteles schien hier zu schwanken zwischen der Ansicht, daß das philosophische Denken dessen erste Voraussetzung sei, und jener, es bedürfe dafür einer breiteren Basis an Tugenden. Diese beiden Alternativen bergen sehr unterschiedliche Voraussetzungen, ganz besonders hinsichtlich der Frage der Religion. Ein eher gesellschaftsbezogener Begriff des Glücks als eines Lebens im Einklang verschiedener Tugenden würde diese Glücksvorstellung einer größeren Zahl von Menschen zugänglich machen, da sie es auch dem einfachen, jedoch pflichtbewußten Gläubigen ermögliche, in seinem Leben ein hohes Maß an Vollkommenheit zu erreichen. Dagegen impliziert der Gedanke, die philosophische Existenz bedeute die höchste Form menschlichen Lebens und Glücks, daß die Mehrheit der Gemeinschaft, die unfähig oder desinteressiert ist, sich ausschließlich geistigen Dingen hinzugeben, von vornherein von der besten Form des Lebens ausgeschlossen wird. Eine Religion wie der Islam mit seinem fundamentalen Anspruch der Allgemeingültigkeit und Universalität kann eine solche Einschränkung der menschlichen Glücksfähigkeit unmöglich dulden. Averroes dachte, diesem offensichtlichen Konflikt zu entgehen, indem er Religion und Philosophie als grundsätzlich miteinander vereinbar definierte. Tatsächlich stehen sie ja in einem unmittelbaren Verhältnis zueinander. Der Islam versteht sich als ein vernünftiges System von Glaubenssätzen und verpflichtet seine Anhänger, ihr Leben und Denken nach solchen vernunftgemäßen Normen auszurichten. Sie sind im Koran und in anderen Schriften niedergelegt für alle, die diesen Lehren folgen können – und für jene, die dies nicht vermögen, gibt es andere Weisen der Wahrheitserkenntnis.

Dies mag zunächst nach einer recht überheblichen Charakteristik des Glaubens der einfachen Menschen klingen, aber sie entspricht genau gewissen Theorien in der Rechtswissenschaft, die dem Juristen Averroes durchaus vertraut gewesen sein dürften. Rechtsgelehrte und Richter analysieren die Grundlagen der Gesetzgebung und entwickeln so ihre Argumente, um besonders schwierige Fälle zu entscheiden. Im Gegensatz dazu folgen die meisten Mitglieder der Gemeinschaft dem Gesetz, ohne weiter über seine tiefsten Grundlagen nachzudenken. Ebenso verhält es sich in der Medizin, wo die Wissenschaftler genaue Kenntnisse vom Bau des menschlichen Körpers und der Wirkung bestimmter Behandlungsmethoden auf die Gesundheit besitzen, während gewöhnliche Menschen einfach den Anweisungen des Arztes folgen. Und das ist so auch ganz rechtens, denn keineswegs braucht jeder ein Arzt oder Rechtsgelehrter zu sein. So zeigt dies Argument einfach, daß verschiedene Menschen verschiedene Haltungen gegenüber der Medizin oder der Jurisprudenz einnehmen – einige die des wirklichen Verstehens, andere jene der Nachfolge. Dieser Unterschied hindert jedoch nicht, daß sie alle die Fähigkeit besitzen, in einer geordneten, geregelten und gesunden Gemeinschaft zu leben. So muß auch jede Religion, die Erfolg haben will, ihre Botschaft in einer ihren jeweiligen Anhängern angemessenen Weise verkünden. Averroes vertritt die Meinung, daß der Islam in dieser Hinsicht eine in besonderer Weise ausgezeichnete Religion sei, da er seine Botschaft den unterschiedlichsten Menschen verständlich machen könne. Manche mögen Anhänger des Islam und in ihrem Glauben gestärkt werden, wenn die Philosophen sie durch gute und raffinierte Argumente davon überzeugen, Muslime zu sein. Andere – und sie bilden wohl die Mehrheit – werden besser erreicht durch einfache Argumente und Sinnbilder, die mit schlichten Worten vermitteln, was an anderen Religionen und Lehren schlecht ist und worin der Islam sie überragt. Wieder andere werden vielleicht nicht einmal solch einfache Gründe verstehen und sind nur durch die Bildersprache und Ermahnungen gefühlsbetonter, wenn auch nicht unvernünftiger Rhetorik zu überzeugen. Diese Analyse der verschiedenen Arten von Anhängerschaft an eine Religion hat den Verdacht genährt, Averroes sei nicht der Ansicht gewesen, daß alle Gläubigen tatsächlich auch der Wahrheit teilhaftig würden. So bestand unter seinen Interpreten weitgehende Übereinstimmung darin, daß er eigentlich nur den Philosophen die Fähigkeit zuspreche, die Wahrheit zu erkennen, und daß Religion für ihn letztlich doch nur den geistig Unbeholfenen zugedacht sei, die man mit Geschichten und Lehrsätzen befriedigen müsse, auch wenn diese, genau genommen, falsch seien. Zwingend ist diese etwas schlichte Interpretation jedoch nicht. Averroes versuchte nur der Tatsache gerecht zu werden, daß es sehr verschiedene Wege der Erkenntnis gibt, von denen manche zwar gewisser sein mögen als andere, die jedoch alle ihren Sinn haben. Es ist doch so: Sobald man sich darüber klar ist, was man erkennen will, ist eine gewisse Erkenntnis dessen auch tatsächlich schon erreicht. Wir erhalten unser religiöses Wissen auf ganz verschiedene Weise, aber letztlich wissen wir doch alle dasselbe.

Nach Averroes ist es eine der hervorragenden Eigenschaften des Islam, daß er einer großen Zahl von Menschen zugänglich ist. In vielen seiner Werke, besonders in _Faṣl al-maqāl_ (Abhandlung über die Übereinstimmung zwischen Philosophie und Religion), legt er seine Überzeugung dar, daß gerade die höchste Form der Vernunfterkenntnis nicht im Gegensatz zu den Grundsätzen der Religion stehe. Es seien gerade die Philosophen, die auf Grund ihrer Übung in der Logik am besten die Fähigkeit besäßen, die allegorischen Stellen des Korans wirklich zu verstehen, und es gebe keine religiöse Notwendigkeit, diese Stellen ganz wörtlich auszulegen. Es ist klar, daß Averroes mit dieser Argumentation für die Philosophie eine Vorrangstellung gegenüber den anderen islamischen Wissenschaften, wie z. B. der Theologie, der Rechtswissenschaft und der Grammatik, beansprucht, was natürlich kaum eine geeignete Strategie war, sich die Unterstützung seiner Gegenspieler zu erwerben. Er argumentiert, daß die islamischen Wissenschaften eingeschränkt seien in den Bereich ihrer Nützlichkeit. Die endgültige Klärung allgemeiner Fragen komme dagegen nur Wissenschaften zu, die zu rationaler Beweisführung und Argumentation fähig seien. Wo solche Argumentation in Konflikt mit dem Sinn der heiligen Schriften komme, wissen jene, die sich auf die Vernunft stützen, daß die betreffenden Stellen allegorisch ausgelegt werden müssen, wodurch sie in Übereinstimmung mit den rationalen Wahrheiten gebracht werden können. Die Philosophen haben dabei allerdings vorsichtig zu Werke zu gehen, um die religiösen Empfindungen der einfacheren Gläubigen nicht zu verletzen – ganz im Gegensatz zu den Gepflogenheiten der Theologen. Diese pflegen manche Stellen häufig so widersinnig auszulegen, daß sie dabei entweder die Religion selbst zweifelhaft erscheinen lassen oder die Anhänger der philosophischen Lehren der Häresie zeihen. In jedem Fall muß bewußt sein, daß die Sprache ein kompliziertes und sensibles Mittel der Wissensvermittlung an verschiedene Kreise von Zuhörern darstellt. Die Religion stellt dabei den einfachen Weg dar, der von der Mehrheit verstanden werden kann. Wo aber eine verborgene Wahrheit liegt, ist es die Aufgabe der Philosophen, sie zu entdecken – und für sich zu behalten, während die Menge der Gläubigen weiter an den wörtlichen Sinn der Schrift zu glauben hat.

9. Fragen der Moral

Averroes unterzieht so auch die Morallehre der Aschariten einer strengen Kritik, da für sie das einzige Beurteilungskriterium richtiger oder falscher Handlungen die Gesetze Gottes seien. Der Grund dieser Auffassung liegt darin, die Allmacht Gottes gegenüber allem, sogar den moralischen Gesetzen selbst, herauszustellen: die Gebote Gottes sind die einzige Maßgabe moralischen Handelns, einzig, weil sie die Gebote Gottes sind, und so ist alles notwendige moralische Wissen im Koran zu finden. Dieser Ansatz zielt natürlich darauf, das philosophische Bemühen, rationale Gründe für bestimmte Überzeugungen zu entwickeln, schlechthin überflüssig zu machen. Averroes hält dagegen, daß das Feld moralischer Begriffe weitaus größer sei als das der göttlichen Gebote. Er folgt darin Aristoteles, nach dem alles Seiende eine bestimmte Natur habe, die seinen

Zweck vorbestimme, und dies gelte auch für die Menschen, deren Verhalten durch diesen Zweck geleitet sei. Der Zweck einer Pflanze sei es zu wachsen, jener einer Säge zu schneiden, aber was ist der Zweck des Menschen? Eines unserer letzten Ziele ist es, glücklich zu sein und Handlungen zu vermeiden, die uns unglücklich machen könnten. In diesem Zusammenhang ist es nicht schwierig, aristotelische und islamische Grundsätze in Übereinstimmung zu bringen: Moralische Tugend führt zum Glück, wenn wir nur das, was wir tun, in Übereinstimmung mit unserer Natur tun. Diese Glücksvorstellung kann in verschiedenster Weise interpretiert werden, sei es als Mischung gesellschaftlicher und religiöser Handlungen, sei es als rein geistiges Ideal. Letzteres mag wiederum nur für wenige gelten, und tatsächlich würden auch weder Philosophie noch Religion es als das letzte Ziel für die Mehrheit der Menschen propagieren. Es liegt vor allem an der wesentlich sozialen Dimension menschlichen Glücksempfindens, daß die Vorstellung des Glücks als Folge gesetzestreuen moralischen und religiösen Verhaltens viel leichter zu vermitteln ist. Es ist zwar durchaus denkbar, daß ein Mensch sich vollkommen von der Gesellschaft absonderte, um sein Leben ausschließlich geistigen Zielen zu widmen, aber diese Lebensform ist weniger hoch einzuschätzen als jene, die geistige Betätigung mit der Einbindung in eine soziale Lebensgemeinschaft verbindet.

Man müßte erwarten, daß ein Denker, der wie Averroes in einer islamischen Gesellschaft lebt, seine Vorstellungen von Glück und Unglück mit bestimmten Aspekten des Lebens nach dem Tode verbinden würde, und tatsächlich gibt es durchaus solche Hinweise. Dennoch konnte er sich nie der traditionellen Lehre anschließen, daß das Leben nach dem Tode ein Leben von konkreten Individuen sein würde, und so war die Vorstellung des Lebens nach dem Tode für ihn auch wenig geeignet, sie als ein Mittel des moralischen Ansporns für die große Masse heranzuziehen. Im Gegenteil sei eine solche Lehre geradezu irreführend. Eigentlich geht es im Zusammenhang des Lebens nach dem Tode darum, zu erkennen, daß die Bedeutung des individuellen Handelns gerade weiter reiche, als man unmittelbar denke. Für einfache Menschen mag es ohne die Hilfe von Religion und Moral schwierig sein, sich zu vergegenwärtigen, daß unser Handeln nicht nur uns selbst, sondern auch das Glück der gesamten Gemeinschaft betrifft, und dies nicht nur zu einer bestimmten Zeit an einem bestimmten Ort, sondern die Gattung als solche. Wer schlecht handelt, schädigt die Glückserwartung aller Menschen, und dies wiederum hat ungünstige Auswirkungen auf unsere persönlichen Aussichten, glücklich zu werden und uns zu vervollkommnen. Es schadet auch unserem Verhältnis zu anderen Menschen und schwächt somit die gesamte Gesellschaft. So ist es gar nicht entscheidend, daß die schlimmen Folgen unseres Handelns uns nicht als Einzelpersonen ins Jenseits verfolgen werden, jedenfalls werden sie aber die Gesellschaft verfolgen, und in dieser Erkenntnis, die dem individuellen moralischen Handeln einen weiteren Rahmen gibt, liegt der Wert der Vorstellung des Lebens nach dem Tode. Religiöse Gesetze und Lehren vermögen Werte und Handlungsmotive an die größtmögliche Zahl von Menschen zu vermitteln, und jede erfolgreiche Religion hat ihre Sprache auf die Geisteshaltung ihrer Anhängerschaft abzustimmen. Und eine solche Religion hat ihre Grundlage eher in Inspiration als in Rationalität. Nur die Inspiration bringt Propheten hervor, die die Menschen zu bewegen vermögen, und wenn es wirkliche Propheten sind, werden sie die Menschen genau dahin führen, wohin auch die Vernunftargumente der Philosophen weisen.

III. Wirkung

Die ebenso klaren wie provokanten Argumente des Averroes sollten eine tiefe Wirkung auf die Philosophie des jüdischen und christlichen Europa haben. Der Averroismus blühte nicht nur während des Mittelalters, sondern hatte Ausläufer bis in die Renaissance. Nicht zuletzt spielt er in der zeitgenössischen arabischen Welt eine bedeutende Rolle in der Diskussion um die Moderne. Manches allerdings, was als Averroismus ausgegeben wird, hat wenig mit den Lehren des Philosophen zu tun. Im großen und ganzen sind seine Gedanken und seine Weise, sich mit philosophischen Fragen auseinanderzusetzen, aber durchaus in ihrer ursprünglichen Gestalt lebendig geblieben. Averroes hatte jedoch nicht nur Anhänger, sondern es gab immer auch eine durchaus bedeutende Zahl von Denkern, die ihm kritisch gegenüberstanden, seine Erkenntnisse über Aristoteles aber gleichwohl benutzten.

Aus dem philosophischen Lehrplan des Mittelalters und der Renaissance war Averroes nicht wegzudenken. Die lateinischen Averroisten waren im allgemeinen extreme Fideisten, die die Lehre von der «doppelten Wahrheit» vertraten, so daß in der Philosophie und in der Theologie ganz unterschiedliche Inhalte gelehrt werden konnten. So ließ sich z. B. vom religiösen Standpunkt aus das Leben nach dem Tode vertreten, während man philosophisch die Vorstellung der Unsterblichkeit ablehnte. Das allerdings war nicht die Auffassung des Averroes, der ja gerade dargelegt hatte, daß beide Sprachen dieselbe Wirklichkeit zum Gegenstand hätten. Seiner Meinung nach beziehen die verschiedenen Weisen der Darstellung sich auf verschiedene Zwecke und verschiedene Adressaten, sind deshalb aber nicht tatsächlich verschiedene Lehren; wären sie es, hätten sie wohl kaum großen Wert. Für Averroes sind die religiöse und die philosophische Argumentation zunächst verschiedene Unternehmungen, die ihren eigenen Regeln und Wertmaßstäben gehorchen, sich jedoch auf eine und dieselbe Wahrheit beziehen. In seiner Philosophie versucht er zu zeigen, wie jede Sache in durchaus verschiedenen Weisen behandelt werden kann. Der offensichtliche Konflikt zwischen Religion und Vernunft, auf dem der Averroismus beruht, spiegelt eine Verschiedenheit von Standpunkten wider, die in der Beweglichkeit unserer Sprache angelegt ist. Und es ist das Hauptverdienst der Analysen des Averroes, gezeigt zu haben, wie solche ganz unterschiedliche Standpunkte miteinander versöhnt werden können, wenn dabei nur der Natur der Sprache Rechnung getragen wird.

Übersetzt aus dem Englischen von Bernhard Barth

Jakob S. Levinger
Hanna Kasher

MAIMONIDES
(1135–1204)

Der Größte unter den Rechtsgelehrten und Theologen des jüdischen Volkes war der Rabbiner Moses ben Maimon, der unter der Bezeichnung «Maimonides» und bei den Juden als «Rambam», den Initialen seines Namens Rabbi Moses ben Maimon, bekannt ist. Schon zu seinen Lebzeiten wurde seine Persönlichkeit von den Juden der ganzen Welt in höchstem Ansehen gehalten. Daneben hatte er jedoch auch zahlreiche Gegner, die sich sowohl gegen ihn persönlich als auch gegen sein Werk wendeten, deren Zahl sich jedoch im Laufe der Zeit sehr verringerte. Er gilt auf jeden Fall bis zur heutigen Zeit als der größte Philosoph des Judentums und als eine der größten rabbinischen Autoritäten aller Zeiten. Sein Hauptwerk auf dem Gebiete des jüdischen Gesetzes, sein Kodex *Mischneh Thora*, wurde zu einem Eckpfeiler aller ihm folgenden Kodizes, trotz aller in dem Gesetz seitdem erfolgten Änderungen. So ist auch sein Hauptwerk auf dem Gebiete des religiösen Denkens, der *Führer der Unschlüssigen*, in dem er versuchte, den religiösen Glauben mit den wissenschaftlichen Erkenntnissen in Einklang zu bringen, bis heute ein Schlüssel für die verschiedensten Versuche, die auf diesem Gebiet im Judentum unternommen werden, trotz der großen Distanz zwischen der scholastisch-aristotelischen Wissenschaft und der heutigen Natur- und Geisteswissenschaft.

I. Leben

Maimonides wurde in der im Südwesten Spaniens gelegenen Stadt Córdoba, auf Arabisch Kurtuba, zwischen den Jahren 1135 und 1138 geboren.[1] Córdoba war eine der ersten Städte Spaniens, die 711 in die Hände der Muslime fiel, die sie zum Sitz ihrer Regierung in Spanien machten. Unter der Regierung der Umaiyaden (755–1031) wurde Córdoba zu einer der größten und blühendsten Städte Europas, nicht nur als politisches Zentrum des Staates, sondern auch als Handels- und Industriestadt, insbesondere als wichtigstes und äußerst lebendiges Zentrum der Kultur und Kunst.

Nach der arabischen Tradition ließen sich die Juden schon vor der arabischen Eroberung in Córdoba nieder, doch seitdem Córdoba zum Regierungssitz der Umaiyaden-Dynastie wurde, erwachte dort ein sich rege entwickelndes jüdisches Leben. Dieses erreicht seinen Höhepunkt im

10. Jahrhundert unter der Herrschaft ʿAbd al-Raḥmāns III. (912–961), der das Kalifat von Córdoba gründete und sich aktiv für die Entwicklung der Kultur in Spanien einsetzte. Zu seinem Berater ernannte er den Juden Hasdai Ibn Schaprut (ca. 915–970), der gleichzeitig Arzt, Dichter, Gelehrter, Staatsmann und Ökonom war. Auf Grund seiner hohen Stellung wurde er auch zum Haupt der jüdischen Gemeinde ernannt. Hasdai Ibn Schaprut zog jüdische Gelehrte an seinen Hof, und diese machten Córdoba zum kulturellen Zentrum des spanischen Judentums.

Die Familie Maimon war eine bekannte Familie von Rabbinern und Richtern. Die Reihe seiner Vorfahren gab Maimonides selbst am Ende seines *Kommentars zur Mischna* an, über den wir noch sprechen werden: «Ich, Moses, der Sohn Maimons des Richters und der Sohn Rabbi Joseph des Weisen und der Sohn Rabbi Isaak des Richters und der Sohn Rabbi Joseph des Richters und der Sohn Rabbi Obadiahu des Richters und der Sohn Rabbi Salomo des Rabbiners und der Sohn Rabbi Obadiahu des Richters.»

Anscheinend wurde Maimonides auf Arabisch ʿAbd Allāh nach dem Vorfahren der Familie genannt. Der Vater, Rabbi Maimon, amtierte als Richter in Córdoba, und von ihm sind religionsgesetzliche Responsen und ein tröstendes Sendschreiben an die jüdischen Gemeinden, die sich unter der Herrschaft der Almohaden befanden, erhalten geblieben. Sein von ihm verehrter Rabbiner war Rabbi Joseph ha-Levi Ibn Migas (gest. 1141), der Vorsitzende der Jeschivah in Lausanne, und zudem war er auch ein Schüler des Gesetzeskodifizierers Rabbi Isaak Alfasi (1013–1103).

Maimonides lernte das jüdische Gesetz von seinem Vater, und er sah in ihm und in dessen Rabbiner Rabbi Joseph ha-Levi Ibn Migas seine Lehrer par excellence. Die Gestalt und der Geist seines Vaters so wie die Atmosphäre der Kultur, des Gesetzes und der Weisheit in dem Haus, in dem er aufwuchs, haben die Persönlichkeit Maimonides' stark beeinflußt.

In den vierziger Jahren des 12. Jahrhunderts, d. h. in den Tagen der Kindheit Maimonides', wurde Córdoba von zwei Seiten aus angegriffen, vom Norden durch den christlichen König Alfonso VII. und vom Süden durch den muslimischen Almohaden-Herrscher ʿAbd al-Mumin. Im Jahre 1148 unterwarf sich Córdoba ʿAbd al-Mumin, und die Stadt fiel so in die Hände der Almohaden. Damit kam das Leben der Gemeinde zu seinem Ende, und auch Rabbi Maimon der Richter wurde gezwungen, mit seiner Familie die Stadt zu verlassen.

Über die Jugendjahre Maimonides' ist uns nichts Genaues bekannt, aber es sieht so aus, als ob er während seiner ganzen Jugend Spanien und auch das Herrschaftsgebiet der Muslime nicht verließ. Wahrscheinlich blieb er in einem Ort des muslimischen Spaniens, der nicht in die Hände der Almohaden gefallen war; die Familie dürfte sich zumindest einige Jahre in Granada aufgehalten haben, wo eine große jüdische Gemeinde existierte, zu der sich viele der Flüchtlinge aus Córdoba wandten. Gra-

Maimonides (1135–1204)

nada fiel erst 1156 in die Hände der Almohaden. Um die Jahre 1160–1165 hielt sich die Familie in der marokkanischen Stadt Fes auf, die sich auch unter der Herrschaft der Almohaden befand, und es hat den Anschein, als hätten sie sich als Muslime ausgegeben. In seinen Jugendjahren in Spanien und Marokko erwarb Maimonides außer seiner jüdischen Bildung auch allgemeine und breitgefächerte Kenntnisse der Mathematik, Astronomie, Philosophie und Medizin.

In Marokko, vielleicht um die Zeit, als er es verließ, verfaßte Maimonides das *Sendschreiben über die Verfolgung in Spanien und im Maghreb*, das auch *Abhandlung über die Heiligung des Namens* genannt wird. In diesem Sendschreiben, ursprünglich in arabischer Sprache, aber nur in der hebräischen Übersetzung erhalten, verteidigt Maimonides diejenigen Juden, die gezwungen sind, eine andere Religion anzunehmen, oder sich als Anhänger einer anderen Religion ausgeben. Seiner Meinung nach haben sie das Volk Israel nicht verlassen, und es ist erlaubt, sie an allen Angelegenheiten der Gemeinde und den religiösen Diensten teilnehmen zu lassen.

Um das Jahr 1165 zog die Familie von Fes ins ägyptische Fostat, das antike Kairo, nachdem sie sich anscheinend kurze Zeit in Palästina aufgehalten hatte und dort keinen Lebensunterhalt finden konnte. In Ägypten verstarb Rabbi Maimon, der Vater Maimonides', wohl in den ersten Jahren nach ihrer Ankunft, und Maimonides arbeitet dort zusammen mit seinem jüngeren Bruder Rabbi David als Edelsteinhändler. Rabbi David pflegte die Geschäfte wahrzunehmen, die eine Abwesenheit vom Wohnort verlangten, er unternahm Reisen, unter ihnen auch einige nach Indien, während Maimonides als Leiter des dortigen Geschäfts in Fostat blieb.

Innerhalb kurzer Zeit nahm Maimonides am öffentlichen Leben teil und erteilte religionsgesetzliche Responsen und Anweisungen zu allen mit der Religion in Verbindung stehenden Themen. 1167–68 schloß er sein erstes umfassendes Buch ab, seinen *Kommentar zur Mischna*. 1170 nahm er aktiv an dem Freikauf der von Kreuzfahrern in den ägyptischen Grenzdörfern gemachten Gefangenen teil. Im Jahre 1173 oder 1174 verfaßte er sein langes Sendschreiben an die jüdische Gemeinde im Jemen – das *Sendschreiben an den Jemen* – um sie in einer Situation der Unterdrückung durch die dortige muslimische Herrschaft zu unterstützen. Durch dieses Sendschreiben wurde Maimonides besonders in der jemenitischen Gemeinde bekannt. 1176 nahm er schon am Vorsitz des Gerichtshofes teil, der einen für alle Juden Ägyptens wichtigen Erlaß zur Einhaltung der Reinheit der Familie herausgab. 1177, als er schon vor der Vollendung seines großen literarischen Werkes stand, der *Mischneh Thora*, ertrank sein Bruder Rabbi David auf einer Reise nach Indien, und Maimonides wurde gezwungen, seinen Beruf zu wechseln.

Es ist bekannt, daß Maimonides seit ungefähr 1191 der Arzt des Wezirs al-Fadil, des Stellvertreters des Königs, war, von dem er ein festes jährliches Gehalt erhielt. Desweiteren ist bekannt, daß im selben Jahr sein drittes großes Werk, der *Führer der Unschlüssigen*, schon abgeschlossen war. In diesen Jahren begann auch schon der große Disput gegen Maimonides von seiten des Vorsitzenden der Jeschivah in Bagdad, Samuel ben Ali ha-Levi (gest. 1194), der unter anderem Maimonides der Leugnung des Glaubens an die Auferstehung der Toten bezichtigte. Maimonides antwortete ihm mit einer Abhandlung, die er diesem Thema widmete. Nachdem der erstgeborene Sohn von Saladin, al-Afḍal, in Ägypten als Stellvertreter seines minderjährigen Neffen zur Herrschaft gelangte (Dezember 1198 oder Januar 1199), wurde Maimonides zu seinem Arzt ernannt, ein Amt, das er jedoch nur einige Monate innehatte, nämlich bis zum Februar 1200, als al-Afḍal von seinem Onkel al-'Adil, dem Bruder Saladins, verstoßen wurde und aus Ägypten fliehen mußte. Im Januar 1200 starb der Wezir al-Fadil, und von diesem Zeitpunkt an ist uns nichts mehr über das Leben Maimonides' bekannt.

Es ist möglich, daß er am Ende seiner Tage das Amt des Rais al-Jahud innehatte, d. h. der offizielle Führer der Juden Ägyptens war. Es gibt dafür jedoch keine klaren Beweise, und es ist bis heute auch kein Zeugnis entdeckt worden, das eindeutig aus der Hand Maimonides' in Erfüllung dieser Tätigkeit stammte. Auch die große Hungersnot, von der Ägypten in den Jahren 1200 bis 1202 heimgesucht wurde, wird nur beiläufig in der Korrespondenz Maimonides' erwähnt. Maimonides starb wahrscheinlich am 13. Dezember 1204 und hinterließ einen Sohn, Rabbi Abraham, der von 1186 bis 1237 lebte und Gelehrter, Philosoph, Bibelausleger und Arzt war und auch als Rais al-Jahud der Juden Ägyptens amtierte.

II. Das Werk

1. Der *Kommentar zur Mischna*

Das erste große Werk Maimonides' ist sein *Kommentar zur Mischna*, den er im Alter von 23 Jahren begann und im Jahre 1167–1168 abschloß, als er sich schon ungefähr drei Jahre in Ägypten aufhielt. Die Mischna ist die erste Sammlung von Religionsgesetzen des Judentums, die etwa im Jahre 200 n. Zw. redigiert wurde. Dieses Werk wurde zwar schon zu einem großen Teil durch die Gelehrten im babylonischen und Jerusalemer Talmud ausgelegt, doch stellen die Talmude in Wirklichkeit keine Auslegung der Mischna, im engen Sinne des Wortes, dar, sondern es handelt sich bei ihnen um eine Sammlung von Berichten und Protokollen über Diskussionen zur Mischna, die in den Jeschivoth von Babylon und dem Lande Israel um die Jahre 200 bis 500 abgehalten wurden. Auch beinhalten die Talmude nicht alle Themen der Mischna, sondern im wesentlichen nur die Themen, die auch nach der Zerstörung des Tempels und dem Auszug ins Exil für das Leben von Bedeutung waren.

Der Kommentar Maimonides' ist die erste umfassende Auslegung zur ganzen Mischna. Er beschäftigt sich mit der Auslegung von schwierigen Wörtern, von komplizierten Gegenständen, faßt die Diskussionen, die sich in den Talmuden an die Mischna anschließen, zusammen. Seine Auslegung zu jeder Mischna, zu der es unterschiedliche Auffassungen gibt, schließt er mit einem Urteil ab. Eine große Bedeutung kommt der Einleitung zur gesamten Mischna und den gesonderten Einleitungen zu einigen ihrer Teile zu. In der Einleitung zur Mischna setzt er sich ausführlich mit dem Wesen des Religionsgesetzes auseinander, mit dessen Quellen und seinem Verhältnis zur Prophetie, mit seiner Entwicklung seit seinen auf Moses zurückgehenden Anfängen bis hin zu den Tagen des Verfassers. In der Einleitung zum Kapitel «Helek», das das 10. oder 11. Kapitel der Abteilung Sanhedrin ist, diskutiert er den Charakter der talmudischen Erzählung, die Beschaffenheit der kommenden Welt und deren Verhältnis zu anderen eschatologischen Themen, wie z. B. den Tagen des Messias, der Auferstehung der Toten, den grundlegenden Glaubensartikeln, ein Thema, dem wir uns im weiteren noch ausführlicher zuwenden werden. In seiner Einleitung zum Kapitel «Väter», das häufig auch die «Sprüche der Väter» genannt wird, faßt er seine philosophischen Auffassungen über die Seele sowie deren Funktionen zusammen, des weiteren die über die Vollkommenheit des menschlichen Charakters.

Den *Kommentar zur Mischna* verfaßte Maimonides auf Arabisch. Eine Handschrift aus dem Hause Maimonides mit Korrekturen in seiner eigenen Handschrift blieb zu großen Teilen bis auf den heutigen Tag erhalten. Übersetzungen von Teilen seines Kommentars ins Hebräische wurden schon kurz nach seinem Tode vorgenommen; überdies gibt es Teilübersetzungen ins Lateinische, Deutsche und viele andere Sprachen.

2. Mischneh Thora

Das umfassendste Buch des Maimonides, das auf uns gekommen ist, ist das Buch *Mischneh Thora*, der große Kodex des jüdischen Religionsgesetzes, das er auf Hebräisch in den Jahren 1168 bis 1178 verfaßte. Die *Mischneh Thora* ist ein Werk, das alle Religionsgesetze enthält, seien es jene, die das Verhältnis von Mensch und Gott regeln, oder die, die das Verhältnis zwischen dem Einzelnen und seinem Nächsten oder das zwischen dem Menschen und der ihn umgebenden Gesellschaft bestimmen. In diesem Buch benutzte Maimonides nicht nur die Mischna, sondern auch die Talmude, die Thosefta, die religionsgesetzlichen Midraschim und alles Schrifttum der Geonim, die nach der Zeit der Talmude lebten. In jedem Fall fällt er ein praktisches Urteil. Das Buch umfaßt 83 Themen und enthält insgesamt nicht weniger als 1000 Kapitel. Die *Mischneh Thora* wurde zur Grundlage für alle späteren großen Kodizes des Judentums, unter ihnen der *Schulchan Aruch* des Rabbi Joseph Karo aus dem 16. Jahrhundert, der heute im orthodoxen Judentum als verbindlich gilt.

In zweierlei Hinsicht ist das Werk Maimonides' jedoch umfassender als der *Schulchan Aruch*; es enthält z. B. auch die Gesetze, die nur im Lande Israel und zu Zeiten, in denen es einen Tempel gibt, gelten. So umfaßt die *Mischneh Thora* auch Gesetze, die die Erkenntnis und die Ethik betreffen. Nach der Meinung Maimonides' und im Gegensatz zu anderen Gelehrten des Religionsgesetzes ist der Mensch auch verpflichtet, gewisse Dinge zu wissen, wie z. B. die Wirklichkeit Gottes, und ist ebenso auch verpflichtet, gewisse Charaktereigenschaften aufzuweisen, z. B. einen mittleren geistigen Charakter, d. h. keine übertriebenen Gelüste zu haben und keine zu starke Neigung zur Askese. Die Verpflichtungen zur Erkenntnis und zu bestimmten Charaktereigenschaften bezog Maimonides in den ersten Teil der *Mischneh Thora* ein, «Buch des Wissens» genannt. In Übereinstimmung mit dieser Bestimmung des «Buches des Wissens» fügte Maimonides ihm auch in allgemeinen Zügen seine philosophische Lehre der Metaphysik und der Ethik in leicht lesbarer Form ein.

Der Kodex Maimonides' wurde, wie schon erwähnt, auf Hebräisch verfaßt und wurde zu Teilen in viele andere Sprachen, unter ihnen auch ins Deutsche, übersetzt. In Gänze wurde es ins Englische mit einem umfangreichen Vorwort von Isadore Twersky übersetzt und erschien im Verlag Yale Judaica Series 1949–1980. In der Originalsprache erschien das Werk in zahlreichen Ausgaben, die erste Ausgabe erschien in Rom schon vor 1480.

3. Das *Buch der Gebote*

Der *Mischneh Thora* stellte Maimonides ein kleines Buch mit dem Namen *Buch der Gebote* voran, das auf Arabisch verfaßt, aber häufig ins Hebräische und andere Sprachen übersetzt wurde. In diesem Buch versuchte Maimonides festzulegen, was die 613 Gesetze der Religion seien. Seit der Zeit der Talmude wurde allgemein angenommen, daß die jüdische Religion 613 Gesetze kenne, von ihnen 248, die ein Handeln vorschreiben, entsprechend der Anzahl der Glieder des Menschen, und 365, die ein Handeln verbieten, entsprechend der Anzahl der Tage des Sonnenjahres. Aber an keinem Ort wird ausgeführt, was diese 613 Mizvoth seien. Die Festlegung wird von schwierigen Problemen begleitet, da, wenn alle in der Thora enthaltenen Verse, die anscheinend auf Gebote oder Verbote hinweisen, aufgezählt werden, man zu einer viel größeren Anzahl als 613 gelangt. Zudem wurden zu den Gesetzen der schriftlichen Thora im Laufe der Generationen viele Gebote und Verbote hinzugefügt. Und so wurden zumindest schon seit dem 10. Jahrhundert, und vielleicht schon früher, Listen zur Zählung der Gesetze angelegt; aber jene Listen waren nicht überzeugend. Maimonides legte 14 Grundsätze zu ihrer Zählung

fest, mit deren Hilfe er die einzelnen Gesetze auszählte und zu einer Anzahl von 613 Gesetzen, unter ihnen 248 Gebote und 365 Verbote, gelangte.

4. Der *Führer der Unschlüssigen*

Der *Führer der Unschlüssigen* wurde auf Arabisch verfaßt und spätestens
1191 abgeschlossen. Er ist das große religiöse und philosophische Werk des
Maimonides, das ihm zu großer Bekanntheit auch unter den Muslimen
und Christen verhalf. Schon zu Lebzeiten Maimonides' wurde er durch
Samuel Ibn Tibbon ins Hebräische übersetzt und erschien in dieser Übersetzung schon vor 1480, später in Übersetzungen ins Lateinische, Englische, Französische, Spanische, Italienische, Ungarische und Deutsche.

Zum besseren Verständnis des Buches stellte ihm sein Verfasser einen
Brief an seinen Schüler Joseph ben Jehuda voran, dem dieses Buch gewidmet ist. Dieser Schüler wird von seinem Lehrer für würdig befunden, in
die «Geheimnisse der Bücher der Prophetie» eingewiesen zu werden. Der
Schüler bat um Erläuterungen zur Metaphysik und war selbst schon mit
der Theologie des Kalām vertraut, einer muslimischen Denkrichtung, der
die Vorgänger Maimonides' zuneigten. Maimonides berichtet, daß in der
Zeit, in der Joseph ben Jehuda sich noch in seiner Nähe befunden habe, er
ihn auf die richtige Methode des stufenweisen Lernens verwies und ihm
gleichzeitig die richtige Bedeutung eines jeden Ausspruches der traditionellen Quellen erklärte, auf die sie bei ihrem gemeinsamen Lernen gestoßen waren. Als der Schüler den Wohnort seines Lehrers verließ, entschied
sich Maimonides, ihn auch weiterhin in schriftlicher Form zu unterrichten. Er weist darauf hin, daß er ein solches Projekt schon seit langer Zeit
verfolgt habe. Es ist möglich, daß er sich hier auf sein niemals durch-
geführtes Vorhaben bezieht, ein «Buch der Prophetie» und ein «Buch der
Auslegungen» zu schreiben.

Ganz allgemein beschreibt die Einleitung des *Führers der Unschlüssigen* auch den Typus des Lesers, für den das Buch bestimmt ist. Es soll die
Verwirrung desjenigen lösen, der zugleich zwei Welten angehört, der sowohl in der Welt der Thora lebt als auch in der Philosophie bewandert ist.
Diese «doppelte Zugehörigkeit» führt zu Schwierigkeiten in seiner Haltung gegenüber dem geheiligten biblischen Text. Das Verständnis dieses
Textes in seiner wörtlichen Bedeutung führt zur Annahme von Auffassungen, die zu jenen der Philosophie in Widerspruch stehen. So befindet
sich der Leser in einem Konflikt; soll er davon Abstand nehmen, an den
biblischen Text in seiner einfachen Bedeutung zu glauben – was ihn zu
der Befürchtung führen würde, er hätte die Glaubensgrundsätze der Religion verletzt –, oder soll er sich unter Schmerzen von seinem Verstand
entfremden, und dadurch sich selbst wie auch der Qualität seines Glaubens Schaden zufügen? Die Lösung Maimonides' ist eine sprachliche: Er

bietet dem Verwirrten eine vieldeutige Auslegung der biblischen Worte an, wodurch diesem deutlich wird, daß er nicht mit Notwendigkeit den Inhalt der heiligen Schriften gemäß der wörtlichen Bedeutung verstehen muß. Neben dem Verständnis der biblischen Worte als Metaphern, erläutert Maimonides auch, daß ein Teil der biblischen Geschichten als Allegorien anzusehen seien und er verspricht, daß sein Buch auch der Entzifferung der inneren Bedeutung dieser Geschichten gewidmet sei.

Die innere Bedeutung der Parabeln ist wie «goldene Äpfel in silbernen Schalen» (Sprüche 25 : 11) anzusehen, sie liegt im Bereich des Metaphysischen und ist von einer Geschichte mit erzieherisch-gesellschaftlicher Funktion umhüllt.

Überhaupt kann das Lehren der Metaphysik nicht auf geordnetem und methodischem Wege geschehen; so wie die Erlangung der Wahrheit in diesem Gebiet aus einer Reihe von Erleuchtungen und Verdunkelungen besteht, so auch die Unterweisung der Schüler. Die heterogene Zielgruppe führte zu einer Formulierung der metaphysischen Inhalte der Bibel in metaphorischer Sprache und nicht in einer klaren, begrifflichen. Und da auch der *Führer der Unschlüssigen* esoterische Themen auslegt, war Maimonides dazu gezwungen, ihn in einer besonderen Form zu schreiben. So beschreibt er auch ein schriftstellerisches Mittel, dessen er sich bediente: Widersprüche, die wissentlich und sogar absichtlich in das Buch hineingenommen wurden. Maimonides fügt hinzu, daß er in seinem Buch auch Widersprüche der siebten Art, die als letzte in einer Liste aufgeführt ist, benutzt hat. Der Zusammenhang dieser Widersprüche der siebten Art, die der Verfasser sich bemüht, aufs Beste zu verbergen, sind geheimnisvolle Gegenstände, die in der Gemeinde nicht verbreitet werden. Die Erklärung Maimonides', daß sich auch solche Widersprüche in seinem Buch finden, führte und führt zu einer Welle von Auslegungen, die sich um die Aufdeckung seiner esoterischen und durch dieses schriftstellerische Stilmittel verborgenen Ansichten bemühen.

Wie schon gesagt, war das erste und erklärte Ziel der Abfassung des *Führers der Unschlüssigen* ein semantisches: «die Bedeutungen der Namen, die in den prophetischen Büchern auftauchen, zu erklären». Daher beginnt das Buch mit einer Reihe von Kapiteln, deren größter Teil sich mit der Auslegung von Worten in der Bibel beschäftigt, die den Menschen zu einer anthropomorphistischen Auffassung Gottes führen könnten. Im Anschluß an die Diskussion des Wortes «Zelem», «Ebenbild», das im Zusammenhang mit der Schöpfung des Menschen verwendet wird (Genesis 1 : 26), legt Maimonides die Bedeutung der Geschichte des Paradieses aus (Genesis 2 : 3). Nach seiner Methode liegt die eigentliche Bedeutung der Aussage, daß der erste Mensch «im Ebenbilde Gottes geschaffen wurde», darin, daß er ein vernunftbegabtes Wesen ist, das sich mit der theoretischen Weisheit beschäftigt. Die Sünde des ersten Menschen besteht darin, daß er sich seinem materiellen Aspekt unterworfen hat und seinen Begierden folgt. Die Bedeutung des Ausdrucks «Ebenbild Gottes» ist daher nicht eine äußere, dem Menschen und Gott gemeinsame Form, da Gott kein physisches Charakteristikum beigelegt werden kann. Tatsächlich sucht Maimonides den biblischen Anthropomorphismus so auszulegen, daß er nicht im Widerspruch zu dem Begriff Gottes steht, wie er in der aristotelischen Tradition geprägt wurde. Diese Schule beschrieb die Gottheit als ein geistiges Wesen, dessen Tätigkeit – das Denken – und das Objekt dieser Tätigkeit – der Begriff Gottes selbst – identisch sind. Gott wird somit als sich selbst denkender Gedanke aufgefaßt. Maimonides will erläutern, wie dieser aristotelische Begriff mit dem eines persönlichen Gottes, der in die Natur und die Geschichte verwickelt ist, in Einklang gebracht werden könne. Er behauptet, daß der Schlüssel dazu in dem Verständnis liege, daß die Thora «in der Sprache der Menschen spricht» und Gott in Übereinstimmung mit dem Verstandesvermögen der breiten, an ihr interessierten Masse beschrieb. Um die Existenz, Allwissenheit und Allmacht Gottes in dem Bewußtsein des einfachen Menschen zu verwurzeln, war es notwendig, ihn der beschränkten Auffassungsgabe der einfachen Menschen gemäß, als gleichsam physisches Wesen zu beschreiben; als jemanden, dessen Augen sehen und dessen Hände ausgestreckt sind. Gleichzeitig ist Maimonides jedoch der Meinung, daß die Menge nicht in ihrer Unwissenheit und ihren falschen Auffassungen belassen werden solle. Die Auffassung von der Körperlichkeit Gottes sei sogar noch schlimmer als der klassische Götzendienst. Eines der erzieherischen Ziele, die er sich setzte, war es, die Gemeinde zu lehren, daß Gott kein Körper sei und ihm auch keine körperlichen Attribute beigelegt werden könnten. Dadurch unterscheidet sich Maimonides von seinem bekannten arabischen Zeitgenossen, dem Philosophen Ibn Ruschd, der sich gegen eine Erschütterung der einfachen Begriffe der Menge, besonders der Furcht vor Gott, die der Aufrechterhaltung der gesellschaftlichen Ordnung dienen, wendete.

Nach der Meinung des Maimonides wurde die Thora allerdings nicht nur zur Erfüllung dieses elementaren Zweckes für den einfachen Menschen geschrieben. Auch der gebildete Leser wird zu der Erkenntnis gelangen, daß ihre Worte mit den metaphysischen Wahrheiten übereinstimmen. Dazu hat er zu wissen, daß die biblischen, Gott beschreibenden Worte nicht notwendigerweise in ihrer wörtlichen, anthropomorphen Bedeutung verstanden werden müssen. Über viele Kapitel des *Führers der Unschlüssigen* hindurch werden Namen ihrer metaphorischen Bedeutung nach, die in ihrem Grunde mit dem Begriff des aristotelischen Gottes übereinstimmt, erläutert. Dabei räumt Maimonides jedoch ein, daß eine derartige Interpretation der Bedeutung des biblischen Textes nicht Gut aller sein könne. Daher nimmt er mit Begeisterung eine alternative Lösung des Problems der Körperlichkeit Gottes auf, die er der Übersetzung Onkelos zuschreibt. Nach dieser Lösung bleibt die ursprüngliche

Bedeutung der körperlichen Attribute bestehen, doch bezieht sich diese nicht auf Gott selbst, sondern auf ein geschaffenes Seiendes: auf das «geschaffene Licht», auf die «geschaffene Ehre», auf die «geschaffene Stimme» usw. Diese Entitäten wurden schon in den Schriften der Vorläufer Maimonides' erwähnt, wie denen von Saadia ha-Gaon und anderen, und vermeiden eine körperliche Auffassung Gottes auch von seiten desjenigen, der die sprachliche, von Maimonides selbst vorgeschlagene Lösung, nicht verstehen kann.

So sind jene Ausdrücke in den heiligen Schriften, die Gott menschliche Gliedmaßen oder ein menschliches Verhalten zusprechen, nicht in ihrer einfachen Bedeutung zu verstehen. Wenn dem so ist, wie kann Gott dann angemessen beschrieben werden? Um eine Antwort auf diese Frage zu geben, zählt Maimonides alle Arten von möglichen Attributen auf und untersucht, wie und auf welche Weise sie Gott zugesprochen werden können. Die meisten Attribute werden auf Grund des von Maimonides angenommenen, geläuterten Monotheismus nicht zugelassen, da jeder, der diese Attribute Gott zuspricht, davon ausgeht, daß der Beschriebene mehr als nur eine Eigenschaft besitzt; eine Eigenschaft die im Subjekt enthalten ist und eine die das Attribut ihm beilegt. Daher könnte eine Aussage, wie die über den «weisen Gott», Gott sowohl die Göttlichkeit wie auch die Weisheit zusprechen. Diese beiden Eigenschaften stellen eine Vermehrung dar und verstoßen gegen den Glauben an einen Gott. Maimonides schließt auch die Möglichkeit aus, Gott Beziehungsattribute zuzuschreiben (wie z. B.: «der weiser als der Mensch seiende Gott»), da Attribute dieser Art etwas den beiden miteinander verglichenen Subjekten Gemeinsames voraussetzen. Doch so, wie man nicht die Größe einer Ameise mit der Farbe von Senf vergleichen kann, so auch nicht Gott mit irgendeiner Existenz. Zum Schluß erlaubt Maimonides, Gott nur auf zwei Arten zu beschreiben: durch Wirkungsattribute und durch negative Attribute.

Bei den Wirkungsattributen handelt es sich in Wirklichkeit um Verben und nicht um Attribute. So ergibt sich aus ihnen auch nicht, daß dem durch sie beschriebenen Gegenstand mehrere Eigenschaften zugeschrieben würden oder daß sie Vermehrung erzeugten. Zum Beispiel hat derjenige, der dem Feuer das Schmelzen der Butter oder die Erhärtung des Asphalts zuschreibt, dem Feuer lediglich eine Eigenschaft beigelegt, nämlich die der Erwärmung. So verletzt auch derjenige, der in Gott die Ursache für natürliche Abläufe oder verschiedene Ereignisse sieht, dessen Einheit nicht. Maimonides nimmt es dabei aber mit der Bedeutung von Verben sehr genau, wie denen der 13 Eigenschaften (Exodus 34:6–7), die, Gott zugesprochen, etwas von einem seelischen Anthropomorphismus enthalten könnten. Es sei nicht richtig, von Gott zu sagen, er sei «barmherzig und gnädig» oder «er ahndet die Schuld der Väter an Kindern und Kindeskindern», da er keine seelischen Regungen habe. Die Bedeutung von Aussagen dieser Art («Gott ist zornig», «Gott ist barmherzig») ist folgende: Gott, als erste Ursache, verursachte ein bestimmtes Ereignis, das, wenn es von einem Menschen verursacht worden wäre, als Ausdruck von Zorn oder Barmherzigkeit interpretiert würde. Nur in dieser Hinsicht läßt sich sagen, Gott zürne Sodom und Gomorra oder erbarme sich der aus dem Exil Heimkehrenden, obwohl diese historischen Ereignisse eine ganz andere Erklärung haben. Gott durch seine Handlungen zu beschreiben, heißt, ihn durch das Verständnis der von ihm regierten Weltordnung zu verstehen. In der legitimen religiösen Sprache gibt es auch negative Attribute: Sätze, deren Subjekt Gott ist und deren Objekt Gott irgendeine Eigenschaft abspricht. Zunächst einmal können Gott Attribute, die ihn herabmindern würden, abgesprochen werden: «Gott ist nicht dumm», «Gott ist nicht schlecht» und ähnliche. Es kann ihm in der Tat jedoch auch jedes andere Attribut abgesprochen werden, da auf ihn kein menschlicher Begriff zutrifft. Die Erkenntnis Gottes mit Hilfe der negativen Attribute entspringt dem Verständnis, daß er keiner uns bekannten Wirklichkeit ähnlich ist. In Wahrheit behauptet Maimonides, daß der angemessenste Ausdruck gegenüber Gott das Schweigen sei.

Maimonides hat somit demjenigen, der durch die biblische, anthropomorphe Sprache verwirrt ist, eine Lösung angeboten, indem er ihm eine religiöse, angemessene Sprache anbot. Anschließend geht er zu einer Diskussion der verschiedenen Schulen über, die die Existenz und die Einheit Gottes beweisen wollen. Er beginnt mit einer kurzen Zusammenfassung der zwölf Grundannahmen der «Mutakallimūn» (der «Sprechenden»), derjenigen Schule, mit der sich sein Schüler Joseph ben Jehuda, für den der *Führer der Unschlüssigen* geschrieben wurde, abmühte. Maimonides kennzeichnet ihre Ansichten folgendermaßen: Atomismus in der Auffassung der Körper und der Zeit; notwendige Existenz des leeren Raumes; Negierung der Möglichkeit der Existenz unendlicher Dimensionen; Beschreibung der Ereignisse in der Welt als Ereignisse, die Gott direkt bewirkt, ohne jede vermittelnde Ursache; Identifizierung des Möglichen mit der Welt der Vorstellung; Negierung der Glaubwürdigkeit der Sinne als Mittel zur Erkenntnis. Auf der Grundlage dieser Voraussetzungen bewiesen die «Mutakallimūn» die Existenz Gottes, seine Einheit und seine Unkörperlichkeit. Der Aufbau des Beweises der Existenz Gottes enthielt nach ihrer Methode zwei Phasen: a) Beweise, daß die Welt nicht ewig ist; b) Beweise, daß die Welt sich nicht hat selbst schaffen können.

Maimonides erwähnt sieben Beweise für die erste Behauptung, wohingegen er in der zweiten eine selbstverständliche Behauptung sieht, die keiner Beweise bedarf. Nach seiner Meinung jedoch sind alle sieben Behauptungen mangelhaft, da sie auf Grundannahmen beruhen, die nicht mit der Wirklichkeit übereinstimmen. Er selbst ist der Überzeugung, daß sich die Behauptung, die Welt sei in der Zeit erschaffen worden, nicht beweisen lasse. Daher zieht er es vor, seine Beweise der Existenz Gottes nicht auf diese Begründung zu stützen, da sie aus der religiösen Tradition stammt und nicht apodiktisch ist. Nach der aristotelischen Logik ist ein Beweis, der der Tradition entlehnt ist, nicht demonstrativ, sondern hat lediglich rhetorischen Charakter. Maimonides erklärt, daß er die Existenz Gottes beweisen wolle, ohne die Annahme von der Erschaffenheit der Welt dazu heranzuziehen, trotz seines Glaubens an die Richtigkeit dieser Annahme.

Maimonides wählte den von Aristoteles eingeschlagenen Weg zum Beweis der Existenz Gottes, trotz seiner Behauptung, die Annahme des Aristoteles über die Ewigkeit der Welt nicht zu teilen. Nach seiner Meinung werde die Existenz Gottes auf diese Weise absolut bewiesen. Es lasse sich von zwei Grundannahmen ausgehen: entweder ist die Welt erschaffen oder sie ist ewig. Wenn sie erschaffen wurde, so muß sie jemand geschaffen haben, und dieser Schöpfer ist als Gott anzusehen. Wenn die Welt jedoch ewig ist, dann greift der Beweis Aristoteles'. Maimonides begegnet damit der Herausforderung, die Existenz Gottes unter der Voraussetzung der Ewigkeit der Welt zu beweisen. Um dieser Aufgabe gerecht zu werden, zählt Maimonides fünfzehn Voraussetzungen aus der relevanten aristotelischen Physik auf. Die Annahmen beinhalten die Negierung der Möglichkeit der Existenz von Unendlichkeiten, sowohl der Wirklichkeit nach als auch als Ursachenkette, die Diskussion der verschiedenen Arten von Bewegungen, die Begriffe der Potenz und der Existenz, der Möglichkeit und der Notwendigkeit, die Materie, die Form, die Zufälle u. a. Maimonides behauptet, diese Voraussetzungen anzunehmen. Es besteht jedoch eine zusätzliche, umstrittene Voraussetzung: bestimmte Aristoteliker behaupteten von ihr, daß sie bewiesen sei, die Mutakallimūn hingegen waren der Überzeugung, sie ließe sich widerlegen, und Maimonides sieht sie als möglich an. Diese Voraussetzung legt fest, daß die Bewegung und die Zeit ewig seien. Auf Grund der Gesamtheit der aristotelischen Annahmen bringt Maimonides vier Beweise für die Existenz Gottes. Aus ihnen ergibt sich Gott als Ursache der Welt, als der unbewegte Beweger, der nicht zusammengesetzt und nicht Körper ist, als notwendig (nach Ibn Sina) und als tatsächlich immer vorhanden.

Trotz seines Gebrauchs der Beweise des Aristoteles, die auf der Annahme der Ewigkeit der Welt beruhen, behauptet Maimonides wieder und wieder, daß er selbst an die Schöpfung aus dem Nichts glaube und dies seiner Meinung nach auch stärker durch die Wissenschaft bekräftigt werde. Er erklärt, daß er nicht zu der platonischen Schule gehöre, die davon ausgeht, daß Gott einen vorhandenen Urstoff benutzt habe und aus ihm die Welt erschaffen habe. Auf die den Aristotelikern und Platonikern gemeinsame Behauptung, daß die Schöpfung aus dem Nichts den Naturgesetzen widerspreche, antwortet Maimonides mit einem Gleichnis: so wie die Anatomie des erwachsenen Menschen nicht auf den Fötus angewendet und behauptet werden kann, es sei unmöglich, daß sich der

Mensch im Bauche eines anderen aufhalte, so können die Gesetze der
heutigen Welt auch nicht auf den Moment ihrer Schöpfung angewendet
werden. Der Übergang vom Nichts zum Sein stimmt nicht mit den gel-
tenden Naturgesetzen überein, dieser Übergang ist jedoch die Tätigkeit,
die eben jene Gesetze einsetzt.

Maimonides erläutert, daß es nicht die wörtliche Bedeutung der Schrift
sei, die ihm diese Stellung vorschreibe, da diese von ihm hätte zurückgewiesen werden können, genauso wie er den biblischen Anthropomorphismus von sich wies. Auch wenn Aristoteles seine Meinung hätte wirklich beweisen können, so hätte diese Meinung nicht den Grundlagen des
Glaubens widersprochen, da sich die biblischen Passagen im Buche Genesis auch in Übereinstimmung mit der aristotelischen Meinung hätten
auslegen lassen. Doch so verhält es sich nicht: Maimonides behauptet,
daß auch Aristoteles sich dessen bewußt war, daß die Ewigkeit der Welt
durch ihn nicht absolut bewiesen sei. Ebenso sei die Meinung Platons
nicht bewiesen, und von daher sieht Maimonides keinen Grund, die
Schöpfungsgeschichte nicht gemäß dem Glauben der Tradition an die
Schöpfung aus dem Nichts auszulegen. Darüber hinaus wird die Meinung Aristoteles' von Maimonides mit der Begründung zurückgewiesen,
daß sie den Grundlagen des Glaubens widerspreche, da sie Gott wohl
Weisheit zu-, ihm jedoch den Willen abspricht. Maimonides führt einige
Themen an, die das Eingreifen des göttlichen Willens und dessen Entscheidung fordern: die Wahl eines bestimmten Menschen zum Propheten, bestimmte Züge der Gesetze, die Wunder u. a. In Wirklichkeit jedoch
enthält keine der von Maimonides in seinen Schriften zu diesen Themen
gegebenen Interpretationen die Beschreibung des willentlichen Eingreifens Gottes. Diese Tatsache sowie die Grundlegung des Beweises der Existenz Gottes auf der Annahme der Ewigkeit der Welt, neben noch anderen Begründungen, führten einige seiner Ausleger im Mittelalter und
auch heute dazu, die Aufrichtigkeit seiner Erklärung, er glaube an die
Schöpfung aus dem Nichts, in Frage zu stellen. Manche sehen in ihm
einen versteckten Aristoteliker, manche sind der Überzeugung, er sei
einer Meinung mit Platon, und wieder andere schreiben ihm eine agnostische Stellung zu. Auch hinsichtlich der Stellung Maimonides' zu anderen
Themen, bei denen er behauptete, eine traditionelle Lehre zu vertreten,
wurde der Verdacht geäußert, es handele sich bei seinen Erklärungen nur
um Lippenbekenntnisse und in Wirklichkeit neige er philosophischen
Auffassungen zu, die nicht mit dem orthodoxen Glauben übereinstimmen.

Eines der weiteren Themen, zu dem zwischen den Auslegern Mei-
nungsverschiedenheiten bestehen, ist die Charakterisierung der Prophetie. Maimonides beschreibt drei Auffassungen zu diesem Thema. Die erste, von ihm der Masse zugeschriebene Lehre beschreibt den Propheten
als jemanden, der willkürlich von Gott zu seinem Gesandten auserwählt

wurde, ohne daß dieser Mensch besondere Fähigkeiten besitzen muß, außer seiner Integrität. Diese Auffassung wurde z.B. von Saadia ha-Gaon
vertreten. Nach der zweiten, den aristotelischen Philosophen zugeschrie-
benen Auffassung, wird die Prophetie nicht als Sendung charakterisiert,
sondern als menschliche Vollkommenheit. Der Prophet zeichnet sich sowohl durch seine Ethik als auch durch seinen Intellekt und seine entwik-
kelte Vorstellungskraft aus. Die dritte Auffassung wird von Maimonides
unter Zustimmung «die Auffassung unserer Thora und die Grundlage
unserer Methode» genannt. Er identifiziert diese Lehre im wesentlichen
mit der zweiten, der philosophischen, jedoch mit einer Einschränkung:
seiner Meinung nach ist jemandem, der die entsprechenden Begabungen
aufweist und sich gebührend vorbereitet, nicht versprochen, zum Propheten zu werden, da der göttliche Wille die Verwirklichung dieser Möglichkeit verhindern kann. Dieser Bezug auf den göttlichen Willen macht
die Prophetie zu einem Phänomen mit religiöser Bedeutung und nicht
nur zu einem der menschlichen Vollkommenheit.

Auch bei diesem Thema neigen manche Ausleger dazu, in Maimonides
einen verdeckten Aristoteliker zu sehen. Eine der Schwierigkeiten auf die
derjenige stößt, der von der Annahme ausgeht, daß Maimonides tatsächlich seine eigene Stellung darstellte, besteht darin, den «göttlichen Willen» als himmlische Reaktion auszulegen, der den zur Prophetie bereiten
Menschen an seiner Selbstverwirklichung hindert, da Maimonides sich
ausdrücklich von der theologischen Schule (der «Ascharia») abgrenzt, die
in dem göttlichen Willen die Quelle eines ständigen Eingreifens in die
Welt sieht, und Maimonides selbst Gott einen «ewigen Willen» zuschreibt, der sich nicht ändert und mit der Weisheit und den Gesetzen der
Welt identisch ist. Es muß bemerkt werden, daß in seinen anderen Schriften, dem *Kommentar zur Mischna* und der *Mischneh Thora*, die Prophetie als ein natürliches Phänomen charakterisiert wird, dessen Quelle in
der Begabung und dem Verhalten des Menschen liegt.

Auf jeden Fall wird die Prophetie als persönliche Vollkommenheit charakterisiert, und das Moment der Sendung ist ihr nicht wesentlich. Daher
untercheidet Maimonides zwischen jemandem, der nur ein Prophet ist,
und zwischen einem Propheten, der auch ein Gesandter ist. Der Prophet-
Gesandte steht auf einer höheren Stufe als der bloße Prophet durch den
Überschuß der sich auf ihn ergießenden intellektuellen Fülle. Dieser
Überschuß zwingt ihn dazu, diesen mit anderen Menschen zu teilen, die
Welt des kontemplativen Genusses zu verlassen und zum Volk herabzu-
steigen.

Das dritte Thema, bei dem Maimonides unterschiedliche Stellungen
untersucht und erklärt, sich mit der traditionellen Position zu identifizieren, ist das der göttlichen Vorsehung. Die Diskussion der Frage der göttlichen Vorsehung steht in Zusammenhang mit dem Problem, die Existenz
des Bösen in der Welt zu erklären. Maimonides unterteilt das Böse in drei

Gruppen: das Böse, das seinen Ursprung in der Natur hat, das Böse, das von der Gesellschaft verursacht wird, und das Böse, das der Mensch sich selbst zufügt. Die meisten Fälle des Bösen gehören zur dritten Gruppe, da der Mensch sich selbst Leiden zufügt, sowohl durch sein nicht-rationales Verhalten als auch durch seinen Glauben an ein falsches Wertesystem und durch sein darauf beruhendes Verhalten. Das Böse in der Natur, das nach der Meinung Maimonides' die Ursache für den geringsten Schaden ist, läßt sich nicht beherrschen. Seine Quelle liegt in den blinden, nicht-rationalen Kräften der Natur und in der Verletzlichkeit des menschlichen Körpers. Die Forderung, daß ein menschliches Geschlecht in der Welt bestehen solle, aus Fleisch und Blut, aber nicht verletzbar, sei ein Widerspruch in sich selbst. Da die Existenz in sich selbst gut ist, schuf Gott alles, dessen Existenz möglich ist. Das Gute, das sich in der Existenz jedes möglichen Gegenstandes ausdrückt, führt notwendig zur Existenz von verletzbaren Körpern neben ewigen, verstandesmäßigen Wesen. Nach der Ansicht Maimonides' ist ein Leben nach dem Verstand der Garant für die Überwindung des Leidens. Das gesellschaftliche Böse wird verschwinden, wenn die Menschheit nach der Vernunft handeln wird, und nicht länger von Gefühlen des Hasses und des Streites geleitet werden wird, ein Zustand, der sich auf die Tage des Messias bezieht. Die Erkenntnis Gottes verleiht dem Menschen auch die Möglichkeit, aus dem zeitlich begrenzten Leben in die Ewigkeit zu fliehen, da das erworbene Wissen auch nach dem Tode des Körpers bestehen bleibt.

Die von Maimonides gewählte Lösung in der Diskussion der Frage der Vorsehung gründet sich auf den Verstand. Er stellt seine Methode nach der Thora dar, daß die Welt von dem Gesetz («Din») geleitet wird. Neben dieser Ansicht beschreibt er unter gleichzeitiger Distanzierung andere Lehren zu der Frage der Vorsehung: Die Auffassung Epikurs, der der Meinung ist, die Welt werde vom Zufall beherrscht und in ihr gebe es überhaupt keine Vorsehung, die Ansicht des Aristoteles, der der Meinung ist, die auf der Erde lebenden Individuen und unter ihnen auch der Mensch werden vom Zufall regiert, und die Vorsehung erstrecke sich nur auf die himmlischen Welten und die Arten auf der Erde. Zusätzliche von Maimonides in diesem Zusammenhang vorgestellte Auffassungen sind die zweier muslimischer Schulen, der Mutasila und der Ascharia. Nach der Auffassung der Mutasila besteht der Grundsatz der Vorsehung in der Vergeltung, wonach jedes Leiden mit einem Genuß vergolten wird. Die Sekte der orthodoxen Ascharia setzt voraus, daß sich Gott in der Welt nach seinem willkürlichen Willen verhält. Wie schon erwähnt, stellt Maimonides seine Auffassung im Sinne der Thora dar: Der Mensch wird von dem göttlichen Gericht gerichtet, und, so fügt er hinzu, der sich an den Verstand haltende Mensch steht unter der göttlichen Vorsehung. Seine Stellung ist somit von der Aristoteles' verschieden, der der Meinung ist, der einzelne Mensch sei dem Zufall ausgeliefert. Die Beschreibung der göttlichen Vorsehung bezüglich des Weisen, als Ausdruck des sich aus der Kontemplation ergebenden Genusses und als ewiges Bestehenbleiben des Wissens, führten dabei viele Ausleger zu der Behauptung, es bestehe eine größere Nähe zwischen der Ansicht Maimonides' und der Aristoteles' als zwischen der Maimonides' und der religiösen Tradition.

An die Diskussion der göttlichen Vorsehung schließt Maimonides eine systematische Analyse der Gründe der Gesetze an, da sich seiner Meinung nach Gott in der Natur und in der Thora auf eine ähnliche Weise verhält. Die Tätigkeiten Gottes sind rational und darauf ausgerichtet, notwendige oder sehr wichtige Ziele zu erreichen. Daher haben auch alle von Gott gegebenen Gesetze wichtige Ziele und sind nicht die Frucht eines willkürlichen Willens. Die Gesetze wurden der Gemeinde gegeben und erfüllen einen doppelten Zweck: sie sorgen sich um das gesellschaftliche Wohlergehen dieser Gemeinde («Verbesserung des Körpers») und führen zum Erreichen der menschlichen Vollkommenheit («Verbesserung der Seele»). Auch der von der Thora gelehrte Glaube ist zur Erfüllung dieser zwei Aufgaben bestimmt: zum Teil handelt es sich um metaphysische Glaubenssätze (das Wissen, daß Gott einer ist und allmächtig usw.), die zur Vollkommenheit der Seele führen, und zum anderen («Gott zürnt demjenigen, der ihm nicht gehorcht») führen sie zur Aufrechterhaltung von Gesetz und Ordnung («Vollkommenheit des Körpers»).

Maimonides behauptet, daß eine göttliche Thora sich durch die Erfüllung dieser doppelten Aufgabe auszeichnet, da ein Gesetzessystem, das seine Quelle in einem menschlichen Gesetzgeber hat, nur auf die Verbesserung der Gesellschaft ausgerichtet ist. Das göttliche Gesetz hingegen ist darauf angelegt, darüber hinaus auch zur Erreichung der metaphysischen Wahrheit zu führen. Es kann jedoch auch der Fall eintreten, daß ein Gesetzgeber, dem keine Offenbarung zuteil wurde, ein bestehendes göttliches Gesetz erläßt und behauptet, dieses sei die Frucht seiner eigenen Prophetie. In diesem Fall muß genauestens überprüft werden, ob dieser Mensch nach seiner Begabung würdig ist, als Prophet angesehen zu werden. Mit diesem Argument weist Maimonides darauf hin, daß die anderen ihm bekannten Religionen nicht göttlichen Ursprungs sind: Das Christentum enthält keine wahre Metaphysik, da es die Dreieinigkeit vertrete, und der Islam gründet sich auf einen Menschen, der nicht würdig ist, als Prophet angesehen zu werden, auf Grund seines Verlangens nach Frauen.

Die Thora ist dazu bestimmt, die sie einhaltende Gemeinde zu der Vollkommenheit zu bringen, «das auserwählte Volk» zu sein. Sie kämpft gegen die Gelüste und erzieht zur Mäßigung und Disziplin. Dabei weist Maimonides jedoch auch auf die in ihr enthaltene historische Dimension hin. Die Thora des Moses wurde der aus Ägypten ausziehenden Generation gegeben, die von einer Welt des Götzendienstes umgeben war. Ihr Ziel war es, sie zu einem monotheistischen Volk zu erziehen. Daher wählte Gott den Weg der klugen, stufenweisen Führung, ähnlich dem von ihm in der Natur eingeschlagenen Weg: So wie der Säugling sofort nach seiner Geburt die Möglichkeit hat, eine ihm angemessene Nahrung zu erhalten, so wurden dem Volk Israel zur Stunde seines Auszugs aus Ägypten auch keine Gesetze auferlegt, die die Form eines Gottesdienstes vorschreiben würden, dem sie noch nicht gewachsen waren. Die Thora bestätigte den religiösen Kult der Darbringung von Opfern und ersetzte ihn nicht durch Gebete oder Kontemplation. Die Bestimmung der Opfer jedoch änderte sich: Sie werden nur einem Gott dargebracht und nicht verschiedenen Göttern. Sie wurden außerdem eingeschränkt: Sie dürfen nur im Tempel dargebracht werden und nur von einem Priester. Maimonides behauptet, daß sich dieser schrittweise Weg am Ende bewährt habe: Das Volk Israel wurde zu einer monotheistischen Gemeinde.

Der Erreichung dieses Ziels wurde ein Großteil der Gesetze gewidmet, alle, die zur Ausrottung des Götzendienstes bestimmt sind. Auf Grund der Literatur, die nach Meinung Maimonides' den antiken Götzendienst widerspiegelte, behauptet er, daß die Gesetze, deren Sinn nicht verständlich ist, sich auf dem Hintergrund von heidnischen Gebräuchen zur Zeit des Auszugs aus Ägypten verstehen lassen. Dabei besteht er aber darauf, daß, auch wenn die Thora in ihren Zielen nicht jeder Zeit und jedem Menschen angepaßt ist, sie dennoch als ewiges göttliches Gesetz anzunehmen sei.

In der Tat gibt Maimonides eine Erklärung für die meisten Gesetze bei deren Aufteilung in vierzehn Gruppen: angefangen von den Gesetzen, die zur Einführung von wahren Glaubenssätzen bestimmt sind, zum Erwerb von Tugenden, zur Schaffung eines wirkungsvollen rechtlichen Systems, zur Verhinderung des Essens aus Lustgewinn und zur Ausrichtung auf eine angemessene Nahrung, zur Zügelung des Geschlechtstriebes und zur Ehrfurcht vor dem Heiligen durch das Verbot des Unreinen. Und er fügt hinzu, daß auch die biblische Erzählung eine ähnliche Intention hat. Sie ist dazu bestimmt, zum gesellschaftlichen Normalzustand zu erziehen und metaphysische Wahrheiten zu lehren.

Das Buch *Führer der Unschlüssigen* wird durch die Darstellung der menschlichen Vollkommenheit und den Weg zu ihrer Erreichung abgeschlossen. Dazu beschreibt Maimonides die Stellung der Menschen entsprechend ihrer Nähe zum «König»: Je mehr der Mensch weiß, desto näher ist er ihm. Der Prophet, der sich sozusagen in der Nähe Gottes befindet, ist in der Physik und der Metaphysik ausgebildet und seine Tätigkeit ist die des Gottesdienstes. Die Erfüllung der Gesetze stellt eine Pause innerhalb des weltlichen Lebens dar, die es dem Menschen ermöglicht, seine Gedanken auf Gott zu konzentrieren. Die dieser Kontemplation gewidmete Zeit sollte so lange wie möglich dauern, da sich der Mensch zu dieser Zeit in einer wechselseitigen Beziehung mit Gott befindet: Er ist mit Gott und Gott mit ihm. Im letzten Kapitel des *Führers der Unschlüs-*

sigen beschreibt Maimonides das menschliche Ideal des Propheten-Führers; der den Weg Gottes in der Natur kennende Mensch ahmt diesen nach und wendet ihn bei der Führung der Gesellschaft an.

Andere Schriften

Der *Führer der Unschlüssigen* setzte sich mit klar umrissenen Themen auseinander: der Verwirklichung, der negativen Attributenlehre, der Schöpfung, der Prophetie, der Vorsehung, der Bedeutung der Gesetze. Daneben gibt es andere Themen aus dem Gebiete der Philosophie und der Theologie, die im Rahmen der anderen Schriften des Maimonides behandelt werden. Einigen von ihnen wurden Einleitungen in seinem *Kommentar zur Mischna* gewidmet, andere erhielten eine gesetzliche Färbung und wurden in die *Mischneh Thora* einbezogen, und es gibt auch solche, die in den von Maimonides abgefaßten Sendschreiben behandelt wurden.

a) Die Grundlehren

In der «Einleitung zum Abschnitt Ḥelek», im zehnten Kapitel der Abhandlung Sanhedrin im *Kommentar zur Mischna*, zählt Maimonides die dreizehn Grundsätze des jüdischen Glaubens auf. Diese erste dogmatische Festlegung der Grundlehren führte zu einem langanhaltenden Streit. Manche widersprachen seiner Auswahl der Grundlehren und schlugen andere an deren Stelle vor, andere behaupteten sogar, daß überhaupt keine derartige Auflistung vorgenommen werden dürfe, da aus ihr hervorgehe, daß andere Glaubenssätze nebensächlich und bedeutungslos seien. Die Grundlehren des Maimonides wurden aber von der jüdischen Tradition angenommen, ja sogar in einer Paraphrase in das Gebetbuch aufgenommen. Maimonides selbst legte fest, daß derjenige, der nicht an sie glaubt, nicht dem Volke Israel angehört und keinen Anteil an der kommenden Welt hat. Er lehnt sich an die Worte der Mischna an (Sanhedrin 10:1): «Alle von Israel haben einen Anteil an der kommenden Welt… und jene haben keinen Anteil an der kommenden Welt: derjenige der sagt, es gebe keine Auferstehung der Toten in der Thora, die Thora sei nicht vom Himmel gegeben, der Epikureer».

Gemäß der Aufgliederung in dieser Mischna teilen sich die Grundlehren in drei Gruppen auf: Die erste Gruppe beinhaltet fünf Grundlehren, die Gott selbst zum Thema haben: 1. die Existenz Gottes, 2. die Einheit Gottes, 3. die Unkörperlichkeit Gottes, 4. die Ewigkeit Gottes, 5. die Ausschließlichkeit der Anbetung Gottes. Die zweite Gruppe bezieht sich auf die Stellung der Thora: 6. die Existenz der Prophetie, 7. die Überlegenheit der Prophetie des Moses, 8. die Thora ist vom Himmel gegeben, 9. die Ewigkeit der Thora. Die dritte Gruppe behandelt das Thema von Lohn und Strafe: 10. Gott ist allwissend, 11. das Bestehen von Lohn und Strafe, 12. die Tage des Messias, 13. die Auferstehung der Toten.

Jede der dreizehn Grundlehren wird von einer Erklärung begleitet, einer kurzen oder verhältnismäßig langen, außer der dreizehnten Grundlehre. In seiner Bezugnahme auf diese Grundlehre verweist Maimonides auf Ausführungen zu diesem Thema in einem früheren Zusammenhang («und wir haben dies schon erläutert»). Aber auch in diesem früheren Zusammenhang erklärte Maimonides nicht eindeutig die Beschaffenheit der Auferstehung der Toten: Er bezeichnet sie als eine wichtige Grundlehre und behauptet ihren selektiven Charakter; sie gelte nur für die Gerechten, und er fügt hinzu, daß der menschliche Körper vergänglich ist. Ein Ausspruch der Weisen, den er zur Unterstützung seiner Stellung anführt («Gerechte werden in ihrem Tode Lebende genannt» Brachoth 18:2) und der von ihm in einem anderen Zusammenhang als Hinweis auf das Bestehenbleiben des Verstandes ausgelegt wird, führte den Vorsitzenden der Jeschivah in Bagdad, Samuel ben Ali, zur Überzeugung, daß Maimonides überhaupt nicht an die körperliche Auferstehung der Toten glaube. Als diese Schlußfolgerung stützender Beweis diente die Tatsache, daß die körperliche Auferstehung in keiner seiner Schriften erwähnt wird. Das Gerücht über diese weitgehende Auslegung kam Maimonides zu Ohren, und um es zu widerlegen, verfaßte er das *Sendschreiben über die Auferstehung der Toten*. In diesem Sendschreiben erklärt er, daß er den traditionellen Glauben an die Auferstehung der Toten teile, jenes Leben werde jedoch nicht ewig sein, da der menschliche Körper vergänglich sei.

b) Die Wunder

In seinem *Sendschreiben über die Auferstehung der Toten* widmete Maimonides auch dem Thema der Wunder eine systematische Diskussion. Er erklärt seine theologische Tendenz zu diesem Thema: Als Mitglied der intellektuellen Gemeinde ist es sein Ziel, die Kluft zwischen der Thora und dem Verstand zu verringern und die übernatürliche Auslegung von Ereignissen zu beschränken; gleichgültig, ob sie sich in der Vergangenheit ereigneten, in der Gegenwart stattfinden oder für die Zukunft versprochen sind. Diese Tendenz ist der der Menge entgegengesetzt, die soviel wie möglich die übernatürliche Interpretation von Ereignissen vermehrt.

Maimonides unterteilt die biblischen Wunder in zwei Gruppen: in Ereignisse, die als Wunder gelten und im Rahmen der Naturgesetze möglich sind, und in solche, die stattfanden, nach den Naturgesetzen aber ausgeschlossen sind. Die zur ersten Gruppe gehörenden Ereignisse sind dann Wunder, wenn sie eine von drei Bedingungen erfüllen: sie stimmen mit der Vorhersage eines Propheten überein, sie ragen auffallend aus dem Üblichen heraus, oder sie ereignen sich wiederholt nach der Gesetzmäßigkeit von Lohn und Strafe. Die zweite Gruppe beinhaltet Ereignisse, die den Naturgesetzen widersprechen, und sie wirft die Frage nach deren Möglichkeit auf, da Maimonides eine Regel des Unmöglichen aufstellte: «Es ist unmöglich, daß ein nicht in der Natur Existierendes bestehen bleiben könne.» Daher bleiben die der Natur widersprechenden Ereignisse nicht bestehen und die Natur kehrt sofort nach deren Geschehen zu ihrem Lauf zurück. So zum Beispiel kehrte der Stab, nachdem er zur Schlange wurde, wieder in seinen alten Zustand zurück. Eine ähnliche Erklärung findet sich auch in dem *Führer der Unschlüssigen* (2 : 29). Maimonides führt weitere Erklärungen zu diesen Wundern an: in der Einleitung zum Traktat die «Väter» («Acht Kapitel») in dem *Kommentar zur Mischna* und in dem *Führer der Unschlüssigen* bezieht er sich mit Sympathie auf einen Ausspruch der Weisen, nach dem die Wunder, die sich als aus dem Rahmen fallende Phänomene ereigneten, schon von vornherein in den Gesetzen der Schöpfung festgelegt wurden. In dem *Sendschreiben gegen Galen*, das zu den *Abschnitten über Moses in der Medizin* gehört, bietet Maimonides eine dritte Erklärung an: Das Wunder ist die Beschleunigung eines natürlichen Ablaufes; wenn nach den Naturgesetzen aus den vier Grundstoffen nach langer Zeit Körper werden, so ist das Wunder eine Beschleunigung dieses natürlichen Vorganges; zum Beispiel verwandelte sich bei den Plagen Ägyptens der Staub mit größerer Geschwindigkeit in Geschmeiß. Es lassen sich in den Schriften Maimonides' auch verstreute Erklärungen finden, die bestimmte biblische Wunder als natürliche Ereignisse oder als subjektive Geschehnisse, die sich nur im Bewußtsein ereigneten (die Rede der Eselin an Bileam, der Sonnenstillstand bei Gideon, die Wiederbelebung des Kindes durch Elijahu), beschrieben.

c) Die Prophetie und das Gesetz
Auch das Thema der Prophetie erfährt eine bestimmte Erweiterung in den Schriften, die die gesetzlichen Auswirkungen der Prophetie behandeln. In der Einleitung zum *Kommentar zur Mischna* wird die Stellung des Propheten in seiner Beziehung zum Gesetzesgelehrten behandelt. In der *Mischneh Thora* widerspricht Maimonides der Festlegung, daß ein wirklicher Prophet derjenige sei, der seine göttliche Sendung durch übernatürliche Wunder beweise. Diese These findet sich bereits in der Philosophie von Rabbi Saadia ha-Gaon, jedoch erwähnt Maimonides ihn nicht ausdrücklich in diesem Zusammenhang. Nach seiner Meinung ist der Prophet nicht notwendigerweise ein dem Volk Gesandter, wenn jedoch ein Mensch auftritt, der behauptet von Gott gesandt zu sein und praktische Forderungen erhebt, müssen seine Hörer sich davon überzeugen, daß es sich bei ihm um einen wirklichen Propheten handelt. Seine Persönlichkeit muß folgenden Anforderungen genügen: Er hat in seinen Tugenden und seinem Verstand vollkommen zu sein, während sein Verhalten das eines Menschen ist, dessen Gedanken sich auf die oberen Welten konzentrieren. Solch ein Mensch muß zwar ein Zeichen und ein Wunder vollbringen, wie es in der Thora heißt, doch das Wunder ist nichts anderes als die Vorhersage von natürlichen Dingen, die im Begriff

sind, sich zu ereignen («Sattheit und Hunger, Krieg und Frieden»). Maimonides räumt die Möglichkeit ein, daß sich dieser Mensch nur verstellt, und es keine letzte Garantie dafür gebe, daß sich Gott ihm wirklich offenbarte. Aber so wie der Richter ein Urteil gemäß den Aussagen von glaubwürdigen Zeugen fällen muß, da er sich selbst nicht am Ort des Geschehens aufhielt, so muß die Gemeinde auch der Stimme desjenigen gehorchen, der nach den gegebenen Kriterien als wahrer Prophet angesehen wird. Der Inhalt der Prophetie wird zum Zeugnis für ihre Glaubwürdigkeit, da jeder nach Moses kommende Prophet die Aufgabe hat, die Thora zu stärken und sie nicht aufzuheben. Wer sich in seiner Prophetie für den Götzendienst ausspricht, oder sagt, Gott habe ihm geboten, Götzendienst zu verrichten, oder die Gesetze der Thora auf Dauer aufheben will, dessen Wort ist nicht zu gehorchen und er ist als ein falscher Prophet zu behandeln. Es liegt hingegen in der Macht des Propheten, bestimmte Gesetze zeitlich zu übertreten, so wie Elijahu ein Opfer auf dem Karmel trotz des Bestehens des Tempels darbrachte. Hinsichtlich seiner Stellung als Gesetzesgelehrter genießt der Prophet keine Vorteile gegenüber einem anderen Weisen.

Zu den zukünftig kommenden Propheten zählt der messianische König. Ihm und seiner Zeit sind Diskussionen in der Einleitung zum Kapitel «Ḥelek» in dem *Kommentar zur Mischna*, zwei Passagen in der *Mischneh Thora*, insbesondere in den Kapiteln über die Könige, und in dem *Sendschreiben an den Jemen* gewidmet. Aus eindeutig polemischen Gründen betont Maimonides hier die Tatsache, daß der Messias unter Moses stehen wird, da ihm nicht die Aufgabe des Gesetzgebers zukommt. Der Messias wird als ein König beschrieben, der in der Zukunft die Thora des Moses mit Kraft durchsetzen wird, und danach eine ideale Universalherrschaft herbeiführen wird, die es jedem Menschen ermöglichen wird, seine Vollkommenheit zu finden, d.h. Gott gemäß dem menschlichen Vermögen zu erkennen. In den Tagen des Messias wird sich die Natur in keiner Weise ändern, und alle utopischen Beschreibungen sind nichts anderes als Gleichnisse des zukünftigen Friedens, Wohlstandes und Glückes.

d) Die Ethik

Die praktische Philosophie wird in den gesetzlichen Schriften des Maimonides ausführlicher behandelt als im *Führer der Unschlüssigen*, der der theoretischen Philosophie gewidmet ist. Die Wichtigkeit der Ethik erstreckt sich auf zwei Ebenen: Auf der persönlichen ist sie eine notwendige Voraussetzung für die verstandesmäßige Vollkommenheit und auch die Prophetie; auf der der Gemeinde tragen die Tugenden des Einzelnen zum Wohl der Gesellschaft im Ganzen bei. Sowohl in der Einleitung zum Traktat der «Väter» in dem *Kommentar zur Mischna* («Acht Kapitel») als auch in den «Gesetzen des Wissens» in der *Mischneh Thora* behandelt

Maimonides die Verhaltensweise desjenigen, der eine ethische Haltung erreichen will. Tatsächlich hat Maimonides den größten Teil der *Ethik* des Aristoteles entnommen, die er durch den Kommentar al-Fārābī's kannte. Außer den Eigenschaften des Zornes und des Stolzes, von denen man sich so weit wie möglich entfernen solle, ist das angestrebte Maß das des «goldenen Mittelweges». Die Extreme, sowohl der Begehrlichkeit und der Triebhaftigkeit als auch der Askese, sind nicht erstrebenswert. Um das richtige seelische Maß zu erwerben, muß der Mensch den Weg der praktischen Gewöhnung gehen, und wenn er weiß, daß er einem der nicht erstrebenswerten Extreme zuneigt, so hat er das entgegengesetzte Extrem einzuüben, damit er auf diesem Wege zu dem goldenen Mittelweg gelange. Dabei unterscheidet Maimonides jedoch zwischen dem Weisen, der sich an den goldenen Mittelweg hält, und dem Frommen, der der Askese zuneigt. Im *Führer der Unschlüssigen* besteht die sittliche Vollkommenheit wesentlich im Kampf gegen die materiellen Gelüste, worin manche Interpreten eine Zuwendung zur platonischen Lehre in der späten Philosophie des Maimonides gesehen haben.

In den «Acht Kapiteln» beendet Maimonides seine Diskussion der Ethik unter Bezugnahme auf die Idee der freien Wahl, eine Idee, die auch in den «Gesetzen der Umkehr» der *Mischneh Thora* behandelt wird. In diesem Zusammenhang behauptet er, daß jeder Mensch die Fähigkeit habe, zwischen einer guten und einer bösen Tat zu wählen, trotz seiner angeborenen Eigenschaften, seiner Erziehung und seinen Gewohnheiten. Die Freiheit des Willens steht seiner Meinung nach nicht im Widerspruch zum Wissen Gottes um die Zukunft, da sich die Qualität des göttlichen Wissens nicht erreichen läßt und es keinem anderen Wissen ähnlich ist. So ergibt sich, daß kein Widerspruch zwischen dem Begriff jenes Wissens, dessen Inhalt überhaupt nicht bekannt ist, und der freien Wahl des Menschen behauptet werden kann. Maimonides behandelt in diesen Schriften auch eine zusätzliche Schwierigkeit, die die Voraussetzung der Willensfreiheit in Frage stellt: das Problem der Übereinstimmung zwischen der Verwirklichung des menschlichen und der des göttlichen Willens. In welcher Hinsicht kann behauptet werden, daß eine bestimmte Handlung die Frucht der menschlichen Wahl ist, wenn alle Geschehnisse in der Welt die Folge des Willens Gottes sind? Die Antwort darauf gibt Maimonides mit Hilfe einer Diskussion des Begriffes des «göttlichen Willens»: Wir sagen, jemand sei auf Grund des göttlichen Willens aufgestanden, da Gott durch seinen «ewigen Willen» dem Menschen die Fähigkeit gab, gemäß seiner Wahl aufzustehen oder zu sitzen. Dies bedeutet: Die in der Gegenwart ablaufenden Ereignisse gelten als sich gemäß dem Willen Gottes ereignende Geschehnisse, da dieser Wille ihre erste, entfernte Ursache ist. Dieser Gedanke wird auch im *Führer der Unschlüssigen* erwähnt, und es wurden aus ihm weitgehende theologische Schlußfolgerungen über das Eingreifen Gottes in die Geschichte gezogen.

Die philosophische Lehre des Maimonides kann sowohl aus seinen für
die jüdische Gemeinde in ihrer Allgemeinheit geschriebenen gesetzlichen
Werken gewonnen werden, wie auch aus seinem Buch *Führer der Unschlüssigen,* das später für einen eingeschränkten Leserkreis verfaßt
wurde. Die unterschiedliche Leserschaft und vielleicht auch die Abfassung der Schriften in unterschiedlichen Phasen von Maimonides' Leben
führen zu einer bestimmten Variationsbreite seiner Positionen. Gleichzeitig scheint es jedoch möglich, seine philosophische Lehre in ihren Grund-
zügen zu kennzeichnen: Sie enthält den Versuch zu zeigen, daß ein richtiges Verständnis der heiligen jüdischen Schriften nicht im Widerspruch zu
den Schlußfolgerungen der theoretischen Philosophie steht, und daß das
praktische Leben gemäß dem jüdischen Gesetz nicht den Tendenzen der
praktischen Philosophie oder Ethik entgegensteht.

e) Medizinische Werke[2]

Als Gelehrter interessierte sich Maimonides vor allem für die in direkter
Beziehung zu seinen juristischen und ethischen Lehren stehenden wissenschaftlichen Fakten. Eifrig las er die zeitgenössische mathematische
und astronomische Literatur und benutzte ihre Ergebnisse mit Erfolg bei
der Ausarbeitung gewisser rabbinischer Lehren. Besonders lag ihm
daran, seine Ansichten über medizinische Themen zu verbreiten. Die
meisten seiner Monographien – über Hämorrhoiden, Geschlechtsver-
kehr, Asthma, Gifte, Anfälle von Schwermut und selbst seine halb-medi-
zinische, halb-ethische Abhandlung über das *Regimen Sanitatis oder
Diätetik für die Seele und den Körper* – schrieb er auf Veranlassung verschiedener Würdenträger. Das erklärt ihren oft leichten Ton und die zahlreichen Wiederholungen. Aus eigener Initiative scheint er nur zwei größere medizinische Abhandlungen verfaßt zu haben.

Eine davon ist ein großes, erst vor etwa fünfzig Jahren entdecktes
Lehrbuch über Drogen, das in einem einzigen Istanbuler Manuskript existiert, abgeschrieben von einem der führenden arabischen Pharmakolo-
gen des Mittelalters aus der Generation nach Maimonides. Anscheinend
gehört es zu den ersten medizinischen Werken des Maimonides; er hat es
vielleicht zum eigenen Gebrauch geschrieben, um mit seiner Hilfe die in
seiner neuen ägyptischen Umgebung gebräuchlichen Drogen mit gleich-
artigen Präparaten aus Marokko und Spanien zu identifizieren, die oft andere arabische Bezeichnungen trugen. Außerdem erfordert schon das
Studium von Hippokrates und Galen eine genauere Kenntnis der Zusammensetzung von Medikamenten; viele ihrer Rezepte konnten nämlich in
Ägypten nicht angefertigt werden, weil gewisse Pflanzen nicht vorhanden oder unerschwinglich teuer waren. Bei der deshalb nötigen Suche
nach Ersatzstoffen war also eine bessere Kenntnis gleichartiger Drogen
oder der zu ihrer Bezeichnung benutzten Synonyme dringend erforderlich.

Maimonides formuliert viele Jahre hindurch medizinisch-ethische Aphorismen, die unter dem Titel *Pirke Mosche* («Aphorismen des Moses») bekannt geworden sind. Sie wurden auf Arabisch verfaßt und sind in verschiedenen Handschriften erhalten. Obschon er Hippokrates und Galen häufig zitierte, wagte er es doch auch, von den Lehren dieser alten Meister abzuweichen und ihnen sogar manchmal zu widersprechen. Hier und in anderen Werken versuchte er, seine Leser davon zu überzeugen, daß eine für Körper und Seele gesunde Lebensweise das beste Mittel zur Verhütung und Heilung von Krankheit sei. Er glaubte leidenschaftlich an «seelische Therapie» und gab den Patienten in seinen medizinischen Abhandlungen ausführlich Ratschläge, eine psychologische Kur anzuwenden. In seinem *Regimen Sanitatis* heißt es: «Durch die Beschäftigung mit Büchern über Ethik und Religion, mit den Vorschriften des Religionsgesetzes und den Predigten und Sprüchen der Weisen kann man die Seele daran gewöhnen, dem Leiden Widerstand zu leisten, bis sie gestärkt ist und das Rechte als recht und das Nichtige als nichtig erkennt. Auf diese Art verringern sich die Leiden; die bösen Gedanken und die Menschenscheu verschwinden, und trotz allem, was dem Menschen zustoßen kann, erfüllt die Seele Heiterkeit.» Gleichmut zeigen und das Unglück ruhig hinnehmen – das ist die Quintessenz der ethisch-medizinischen Lehren von Maimonides.

Noch zu Lebzeiten des Maimonides verherrlichte ein Poet, Ibn Sana, ihn in dem überschwenglichen Stil seiner Zeit in einem Lobgedicht, in dem er die Seelentherapie des Weisen aus Fostat hoch über Galens ausschließliche Beschäftigung mit den Leiden des Körpers stellte. In einigen islamischen Dokumenten wird er verächtlich als ein abtrünnig gewordener Konvertit zum Islam bezeichnet, aber die meisten Ärzte rechneten ihn zu den führenden medizinischen Autoritäten seiner Zeit.

Wie es damals üblich war, verließ sich Maimonides mehr auf Bücherwissen als auf Experimente. Obwohl der Gelehrte in seiner ärztlichen Praxis noch mehr als bei seinen mathematischen und astronomischen Berechnungen auf seine persönliche Beobachtung und Erfahrung angewiesen war, stützte er sich doch stark auf frühere Autoritäten. Da er mehr Forscher als praktischer Arzt war, ärgerte es ihn, daß er sich um die unbedeutenden oder eingebildeten Beschwerden seiner vornehmen Patienten kümmern mußte und ihm dadurch nur wenig Zeit zum Studium der medizinischen Literatur blieb. «Ihr wißt ja», schrieb er, «wie beanspruchend und schwierig dieser Beruf für jeden gewissenhaften und genauen Menschen ist, der nichts behaupten will, was er nicht beweisen oder für das er keine Quelle oder der Behauptung zugrundeliegende Analogie angeben kann».

III. Wirkung

Die Kontroverse, die die Werke des Maimonides zu seinen Lebzeiten hervorgerufen hatte, ging nach seinem Tode weiter. Mit Absicht hatte er seinen _Führer der Unschlüssigen_ in einem weniger leicht zugänglichen Stil abgefaßt als seine juristischen Schriften, und er hatte seinen Lesern wiederholt geraten, seine Worte sorgfältig zu studieren, damit sie aus ihnen nicht «genau das Gegenteil von dem, was ich sagen wollte», verstanden. Es überrascht nicht, daß nicht nur Ignoranten, sondern auch wohlinformierte traditionalistische Denker seine Ansichten verurteilten. Die Behauptung des Maimonides, der Glaube an die Körperlichkeit Gottes sei Ketzerei, mag in der islamischen Welt eine Notwendigkeit gewesen sein, aber die Bewohner des christlichen Westens verstanden diese Zwangslage kaum. Schließlich war ja das Christentum in seiner Lehre von der Fleischwerdung Gottes, der als Mensch geboren wurde, lebte und starb, noch viel weiter gegangen. Einige andere Lehren Maimonides klangen für westliche Traditionalisten noch extremer und gefährlicher.

Die Behauptung, der Vernunft gebühre der Vorrang und es sei nötig, das offenbarte Gotteswort mit der aristotelischen Philosophie in Einklang zu bringen, riefen starken Widerspruch hervor. Ihren Höhepunkt erreichte die gegen Maimonides gerichtete Polemik besonders in der Provence, dem Gebiet, wo die islamische und die christliche Kultur zusammenstießen. Schließlich riefen jüdische Gegner sogar die christliche Inquisition zur Hilfe. Im Jahre 1233 gelang es ihnen, die Inquisition von Montpellier davon zu überzeugen, der _Führer der Unschlüssigen_ enthalte viele Fehler, die nicht nur für die jüdische Gemeinschaft, sondern auch für den christlichen Glauben gefährlich seien. Es dauerte aber nicht lange, bis ein aufgeklärter Papst selbst eine Übersetzung des _Führers der Unschlüssigen_ ins Lateinische anregte, damit er ihn an seiner Quelle studieren könne, und bald zitierten die führenden christlichen Scholastiker Albertus Magnus und Thomas von Aquin häufig und mit Verehrung «Moses, den Ägypter». Als die jüdischen Denunzianten der Lehren des Maimonides die Inquisition aufforderten, sich um die jüdische Literatur zu kümmern, machten sie sich nicht klar, daß sie damit dem langwierigen Gerichtsverfahren gegen den Talmud und letztlich seiner Verbrennung den Weg bahnten.

Zur gleichen Zeit inspirierte das Werk des Maimonides gemäßigtere jüdische Gelehrte in der ganzen Welt, sich mit philosophischen und wissenschaftlichen Studien zu befassen. Ein glühender Bewunderer wie Jedaja ha-Penini aus Béziers rief in typisch jugendlichem Überschwall aus: «Wir können die Wissenschaft nicht aufgeben; sie ist unser Lebensatem. Selbst wenn Josua käme, um sie zu verbieten, könnten wir ihm nicht gehorchen. Denn wir haben einen Garanten, der alle anderen übertrifft, nämlich Moses ben Maimon, der sie uns empfohlen und eingeprägt hat. Wir sind bereit, für sie unser Hab und Gut, unsere Kinder und unser Leben aufs Spiel zu setzen.» Mit weniger enthusiastischen Beteuerungen, aber gleicher Hingabe studierten viele Menschen, darunter auch einige Muslime und Christen, den *Führer der Unschlüssigen* mit großer Sorgfalt. Im dreizehnten Jahrhundert schrieb sogar ein Muslim einen Kommentar zu einigen Abschnitten. Mehrere angesehene Juden, darunter Don Isaak Abravanel, verfaßten ausführliche Kommentare zu dem ganzen Werk, und alle späteren jüdischen Philosophen nahmen positiv oder negativ zu einzelnen seiner Lehren Stellung. Durch Spinoza, dessen Philosophie jener des Maimonides viel verdankt, sind die Lehren des Weisen aus Fostat in die moderne Philosophie eingedrungen, und seitdem befruchten sie die Gedanken über grundlegende religiöse Fragen.

Sein großer *Kodex* und sein *Kommentar zur Mischna* haben noch größeren Einfluß auf das jüdische Leben und Denken gehabt. Viele hervorragende Gesetzesgelehrte verfaßten lange Kommentare dazu und einige Dichter, denen freilich der göttliche Funke fehlte, haben die Vorschriften der Gesetzessammlung in Versform wiedergegeben. Noch heute versuchen Talmudstudenten ihren Scharfsinn oft daran, daß sie zunächst scheinbare Widersprüche in der Gesetzessammlung entdecken und diese dann durch die Anwendung höherer talmudischer Dialektik aufheben. Selbst die Kabbalisten, deren mystische Lehren dem rationalistischen Geiste des Maimonides so vollkommen fern standen, versuchten, den Meister für sich zu beanspruchen. Schem Tow ben Abraham ibn Gaon (1287 – frühestens 1325), einer der besten Kommentatoren des Maimonides, berichtet tatsächlich, er habe in einer alten Rolle folgende handschriftliche Eintragung gelesen: «Ich, Moses ben Maimon, bin in den Raum der Merkaba (den göttlichen Wagen aus der Vision Ezekiels) hinabgestiegen.» Ebenso haben moderne chassidische Rabbiner viele wichtige Lehren von dem Weisen aus Fostat hergeleitet. So machte sich also Saadia ibn Danan keiner Übertreibung schuldig, als er schrieb: «Von Sonnenaufgang bis Sonnenuntergang folgte ganz Israel der Führung Ben Maimons.» Die dankbare Nachwelt verband sogar seinen Namen mit dem des ersten Moses und sagte: «Von Moses bis Moses gab es keinen anderen wie Moses.»

Übersetzt aus dem Hebräischen von Elisheva Moatti

Wolfgang Kluxen

THOMAS VON AQUIN
(1224/1225-1274)

Im Vorwort zu seiner großen *Summe der Theologie*, seinem wirkungsgeschichtlich bedeutendsten Werk, schreibt Thomas von Aquin, er wolle
hier für «Anfänger» zusammengefaßt und geordnet darstellen, «was zur
christlichen Religion gehört». Das ist ihm in eindrucksvollem Maße gelungen: Sein Werk gilt bis heute als vollkommenste Ausprägung jener
christlich-religiös bestimmten Intellektualität, die sich in der Scholastik
des lateinischen Mittelalters ausgeformt hat und den Katholizismus der
Neuzeit bis in unser Jahrhundert charakterisiert. Thomas ist damit zweifellos ein «Klassiker» auch für ein religionsphilosophisches Interesse, und
das gilt unabhängig davon, wie weit man bei ihm eine der modernen Disziplin entsprechende «Religionsphilosophie» konstruieren kann. Auch
wenn der Philosoph Thomas vorwiegend metaphysisch denkt, geschieht
das aus religiöser Orientierung, in welcher der religiöse Gegenstand, die
Gottesbeziehung, die Frage nach dem Sinn des Daseins eine zentrale
Rolle spielen. Aber er ist nicht, was man einen religiösen Denker nennen
würde; es geht ihm um wissenschaftliche Disziplinierung und rationale
Argumentation, dies freilich auf dem Grunde einer religiös gefaßten Existenz, wie seine Biographie zeigt.

I. Leben

Thomas von Aquin wurde 1225 auf dem Schlosse Roccasecca bei Neapel
geboren, als jüngerer Sohn einer Familie von «Herren», die nicht nur lo-
kal mächtig war, sondern auch mehrere Mitglieder im Dienst des Herrschers, Kaiser Friedrichs II., hatte. Für die geistliche Laufbahn bestimmt,
kam er als Fünfjähriger in das Kloster Monte Cassino, in Sichtweite von
Roccasecca. Streitigkeiten um das Kloster veranlaßten, daß er als Vier-
zehnjähriger an die Universität Neapel geschickt wurde. Dort erhielt er
seine wissenschaftliche Grundausbildung, zweifellos im Sinne des damals
modernen Aristotelismus. Dort trat er als Achtzehnjähriger in den Dominikanerorden ein, ganz gegen den Willen der Familie, die darin – mit
Recht – die Absage an eine kirchliche Karriere sah. Schon auf der Reise
nach Norden, wurde er auf Anordnung seiner Mutter mit Gewalt zurückgeführt und über ein Jahr lang festgehalten. Da es aber nicht gelang,
ihn von seinem Entschluß abzubringen, ließ sie ihn endlich ziehen. Das
verwandtschaftliche Verhältnis wurde dadurch nicht getrübt; später ist

Thomas öfter zu Gast auf Schlössern seiner Verwandten, so bei Schwester und Nichte, und gelegentlich leistet er der Familie Dienste, so 1272 als Testamentsvollstrecker eines Schwagers.

Erst 1245 kann Thomas als Dominikaner reisen – wie wir annehmen müssen, nach Paris, wo Albertus Magnus lehrt. 1248 richtet Albert dann in Köln ein «Studium generale» des Ordens ein, und Thomas ist hier vier Jahre sein Schüler, zuletzt wohl in der Rolle einer Art von Assistent. Auf Empfehlung Alberts schickt ihn der Orden 1252 nach Paris, dem Zentrum der theologischen Wissenschaft, wo er sogleich als «Baccalar» zu lehren begann. Ein solcher hatte zuerst einen Bibelkurs zu halten (wie ihn z. B. sein Kommentar zu Isaias dokumentiert), möglicherweise begann Thomas aber sogleich die Hauptvorlesung über das systematische Lehrbuch der Theologie, die *Sentenzen* des Petrus Lombardus († 1159), die er 1256 abschloß. Anschließend erhielt er die *«licentia docendi»* als Magister, der «ordentlich» die Bibel lesen und Disputationen abhalten konnte, das letztere mit dem Recht, die anstehende Frage zu «entscheiden» (determinatio magistralis). Aber erst 1257 wurde er in das «consortium» der Magister aufgenommen: Es gab heftigen Widerstand der weltgeistlichen Magister, die den Bettelorden keine Lehrbefugnis gewähren wollten, und es bedurfte päpstlichen Drucks, um diesen zu überwinden.

1259 verläßt Thomas Paris und hält sich ein Jahrzehnt in Italien auf, zuerst vielleicht in Neapel, sicher 1261–1265 in Orvieto, am dortigen Dominikanerkonvent, wo er «einfache» Brüder zu unterrichten hatte. 1265–1268 lehrt er dann im römischen Konvent Santa Sabina ausgewählte Studenten aus der römischen Provinz. Die Annahme, er habe als Theologe am päpstlichen Hof gewirkt, hat sich nicht bestätigen lassen. 1268 ruft ihn der Orden wieder nach Paris: Der Mendikantenstreit war wieder aufgeflammt, ein Streit um die Autonomie profaner Wissenschaft, die gegen die Autorität der Theologie geltend gemacht wurde, hatte zu einer Krise geführt. Thomas behauptete in der Kontroverse, auch bei persönlichen Angriffen unerschüttert, eine «mittlere» Position und gewann hohes Ansehen gerade bei den «Artisten» (den Philosophen).

1272 zieht Thomas wieder nach Italien, um in Neapel ein Studium generale des Ordens aufzubauen. Am 6. Dezember 1273 hört er auf zu schreiben; am 7. März 1274 stirbt er, auf dem Wege zum Konzil von Lyon, in der Zisterzienserabtei Fossanova bei Terracina. Sein Grab findet sich heute in der Jakobinerkirche zu Toulouse, wohin die Reliquien 1369 überführt worden sind.

Oberflächlich fällt an dieser Biographie der häufige Ortswechsel auf. Man hat die Strecke, die Thomas zu Fuß (!) zurückgelegt hat, auf rund 15 000 km berechnet – eine gewaltige Leistung für den großen, schwerleibigen Mann, an dem den Zeitgenossen zugleich eine hohe physische Sensibilität auffiel. Aber dann ist dies Leben auch wieder einfach: grundlegend bestimmt durch den frühen Entschluß zur religiösen Armut, die frei

Thomas von Aquin (1224/1225–1274)

macht zur Kontemplation und zur Reflexion, deren Frucht wiederum die Lehre ist. Den Zusammenhang von Armut, Kontemplation und wissenschaftlicher Tätigkeit hat Thomas im Mendikantenstreit in mehreren Schriften begründet und verteidigt (1256/57: *Contra impugnantes dei cultum et religionem;* 1269/70: *De perfectione vitae spiritualis; Contra pestiferam doctrinam retrahentium homines a religionis ingressu*). Er selbst hat diese Lebensform konsequent erfüllt, mit ausschließender Konzentration auf Denken und Lehren (notorisch war seine «abstractio mentis» im Alltag). Als bleibendes Resultat von wenig mehr als zwanzig Jahren solch konzentrierter Arbeit ist ein eindrucksvolles Werk entstanden, dessen wichtigste Teile nun vorzustellen sind.

II. Werke

Die Schriften des Thomas sind insgesamt Frucht seiner Lehre. Sie gehören der Universitätswissenschaft seiner Zeit an, der «Scholastik», die bereits feste Formen für den Unterricht wie für die literarische Fassung der Wissenschaft entwickelt hatte. Hauptformen des Unterrichts sind «lectio» und «disputatio». Gegenstand der ersteren, der «Vorlesung», sind die Grundtexte: In der Theologie hat der Magister vor allem die Bibel zu «lesen», zuvor als Baccalar die erwähnten *Sentenzen* des Petrus Lombardus; in der Philosophie sind vor allem die Schriften des Aristoteles zu behandeln. Dabei geht es stets um die Sachfrage, um logische Analyse und «rationale» Durchdringung der Aussage: Das zeigen die vorhandenen Kommentare, und zwar schon die einfache «lectura» (oft nur in Vorlesungsnachschriften als «reportata» erhalten), erst recht die ausführlichere «expositio», welche die «sententia», den doktrinellen Gehalt des Textes, auszuarbeiten hat. In den Sentenzenkommentaren tritt der Text sogar in den Hintergrund; er wird zum Anlaß, die Sachfragen in selbständigen «quaestiones» zu behandeln, deren Form auf die «disputatio» zurückweist.

Die Quaestio ist die für die scholastische Wissenschaftspraxis am meisten charakteristische literarische Form. In ihr erscheint nicht der Verlauf, aber das Ergebnis der Disputation, wie es der Magister in seiner «determinatio» zusammenfaßt: Zu einer Sachfrage, die womöglich in «Artikel» aufgegliedert wird, werden zunächst Argumente pro und contra beigebracht; seine Stellungnahme formuliert der Magister in der «responsio» (oder «solutio», auch «corpus articuli» genannt), danach gibt er die Antworten auf die einzelnen Argumente. Argumente können «auctoritates» sein (Aussagen der Bibel oder der Kirchenväter von maßgeblichem Charakter), die man interpretieren muß, oder «rationes», die man widerlegen, «lösen» kann; in der Philosophie zählen auch die «auctores» – neben Aristoteles besonders seine großen arabischen Interpreten wie Avicenna (Ibn

Sīnā, † 1037) und Averroes (Ibn Ruschd, † 1198) – nur kraft ihrer rationalen Argumentation. Erst recht gilt das für die zeitgenössischen Magister, die grundsätzlich anonym bleiben. Mit allen diesen Vorgaben hat sich auseinanderzusetzen, wer eine Disputation veranstaltet. Besonders anspruchsvoll sind die in Paris zweimal jährlich angesetzten Disputationen «de quolibet», in denen der Magister nicht selbst die Frage stellt, sondern öffentlich auf beliebige Fragen seines Fachgebietes antwortet. In solcher Streitkultur kann sich nur behaupten, wer sowohl die Tradition als auch die Kunst der rationalen Argumentation beherrscht; erst auf dieser Grundlage hat denkerische Originalität eine Chance.

Die Technik der «quaestio» veranlaßt dazu, auch zusammenhängende Darstellungen, die nicht unmittelbar aus dem Unterricht hervorgegangen sind, als Abfolge von Einzelfragen zu geben: So sind die «Summen» aufgebaut, die ein mehr oder minder großes Wissensgebiet darstellen. Die Systematik des Gedankens entsteht nicht im freien Entwurf, sondern wird durch die Integration des tradierten Stoffes ausgeführt, dessen Vermittlung wesentlich zur Lehre gehört. Das macht diese Werke umfangreich und ihre Lektüre für den modernen Leser mühsam, wenn er nach dem Individuellen und Originellen sucht. Dies hebt sich erst vom stets gegenwärtigen Hintergrund der «Schule» ab, und das gilt auch für die Schriften, die nicht die typische Schulform aufweisen.

Im einzelnen sind zu nennen:

1) *Sentenzenkommentar:* Historisch richtig «*Scriptum*» genannt, enthält die Vorlesung des Baccalars (Paris 1252–56); 4 Bücher, eingeteilt in «distinctiones», zu deren jeder Thomas eine «divisio» gibt, dann «quaestiones» mit zumeist mehreren «articuli», zum Schluß eine «expositio» (danach wird zitiert, z. B. In I Sent.dist.1 q. 1 a. 1).

Dies erste und umfangreichste Hauptwerk gibt, im Anschluß an den kommentierten Text des Lombarden, eine vollständige Darstellung der «spekulativen» Theologie.

2) *Quaestionen:* Es liegen 63 *Quaestiones disputatae* vor, d. h. Ausarbeitungen von ordentlichen Disputationen; die wichtigsten in den Reihen *De veritate* (Über die Wahrheit, 29 qq., Paris 1256–59), *De potentia* (Über das Vermögen oder die Macht, bes. Gottes, 10 qq., Rom 1265–69), *De malo* (Über das Übel, 16 qq., Paris 1269–72). Für sie ist die Ausführlichkeit charakteristisch, mit der Argumente und Lösungen ausgebreitet werden.

Außerdem gibt es 12 «*Quodlibeta*», von denen VI–XI dem ersten, I–V und XII dem zweiten Pariser Aufenthalt des Thomas angehören. Hier stellt er sich aktuellen Fragen der Zeitgenossen und markiert seine Position.

3) *Summen:* Die *Summe über die Wahrheit des katholischen Glaubens wider die Heiden,* kurz *Summa contra gentiles* genannt (ca. 1259–64; 4 Bücher, eingeteilt in Kapitel), stellt den Glaubensinhalt auf rationaler

Ebene dar, soweit das die natürliche Vernunft vermag, und verteidigt die übernatürlichen Wahrheiten gegen Einwände: sie nimmt apologetisch Stellung zur heidnischen, d. h. arabisch-islamischen Philosophie. Sie ist das systematisch geschlossenste seiner Hauptwerke.

Die *Summe der Theologie,* historisch richtig *Summa de theologia* zu nennen, will «für Anfänger» eine konzentrierte, dem sachlichen «ordo disciplinae» folgende Darstellung der Theologie geben. Thomas benutzt die Form der Quaestio, aber mit wenigen Argumenten (meist nur eins «contra»). Der erste Teil (Prima, I) wurde ab 1265 in Italien verfaßt, der zweigeteilte zweite (Prima Secundae, I–II und Secunda Secundae, II–II) wohl in Paris 1269–71, der dritte (Tertia, III) wieder in Italien, blieb aber unvollendet (ein Supplementum wurde von Schülern kompiliert).

Dies dritte Hauptwerk enthält fast immer die klarste, «endgültige» Fassung der Lehre; sie wird seit dem 15. Jahrhundert als das wichtigste Werk des Thomas, wo nicht der Scholastik überhaupt, angesehen.

4) *Kommentare:* An Umfang stehen sie den systematischen Werken nicht nach. Die Bibelkommentare sind Nieder- oder auch Nachschriften der Vorlesungen, die Thomas zu verschiedenen Zeiten gehalten hat: aus dem Alten Testament zu Isaias, zu den Psalmen, zu Jeremias, zu Job; aus dem Neuen Testament zu Matthäus, zu Johannes und den Paulusbriefen. Große Verbreitung fand aber eine (in Orvieto erarbeitete) Zusammenstellung von Texten der Kirchenväter, besonders auch der griechischen, zu einer *Expositio continua* der Evangelien, die später den Namen *Catena aurea* erhielt.

Den theologischen Werken darf man den Kommentar zu *De divinis nominibus* (Über die Gottesnamen) des Pseudo-Dionysius Areopagita zurechnen, der als Apostelschüler galt, in Wahrheit jedoch neuplatonische Metaphysik christlich vermittelte. Vermutlich geht er der langen Reihe der *Aristoteles-Kommentare* voraus, die Thomas parallel zur Arbeit an der *Summa de theologia* schrieb. Am wichtigsten sind die *zur Metaphysik* und *zur* (Nikomachischen) *Ethik,* bedeutend aber auch die *zu Perihermeneias* und den *Zweiten Analytiken,* zu *De anima* (vermutlich der früheste, Buch I ist ein «reportatum») und zur *Physik;* einige sind unvollendet (zur *Politik,* zu *De caelo,* zu den *Meteorologica*) und von Schülern zu Ende gebracht. Hier ist noch der Kommentar zum *Liber de causis* anzuschließen, einem Werk arabischen Ursprungs, das man zum aristotelischen Corpus zählte; Thomas erkannte es als Auszug aus einer Schrift des Neuplatonikers Proklos († 485).

Zu nennen sind schließlich noch Kommentare zu zwei kleinen Schriften des Boethius († 525): *De hebdomadibus* und *De trinitate,* letzterer mit Quaestionen (beide wohl vor 1260, in Paris) und unvollendet.

In den philosophischen Kommentaren hält sich Thomas eng an den Text und bemüht sich in genauen Analysen um dessen «sententia» (was einige Editoren sogar für einen Buchtitel halten!). Es geht um den au-

thentischen Aristoteles, eigene Positionen treten zurück. Seine «neuartigen» Kommentare trafen schon bei den zeitgenössischen «Artisten» auf
großes Interesse.

5) Neben den Hauptwerken stehen rund 70 kleinere Schriften, die man
als *Opuscula* zusammenfaßt. Dazu zählen auch die genannten Polemiken
im Streit um die Mendikanten an der Universität, theologische Kontro-
versschriften wie gegen die «Griechen», Antworten auf Anfragen und
eine Anzahl philosophischer Traktate, darunter das berühmte Frühwerk
De ente et essentia (ca. 1254–56). Bei einigen dieser Opuscula ist die
Echtheit umstritten (was übrigens nicht besagt, daß sie ohne Interesse
wären).

Es mag auffallen, daß eigentlich religiöse Schriften in dieser Aufzählung nicht vorkommen. Auch die Predigten, die Thomas als Magister der
Theologie zu halten hatte und deren wir mehrere Reihen besitzen, sind
«scholastisch», und das gilt sogar von den überlieferten Gebeten. Die
Kraft seiner religiösen Motivation wirkt sich in der Konzentration dieses
Denkers auf das stupende Werk aus, das er in nur zwei Jahrzehnten zustande bringt, ohne jemals flüchtig zu werden. Die Qualität wird evident,
wenn man zu gleichen Fragen die Texte zeitgenössischer Scholastiker vergleicht; regelmäßig ist Thomas auch erstrangigen Denkern, wie Albert
dem Großen oder Bonaventura, an gedanklicher Kraft überlegen. Freilich
zeigt sich dann auch, daß Thomas nicht das «Genie der Ordnung» ist, das
alles Vorgedachte vereint und «klassisch» überhöht, sondern ein Denker,
der aus einem prinzipiellen Ansatz eine eigenständige Gestalt der inte-
grierenden Synthese entwickelt, in manchem den zeitgenössischen Theologen eher anstößig als überzeugend. Die spätere Kanonisierung seiner
Lehre hat die Originalität eher verdeckt, den «Doctor communis» hervorgehoben. Eine angemessene Interpretation muß versuchen, beides zur
Geltung zu bringen, die Allgemeinbedeutung der Doktrin ebenso wie die
Individualität ihrer Prägung.

III. Lehre

Thomas' Lehre steht in ihren Grundlinien schon mit seinem ersten Werk
sozusagen «fertig» vor uns. In manchen Punkten, auch in wichtigen, gibt
es bei ihm jedoch eine Entwicklung, die von der historischen Forschung
herausgearbeitet wurde, doch nicht erst von ihr bemerkt: Schon im
13. Jahrhundert gibt es ein Verzeichnis der Lehrunterschiede zwischen
dem *Scriptum* und der *Summa theologiae*. Aber die letztere ist zum klassischen Text des Thomismus geworden, und deshalb liegt sie der folgenden Darstellung zugrunde.

Wenn diese Summe darlegen will, «was zur christlichen Religion gehört», so geht es um den doktrinellen Inhalt, die «sacra doctrina», und

deren Ausarbeitung zu einer wissenschaftlichen Theologie. Das erfordert den Einsatz rationaler Verfahren und Mittel, die philosophischer Herkunft sind; die Theologie bezieht sich auf philosophische Einsichten und entwickelt sie in ihrem Kontext. Bei Thomas findet sich sein eigenes Philosophieren gerade in den theologischen Werken. So ist zuerst nötig, sein Verständnis von Philosophie in ihrem Verhältnis zur Theologie zu erläutern (§ 1).

Aus dem Lehrinhalt sollen dann, im Sinne eines religionsphilosophischen Interesses, drei Bereiche herausgegriffen werden. Zuerst stellt sich die Frage, wie philosophisch der religiöse Gegenstand zu fassen ist, also die Frage nach Gottesbeweis, Gottesbegriff und der Rede von Gott (§ 2). Die zweite Frage betrifft die Gottesbeziehung des Menschen (§ 3), die dritte die Gottesverehrung, also jene religiöse Praxis, die auch bei Thomas «religio» heißt (§ 4).

Es versteht sich, daß die Doktrin hier nicht ausgebreitet, sondern nur charakterisiert werden kann; dabei soll versucht werden, einen Eindruck von der Originalität dieses Denkens zu vermitteln.

1. Philosophie und Theologie[1]

Die Philosophie deckt mit ihrer Vielzahl von Disziplinen den Umkreis dessen ab, was der Mensch auf Grund seiner Natur, d. h. aus Kräften seiner Vernunft, wissen kann. Daß es zusätzlich einer «sacra doctrina» bedarf, hat seinen Grund darin, daß Gott dem Menschen ein Ziel «über seine Natur hinaus» gesetzt hat; damit er sich diesem zuordnen kann, muß die notwendige Kenntnis durch Offenbarung mitgeteilt werden. In der Offenbarung empfängt der Mensch göttliches Wissen, das er freilich, sofern es das Begreifen seiner natürlichen Vernunft übersteigt, nur glauben kann. Gleichwohl vermittelt die Offenbarung eine neue Erkenntnisperspektive: die Glaubensartikel werden zu Prinzipien einer Wissenschaft, die sich durch sie dem göttlichen Wissen zuordnet, ihm «subalterniert»; von da aus kann sie argumentieren und folgern, und zwar hinsichtlich alles dessen, was mit dem Sinn der Offenbarung zu tun hat (technisch ausgedrückt, ist ihr einheitliches «obiectum formale» das «revelabile»); sie kann sogar unmittelbar von Gott sprechen, ja dieser ist der eigentliche Gegenstand, das «Subjekt» ihrer Aussagen, und alles bezieht sie auf Gott.

Diese Wissenschaft ist damit von allen philosophischen Disziplinen prinzipiell, ihrem «Genus» nach, verschieden. Aber es gibt erhebliche Bereiche, wo sich theologische und philosophische Sicht überschneiden. Die Offenbarung selbst enthält Wahrheiten, die an sich der natürlichen Vernunft zugänglich, aber nur von wenigen, und dann nur mit beträchtlichem Zeitaufwand und nicht ohne Beimischung von Irrtum zu gewinnen sind, obwohl ihre Erkenntnis heilsnotwendig ist. Eine wissenschaftliche

Theologie wird solche Wahrheiten nicht nur als «geglaubte» festhalten, sondern sie als «gewußte» einsichtig machen, und das heißt in diesem Falle klar: als durch die natürliche Vernunft und demnach philosophisch erkannte. Der Theologe kann also um seiner eigenen wissenschaftlichen Aufgabe willen gar nicht umhin, sich auf die Philosophie zu beziehen, und das kann nicht nur punktuell geschehen. Es geht ja um begründete Einsicht, die zulänglich nicht ohne in Prinzipien begründeten Zusammenhang zu haben ist.

So gibt es ein theologisches Interesse an einem systematischen Studium der Philosophie, und in diesem Sinne sind die Aristoteles-Kommentare des Theologen Thomas zu verstehen. Aber dann erscheinen im theologischen Werk selbst philosophische Gedankengänge, und zwar in einer Weise, daß ihre Begründung in den Prinzipien der natürlichen Vernunft erkennbar gemacht wird. Die Philosophie wird nicht referiert, sondern entwickelt, freilich nicht in der ihr eigenen Systematik. Die Theologie folgt ihrem eigenen «ordo disciplinae», und dieser wird durch die Perspektive von Gott her bestimmt, sofern er sich offenbart hat. Aber wo immer in dieser Perspektive natürlich erkennbare Gegenstände betroffen sind, wird auch die natürliche Vernunft befragt und eingesetzt. Ihre Perspektive ist zwar beschränkt, ihre Einsicht endlich und unvollständig, aber so ist sie eben dem Menschen und seinen Fähigkeiten angemessen. Deshalb tut die Theologie gut daran, die Dienste der Philosophie in Anspruch zu nehmen. Die bloße Feststellung einer Wahrheit als zum «Glauben» gehörig befriedigt nicht, wenn begründete Einsicht möglich ist.[2] Vollends muß der Theologe philosophisch argumentieren, wenn er es mit Gegnern des Glaubens zu tun hat. Natürlich kann er die eigentliche Glaubenswahrheit, die sich dem menschlichen Begreifen entzieht, nicht beweisen; aber er kann argumentativ die Gründe auflösen, die dagegen vorgebracht werden; das kann wirksam nur auf der Ebene der natürlichen Vernunft geschehen.

Die Theologie ist, wie man sagen kann, für wichtige Aufgaben auf Philosophie angewiesen. Aber sie ist nicht von ihr abhängig, beruht sie doch auf den ihr eigenen, der philosophischen Vernunft prinzipiell unzugänglichen Prinzipien. Von da aus kann sie glaubensbedeutsame Positionen der Philosophie beurteilen, sie kann der natürlichen Vernunft Grenzen aufweisen und übersteigerte Ansprüche zurückweisen. Aber sie begründet nicht die Prinzipien der philosophischen Wissenschaften, sie setzt sie voraus als mit der «Natur» der Vernunft gegeben. Die Philosophie ist daher prinzipiell unabhängig von der Theologie; sie steht auf eigenem Grunde, und gerade das macht sie geeignet für die Dienstleistung, deren die Theologie nicht um ihrer selbst willen, sondern um der «Schwäche» menschlichen Verstandes willen bedarf. Das betrifft sie nicht nur im Verhältnis zu Ungläubigen; auch dem Gläubigen schuldet sie die Bemühung um Einsicht, wo diese möglich ist und der Glaube nur die Gewißheit der Wahrheit gibt.

Es ist nun keine Frage, daß die Glaubenswahrheit für das Philosophieren des Theologen eine Vorgabe ist, die ihm Richtung und Grenze gibt. Aber sie kann nicht Geltungsgrund der philosophischen Einsicht sein, und insofern ist die Philosophie des Gläubigen weder gläubig noch christlich. Es zählt nur die objektive Rationalität der Argumentation aus den «natürlichen» Erkenntnisprinzipien, der dann theologisch die objektive Rationalität der Argumentation aus den «übernatürlichen» Glaubensprinzipien gegenübersteht. Das ist klar zu unterscheiden, auch wenn man wiederum sehen muß, daß im Prozeß der «sacra doctrina» beide umfaßt werden: Sie treten in ein Zuordnungsverhältnis, das man wohl eine «Synthese» nennen kann, sofern beide darin als selbständig erhalten bleiben. Der maßgebliche «ordo disciplinae» ist natürlich der theologische, so daß die Philosophie nicht als «System» erscheinen kann – aber das kann sie ohnehin nicht in jenem Sinne, den die Neuzeit damit verbindet: Ihre Endlichkeit kommt gerade in der Synthese heraus, in der sie bis an ihre Grenze geführt wird.

Diese Grenze ist innerhalb der «Synthese» nicht einfach die zwischen Glauben und Wissen, wobei dem ersteren die subjektive religiöse Gewißheit, dem letzeren die rationale objektive Einsicht zugeordnet wäre. Die Theologie ist selbst rational verfahrende Wissenschaft, und sie stützt sich auf Prinzipien, die für uns nur durch Offenbarung gegeben und nur im Glauben zu ergreifen sind, die an sich jedoch «gewußt» werden, nämlich von Gott und den Seligen. Die Lehre von der «Subalternation» der Theologie unter das Wissen Gottes rechtfertigt ihre, wenn man will, objektivistische Orientierung, und diese wiederum ermöglicht ihre enge Verbindung mit der Philosophie in der «Synthese».

Thomas sieht diesen Unterschied nicht als Bruch. Nichts steht dem entgegen, daß derselbe Gegenstand einmal im Lichte der natürlichen Vernunft, zum anderen im Lichte der Offenbarung betrachtet wird und somit unterschiedliche Aussagen über ihn gemacht werden; ein Widerspruch ist aber ausgeschlossen, wenn doch Gott die Quelle aller Wahrheit ist. Hier spiegelt sich ein allgemeines Verhältnis: Das «Übernatürliche», die Gnade und die Heilsordnung, hebt die «Natur» und ihre Ordnung nicht auf, sondern erhebt und vollendet sie. Es ist keineswegs das «ganz andere», das senkrecht oder quer einbricht, sondern es bestätigt die Natur in ihrer Offenheit für die Erhöhung, ohne doch zu verkennen, daß sie unvollkommen, sogar «gestört» und der Heilung bedürftig, nicht zur Selbsterlösung fähig ist. Gerade im Verhältnis zur «sacra doctrina» muß sich dann die Wahrheitsfähigkeit der natürlichen Vernunft erweisen, und zwar auch in der rational erarbeiteten, objektiv orientierten Wissenschaft.

Nun war die geschichtlich vorliegende Philosophie, einschließlich der des Aristoteles, nicht ohne weiteres in die «Synthese» einzubauen. Thomas war durch sein Konzept – wie ein kritischer Beobachter bemerkt hat – zu philosophischer Originalität gezwungen. Das ist natürlich kein Einwand, und ebensowenig kann als solcher der Hinweis gelten, daß ein Glaubensinteresse sein philosophisches Denken motivierte. Nicht die subjektive Motivation, sondern die objektive Begründung ist dafür maßgeblich, ob eine Aussage philosophisch ist, und dabei dürfen Glaubenspositionen keine Rolle spielen. Thomas kritisiert scharf die Zeitgenossen, bei denen er solche Vermischung findet.

Man kann den Einwand, Thomas sei kein «echter» Philosoph, da er unter «dogmatischen Bindungen» stehe, daher als irrelevant beiseite setzen. Ernster und auch von religionsphilosophischem Interesse ist der theologische Einwand, der den Objektivismus der Theologie des Thomas kritisiert. Die Glaubensprämisse kann selbstverständlich nur in einem subjektiven Akt aufgenommen werden, der nicht ohne Gnade zustande kommt. Aber im argumentativen Prozeß der Wissenschaft kommt es auf deren propositionalen Gehalt an, dann auf die Rationalität der schlußfolgernden Ausarbeitung; der subjektive Glaube spielt dann, wie es scheint, keine gestaltende Rolle mehr, und ein «ungläubiger» Theologe wird denkbar.[3] Die Theologie wäre dann irreligiös, distanziert von dem, was doch die Substanz ihrer Reflexion ausmachen sollte. Dies ist nicht erst ein moderner Einwand; schon in der Scholastik finden wir die Forderung nach einer «affektiven» Theologie, die sich nicht auf die Dimension kognitiver Objektivität beschränkt.

Thomas kennt diese Dimension sehr wohl.[4] Der Gläubige «urteilt» zutreffend «per modum inclinationis», auf Grund seiner Ausrichtung durch den gnadenhaften Glauben, wie der Tugendhafte zutreffend über entsprechendes Handeln zu urteilen vermag (Thomas spricht in anderem Zusammenhang von «Konnaturalität», wie beim Glauben auch von «instinctus»). In diesem Sinne kann die «vetula», das ungebildete «alte Frauchen», eine tiefere Gotteserkenntnis haben als der gelehrteste Denker. Aber es gibt eben auch die Erkenntnis durch «studium», auf Grund deren der Ethiker die Tugendakte beurteilen kann, auch wenn er selbst die Tugend nicht hat. So verfährt die wissenschaftliche Theologie, die man studieren kann, «per modum cognitionis» und findet auf diesem Wege ihr Urteil. Thomas sieht da keinen Konflikt, eher eine Ergänzung: Offensichtlich kommt es darauf an, auch den menschlichen Intellekt mit seiner Befähigung zur Wissenschaft in den Dienst des umfassenden religiösen Verhältnisses zu Gott zu nehmen.

Für die Theologie bedeutet das eine intellektualistische Option, die man jedoch in Zusammenhang sehen muß mit der Auffassung des Intellekts bei Thomas: Wie wir sehen werden, ist er nicht nur das höchste menschliche Vermögen, sondern auch die tragende Kraft der Gottesbeziehung. Es kann deshalb nicht die Rede davon sein, daß das Konzept der rationalen, objektivistisch gefaßten Synthese aus der religiösen Gesamtorientierung herausfällt. Umgekehrt wird gerade die Bedeutung des «studium» religiös bestätigt.[5]

2. Gotteserkenntnis

a) Vorüberlegungen zum Gottesbeweis[6]

Die Theologie, die sich als Wissenschaft organisieren will, muß sich zuerst der Existenz ihres Gegenstandes versichern; nach artistotelischer Lehre muß die Frage, «ob» es diesen gebe (an sit), beantwortet werden, ehe die Frage nach seinem «Was», seinem Wesen oder «Wie» (quid sit, quomodo sit) angegangen werden kann.

Ein Beweis des Satzes «Gott ist» wäre unnötig, wenn dieser «durch sich selbst bekannt» (per se notum) wäre. Das Beispiel eines solchen Satzes wäre: «Der Mensch ist ein Lebewesen»; das Prädikat gehört zum Begriff des Subjekts, und das ist unmittelbar einsichtig, wenn wir das «Wesenswas» von Subjekt und Prädikat kennen. Gottes Wesen ist uns aber in sich unbekannt; es wird sich zwar erweisen, daß «Sein» zu Gottes Wesen gehört, ja mit ihm identisch ist, aber das kann nicht als «durch sich bekannt» vorausgesetzt werden. Der Satz «Gott ist» mag also «an sich» analytisch sein, wie wir das heute nennen, «für uns» ist er es nicht; er muß bewiesen werden, und zwar von dem her, was «für uns» bekannt ist: von Gottes Wirkung her.

Wenn es in der Tradition heißt, allen Menschen sei die Kenntnis der Existenz Gottes natürlicherweise eingepflanzt, so läßt Thomas das nur im Sinne einer allgemeinen Orientierung gelten, wie sie im menschlichen «Naturverlangen» nach Glück gegeben ist; denn Gott ist des Menschen Glück, aber der Glücksbegriff verweist nicht eindeutig auf Gott, sondern nur allgemein und «konfus», und viele sehen ihr Glück anders. Ähnlich verweist auch der Begriff der Wahrheit auf Gott, denn Gott ist die Wahrheit selbst, wie es im Evangelium heißt: aber der allgemeine Satz, daß «Wahrheit ist» – ein auch für uns analytischer Satz – besagt noch nicht, daß die «erste Wahrheit» ist. Eine unbestimmte «Transzendenz», wie man sie in der Intentionalität menschlichen Strebens und Erkennens finden kann, reicht nach Thomas nicht aus, es bedarf bestimmter Erkenntnis.

Auf eine reine Intentionalitätsanalyse stützt sich auch das berühmte «Argument» des Anselm von Canterbury, das nun einen bestimmten Gottesbegriff einführt, den eines solchen, «über das hinaus ein Größeres nicht gedacht werden kann» (quo maius cogitari non potest). Wenn dieser Begriff gedacht und also «im Verstande» (in intellectu) ist, so wird klar, daß «größer» ist, was nicht nur im Verstand, sondern zugleich «in Wirklichkeit» (in re) existiert; der Begriff verlangt, das in ihm Gedachte als existierend zu denken, und so ergibt er die Existenz «in re» des in ihm Gedachten «in Wirklichkeit». Für Thomas ist das aber kein «Beweis»; da ein analytisches Verhältnis von Begriff und Existenz behauptet wird, handelt es sich um eine Variante der Behauptung, der Satz «Gott ist» sei durch sich bekannt. Doch deren Bedingungen sind nicht erfüllt: Wenn

Gottes Wesen unbekannt ist, so ist der Begriff nicht zwingend, und die Analyse kann nicht über die Immanenz des Denkens hinausführen; beides muß «eingeräumt» werden, und das tun jene nicht, die Gott anders denken oder seine Existenz bestreiten.

Im Hintergrund steht hier die Erkenntnislehre des Thomas: Adäquates Objekt unseres Verstandes ist die «Washeit von sinnlich Erfaßbarem» (quiditas rei sensibilis), denn nur durch die Sinne haben wir unmittelbar Gegenstände außer uns, und erst am sinnlich Erfaßten kann der Verstand Begriffe bilden, welche die Wirklichkeit ihm gegenwärtig machen und die zugleich im Rückbezug auf die sinnliche Erkenntnis ihren Sachgehalt als den des Wirklichen ausweisen. Nur hier ist «Existenz» unmittelbar erfahrbar und ausweisbar. Das gilt sogar für die Selbsterkenntnis: Der Verstand, der wesentlich «Vermögen» – Potenz – ist, muß erst in der Erkenntnis eines adäquaten Objektes «wirklich» – Akt – werden; erst als solcher wird er sich selbst zum Gegenstand, wird fähig zur Reflexion und damit zum gestaltenden Umgang mit seinen Begriffen.

Im Begriff löst sich der Verstand von der Unmittelbarkeit sinnlicher Gegenwärtigkeit, und zwar kraft der Allgemeinheit, die dem Begriff eignet. Der ganze Horizont seines umfassenden Vermögens öffnet sich schon mit dem ersten und allgemeinsten Begriff, den er bildet, dem des «Seienden». Innerhalb des Horizontes kann er dann am gegebenen Objekt solche in ihm wirkenden Strukturen und Prinzipien herausarbeiten, die ihm «als Seienden» zukommen, die also Bedeutung haben über das Gegebene hinaus. Wir würden heute von einer Ontologie sprechen, in der Unterscheidungen wie die von Substanz und Akzidentien, von Materie und Form, von Akt und Potenz, von Sein und Wesen ihren Ort haben. Wir können dabei von Bedingungen des Gegebenseins der uns bekannten Objekte absehen, insbesondere von denen der Materialität, denen unsere Welt unterliegt, von denen sich jedoch schon unser eigener Geist abhebt. Unser Denken ist nicht notwendig auf den Bereich «möglicher Erfahrung» eingeschränkt; es ist fähig zur «Metaphysik». Von metaphysischer Erkenntnis kann aber erst die Rede sein, wenn sich die Existenz eines Gegenstandes aufweisen läßt, an dem sich die transzendente Bedeutung ontologischer Begrifflichkeit erfüllt. Diese Existenz ergibt sich nicht aus dem Begriff; ihr Aufweis muß dort ansetzen, wo uns Existenz unmittelbar gegeben ist, und er muß einen Seinszusammenhang der erfahrenen Wirklichkeit mit einer als transzendent zu denkenden Wirklichkeit dartun. Für Thomas ist klar, daß ein solcher Seinszusammenhang, der die Existenz bestimmt, nur im Verhältnis von Ursache und Wirkung eindeutig zu erfassen ist. Erst danach können auch andere ontologische Bestimmungen der Transzendenz nicht bloß gedacht, sondern «erkannt» werden.

Ersichtlich handelt es sich damit beim Gottesbeweis um eine philosophische Aufgabe, und er leitet eine metaphysische Gotteslehre ein. Die wissenschaftliche Theologie hat das aufzunehmen: Hier geht es nicht um eine Sache des Glaubens, sondern um dessen Vorgaben (praeambula fidei). Klar ist ferner, daß es sich nicht um einen «Warum»-Beweis (demonstratio propter quid) handeln kann, der von der bekannten Ursache her argumentiert, sondern nur um einen «Daß»-Beweis (demonstratio quia) von der Wirkung her, wie er gerade dann nötig und einzig möglich ist, wenn die Ursache in ihrem Wesen unbekannt ist. Er wird sie auch nicht in ihrem Wesen treffen, sondern nur in der Hinsicht, die in der Wirkung zutage tritt. Ein solcher Daß-Beweis setzt voraus, daß wir mindestens eine Bedeutung des Namens «Gott» (quid nominis) zugrunde legen, deren Erfüllung durch den Beweis wir erkennen. Dabei ist nicht nötig, daß alle Hinsichten dieser Bedeutung vorkommen, sondern lediglich, daß die im Beweis gewählte Hinsicht auf keinen anderen Gegenstand bezogen werden kann als auf den «Gott» zu nennenden.

Der Gottesbeweis kann also auf Grund einer beliebigen Wirkung geführt werden, sofern von dieser nur eindeutig auf eine Ursache zu schließen ist, die «Gott» zu nennen ist. Aber auch eine Mehrzahl solch begrenzt angesetzter Gottesbeweise wird nicht die Bedeutung ausschöpfen, die wir mit dem Namen «Gott» verbinden können. Dies gilt zumal, wenn wir an ein religiöses oder gar christliches Gottesverständnis denken. Thomas legt nichts weiter zugrunde als was «alle» Gott nennen, also den Gottesbegriff des Lexikons, wie er in der ihm vorliegenden philosophischen Tradition verwendet wird. Es versteht sich, daß dieser metaphysisch weiterentwickelt und mit dem Offenbarungsgehalt verbunden werden muß. Der Existenzbeweis hat demgegenüber lediglich sicherzustellen, daß Aussagen über Gott sinnvoll sind, d. h. einen bestimmten Gegenstand treffen.

b) Die fünf Wege des Gottesbeweises

Der Gottesbeweis hat ein sehr begrenztes Ziel, und es gibt mehrere Ansätze; so findet er sich bei Thomas in verschiedenen Fassungen. Die berühmteste ist jene der *theologischen Summe*, in der er auf «fünf Wegen» geführt wird.[7] Diese fünf Wege sind strikt parallel gebaut. Sie gehen alle von Gegebenheiten unserer Erfahrungswelt aus, und sie führen alle auf ein Erstes als Ursache, das mit dem Namen «Gott» zu bezeichnen ist, in dem wir also eine Bedeutungserfüllung der Bezeichnung «Gott» finden.

Der *erste Weg* geht von der «Bewegung» aus, worunter aber jegliche Veränderung zu verstehen ist. Wir treffen Bewegtes an, das seinerseits durch ein anderes bewegt werden muß; denn es kann sich nicht selbst in den Akt überführen, welchen die Bewegung darstellt. Der Stock, der einen Stein bewegt, ist aber selbst wieder bewegt von der Hand, diese ihrerseits durch den Arm, dieser durch physiologische Vorgänge, die auf psychologische zurückweisen: Bewegungen finden wir in Zusammenhängen, in denen Bewegendes und Bewegtes in Reihen aufeinander folgen. Aber solche Reihen, in denen jedes Glied sowohl bewegt als auch bewegend ist, können nicht als unendlich gedacht werden (Verbot des «regressus in infinitum»), da jedes Glied nur sekundär und abhängig ist, somit auch die gesamte Reihe. Es muß demnach ein erster Beweger angenommen werden, der nicht selbst bewegt ist und von dem die gesamte Reihe als sekundär abhängt. Dieser erste unbewegte Beweger steht natürlich nicht selbst in der Reihe, auch nicht als «Nummer eins», sondern ist ihr transzendent. Notwendigerweise kommt man also beim Durchgang durch die bewegte, sich verändernde Welt zur Annahme eines alle Bewegtheit in Gang bringenden ersten Bewegers, der von keinem anderen bewegt wird und selbst unbewegt ist. In ihm werden alle Gott erkennen.

Thomas nennt diesen «Weg» den «manifesteren», da er anschaulich ansetzt; er ist auch nicht originell: er wird in der gesamten aristotelischen Tradition bevorzugt. Allerdings legt er den aristotelischen Bewegungsbegriff zugrunde, den die neuzeitliche Physik aufgegeben hat, so daß er für uns physikalisch nicht mehr umsetzbar ist. Thomas setzt auch stillschweigend voraus, daß die Welt eine ist und nur *ein* unbewegter Beweger angenommen werden kann; man kann ihm vorwerfen, daß sein Beweis das nicht enthält. Andererseits wird das Verbot der «Unendlichkeit» der Reihe oft so mißverstanden, als sollte der erste Beweger die Reihe als ihr erstes Glied anfangen; das ist weder bei Aristoteles noch bei Thomas der Fall. Der erste Beweger ist auch dann notwendig, wenn die Welt «ewig», d. h. zeitlich unbegrenzt existiert, wie Aristoteles das annimmt.

Der *zweite Weg* geht von der Wirkursächlichkeit aus, wo Ursache und Wirkung in eindeutiger Ordnung stehen; denn nichts kann sich selbst verursachen, die Ursache geht voraus. Wo dann Wirkungen von verursachten Ursachen oder von einer Reihe solcher abhängen, ist stets auf eine «erste» Ursache zurückzugehen, ohne welche weder die letzte Wirkung noch die vermittelnden Ursachen zu denken sind. So verweist der Ursache-Wirkungs-Zusammenhang der Welt notwendig auf eine erste Wirkursache, «die alle Gott nennen».

Auch hier ist bei Thomas der Beweis der Einzigkeit der ersten Wirkursache nicht ausgebracht; die Einheit der Welt, von der aus sie zu begründen wäre, wird unterstellt. Wichtig ist, daß hier das Verbot des «Rückgangs ins Unendliche» zu einem dreistufigen Ordnungsmodell führt, das Thomas an anderer Stelle mit einem Beispiel erläutert: Wer mit einem Hammer einen Nagel einschlägt, mag dazu beliebig viele Hämmer benutzen, die Ordnung zwischen dem ersten (der Hand), dem mittleren (Hämmer) und dem letzten (dem Einschlagen des Nagels) bleibt bestehen. So steht die Erstursache der Welt gleichsam vertikial zum horizontal-zeitlich verlaufenden Prozeß der Zweitursachen in der Welt, der ohne sie nicht wäre und nicht zur Wirkung käme. Auch dieser Beweisweg entspricht der Tradition, nämlich des arabischen Aristotelismus.

Das gilt auch für den *dritten Weg,* dessen Vorbild sich bei Maimonides finden dürfte. Er geht aus von der Erfahrung des «Möglichen», worunter nicht eine abstrakt gedachte Möglichkeit zu verstehen ist, sondern ein Seiendes, welches «sein oder nicht sein kann» (possibile esse et non esse), also ein konkret Existierendes, welches dem Entstehen und Vergehen, der Vergänglichkeit unterworfen ist. Was in diesem Sinne «nicht sein» kann, ist auch irgendwann nicht; und wäre alles Seiende von dieser Art, so wäre irgendwann nichts gewesen (Maimonides sagt das mit der Variante, daß irgendwann künftig nichts sein werde; aber in einer unendlich zu denkenden Zeit wäre dieser Zeitpunkt längst eingetreten). Da aber, was nichts ist, sich nicht selbst zum Sein bringen kann, hätte auch nichts entstehen können, und es gäbe auch heute nichts, was nun offenbar nicht zutrifft. So muß es Seiendes geben, das nicht bloß im gekennzeichneten Sinne «möglich», sondern notwendig ist. Ein solches mag nun seine Notwendigkeit von einem anderen haben, aber auch hier kann man die Abhängigkeit nicht ins Unendliche fortschreiben. Man muß ein durch sich selbst Notwendiges ansetzen, das damit für alles andere die Ursache seiner Notwendigkeit sein muß.

Bei diesem Beweis ist nicht an die abstrakten Modalitäten von Möglichkeit und Notwendigkeit zu denken. «Möglich» ist die Welt unter dem Monde mit ihrem vergänglichen Leben; «notwendig» und nicht von sich aus vergänglich sind die Himmelssphären und die sie bewegenden Intelligenzen, wie sie die aristotelisch-arabische Wissenschaft ansetzt; aber sie haben ihr Notwendigsein vom durch sich selbst notwendig Seienden, «das alle Gott nennen».

Der *vierte Weg* setzt völlig anders an. Er geht von «Stufungen» (gradus) aus, die wir in den Dingen vorfinden. Wir finden nämlich ein Mehr oder Minder bei Bestimmungen wie «gut», «wahr», «vornehm» (nobile) und ähnlichen, also bei Vollkommenheiten, die nicht Dinge in ihrer Wesensbestimmtheit betreffen – als Wesen sind sie ganz verschieden, «divers» –, sondern nach einer allgemeinen Qualität unterscheiden, die ihnen als «Seienden» zukommt. In solchem Falle bemißt sich das Mehr oder Minder an einem Zumeist: So ist bei einem Gefäß das «Volle» das Maß für das Mehr oder Minder seines Gefülltseins; oder ein Mehr oder Minder an Gerechtigkeit wird an der vollkommenen Gerechtigkeit gemessen. Das Zumeist einer der Vollkommenheiten, die Seiendem als solchem zukommen, muß es aber geben: ein am meisten Wahres, Gutes, Vornehmes, folglich auch ein zumeist Seiendes – das am meisten Wahre sei auch am meisten Seiendes, sagt schon Aristoteles, was Thomas anführt. Was aber eine Vollkommenheit «am meisten» – also schlechthin als eigen – besitzt, ist Ursache für alles Vorkommen dieser Vollkommenheit (die an ihr «teilhat»). So gibt es ein Seiendes, das für alle Seienden die Ursache ihres Seins, ihres Gutseins und jeglicher Vollkommenheit ist; «und das nennen wir Gott».

Thomas erläutert das an einem Beispiel der aristotelischen Physik: «Wärme» bemißt sich nach dem Maß der Annäherung an das am meisten Warme; und dies, nämlich das Feuer, ist die Ursache jeglichen Warmseins. Es liegt ihm wohl daran, eine «physikalische», d. h. auf die Erfahrungswelt bezogene Bedeutung des Beweisprinzips aufzuzeigen. Der Gedanke jedoch, aus einem Mehr oder Minder an Vollkommenheit zu schließen, daß deren Zumeist gegeben sein muß, nimmt eine platonische Argumentation auf, wo die «Teilhabe» auf die «Idee», als das eigentlich Seiende, zurückführt. Entscheidend ist bei Thomas, daß dies dann «Ursache» für jegliche «Teilhabe» ist; auch das ist ein kausal geführter Daß-Beweis und das unterscheidet ihn von der platonischen Tradition, innerhalb deren sein Ansatz doch steht.

Für uns ist es sicher schwierig, den Ansatz bei der «Stufung» der Vollkommenheiten oder gar des Seins auch nur nachzuvollziehen. Sogar Thomisten, die sonst Thomas lieber verteidigen als kritisieren, halten den Beweis nicht für schlüssig. Andere wiederum halten ihn für den eigentlich «metaphysischen» Beweis. Daran ist soviel richtig, als der Beweis jedenfalls mehr Voraussetzungen macht als er entwickelt, vor allem hinsichtlich der Denkweise, die er verlangt. Bei den Zeitgenossen waren diese sicher gegeben; von Anselm bis Meister Eckhart treffen wir auf Argumentationen, welche die erforderliche Denkweise zeigen. Charakteristisch für Thomas ist, daß er den Gedanken in den aristotelischen Rahmen stellt.

Der *fünfte Weg* spricht von der «Steuerung» (gubernatio) der Dinge. Er geht davon aus, daß sie «zielgerichtet» agieren, nämlich so, daß nicht Zufall und Beliebigkeit herrschen, sondern «gleichmäßiges» Verhalten, durch das sie ihr «Bestes» erreichen. Sofern sich die Dinge nicht durch Erkenntnis selbst steuern können, muß eine Intelligenz vorausgesetzt werden, welche sie auf das Ziel hin lenkt wie der Schütze den Pfeil. So gibt es ein intelligentes Wesen, von dem alle Naturwesen auf ihr Ziel hingeordnet werden; «und das nennen wir Gott».

Soweit dieser Beweis «physikalisch» ansetzt, ist er einem neuzeitlichen Denken schwer nachvollziehbar, das in der «Gleichmäßigkeit» des Naturwirkens nicht Zielgerichtetheit, sondern die Wirkung eines «Gesetzes» sieht, das den Zielgedanken überflüssig, die Teleologie der Natur zum «Schein» macht. Evolutionistisch wird der «Zufall» treibende Kraft, das «Beste» wird durch, mechanistisch verstandene, Selektion erreicht. Nach der Begründung der Notwendigkeit des Gesetzes – wie es der dritte Weg tut – und seiner Bestimmtheit wird nicht gefragt, die Frage wird methodisch von der Wissenschaft ausgeschlossen; man bleibt bei der Feststellung des faktisch gegebenen Gesetzes stehen.

Thomas kennt eine ähnliche Einstellung, die er als Einwand formuliert: Für natürliche Prozesse genüge es, auf die «Natur» als deren Prinzip zurückzugehen, für «absichtsvolle» (ex proposito) reiche der Rekurs auf menschliche Vernunft und Wollen; es sei nicht nötig, «Gott» anzunehmen: Wissenschaft braucht nicht die Hypothese Gott. Seine Antwort wiederholt, daß die in bestimmter Zielgerichtetheit wirkende Natur auf ein höheres Prinzip, auf Gott als Erstursache rückverweist, und daß auch für menschliches Handeln, das wandelbar, fehlbar ist, so wie für alles Wandelbare und Fehlbare, ein «unbewegtes und durch sich notwendiges Prinzip» nötig sei, «wie gezeigt worden ist». Man darf das lesen als Aufforderung, nicht auf der Ebene der «Physik» zu verharren, sondern sich dem Überstieg zur «Metaphysik» nicht zu verschließen. Diesen Überstieg zu leisten, ist der philosophische Sinn des Gottesbeweises.

Die Physik, auf die sich Thomas bezieht, ist freilich die aristotelische, deren ontologische Prägung dem «Überstieg» entgegenkommt. Unsere heutige Naturwissenschaft, die sie abgelöst hat, tut das nicht. Das ist ein Motiv für thomistische Interpreten, den Gottesbeweis einschließlich seiner Erfahrungsgrundlage als rein «metaphysisch» zu deuten, somit als unabhängig von zeitgebundener «Wissenschaft» und «zeitlos» gültig. Wie weit das gelungen ist oder gelingen kann, sei dahingestellt. Jedenfalls zeigen bei Prüfung nach zeitlos-abstrakten Maßstäben die «fünf Wege» beträchtliche Argumentationsmängel; unsere Darstellung hat auf solche aufmerksam gemacht: Lücken, stillschweigende Voraussetzungen, Verkürzungen. Eine abstrakte Kritik tut sich hier leichter als der Versuch, eine zeitlose «Meisterleistung» nachzuweisen (was man versucht hat). Beide Arten des Umgangs mit dem Text werden Thomas nicht gerecht.

Gerecht wird man ihm erst, wenn man den historischen Kontext einrechnet: Der Gottesbeweis ist keine neue Aufgabe; die aristotelisch-arabische wie die christliche Tradition bieten reiche Vorgaben, Sinn und Ziel des Beweises sind unstrittig. Originalität ist nicht gefordert, sondern Auswahl und «umschreiben» der maßgeblichen Argumentationslinien. Aus dem Kontext sind «Lücken» ohne weiteres zu supplieren: auf seinem Hintergrund ist die Argumentation völlig schlüssig. So sind die Ansprüche, die aus dem Kontext sich ergeben, angemessen erfüllt. Erst die Wirkungsgeschichte hat zu einer Überschätzung und Überforderung des Beweises geführt.

Überfordert wäre der Gottesbeweis, der in seinem Kontext eine theoretisch-wissenschaftliche Aufgabe löst, auch dann, wenn man ihm unmittelbar religiöse Bedeutung abverlangte. Immerhin erscheint, neben dem «methodischen» Atheismus einer reduktionistischen Wissenschaft, als «Einwand» am Rande das klassische Argument, dessen prägnante Formel in der Frage besteht: Wenn Gott existiert, woher das Übel? Thomas präsentiert das charakteristischerweise in «theoretischer» Version: Wenn bei konträrem Gegensatz das eine Glied unendlich ist, wird das andere völlig ausgeschaltet; ein unendlich guter Gott kann nicht Raum für Übel lassen. Die Antwort gibt Thomas mit Augustin: Gott würde kein Übel zulassen, wenn er nicht kraft seiner Güte und Allmacht auch daraus Gutes hervorgehen lassen könnte; gerade seine unendliche Güte erlaubt ihm die Zulas-

sung des Übels. Vielleicht noch deutlicher äußert sich Thomas an anderer
Stelle (SCG III, 71): Man müsse umgekehrt argumentieren: Wenn es Übel
gibt, so gibt es Gott. Denn ein Übel gäbe es nicht ohne die Ordnung des
Guten, dessen Privation es ist, und diese Ordnung gäbe es nicht, wenn
Gott nicht wäre.

Nun löst das nicht die Frage nach dem Woher und Warum des Übels,
des Leids und des Bösen, die Thomas in anderen Zusammenhängen ausführlich behandelt. Es kann auch dahingestellt bleiben, wie weit eine ab-
strakt-rationale Lösung befriedigen kann; das Buch Hiob zeigt, daß religiös eine solche nicht hinreicht. Dennoch ist auch religiös die Erkenntnis
wichtig, daß die Frage nicht gleichsam gegen Gott zu lösen ist, da das die
Grundlage aufhöbe, von der aus allein sie sich stellen läßt. Von da aus ist
eine Theodizee, welche Gott vor den Richterstuhl der menschlichen Vernunft zieht, um ihm eine Rechtfertigung aufzuerlegen, eine Verdrehung
und Verkehrung der Lage, eine Verirrung des Denkens; es wird nicht
ernsthaft bedacht, daß Gottes Unendlichkeit nicht zu messen ist, sondern
das Maß gibt, dem sich das Denken nur annähern kann.

An solchem Beispiel zeigt sich, daß einer metaphysischen Gotteslehre,
die sich in abstrakter Begrifflichkeit entwickelt, durchaus religiöse Bedeutung zukommt. Dem entspricht die Sorgfalt, die Thomas auf sie wendet.

c) Gottesbegriff[8]

Die Frage, «was» und «wie» Gott ist, die nach dem «Daß»-Beweis an-
steht, können wir nicht beantworten, da uns sein Wesen in sich unbekannt ist. Wir können jedoch sagen, was und wie er «nicht ist», auf dem
Wege des «Absprechens» (via remotionis) solcher Bestimmungen, die
ihm nicht zukommen können: dazu gibt der Gottesbeweis Anhaltspunkte. Gott zeigt sich als «erstes» Seiendes, und zwar schon unter verschiedenen Aspekten. Das läßt sich anreichern aus dem Hinblick auf
Gottes «Wirkungen» in der Schöpfung, aus denen wir bestimmte Negationen gewinnen können. Das gibt zwar nur eine höchst unvollkommene
Erkenntnis (wir wissen wenig von einem Gegenstand, wenn wir nur wissen, was er nicht ist), aber eine wahre und auch distinkte, in der die
Transzendenz Gottes hervortritt.

Für die Aufgabe steht die ontologische Begrifflichkeit zur Verfügung,
insbesondere jene der Prinzipienanalyse; ihre «transzendentale» Bedeutung kommt hier metaphysisch zum Zuge. Die Aufgabe zwingt zugleich,
die ontologische Analyse des uns gegebenen Seienden vorzutreiben; bei
Thomas wird sie gerade in der Gotteslehre nicht bloß vorausgesetzt, sondern entwickelt. Gerade die Prinzipienlehre wird gefragt sein, wenn es
um das «erste» Seiende geht, und die Einsicht in die Ordnungsverhält-
nisse, in denen die Prinzipien des Seienden zueinander stehen und wirken, wird für die Gotteslehre bedeutsam, wenn diese als ein begründeter

und geordneter Zusammenhang dargeboten werden soll. Da der Wesensbegriff fehlt, von dem aus sonst ein wissenschaftlicher Zusammenhang
gegeben ist, muß vom Ansatz beim «Ersten» her – und aus der Perspektive von Gottes Weltbeziehung – ein inhaltlich derart bestimmter Gottesbegriff gefunden werden, daß sich ihm die weiteren Erkenntnisse argumentativ zuordnen lassen. In dieser Weise ist das Vorgehen des Thomas
zu verstehen.

Am klarsten ist das in der *theologischen Summe* zu erkennen. Zuerst
wird dem «ersten» Seienden abgesprochen, was das uns Bekannte ontologisch kennzeichnet, nämlich die «Komposition» aus Prinzipien. Schon als
erster unbewegter Beweger kann Gott kein «Körper» sein, da ein solcher
nur bewegt, indem er selbst bewegt ist. Dem ersten Seienden muß überhaupt Potentialität abgesprochen werden, welche den Akt voraussetzt. Es
kann somit nicht aus potentieller Materie und aktueller Form zusammengesetzt, sondern muß reine Form sein. Damit fällt auch die subtilere Unterscheidung zwischen einem konkreten «Träger» (suppositum) und der
von ihm getragenen Wesenheit oder Natur, die abstrakt benennbar ist
(wie «humanitas» gegen «homo») als das, wodurch der Träger bestimmt
ist – wie der Mensch durch sein Menschsein, das er «hat». Solches Haben,
das ein Akt-Potenz-Verhältnis ausdrückt, kann es dann bei Gott nicht
geben; er «ist» immer schon, was er «hat»: er hat nicht Göttlichkeit,
sondern ist sie. Das gilt generell: Wenn Gott gerecht ist, so nicht, weil er
Gerechtigkeit hat, sondern weil er sie ist. Er hat nicht, sondern ist sein
Wesen.

Er ist nicht nur sein Wesen, er ist auch sein Sein. «Sein» hat nun für
Thomas eine besondere Bedeutung. Es ist keinesfalls bloße Existenz, ob-
wohl es diese einschließt; es ist jener Akt, durch den jegliches Seiende ein
Seiendes ist und so angesprochen werden kann: Seiendes ist, dessen Akt
Sein ist (ens est cuius actus est esse). Sofern wir vom Wesen und der Form
oder von Bestimmungen, also «Vollkommenheiten» des Seienden als
«Akt» sprechen, können wir das nur wegen des ihnen zukommenden
«Seinsaktes» (actus essendi). Das «Sein selbst» (ipsum esse) ist somit in
jeglichem Seienden die Aktualität aller Akte, die Vollkommenheit aller
Vollkommenheiten (actualitas omnium actuum, perfectio omnium per-
fectionum), wodurch auch erst von «gut» und «wahr» die Rede sein
kann. Alle «washeitliche», inhaltliche Bestimmung – Wesen, Form, Vollkommenheit – rückt damit in die Rolle eines «aufnehmenden», negativ
«begrenzenden» Prinzips (receptivum, limitativum), verhält sich zum
Seinsakt als Potenz. Sätze, wie «die Form gibt das Sein» (forma dat esse),
oder «die Wesensprinzipien konstituieren das Sein», sind in diesem Sinne
zu verstehen: Diese Prinzipien «vermitteln» dem Seienden seinen Akt,
durch den es schlechthin «ist». Das «Sein selbst» ist so das jeglichem Seienden Innerlichste (intimum), das eigentlich Feste und Ruhende (fixum,
quietum, stabile). Gleichwohl «ist» es nicht – das Sein hat nicht nochmals

Sein –, es hat nicht «Selbstand», sondern «durch» es besteht das Seiende, das «durch» seine Wesensprinzipien Bestimmtheit hat. Diese können nun, als potentielle, den Seinsakt nicht verursachen; sie bestimmen nur die Weise, wie ihn das Seiende «haben» kann, die immer beschränkt und insofern nur «Teilhabe» ist (participatio). So verweist die «Teilhabe», die das Sein des Seienden kennzeichnet, auf eine Ursache, die ihr Sein nicht nur «hat», sondern «ist»; die auch ihr Wesen nicht als beschränkende Bestimmtheit «hat», sondern ununterschieden vom Sein, in Identität mit diesem, «ist», so daß das «Sein selbst» darin «Selbstand» ist, «subsistiert».¨ So ergibt sich der für Thomas entscheidende Gottesbegriff: das «subsistierende Sein selbst» (ipsum esse subsistens).

Vom «Sein» können wir, mit Bezug auf das Seiende als unseren allgemeinsten Begriff, als von dem «allergemeinsamsten» (communissimum) reden, aber das ist als solches nur «im Verstande», eine Sache unseres Begreifens. Vom «Sein selbst» reden wir dagegen als dem je eigensten eines aktuell Seienden, das dessen Bestimmungen einschließlich der individuellen aktuell macht. Wird dies «Sein selbst» jedoch als «subsistierend» gedacht, das als reiner Akt (actus purus) nicht mehr in einem limitierenden Wesen aufgenommen, sondern mit diesem identisch ist, so bedeutet das, daß ihm überhaupt keine Begrenzung des Wesens innewohnt, daß jegliche positive Bedeutung von Sein, jede Vollkommenheit in ihm wirklich erfüllt ist, und zwar in absolut «einfacher» Identität. Der Unendlichkeit dieser Fülle läßt sich nichts mehr hinzufügen – nicht einmal die Beziehung zur Schöpfung, die wir nur «rational», aber nicht «real» annehmen dürfen. Der Begriff besagt damit die absolute Transzendenz Gottes.

Doch zugleich weist der Begriff, sofern das Sein in der ontologischen Analyse des uns gegebenen Seienden das «Innerlichste» bezeichnet, auf die unmittelbarste «Wirkung» Gottes zurück, an der die – ihrerseits «reale» – Beziehung des Geschaffenen zu Gott faßbar wird. Wenn nämlich das «partizipierte» Sein als verursacht gedacht werden muß, so kommt als Ursache nur das «subsistierende» Sein in Frage: Es ist eine nur Gott «eigene» Wirkung (proprius effectus dei), und so ist alles von Gott abhängig und er ihm innerlicher gegenwärtig als es sich selbst. Das heißt nicht, daß dies Sein nun «göttlich» ist – Gott ist nicht das Sein (oder die Form oder gar der Stoff) der Dinge, sondern diesen ist ihr Sein zu eigen. Sie haben auch nicht an Gott «teil», der überhaupt nicht in eine «Komposition» eintreten kann, sondern partizipieren am geschaffenen Sein. Gott ist auch in dem Sinne transzendent, daß er von seiner Schöpfung nicht «betroffen» ist; er bleibt ihr gegenüber «frei».

Umgekehrt gibt es nichts in der Schöpfung – und das heißt im Seienden –, was nicht zuvor in Gott in vollkommenster Weise wäre. Somit trägt alles Seiende den Rückverweis auf Gott an sich, ist Spur oder Bild, unvollkommenes Abbild Gottes, und zwar nach dem Maße, wie es durch sein Wesen ein Mehr oder Weniger an Seinsvollkommenheit aufnehmen

kann. Von hier aus kann die Gotteslehre inhaltlich reich ausgeführt werden; der Ansatz beim «Sein» eröffnet den größtmöglichen Horizont, und
vom Gottesbegriff des «subsistierenden Seins selbst» aus wird nicht nur
die Bestimmung der «Wesenseigenschaften» Gottes – seiner «Substanz»
in sich–, sondern auch die seiner «Tätigkeiten» – Erkennen, Wollen,
Schaffen – strukturiert. Darüber hinaus ermöglicht der Ansatz eine Welt-
sicht, die dem Geschöpf in der «Teilhabe» des Geschaffenseins doch
Eigensein und Eigenstand sichert, mit Folgen für die Auffassung sowohl
von «Natur» als von «Freiheit»: Dazu wird unten noch einiges zu sagen
sein.

Moderne Theologen haben weniger an der positiven Auffassung von
der Schöpfung als an dem ontologischen Duktus der Gotteslehre Anstoß
genommen, in dem das «ganz andere» Gottes eigentlich aufgehoben sei.
Nicht selten wird verkannt, daß gerade vom «Sein» her bei Thomas die
Transzendenz Gottes radikal gedacht wird. «Sein» wird allerdings in einem Sinne gedacht, welcher sowohl der aristotelischen als auch der platonisch-neuplatonischen Tradition gegenüber gänzlich neu ist. Der Schulthomismus hat zwar die grundlegende Unterscheidung von Sein und
Wesen als «Realdistinktion» entschieden festgehalten; wenn sie jedoch als
solche von «Existenz» und «Essenz» (scholastisch unterschied man gelegentlich «esse existentiae» und «esse essentiae») oder gar von Dasein und
Sosein aufgefaßt wird, hat das mit Thomas nichts mehr zu tun. Womöglich wurde dann auch das «Wesen» mißverstanden, indem ihm die Allgemeinheit zugeschrieben wurde, welche doch nur unserem Wesensbegriff,
also «im Verstande», zukommt; begriffliche Strukturen dürfen nicht unmittelbar ontologisch gedeutet werden. Für die Gotteslehre gilt, daß die
«Andersheit» Gottes im negativen Charakter der ontologischen Untersuchung gerade deutlich wird. Aber sofern sie in bestimmten Negationen
fortschreitet, gewinnt sie Inhalt, und dieser kann in affirmativen Sätzen
vorkommen. Diese sind nicht bloß metaphorisch, und umgekehrt darf
man fragen, ob nicht auch die weitgehend metaphorische religiöse Rede
von Gott einen Erkenntnissinn hat, dessen Wahrheitsanspruch im Hinblick auf ontologische Positionen zu prüfen ist. Weder eine fideistische
noch eine agnostische Position – beide sind religiös möglich – kann für
Thomas diesem Anspruch genügen. Thomas untersucht die Frage unter
dem traditionellen Titel «von den Namen Gottes».

d) Die Rede von Gott[9]
«Name» meint, im Sinne der Grammatik, den nominalen Ausdruck (nomen: Substantiv oder Adjektiv), ein Wort (vox), das Zeichen für einen
Begriff (intellectus) ist, der im Verstande ein «Ding» (res) abbildet. Der
Name bezeichnet also eine Sache mittels des Begriffs, und so trifft er es
derart, wie wir es begreifen. Gott begreifen wir nur aus seinen Geschöpfen, und so können wir ihn nur von da aus benennen. In seinem Wesen ist

er natürlich nicht benennbar, so daß der Name es zum Ausdruck brächte, da wir dies Wesen selbst nicht kennen. Ferner bleiben wir an die Weise des Bezeichnens (modus significandi) gebunden, wie sie den Geschöpfen zukommt. Brauchen wir konkrete Namen, so bezeichnen wir Gott in der Weise, wie wir Träger von Bestimmungen bezeichnen, also «Kompositionen»; mit abstrakten Namen bezeichnen wir Bestimmungen rein als solche, klammern aber den substantiellen Träger aus. Wir sahen schon, daß beide «Modi» gebraucht werden müssen, aber jeder von ihnen ist defizient; es gelingt uns nicht, das Einfache, die Identität von Sein und Wesen, auch einfach auszudrücken. Wir müssen zu Zusammensetzungen greifen, so wie der metaphysische Gottesbegriff dem «Sein selbst» das «subsistierend» hinzufügen mußte.

Die Zusammensetzung ist eine Leistung des Verstandes, und wir pflegen sie in der Rede durch ein «ist» zu bezeichnen. Das bedeutet aber nicht den Anspruch, damit das «Sein» zu ergreifen; nur wegen seiner Allgemeinheit brauchen wir den Ausdruck «Sein» zur Bezeichnung der Verbindung der Begriffe im Verstande, als logisches Zeichen (esse copulae), das die Wahrheit der Aussage anzeigt. Nach Thomas gilt selbst für die einfache Aussage «Gott ist», daß sie nicht das «Sein» Gottes aussagt, sondern nur die Satzwahrheit zum Ausdruck bringt. In der Rede von Gott kann das «ist» nicht mehr bedeuten als die logische Kopula.

Das heißt nun nicht, daß sich die «Sache», von der die Rede ist, uns entzieht, im Gegenteil. In der Aussage besagt die Kopula die Identität dessen, dem die in den Subjekts- und Prädikatsbegriffen gefaßten Bedeutungen (rationes) zukommen. Wenn wir das Einfache nur in verschiedenen, je begrenzten Begriffen erfassen, so kann gerade die Zusammensetzung die der Sache selbst eigene Identität bezeichnen. Dabei wird die Unterschiedlichkeit der Begriffe und ihrer Bedeutungen (rationes) keineswegs aufgehoben, ihre Bezeichnungen werden nicht Synonyma; die Weise ihres Bezeichnens (modus significandi) bleibt unterschiedlich, auch wenn das Bezeichnete (res significata) einfach ist.

Auf Grund dieser Unterscheidung ist unschwer einzusehen, daß die prinzipielle Negativität unserer Gotteserkenntnis nicht ausschließt, daß in affirmativen Aussagen von Gott die Rede ist. Auch ist es nicht nötig, daß diese Negativität in den nominalen Ausdrücken, mit denen wir Gott bezeichnen, jeweils mitgenannt wird. Gewiß können wir Gott nur von seiner «Wirkung» her benennen, und jene Bezeichnungen, die ihn vom Geschöpf negativ absetzen («unbewegt»), die ihn nur kausal («Schöpfer») oder relational («Herr») betreffen, oder auch bloß metaphorisch gebrauchte, zielen offensichtlich nicht auf sein «Wesen». Aber es gibt Bezeichnungen, die wir nicht relational, sondern «absolut» gebrauchen und affirmativ aussagen, wie daß Gott «gut» und «weise» ist: sie lassen sich weder «negativ» verstehen noch auch «kausal» (Gott heißt nicht nur «gut» als Ursache des Guten; sonst müßte er auch «Körper» heißen als

Ursache der Körper). Vielmehr setzen sie bei Vollkommenheiten an, die sich im Geschöpflichen zeigen, also als «Wirkung» Gottes, die aber insofern durch ihren Inhalt auf ihn zurückweisen, als er alle Vollkommenheit in seinem Wesen schon immer enthält. Die geschöpfliche Vollkommenheit «repräsentiert», wenn auch in unvollkommener Weise, Gottes wesentliche Vollkommenheit; wenn Gott «gut» genannt wird, so ist gemeint, daß die uns im Geschöpf bekannte «Gutheit» in Gott zuvor existiert. Freilich ist der Name ein unvollkommener Ausdruck, entsprechend unserer Erkenntnis; aber er trifft Gott doch «substantiell» und «wesentlich».

Das hebt die «Negativität» nicht auf, die in der Unvollkommenheit des «Modus» unseres Erkennens wie unseres Benennens gegeben ist. Auch wird das Recht der «negativen» Theologie nicht bestritten, Gott selbst jene Vollkommenheiten abzusprechen, sofern damit der geschöpfliche Sinn der Bezeichnungen negiert wird – Gott ist «nicht gut» nach Weise der Geschöpfe. Thomas stellt sicher, daß in der religiösen und theologischen Rede wirklich von Gott die Rede ist. Wie immer dann seine Namen von seiner Schöpfung her genommen werden: Es gibt solche, die ihm – als der «res significata» – in «eigentümlichem» Sinne (proprie) zukommen, die ihm auch der Sache nach «früher» zukommen als dem Geschöpf, schließlich solche, die ihm ausschließlich zukommen. Das letztere gilt, der Sache nach, für den Namen «Gott», der seine «Natur» bezeichnet (der freilich doch auf «gemeinte» Götter übertragen wird), es gilt vor allem für den biblischen Eigennamen (Ex. 3,14), das Tetragrammaton.

Dies alles kann nun nicht heißen, daß wir Gott irgendwie doch einem geschöpflichen Begriff zu- oder gar unterordnen, so als gehörte er zu einer Gattung, einer Kategorie. Es ist ausgeschlossen, von ihm irgend etwas im gleichen Sinne (eadem ratione) auszusagen wie vom Geschöpf, also «univok». Andererseits kann ein «äquivoker» Gebrauch der Bezeichnungen nicht angenommen werden; Äquivokationen ergeben Trugschlüsse, es gäbe keine Gotteserkenntnis. Es muß schon ein bestimmter Bedeutungsinhalt festgehalten werden, wenn wir etwa von «Weisheit» bei Gott und beim Menschen sprechen: Wenn wir einen Menschen «weise» nennen, so sprechen wir ihm diese bestimmte Vollkommenheit zu, die von seinem Wesen, seinem Seinkönnen oder auch seinem Sein klar zu unterscheiden ist; und doch spricht ihn die Aussage so an, daß sie ihn im Ganzen «meint» und umgreift. Nennen wir aber Gott «weise», so sagen wir, daß diese Vollkommenheit in der Einheit seines Wesens enthalten ist, eins mit seinem Sein, aber dies Sein und Wesen wird damit nicht umgriffen; es ist zwar der Sache nach «bezeichnet», aber nicht begriffen: Dasselbe Prädikat wird in verschiedenem «Sinne» ausgesagt.

Solchen Sprachgebrauch, in welchem Vollkommenheitsbezeichnungen sozusagen transzendierend gebraucht werden, nennt Thomas «analog»,

wobei er «Analogie» als «Proportion» erläutert; gemeint ist ein Ordnungsverhältnis, in dem ein «früher» und «später», ein Vor- und ein
Nachgeordnetes gegeben sind. Das zeigt sich am Beispiel des Prädikates
«gesund», bei dem sich sogleich zwei Arten der Analogie zeigen lassen:
«Gesund» heißen die Medizin – das Heilmittel – und auch der Urin, weil
beide in einem Ordnungsverhältnis zu einem Dritten, zur Gesundheit des
Organismus, stehen, welche die eine verursacht, der andere anzeigt. Neben dieser Proportion «mehrerer zu einem Dritten» steht die des «einen
zum anderen», wie im Verhältnis des «gesund» des Organismus zum «gesund» der Medizin. Es ist ganz klar, daß in aller Verschiedenheit der Verwendung des Ausdrucks «gesund» stets der Bezug auf die «eine» Bedeutung festgehalten wird, und daß dieser Bezug die Verwendung desselben
Ausdrucks rechtfertigt. Auch die «Ähnlichkeit» des Geschöpfes und seiner, wenngleich defizienten, Vollkommenheit mit dem Schöpfer ist ein
solcher Bezug; an der Abbildung erkennen wir den Abgebildeten, können von da aus Aussagen über ihn machen.

Der analoge Charakter unserer Rede von Gott entspricht der Unvollkommenheit unserer Erkenntnis. Aber es wäre falsch, solche analoge Redeweise als abgeleitet, als zweitrangig gegenüber der univoken Aussage
anzusehen, die den Bereich der Gattungen und Arten, des kategorial bestimmten Seienden beherrscht. Wo nicht innerhalb der kategorialen Ordnung, sondern nach dieser selbst, nach ihrer Gründung und dem sie zu-
sammenfassenden Prinzip gefragt wird, reichen univoke Aussagen nicht
zu; unsere ursprüngliche Rede ist die analoge, unser erster Begriff, der
des «Seienden», ist nur analog verwendbar, und das gilt für alle transzen-
dentalen Begriffe, die dem des Seienden «folgen». Das wird dann für die
Lehre vom «Seienden als solchen» und die Erforschung seiner Prinzipien
wichtig, die Metaphysik, die dann von und mit den «Transzendentalien»
zur «Transzendenz», zur Gotteslehre hinzielt.

Wegen dieser Bedeutung der Analogielehre für die Metaphysik hat man
ihr öfter metaphysische Bedeutung zugesprochen, ja sogar mit dem Titel
«analogia entis» die Metaphysik des Thomas im Ganzen charakterisieren
wollen. So ist sie vertreten, so auch bekämpft worden, vor allem theologisch, weil sie eine «Proportion» zu Gott, also ein bestimmtes Verhältnis,
ansetze, das die absolute Transzendenz gefährdet. Thomas kennt den
Ausdruck «analogia entis» nicht; seine Analogielehre ist eindeutig semantisch oder sprachanalytisch gemeint, die «Proportion» besteht zwischen
Bedeutungen: Man darf sie nicht unmittelbar metaphysisch lesen.

Auch logisch wurde die Analogielehre kritisiert, so der «analoge Begriff» bestritten; aber Thomas redet niemals von analogen Begriffen, immer nur von analogen Aussagen. Im Thomismus freilich hat es zahlreiche
Versuche gegeben, die relativ schlichte Doktrin, wie sie hier skizziert
worden ist, semantisch und logisch auszuarbeiten. Anlaß dazu gab Thomas selbst, sofern er in den früheren Schriften mindestens zwei solcher

Versuche vorgelegt hat, wobei vor allem das mathematische Modell des Vergleichs von mehreren Proportionen, als «Proportionalitätsanalogie», eine wirkungsgeschichtlich bedeutende Rolle gespielt hat. Diese Lehre kommt in den beiden *Summen* nicht mehr vor, das mathematische Modell ist ganz verlassen. Es kommt auf den Grundgedanken an, auf den die spätere Vereinfachung zurückführt.

3. Die Gottesbeziehung

a) Der metaphysische Horizont

Die Gotteslehre kann nicht anders als aus der metaphysischen Sicht der Schöpfung entwickelt werden. Sie geht dabei von der Ursprungsbeziehung des Geschöpfes zu Gott aus, die es begründet und prägt. Diese Prägung erkennen wir vorzüglich in den Vollkommenheiten der Dinge, die freilich nur Ähnlichkeiten, Abbilder von Gottes Vollkommenheit sind; oder auch im «Sein selbst» der Dinge, das unmittelbar auf den Schöpfer zurückweist, das ihnen aber nur in «Teilhabe» zukommt.[10]

Das Maß der Teilhabe, die Bestimmtheit des Abbildes, wird durch das Wesen des Geschaffenen festgelegt, das wir als «Seinkönnen» begreifen. Unsere Erfahrung zeigt uns, daß das Wesen nicht nur ein fester Bestand ist, sondern daß es dem Seienden weitere Weisen des Seinkönnens eröffnet, die es durch Tätigkeit aktuell erfüllt. Wir finden das Seiende gekennzeichnet durch ein Streben, das sich darauf richtet, sein Sein zu behaupten und festzuhalten, zu erweitern und zu vollenden. Der Anfang dieses Strebens liegt beim Sein, welches das Wesen zum Prinzip der Tätigkeit macht; wir nennen es dann «Natur». Dieser Anfang weist wieder zurück auf Gott als «Ersturssache», aber der Schöpfer gibt dem Streben auch Struktur und Richtung, er «leitet», er regiert es (gubernat), er übt «Vorsehung». Die jeweilige Natur ist dann «Zweitursache», deren Streben von Gott auf die ihr gemäße Erfüllung gerichtet ist; metaphysisch betrachtet, ein Mehr an Teilhabe am Sein und eine vertiefte «Ähnlichkeit» mit Gott. Solches Ziel, als bloße «Teilhabe», weist jedoch voraus auf einen schlechthinnigen Zielpunkt geschöpflichen Strebens, in dem nicht mehr bloß Teilhabe herrscht: auf Gott als «letztes Ziel». Gott steht wie am Anfang, so am Ende der Schöpfung, und dies mit Notwendigkeit: Denn was kann für den Schöpfer «Ziel» sein, das sein Handeln bestimmt, außer er selbst?

Thomas hat diesen Gedanken der Zielgerichtetheit der Schöpfung und aller ihrer Tätigkeit auf Gott hin sehr ausführlich und in vielen Varianten ausgeführt, bevorzugt in der Terminologie des «Guten». Denn dies wird – aristotelisch – vom Streben her definiert: «was alles erstrebt» (quod omnia appetunt), und so besagt es Ziel, Vollendung, Akt; aber es läßt sich sogar auf Potentielles beziehen, was noch gar nicht Sein hat, sofern dies auf Sein hingeordnet ist. Es ist der umfassendste Begriff, und so bringt dieser das Umfassende und Durchdringende der Gottesordnung der Welt zum Ausdruck.

In diesem metaphysischen Horizont ist das Geschöpf in völliger Abhängigkeit von Gott zu denken. Aber es wäre ein schwerer Irrtum, wollte man ihm deshalb Eigenstand und Eigenwirkung absprechen. Gewiß, die Zweitursache wirkt nur «in Kraft» der Ersturshache, so daß diese «unmittelbar» auch die Wirkung der Zweitursache betrifft; aber sie begründet gerade die Zweitursache als Ursache, verleiht ihr eigene Ursächlichkeit, so daß die Wirkung wahrhaft die ihre ist. Der Prozeß des Strebens, der von Gott ausgeht und zu ihm zurückgeht, ist nicht Gottes Prozeß, sondern der der Schöpfung; wie ja die Dinge – wovon bereits die Rede war – nicht am göttlichen Sein teilhaben, sondern am geschaffenen, das sie als eigenes besitzen. So verwirklichen sie ihr eigenes Seinkönnen, gewinnen eigenes «Gutsein» – gewiß nur in Teilhabe – und eigene Vollkommenheit; gerade durch Eigenstand und Eigenwirkung bilden sie Selbstand und Schöpferwirken Gottes ab. Gottes Macht zeigt sich eben darin, daß er Geschöpfe mit eigener Vollkommenheit schaffen kann; daher gilt: Die Vollkommenheit der Geschöpfe herabsetzen heißt, die Vollkommenheit der göttlichen Kraft herabsetzen.[11]

In dieser metaphysischen Konzeption, in welcher die Gottesbeziehung des Geschöpfes sich in der Erfüllung des eigenen – ihm zu eigen gegebenen – Seinkönnens verwirklicht, stellt sich die Frage nach der Gottesbeziehung des Menschen als eine solche dar, die wir spezifisch nur im Hinblick auf die Weise beantworten können, wie wir unser Seinkönnen verwirklichen: die Praxis unserer Daseinsführung. Sie ist so aus der theoretischen, aufs Allgemeine abzielenden Metaphysik nicht mehr zu beantworten, sondern nur aus der Perspektive eines die Praxis einschließenden Wissens. Es wird sich dann freilich zeigen, daß die Befähigung des Menschen zur metaphysischen Erkenntnis am Ende wieder eine entscheidende Rolle spielt.

b) Sinnerfüllung menschlichen Daseins[12]

Es definiert die Natur des Menschen, daß er mit Vernunft begabt ist. Das heißt, daß er «Seiendes» schlechthin erkennen kann, und das schließt ein, daß er auch sein eigenes Sein und Seinkönnen erkennt, und zwar derart, daß er dessen Verwirklichung steuern, leiten, bestimmen kann. Die Vernunft wird «praktisch», und das naturgegebene Streben wird zum Willen, der nach Einsicht tätig wird: Der Mensch kann handeln, und zwar aus «freier Entscheidung» (liberum arbitrium). Er ist Herr seiner Akte, und dadurch ist er in prägnantem Sinne «Bild Gottes» (imago dei).

Da der Mensch nicht nur Vernunft ist, sondern diese nur als «Vermögen» hat – als solches heißt sie *intellectus* –, unterliegen seine Akte zugleich den Bedingungen seiner Leiblichkeit. Wir unterscheiden Lebensvollzüge, die unmittelbar der Natur angehören (actus hominis), von

Handlungen, die aus überlegter Vernunftentscheidung kommen (actus humani). Die menschliche Natur und ihr Seinkönnen sind komplex, der Zeit und der Veränderung unterworfen, und sie verwirklicht sich in einer Vielzahl von Akten; menschliches Dasein resultiert aus solcher Mannigfaltigkeit. So wird das «Gutsein» dieses Daseins, sein «Gelingen» erst durch eine Ordnung zustande kommen, die durch die Vernunft zu leisten ist.

Als Vernunftnatur erkennt der Mensch das Leben als das seine, sich selbst als Urheber seiner Taten; er beurteilt, was gut und «zu tun», und was nicht gut und «zu lassen» ist; er entscheidet sich, und er bringt «sein» Leben zustande aus der Vielfalt jeweiliger Ziele, Güter, Akte im Ablauf der Zeit. Freilich kann er das Gelingen des Guten auch verfehlen: Die Endlichkeit seiner Vernunft, die Begrenztheit jeweiliger Zielsetzungen und Schätzungen, die Partikularität der Güter lassen ein Versagen zu, bei dem das geringere oder «scheinbare» Gut dem höheren und umfassenderen vorgezogen wird, bei dem der dringliche, unmittelbare Trieb sich der Steuerung durch die Vernunft entzieht.

Die Vernunft muß den Maßstab geben für Erfüllung oder Verfehlung. Sie muß das Gute aufzeigen, das jeweils ein Streben erfüllen kann, damit es der Wille als Ziel ergreift. Jeder Akt gehört aber zum Ganzen, als welches die Natur ihr Dasein verwirklicht; die nötige Ordnungsleistung verlangt die Orientierung des Wollens an einem Ziel, von dem her die Daseinsführung als Einheit bestimmt, von dem alle partikulären Zielsetzungen abgeleitet oder dem sie zugeordnet werden können. Das heißt, daß vernunftbestimmte Daseinsführung mit Notwendigkeit einem «letzten» Ziel zugeordnet wird, das sich in allen partikulären Entscheidungen auswirkt. Jeder Akt muß, wie als Beitrag zum Ganzen des Lebens, so als Schritt zum letzten Ziel aufgefaßt werden; und umgekehrt wird an ihm zu erkennen sein, was für den Handelnden das «letzte Ziel» ist.

Das ist zunächst eine formale Feststellung, und ebenso formal läßt sich sagen, daß dies letzte Ziel, das alle partikulären Zielsetzungen zusammenfaßt, zugleich das alle partikulären Güter zusammenfassende Gute ist, das den vernünftigen Willen zuallererst bewegt. Als Erstgewolltes ist es in allen Willensbewegungen vorausgesetzt, so daß von ihm abhängt, in welcher Weise sie gut sind. Das letzte Ziel und das Erstgewollte ist jenes, in dem das Seinkönnen der Natur im Ganzen sich erfüllen muß, so daß darüber hinaus nichts mehr zu wollen ist: Die Erfüllung des «äußersten Seinkönnens» ist erst die vollkommene Erfüllung. In ihm kommt alles Streben der Natur zum Abschluß.

Was das nun inhaltlich bedeutet, darauf ist die Antwort nicht schwierig: Thomas findet sie bei Aristoteles, der hier von «Glück» spricht, vom «Gelingen» des Lebens, wie man heute zu sagen pflegt. Es muß Akt sein, Verwirklichung; in der Zeitlichkeit unseres Daseins ist das Tätigkeit, die aus den aufs Gute ausgerichteten, in dieser Ausrichtung habituell gefe-

stigten Vermögen ausgeht, also Tätigkeit im Sinne der «Tugend». Aber
bekanntlich ist es Aristoteles nicht gelungen, eine verbindliche Ord-
nungseinheit des Tugendlebens insgesamt anzugeben, so daß er von einem zweifachen «Glück» redet, einem des «theoretischen» und einem des
politisch-praktischen «bürgerlichen» Lebens. Sollte dies das Äußerste an
Glück oder, wie Thomas sagt, «Glückseligkeit» sein?

Für Thomas ist das eine «unvollkommene Glückseligkeit», gleichwohl
eine gültige Analyse dessen, was dem Menschen unter den faktischen Bedingungen seines «irdischen» Lebens zu leisten möglich ist. Was ihn darüber hinausführt, ist ein Gesichtspunkt, der nicht bei Aristoteles, aber in
der aristotelischen Tradition eine Rolle spielt, nämlich der der Intentionalität der Vermögen, die unser Seinkönnen bestimmen. Der Wille will
«etwas», und er erfüllt sich im Erwerb eines objektiven Guten, das ihn
bestimmt. Der Intellekt braucht die Aktualität eines Objekts, mit dem er
im Akt des Erkennens eins wird und dadurch sich selbst verwirklicht.
Die Frage stellt sich nach dem «Gegenstand» der Glückseligkeit, der den
Intellekt erfüllt, der den Willen endgültig auf sich zieht und dadurch dem
menschlichen Dasein insgesamt definitiven Sinn verleiht.

Unter den konkreten Bedingungen irdischer Existenz hat die Aktualisierung des Intellekts Voraussetzungen, die den niederen Schichten der
Natur angehören und die vom Intellekt nicht einfach oder gar nicht beigebracht werden können. Das Dasein «gelingt» sozusagen im Aufbau
von unten, das Glück ist prekär, seine Dauer nicht zu sichern. Was der
Mensch zu leisten vermag, bleibt vorläufig; die Vollkommenheit des «Be-
sitzes» des beglückenden Gegenstandes ist so nicht möglich. Thomas
zieht die Konsequenz, daß vollkommene Glückseligkeit nur im künftigen, nachirdischen Leben gegeben sein kann.

Das ist noch nicht eine theologische Perspektive. Den Prospekt auf ein
Leben nach dem Tode, der abgeschiedenen unsterblichen Seele, haben
auch die heidnischen Philosophen bedacht. Für dieses Leben ist denkbar,
daß es sich in einem intellektuellen Prozeß vollzieht, der durch einen das
Vermögen des Intellektes ausschöpfenden Gegenstand vollständig erfüllt
und somit seliges Leben ist. Angesichts der Offenheit des Intellekts für
Seiendes schlechthin kommt als solcher Gegenstand nur Gott in Frage,
der alles Sein umfaßt und der zugleich als das universale Gute den Willen
vollständig auf sich zieht. Das läßt sich schon aus der Perspektive irdischen Lebens sagen, aber da bleibt es eine Aussage der theoretischen Metaphysik, die in ihrer Endlichkeit freilich die «praktische» Lebensbedeu-
tung dieser Aussage in Frage stellen muß.

Denn theoretische Gotteserkenntnis, wie sie irdisch möglich ist, kann
Gott nur in geschöpflichen Begriffen erfassen, die den Verstand nicht ausschöpfen. Auch die abgeschiedene Seele, ja jeder endlich geschaffene
Geist, der von irdischen Bedingungen frei ist, kann nicht Gottes Wesen
selbst, sondern nur seine Wirkung im «Abbild» begreifen. Daher vermag

sich der geschöpfliche Wille, der sich in der Zuwendung zu Gott auf ihn unmittelbar selbst beziehen kann, nicht definitiv in der Gottesliebe zu befestigen. Schlechthinnige Erfüllung wäre nur gegeben, wenn Gott sich unmittelbar selbst als Gegenstand zeigen würde, wie er ist: in einer «Schau» Gottes. Das ist auf keinen Fall zu «leisten»; und wenn auch der Intellekt zum Unendlichen offen ist, kann er in keiner Weise des «Begreifens» mit ihm eins werden: Gottesschau verlangt ein das Vermögen erhöhendes, nur gnadenhaft zu gebendes «Licht», wie es «natürlich» nicht zu Gebote steht. Nichtsdestoweniger verweist die «Natur» des Menschen auf dies ihm selbst Unmögliche: durch die Offenheit des Intellekts, der das Unendliche zu denken vermag, und durch den Gedanken, daß nur die volle Präsenz des Gegenstandes im Intellekt die vollkommene Erkenntnis ist.

Thomas spricht daher von einem «Naturverlangen nach der Gottesschau» (desiderium naturale in videndum deum).[13] In einer langen Kapitelreihe der *Summa contra gentiles* zeigt er, daß alle Versuche, menschliche Daseinserfüllung unterhalb dieses Äußersten anzusetzen, nicht befriedigen. Die kühnen Spekulationen insbesondere der arabischen Denker, angesichts der nicht ausdenkbaren Gottesschau die abgeschiedene Seele doch irgendwie in einem Reich reinen Geistes zu beheimaten, versteht er als Ausdruck tief erlebter Existenzangst (angustiae) dieser «erlauchten Geister» (praeclara ingenia). Von dieser Angst befreit der «katholische Glaube» mit der Verheißung der Gottesschau.

Die Grenzen philosophischen Denkens werden hier überschritten: anstößig für Philosophen, deren Scheitern vor der letzten Sinnfrage dargetan wird; aber durch die Glaubensantwort wird ihr Weg ja auch bestätigt. Anstößig noch mehr für Theologen, welche die Gnadenhaftigkeit der Gottesschau verkannt sehen, wenn sie Erfüllung eines «Naturverlangens» ist; aber dies Verlangen ist kein «Anspruch», und wie könnte Gottesschau beseligen, wenn sie nicht genau der «Natur» entspräche, die durch die Gnade erhoben wird? Anstößig ist aber auch, daß die Gottesbeziehung, auf die das «Verlangen» abzielt, strikt intellektualistisch angesetzt und auf den höchsten Punkt geführt wird; wo doch religiös die Liebe den Vorrang hat, die stets auf das Geliebte an ihm selbst gerichtet ist und mit ihm eint, auch wenn die Erkenntnis am «Bild» zurückbleibt. Liebe zieht emotionale Kräfte ein, sie bewegt auch zu tieferer Erkenntnis; eine «affektive» Theologie wurde von nicht wenigen Zeitgenossen des Thomas bevorzugt.

In der Tat gibt Thomas dem Intellekt Priorität, gemäß dem Satz, daß «nichts gewollt» – und so geliebt – werde, «außer es sei zuvor erkannt» (nihil volitum nisi praecognitum); die Liebe, die als geistige nicht niedere Emotion, sondern Akt des Willens ist, findet erst durch die Erkenntnis ihren Gegenstand. Man kann nun sagen, daß in der vernunftbegabten Natur der Wille es ist, welcher das vom Schöpfer eingegebene Naturstreben zusammenfaßt und insofern den Anfang jeden Aktes setzt; er ist in dieser Natur der «erste Beweger», und er bewegt auch den Intellekt zu seinem Akt. Aber der Akt, den der Wille in Gang setzt, hat seine gegenständliche Bestimmtheit nur durch den Intellekt, der diesen Gegenstand vergegenwärtigt. Der schlechthinnige Vorrang der gnadenhaften «Liebe» (caritas) besteht gegenüber einem Glauben, der Gott nur «in Spiegel und Rätsel» vergegenwärtigt. In der Schau Gottes «von Angesicht zu Angesicht» stellt sich das wesensmäßige Verhältnis wieder her: In der Erkenntnis geschieht jene Präsenz Gottes, die dann die Liebe sich vollenden läßt, und von hier aus wird dem Menschen die Vollendung zuteil, die nach der Auferstehung in der «Verklärung» auch auf die leibliche Existenz sich erstreckt. Es ist dann konsequent, daß vom «Gottverlangen» in der Linie der Erkenntnis, «intellektualistisch» geredet wird: So entspricht es dem Wesensverhältnis.

Aber nicht der Intellekt ist «Träger» dieses Gottverlangens, sondern der Mensch, dessen Vermögen er ist; und auch der Wille ist «des Menschen», nicht unbetroffen von einem Verlangen der «Natur», in der er der «Beweger» ist (das stellt freilich erst der spätere Thomas der «Summen» klar). Der Intellekt ist nicht abgehoben «für sich» wie eine cartesische «raison», der Intellektualismus des Thomas hat mit «Rationalismus» nichts zu tun. Er schließt auch nicht die Rolle des Affektiven aus; es war bereits die Rede davon (§ 1), welche Bedeutung es in der konkreten Religiosität auch für die Erkenntnis spielt. Eben jenes anthropologische Konzept, das des Menschen Höchstes in dem ihn auszeichnenden Intellekt sieht, verweist zugleich auf eine konkrete, die Natur im Ganzen einbeziehende Praxis, in der eine dem Menschen gemäße Gottesverehrung ihren Ort hat.

4. Gottesverehrung[14]

Mit «Gottesverehrung» ist der Ausdruck «religio» zu übersetzen; es ist der Name für eine «Tugend», deren Gegenstand die Akte sind, mit denen wir Gott Anerkennung und Ehre erweisen. Das sind wir ihm als unserem Schöpfer, dem wir alles verdanken, schuldig, und so entspricht die Gottesverehrung einer Forderung der Gerechtigkeit. Freilich kann sie nicht die «Gleichheit» erreichen, welche zur Gerechtigkeit gehört, und so ist sie nur eine dieser anhangende Tugend (virtus annexa), kein integraler, sondern nur potentieller Teil (pars potentialis) der Gerechtigkeit.

Die Gottesverehrung schafft nicht die Gottesbeziehung, sondern setzt sie voraus. Für den christlichen Theologen einen uns mit Gott die gnadenhaften Tugenden von Glaube, Hoffnung und Liebe; nur sie haben Gott zum «Objekt». Für die Tugend religiöser Praxis ist Gott nur «Ziel», ihr Objekt sind die Akte der Verehrung, des «cultus», die nur «zum Ziel Hingeordnetes» sind (ea quae sunt ad finem). Sie ist demnach keine «theologische», sondern «moralische» Tugend, freilich von vorzüglichem Rang, da sie ja auf Gott hin ordnet. Hier geht es jedoch nicht um die umfassende Ordnung zu Gott, die das menschliche Dasein im Ganzen umfaßt, sondern um spezifische Akte, die – zum Nutzen des Menschen und in diesem angepaßter Weise – diese Ordnung ausdrücklich bezeugen; insofern ist die «religio» eine spezielle Tugend, auch wenn nicht-spezifische Akte aus religiöser Einstellung, also als solche der Gottesverehrung, vorgenommen werden. In letzterem Sinne läßt sich sogar sagen, daß hinsichtlich der äußeren Werke die «Summe» der christlichen Religion in der Barmherzigkeit besteht.

Die spezifischen Akte faßt die Bezeichnung «Kult» zusammen, zu dem also nicht nur äußere Handlungen gehören, sondern zuvor und vorzüglich solche «innerlicher» Art, an erster Stelle solche der «Frömmigkeit» (devotio; auch pietas, die sich jedoch primär auf die den Eltern und dem Vaterland geschuldete Liebe bezieht). Sie ist der Wille, sich Gott zu «weihen» (devovere), der aus Meditation und Kontemplation hervorgeht. Das scheint einen Vorzug der zur Meditation Begabten, der «Intellektuellen», auszusagen, wo doch das Gegenteil der Fall ist: Gerade bei einfachen Menschen und beim weiblichen Geschlecht, wo wenig Kontemplation zu finden ist, gibt es häufiger Frömmigkeit. Auf diesen Einwand antwortet Thomas, daß Wissen und anderes, was zur «Größe» gehört, dem Menschen ein Selbstvertrauen vermitteln kann, daß er sich nicht mehr ganz Gott übergeben will. Bei den Einfachen und den Frauen unterdrückt der Überfluß an Frömmigkeit die Überhebung. Wenn jedoch der Mensch sein Wissen und jeglichen Vorzug vollkommen Gott unterwirft, so mehrt das die Frömmigkeit: Ein wichtiger Satz, da er auch die wissenschaftliche Arbeit des Theologen religiös mehr als bloß rechtfertigt.

Ist Frömmigkeit Sache des Willens – mit emotionalen Folgen, Freude oder auch Tränen –, so spricht im Gebet die praktische Vernunft, was freilich selbst beim in Worten formulierten Gebet keinen Vorzug für «Intellektuelle» besagt: Das Wesentliche, die Andacht zu Gott und den Inhalt der «Bitte», haben auch «idiotae», gänzlich Ungebildete. Die Bitte, als welche Thomas die «oratio» versteht, ehrt Gott, dem wir uns als ihm unterworfen und seiner bedürftig bekennen. Der Sinn der Bitte wird nicht dadurch aufgehoben, daß wir Gott nicht beeinflussen, seinen Willen nicht ändern können: Gott wirkt in der Welt durch Zweitursachen, und wenn seine unabänderliche Vorsehung die Ordnung so getroffen hat, daß bestimmte Wirkungen an das Gebet geknüpft sind, so ist dieses als wirksam zu betrachten: Es ist ein für den Menschen notwendiger Akt. Es wirkt auch emotional, als Tröstung, als Erquickung des Geistes (refectio mentis).

Das Gebet wird gewöhnlich in Worte gefaßt; nur im Ausnahmefall höchster Intensität der Gottzuwendung können Worte fehlen. Unentbehrlich ist die sprachliche Form beim Gebet in der Gemeinschaft: Wir gehen damit schon zu den äußeren Kulthandlungen über, die zunächst in der «Anbetung» (adoratio) Gesten und Riten kennt, welche körperlich die «fromme» Ehrerbietung ausdrücken. Darüber hinaus werden Gott äußere «Gaben» (oblationes) dargebracht; die vorzüglichste ist das «Opfer» (sacrificium).

Erst anläßlich des Opfers stellt Thomas die nicht nur hier, sondern für die Philosophie religiöser Praxis überhaupt grundlegende Frage,[15] ob diese Praxis «naturgesetzlich» sei (de lege naturali), oder auch «naturrechtlich» begründet (de iure naturali). Zum Naturgesetz gehören bei Thomas jene Sätze, in denen die «natürliche» menschliche Vernunft ihre Erkenntnisse dessen, was für den Menschen kraft seiner «Natur» zu tun und zu lassen ist, in allgemeinen Normen ausspricht, damit menschliches Leben in geordneter Vernünfigkeit als «gutes» gelingen kann. Es handelt sich also um die Prinzipien der praktischen Vernunft und die Grundlegung der moralischen Ordnung überhaupt. Von «Naturrechten» kann man reden, sofern sich aus dieser Ordnung Rechtsansprüche ergeben. Das ist deutlich anders als die gewöhnlich «Naturrecht» genannte Position, wie sie die Neuzeit entwickelt hat, auch als die traditionell augustinische, welche auf die «ewige» Gesetzgebung Gottes abstellt: Thomas geht von der menschlichen Vernunft aus, die von Gott gegründet, aber auch zu eigener «Voraussicht», zur Konstituierung des «Naturgesetzes» instand gesetzt ist.

Die natürliche Vernunft «diktiert» (dictat) dem Menschen, daß er einem Höheren unterworfen sein müsse, da er wegen der Mängel, die er in sich wahrnimmt, von ihm Hilfe und Leitung nötig hat; und was immer das sei, das ist, «was bei allen Gott heißt». Das ist ein zweifach erstaunlicher Satz: Einmal, weil nicht unsere totale Abhängigkeit vom Schöpfer, sondern unsere Unzulänglichkeit in der Bewältigung und Beherrschung unseres Lebens der Ansatzpunkt ist, von dem her Unterwerfung, also «Anerkennung» des Höheren, von dem wir abhängen, sich als «vernünftig» erweist; zum anderen, weil es auf eine bestimmte Gottesvorstellung nicht ankommen soll. Es steht nur das Verhältnis zum Höheren in Frage, das bei Naturdingen ebenfalls «Unterwerfung» bewirkt. So «diktiert» weiter die natürliche Vernunft dem Menschen «entsprechend der natürlichen Neigung» – mit Blick auf diese bildet, wie gesagt, die Vernunft «naturgesetzliche» Normen – Unterwerfung und Anerkennung, Ehre also, auf seine Weise kundzutun: also mit sinnlich wahrnehmbaren Zeichen, wie es dem Menschen gemäß ist. Dies ist eine Begründung, die allgemein den «äußeren Kult» umfaßt; und für das Opfer gilt: Aus der natürlichen Vernunft ergibt sich (procedit), daß Gott zum Zeichen schuldiger Unterwerfung und Ehre sinnfällige Gaben dargebracht werden, wie solche auch «Herren» zur Anerkennung ihrer Herrschaft geboten werden. Das ist der Sinn des Opfers, und so ist die Darbringung des Opfers «naturrechtlich» begründet.

Verallgemeinern wir diese Aussage, so läßt sich sagen: Religiöse Praxis hebt auf einer sozusagen elementaren Ebene menschlichen Daseins an, als Antwort auf eine als nicht zu bewältigen erfahrene Lebenssituation, die aber seiner «Natur» entspricht; sie liegt einer theoretisch-reflektierten Orientierung noch voraus, ihre «Vernünftigkeit» ist durchaus praktischer Art. Religion ist dem Menschen «natürlich», und so fällt sie unter «Naturgesetz» und Naturrecht. Dennoch gibt es keine «natürliche Religion», und es kann sie gar nicht geben: Einmal deshalb, weil das «Naturgesetz» zwar gültige, aber nur allgemeine Gebote enthält, die konkretisiert werden müssen; und konkret werden sie entweder durch menschliche Satzung oder göttliche Einrichtung. Zum anderen kann der Sinn der religiösen Praxis nur erfüllt werden, wenn die Verehrung dem wahren Gott gilt; das aber ist jener, der sich offenbart hat.

Daher sind die umfangreichen weiteren Ausführungen des Thomas zum Thema «Religion» – sowie auch zu abergläubischen Praktiken und zur Irreligiosität – von geringem philosophischem Interesse. Das gilt auch von seiner ausführlichen Behandlung der «religio» als dem gottgeweihten, durch freiwillige Gelübde rechtlich gebundenen Leben, nämlich der geistlichen Orden.[16] Wie wichtig Thomas dies Thema war und sein mußte, wurde schon gesagt; und natürlich finden sich immer wieder im Kontext Aussagen von allgemeiner Bedeutung. Sie rechtfertigen jedoch nicht eine Darstellung unter philosophischem Gesichtspunkt.[17]

Abschließend muß zum Thema «Religion» bei Thomas gesagt werden: Selbstverständlich gehören diese Texte zum Gesamtbild seines Denkens, und sie zeigen auch im einzelnen seine Prägung. Jedoch ist die Doktrin keineswegs originell; sie nimmt eine Tradition auf, die mit Cicero beginnt, schon spätantik eine bestimmte Form hat und bis an die Schwelle der Neuzeit ziemlich konstant bleibt. Es gibt bei Thomas (fast) keine Aussage, die sich nicht auch bei anderen scholastischen Theologen findet – was natürlich nicht gegen Thomas spricht und schon gar nicht gegen die Tradition, für die er ein wichtiger Zeuge ist.

Seine eigentliche Originalität wird man, unter dem hier gewählten religionsphilosophischen Aspekt, in der Fassung des Gottesbegriffs, in seiner Auffassung vom Eigenstand der Geschöpfe und der «intellektualistischen» Konzeption der Gottesbeziehung sehen dürfen. Wirkungsgeschichtlich, auch im Thomismus der Schule, ist manches von dieser Originalität verdeckt oder verschliffen worden; erst die neuere historische Forschung hat entscheidende Züge ihrer Prägung wieder ans Licht gebracht.

IV. Zur Wirkungsgeschichte

Thomas hat schon die Zeitgenossen beeindruckt, zuerst die «Artisten» (= Philosophen), die seine Aristoteles-Kommentare schätzten. Unter den Theologen war er umstritten, aber beachtet. Bei den Franziskanern kursierte ein «Correctorium», das bei den Dominikanern Gegenschriften hervorrief. Bei diesen wurde er früh zum maßgeblichen Ordenslehrer, zumal nach der Heiligsprechung 1323. Aber andere Orden hielten sich an eigene Traditionen, so die Franziskaner vornehmlich an Duns Scotus, und in der Universität des 14. Jahrhunderts dominierten die «moderni», ein Ockham und ein Buridan. In der Auseinandersetzung mit diesen Richtungen konsolidierte sich der Thomismus; systematisch faßt seine Verteidigung der «princeps Thomistarum» Johannes Capreolus († 1444) in großen *Defensiones* zusammen. Gegen Ende des 15. Jahrhunderts sind diese Kontroversen verblaßt, der Thomismus wird stärker, auch in der humanistisch beeinflußten Universität. 1522 vollendet dann der Kardinal Cajetan (Thomas de Vio) den großen *Kommentar zur Summa theologiae*, den noch die *Editio Leonina* in unserem Jahrhundert dem Text beigibt. Erst danach wird diese Summa zum schlechthin klassischen Werk. Sie wird an zahlreichen katholischen Universitäten zur Grundlage philosophischen und theologischen Unterrichts, zuerst ab 1540 in Salamanca; umfangreiche Kommentarwerke, zumal aus Spanien, geben davon Zeugnis. 1567 wird Thomas zum «Kirchenlehrer» erklärt; an seiner «Autorität» kann ein katholischer Theologe nicht vorbeigehen, auch wenn er nicht in engerem Sinne «Thomist» sein will.

Ein Thomismus im engeren Sinne formiert sich theologisch, wo anläßlich neuer Probleme der Glaubensanalyse, der Gnaden- und Sakramentenlehre die Doktrin fortzuschreiben ist; zugleich werden die philosophischen Grundpositionen in eindeutigen, sozusagen zeitlos formulierten Aussagen festgelegt. Daß dabei etwas von der geschichtlichen Lebendigkeit von Thomas' Denken verloren geht, daß sogar Verkürzungen stattfinden, darauf ist in der Darstellung an den entsprechenden Punkten hingewiesen worden. Die Tendenz ist spürbar, die (mittelalterliche) «Synthese» in ein (neuzeitliches) «System» zu überführen. Auch dieser Schulthomismus ist noch ein imponierendes Gedankengebäude, und bis ins 18. Jahrhundert findet er bedeutende Vertreter. Aber die geschlossene Systematik tritt weder zur positiv-historischen Theologie noch gar zur neuen Naturwissenschaft in ein Verhältnis; am Ende ist sie nur noch kirchliche Tradition.

Diese wird recht breit in der Bewegung der Neuscholastik aufgenommen, die Mitte des 19. Jahrhunderts mit einer Neubewertung des mittelalterlichen Denkens beginnt. Im Werk des Thomas findet man die «Summe» dieses Denkens zusammengefaßt, zum vollendeten Ausdruck christlich-katholischer Intellektualität. In diesem Sinne wird Thomas päpstlich empfohlen (Leo XIII: Enzyklika *Aeterni Patris* 1878); es wird sogar rechtlich vorgeschrieben, Philosophie und Theologie «im Geiste» (ad mentem) des Thomas zu unterrichten (1917). Die Formel läßt allerdings beträchtliche Varianten zu; der Versuch, den Thomismus in schulmäßigen Thesen neu festzuschreiben, setzte sich nicht durch. Die Neuscholastik bemüht sich eher darum, aus der Orientierung an der Tradition in ein Verhältnis zum zeitgenössischen Denken zu kommen, das nicht nur negativ ist. Sie beginnt, sich selbst geschichtlich zu verstehen, und gewinnt auch ein neues Verhältnis zu Thomas: nicht zuletzt dank einer historischen Forschung, die den Blick für das Original freimacht.

Im 20. Jahrhundert setzt sich allmählich eine Lektüre des Thomas durch, die ihn «historisch» versteht, nämlich von den Fragen her, welche die seinen waren. Er zeigt sich dann nicht bloß als das «Genie der Ordnung», sondern als ein höchst origineller, innovatorischer Denker mit klar umrissenem eigenem Profil. Aus solcher Sicht, die nach neuerem Sprachgebrauch zwischen «thomanisch» und «thomistisch» unterscheidet, wird keine neue Schule hervorgehen, aber eine wirkungsgeschichtliche Präsenz, die philosophisch womöglich fruchtbarer sein wird als die einer Schulautorität. Die hier gegebene Darstellung verdankt sich solcher Sicht.

Loris Sturlese

MEISTER ECKHART
(um 1260–1328)

1. Fr. Eckhart, Lektor der Sentenzen in Paris

Am 18. April des Jahres 1294 – es war das Osterfest – bestieg ein junger
Akademiker die Kanzel der Pariser Predigerkirche St. Jacques. Die Predigt, die er hielt, wurde von einem Zuhörer mitgeschrieben, und eine Kopie davon gelangte wenige Jahre danach in die Bibliothek des Klosters
Kremsmünster, wo sie sich noch heute befindet. Dieser Text zeichnet sich
durch Frömmigkeit, Gelehrsamkeit und rhetorische Gewandtheit aus.
Der ursprüngliche «color rhetoricus» erklingt noch an vielen Stellen, und
der Verfasser häuft unzählige Zitate aus der Bibel und aus den Werken der
Patristik – besonders aus Augustinus – mit beeindruckender Souveränität
an. Heute baut man freilich eine Rede nach ganz anderen rhetorischen
Prinzipien auf; aber an dem Standard der mittelalterlichen Predigtkunst
gemessen, stellt jene Predigt ein kleines Meisterwerk dar. Sie weist über
alle Mittel der rhetorischen Tradition ihrer Zeit hinaus auch persönliche
Züge auf. Auffallend ist vor allem der Nachdruck, mit dem sich der
Redner auf die Lehre der Philosophen und Naturwissenschaftler berief.
Er sprach über ein rein theologisches Thema – die erlösende Passion
Christi –, aber er führte Avicenna, Hermes Trismegistus, Ptolemaeus, die
Philosophen und Albertus Magnus als seine Gewährsmänner an. Diese
Zitate galten im Paris des endenden 13. Jahrhunderts als eindeutige Si-
gnale: Der Prediger distanzierte sich hiermit von den immer stärker werdenden antiphilosophischen Strömungen innerhalb der theologischen Fakultät. Er war indes auch kein Exponent der entgegengesetzten Partei der
streng philosophisch ausgerichteten sogenannten «radikalen Aristoteliker». Denn diese hatten versucht, in Verbindung mit der aristotelischen
Ethik die heidnische Moral der Großmut (magnanimitas) wieder aufleben
zu lassen, er dagegen hob die Demut als typische christliche Tugend hervor. Der junge Akademiker, der die Predigt hielt, sollte sich mit diesen
Themen sein ganzes Leben beschäftigen. Es war «Bruder Ekhardus, Lek-
tor der Sentenzen» (LW V, 136).[1]

Die Osterpredigt aus dem Jahr 1294 ist im Hinblick auf die Rekonstruktion von Eckharts Leben von erheblicher Bedeutung, denn sie erlaubt eine Reihe biographischer Rückschlüsse. Über die Sentenzen des
Petrus Lombardus las der Baccalaureus (Dozent) der theologischen Fakultät; da die Pariser Statuten für diese Funktion ein Mindestalter von 33
Jahren vorschrieben, muß Eckhart vor 1260 geboren sein. Seine Familie
gehörte zum niederen Adel und wohnte in Tambach bei Gotha. Er selbst

war nach einem Grundunterricht mit mindestens 18 Jahren in den Dominikanerorden eingetreten und hatte vor seiner Zulassung zum Studium an der Pariser Universität die akademische Laufbahn eines Dominikanerstudenten erfolgreich durchlaufen: drei Jahre Unterricht in den «artes liberales», zwei Jahre Naturphilosophie (mit Schwerpunkt auf der aristotelischen Wissenschaft) und drei Jahre Theologie an einem Studium particulare. Es ist unbekannt, an welchen Orten und bei welchen Lehrern er studierte. Er dürfte noch in Köln Albert den Großen († 1280) persönlich kennengelernt haben. Der Einfluß Alberts – des größten Gelehrten und Studienorganisators seiner Provinz – auf seine erste Ausbildung war allerdings entscheidend. Indem Eckhart den Philosophen eine so große Rolle in seiner Predigt zubilligte, bekannte er sich zum Programm Alberts, die Wissenschaft der Antike und der Araber in das christliche Denken zu integrieren. Auf die Autorität des Kölner Gelehrten berief er sich sogar ausdrücklich an einer zentralen Stelle seiner Osterpredigt: «Albert sagte oft...» (LW V, 145). Der junge Eckhart wies damit stolz darauf hin, aus welcher Schule er kam.

Zu seiner ersten Tätigkeit als Dozent in Paris ist auch die feierliche Antrittsrede zu rechnen, mit der er seine Lehrveranstaltungen über das theologische Handbuch des Petrus Lombardus begann, die *Collatio in libros Sententiarum*. Eckhart bediente sich, was Thema, Struktur und manche Gedanken dieser Ansprache betrifft, einer *Collatio* des Franziskaners Richardus Rufus, wodurch das Werk in den Ruf eines Quasiplagiats gekommen ist. Einem objektiven Beobachter bleibt festzustellen: Beide Reden sind zwar strukturell sehr ähnlich, aber sie sind in ihrem Ton unvergleichbar. Richardus Rufus war ein Anhänger der alten, traditionellen theologischen Exegese, und er hielt sich strikt an das Prinzip, die Bibel nur durch den Bibeltext zu deuten. Eckhart fing seine Rede mit einer langen Ausführung über den Durchmesser des Tierkreises nach al-Fergani und Maimonides an, berief sich auf die Autorität des Boethius und spickte seine Argumente mit aristotelischen Lehrsätzen. Seine *Collatio* zeigte dasselbe Profil wie die Osterpredigt – es war vielleicht das chiffrierte Signal eines theologischen Programms.

2. *«Nîm dîn selbes war»: Das Abgeschiedenheitstheorem in den Reden*

Ob Eckhart bereits im Jahr 1294 ein Programm entworfen hatte, kann man allerdings zum jetzigen Stand der Forschung unmöglich sagen, denn seine ersten Schriften sind bislang nie analytisch untersucht worden. Die Gründe dieser Vernachlässigung liegen in der verbreiteten Überzeugung, Eckhart habe seine spekulative Reife erst im Jahre 1302/3 anläßlich seiner Lehrtätigkeit als Magister regens in Paris erreicht. Erst dann hätte er von der Theologie des Thomas von Aquin Abstand genommen, seine früheren literarischen Erzeugnisse seien völlig unoriginell und stünden alle un-

Dominikaner-Magister an einer Universität

ter dem Einfluß des damals vom Dominikanerorden befürworteten Schulthomismus.[2] Auf diese Interpretation werde ich unten zurückkommen. In diesem Zusammenhang sei nur bemerkt, daß ein entsprechend negatives Urteil nicht nur die kleinen Schriften aus der ersten Pariser Zeit, sondern auch ein viel anspruchsvolleres Werk getroffen hat, das Eckhart zwischen 1295 und 1298 nach seiner Rückkehr nach Deutschland abfaßte: die sogenannten *Reden der Unterweisung (Die rede der unterscheidunge)*. Es handelt sich laut Überschrift um «die rede, die der vicarius von düringen, der prior von erfort, bruoder eckehart predier ordens mit solichen kinden hete, diu in dirre rede frâgeten vil dinges, dô sâzen in collationibus mit einander». Diese in erbaulichem Ton gehaltenen Kollationen, die Ordensnovizen als Adressaten hatten, sind fast einstimmig als Devotionsliteratur abgestempelt und beiseite gelegt worden, und selbst ein großer Spezialist wie Josef Quint vermißte bei ihnen die «schwierigen und hochgreifenden theologisch-philosophischen Spekulationen» des späteren Eckhart.[3] Ein sehr ungerechter Vorwurf, wie mir scheint.

Eckhart entwarf nämlich in seinen Ansprachen eine radikal neue Interpretation der monastischen Tugendlehre. Wenn er dies in der einfachen Form der Tischkollation, in deutscher Sprache und in ausdrücklicher Anlehnung an die Spiritualität der Väter der frühchristlichen Tradition tat, so wohl angesichts seines primär intendierten Publikums. Er sprach zu Novizen, und wir wissen aus mehreren Quellen, daß diese sich auf das künftige Ordensleben durch die Meditation der Geschichten der Wüstenväter *(Vitas patrum)* und der Summa monastischer Tugenden des Johannes Kassian vorbereiteten. Bereits aus den ersten Gedanken der *Reden* wird es deutlich, wie tief sie in der frühmönchischen Spiritualität verankert sind. Tugend aller Tugenden ist – so Eckhart – der Gehorsam, das erste Gelübde des Mönchs. Sie ist Gehorsam gegenüber Gott und besteht darin, daß der Mensch «aus sich selbst herausgeht» («des sînen ûzgât»: DW V, 188). Indem der Mensch in demütigem Gehorsam durch «ein vernihten sîn selbes» (292) «sînen willen unde sich selber lÆzet» (195), erreicht er Abgeschiedenheit, Freiheit, Gelassenheit und die Einsicht ins eigene Wesen. Diese Interpretation des Gehorsams im radikalen Sinn der «abgescheidenheit» und Selbstverneinung ist nichts anderes als eine direkte Wiederaufnahme des Begriffs von «puritas cordis» Kassians und seines griechischen stoischen Modells, der «apatheia» des Evagrius Ponticus.

Wenn Eckhart somit seine Überlegungen in eine tausendjährige monastische spirituelle Tradition einordnete, erfolgte dies jedoch nicht ohne wichtige Korrekturen. Die erste: In den *Reden* fehlt jeder Hinweis auf den alten, harten, für die mönchische Tradition bestimmenden asketischen Begleitapparat: Kassians drei «abrenuntiationes», die strenge Abstufung des geistlichen Lebens, den Dämonenglauben, das unablässige Gebet usw. Die zweite Korrektur: Die Ausübung des eremitischen oder des mönchischen Lebens überhaupt wird nicht mehr als unersetzbare Bedingung für die Erlangung der «Reinheit des Herzens» postuliert. Eckhart redete zwar vor jungen Ordensmitgliedern, aber er sprach ausdrücklich «die liute» (DW V, 196), jeden Menschen an. Indem er nachher seine Schrift in deutscher Sprache veröffentlichte, appellierte er an den Kleriker wie an den Laien. «Gehorsame» war für ihn kein legaler, kirchlich-institutioneller Begriff, sondern eine Haltung gegenüber Gott, welche eine Folge der jedem Menschen möglichen und nötigen Selbstbetrachtung ist und sich als «abegescheidenheit» ausdrückt. Gerade beim universalen Anspruch des «abegescheidenheit»-Begriffs liegt die dritte, entscheidende Korrektur zur traditionellen Lehre und zugleich die spekulative Relevanz von Eckharts Position: der Versuch nämlich, hierfür eine metaphysische Begründung zu liefern.

Eckharts Ausgangspunkt in den *Reden* war der delphische Imperativ: «erkenne dich selbst», das heißt die Forderung, über sich selbst und über die Bedingungen der eigenen Individualität zu reflektieren. «Nîm dîn selbes war», so ermutigte er am Anfang seiner Ansprachen seine Zuhörer, und er fügte hinzu: «... und swâ dû dich vindest, dâ lâz dich» (DW V, 196). Das «dich», die Individualität als solche durch die Abgeschiedenheit zu verneinen – dies hat als unmittelbare Folge, daß sie in das Göttliche aufgehoben wird: denn «swâ der mensche in gehôrsame des sînen ûzgât..., dâ an dem selben muoz got von nôt wider ingân» (187). Der abgeschiedene Mensch wird durch Gott «durchformt» und «in ihm verwesentlicht»: «Also sol der mensche mit götlîcher gegenwerticheit durchgangen sîn und mit der forme sînes geminneten gotes durchformet sîn und in im gewesent sîn» (DW V, 108 f.). Der durch Gott «durchformte» Mensch wird «gotvar», gottfarbig (229), göttlich.

Was genau diese «göttliche Durchformung» bedeutet, wird man erst nach der Betrachtung von Eckharts lateinischen Werken erfahren, in denen er den theoretischen Rahmen seiner Lehre in der scholastichen Sprache verdeutlichte. Was in diesem Zusammenhang wichtig ist: Die «Durchformung» wird hier als ein Faktum dargestellt, das die Merkmale der metaphysischen Notwendigkeit trägt. Wenn Eckhart das Aus-sich-selbst-Herausgehen mit der Einkehr Gottes als derart eng verkoppelt ansieht, daß er diesen Prozeß für «notwendig» erklärt («Got muoz von nôt»), denkt er an keine moralische, sondern an eine metaphysische Notwendigkeit. Die «göttliche Durchformung» ist indes weder ein unmotiviertes gnadenhaftes Ereignis noch eine private mystische Erfahrung. Im Beiwort «von nôt» drückt sich einfach ein objektiver Sachverhalt aus. Das Abgeschiedenheitstheorem ist das Resultat eines durch Gott gewollten metaphysischen Gesetzes.

Die Ethik der Innerlichkeit und der Intention – welche Eckhart in den *Reden* aufbaute und welche die Forschung bisher als hauptsächliche Leistung des Werks pries[4] – erweist sich somit lediglich als eine Konsequenz dieser metaphysischen Prämissen. Unter einer solchen Perspektive kann nur das Sein des Subjekts als normativ gelten. Die Werke sind irrelevant. Heiligkeit soll nicht «auf ein Tun», sondern «auf ein Sein» gegründet werden; dieses Sein erreicht man durch die Abgeschiedenheit und es zeigt sich ontisch als göttlich-durchgeformtes Sein und ethisch als Gerechtsein: «Bist dû gereht, sô sint ouch dîniu werk gereht» (DW V, 197). Die für das ganze Oeuvre Eckharts charakteristische Verknüpfung von Ethik und Metaphysik ist bereits in den *Reden* ein leitendes Motiv.

Die genauen Konturen der metaphysischen «göttlichen Durchformung», die Eckhart als Erfurter Prior und Provinzialvikar seinen Zuhörern vermitteln wollte, lassen sich aufgrund des Textes der *Reden* nicht exakt zeichnen. Das Gesetz, welches das Abgeschiedenheitstheorem stützt, wird zwar angewandt, aber weder begründet noch ausgeführt. Die *Reden* sind ja kein philosophischer Traktat. Zeitlich sehr nahe Texte weisen darauf hin, daß Eckhart an einer solchen Begründung sehr intensiv arbeitete, wobei denkbar ist, daß er selbst das enorme religiöse und spekulative Potential der in dieser Formel konzentrierten Lehre allmählich ans Licht zu bringen vermochte, indem er sich immer wieder in seiner Predigt- und Lehrtätigkeit auf dieses Thema konzentrierte. Zwei grundlegende Positionen sind allerdings in den *Reden* bereits mit aller Deutlichkeit vorgezeichnet. Erstens die Überzeugung, das geistliche und moralische Leben erfordere primär keine asketischen und mystischen Handlungen, sondern eine metaphysische Grundlegung. Zweitens die Lehre, daß der Ort der Durchformung des Menschen durch die göttliche Gegenwart die menschliche Vernunft sei, und deren Begründung: «Der vernunft enist niht als eigen noch als gegenwertic noch als nâhe als got» (DW V, 277). Paradigmatisch in dieser Hinsicht war nach Eckhart der menschgewordene Christus, der durch seine Vernunft «eine besitzunge und eine gebrûchunge êwiger sælicheit» hatte, während seine niedersten Kräfte «in den selben stunden in dem meisten lîdenne und strîtenne ûf der erde» waren (170f.). «Alsô sol in dir sîn»: Nachfolge Christi heißt, sich selbst durch die vergöttlichte Vernunft zu erkennen und zu verwirklichen. Eckhart sah dabei, wie bei Christus, keine Vernichtung, sondern eine Selbstverwirklichung durch die Aufhebung des Individuellen und Menschlichen in die Dimension des Göttlichen. Es handelt sich hierbei um ein Thema, das entscheidende Folgen für seine spätere Spekulation hatte.

3. «Deus est intelligere»: Die seinslose Ungeschaffenheit des Denkens in den Quaestiones Parisienses

Die zentrale Bedeutung der Frage nach der Ergründung der Individualität; die Durchformung und Vergöttlichung der Vernunft als theologische Chiffre einer möglichen Lösung; die Notwendigkeit einer spekulativen

Grundlegung der Moral; die metaphysische Interpretation der Nachfolge Christi: Dies war das komplexe Bündel von Motiven, mit dem sich Eckhart um die Jahrhundertwende spekulativ beschäftigte und das in seinen angeblich so wenig «hochgreifenden» *Reden* einen ersten und wichtigen Kristallisationspunkt erreichte. Wie man sieht, deckte sich der Problemhorizont, in dem sich Eckhart bewegte, mit demjenigen Alberts des Großen – im besonderen was die ausgeprägte rationalistische und intellektualistische Anthropologie betrifft, welche der Kölner Gelehrte um das Jahr 1260 durch eine subtile Analyse des averroistischen und hermetischen Begriffs von «intellectus adeptus» (erlangte Vernunft) entwickelt hatte. Von Thomismus vermag ich hierbei kaum eine Spur zu sehen.

Es war gerade der Begriff von «intellectus» (Denken), den Eckhart ins Zentrum seiner Reflexion stellte, um die in den *Reden* aufgeworfene Frage nach der Begründung der Individualität weiterzudenken. Dies erfolgte im Jahre 1303, als ihm die Chance geboten wurde, sein religiöses und spekulatives Projekt auf einem Lehrstuhl als Magister actu regens in der Sorbonne vorzuführen. Eckharts Lehrtätigkeit fand in der gelehrten Welt kein Echo: Aus der ganzen Reihe der *Quaestiones*, die er öffentlich vortrug, sind uns lediglich zwei erhalten geblieben, während der Inhalt einer dritten nur durch die Schrift seines Kontrahenten Gonsalvus Hispanus zum Teil rekonstruierbar ist. In den beiden ersten Texten konzentrierte sich Eckhart auf eine Analyse der Begriffe von Denken und Sein (in Gott: *Quaestio I*; in den Engeln: *Quaestio II*) und ihrer wechselseitigen Beziehungen. «Sein» (esse) sei das Prinzip, aufgrund dessen kategorial bestimmte, raum- und zeitgebundene und geschaffene Dinge existieren. Diametral entgegengesetzte Eigenschaften kämen dem Denken (intelligere) zu: Es sei nicht kategorial faßbar, es entziehe sich somit den Gesetzen der aristotelischen Substanzontologie und sei vielmehr Verneinung jeder formalen Bestimmtheit, daher nicht-seiend und nicht-geschaffen. Wenn also in der *Quaestio I* die Frage nach dem Prinzip von Gottes Dasein gestellt wird, so lautet die Antwort nicht (wie nach Thomas von Aquin): «Gott denkt, weil er ist», «sondern, weil er denkt, deshalb ist er» (LW V, 40), wobei das hiermit angesprochene Sein Gottes nicht als (geschaffenes) «esse», sondern als dessen begründendes Prinzip und wesentliche Ursache (Denken im Sinne von «puritas essendi»: 45) verstanden werden muß. «Das Denken selbst ist die Grundlage des Seins selbst» (40). Aufgrund der Geschaffenheit des Seins wird in der *Quaestio II* die Frage, ob das Denken des Engels mit seinem Sein identisch sei, negativ beantwortet.

Eckhart arbeitete anhand eines genauen und sehr ausgeprägten Begriffs von «esse»: Er verstand «Sein» als Synonym von «ens» (eine Position, die auch Dietrich von Freiberg damals vertrat) und ausschließlich als kategorial bestimmtes, durch die Form abgegrenztes Sein der Naturdinge (esse formaliter inhaerens). Es geht mit anderen Worten um die Dinge, wie sie sich in der Welt der tagtäglichen Erfahrung zeigen, nämlich als in Zeit und Raum voneinander unterschieden existierende selbständige Seiende bzw. Substanzen, die miteinander durch ein Netz effizienter Kausalverhältnisse verbunden sind. Unter dieser Perspektive ist Gott nur der oberste und schöpferische Ausgangspunkt der Kausalprozesse des Universums. Auch das Denken darf als Naturding unter Naturdingen betrachtet werden, und zwar als Seelenvermögen (potentia naturalis animae), als eine zeitlich, räumlich und individuell bestimmte Reihenfolge individueller Gedanken, welche als solche naturhafte Akzidentien der Substanz einer bestimmten, geschaffenen individuellen Seele sind. Eckhart billigte ausdrücklich diesen Gesichtspunkt in seiner *Quaestio II* (LW V, 53). Er wußte aber auch, daß seine Vorgänger Albert der Große und Dietrich von Freiberg gezeigt hatten, eine solche naturalistische, dinghafte Betrachtung des Denkens reiche nicht aus, um die Universalität des Begriffs und die seinskonstitutive Funktion des Denkens zu erklären. Daher hatten beide der Betrachtung des Denkens als empirische Subjektivität (virtus animae rationalis) die Untersuchung des Denkens als solches (intellectus in eo quod intellectus), d. h. als einheitliche, nicht individuell und nicht zeit- und raumbedingte transzendentale Funktion gesellt.[5]

Der Begriff von Denken, den Eckhart dem Sein in den Pariser *Quaestiones* entgegenstellte, stellte eine Entwicklung dieser Positionen dar. Es war eine radikale Entwicklung, denn indem er den «intellectus inquantum intellectus» (das Denken als solches) als Nicht-Ding-Sein, als nicht Geschaffenes und als formale Unbestimmtheit definierte, schaffte er jegliche Differenz zwischen göttlichem und menschlichem Denken ab und statuierte ihre Koessentialität. Das «intellígere» war keine singuläre Eigenschaft der einen Ersten Ursache, sondern eine Dimension der Realität. Zu dieser Dimension – der Dimension des Denkens oder der «regio intellectus», wie Eckhart sie oft nennt – gehört nämlich alles, was jenseits des Seins, der effizienten Kausalität, der Zeit und des Raums ist. Hierzu gehören mit denselben Rechten Gott sowie jedes denkende Wesen: Gott nach seinem Wesen, der Mensch insofern, als er denkt. Das Denken ist zugleich für den Menschen der Schlüssel, der ihm diese Dimension zugänglich macht.

Die Anerkennung der Koessentialität von menschlichem und göttlichem Denken, die Eckhart in seinem Predigtwerk oft durch die provozierende Formulierung: «intelligere est increabile» (das Denken ist unerschaffbar) (vgl. DW I, 220f. mit Anm.) wiederholte, war ein erstes metaphysisches Ergebnis der Reflexion, welche er in den *Reden* eingeleitet hatte. Ausgangspunkt war die Frage nach dem Wesen des Menschen gewesen. Dies aber hieß, das Wesen des menschlichen Denkens zu untersuchen. Die Möglichkeit, das menschliche Denken als «intellectus inquantum intellectus» zu betrachten, führte zur Entdeckung, daß der Mensch nicht nur als Ding unter Dingen und als zeitlich und räumlich bedingte Individualität gedeutet werden durfte, und daß sein Denken nicht nur als Produkt eines

natürlichen Seelenvermögens zu verstehen war. Tue man dies, so bleibe
man einer falschen Vorstellung der Autonomie verhaftet, die die wesentliche Zugehörigkeit des Menschen zum Göttlichen, genauer: seine Koessentialität mit Gott verkennt und ihm den Weg zur Wiedererlangung seines wahren Wesens versperrt.

Somit war auch das metaphysische Fundament offengelegt, auf dem
das Abgeschiedenheitstheorem fußte, wie es in den *Reden* formuliert
war: Verneinung des Selbst bedeutete nun Verneinung von sich selbst als
Ding, das eine falsche Selbständigkeit beansprucht. Die «Einkehr Gottes»
war somit nichts anderes als das Bewußtwerden, daß der Mensch, insofern er denkt und die Vernunft als Grund seiner verschiedenen Akte setzt
(intellectus inquantum intellectus), ein einer nichtdinghaften, sondern
seinsbegründenden, vorgeschöpflichen und göttlichen Dimension lebt.
Mit seiner Lehre stand Eckhart in der dominikanischen Tradition des Pri-
mats des Intellekts, welche er übrigens – wie die *Quaestio III* zeigt –
gegen die Angriffe der Pariser Franziskaner verteidigte. Es ging jedoch
um mehr als um eine intellektualistische Stellungnahme: Es ging darum,
einen Gesichtspunkt zu gewinnen, der erlauben sollte, über eine naturalistische Interpretation der Welt und des Menschen hinauszugehen. Die
Antwort, die sich bereits in Paris abzeichnete, war: die Anerkennung der
unmittelbaren Abhängigkeit des Menschen von Gott als Vernunft.

4. Die programmatischen Reden zu Jesus Sirach und die Lehre der allgemeinen Vollkommenheiten

Im Jahr 1303 schloß Eckhart seine Lehrtätigkeit in Paris ab und kehrte
nach Deutschland zurück. An Pfingsten jenes Jahres hatte das General-
kapitel der Dominikaner entschieden, aus der deutschen Ordensprovinz
(«Teutonia») den nordöstlichen Teil abzusondern und ihn als autonome
Einheit mit dem Namen «Provincia Saxoniae» zu errichten. Anfang September wurde Eckhart in Erfurt zum ersten Prior der neuen Provinz gewählt. Er blieb in diesem Amt bis zum Jahr 1311, als er erneut nach Paris
als Professor entsandt wurde.

Zwei Predigten und zwei Vorlesungen über das 24. Kapitel des *Jesus
Sirach* stammen mit großer Wahrscheinlichkeit aus diesem Zeitraum. Es
handelt sich um Ansprachen, die anläßlich zweier Provinzialkapitel abgehalten wurden und die in endgültiger, redigierter Form vorliegen; die
zweite Predigt dürfte ursprünglich 1302 in Zusammenhang mit Eckharts
Promotion entstanden sein. Alle vier Texte weisen eine erhebliche Nähe
zur Lehre der Pariser *Quaestionen* auf, wie etwa bei der Bestimmung
Gottes als «primus intellectus» (erste Vernunft) (LW II, 280) und der Unterscheidung von zweierlei Betrachtungsweisen der Vernunft (als Naturding und als solche: 240,2 f.), wobei die Vernunft als eine immerwährende
Tätigkeit interpretiert wird, welche die akzidentellen Seelenvermögen

begründet und ganz im Sinne Dietrichs von Freiberg mit dem «abditum mentis» (dem verborgenen Gemüt) Augustins identifiziert wird (255).[6] Das in der *Quaestio I* postulierte analogische Verhältnis zwischen Gott und Geschöpfen wird ferner gründlich untersucht. Eckhart greift auch auf frühere Themen zurück, wie die Moral der Intention aus den *Reden* (253), und zeigt dieselbe Vorliebe für die philosophischen Autoritäten, die er in seinen Schriften als Bakkalaureus hatte – er zitiert Platon, Aristoteles, Maimonides, Avicenna, Seneca, Cicero und das pseudohermetische *Liber XXIV philosophorum*.

Die vier Texte enthalten allerdings auch neue Ideen. Die überraschendste Neuigkeit bietet die *Lectio II*, welche die Seinslosigkeit von Gottes Denken (LW V, 45) durch die These: «Gott ist das Sein» (deus est esse: (LW II, 277,14. 282,14. 294,4), genauer: «das Sein selbst» (esse ipsum: 275) ersetzt; dementsprechend wird das kreatürliche Sein nicht mehr (wie in der *Quaestio I*) als Sein schlechthin, sondern als «tale esse» (So-Sein) bezeichnet, und der Kreatur wird kein «esse formaliter inhaerens» (durch die Form abgegrenztes Sein), sondern «Nichtigkeit» (nulleitas: LW II, 290) zugeeignet. Es handelt sich hierbei um Thesen, die Eckhart in den Mittelpunkt seiner *Vorrede zum Dreiteiligen Werk* stellte, und denen er bis zu seiner letzten Verteidigung aus dem Jahre 1326 hin treu blieb. Ihr scheinbarer Widerspruch zum in den Pariser *Quaestionen* vorgetragenen Primat des Denkens hat einen Teil der Forschung veranlaßt, von einer Wende in Eckharts Metaphysik zu reden.[7] Ich bin hingegen der Meinung, daß es sich lediglich um einen Perspektivenwechsel handelt, wie eine Analyse der Verwendung des Analogiebegriffs in der *I.* Pariser *Quaestio* und in der *II. Lectio* zu *Jesus Sirach* zeigen kann. Da die Analogielehre bei Eckharts Metaphysik eine wichtige Rolle spielt und ihre Deutung noch umstritten ist,[8] empfiehlt es sich, auf die erwähnten Texte kurz näher einzugehen.

In beiden schreibt Eckhart, daß, wenn allgemeine Vollkommenheiten (Prädikate wie «esse», «unitas», «veritas», «bonitas», «sapientia», «iustitia» usf.) von Gott und vom Geschöpf ausgesagt werden, dies in analogischem Sinne zu verstehen sei. Dies bedeutet, daß das in Frage kommende Prädikat nach dem Wesensgehalt (formaliter) nur in einem Glied der Analogie ist. Daraus folgert Eckhart in der *Quaestio I*, daß, weil die geschaffenen Dinge ihrem Wesen nach Seiende sind, Gott seinem Wesen nach kein Seiendes ist: Er ist also Denken (LW V, 46 f.). In der *Lectio II* wird derselbe Sachverhalt hingegen ganz umgekehrt präsentiert: Die allgemeinen Vollkommenheiten dürfen als solche nur von Gott dem Wesen nach ausgesagt werden, und daher gehören sie den Geschöpfen nicht «formaliter», sondern nur insofern, als sie von Gott unmittelbar «ausgestrahlt» werden (LW II, 281 f.). Die einzelne Kreatur als solche besitzt kein Sein sowie keine andere Vollkommenheit. Als solche *ist* sie nicht. Sie *ist* nur kraft eines ununterbrochenen Empfangens der «Istigkeit» Gottes

(DW III, 339), und zwar in derselben Art und Weise, wie ein Gerechter (iustus) allein durch das ununterbrochene Empfangen der Gerechtigkeit (iustitia), die Gott ist, gerecht ist. Eckhart rekurriert hier wiederholt (LW II, 236. 242. 254. 296) auf das berühmte Paradigma: «iustus–iustitia», von dem er in einer späteren Predigt sagte: «Swer underscheit verstât von gerehticheit und von gerehtem, der verstât allez, daz ich sage» (DW I, 105). Metapher für das Empfangen der analogischen Vollkommenheiten ist nach Eckhart das Licht, das es solange gibt, als es von der Lichtquelle ausgestrahlt wird, und das ins Nichts verschwindet, wenn die Lichtquelle verlischt (LW II, 274 f.).

Der Vergleich beider Texte zeigt deutlich, daß Eckhart das Verhältnis zwischen Gott und Geschöpf je aus zwei verschiedenen Gesichtspunkten betrachtete. In der Pariser *Quaestio* sah er die Dinge unter einer naturalistischen Perspektive als formal bestimmte, kausal verursachte, geschaffene Seiende an und sprach daher Gott als der wesentlichen Ursache (causa essentialis) des Seins in diesem Sinne das Sein ab. In der *Lectio II* werden die Dinge nicht mehr als naturhafte Gegebenheiten betrachtet, d. h. als Produkte der effizienten schöpferischen Kausalität, sondern insofern, als sie verschiedene Vollkommenheiten ausweisen (z. B. «inquantum bona»), und so wird nach einer formalen, metaphysischen Begründung dieser letzten gefragt. Die Antwort lautet: Diese Begründung ist immer nur und unmittelbar die entsprechende Vollkommenheit Gottes (im Beispiel: die «bonitas dei»). Durch das «hermeneutische Schlüsselwort»[9] inquantum («insofern») wird das Naturding nicht mehr als solches, sondern als ein Etwas betrachtet, das eine bestimmte Vollkommenheit ausweist. Sie ist ein Zeichen, ein «modus» Gottes. Während von Gott und dem Naturding eine Vollkommenheit *analog* ausgesagt wird, wird die Vollkommenheit, die von Gott und vom Ding *als* (inquantum) vollkommen ausgesagt wird, *univok* ausgesagt, handelt es sich doch um eine Vollkommenheit Gottes selbst.[10] Die Ausklammerung des «natürlichen Wesens» bei der Betrachtung der «perfectiones generales» (allgemeinen Vollkommenheiten) ist – wie man sieht – keine logische Abstraktion, sondern Anerkennung der begründenden Funktion, die Gott als Inbegriff der Vollkommenheit in bezug auf das kontingente Sein ausübt.

Die Ansprachen zu *Jesus Sirach* sind eine unschätzbare kleine Summa der Metaphysik Eckharts und gewähren einen Einblick in sein Denken nach der Form, die es in den Jahren zwischen beiden Lehrperioden in Paris annahm. Aber ihre Bedeutung erhellt erst, wenn man daran denkt, zu welchem Anlaß sie konzipiert wurden. Sie sollten nämlich vor dem Provinzialkapitel der deutschen Dominikaner vorgelesen werden, sie waren für die führende Schicht der Intellektuellen des Ordens bestimmt – es sind also programmatische Reden, durch die Eckhart, der Provinzialprior, sein religiöses, ethisches und philosophisches Projekt vorstellte und zugleich für es warb. Eckhart selbst war sich ihrer Bedeutung bewußt, denn er redigierte sie mit aller Sorgfalt und baute sie als einen Hauptteil in jenes systematische Werk ein, an dem er wahrscheinlich bereits zu jener Zeit zu arbeiten begonnen hatte: dem *Opus tripartitum*.

5. Vom Versuch eines Systems zur Lehre der Gottesgeburt: das Opus tripartitum und das deutsche Predigtwerk

Im *Dreiteiligen Werk* wollte Eckhart sein theologisches und philosophisches Denken systematisch darlegen. Der ursprüngliche Plan sah einen Eröffnungsteil mit «mehr als Tausend», in 14 Traktaten angeordneten «Thesen» vor (Opus propositionum), welche die allgemeinen Vollkommenheiten und andere metaphysischen Grundbegriffe behandelten; ein zweiter Teil sollte «Fragen» beantworten (Opus quaestionum), die nach dem Plan der *Summa theologiae* des Thomas aufgestellt waren; das dritte Werk (Opus expositionum) enthielt einen Predigtteil (Opus sermonum) und einen systematischen Kommentar zu allen Büchern der Heiligen Schrift in Form von Auslegung der in der Bibel enthaltenen Lehrsätze (auctoritates).

Eckhart stellte seinen Plan in der Vorrede zum *Opus tripartitum* dar und fügte die Erörterung der ersten These »Das Sein ist Gott» (esse est deus), der ersten Frage »Ob Gott ist« (utrum deus sit) und des ersten Lehrsatzes «Am Anfang schuf Gott Himmel und Erde» (In principio creavit deus caelum et terram) als Beispiel für das Procedere des ganzen Werks bei, das offensichtlich nicht vorlag. Tatsächlich brachte Eckhart aufs Papier nur die Kommentare zu den Büchern Genesis und Exodus – mit denen er seine Arbeit unmittelbar begann – und sodann Auslegungen des Buchs der Weisheit und des Johannesevangeliums. Als Ansatz des Opus sermonum ist eine Predigtsammlung zu betrachten, die vorwiegend aus nicht redigierten Konzepten besteht. Weitere Teile des *Opus tripartitum* sind nicht bekannt.

Am Anfang des *Johanneskommentars* hat Eckhart das hermeneutische Leitprinzip seiner Bibelauslegung programmatisch formuliert: «Wie in allen seinen Werken hat der Verfasser die Absicht, das, was der heilige christliche Glaube behauptet, durch die Vernunftgründe der Philosophie darzulegen» (LW III, 4). Eckhart sah in der Einheit der Wahrheit eine Begründung für die Annahme einer radikalen Konvergenz von Philosophie und Theologie («Es ist dasselbe, was Moses, Christus und Aristoteles lehren, es unterscheidet sich nur in der Art und Weise»: 155) und für ein metaphysisches und naturphilosophisches Schriftverständnis («das Evangelium betrachtet das Seiende als Seiendes»: 380; «vielleicht werden bei allen Wundern Christi das Wesen der naturhaften Dinge und deren Prinzipien... gelehrt»: 424). Er nahm daher das Vorhaben Anselms von Aosta wieder auf, die Trinität und die Inkarnation philosophisch zu beweisen (131 ff.) und wollte durch seine Kommentare den konkreten Beweis liefern, es sei nicht nur möglich, sondern auch notwendig, die durch Albert und seine Schule vorgenommene methodologische Trennung zwischen «divina» und «naturalia» (göttlichen und natürlichen Dingen) zu überwinden. Dieses Programm, das von der Religionsphilosophie des Moses Maimonides stark beeinflußt war, ist mit Recht als eine »Philosophie des Christentums» (Flasch) bezeichnet worden. Eckhart gab allerdings den Albertschen Gedanken einer physikalischen, auf der effizienten Kausalität begründeten Konsistenz der Natur nicht auf, wie der Umfang und die Ausführlichkeit seiner naturphilosophischen Betrachtungen (besonders im *Johanneskommentar*) zeigen.

Es kann kein Zufall sein, daß er in Zusammenhang mit dem zunehmendem Interesse an den systematischen Nachweisen der Konvergenz von «göttlichen, natürlichen und moralischen Dingen» (LW I/1, 447) nach der Abfassung des *Johanneskommentars* seine Arbeit am *Opus tripartitum* einstellte und (wie ein neuer handschriftlicher Fund zeigt[11]) mit einem neuen Unternehmen begann – dem *Liber de parabolis rerum naturalium*. Der genaue Zeitpunkt dieser gravierenden Entscheidung, die nichts weniger als die Aufgabe des in den Vorreden entworfenen systematischen Plans bedeutete, ist unbekannt; sicher liegt er nach der zweiten Entsendung Eckharts als Professor nach Paris (1311/13), und zwar im Dezennium, das er nach seiner Rückkehr nach Deutschland in Straßburg verbrachte (1313–1323).

Von diesem neuen Vorhaben, das wie das frühere *Opus expositionum* die ganze Heilige Schrift zum Gegenstand hatte, aber diesmal nur die Bildreden betrachten sollte (LW I/1, 447), führte Eckhart nur einen einzigen Teil aus: den *Liber parabolarum Genesis*. Gleichzeitig bemühte er sich immer mehr darum, seine Lehre außerhalb des engeren Kreises der Latein lesenden Intellektuellen zu verbreiten. Sein Versuch lief entlang zweier Linien: zum einen durch eine intensive und erfolgreiche Predigttätigkeit, die er nachweislich u. a. im Rahmen der Seelsorge der dem Dominikanerorden unterstellten Klosterfrauen ausübte; zum anderen durch die Abfassung von Traktaten in deutscher Sprache, durch die Herausgabe seiner deutschen Ansprachen in schriftlicher Form und durch die Herstellung von autorisierten Predigtsammlungen. Der größte Teil der uns bekannt gewordenen Predigten Eckharts stammt tatsächlich aus dieser Zeit oder aus seinem späteren Aufenthalt in Köln (1324–1326). Eckharts Absicht war nicht außergewöhnlich: Andere hatten Predigten und Traktate auf Deutsch geschrieben, er selbst hatte drei Jahrzehnte davor ein deutsches Werk veröffentlicht, die *Reden der Unterweisung*. In Straßburg wagte er aber, was er in Erfurt noch nicht gewagt hatte, nämlich unter die Laien die spekulativen Inhalte seiner neuen «Philosophie des Christentums» zu verbreiten. Dies tat er sowohl im sog. *Liber benedictus*, der am Anfang sogar eine ausführliche Darstellung der Lehre der «allgemeinen Vollkommenheiten» enthält (DW V, 9f.), als auch in zahlreichen deutschen Predigten.

Angesichts des zunehmenden Gewichts, das seine deutsche literarische Produktion im Vergleich zur lateinischen in diesem Zeitraum gewinnt, wäre man versucht, von einer «Wende» Eckharts zu sprechen. Bezüglich der Gründe dieser Wende vermutet Ruh, Eckhart habe in den zeitgenössischen radikalen Entwicklungen der Beginenspiritualität eine Herausforderung für das Christentum gesehen, und er sei durch den aufsehenerregenden Häresieprozeß und die Verurteilung Marguerite Poretes dazu angeregt worden, eine mystische Predigtweise zu entwickeln, die diesen neuen Bedürfnissen entgegenkommen und diese Frömmigkeitsform für das Leben der Kirche wiedergewinnen sollte.[12]

Es ist zwar zu diesem Zeitpunkt eine Radikalisierung der pastoralen Strategie Eckharts zu beobachten, und diese Ereignisse spielten gewiß dabei eine Rolle. Tatsache bleibt allerdings: Das Theorem der «Gottesgeburt», das das Charakteristikum und den Mittelpunkt seiner literarischen Tätigkeit in deutscher Sprache bildete, war die Endstation eines spekulativen Weges, der mit dem «nîm dîn selbes war» der *Reden* begonnen und im lateinischen Werk seine spekulativen Konturen gewonnen hatte. Eckharts Gedankengang läßt sich aus mehreren Stellen des *Opus tripartitum* deutlich rekonstruieren: Die Frage nach dem Grund der allgemeinen Vollkommenheiten der Dinge gleicht der Frage nach ihrer metaphysischen Betrachtung, und die Antwort besteht in der Anerkennung der totalen und unmittelbaren Abhängigkeit der Welt von Gott, womit der Endpunkt eines prozessualen Aktes der über die Welt und über sich selbst reflektierenden menschlichen Vernunft erreicht wird. Die in den *Reden* geforderte Selbsterkenntnis vollzieht sich in der rationalen (d.h. philosophischen) Einsicht in den Grund aller Dinge und des Selbst, «in dem nâtûrlîchen liehte der vernünftigen sêle», wie Eckhart im *Liber benedictus* (DW V, 11) schreibt. Es handelt sich hier um eine rationale Einsicht, die eine ausgeprägte religiöse, moralische und existentielle Dimension besitzt: Ausübung der Vernunft war doch für Eckhart wie für seinen Meister Albert Vervollkommnung der menschlichen Existenz und Teilnahme am göttlichen Leben.

Eckhart hat diese Ideen besonders in seinen späteren Bibelauslegungen und im deutschen Predigtwerk konsequent durchgedacht. Die Untersuchung der «allgemeinen Vollkommenheiten» zeigt, daß die aristotelische Substanzontologie im Bereich der «spiritualia» total versagt. Die Gerechtigkeit ist kein Akzident des Gerechten, vielmehr dessen reale Voraussetzung, und der gerechte Mensch ist, insofern, als er Gerechter ist, in der Gerechtigkeit, wobei beide eine dynamische Einheit bilden (LW III, 13 ff.; DW I, 106 ff.; DW V, 12 u. ö.). Die Logik, anhand deren die «divina» und die «spiritualia» (die göttlichen und die geistlichen Dinge) angegangen werden sollen, kennt keine dingliche Gegenüberstellung, sondern nur «univoke Korrelationalität».[13] Im Fall der menschlichen Vernunft bedeutet die Anerkennung der eigenen unmittelbaren Abhängigkeit von Gott

Aufgabe des geschaffenen, zeit- und raumgebundenen Ichs zugunsten des Bewußtseins, daß unser Denken nur in seiner seit je gegebenen Einheit mit Gott sein Wesen, seine Begründung und seine Ermöglichung überhaupt hat. Indem man diesen Gedanken denkt und lebt, ist man «göttlich» (homo divinus) und lebt in der «regio intellectus», in der Dimension des ungeschaffenen und unerschaffbaren Denkens.

Eckhart untersuchte diesen Sachverhalt – den er in seinen Predigten «Gottesgeburt» nannte – nicht nur anhand des Modells «iustitia–iustus«, sondern auch unter Rekurs auf die Korrelation «Urbild–Bild». Seiner ausführlich entwickelten «Imago»-Lehre (LW III, 19ff.; 421ff.; DW I, 258f.) kommt insofern eine besondere Bedeutung zu, als sie die wichtigsten ideengeschichtlichen Komponenten und wesentliche spekulative Momente seines Denkens zu verdeutlichen vermag. Das Bild – die «grôze edelkeit, die got an die sêle hât geleget» (DW II, 528) – ist reine Vernunft, welche aus dem Urbild durch ein formales Hervorfließen entsteht, indem sie es erkennt, und welche mit ihm konsubstantial und gleichzeitig ist und mit ihm eine dynamische, aus einem dialektischen Spiel von Identität und Differenz bestehende Einheit bildet (LW III, 19–21). Wie die neuere Forschung gezeigt hat, übernahm Eckhart hierbei erhebliche Teile der stark neuplatonisch orientierten Bildlehre Dietrichs von Freiberg. Er zeigte wie Dietrich die Konvergenz von Heiliger Schrift und Philosophie; allerdings ging er über die Position seines Mitbruders hinaus, indem er jeden Unterschied zwischen dem Bild als zweiter Person der Trinität und dem Bild im Menschen verneinte: «Dieses Bild ist der Sohn des Vaters, und dieses Bild bin ich selber» (DW I, 259); «das Bild ist einzig» (LW III, 19). Insofern, als es Bild ist, gehört das Bild Gottes in der Seele zur Dimension der Ungeschaffenheit. Als Besitz und als Grund eines Individuums ist es dennoch in Zeit und Raum inkarniert, so wie das Wort Gottes Fleisch geworden ist. Die Menschwerdung Christi ist das historische Paradigma der fortwährenden Menschwerdung Gottes, die das Wesen jedes Menschen begründet und ohne die sich jeder Mensch in Nichts auflösen würde.

6. Der Prozeß und die Verurteilung

Neue Begriffe von der Herrschaft und der Gnade Gottes, von der Würde des Menschen und von der Bedeutung der Natur waren das Ergebnis von Eckharts Reflexion. Er wollte einen neuen Weg für das Christentum eröffnen, und er setzte sich für seine Ideen nicht nur durch gelehrte Publikationen, sondern auch durch eine intensive Predigttätigkeit ein. Als 1326 zwei Dominikaner gegen ihn eine Anklage wegen Häresie erhoben, zeigte es sich, daß die offizielle Kirche nicht bereit war, den Weg Eckharts zu beschreiten. Der Kölner Erzbischof zwang ihn vor das Inquisitionsgericht, und obwohl man an der Kurie versuchte, den Prozeß niederzuschlagen, entschied sich 1329 der damals amtierende Papst, Johannes

XXII., für die Publikation einer Bulle, die 17 Sätze Eckharts als häretisch und 11 andere als häresieverdächtig verurteilte.[14] Als die Bulle erschien, war Eckhart seit etwa einem Jahr gestorben.

Seine Schüler behielten trotzdem von ihm das Andenken eines «gelehrten und heiligen Mannes» (vir doctus et sanctus): ein treffliches Epitaph für einen gelehrten Scholastiker, der versuchte, über die Heiligkeit konsequent zu reflektieren, und der glaubte, das christliche Ideal eines demütigen und abgeschiedenen Lebens mit dem alten Begriff der Philosophie als Lebenslehre und Weisheitsliebe vereinen zu können.

Tilman Borsche

NIKOLAUS VON KUES
(1401–1464)

Nikolaus von Kues – Theologe, Philosoph und Mathematiker sowie als Doktor des kanonischen Rechts Kirchendiplomat von Beruf, lebte in einer Epoche des Umbruchs, in der die Auflösungserscheinungen des mittelalterlichen Weltbildes und Lebensgefühls unübersehbar geworden waren, in einer Zeit zunehmender Desorientierung, deren innere und äußere Widersprüche er wie viele seiner Zeitgenossen als bedrohlich empfand. Von Hause aus machtlos, divergierende Positionen auszugleichen, sah er sich immer wieder vor die Aufgabe gestellt, sie zu vermitteln und zu versöhnen, um auf argumentativem Wege zur Überwindung von Gegensätzen beizutragen – Ireniker aus Schicksal. Aus dieser Lage heraus lassen sich sein Leben, Denken und Wirken verstehen.

I. Leben

Seit seiner Immatrikulation an der Universität zu Heidelberg im Jahr 1416 nennt sich der Bürgersohn aus dem Moselstädtchen Kues nach seinem Geburtsort: Nycolaus Cancer (moselfränkisch Cryfftz, hochdeutsch Krebs) de Coeße.[1] Sein Vater Johann war Moselschiffer und Kaufmann mit weitreichenden Geschäftsverbindungen, auch seine Mutter Katharina entstammt einer angesehenen Bürgerfamilie des Moselgebietes. In Heidelberg übt sich der junge Nikolaus ein Jahr lang in den Sieben Freien Künsten. Dann wechselt er nach Padua, einem Zentrum des europäischen Geisteslebens seiner Zeit, um hier Kirchenrecht zu studieren. Durch Fachgrenzen läßt er sich nicht einschränken und vertieft sich über das juristische Studium hinaus in die Mathematik, die Astronomie sowie die griechische Sprache. Zu den Florentiner Humanisten knüpft er persönliche Kontakte, die er lebenslang pflegt und ausbaut. 1423, im Alter von 22 Jahren, schließt er das Studium mit dem Grad eines Doktors der Dekrete ab. Bald darauf beginnt er seine berufliche Laufbahn im Dienst der Kirche als Sekretär des Trierer Erzbischofs Otto von Ziegenhain. 1425 läßt er sich an der Universität zu Köln einschreiben und treibt rechtshistorische Forschungen, die ihm in Gelehrtenkreisen rasch einen Namen machen, Rufe auf den Lehrstuhl für kanonisches Recht an der neugegründeten Universität Löwen (1428, 1435) lehnt er jedoch ab.

    Mit dem Tod des Erzbischofs von Trier im Jahr 1430 beginnt für Cusanus die Verwicklung in den Streit um dessen Nachfolge. In der Position eines Sekretärs und Kanzlers vertritt er die Ansprüche Ulrichs von Manderscheid, als dieser sich erst gegen den von der Mehrheit des Domkapitels gewählten Jakob von Sierck, dann gegen den von Papst Martin V. ernannten bisherigen Bischof von Speyer, Raban von Helmstadt, durchzusetzen versucht. Der Streit führt ihn auf das Basler Konzil (eröffnet 1431) und damit auf die Bühne der europäischen Politik. Zwar verliert er im Mai 1434 den Prozeß seines neuen Dienstherrn, dafür aber gelingt es ihm, in zahlreichen anderen Streitfällen erfolgreich zu vermitteln.

Von Anfang an steht das politische Denken und Handeln des Cusaners unter dem Prinzip der Zustimmung,[2] wie es vor allem Francesco Zabarella gelehrt hatte,[3] nicht unter dem der Gewalt, wie es die moderne Staatstheorie der folgenden Jahrhunderte von Machiavelli bis Hobbes entwickeln sollte. Die sogenannte Konsenslehre macht die konkrete, wenn auch durch ständische Repräsentation gestaffelte Zustimmung der Regierten zur allgemeinen Voraussetzung für die Rechtmäßigkeit von Herrschaft. Unter diesem Prinzip zielen alle politischen Bemühungen des Cusaners auf die Wiederherstellung, Erhaltung und Festigung der Einheit des Ganzen, dem er dient, d. h. insbesondere der Kirche.

Drei große Herausforderungen, die die Einheit der (christlichen) Welt bedrohen, markieren den politischen Lebensweg des Cusaners und fordern seine vermittelnde Reaktion heraus:

1. Auf dem Konzil zu Basel gilt es, die hierarchische und dogmatische Einheit der Kirche angesichts konziliaristischer Sonderinteressen sowie vorreformatorischer Glaubenskonflikte zu bewahren. Literarische Frucht der diplomatischen Arbeit ist die gesellschaftstheoretische Schrift *De concordantia catholica*, die in den Jahren 1433/34 geschrieben wird. Doch auch sie kann den Bruch zwischen der Mehrheit der Bischöfe und Papst Eugen IV. nicht mehr verhindern. Von nun an stellt sich Nikolaus, der die Einheit der Kirche bedroht sieht, für immer auf die Seite des Papstes. Obwohl das Konzil 1439 einen Gegenpapst wählt, ist den Vermittlungsbemühungen des Cusaners, mittelfristig gesehen, Erfolg beschieden. Das Schisma wird überwunden; es wird das letzte Schisma der Kirchengeschichte gewesen sein. Zum Dank für unermüdlichen diplomatischen Einsatz wird der Schiffersohn von der Mosel 1448 zum Kardinal erhoben; in seiner römischen Titelkirche, San Pietro in Vincoli, ist noch heute das prächtige Grabmal zu sehen. Langfristig betrachtet aber wendet sich das Blatt: Im folgenden Jahrhundert der Reformation wird sich die Kirche spalten, weil nicht mehr nur das Haupt, sondern auch die Glieder auseinanderstreben.

2. Die diplomatische Mission, die Nikolaus in den Jahren 1437/38 im Auftrag des Papstes nach Konstantinopel führt, dient dem Ziel, die verlorene Einheit der östlichen und westlichen Bruderkirchen, die seit Jahrhunderten im Namen desselben Gottes weitgehend getrennte Wege gingen, wiederzugewinnen. Auch diese Mission erreicht mit der Unter-

Nikolaus von Kues (1401–1464)

zeichnung des Unionsdekrets von Ferrara zunächst ihr Ziel. Doch wird das glanzvolle Dokument schon bald von den Ereignissen überrollt: Das Schisma im Westen sowie erst recht die Eroberung Konstantinopels geben seiner Realisierung keine Chance.

3. Auf die dritte und größte Herausforderung der Zeit, die Eroberung Konstantinopels durch die Türken im Jahr 1453, findet Cusanus keine politische Antwort mehr. Er kann nur noch mit der Feder reagieren: Die Ereignisse nötigen ihn zu religionsphilosophischen Betrachtungen. Und so entwirft er das utopische Programm eines künftigen weltweiten Religionsfriedens.

Ende 1450 begibt sich der deutsche Kardinal auf eine ausgedehnte apostolische Legationsreise durch das Reich, auf der er mit einigem Erfolg, aber auch gegen bleibende Widerstände, die innere Reform der Kirchen und Klöster betreibt. Kurz zuvor von Papst Nikolaus V. zum Bischof von Brixen ernannt, tritt er erst zwei Jahre später die Verwaltung der Diözese an, kann aber auf Dauer auch hier seine Reformabsichten nicht durchsetzen. Sie scheitern am Widerstand des weltlichen Landesherrn, des Grafen von Tirol, Herzog Sigmund von Österreich, sowie an den Adligen des Landes, die die Klöster in ihrem Geist geführt wissen wollen. 1460 kommt es zur offenen Machtprobe, der Bischof wird in seiner Burg Bruneck belagert und muß kapitulieren. Daraufhin verläßt er sein Bistum.

Die folgenden Lebensjahre verbringt Nikolaus an der Kurie als Berater des neuen Papstes Pius II., seines alten Freundes Ennea Silvio Piccolomini, der ihn 1459 für die Zeit seiner Abwesenheit zum Generalvikar ernannt und als Stellvertreter für die Verwaltung Roms und des Kirchenstaates eingesetzt hatte. Im Jahr 1464, während der letzten Vorbereitungen zu einem Kreuzzug gegen die Türken, den der Papst mit Nachdruck betreibt – hierin von Nikolaus nur widerstrebend unterstützt –, sterben beide Freunde fast zur gleichen Zeit: Ennea Silvio in Ancona am 14. August, am 11. August im umbrischen Todi Nikolaus von Kues.

II. Werk und Wirken

Die Bedeutung des Nikolaus von Kues für die Geschichte der Religionsphilosophie liegt in dem engen und eigentümlichen Zusammenhang zwischen seiner spekulativen Philosophie und seiner politischen Tätigkeit, jene in durchaus origineller Weise aus dem Geist eines nachnominalistischen Neuplatonismus geboren, diese mit Eifer und Geschick im Geist eines «mystischen» Gottesbegriffs und eines dementsprechend irenischen Religionsverständnisses betrieben. Daher sollen im folgenden beide Aspekte seines Wirkens, die erst zusammengenommen sein Werk ausmachen, getrennt skizziert und in ihrer wechselseitigen Bedeutung dargestellt werden.

1. Gotteserkenntnis im Zusammenfall der Gegensätze

Während der gesamten Zeit seiner politischen Tätigkeit predigt, lehrt und schreibt Nikolaus von Kues über theologische und philosophische Themen, die ihn und seine Mitwelt bewegen. Religionsphilosophie ist seine Sache nicht, zumindest nicht ursprünglich; sie ist auch kein zentrales Thema der Zeit, die sich weitgehend noch fraglos als christlich versteht. Doch gerade die besonderen Zeitumstände werden ihn schließlich zu religionsphilosophischen Überlegungen nötigen. Seine eigene philosophische Position findet sich jedoch unabhängig von diesen Überlegungen schon in der ersten philosophischen Schrift voll entfaltet.

Während der stürmischen Überfahrt von Athen nach Venedig, auf der er den griechischen Kaiser und den Patriarchen von Konstantinopel auf dem Weg zum Unionskonzil nach Ferrara begleitet, kommt ihm ein Gedanke, den er selbst als «ein Geschenk des Himmels vom Vater des Lichts» bezeichnet. Dieser lehrt ihn, «das Unbegreifliche auf nicht begreifliche Weise durch einen Aufstieg zu den unvergänglichen Wahrheiten, wie sie menschlicherweise gewußt werden können, in *belehrter Unwissenheit* zu erfassen».[4] Aus diesem Gedanken entwickelt er in den drei Büchern *De docta ignorantia* (Die belehrte Unwissenheit) die Lehre von der Ein(fach)heit Gottes, in der die Gegensätze zusammenfallen. In neuplatonischem Geist versteht er Gott als die Wahrheit von allem und in allem, die wir nur symbolisch, d. h. durch Zeichen und Bilder, niemals in absoluter Genauigkeit, erkennen können.

Unser Denken nun, das ist seine neue und ganz persönliche Erfahrung aus dem alten Gottesbegriff, ist als die menschliche Weise, Gott zu erkennen, einerseits nicht mehr und nicht weniger als eine Kunst der Mutmaßung (ars coniecturalis), andererseits aber als Nachahmung der göttlichen Schöpferkunst selbst auch schöpferisch. Wie durch Gott die Dinge dieser Welt, so werden die Begriffe der Dinge durch den menschlichen Verstand hervorgebracht. Unser Verstand (ratio) aber denkt notwendigerweise unter dem Prinzip des zu vermeidenden Widerspruchs, d. h. in Gegensätzen, die einander ausschließen. In vernünftiger Betrachtung (intellectus) hingegen, durch welche sich das Denken zum Unendlichen erhebt, fallen die Gegensätze des Verstandes zusammen. Mit den mathematischen Bildern von *De docta ignorantia* ausgedrückt, ist das Maximum zugleich das Minimum, die unendliche Gerade gleich dem unendlichen Kreis usw. In Gott schließlich verschwinden auch noch die Unterschiede der unendlichen Begriffe der Vernunft. In ihm ist alles eins, unterschiedslos, ohne Andersheit, aber der Grund aller möglichen Unterscheidungen; namenlos und unsagbar, aber der Grund aller Worte; weder seiend noch nichtseiend, aber der Grund alles Seins und Nichtseins.

Spätere Schriften kreisen immer wieder um dieselben Grundgedanken, vertiefen sie unter anderen (Gottes-)Namen, verfolgen sie in fernere Felder des Denkens – stets auf der Jagd nach der einen Weisheit[5] oder auf der Suche nach immer neuen Antworten auf die Frage nach Gott als der Wahrheit selbst.

Was aber läßt sich über Gott sagen? Oder vorsichtiger gefragt, wie läßt sich von ihm reden? Auch über Gott kann der Mensch nur auf menschliche Weise reden. Die Sinnendinge ‹sprechen› zu uns, indem sie auf ihren Schöpfer verweisen.[6] Unser Verstand spricht in positiven Begriffen von Gott: Gott ist mächtig und gerecht, der Schöpfer, die Wahrheit und das Leben usw. So entwickelt sich eine affirmative Theologie. Sie spricht von Gott, indem sie Begriffe, die bei uns «eine gewisse Vollkommenheit bezeichnen», auf ihn «überträgt».[7] Aus dieser Sicht kann sie verschiedene Akzente setzen,[8] beispielsweise die Macht mehr betonen als die Gerechtigkeit oder umgekehrt. Niemals aber wird sie sagen können, Gott sei ungerecht oder machtlos. Die Vernunft negiert alle positiven Begriffe von Gott, die sie gleichwohl voraussetzen muß, um sie negieren zu können. Ihre Art, von Gott zu reden, heißt daher negative Theologie. Sie wird von Nikolaus vergleichsweise höher eingestuft als ihre ältere Schwester.[9] Aus ihrer Perspektive nämlich erscheint die affirmative Redeweise im ganzen als für Gott unangemessen. Die Vernunft behauptet indes nicht das Gegenteil, wenn sie etwa bestreitet, daß man behaupten könne, Gott sei gerecht. Sie besagt vielmehr, daß auf Gott übertragen jeder Name seine Bedeutung verliere. In diesem Sinne muß seine Anwendung auf Gott negiert werden. Aber auch die negative Theologie der Vernunft, «wahrer» zwar als die affirmative des Verstandes, lehrt noch nicht «die wahrste Konjektur über das Erste».[10] Denn wir können, wie Cusanus in *De coniecturis* (Die Vermutungen) und später deutlich macht, indem er «Großes und Verborgenes ans Licht zu führen versucht»,[11] nicht nur verständig affirmativ oder vernünftig negativ, sondern darüber hinaus auch «göttlich gemäß dem Begriff der ersten absoluten Einheit von Gott reden».[12]

Das Wort von der göttlichen Redeweise in *De coniecturis* steht ausdrücklich unter dem allgemeinen Vorbehalt, daß der Geist zwar alles erfaßt, aber alles auf seine eigene Weise.[13] Es bleibt also der menschliche Geist, der das Göttliche «auf göttliche Weise erklärt».[14] Es sind nur verschiedene «Redeweisen» unseres Geistes,[15] wenn wir verständig, vernünftig oder göttlich von Gott reden. Gott selbst denkt nicht noch spricht er. Denn – doch auch diese Worte können nichts anderes sein als eine menschliche Rede von Gott – er «geht aller Wahrheit voraus, kommt aller Verschiedenheit, Andersheit, Gegensätzlichkeit, Ungleichheit, Teilung und allem anderen, was die Vielheit begleitet, zuvor».[16]

Die «göttliche» Redeweise von Gott wird durch den Hinweis eingeführt, daß es einen «absoluteren Begriff der Wahrheit»[17] gebe als die Negation alles dessen, was affirmativ gedacht oder gesagt werden kann. «Unverhältnismäßig einfacher»[18], d. h. göttlicher, erscheint die Redeweise, welche die opposita nicht nur rationaliter trennt oder intellectualiter verbindet, sondern trennend und verbindend zugleich verneint.

Diese absolute Negation sowohl aller Affirmationen des Verstandes als auch aller bestimmten Negationen der Vernunft ist, im Bild von *De visione dei* (Die Gottesschau) gesprochen, der Sprung über die Mauer des Paradieses. Die Frage nach der Höhe dieser Mauer bleibt bei all denen umstritten, die vor ihr zurückschrecken. Wer aber aufhört zu fragen und statt dessen springt, der erfährt, daß die Mauer – nur von außen betrachtet eine gewesen ist. Das Paradies selbst als der absolute Ort Gottes ist unendlich, es hat keine Mauer. «Denn die Trennung [des Verstandes] und die Verbindung [der Vernunft] bilden zusammen die Mauer der Koinzidenz, und jenseits von ihr bist Du, losgelöst von allem, das gesagt oder gedacht werden kann.»[19]

Der Text von *De visione dei* führt eine bildliche Rede von Gott. Das Bild der Mauer ließe sich in andere Bilder übertragen. Die bildlose Rede von *De coniecturis* gibt sich allgemeiner und ist nicht übertragbar, sagt aber im Grunde auch nichts anderes oder Genaueres. Denn auch sie kann die Worte, obwohl ohne Bild gesagt, doch nur auf bildliche Weise gebrauchen, wenn sie von Gott spricht. Wie alle Rede ein Werk des menschlichen Geistes, kann sie die Genauigkeit der Wahrheit nicht erreichen. Sie bleibt ein mutmaßender Entwurf ins Unendliche hinaus. Allerdings nimmt sie für sich in Anspruch, eine «höhere, einfachere, absolutere und angemessenere Antwort»[20] auf die Frage nach Gott zu geben als alle anderen Arten der Theologie, auch als diejenige des Mythos vom Paradies. Und in der Tat führt die bildlose Rede von Gott das Denken einen Schritt weiter als die mythische, indem sie die äußere Vielfalt der Bilder abstreift. So zeigt sich nämlich folgendes: Da, göttlich gesprochen, «die absolute göttliche Seinsheit in jedem Sein all das ist, was es ist»,[21] kann die Antwort auf die Frage, ob und was Gott ist, nur «eine» sein und ist auf alle Seinsfragen «die gleiche».[22] Die göttliche Antwort auf die philosophische Grundfrage, was etwas ist, liegt nach Cusanus mithin in dem, was man seine absolute Gottesformel nennen könnte: Wie er unter Berufung auf Platon ausführt, muß «das Kontradiktorische vom Einen negiert werden, so daß es weder ist noch nicht ist, noch ist und nicht ist, noch ist oder nicht ist».[23] Diese Art, von Gott zu reden, die «unendlicher»[24] ist als alle früheren, ist das unendliche Urteil selbst. Sie offenbart die absolute Macht des Urteilens, die alle möglichen Formen des Urteils in sich schließt. Durch diese «scharfsinnigste mutmaßende Antwort»[25] auf die Frage nach Gott wird das Unsagbare, das aller Rede zugrunde liegt, in menschlichen Worten – versagt.

Im Licht einer solchen Rede, aus der wir über Gott zwar nichts, viel aber über unser Denken lernen können, sind auch die zahlreichen Gottesnamen des Cusaners zu verstehen. Es scheint eine besonders reizvolle Form der Andacht für ihn gewesen zu sein, neue Gottesnamen zu erfinden und ihre logischen Konsequenzen durchzuspielen. Jeder dieser Namen ist ein anderer Weg zu Gott – vorausgesetzt, seine Bedeutung vergeht in der Wahrheit des Unendlichen, etwa so, wie der Laut in der Kundgabe des Begriffs verklingt. Viele der kleinen Schriften des Cusaners können als Hymnen auf einen neuen Namen Gottes gelesen werden. Manche, besonders die früheren Texte, setzen den Akzent in neuplatonischer Kontemplation auf die göttliche Einheit, indem sie über Gott als «Einheit» (unitas), als das «Selbe selbst» (ipsum idem) und das «absolute Selbe» (idem absolutum) oder als das «Eine selbst» (ipsum unum) meditieren.[26] Der Name «principium», obwohl auch er nicht eigentlich Name Gottes,[27] rückt die schöpferische Macht ins Blickfeld der Betrachtung, die in späteren Schriften mit zunehmend abstrakteren und künstlicheren Benennungen – als «Können ist» (possest)[28] und als «Können selbst» (posse ipsum)[29] – gepriesen wird. Diese Namen und ihre Explikationen deuten Gott als Fähigkeit, die nicht von ihrer Ausführung zu unterscheiden ist. In ihm sind Können und Tun ebenso wie Erkennen und Wollen dasselbe. Ohne Anstoß von außen setzt er aus sich heraus die Unterschiede, die uns als seine unveränderlichen Prädikate (als intelligibilia oder perfectiones) gelten. In einer solchen Schau durch Namen wird Gott in der Andersheit als vor aller Andersheit und diese erst hervorbringend gedeutet. Er wird nicht so oder so benannt, sondern er ist – in einer Reflexion auf Namen – der Benennungen überhaupt ermöglichende «unendliche» oder «präzise» Name, als «Name der Namen».[30]

Derjenige unter den cusanischen Gottesnamen, der das Absolute in Relation auf unsere Versuche, es in Worten zu versagen, am treffendsten zum Ausdruck bringt, da er nichts zu treffen vorgibt, ist der Name des «Nicht-anderen» (non-aliud).[31] Die Unangemessenheit auch dieses Namens muß nicht erst nachträglich festgestellt werden. Sie ist in ihm selbst schon ausgesprochen: als doppelte Negation, als Mangel des Mangels; darin liegt seine Stärke. Die Tugend eines jeden Wortes ist seine Deutlichkeit als die Unterscheidung von dem, was es nicht bezeichnet. Der Name des Nicht-anderen bestreitet sich selbst genau diese konstitutive Andersheit. Er bestreitet sich damit das Namensein; darin liegt seine negative Angemessenheit zur Benennung des Absoluten.

2. Ein Weg zur Überwindung der Gegensätze des Glaubens?

Nach der komplikationslogischen Interpretation des Denkens[32] ist die höhere Einheit der Vernunft nicht nur umfangreicher (so wie das subsumtionslogisch Allgemeine gegenüber seinem Besonderen), sondern auch mächtiger als die in ihm eingefaltete Vielfalt der Verstandesbegriffe. Das Allgemeine der Vernunft ist potentiell (seiner Macht nach) immer schon alles, was das aus ihm Kontrahierbare erst werden kann: Es ist das «Werdenkönnen» (posse-fieri)[33] alles Besonderen und Individuellen auf «eingefaltete Weise» (complicite).[34] Offensichtlich gilt die Potentialität der Komplikation nicht als ein minderer Seinsmodus gegenüber der Aktualität ihrer Explikationen. Das Gegenteil ist der Fall. Denn im Werdenkönnen des Allgemeinen ist alles das wirklich enthalten, was jedes mögliche Besondere im Prinzip werden könnte, aber niemals wirklich geworden ist oder jemals wirklich werden wird. Denn das Besondere ist die je anders verschränkte «Ausfaltung» (explicatio) des Allgemeinen in Andersheit, also niemals in der Fülle seines Seinkönnens, sondern immer anders und anders kontrahiert. Der Explikation des Denkens entspricht die Kontraktion des Seins. Beide werden mit zunehmender Komplexität bedingungs- und voraussetzungsreicher.

Gelänge es nach diesem komplikationslogischen Schema, gegensätzliche philosophische oder auch politische Positionen als nur verschiedene Versionen desselben Prinzips zu interpretieren, dann könnten diese in Frieden nebeneinander bestehen. Denn sie schlössen einander nicht mehr aus, sondern brächten jede auf ihre Weise die sie beide ermöglichende Einheit zur Darstellung – und sollten das auch der jeweils anderen zugestehen.

Wie steht es mit der Möglichkeit einer Erfüllung solcher Erwartungen? Wegen ihrer besonderen religionsphilosophischen Bedeutung soll im Rahmen dieser Skizze vor allem die dritte und größte der oben genannten zeitgeschichtlichen Herausforderungen betrachtet werden, die Bedrohung der Christenheit durch das Vordringen des Islam in Südosteuropa, sowie die (religions)philosophische Antwort des Cusaners auf diese Gefahr in der Schrift *De pace fidei* (Der Friede im Glauben). Deutlicher nämlich und lehrreicher als in den anderen Fällen sind hier die politische und die philosophische Aufgabe miteinander verschränkt. Geht es doch um nichts weniger als den Versuch, den Konflikt zweier Religionen, die jede für sich die absolute göttliche Wahrheit zu besitzen glauben und sich aufgerufen fühlen, diese nicht nur zu verteidigen, sondern in aller Welt zu verbreiten, durch die Einführung des neuen Denkens zum Verschwinden zu bringen. Der Verlauf der weiteren Geschichte ist bekannt. Aus der Sicht des Cusaners brachte sie einen vollständigen Mißerfolg: Nicht nur der weltpolitische Religionsfriede ist bis heute Utopie geblieben. Auch der 1438 auf dem Unionskonzil zu Ferrara von Papst und Patriarch feierlich unterzeichnete Unionsvertrag, der die Spaltung der Kirche rückgängig machen sollte, blieb weitgehend folgenlos. Und wenig später zerbrach auch die nach Basel durch das Wiener Konkordat von 1448 noch einmal mit Mühe wiederhergestellte Einheit der westlichen Kirche selbst: Es begannen wieder Jahrhunderte der Religionskriege, der Hexenverbrennungen und allgemeiner Intoleranz.

Losgelöst von der Frage, welche Ereignisse und Umstände zum Scheitern der cusanischen Versöhnungspolitik führten – das wäre eine Frage für Historiker –, soll hier kurz dargestellt werden, mit welchen religionsphilosophischen Argumenten Nikolaus seine irenischen Bestrebungen vorträgt, um daran anschließend die Frage zu erörtern, ob seine Vorschläge einen wenigstens potentiell (seinerzeit wie heute) gangbaren Weg für die Überwindung aktueller und als bedrohlich empfundener Gegensätze im Denken und Handeln zu weisen vermögen.

Die Darstellung läßt sich in einen Satz fassen, doch sie bedarf der Erläuterung: Nikolaus interpretiert die umstrittenen Positionen als Gegensätze des rechnenden und vergleichenden Verstandesdenkens (ratio) und schlägt zu ihrer Überwindung eine Methode der Entgrenzung der Begriffe des Verstandes vor – den Weg einer philosophisch begründeten Mystik.

Das Eigentümliche der cusanischen Methode einer mystischen Überwindung von Gegensätzen tritt deutlicher hervor, wenn man sie mit der Art und Weise vergleicht, wie die Philosophie zuvor mit dem Problem von gegensätzlichen Ansichten in Fragen über letzte Dinge, insbesondere von Religionskonflikten, umging. Die klassische Darstellung des philosophischen Disputs zwischen Christen und Nichtchristen im Mittelalter – natürlich aus der eigenen, d. h. christlichen Sicht der Autoren – findet sich in der *Summa contra gentiles* des Thomas von Aquin. Thomas beginnt seine Darstellung des Problems mit der Feststellung, daß man sich in einem Disput mit Heiden (oder Muslimen) über religiöse Fragen nicht auf die Autorität der Heiligen Schrift oder der Kirche oder der Väter berufen könne. Denn diese Autorität sei es ja gerade, die bestritten werde. Eine solche Feststellung impliziert jedoch als Kehrseite das Eingeständnis, daß man sich bei Disputen unter Christen in solchen Fragen letztlich immer auf jene Autoritäten berufen durfte, konnte, vielleicht sogar mußte. Seit Augustin war das als die Konsequenz aus den skeptischen Aporien des philosophischen Wissens bekannt und anerkannt und galt für alle christliche Philosophie unbestritten.

Im Disput mit den Heiden – nicht nur hier, hier aber paradigmatisch für eine sich emanzipierende Vernunft – tritt bei Thomas an die Stelle der Autorität als letzte Entscheidungsinstanz die natürliche Vernunft (ratio naturalis). Was aber bewirkt die Berufung auf die natürliche Vernunft als eine letzte Entscheidungsinstanz in letzten Fragen? Gewiß dient sie zur Stärkung der eigenen Position im Disput mit Andersdenkenden. Doch dürfte sie kaum zu einer Lösung von Konflikten führen, eher zu ihrer Verschärfung. Denn wenn der Disput im Namen der Vernunft ausgetragen wird, dann stehen sich nicht mehr rivalisierende Autoritäten gegenüber, die miteinander und mit denen wir reden oder allenfalls ringen können; Autoritäten, die mächtig genug sind, auch einmal Toleranz gegenüber Andersdenkenden walten, d. h. Konflikte ungelöst bestehen zu lassen. Sondern hier stellt sich die universelle Wahrheit auf der einen der partikulären Dummheit oder Bosheit (oder beiden) auf der anderen Seite entgegen. Jene aber kann diese nicht anerkennen, ohne sich selbst aufzugeben. Die Vernunft ist nämlich nichts anderes als der Anspruch auf universelle Geltung. Zumindest versteht sie sich als dieser Anspruch, wenn sie sich als ein der Wahrheit fähiges Urteilsvermögen, d. h. als Verstand (ratio – im Unterschied zu intellectus) auslegt. Im Rahmen der verständig urteilenden Vernunft sind Gegensätze nicht zu überwinden. Es wäre irrational, das Widersprechende nicht zu negieren.

Demgegenüber argumentiert Nikolaus für eine Depotenzierung der natürlichen Vernunft als ganzer, und zwar folgendermaßen: Sie, die Ratio, wird ausdrücklich bestimmt und anerkannt als das Reich der endlichen Begriffe (termini), die deutlich machen, was die Sinne präsentieren und die Einbildungskraft repräsentiert. Sie stiftet Einheit und Ordnung, indem sie das Mannigfaltige des Gegebenen in Gleichartiges und Ungleichartiges sondert. Diese differenzierende und dadurch identifizierende Tätigkeit der Ratio, die man zum Zweck der Unterscheidung jetzt besser ausdrücklich mit Verstand übersetzt, gründet sich auf Gegensätze. Etwas ist dieses oder jenes, hier oder dort, jetzt oder später. So ist die Inkompatibilität der Gegensätze das Gesetz der Deutlichkeit des sinnlich Gegebenen, und das rationale Denken als solches steht unter dem Gesetz des zu vermeidenden Widerspruchs. Jedes Urteil des Verstandes kann negiert werden; und es ist eben dadurch und nur dann wahr, daß und wenn sein Gegenteil als unwahr angesehen wird. In seinem Reich kann es Wahrheit also nur in bedingter Form geben, nur insofern nämlich, als bestimmte Sätze angenommen und ihre Gegensätze ausgeschlossen werden.

Doch das menschliche Denken läßt sich nicht auf den Verstand beschränken. Die Entgrenzung (interminatio) der verstandesmäßig gebrauchten Begriffe hebt die Negation und damit den Widerspruch auf. So führt sie zum Zusammenfall der Gegensätze des Verstandes in ihrem übergegensätzlichen Vernunftgebrauch. Das ist viel einfacher, als es für unsere verstandesmäßig disziplinierten Ohren zunächst klingen mag; ein Beispiel: Das Gerechte als Vernunftbegriff (oder die unendliche Gerechtigkeit) schließt alles ein, was nach dem Gesichtspunkt der Gerechtigkeit beurteilt werden kann, also auch im höchsten Grade Ungerechtes. Oder ein anderes Beispiel: Die Gerade als Vernunftbegriff (oder die unendliche Gerade) schließt alles ein, was durch sie gemessen werden kann, also auch alle krummen Linien usw. Im Licht der Unendlichkeit der Vernunft betrachtet, verlieren die Gegensätze des Verstandes ihre Bestimmtheit und damit ihre Bedeutung. So werden sie in der Vernunft überwunden – durch ihre Entwertung.

Anzumerken bleibt nur, daß auch mit dieser Entgrenzung der Gegensätze des Verstandes zu den unendlichen Begriffen der Vernunft das Ziel des wahrheitssuchenden Denkens noch nicht erreicht ist. Die Wahrheit selbst ist nämlich auch noch über aller Verschiedenheit der Begriffe, ohne Andersheit, unbegreiflich. Sie kann nur in transsumptivem (d. h. die Bestimmtheit der Bedeutung sprengendem) Gebrauch der Worte gesucht werden, sie bleibt dem menschlichen Denken versagt. Die cusanische Strategie zur Überwindung von Gegensätzen, die immer als Gegensätze des Verstandes zu verstehen sind, ist jedoch hinreichend klar: Der Weg der Irenik ist die Mystik. – Logisch betrachtet, ist dieser Weg immer gangbar. Denn er erfaßt jeden denkbaren Gegensatz, oder anders gesagt, alle Wege des Denkens führen zu Gott.

Doch was bedeutet dieser mystische Weg zur Überwindung von Gegensätzen für einen konkreten Konfliktfall wie den Streit der Religionen? Und wie verfährt Nikolaus tatsächlich, wenn er versucht, einen solchen Konfliktfall mit Hilfe der neuen Methode des Denkens zu entschärfen? Einerseits bleibt er seiner Methode treu: Anders als Thomas tritt er nicht als Advokat der Partei der Christen auf, um zu argumentieren, daß wir Recht und die anderen Unrecht haben. Vielmehr nimmt er an, daß alle Recht haben, und argumentiert, daß in Wahrheit ein Streitfall gar nicht vorliege; daß die Beteiligten das nur noch nicht wissen. Andererseits aber läßt er sich doch auf das Argumentieren ein, genauso wie Thomas. Und damit unterwirft er sich dem Gesetz des Verstandes als der Bedingung jedes verständigen Diskurses. Es gibt keinen Disput außerhalb, weder oberhalb noch unterhalb, der Grenzen des Verstandes, d. h. des Geltungsbereichs des Widerspruchsgesetzes.

Die Argumentation des Cusaners soll in einigen charakteristischen Punkten nachgezeichnet werden. Ausgangspunkt ist für ihn die offenbare Vielfalt und Gegensätzlichkeit der Religionen, deren Unvereinbarkeit sich im Absolutheitsanspruch einer jeden und in der gegenseitigen Intoleranz aller manifestiert. Diesem Befund setzt der Autor eine Vision entgegen, die er bezeichnenderweise nicht aus einem wirklichen Dialog, sondern aus langer einsamer Meditation hervorgegangen sein läßt: Entrückt in die Höhen der Vernunft, träumt er ein himmlisches Konzil, in dem die Weisen aller Länder sich zusammenfinden, um darüber zu beraten, wie «alle Verschiedenheit der Religionen durch gemeinsame Zustimmung aller Menschen einträchtig auf eine einzige, fürderhin unverletzliche zurückzuführen»[35] sei.

Wodurch unterscheidet sich dieses utopische Konzil von jedem wirklichen Streitgespräch über Fragen der Religion und andere letzte Dinge unter Menschen? Nicht durch die Form der Argumentation – hier wird streng nach den Regeln der Kunst argumentiert. Das Utopische dieses Konzils liegt vielmehr darin, daß Einigkeit über die Grundbegriffe besteht; daß alle von gemeinsamen Prämissen ausgehen. Das betrifft vor allem den zugrundeliegenden Gottesbegriff: Gott ist Einer, Schöpfer und Herr der Welt, das Gute und das Wahre, das Sein und das Leben – daran zweifelt keiner der Teilnehmer.

Nun stellt der Gesprächsführer, der die Klagen der leidenden Menschheit vorbringt, eine (im übrigen allen wohl vertraute) These auf: Dieser Gott, von dem alle wissen, ist gleichwohl verborgen, der Mehrzahl der Menschen fehlt die Kraft und die Muße, ihn zu suchen. Zu verschiedenen Zeiten haben Propheten an verschiedenen Orten Gott auf andere Weise verkündet. So entstanden unterschiedliche Gewohnheiten der Gottesverehrung. Man muß den Menschen nur zeigen, daß sich «in der Vielfalt der Riten nur eine einzige Religion» verbirgt und daß sie in Wahrheit alle denselben Gott verehren, dann werden «Schwert, Haß und jegliches Übel» verschwinden.[36]

Die folgende Beratung des Konzils und der weitere Text der Schrift dienen dazu, diese These zu explizieren und zu rechtfertigen. Immer wieder stützt sich die Argumentation auf die einvernehmliche Anerkennung von Bedeutungswissen; beispielsweise im Blick auf die Weisheit: Der Vertreter Griechenlands braucht seine Kollegen aus anderen Ländern nur an ihren gemeinsamen Ehrentitel zu erinnern: Als Liebhaber der Weisheit setzen sie doch wohl alle voraus, daß es Weisheit gebe. Alle sind sich einig, daß daran wirklich niemand zweifeln könne. Und warum nicht? Erstens gehört es zum rechten Verständnis des Begriffs der Liebe, daß sie nach etwas strebt und nicht vielmehr nach nichts; und zweitens gehört es zum Begriff der Weisheit, daß sie nur eine sein kann, einfach, ewig und Prinzip aller Dinge,[37] und daß sie von allen des Denkens fähigen Menschen geliebt wird – ob sie es wissen oder nicht.

Ähnlich wie der Weisheit ergeht es auch den anderen Gottesprädikaten, die hier sehr harmonisch diskutiert werden. Dabei ist sich der Autor offensichtlich bewußt, wie unrealistisch seine Darstellung ist, die er gleichwohl mit ernsthaftem Wahrheitsanspruch vorträgt. Einerseits könnte ein Gespräch der Völker wirklich so ablaufen wie geschildert, warum *nicht*? Und andererseits weiß doch jedermann, daß das niemals geschehen wird, *warum* nicht?

Die Antwort auf die letzte Frage fällt nicht schwer, aber sie ist folgenreich. Die Unterscheidung zwischen Religion und Ritus als zwischen dem, was wesentlich, und dem, was unwesentlich sein soll, ist unaufhebbar problematisch. Das wird zunächst am Beispiel selbst deutlich. Der christliche Theologe in der Rolle des Religionsphilosophen geht sehr weit in der Explikation dessen, als was der verborgene Gott, den alle Menschen unter verschiedenen Riten verehren, näher zu denken sei. Gott ist nicht nur die Wahrheit (cap. 2) und die Weisheit (cap. 4) selbst, einfach, ewig und der Ursprung aller Dinge (cap. 5), worüber sich die «Philosophen der verschiedenen Schulen»,[38] stellvertretend für «alle denkenden Menschen»,[39] rasch verständigen würden. Vielmehr wird der komplikativ allen Religionen zugrundeliegende Gottesbegriff, angesichts dessen die verschiedenen Riten als historisch kontingente, nur durch Gewohnheit verhärtete Symbole erkannt werden und ihre trennende Kraft verlieren sollen, bis in spezielle christologische Dogmen hinein entwickelt.

Aus der anerkannten Prämisse, daß Gott der Schöpfer aller Dinge sei, wird mit augustinischen Argumenten seine trinitarische Natur abgeleitet und ausführlich begründet (cap. 7–10). Sodann wird die Lehre von den zwei Naturen Christi aus dem allen Menschen angeborenen Verlangen nach ewigem Leben zwingend gefolgert (cap. 11–13). Auch Jungfrauengeburt, Kreuzigung und Auferstehung Christi werden als vernünftige Konsequenzen unstrittiger Prämissen und Zeugnisse ausgewiesen (cap. 14); ebenso die Geistigkeit der Paradiesesfreuden (cap. 15). Ferner wird die Heilsnotwendigkeit von Glaube und Liebe allgemein überzeugend dargetan (cap. 16). Des weiteren erscheinen dem zwar ökumenisch bemühten, aber christlich gesinnten Autor Zeichen des Glaubens wie die Taufe oder Zeichen göttlicher Speisung des Geistes wie das Abendmahl als unabdingbar, obgleich ihre üblichen äußeren Formen nicht notwendig sein mögen (cap. 17 f.). Die anderen Sakramente, insbesondere Ehe und Priestertum, hält er wenigstens für allgemein konsensfähig. Erst was dann noch folgt, gilt ihm als Ritus, dessen Differenzen nicht ins Gewicht fallen sollen, wie z. B. die Frage der Beschneidung (cap. 16), in der sich allerdings schon Paulus großzügig gab.

In dem, was Nikolaus hier für die Religion als wesentlich und für die Vernunft als unmittelbar einsichtig erachtet, sehen wir aus historischer Distanz eher Dogmen des christlichen Glaubens: Positionen, die sich letztlich nur durch Offenbarung rechtfertigen lassen. Allgemeiner gesagt: Was positiv ist und unbedingt sein soll, kann seine historischen Bedingungen nur so lange leugnen, wie sie unbefragt und unbestritten wirklich gelten.

Wenn man die Erfahrung mit einem Text des 15. Jahrhunderts auf solche Weise verallgemeinern kann, und vieles scheint für diese Möglichkeit zu sprechen, dann hat das Folgen für den Begriff der menschlichen Vernunft. Die Wahrheit, deren unsere Vernunft fähig ist, ist entweder formal; dann ist die Tätigkeit der Vernunft ein Kalkül mit Begriffen, deren Interpretation offen bleibt. Oder die Vernunft interpretiert ihre Begriffe, dann sind ihre Wahrheiten historisch bedingt und gründen ihre Rechtsansprüche auf Tradition und Autorität. Daß diese Unterscheidung Anerkennung findet, zeigt sich auch in der Praxis: Wer der Vernunft formaliter widerspricht, wird nicht ernst genommen. Wer ihr materialiter widerspricht, wird aus der Verantwortungsgemeinschaft der Menschen ausgegrenzt, er gilt als inkommunikabel – dumm oder böse.

Es bleibt aber zu fragen, warum sich Cusanus auf eine rationale Argumentation über die Grundlagen der Religion einläßt, obwohl er weiß, daß eine wirkliche Einigung auf diesem Weg nicht zu erreichen ist, weil dabei Positionen bezogen werden (müssen), die andere nicht akzeptieren (können). Darauf sehe ich nur eine Antwort: Cusanus erkennt, daß es unvermeidlich ist, wenn man sich überhaupt in ein Gespräch mit anderen einzulassen beabsichtigt, Grenzen zu ziehen zwischen ja und nein, Positionen zu besetzen. Sprechen, das etwas bewirken soll, ist Widersprechen. Für ein solches Sprechen ist die Methode der Interminierung der Termini ungeeignet. Denn in einem (Streit-)Gespräch geht es um Positionen, die einen hohen Wert für die Beteiligten haben, Positionen, die keine Seite kampflos zu räumen bereit ist, während jene Methode gerade eine Überwindung der Gegensätze durch die Entwertung der gegensätzlichen Positionen anstrebt. Mit anderen Worten, die Entgrenzung der Begriffe[40] wird der Selbstliebe des Besonderen nicht gerecht. Sie verlangt vielmehr ein Aufgeben der Begriffe und ein Aufgeben der Worte[41] – oder, mystisch gewendet, sie verspricht eine Überwindung des bestimmten, endlichen Denkens als seinen Untergang im Licht, das von der Finsternis nicht zu unterscheiden ist. Sie ist, wie gesagt, Überwindung der Gegensätze durch ihre Entwertung. Indem nämlich die Begriffe ihre trennende und damit zerstörende Kraft verlieren, schwindet auch ihre verbindende Kraft; sie werden unverbindlich.

Das läßt sich, um ein bereits erwähntes Beispiel wieder aufzugreifen, auch am Begriff der Weisheit veranschaulichen, die ebensogut Torheit ist, nach der wir streben und zugleich nicht streben. So kann man unter Weisen – im Himmel – reden. Doch in einem Disput zwischen andersdenkenden Menschen dürfte eine solche Rede kaum hoffen, Gehör zu finden. Sie ist aus der Meditation geboren und für die Meditation geschaffen, sei es für die Meditation in der Einsamkeit oder mit Freunden oder im Kreis von Jüngern. Das Gespräch wird hier zum Hymnus, durch den wir den Schöpfer aller Dinge preisen.

Ich fasse zusammen: Der traditionelle Weg des Verstandes zur Entschärfung von Gegensätzen ist der Weg der Unterscheidung oder der genaueren Definition (die Distinktionskunst der Scholastik). Auf ihm erreicht man eine Neuordnung der Begriffe mittels Differenzierung, durch welche Gegensätze zwar nicht überwunden, durch welche ihnen aber ihre gegenwärtige Härte genommen werden kann. Dieser Weg führt ad indefinitum, solange die Kraft reicht, ist aber niemals endgültig abschließbar. Die cusanische Methode der Interminierung, sagen wir kurz: der philosophischen Mystik, ist ein Weg des Denkens für Zeiten, in denen es nicht unter Gegensätzen leidet, für glückliche Tage, in denen wir die Muße und die Neigung haben zu verbinden, zusammenzufassen, in der Vielfalt und Verschiedenheit der Welt die schöne Harmonie des Einen zu sehen. Unser Denken erreicht damit eine momentane Entgrenzung der eigenen Perspektive, durch die es sich im raptus über die Endlichkeit dieser Welt erhoben und erhaben fühlt.

Als ein Weg zur Überwindung wirklicher, d. h. bestehender und als bedrohlich empfundener Gegensätze mag die Mystik ungeeignet sein. Doch wenn man um die prinzipielle Möglichkeit einer mystischen visio dei weiß, wird man anders mit Gegensätzen umgehen können als ohne dieses Wissen. Wenn dem vom Affekt geforderten Entweder/Oder immer ein von der Vernunft angezeigtes Weder/Noch gegenübersteht, dann wird sich ein ausweglos erscheinender Gegensatz manchmal vielleicht in ein verstehendes Sowohl/Als auch wenden lassen.

III. Wirkung

Die Wirkungsgeschichte des Cusanischen Denkens ist komplex und diffus. Dementsprechend unterschiedlich fällt ihre Einschätzung aus. Einerseits spricht man dem Werk des Cusaners einen nennenswerten Einfluß auf die Geschichte der Philosophie, der Theologie sowie der Wissenschaften in den folgenden Jahrhunderten ab. Andererseits gilt sein Werk seit der «Wiederentdeckung» im 19. Jahrhundert für manche als Keim und Vorläufer alles dessen, was für das neuzeitliche Denken bedeutsam geworden ist. Beide Urteile sind charakteristisch für eine neue Wertschätzung des Lehrers der Koinzidenz, können aber nicht als Ergebnisse rezeptionsgeschichtlicher Forschungen gelten.

Manche Texte des Cusaners waren in den Jahrhunderten nach seinem Tode sehr gefragt. Zwischen 1488 und 1565 erschienen fünf Werkausgaben, einzelne Texte wurden mehrfach neu aufgelegt und in moderne Sprachen übersetzt. Doch bezog sich das Interesse wohl selten auf die Cusanische Philosophie (oder Theologie) im ganzen und in der für ihren Autor so charakteristischen Einheit, sondern eher auf einzelne Themen, Gedanken und Lehrstücke. Dabei ging es um so disparate Fragen wie die nach den Grenzen menschlicher Erkenntnisfähigkeit, nach der Reichweite rationaler Argumentation in der Theologie oder nach der Möglichkeit einer Rekonstruktion der ursprünglichen Weisheit (prisca sapientia), ferner um kosmologische Probleme wie das der Unendlichkeit des Alls und der Pluralität der Welten und mathematische Probleme wie das der Quadratur des Kreises, immer aber um die docta ignorantia und die coincidentia oppositorum. In diesen und anderen Themenbereichen wurden die Gedanken des Cusaners rezipiert und diskutiert.[42] Nach Raymond Klibansky war es eine ironisch-kritische Bemerkung von Pierre Bayle über die kleine Cusanische Schrift *Coniectura de novissimis diebus*, die deren Autor in Mißkredit brachte, so daß die geistesverwandten Philosophen des deutschen Idealismus, die die Koinzidenzlehre über Giordano Bruno kannten und sich aneigneten, seine Texte nicht zur Kenntnis nahmen.

Bezeichnenderweise fanden die religionsphilosophischen Überlegungen von *De pace fidei* von vornherein weniger Resonanz. Die Entwicklung der Geschichte brachte Spaltung, sie führte zu partikularisierten Denk- und Lebensformen und verwies damit die Einheitsspekulationen des Irenikers ins Reich der Utopien. Nur vereinzelt griffen gelehrte Autoren, die sich mit dieser Entwicklung nicht abfinden wollten, auf seine Anregungen zurück. Ein solches Interesse kommt im Vorwort des Basler Verlegers Henric Petri zur Werkausgabe von 1576, also kurz nach dem Tridentinum, zum Ausdruck: «Seit vielen Jahren ... werde ich von Gelehrten vieler Nationen, von Deutschen, Franzosen, Italienern, Spaniern, Engländern und Polen, aufs stärkste bedrängt, ich möchte doch die Werke des Cusanus herausgeben. Denn es ist allen klar, daß wenn man diesem verus vates, diesem wahren Seher, gefolgt wäre, das Unbill unserer Zeit nicht zustande gekommen wäre... Um den Weg zum Guten, zum Frieden, zur Eintracht zu finden, müssen wir uns zurückbesinnen auf die Werke dieses Mannes.»[43] Es dürfte die Unzeitgemäßheit seines Denkens gewesen sein – im selben Jahr 1576 wurde *De concordantia catholica* auf einen Index gesetzt! –, die dazu führte, daß sein Einfluß, der im 15. Jahrhundert in Italien noch sehr deutlich zu spüren war (bei Pico della Mirandola, Marsilio Ficino u. a.[44]), ein eher untergründiger blieb. Lessing hatte *De pace fidei* kurz vor seinem Tode kennengelernt und wollte den Text in der Übersetzung des Braunschweiger Professors Konrad Arnold Schmid herausgeben und kommentieren.[45] Doch schon für ihn wäre das nurmehr ein Akt der historischen Würdigung des christlichen Irenikers gewesen. Denn die religionsphilosophischen Diskussionen des *Nathan* bewegen sich bereits in einem anderen Kraftfeld von Begriffen und (Vor-)Urteilen.

Paul Richard Blum

MARSILIO FICINO
(1433–1499)

I. Leben

Das Leben Marsilio Ficinos läßt sich als das eines platonischen Philosophen darstellen: sorgenfrei und asketisch zugleich, konsequent in der Entwicklung einer Idee, der des christlichen Platonismus. Es gibt keine Katastrophen, Kehrtwendungen oder Weltreisen, von denen zu berichten sich lohnte; kein Vergleich mit seinen Zeitgenossen Nikolaus von Kues oder Giovanni Pico, oder gar mit seinen geistigen Erben Francesco Patrizi oder Giordano Bruno. Auch Ficino litt unter spirituellen Irritationen, privater Streit mag auch ihn von der Arbeit abgehalten haben, sogar politisch war er gelegentlich in Gefahr – aber all dies ergibt doch keine dramatische Vita und rechtfertigt im Rückblick nicht, von differenten Phasen seines religiösen oder philosophischen Denkens zu sprechen.

Geboren wurde Marsilio Ficino am 19. Oktober 1433 in Figlione im Arnotal, wo sein Vater Arzt war. Er hieß Dietifeci (oder Diotifeci), und von dem gebräuchlichen Deminuitiv «Fecino» erhielt Marsilio seinen Namen Ficino. Sein Testament machte er am 29. September 1499, zwei Tage vor seinem Tod am 1. Oktober 1499, als «ehrenwerter und geachteter Herr, großer und hochberühmter Philosoph und Kanoniker des Doms zu Florenz».[1]

Entscheidend für den jungen Ficino war die Anstellung des Vaters zunächst als Chirurg am Florentiner Krankenhaus und dann als Leibarzt des «Pater patriae» in Florenz, Cosimo de' Medici. Cosimo war 1434 aus dem Exil heimgekehrt und herrschte ohne Rang und Titel in der Kaufmannsstadt. Marsilios Karriere blieb zeitlebens mit dem Schicksal des Hauses Medici verknüpft. Schon als Vater Diotefeci den Sohn bei Cosimo vorstellt, erklärt dieser: «Du, Ficino, bist zur Heilung des Körpers, dein Sohn Marsilio ist zur Heilung der Seelen vom Himmel uns geschickt worden.»[2]

Marsilio Ficino besuchte ca. 1449–1451 die Universität Pisa/Florenz, wo er, nach der obligatorischen Philosophie, Medizin studierte. Im Florenz der Medici scheint ein offenes intellektuelles Klima geherrscht zu haben, wo scholastische Wissenschaft und humanistische Bildung, politische Intrige und literarische Kultur miteinander lebten.[3] Ficino beherrschte zeitlebens poetische und vor allem rhetorische Muster aus der Schule der Humanisten ebenso wie scholastisches Disputieren; er war ein hervorragender Philologe, was seine zahlreichen Übersetzungen aus dem

Griechischen ins Lateinische beweisen, ohne besonderes Interesse an Literatur oder Textkritik. Auch medizinische und astronomisch-astrologische Traktate gehören zu seinem Opus. Vor allem hat er sich nicht nur an die jeweilige Fachwelt gewandt, sondern immer wieder durch eigene Übersetzungen ins Italienische für die Verbreitung des Spezialistenwissens im Florentiner Bürgertum gesorgt, hierin wiederum ganz Humanist.

Er interessierte sich früh für die platonisierende Literatur des lateinischen Mittelalters, nachdem er eine Zeitlang mit dem Epikureismus des Lukrez sympathisiert hatte. Es beschäftigte ihn im Briefwechsel mit Freunden[4] schon damals die Frage nach dem höchsten Gut und dem Seelenfrieden (tranquillitas), die er dann in der Platonischen Theologie und in Platon, «dem Gott der Philosophen» (Opera 986), gefunden zu haben scheint, wie sein Jugendwerk *De voluptate* (Das Begehren) (1457) – übrigens ein beliebtes humanistisches Thema – belegt. Um dieselbe Zeit (1456) verfaßt er im Eifer ein Lehrbuch *Institutiones ad Platonicam disciplinam*, das als verloren gilt. Als seine Berater – darunter Cosimo – es lasen, rieten sie von der Veröffentlichung ab, er solle statt dessen erst einmal Griechisch lernen, um den Platonismus «aus den Quellen zu schöpfen» (Opera 929). Was er zuvor und in der Folge an platonischen Klassikern verarbeitet hat, zählt Ficino in einem berühmten Brief an Martin Uranius auf: die lateinischen Ausgaben des (Pseudo-)Dionysius Areopagita, Augustinus, des Boetius' *Consolatio philosophiae*, Apuleius *(De daemonibus)*, der *Timaios-Kommentar* des Chalcidius, sowie Macrobius, auch die lateinisch übersetzten Araber Avicebron, Alfarabi, Avicenna, und er weist darauf hin, daß auch die mittelalterlichen Theologen Heinrich von Gent und Johannes Scotus Eriugena platonisch beeinflußt sind. Aus der neueren Zeit erwähnt er Kardinal Bessarion und Nicolaus Cusanus (Opera 899).

In der Folge übersetzt Ficino eine große Reihe von platonischen Grundtexten aus dem Griechischen ins Lateinische. Zuerst das *Corpus Hermeticum*, das 1471 – als erstes Buch Ficinos überhaupt – gedruckt erscheint, und dem er auf diese Weise einen festen Platz im Bildungskanon des lateinischen Europa sichert.[5] Platon wird gleich anschließend übersetzt und teilweise kommentiert. Als dieser 1484 gedruckt vorliegt, folgt die Übersetzung der *Enneaden* des Plotin, die 1492, ebenfalls mit Kommentaren, gedruckt erscheint. Dazwischen liegen kleinere Übersetzungen (Speusippos, Alkinoos und Pythagoras ca. 1463, Dantes *Monarchia* 1468, Hermias 1484) und eigene Schriften.

Am 18. April 1463 schenkt Cosimo de' Medici Ficino ein Landhaus in Careggi bei Florenz (nachdem er ihm kurz zuvor schon ein Stadthaus geschenkt hatte), das ihn wirtschaftlich sicherte und ihm erlaubte, sich für seine schriftstellerische Arbeit zurückzuziehen.[6] Die Villa in Careggi gilt zumeist als Treffpunkt der Gruppe, die man als ‹Platonische Akademie von Florenz› bezeichnet. Jedoch scheint diese Akademie eher ein Mythos

Marsilio Ficino (1433–1499)

gewesen zu sein, entstanden aus der Tatsache, daß Ficino ein eifriger
außeruniversitärer Lehrer und Promotor seiner Philosophie war. In Florenz, vermutlich im Haus seines Vaters, veranstaltete er wohl Treffen im
Geiste der platonischen Philosophie.[7] Man findet sie in Ficinos Schrift *De
amore* stilisiert: Dort wird in Dialogen, die vorgeblich ein Symposion am
Geburtstag Platons darstellen, der Inhalt gerade von Platons *Symposion*
nachdiskutiert. Es handelt sich zweifellos um eine humanistische Travestie des platonischen Anliegens, die so eng wie möglich antike Philosophie und Renaissancestil zusammenführt. Biographisch gesehen markieren die Schenkung von Careggi und das nahe Ende des Herrschers
Cosimo († 1464) und der Symposionkommentar den politischen Aufstieg
seines Enkels Lorenzo de' Medici.

Lorenzo wird bis zu seinem Tod 1492 nicht nur Mäzen, sondern Verkörperung des idealen gebildeten Publikums für Ficino werden. An ihn
sind die meisten in der Folgezeit entstandenen Werke Ficinos adressiert. «Im Schatten dieses Lorbeerbaums»[8] gelangt Ficino zu Ruhm. Im
Widmungsbrief der *Einführung in die Platonische Theologie* (Opera 706)
stellt der Philosoph als Lehrer sein Verhältnis zum Politiker als Schüler wie eine wechselseitige Verschuldung dar. Der Lehrer auch in der
Schuld des Schülers? Ja, «zumal ich [dieses Werk] nicht so sehr deswegen schulde, weil ich es versprach, als es versprach, weil ich alles
schulde».

Mitglieder der als Platonische Akademie zu Florenz bezeichneten
Gruppe, unter Ficino als «alter Plato», waren Dichter wie Angelo Poliziano und Cristoforo Landino, Redner, Juristen und Politiker, Philosophen wie Giovanni Pico und Kirchenmänner. Ficino selbst unterschied
zwischen eng vertrauten (familiares) und zuhörenden (auditores) Mitgliedern; die wenigsten von ihnen waren so begeisterte Platoniker wie ihr
Lehrer Ficino.[9]

Für Lorenzo und seine Mitphilosophen sind die großen religionsphilosophischen Abhandlungen geschrieben: *De Christiana religione* und
Theologia Platonica. *De Christiana religione* wurde 1474 verfaßt und von
Ficino selbst sofort ins Italienische übersetzt, um für die führenden
Köpfe von Florenz, die kein Latein beherrschten, lesbar zu sein (ähnlich
verfuhr Ficino mit *De amore* und *De raptu Pauli*). Noch in demselben
Jahr wurde die italienische Ausgabe gedruckt; erst 1476 folgte der lateinische Druck. Umfassender noch ist die *Theologia Platonica* angelegt
(begonnen 1469, also zusammen mit den großen Platonkommentaren,
abgeschlossen 1474 gemeinsam mit *De Christiana religione*); auf beide
Schriften wird noch einzugehen sein.

In die Jahre äußerster Produktivität fällt auch Ficinos Entschuß, Priester zu werden (1473). Er scheint diesen Schritt getan zu haben, um in
Ruhe der Philosophie nachgehen zu können, zugleich aber auch als Konsequenz aus seiner Philosophie der christlichen Religion. *De Christiana*

religione könnte als seine Programmschrift gelesen werden, zumal er bald darauf von Lorenzo zum Rektor einer Kirche ernannt wurde.[10]

In den folgenden Jahrzehnten ist Ficino einerseits damit beschäftigt, die Ernte seiner platonischen Schriften einzubringen, andererseits widmet er sich wissenschaftlichen Problemen: Er ediert, übersetzt und kommentiert Plotin, Dionysius Areopagita und andere, und er befaßt sich mit Magie, Astrologie und Medizin.

Ficinos Haltung zur Astrologie ist faktisch mit der Affäre des Dominikanerpredigers Girolamo Savonarola verknüpft, der gegen diese Art von paganer Weisheit der «astrologi, filsofi, poeti» für eine christliche Erneuerung in Florenz kämpfte.[11] Savonarolas Opposition gegen die Rückkehr der Medici, die unter Lorenzos Nachfolger Piero le Sfortunato («der Glücklose») die Macht verloren hatten, entzweite ihn auch von Ficino, der nach dessen Tod auf dem Scheiterhaufen (1498) eine zu Lebzeiten unveröffentlichte Schrift gegen den Prediger mit astrologischen Argumenten verfaßte.[12]

Eine ebenfalls schwierige Freundschaft verband Ficino mit dem jugendlichen Genie Giovanni Pico della Mirandola. In seinem Widmungsbrief zum Plotinkommentar an Lorenzo de' Medici (beendet 1490; Opera 1537) spekuliert Ficino über den Zufall, daß Pico gerade in dem Jahr 1463 geboren wurde, als Platon in Ficinos Übersetzung begann, «wiedergeboren» zu werden, und in dem Augenblick der Veröffentlichung (1484) nach Florenz kam, um genau das zu fordern, was Cosimo ihm aus dem Himmel eingegeben haben mußte, nämlich die Übertragung des Plotin. Pico bereiste – im Unterschied zu Ficino – die Welt, er studierte an den berühmtesten Universitäten (Bologna, Ferrara, Padua, Paris) und war ein Eklektiker, der neben den platonischen Quellen auch die aristotelische Scholastik, die jüdische Weisheit und vieles andere hochschätzte. Ficino projizierte auf den Jüngeren seine eigene Erfahrung, die ihn vom Epikureismus über den Averroismus zu Platon geführt hatte, auf dessen Lehre als Mittelweg (per mediam quandam viam) man zur christlichen Lehre komme (Opera 930).

Dementsprechend kam es in Fragen der Platonauslegung zum Konflikt, der auf eine weniger neuplatonische, aristotelisierende Interpretation hinausläuft. Der ältere sah den Unterschied gerade darin, daß das Eine und Gute als Seinsprinzip für alles anzunehmen sei (Opera 1164), während der jüngere, in dem Versuch, Platon und Aristoteles zu harmonisieren, den *Parmenides* Platons für eine dialektische Übung erklärte, um zu verhindern, daß das Eine dem Seienden vorangehen müsse.[13] Die philosophisch-theologischen Konsequenzen wurden allerdings nie offen ausgetragen. Man muß beachten, daß hiermit zwar grundsätzlich mögliche Positionen der Platoninterpretation formuliert werden, für die Frage der «richtigen» Auslegung Platons ist Ficino allerdings kein Gewährsmann, war doch sein erklärtes Ziel, Platon an das Christentum anzupassen, auch gegen den Widerstand der Platonkenner.[14]

Im hohen Alter veröffentlichte Ficino – wie es unter Humanisten üblich war – seine Briefe mit nahen und fernen Freunden. Sie waren für ihn wie Kinder, die durch den Buchdruck unsterblich wurden (Opera 607). Darin integriert waren auch Abhandlungen, die schon anderweitig an die Öffentlichkeit gekommen waren. Das letzte große Werk Ficinos wurde sein (unvollendet gebliebener) _Kommentar zum Römerbrief des Apostels Paulus_; er bezeugt ein letztes Mal seine platonische Apologie des Christentums und vermutlich auch sein praktisches Wirken als Prediger der Kirche, das durch eine Serie von Predigten, die vielleicht ein Hörer mitgeschrieben hat, nur spärlich dokumentiert ist.

Es wird erzählt, Ficino und sein Freund Michele Mercati hätten einst vereinbart, daß derjenige, der zuerst stürbe, dem anderen aus dem Jenseits berichten solle. Tatsächlich sei dem Freund Mercati im Augenblick des Todes von Ficino dieser erschienen mit den Worten: «Michael, Michael, es ist alles wirklich wahr!»[15]

II. Werk

1. Platonische Theologie

Die Platonische Theologie oder Philosophie als eine Philosophie des Seelenheils zu propagieren, war Ficinos ununterbrochenes Streben (zumindest in den hier zu berücksichtigenden Werken religionsphilosophischen Charakters). Obwohl er nachweislich von Scholastikern, vor allem von Thomas von Aquin, beeinflußt war, verstand er unter Theologie nicht das systematische Reden von Gott, sondern eine Anthropologie, die den Menschen auf sein Wesen und dieses auf Gott als Ursprung zurückführte. Es war also weniger die wissenschaftliche Frage leitend, ob Wissen von Gott überhaupt möglich sei, und welchen Inhalt dieses Wissen haben könne. Vielmehr wollte er das anerkannte christliche Wissen von Gott so weit entfalten, daß sich die Rückbindung des Menschen an Gott zwingend ergab. Das christliche Reden von Gott sah er in der neuplatonischen Tradition am vollkommensten ausgestaltet, hierin mit seinen zeitgenössischen Beratern einig, die ihm – wie gesagt – rieten, von lateinischen zu griechischen Quellen zurückzugehen. Diese anthropologische Wendung vollzog Ficino nicht bloß theoretisch, sondern er verstand sie zugleich als praktisch-pastorale Aufgabe. Er wollte Seelenarzt sein, und deshalb kann er weniger als Klassiker der Theologie denn der Religionsphilosophie gelten. Eine Trennung von Philosophie und Theologie ist bei ihm ohnehin schwer festzustellen. Denn Philosophie ist ihm ein genuin religiöses und weltlich interesseloses Unternehmen, das nicht der menschlichen, sondern der göttlichen Erkenntnis untersteht (Opera 1379).

Das philosophische Rüstzeug zur Verteidigung des christlichen Gottesverständnisses, das Ficino aus der platonischen Tradition bezog, läßt sich in folgenden Themenbereichen zusammenfassen:[16]

Die Lehre von der Priorität des Einen und des Guten vor dem Seienden: Daher konvergieren im christlichen Schöpfergott Einheit, Wahrheit und Güte, vor aller Erkenntnis und vor jedem Seienden. (*Theol. Plat.* II 1 [Ende], II 2 u. ö.)

Die Ideenlehre: Interpretiert als Identitätsstiftung Gottes von Sein und Begriff garantieren Ideen die Wahrheit und Güte, kurzum die Göttlichkeit der Schöpfung in ihrer Vielfalt (ebd. II 11, Opera 107). Als Ersatz für die aristotelisch-scholastische Abstraktionstheorie ermöglichen eingeborene Ideen die Erkenntnis des immateriellen Wesens von Dingen.[17]

Dreierschemata zur Verknüpfung von geistigen Sachverhalten im Sein wie im Denken (z. B. essentia–virtus–operatio): Sie bilden die Dreifaltigkeit in der Schöpfung ab.[18]

Die Lehre vom Intellekt und von der Seele und deren Gegenwärtigkeit im Materiellen: Gott, Engel und rationale Individualseelen sind jeweils Intellekte, die durch ihre Leistungsfähigkeit verschieden sind und auch verschiedenen Rang haben. Die Leistungen der Intellekte erstrecken sich auf die Aufnahme von etwas Äußerem, das Loslösen (Abstrahieren) des darin gegebenen Immateriellen und die Fähigkeit des Selbstbezugs, der nur in Gott vollkommen ist, im Menschen sogar sündhaft sein kann. Zugleich ist Seele das Vermittelnde von allem.[19]

Die Unsterblichkeit der Seele: Die Bücher IX bis XIV (von 18) der *Theologia Platonica de immortalitate animorum* sind dem Aufweis der Unsterblichkeit der Seele gewidmet. Die Beweisführung dient vorrangig dem Appell, die Fähigkeiten und die Dignität der menschlichen Seele der Gottesverehrung zu widmen.

Das Hypostasenmodell: Eine in Gott kulminierende «Schichtung» des Seins, die Ficino aus Plotin ableitet, bildet die Wirkung des Intellekts ontologisch ab.[20]

Die Theorie der Liebe und des Schönen: Die platonische Liebe macht einerseits den Eros zum einigenden geistigen Prinzip in der Welt und in den Menschen. Andererseits ist sie der konkrete, in die Sinnlichkeit hineinreichende Appell, zur Gottesliebe aufzusteigen. Erotische und metaphysische Schönheit regen – wie bei Sokrates – einander gegenseitig an. Daher ist auch Ficinos Theorie der Liebe nicht nur eine Metaphysik, sondern zugleich eine Handlungslehre, etwa als Grundlage von Freundschaft. In diesem Sinne hat er sie auch in seinem Symposionkommentar *(De amore)* und im Briefwechsel seinem Florentiner Kreis empfohlen.

Ficinos Hauptsorge gilt der erkenntnistheoretischen Absicherung einer philosophischen Theologie, die mit platonischer Methode christliche Glaubensinhalte darzustellen und zu beweisen sucht. Die Verschränkung von theologischer Anthropologie mit platonisierender Ideenlehre und Ethik ist der durchgehaltene Anspruch. Anhand seiner Schriften, vor allem der *Theologia Platonica* und seiner eigenen Kurzfassungen dazu (*Argumentum in Platonicam Theologiam; Compendium Platonicae Theologiae;* vgl. Traktate zur Platonischen Philosophie), kann man etwa folgende Strategie skizzieren:

Die Welt ist hierarchisch gegliedert, und ihr entspricht in der Erkenntnis der Aufstieg zu Gott über die Vermittlung der zunehmend durchgeistigten und entmaterialisierten Formen. Das Denken in Seinshierarchien übernimmt Ficino von Plotin, Proklos, Pseudo-Dionysius u. a. Das Problem, wie Gott Maß aller Dinge sein kann, wo er doch von ihnen unendlich weit entfernt ist, löst er im *Philebos-Kommentar* (Opera 1233 f.) mit der Spekulation, daß wegen der verschiedenen Abstände der Spezies von Gott, die ontologische Entfernung eben nicht unendlich weit ist. Die Maßfunktion Gottes bezieht sich allerdings nicht nur auf die Dignität der Dinge (je näher desto höher im Rang), sondern Gott ist auch aktiv «maßgebend», indem er allem Natur und Ordnung zuteilt (Opera 1249 f.).[21]

Ausgehend von der Elementarwelt der vergänglichen materiellen Formen steigt man zum Himmel auf, der als etwas Mittleres zwischen körperlicher und geistiger Substanz verstanden wird. Mit dem Wegfallen von Materie und akzidentellen Bestimmungen nimmt die Intensität der Substanzen an Licht und Leben zu.

Reine Substanz, die frei von allem Akzidentellen ist, ist nur Gott, dessen Existenz aus seinen Attributen, nämlich Kraft, Unendlichkeit, Wahrheit, Güte, Aktualität abgeleitet wird. Aus diesen Eigenschaften heraus wendet sich Gott dem menschlichen Geist und seinem Willen zu. Die Liebe des Willens zum unsichtbaren Licht (dem Glauben) ist der direkte Zugang zu Gott, die Vernunft nähert sich ihm diskursiv.

Im Rückschluß von der Schöpfung auf den Schöpfer wird die Existenz, Wahrheit etc. Gottes bewiesen. Aus der Vernünftigkeit des Universums wird auf die universale Vernunft, aus der Herrschaft der Prinzipien auf das herrschende Prinzip geschlossen. Wahrheit der Welt und Wahrheit der Erkenntnis verweisen auf den gemeinsamen Ursprung aus der höchsten Wahrheit Gottes. Als das Prinzip, das den Dingen Wert und Wesen verleiht, wird Gott in den Dingen und durch die Dinge mittelbar und unbewußt erstrebt und geliebt, wodurch die Seele immer weiter vervollkommnet wird.

Durch ihre Körperverbundenheit wird die Seele bei der Gotteserkenntnis behindert, so daß sie sich erst spekulativ vom Körperlichen lösen muß, um Unkörperliches zu erkennen. Natürlicherweise liebt sie den Körper, zumal sie durch Sinn und Phantasie das Körperliche vor Augen hat und den Geist vom Wesentlichen ablenkt. Aber daß die Fähigkeit zur Erkenntnis von Unkörperlichem überhaupt vorhanden ist, beweist die geistige Natur der Seele und ihre potentielle Körperlosigkeit. Aus der Tätigkeit der Seele (Erkenntnis durch Abstraktion) wird auf ihre Eigen-

schaft (Abtrennbarkeit vom Körper, d. h. Unsterblichkeit) geschlossen. Losgelöst vom Körper verfügt auch die menschliche Seele nach dem Tode über die Erkenntnisart unkörperlicher Geister, die vom Allgemeinen zu Einzelnem, von den Ideen zu den Dingen, fortschreitet. Der Aufstieg erfolgt unter dem Leitgedanken der Vollständigkeit der Welt: Das beste Mögliche ist im Universum verwirklicht. Körperliche Akzidenzien sind allerdings Einschränkungen, nicht Bereicherungen der Substanz. Daher muß es unkörperliche Substanzen geben, und zwar in der Reihenfolge zunehmender Reinheit:
– Körperverbundene Seelen, das Einheits- und Lebensprinzip der Lebewesen,
– Engel als reine Geister, die es genauso geben muß, wie es die unbelebten Körper gibt, damit die Welt vollständig und die geistige Natur optimal verwirklicht werde,
– der göttliche Intellekt, der als Ursache der Einheitsprinzipien ein Einziger sein muß.

In Gott sind die Attribute keine akzidentellen Eigenschaften, sondern mit Ihm und untereinander identisch. Er ist höchste Wahrheit und Güte – je nachdem, ob er Ziel des erkennenden Intellekts oder aber des Willens ist. Während die Seele durch Liebe und Erkenntnis vervollkommnet wird, ist Gott vom Erkannt- oder Geliebtwerden völlig unabhängig – wiewohl als Schöpfer nicht indifferent: «So wie das Licht nicht des Auges bedarf, so bedarf die Wahrheit nicht des Geistes» (Opera 693).
Der Geist strebt überhaupt deshalb zu Gott, weil in ihm sein Ursprung ist. Durch sein Erkennen, vor allem aber durch sein Wollen bringt Gott die Dinge hervor, da die willentliche Handlung die vortrefflichere – freie – ist. Gott erkennt sich selbst, der alle Wahrheit ist, und somit erkennt er alles Wahre und erschafft es. Er will alles Gute, indem er sich selbst will, der alles Gute ist, und läßt es somit in den Einzeldingen entstehen. Die Geister (Engel und Menschenseelen) sind immateriell, es bedarf also zu ihrer Erschaffung einer unendlichen Kraft, d. h. sie sind unmittelbar von Gott verursacht und partizipieren an seiner Ewigkeit, was durch ihre Fähigkeit, ewige Begriffe zu denken, bewiesen wird.

2. Philosophie des Seelenheils

Daß Theologie die vornehmste Aufgabe der Philosophen sei, mit dieser Sentenz beginnt Ficinos Werk über die christliche Religion (*De Christiana religione*, Opera 2–77) in der Widmung an Lorenzo de' Medici. Es handelt sich um ein apologetisches Werk zur Befreiung der Philosophie von der Gottlosigkeit[22] und zum Nachweis der Existenz Gottes und der Wahrheit der christlichen Religion, das die Tradition nicht verleugnet, indem es die loci theologici umfassend zusammenstellt.

Der Philosoph erreicht den intellektuellen, der Priester den Zugang des Willens zu demselben göttlichen Ziel. Religion ist die Verbindung des Menschen mit dem Göttlichen, die ihn von den Tieren unterscheidet (cap. 1), sie muß aber durch Moral, Physik, Mathematik und Metaphysik gepflegt werden (cap. 2). Ausgehend von einer großen Varietät von Religionen hält Ficino Christus für den echten «vitae magister» (Lehrer des Lebens) (cap. 4), der die Apostel berufen hat (cap. 5). Die apostolische Zeugenschaft – im Sinne von Paulus – setzte sich in den Philosophen fort. Andererseits betont Ficino neben der Lehrerschaft die Gottessohnschaft Christi (cap. 8, Opera 11), um durch ihn die Repräsentanz Gottes in der Menschheit wahren zu können. Immer wieder Paulus zitierend (ebd.), betont er an Christus die «ewige Zeugung» (Hebr.), das «Abbild des unsichtbaren Gottes» und den «primogenitus omnis creaturae» (Erstgeborener aller Schöpfung) (Kol. 1,15): Christus bezeugt demnach, daß das Christentum in göttlicher Kraft seinen Bestand hat – und mehr auch nicht. Wichtige Belege für die Wahrheit der christlichen Religion sind die Wunder (cap. 10), die übernatürliche Ereignisse und keineswegs Aberglauben sind. Auch die Anerkennung von Wundern bei den Heiden (einschließlich Plotin, Numenius, Iamblich und Amelius – cap. 11, Opera 17) und den Muslimen und Juden (cap. 12) wird referiert.

Die Trinität erklärt Ficino im Anschuß an Augustinus als Identität dreier Personen, die ein einfacher Gott, aber auf eine unerdenkliche Weise different sind (cap. 13). Daraus folgt die Hierarchie nach Dionysius Areopagita (cap. 14).

Die Inkarnation kann er daher als eine besondere Form der Selbstmitteilung Gottes darstellen, die der Sonderstellung des Menschen, bzw. der menschlichen Seele als Mitte alles Seienden gerecht wird. Da die Menschheit von Gott abgefallen ist, kann sie nur durch Gottes Wort zurückkehren (resurgere). «Durch Gottes Wort waren die Menschen einst geschaffen worden, und durch dasselbe Wort mußten sie auch wiederhergestellt werden.» Deshalb erschafft Gott durch einen «rationalen Begriff» (per verbum quandam rationalem) eine menschliche Seele, die – in den jungfräulichen Schoß gelegt – Mensch wird. «Als Mensch erlitt Christus Menschliches, als Gott wirkte er Göttliches» (cap. 15). Ob mit dieser Formel die Christologie und Erlösungstheologie adäquat wiedergegeben sind, hängt davon ab, ob eine wechselseitige Durchdringung der Naturen nicht doch für entscheidend angesehen werden muß. Dies allerdings ist ein Problem der Fundamentaltheologie.

Ficinos Argumentationsstrategie zielt auf die Vergöttlichung des Menschen, diese aber kann nur von Gott selbst ausgehen. Da das Gute/Gott nicht anders kann, als sich mitteilen, findet dies auf allen Ebenen der Kommunikation statt: 1. Der Präsenz, d.h. der Allgegenwart Gottes in den Dingen; 2. der Formkraft in allem; 3. der Einheit im Wesen (nämlich in den drei Personen); 4. der Einheit der Person, und diese Selbstmitteilung Gottes gilt der menschlichen Person, die allerdings wiederum als primär mit rationaler und voluntativer Seele begabt verstanden wird (cap. 16). Einerseits ist Christus das Wort, das in einem menschlichen Körper gewissermaßen Stimme angenommen hat. Andererseits hat Christus nicht zwei, sondern drei Naturen, analog den drei Personen in der Trinität: Gott, Seele und Körper (cap. 17). Das Denken in Ternaren hindert daran, die Inkarnation selbst als Mysterium (oder als Paradoxon) stehenzulassen, es versetzt alle unteren Dignitätsstufen in den Sog ‹nach oben› (trahere – ziehen ist eine der Metaphern; cap. 16). Darin aber sieht Ficino die Würde des Menschen, daß er «sich selbst als göttlich verehrt» (cap. 19).

Christus hat die Menschen durch seinen Tod vom Körperlichen (cap. 21) und durch sein Selbstzeugnis als Gott vom Aberglauben befreit (cap. 22). Aber ein historischer Jesus – wohlgemerkt – ist das nicht, sondern Erlösung durch Rückkoppelung der Schöpfung an ihren Schöpfer. Deshalb ist Christus auch die Idee oder das Modell der Tugend, die nur göttlich sein kann, denn Göttlichkeit ist ein Synonym für ‹Tugend und Urbild›. «Christus war ein lebendiges Lehrbuch der Moral, ja sogar der vom Himmel gesandten Philosophie, und die den Augen sichtbare göttliche Idee der Tugenden» (cap. 23).

Zudem hat Christus die Lehre der «prisca theologia» (altehrwürdigen Theologie, von Zoroaster über Hermes bis zu Platon),[23] die ihn unwissentlich vorhersah, erfüllt (cap. 22), gerade so, wie das Neue Testament der Abschluß des Alten Testaments ist (cap. 26). Im Vorwort zur *Phaidon*-Übersetzung bezeichnet er noch einmal das Leben Christi als die Idee der Tugend und das Leben des Sokrates als ein Abbild oder Schatten des Lebens Christi. Die Wahrheit des Alten Testaments bekräftige er, Ficino, durch Platon, die des Neuen durch Sokrates (Opera 1390, vgl. 866–868). Mit einer solchen heidnisch-evangelischen Typologie will er auch auf der Ebene von Details historischer Fakten die Platonstudien als die wahre Philosophie, die auch zur Besserung der Sitten beiträgt, verteidigen.

Einen großen Teil seiner Schrift widmet Ficino dem Verhältnis der Juden zum Christentum (cap. 26–34). Einerseits führt er die prophetischen und typologischen Stellen des Alten Testaments zugunsten der Wahrheit des Christentums auf, andererseits wirft er den Juden die schuldhafte im Jesusmord manifestierte Verkennung vor, und zwar weil sie sich dadurch dem Zeugnis für und dem Aufstieg zu Gott verschlossen hätten (cap. 29, Opera 54). Diese Auseinandersetzung wird nicht in missionarischer Absicht geführt, wie man es heute von einem christlichen Philosophen erwarten würde, sondern vielmehr wegen irriger Annahmen über die Natur des Menschen und der Seele (was weitgehend identifiziert wird), und in diesem Sinne werden in derselben Schrift auch Epikureismus und Averroismus kritisiert.

«Der Glaube ist nach Aristoteles die Grundlage der Wissenschaft, und wie die Platoniker zeigen, können wir nur durch den Glauben (fide sola)

zu Gott aufsteigen.» Mit dieser Formel, die letztlich allem diesseitigen
Streben eine Absage erteilt (übrigens: Habgier und Besitzdenken haben
die Juden, das strenge Regiment Muhammads hat die Muslime von der
wahren Einsicht abgehalten), schließt Ficino das Buch, das nicht nur die
Gelehrtenwelt, sondern auch das Florentiner Patriziat in die christliche
Religion einführen sollte.

Auch in seinem *Kommentar zum Römerbrief des Apostels Paulus*
(Opera 425–472) kommt Ficino auf die Funktion des Glaubens zurück. Er
schickt ein Resümee seiner Christologie voraus, in der er die typologische
Entsprechung Adam/Christus und folglich die von Abkehr (rebellio) und
Erlösung hinzufügt. Auch betont er die Notwendigkeit, daß Christus deshalb Gott und Mensch zugleich sein mußte, um die unendliche Schuld
ablösen zu können (cap. 21, Opera 460). Das Gesetz des Glaubens, das
nach Paulus die Werke des Gesetzes übertrifft, sieht Ficino bei den Juden in
der Erwartung des Messias schon immer vorgegeben (cap. 22).

Auch in den überlieferten *Predigten* (Opera 473–493) verknüpft der
Florentiner Platoniker den Bibelkommentar mit seinem christlichen Platonismus. Glauben und Spekulation – so scheint es – konvergieren bei
Ficino, weil die philosophische Betätigung der Seele als Rückkehr zum
Schöpfer, die wiederum des (gnadenhaften) Anrufs Gottes bedarf, auf ihr
eigenes Heil gerichtet ist. Der Glaube scheint zumindest philosophisch
beflügelt zu sein, während zugleich der Spekulation mit der «fruitio Dei»
als höchstem Ziel ein starkes Willensmoment mitgegeben wird.

Schwierig ist es zu bestimmen, inwieweit man das Denken Ficinos in
das Vorfeld der frühneuzeitlichen geistlichen Reformen einreihen kann.
Die Frömmigkeit Ficinos hat immer etwas Theoretisches, im Wortsinne,
denn sobald von Weisheit, Tugend oder Glückseligkeit die Rede ist, brei-
tet Ficino sein höchst komplexes Geflecht neuplatonischer Spekulation
aus, in das er sowohl praktische Anweisungen (sein medizinisches
Hauptwerk *De triplici vita* hat u. a. diese Absicht) als auch scholastisches
Lehrgut eingewoben werden. So auch sein Brief an Lorenzo de' Medici
über die Glückseligkeit (*De felicitate*, Opera 662, ed. Gentile Nr. 115),
der einer realen Diskussion entsprungen zu sein scheint, und in dem das
Verhältnis von Willen und Vernunft in der Gottesschau – in ihr besteht
nämlich das höchste Glück – behandelt wird.

III. Nachwirkungen

Schaut man auf das Nachleben dieses Renaissanceplatonikers par excellence, so zeigt sich, daß er in der Tat wenige Nachfolger in der praktischen Reform der Religion gefunden hat, während sein Einfluß konstant
mit der Tradition des Platonismus verknüpft blieb. Systematisch ist die
Präsenz Ficinos in der Neuzeit allerdings noch nicht untersucht wor-

den.[24] In religionsphilosophischen Fragen wird die Rezeption Ficinos von anderen Rezeptionen überlagert: zunächst natürlich von der Lektüre der durch ihn zugänglich gewordenen Platoniker und Hermetika, sodann durch die Rezeption anderer Autoren, vor allem des alle inspirierenden Augustinus.

Die Entwicklung der Theologie und Religion des 16. Jahrhunderts, also des Reformationszeitalters, machte eine offene und direkte Rezeption Ficinos in religiösen Fragen schwierig,[25] vermutlich gerade weil sich seine Philosophie des Seelenheils weder in eine praktische Religionsausübung für das Volk noch in eine systematische Theologie, eine Dogmatik, umsetzen ließ, die – wie die Theologie des Tridentinum – weltweit lehr- und verstehbar werden konnte. Die Religionsphilosophie eines Ficino war nicht geeignet, eine Orthodoxie wie die protestantische oder eine Scholastik wie die der Gegenreformation zu begründen. Für die Reformation wurden vielmehr Augustinus und Aspekte der spätmittelalterlichen Scholastik, für die katholische Reform Thomas von Aquin und andere Scholastiker des Mittelalters mitsamt ihren Darstellungsformen bestimmend.

Sein apologetisches Vorhaben, mit der Autorität und den Beweismitteln der Philosophie die Religion zu festigen und auf diese Weise zu ihrer Verbesserung beizutragen (falls dies ein ernsthafter Plan war: Einleitung zur Plotinübersetzung, Opera 1537), ist demnach nicht geglückt. Die Probe aufs Exempel ist Giordano Bruno, der 1600 als Häretiker verbrannt wurde. Ähnlich wie bei seinem Zeitgenossen Francesco Patrizi (übrigens dem überzeugtesten und selbständigsten Platoniker nach Ficino) bildet der Platonismus einen wesentlichen Bestandteil des philosophischen Amalgams. Aber Bruno verließ mit der Weltseelenlehre sowie mit seiner metaphorisch interpretierten Christologie und Trinität – alles radikalisierte Positionen Ficinos – die katholische Rechtgläubigkeit.

Jedoch ist es Ficino gelungen, den Begriff des Platonismus mit dem des Christentums langfristig zu koppeln; kein geringerer als Leibniz macht ihn dafür verantwortlich, das Platonverständnis durch neuplatonische und zugleich christliche Mystik verstellt zu haben. Bis in das 19. Jahrhundert war Ficinos Werk ein monopolartiger Zugang zu Platon und zum Platonismus. Die sogenannten Platoniker von Cambridge (v. a. Henry More, † 1687, und Ralph Cudworth, † 1688) verwendeten den christlichen Platonismus als intellektuelles Kampfmittel gegen Empirismus und Cartesianismus. Zu derselben Zeit wurde der auch von Ficino gutgeheißene Einfluß des Platonismus auf die Kirchenväter zu einem religionspolitischen Streitobjekt.[26] Mit der erneuten Wiederentdeckung Platons, die in der deutschen Übersetzung durch F. D. E Schleiermacher (ab 1804) zum Ausdruck kommt, endet praktisch Ficinos unmittelbarer Einfluß auf das Geistesleben.

Gennaro Auletta

MOSES MENDELSSOHN
(1729–1786)

I. Leben

Schon aus biographischen Gründen mag Moses Mendelssohn zutreffend als ein «in zwei Sphären lebender» Mann charakterisiert werden, der in «zwei Welten lebte«: einerseits gläubiger Jude, anderseits Philosoph des neuzeitlichen Europas.

Mendelssohn wurde am 6. September 1729 in Dessau geboren. Der Vater, Mendel Heymann, war ein «Küster» und «Schulklopfer», später «Sofer» (Schreiber) der jüdischen Gemeinde. 1734 geht Mendelssohn zur rabbinischen Schule, wo er sich intensiv mit dem Talmud und der hebräischen Sprache (seine Muttersprache war nämlich die jiddische) beschäftigt. David Fränkel wird 1739 sein Lehrer, dem er 1743 nach Berlin folgte.

Während er in Dessau nur Texte aus der mittelalterlichen jüdischen Philosophie, vor allem den *Führer der Unschlüssigen* von Maimonides, gelesen hatte, tut sich ihm jetzt eine neue Welt auf. Er studiert Latein, Deutsch, Französisch, Englisch und später Griechisch. Sein erster Kontakt mit der neuzeitlichen Philosophie findet durch Gustav Reinbecks *Betrachtungen über die Augsburgische Confession* statt. Später studiert er besonders Lockes *Essay Concerning Human Understanding*, die Schriften von Leibniz, Wolff (besonders die lateinische *Ontologia*), Baumgartens *Metaphysica* und *Aesthetica* sowie die *Ethik* Spinozas. Die Essenz der Leibniz-Wolffschen Philosophie ist von jetzt an das Herz seiner eigenen Forschung. Ein anderes dauerndes Motiv seiner intellektuellen Entwicklung ist seine Auseinandersetzung mit Spinoza. Und einen «zweiten Spinoza» glaubte Lessing kennengelernt zu haben, nachdem er sich 1754 mit Mendelssohn befreundete und so ein Verhältnis begann, das bis zum Tode Lessings dauern sollte. Gerade er war es, der 1755 seinen Freund «zwang», etwas zu veröffentlichen (nämlich die *Philosophischen Gespräche*). Zusammen schreiben sie im selben Jahr *Pope ein Metaphysiker!*, das den Optimismus Popes ironisiert.

Schon 1754 hatte Mendelssohn angefangen, als Buchhalter in der Seidenfabrik Isaak Bernhards zu arbeiten, deren Leitung er nach dem Tode des Besitzers übernimmt. 1756 übersetzt er Rousseaus *Discours sur l'origine et les fondements de l'inégalité* und verfaßt die *Gedanken von der Wahrscheinlichkeit*. Von 1757 bis 1759 schreibt Mendelssohn Beiträge für die von Nicolai herausgegebene «Bibliothek der schönen Wissenschaften und freyen Künste». 1758 folgen die *Betrachtungen über das Erhabene und das Naive in den schönen Wissenschaften.* Von 1759 bis 1765 schreibt er Beiträge für die ebenfalls von Nicolai herausgegebenen «Briefe, die Neueste Literatur betreffend». 1760 beginnt er mit einer Bearbeitung von Platons *Phädon:* Was ursprünglich nur eine Übersetzung sein sollte, wird im Laufe der Zeit eine originelle Arbeit, die ihm den Ruhm eines deutschen Sokrates verschafft. 1761 erscheinen seine *Philosophischen Schriften.* 1763 erhält Mendelssohn für die *Abhandlung über die Evidenz in Metaphysischen Wissenschaften* den ersten Preis (Kant erhält den zweiten) der Berliner Akademie der Wissenschaften. Im selben Jahre entwickelt sich ein öffentliches Gespräch mit seinem Freunde Thomas Abbt über *Die Bestimmung des Menschen.* 1767 kommt der *Phaedon* heraus.

Das Jahr 1769 wird durch die Lavater-Affäre bestimmt. Schon 1763 hatte Mendelssohn den Züricher Theologen Johann Caspar Lavater kennengelernt. Als Anhang seiner Übersetzung von Bonnets *Palingénésie Philosophique* verfaßt nun Lavater eine öffentliche Aufforderung an Mendelssohn, die christliche Religion entweder als falsch zu widerlegen, oder als wahr anzuerkennen. Im nächsten Jahre folgt ein Entgegnungsschreiben, unter dessen Abfassung Mendelssohn sehr leidet, da es seinen Prinzipien widerspricht, über den religiösen Glauben zu streiten: *Schreiben an den Herrn Diaconus Lavater in Zürich* (1770). Die Erwählung Mendelssohns zum Mitglied der Akademie der Wissenschaften wird von Friedrich II. nicht bewilligt. 1780 wählt die jüdische Gemeinde Mendelssohn zu einem ihrer Schatzmeister.

1780–83 erscheint seine Übersetzung der 5 Bücher der *Thora* mit Kommentar. Die elsässischen Juden, durch die von François Hell geleiteten Verfolgungen bedrängt, wenden sich hilfesuchend an Mendelssohn. Überbeschäftigt mit der Thoraübersetzung, schlägt er Christian Wilhelm Dohm vor, eine Abhandlung *Über die bürgerliche Verbesserung der Juden* (1781) zu schreiben. An ihrer Abfassung war Mendelssohn sicher beteiligt, kann jedoch als Mitarbeiter nicht eindeutig ausgewiesen werden. 1782 übersetzt er Manasseh ben Israels (1604–1657) *Vindiciae Judaeorum* und schreibt eine Einleitung dazu, in der er dem Ausdruck «bürgerliche Verbesserung» jenen der «bürgerlichen Aufnahme» vorzieht. 1783 veröffentlicht er *Jerusalem oder über religiöse Macht und Judentum,* worin er seine politischen und philosophischen Anschauungen zusammenfaßt.

1785 erscheinen die *Morgenstunden,* in denen Mendelssohn, der Kantschen *Kritik der reinen Vernunft* entgegen, wieder das Dasein Gottes zu beweisen versucht und den Idealismus zu widerlegen meint. Dieses letzte Jahr wird durch den sogenannten Spinozismusstreit (Jacobi hatte den 1781 verstorbenen Lessing eines Kryptospinozismus bezichtigt) verbittert. Posthum, nach seinem Tode am 4. Januar 1786, erscheint schließlich *Moses Mendelssohn an die Freunde Lessings. Ein Anhang zu Herrn Jacobi Briefwechsel über die Lehre des Spinoza.*

Moses Mendelssohn (1729–1786)

II. Werk

1. Obwohl Mendelssohn ein Anhänger der sogenannten Leibniz-Wolff-schen Philosophie genannt werden kann, ist sein Zugang zu deren Metaphysik ein kritischer: Die Bedeutung dieser Philosophie liegt für ihn hauptsächlich in der Methode und in einem Gerüst ontologisch-metaphysischer Begriffe, die für ihn aber, weit davon entfernt, ein geschlossenes System (wie das Wolffs) auszumachen, vor allem Ansätze und Anregungen zu weiterer Forschung darstellen. Es ist charakteristisch für Mendelssohn, daß er fast immer asystematische, bruchstückhafte, problematische Formen vorgezogen hat: den Dialog, den Briefwechsel, die Rezension (worin er einem Leibniz nähersteht). Hinsichtlich seiner Themen kommt dies darin zum Ausdruck, daß er mehrere «Forschungsexpeditionen» in verschiedene Bereiche der Philosophie unternommen hat, und zwar in die Metaphysik, die Ästhetik, die Epistemologie der Naturwissenschaften sowie die Theologie, Rechts- und Religionsphilosophie. Diese Haltung entspricht durchaus der allgemeinen philosophischen Richtung seiner Zeit, die unter das Zeichen des «Eklektizismus» gestellt worden ist. In diesem «Nach-außen-Gehen» hatte Mendelssohn sich mit den verschiedensten und lebendigsten philosophischen Strömungen seiner Zeit auseinanderzusetzen: mit dem englischen Empirismus, dem französischen Materialismus und der französischen Aufklärung, aber auch mit Denkern wie Herder oder Lessing.

Für Mendelssohn aber ist die Verschiedenheit der thematischen Felder keine äußerliche oder nur für den Forscher gültige: Sie stellen vielmehr verschiedene Bereiche des menschlichen Lebens dar, in denen der Mensch jeweils anders in Anspruch genommen wird. So entspricht jedem «Bereich» auch ein bestimmtes «Organon»: Der Vernunft zur Seite stehen der Geschmack als Sinn, «in dem Gebiethe des Schönen und Häßlichen» (und hier knüpft Mendelssohn an Baumgartens *Aesthetica* an) zu urteilen, das Gewissen als «Fertigkeit, das Gute vom Bösen ... zu unterscheiden», der Bon-Sens als Wahrheitssinn, als Fertigkeit, «das Wahre vom Falschen durch undeutliche Schlüsse richtig zu unterscheiden» (JubA II, 325), der (vielleicht mit dem Bon-Sens identische) Gemeinsinn oder gesunde Menschenverstand als Orientierung des Denkens und als Mittel, wodurch alle Menschen die ewigen Wahrheiten der Religion anerkennen können. Und obwohl diese Sinne «auf undeutliche Erkenntnis, und öfters auf blosse Wahrscheinlichkeiten gegründet sind; so ist ihre Würkungskraft auf das Begehrungsvermögen dennoch weit feuriger und lebhafter, als die Würkungskraft der deutlichsten Vernunftschlüsse, die ohne Fertigkeit überzeugen, aber nicht rühren, unterrichten, aber das Gemüth nicht bewegen« (JubA II, 325). Als Orientierung des Denkens sei der Gemeinsinn sogar der einzige Anhaltspunkt gegen die Schwärmerei.

2. In diesem Rahmen versteht man wohl die von Mendelssohn bezogene Stellung gegenüber der Frage der Berliner Akademie der Wissen-

schaften nach dem Grad der Evidenz der metaphysischen Wahrheiten, besonders im Verhältnis zu der der mathematischen: Eine wissenschaftlich-systematische Metaphysik sei eine noch ausstehende Aufgabe. Während die Mathematik sich mit den Quantitäten beschäftigt, habe die Philosophie mit den Qualitäten zu tun. Ein völliger Parallelismus bestehe zwischen beiden dahingehend, daß «in der Sache selbst» Qualität und Quantität sich immer zusammenfinden (*Abhandlung über die Evidenz*, (JubA II, 286–88). Und genauso wie die Mathematik einen rein theoretischen und von der Erfahrung unabhängigen Teil hat, gibt es nach Mendelssohn auch einen Teil der «Weltweisheit» (d. h. der Philosophie), in welchen «alle Würklichkeit beyseite gesetzt», einzig und allein auf die Verbindung der Begriffe und «ihren innern Zusammenhang» gesehen wird (JubA II, 289). Aus den Beispielen erhellt, daß er hierbei nicht Begriffe von besonderen Substanzen im Auge hat, sondern solche wie «Gerechtigkeit», «Weisheit», «Realität» oder «Selbstständigkeit» (JubA II, 292 u. 297). In diesem Sinne steht Mendelssohn den Versuchen Leibniz' um eine *Scientia generalis* viel näher als einer Ontologie Wolffscher Art.

Eine Aufgabe sei diese Wissenschaft, weil es zum einen schwierig sei, die Analyse der Begriffe bis zu den einfachen Elementen durchzuführen, und zum andern der Metaphysik ein System von Zeichen fehle, das mit jenem der Mathmatik oder der Geometrie vergleichbar sei. Gerade letzteres war die Aufgabe von Leibniz' *Characteristica universalis*. Mendelssohn kann somit sagen, daß die Metaphysik, obwohl genauso gewiß wie die Mathematik, weniger *faßlich* als diese sei.

Der angewandten Mathematik parallellaufend, habe der andere Teil der Philosophie mit dem Dasein und Nichtdasein der Dinge zu tun. Hier bestehe keine absolute Gewißheit mehr, da jede Substanz eine Unendlichkeit von Ursachen und Wirkungen impliziere. In diesem Bereich werden, laut Mendelssohn, eine unvollkommene Induktion und als formales Mittel derselben die Wahrscheinlichkeitsrechnung notwendig.

Besonders dies ist das Thema der *Gedanken von der Wahrscheinlichkeit*, und der Faden wird auch in den *Morgenstunden* wieder aufgenommen. Den Lehrsätzen der lateinischen *Logica* Wolffs folgend, betont Mendelssohn, daß die für den Bereich der existierenden Dinge zu treffenden Syllogismen, obwohl jenen der theoretischen Wissenschaft strukturgleich, nur wahrscheinliche Vordersätze (Bedingungen) haben, so daß wir nicht alle Wahrheitsgründe (Bestimmungen) des in Frage stehenden Subjekts kennen, die aber anderseits notwendig seien, wenn man diesem ein unzweifelbares Prädikat beilegen wolle. Mit der Wiederholung gewisser Erfahrungen um einen Sachverhalt kommen wir der Gewißheit jedoch immer näher – und an diesem Prozeß lassen sich auch die Grade der Wahrscheinlichkeit einer Aussage messen. So besteht für Mendelssohn kein Bruch, sondern eine Konkurrenz zwischen dem theoretischen (Mathematik und Metaphysik) und dem experimentellen Teil (Physik, angewandte Ethik, Politik) der Wissenschaften. Die Grenze dieses unendlichen Prozesses der Annäherung sei das absolut sichere Wissen Gottes.

In der *Abhandlung über die Evidenz* versucht Mendelssohn zu zeigen, daß es in der Philosophie auch eine Brücke zwischen diesen beiden Erkenntnisbereichen gebe, oder beser: Es gebe «zwey verschiedene Wege, auf welchen zu den Würklichkeiten zu gelangen ist. Nach einem derselben legt man zwar, wie in der praktischen Mathematik, einen Erfahrungssatz zum Grunde, aber einen solchen, davon wir gewiß sind, daß er keine blosse Erscheinung sey, ich meyne die innerliche Ueberzeugung, *ich denke,* worin... kein Zweifel zu setzen ist, und daraus sich mit Gewißheit schliessen läßt; *also ich bin...* Der zweyte Weg ist ausserordentlich und ohne Exempel. Man gehet mit sichern Schritten aus dem Gebiethe der Möglichkeit gerades Weges in das Reich der Würklichkeit, und zwar der allerhöchsten und vollkommensten Würklichkeit, die sich gedenken läßt. So wie in der Geometrie diese beyden Sätze, z. E. ein gleichseitiger Triangel hat gleich grosse Seiten; ein gleichseitiger Triangel hat gleich grosse Winkel, unzertrennlich verknüpft sind; eben so fest und unauflöslich sind folgende beiden Sätze mit einander verbunden; *das nothwendige Wesen ist möglich; das nothwendige Wesen ist würklich.* Wenn ich also erweisen kann, daß das nothwendige Wesen möglich ist; so habe ich auch seine Würklichkeit dargethan...» (JubA II, 294). Beide «Wege» schreibt Mendelssohn Descartes zu. Der letzter Weg ist der sogenannte ontologische Beweis des Daseins Gottes: Zum ersten Male von Anselm von Canterbury formuliert, ist er in der Tat von Descartes wieder aufgenommen und umformiert worden.

3. Das Problem des Beweises vom Dasein Gottes und vom Dasein des als Seele verstandenen Ich ist aber viel umfassender als es zunächst zu sein scheint: Es ist Teil jener metaphysischen Betrachtungen, die man vorläufig unter dem Titel «Verhältnisse zwischen Möglichem und Wirklichem» stellen könnte: darunter sind beispielsweise das Verhältnis zwischen möglichen Welten und wirklicher Welt, das Problem des Daseins Gottes und des Daseins der Seele wie auch alle diese verknüpfenden Beziehungen zu verstehen.

Bereits in seiner ersten Veröffentlichung *(Philosophische Gespräche)* hatte Mendelssohn erklärt, das System Spinozas, wo alles notwendigerweise geschieht, sei als Darstellung eines «mögliche(n) Zusammenhang(es) verschiedener Dinge in seinem (göttlichen) Verstande» völlig berechtigt, und ungereimt nur insoweit, als Spionza es «auf diese ausser uns sichtbare Welt hat anwenden wollen» (JubA I, 344). Im dritten Gespräch (JubA I, 356–66) geht Mendelssohn dann auf die Frage ein, ob die Welt ein Ganzes, d. h. eine geschlossene Einheit, darstelle oder nicht.

Der *Phaedon* befaßt sich mit dem Problem der Unsterblichkeit der Seele. Im ersten Gespräch argumentiert Mendelssohn, daß jede natürliche

Veränderung immer im stetigen Abfolgen von Zuständen geschehe, es also zwischen zwei beliebigen Zuständen derselben Veränderung immer möglich sei, einen dritten zu finden. Von eben dieser Art sei auch der natürliche Tod: eine allmähliche Veränderung der Teile des Körpers. Anders verhalte es sich hingegen beim Übergang zwischen Sein und Nichtsein: Hier bestehe kein möglicher Mittelzustand zwischen beiden, weswegen dieser Übergang nicht natürlicherweise geschehen könne. Da die Seele anderseits nur aus Gedanken, Empfindungen und Vorstellungen bestehe, könne sie zwar möglicherweise eine – vorläufige – Verminderung ihrer Kräfte erleben, aber nicht einen völligen Verlust jener Fähigkeiten, der einer Vernichtung gleichkäme: und eine Vernichtung sei in der Natur ohnehin unmöglich.

Im zweiten Gespräch antwortet Mendelssohn auf den Einwand, die Seele sei als eine bloße Zusammensetzung – wie eine Harmonie von musikalischen Noten – denkbar: Er zeigt, daß jede Harmonie nur auf der Vergleichung ihrer Elemente beruht, die ihrerseits eine Leistung des Denkens ist. Im dritten Gespräch antwortet Mendelssohn auf den Zweifel, wonach die Seele nach dem Tode des Körpers möglicherweise zu einem ewigen Herabsinken verdammt sei: Er bezieht sich hier auf die Zweckmäßigkeit des Kosmos und erklärt dies für einen unmöglichen Fall, da der Mensch die Krone der Schöpfung sei.

In seiner letzten systematischen Arbeit, den *Morgenstunden*, behandelt Mendelssohn nochmals die Frage nach dem Verhältnis zwischen Möglichem und Wirklichem überhaupt. Er will hier gleichzeitig die Beweise des Daseins Gottes verteidigen und den Idealismus widerlegen, der nach seiner Ansicht die Wirklichkeit (actualitas) der Welt und der Körper verneint. Zu diesem Zweck nimmt Mendelssohn eine besonders in Baumgartens *Metaphysica* enthaltene Ansicht wieder auf und entwickelt sie weiter: Vor aller Schöpfung denkt Gott vollständig alles mögliche kontingente Seiende. So wird, wenn auch nicht immer ausdrücklich, vorausgesetzt, daß jeder dieser göttlichen Begriffe das Wesen eines möglichen Seienden samt all seinen Eigenschaften darstellt. In einem zweiten ideellen Schritt legt Gott jedem Seienden alle nichtwesentlichen Prädikate bei. Da das Seiende hier als kontingent vorausgesetzt ist, sind damit sowohl alle verträglichen Prädikate wie auch ihr Gegensatz vereinbar: «A ist B» ist genauso möglich wie «A ist nicht B». Auf dieser Stufe ist das Ding noch unbestimmt. Mit einem dritten ideellen Schritt bestimmt Gott schließlich das Ding dadurch, daß er eines der beiden gewöhnlichen gegensätzlichen Prädikate wählt. Diese Wahl verändert an sich nichts an dem logischen Wert der Prädikate (sie sind ewig, vor aller Schöpfung bestehend). Und so hat sie ihren Grund nicht im Verstand Gottes, sondern nur in seiner Billigung der Güte des Dinges: Das bestimmte Ding, das Gott gewählt hat, ist das relativ Beste in jenem aktuellen Zusammenhang der Dinge, den Gott als den besten von allen möglichen Zusammenhängen gewählt hat – und dieser Zusammenhang ist ein Zustand unserer existierenden Welt. (Nicht immer eindeutig ist es in diesem Zusammenhang, ob Mendelssohn in den *Morgenstunden* noch eine Theorie von unendlich vielen möglichen *Welten* oder nur die von unendlich vielen möglichen *Zuständen* dieser einzigen Welt vertritt.)

Ein erheblicher Teil des Werkes zielt auf eine Widerlegung des «Idealismus», wobei Mendelssohn hauptsächlich an die Lehre Berkeleys gedacht haben mag: Der Idealismus bestreitet die Wirklichkeit der Welt und anerkennt nur die Existenz der Geister. Mendelssohn betont, daß, wenn ein Ding von mehreren Sinnen erfahren werde und viele, wenn nicht alle Menschen über seine Eigenschaften übereinstimmten, es überhaupt keinen Grund mehr gebe, dessen Dasein zu bezweifeln, besonders wenn wir dieses Ding in einen strukturierten Zusammenhang mathematischer (Grund-)Sätze zu fassen vermögen. Natürlich läßt sich einwenden, daß diese strukturierte und kollektive Erfahrung noch nichts darüber aussage, was das Ding an sich sei. In polemischer Absicht gegen Kant antwortet aber Mendelssohn, daß es überhaupt sinnlos sei, nach einem von den Wirkungen der Dinge auf uns unabhängigen Dasein zu fragen, da Dasein nichts anderes bedeute als «Würken und Leiden» (JubA III.2, 59–60).

Das Hauptthema des Werkes ist jedoch das Dasein Gottes. Der erste Beweis des Daseins Gottes beginnt bei der Erfahrung des Ich über sich selbst: Ich sehe, daß ich veränderlich bin und daß sich in verschiedenen Zeiten entgegengesetzte Prädikate mit mir vereinen. Da diese Prädikate an sich ewig sind, muß ihr Wechsel nicht aus ihrer Denkbarkeit folgen, sondern ein Wesen voraussetzen, das sie in diesem oder jenem Moment gutheißt: Und dieses Wesen ist Gott. Die Entwicklung dieser Gedanken führt zur Formulierung eines neuen Beweises des Daseins Gottes, der die drei traditionellen zu einer Einheit verschmilzt: Ich erfahre mich (oder ein anderes existierendes Ding) als veränderlich (der Ansatz ist die aktuelle Welt, wie beim kosmologischen Beweise); die veränderlichen Prädikate, die mir zukommen, sind nur aus den Absichten (Wahl des Guten) eines höchsten Wesens verständlich (wie beim teleologischen Beweise wird der Endzweck der Schöpfung herangezogen); das Dasein dieser freien Ursache kann nicht wie meines zufällig sein, sondern muß notwendig existieren (und hier kehrt der ontologische Beweis wieder).

Mendelssohns originellster Beweis führt einige Gedanken des *Phaedon* weiter: Ich empfinde, daß «das, was ich von mir erkenne... an und für sich einer größern Entwickelung, größern Deutlichkeit und größern Vollständigkeit fähig (ist), als ich ihm zu geben vermag» (JubA III.2, 141). Nun ist zu fordern, daß «nicht nur alles mögliche müße als möglich, sondern auch alles Würkliche müße als würklich, von irgend einem denkenden Wesen gedacht werden» (JubA III.2, 142). Die bloße Möglichkeit könne niemals einem Ding als objektives Prädikat zugeschrieben werden, da sie ja sonst als Eigenschaft wirklich vorhanden wäre. Wenn mir das

Im-nächsten-Augenblick-aufstehen-Können zugesagt wird, bedeutet das nichts anderes, als daß irgend jemand mir die Fähigkeit zuschreibt, in anderen Umständen als den gegenwärtigen aufstehen zu können. Es sei so immer ein denkendes Subjekt vorauszusetzen, das die Möglichkeit als Möglichkeit denkt. Wenn es sich aber so verhält, kann auch die Wirklichkeit nicht nur *denkbar* sein, sondern muß auch tatsächlich gedacht werden, anderenfalls gäbe es eine Möglichkeit (die Denkbarkeit des Wirklichen) ohne das entsprechend denkende Subjekt. Da ich aber nicht imstande bin, meine (mögliche) künftige Entwicklung vorauszusehen und meine (wirkliche) gegenwärtige Lage ganz zu übersehen, müsse ein uneingeschränktes Wesen bestehen, das desgleichen fähig sei (JubA III.2, 143–45).

4. Häufig nun war schon von Gott die Rede, und das ist ein Zeichen dafür, wie eng Mendelssohns Metaphysik mit der Theologie verbunden ist. Aber bis jetzt waren wir im Bereich der Wissenschaften geblieben, die auf «Beweisthümer» gegründet sind. Und vielleicht hat niemand zu seiner Zeit mit gleicher Schärfe wie Mendelssohn den Bereich der Religion von jenem der Wissenschaften unterschieden.

Nach Mendelssohns *Jerusalem oder über religiöse Macht und Judentum* sind alle metaphysischen Wahrheiten über Gott nur der Vernunft zugänglich und haben gar nichts mit einer Offenbarung oder einer besonderen Religion zu tun. Sie sind das göttliche Licht, das für alle Menschen unterschiedslos gleich gespendet werde. Wenn jemand glaube, daß irgendein Volk hier einen Vorrang habe, d. h. im ausschließlichen Besitz ewiger Wahrheiten über Gott sei, dann wäre es mit den Reden von der Güte Gottes nicht ernst: Der Gott der Liebe könnte niemals die Mehrheit der Menschen in völliger Unwissenheit über sich selbst lassen oder mindestens für viele Jahrhunderte gelassen haben. Aber mit dieser Unterscheidung ist die Sache noch nicht erledigt: Wie kann der gemeine Mensch, der wissenschaftlicher Beweise und Reflexion nicht fähig ist und andererseits keine Offenbarung kennt, seinen Weg zu Gott finden?

Schon früher ist erwähnt worden, wie oft Mendelssohn von einem «gemeinen Verstande» spricht: Unabhängig von seiner besonderen Ausbildung sei jeder Mensch imstande, einige Wahrheiten zu fassen und besonders diejenigen, die für das Heil aller unentbehrlich sind. Diese machen die sogenannte natürliche Religion aus. Fast phänomenologisch beschreibt Mendelssohn den Ursprung dieser Religion, wenn er sagt: «Der einfältig lebende Mensch hat sich die Einwürfe noch nicht erkünstelt, die den Sophisten so sehr verwirren. Ihm ist das Wort *Natur*, der blosse Schall, noch nicht zu einem Wesen geworden, das die Gottheit verdrengen will. Er weis sogar noch wenig von dem Unterschiede zwischen mittelbarer und unmittelbarer Wirkung, und hört und siehet vielmehr die alles belebende Kraft der Gottheit überall: in jeder aufgehenden Sonne, in jedem Regen, der niederfällt, in jeder Blume, die aufblühet, und in jedem Lamme, das auf der Wiese weidet und sich seines Daseyns freuet. Diese Vorstellungsart hat etwas fehlerhaftes; allein sie führet unmittelbar zur Erkenntniß eines unsichtbaren allmächtigen Wesens, dem wir alles Gute, das wir genießen, zu verdanken haben.» (JubA VIII, 161–62)

Die Offenbarung kann somit nie etwas anderes als die Sitten und die Gesetze eines besonderen Volkes betreffen. Mendelssohn glaubt, daß Gott den Juden nur eine besondere und für niemanden anderen gültige Gesetzgebung geoffenbart habe. Der Teil dieser Gesetze, der mit dem politischen Staat in Palästina zu tun hatte, sei nach der Diaspora der Juden (70 n. Chr.) nicht mehr gültig, während die personellen Gebote und das Zeremonialgesetz noch für alle Juden verbindlich blieben.

Der alte Staat der Juden sei eine unwiederholbare Erfahrung, da Gott damals selbst durch den Bund mit seiner Nation der «König und Verweser» des Staates war (Spinoza). Da gab es keinen Unterschied zwischen politischem und religiösem Gesetz, und so hatte jedes Verbrechen gegen den Staat unmittelbar auch eine widerreligiöse Bedeutung. Aber nach dem Zusammenbruch des jüdischen Staates bestehe bis heute eine vollkommene Trennung zwischen Religion und politischer Macht.

Um die Verhältnisse zwischen diesen zwei Sphären zu bestimmen, wird es nötig sein, kurz Mendelssohns Verständnis der Natur des Menschen zu betrachten. Wie alle Geschöpfe der Erde hat auch der Mensch eine eigene Natur, die aber im Unterschied von allen anderen Wesen nicht statisch, sondern dynamischer Art ist: Der Mensch ist das Geschöpf, das einer niemals vollendeten und immer höheren Ausbildung seiner Seelenfähigkeiten, Vollkommenheit und daher auch seiner Glückseligkeit fähig ist. Das bedeutet, daß der Mensch sich auch nach dem Tode weiterentwickeln kann und muß: Wenn es kein Leben nach dem Tode gäbe, würde nicht nur seine Entwicklung brüsk abbrechen, sondern es könnte auch das ihm in diesem Leben widerfahrene oder von ihm verursachte Unrecht niemals ausgeglichen werden. Mendelssohn denkt hier nicht so sehr an eine Vergeltung in der anderen Welt; nach seiner Auffassung gibt das Leben nach dem körperlichen Tode sowohl dem Opfer als auch dem Henker die Möglichkeit einer Weiterentwicklung jener menschlichen Eigenschaften, die durch die verübte oder erlittene Übeltat unterdrückt worden sind. Er faßt dieses ständige Streben des Menschen so zusammen: «Der Mensch forschet nach Wahrheit, billiget das Gute und Schöne, will alles Gute und thut das Beste.» (JubA III.2, 66)

Aus dieser allgemeinen Bestimmung folgt, daß die Gesellschaft ihren Endzweck in der Beförderung dieser menschlichen Entwicklung findet. Der Staat sei also berufen, ein Mittel dazu zu sein, und, da die menschliche Glückseligkeit nicht nur mit dem irdischen Leben zu tun habe, müsse der Staat die ewige wie die irdische Glückseligkeit der Bürger fördern.

Der Staat darf folglich gegen keines der wesentlichen Momente der menschlichen Glückseligkeit handeln: Was ihm obliegt, ist nur, Unrecht zu vermeiden. Darum sei er berechtigt, auch Gewalt anzuwenden, wenn kein friedliches Mittel ausreichend sei, um die Bürger zur Achtung der Gesetze zu zwingen. Aber nicht darin bestehe seine Hauptaufgabe: Die wahrhafte Beförderung der Glückseligkeit der Bürger sei nur durch Erziehung zu bewirken. Hier finde die Gesellschaft eine andere und dem Staat gleichberechtigte Stütze: nämlich die Religion, genauer: die konkrete religiöse Gemeinschaft, d. h. die Kirche. Mendelssohn vesteht die Kirche hier in völlig unpolitischer Weise, denn sie kann nichts durch Zwang und Gewalt oder Belohnung erreichen. Sogar die Ausschließung ihrer Mitglieder widerspreche ihrem Wesen. Ihre Aufgabe bestehe nur im «Trösten und Belehren» – ihr einziges Mittel ist mithin die Erziehung. So besteht eine genaue Entsprechung zwischen Staat und Kirche: Beide dienen der menschlichen Glückseligkeit; und da der Staat auch der ewigen dient, hat die Kirche die Bürger zu lehren, daß ihre irdischen, politischen Pflichten an sich zugleich religiöse Pflichten sind.

Das bedeutet auch, daß die Menschen eigentlich keine besonderen Pflichten «gegen Gott» haben: Alle Pflichten, die der Mensch gegen seine Mitmenschen (aber auch gegen alle Geschöpfe) hat, sind von Gott gewollte und verlangte Pflichten. Alles das, was wir im besonderen «religiöse Pflichten» nennen, ist für Mendelssohn entweder unberechtigte Anmaßung oder eigentlich nur ein menschliches Bedürfnis gegenüber der Gottheit: so das Gebet, das nur Ausdruck religiöser Stimmung ist.

Es ist schon erwähnt worden, daß für Mendelssohn die Vollkommenheit des Menschen den Zweck des Staates ausmacht. Besonders zu betonen ist jedoch, daß mit dem Menschen hier das Invididuum und nicht das kollektive Wesen der «Menschheit» gemeint ist. Der einzelne Mensch könne sich auch unter ungünstigen historischen und politischen Bedingungen entwickeln, und das manchmal sogar besser als in einer günstigeren Lage. Der einzelne kann sich sogar nach dem Tode des Körpers weiterentwickeln. Nichts damit Vergleichbares gilt für das Los der Menschheit als Ganzer: Die Geschichte scheint nur einen zyklischen Gang zu zeigen, in welchem verschiedene Kulturen und Völker die Bühne betreten und wieder verlassen; «das gesamte Menschengeschlecht (tut aber) keinen beständigen Fortschritt in der Ausbildung, der sich der Vollkommenheit immer näherte» (JubA VIII, 163). Es ist schwer zu sagen, wieviel an historischer Beobachtung in dieser Zurückweisung des geschichtlichen Fortschritts steckt. Sicher ist, daß Mendelssohn damit auch dem Vorurteil einer Hierarchie von höheren und niedrigeren Kulturen, Religionen und Lebensformen entgegentreten wollte. Konsequent ist so seine starke Betonung der Verschiedenheit aller sich auf einer gleichen Wertstufe befindenden Religionen: Alle Religionen drücken nur in verschiedenen Weisen die religiösen Gefühle aus, die von Mensch zu Mensch so unterschiedlich wie die Züge des Gesichtes sind. Es sei also offenbar, daß diese Verschiedenheit von Gott gewollt sei und daß sie ihren Platz im Plan der Vorsehung habe. So konnte Mendelssohn Lessings *Nathan der Weise* als ein unübertreffliches Meisterstück über die «Vorsehung und Regierung Gottes» preisen (JubA III.2, 126).

Zusammenfassend läßt sich sagen, daß der Hauptzug der Religions- und Geschichtsphilosophie Mendelssohns im Pluralismus der Wege aller Individuen und Kulturen zu ihrer Vollkommenheit und Glückseligkeit liegt. Auch deshalb hat er das besondere Wesen der jüdischen Religion verteidigt und sich gegen alle Versuche einer Glaubensvereinigung erklärt: Sie mußte ihm als eine gefährliche Verflachung und Unterdrückung unauflöslicher Unterschiede erscheinen.

III. Wirkung

Die Geschichte der Einflüsse Mendelssohns auf seine Nachfolger ist widersprüchlich. Im philosophisch-spekulativen Bereich geriet sein Name bald in Vergessenheit. Niemand als er selbst war sich der geschichtlichen Lage, die am Ende seines Lebens mit der Veröffentlichung der *Kritik der reinen Vernunft* Kants eintrat, besser bewußt: «Ich weiß, daß meine Philosophie nicht mehr die Philosophie der Zeiten ist. Die Meinige hat noch allzusehr den Geruch jener Schule, in welcher ich mich gebildet habe, und die in der ersten Hälfte des Jahrhunderts vielleicht allzu eigenmächtig herrschen wollte. Despotismus von jeder Art reitzt zur Widersetzlichkeit. Das Ansehen dieser Schule ist seitdem gar sehr gesunken, und hat das Ansehen der spekulativen Philosophie überhaupt mit in seinen Verfall gezogen. Die besten Köpfe Deutschlands sprechen seit kurzem von aller Spekulation mit schnöder Wegwerfung.» (JubA III.2, 4)

Eine Renaissance der Studien über Mendelssohns Philosophie wurde ab 1929 durch die Veröffentlichung der *Gesammelten Schriften (JubA)* veranlaßt, die aber nach 1933 abgebrochen wurde. Sie wurde ab 1971 vom Frommann Verlag wieder fortgesetzt. Besonders der gründlichen wissenschaftlichen Tätigkeit Alexander Altmanns (eines der Herausgeber der neuen Ausgabe) ist diese zweite Welle der philosophischen Studien über Mendelssohn zu verdanken.

Völlig anders war sein Einfluß auf das Judentum. Vor allem sein *Jerusalem* hat einen Plan aufgeworfen, der bis heute dem größten Teil der aschkenasischen Juden als Maßgabe der Lebensführung dient. Einerseits bestand Mendelssohn darauf, daß die Juden der Thora treu bleiben sollten, da das Gesetz die Bestimmung sei, die Gott ihnen gegeben habe, und «was Gott gebunden hat, kann der Mensch nicht lösen» (JubA VIII, 198–99). Andererseits förderte er jedoch auch eine moderne Ausbildung im Bereich der Technik, der Wissenschaften, der Philosophie und der sprachlichen Assimilation. (Es ist nicht zu vergessen, daß er der erste Jude war, der die fünf Bücher Moses ins Deutsche übersetzte, weil ihm das «der erste Schritt zur Kultur» schien.) Durch diese Einstellung wurde Mendelssohn weltweit als «Vater der Haskala», d. h. der jüdischen Aufklärung, anerkannt.

Seinen tiefsten Einfluß hatte Mendelssohn zweifelsohne im Bereich der jüdischen Religion. Er befürwortete einen Rückgang zu den Quellen des religiösen Gefühls der Juden und der Schönheit des Hebräischen: d. h. zur Bibel. Diese «humanistische» Arbeit – deren Ausdruck seine Übersetzungen und Kommentare zur Thora und den Psalmen sind – verstand er wesentlich als eine Abgrenzung von der juristischen Tradition der traditionellen talmudischen Studien und als eine Wiederbelebung des Glaubens.

In diesem Sinne hat er auch zur Geburt der «Wissenschaft des Judentums» beigetragen, dank welcher ab 1823 die wissenschaftliche Erforschung aller Aspekte des Judentums (Religion, Geschichte, Sprache usw.) vertieft werden konnte.

Werner G. Jeanrond

FRIEDRICH SCHLEIERMACHER
(1768–1834)

Friedrich Schleiermachers 1799 (zunächst anonym) veröffentlichtes Buch
Über die Religion: Reden an die Gebildeten unter ihren Verächtern hat
seit seinem Erscheinen eine anhaltende Debatte über Schleiermachers
Verständnis der religiösen Dimension unseres Menschseins ausgelöst.
Dieses Erstlingswerk Schleiermachers kann man getrost als einen klassischen Text der Religionsphilosophie bezeichnen. Aber auch über diesen
Text hinaus erfreut sich Schleiermachers Werk derzeit wieder eines er-
staunlich großen Interesses nicht nur in der Theologie, sondern auch in
der Philosophie. Die Beschäftigung mit seinem Denken übersteigt dabei
den Rahmen bloß historischer Erwägungen. Schleiermacher erscheint
trotz des fast zweihundertjährigen Abstandes auch heute vielen Denkern
als äußerst interessanter Gesprächspartner. Vor allem seine philosophischen Gedanken erregen wieder große Aufmerksamkeit. Während seine
theologischen Veröffentlichungen seit ihrem Erscheinen zumeist leicht
zugänglich waren und somit eine breite und kontinuierliche Wirkung auf
das theologische Denken der letzten zwei Jahrhunderte ausüben konnten,[1] blieben seine philosophischen Werke lange eher ein Geheimtip für
Forscher, die Zeit und Gelegenheit hatten, seine unedierten Manuskripte
bzw. seine durch studentische Nachschriften oft verzerrten Buchausgaben neu zu sichten. Ihr editorischer Zustand blieb lange unbefriedigend,
und entscheidende Werke wie die *Dialektik* erschienen erst jüngst in ver-
trauenswürdigen Ausgaben. Vor allem die im Erscheinen begriffene hi-
storisch-kritische Gesamtausgabe der Werke Schleiermachers erlaubt uns
zunehmend, die einzelnen Schriften dieses enzyklopädischen Denkers
auch aus dem Gesamtzusammenhang seines denkerischen Anliegens neu
zu verstehen.[2] Dies gilt auch für seine Beiträge zur Religionsphilosophie.

I. Leben

Friedrich Daniel Ernst Schleiermacher wurde am 21. November 1768 in
Breslau geboren. Sein Vater war reformierter Militärpfarrer in König
Friedrichs preußischer Armee. Das geistliche Milieu, in dem Schleiermacher aufwuchs, war vom pietistischen Erfahrungs- und Gedankengut
seines Elternhauses und seiner schulischen Erziehung am Pädagogium
in Niesky bestimmt. Nach nur kurzem Studium an der theologischen
Hochschule der Brüdergemeine zu Barby verließ Schleiermacher den

institutionellen Rahmen der Herrnhuter Bildungstradition und begann
1787 ein Theologiestudium an der Universität Halle. Diese Universität
hatte im 18. Jahrhundert als Ort aufklärerischen Denkens internationale
Berühmtheit erlangt. Ihr Ansehen gründete u. a. im Wirken des Philosophen Christian Wolff und des Mitbegründers der historisch-kritischen
Bibelauslegung, Johann Salomo Semler. Allerdings spiegelten die meisten
der theologischen Lehrer Schleiermachers diese Tradition nicht mehr wider. Schleiermacher vertiefte sich indessen in philosophische Studien, vor
allem in die gerade erscheinenden Werke Kants. 1790 verließ er Halle,
legte in Berlin sein 1. theologisches Examen ab und trat anschließend eine
Stelle als Hauslehrer in den Diensten des preußischen Grafen Dohna an.
Auch jetzt beschäftigte er sich weiterhin intensiv mit philosophischen
Fragestellungen. Im Anschluß an das 2. theologische Examen (1794) ver-
sah er für kurze Zeit die Stelle eines Hilfspredigers in Landsberg
(Warthe), ehe er 1796 nach Berlin umsiedelte, um dort als Prediger an der
Charité tätig zu werden. Während seiner Zeit in der preußischen Haupt-
stadt kam er in Kontakt mit dem dortigen intensiven Kulturleben, vor
allem mit Friedrich Schlegel und weiteren Vertretern romantischen Den-
kens. In diesem Kontext entstanden Schleiermachers *Reden*, die ihn über
Nacht zu einer literarischen Berühmtheit werden ließen.

1802 verließ Schleiermacher Berlin, um eine Hofpredigerstelle in Stolp
(Pommern) anzutreten. Dieser Umzug verminderte jedoch nicht sein Interesse an der Philosophie. So betrieb er seine Übersetzung der Werke
Platons weiter und begann seine Arbeit an ethischen Fragestellungen, die
zur Veröffentlichung seines Buches *Grundlinien einer Kritik der bisherigen Sittenlehre* führte. 1804 erreichte ihn ein Ruf an die Universität
Würzburg, den er erst annahm, dem er aber dann doch nicht folgte, als
ihm seitens der preußischen Regierung eine außerplanmäßige Professur
für Theologie an der Universität Halle angetragen wurde. Bis zur Schlie-
ßung der Universität Halle durch Napoleon 1806 wirkte Schleiermacher
nun als Universitätslehrer an seiner ehemaligen Alma mater. 1807 siedelte
er nach Berlin um, wo er aktiv an den Planungen für die neue Berliner
Universität mitarbeitete, an der er seit deren Gründung 1810 als Professor, später auch einmal als Rektor und mehrmals als Dekan der theologischen Fakultät wirkte. Bis zu seinem Tod 1834 blieb Schleiermacher in
Berlin tätig, nicht nur als Universitätslehrer, sondern auch als Prediger an
der Dreifaltigkeitskirche und als aktives Mitglied der Berliner Akademie
der Wissenschaften. 1809 heiratete er Henriette von Willich.[3] In seiner
zweiten Berliner Zeit entstanden auch seine *Der christliche Glaube* genannte Glaubenslehre, die 1821 in erster und 1830/31 in zweiter Auflage
erschien.

Schleiermachers vielfältiges Engagement im familiären, kirchlichen,
universitären, akademischen und kulturpolitischen Bereich ließ ihm nicht
die gewünschte Zeit, alle seine aus diesen Interessenssphären erwachse-

Friedrich Schleiermacher (1768–1834)

nen Gedanken in ausgereiften Buchausgaben selbst zu veröffentlichen. Deshalb sind uns nur einige Werke in der von ihm intendierten Form überliefert, wogegen die Herausgabe zahlreicher anderer Schriften von Schülern und Freunden nach seinem Tod besorgt wurde.

II. Werk

Schleiermachers Buch *Über die Religion: Reden an die Gebildeten unter ihren Verächtern*[4] stellt nicht nur seinen ersten Beitrag zur Religionsphilosophie dar, sondern steckt gleichzeitig den Rahmen seines Denkens über Religion ab, den er zeitlebens weiter auszufüllen bemüht war. Religion ist und bleibt für ihn «Anschauung des Universums» (213), wobei der Anschauende immer schon vom Universum zu seinem Anschauen angeregt worden ist. Schleiermacher ist sich der Neuartigkeit seiner Beschreibung und seiner Begrifflichkeit bewußt und bittet daher seine kritischen Leser, sich mit beiden anzufreunden. Diese von ihm intendierte Leserschaft sind die Gebildeten unter den Verächtern von Religion, also diejenigen, denen Religion mit ihrem hochentwickelten und aufgeklärten Denken nicht mehr vereinbar erscheint. Ihnen widmet nun Schleiermacher seine Schrift, um sie erneut auf das Phänomen Religion zu verweisen, das ihm mit dem Zeitalter aufgeklärten Denkens gerade nicht erledigt zu sein scheint, sondern für ihn ein integraler Bestandteil des Menschseins bleibt. Schleiermacher gesteht seinen Lesern sofort zu, daß das herkömmliche Reden und Denken über Religion inadäquat sei, behauptet dann allerdings, eine angemessene Sprache entwickeln zu können, die dem Phänomen Religion besser gerecht werde. In fünf Schritten nähert er sich dieser neuartigen Beschreibung des Wesens der Religion.

   1. In der ersten Rede unterstreicht er die «innere und unwiderstehliche Nothwendigkeit» (191), von der Religion neu zu sprechen, und zwar als persönliche Erfahrung und nicht als reines Buch(staben)wissen (201). Die Erfahrung von Religion muß sodann durchdacht werden, um dem Phänomen auf den Grund zu kommen. Aber auch die Verachtung von Religion muß reflektiert werden, um auf diese Weise den, wie Schleiermacher behauptet, falschen Vorstellungen von Religion auf die Spur zu kommen (198). Plan und Genre der fünf Reden sind damit eindeutig bestimmt: Es handelt sich bei den *Reden* um eine Verteidigungsschrift der Religion vor einem Gericht, dessen Richter bislang aufgrund falscher Ansichten zu keinem gerechten Urteil kommen konnten.[5] Der Stil dieser Verteidigung erinnert gelegentlich an die Apologien der Kirchenväter, die zu ihrer Zeit ebenfalls vor der Aufgabe standen, den gebildeten Repräsentanten einer Kulturnation einen angemesseneren Begriff ihrer christlichen Glaubensanschauungen zu vermitteln.

2. Ziel der zweiten Rede ist es nun, einmal Religion von Moral und Metaphysik abzugrenzen, um ihre Ursprünglichkeit im Menschsein zu erhellen, und zum anderen eine angemessene Beschreibung der Religion zu liefern. Die herkömmliche Verbindung von Religion, Moral und Metaphysik hat dazu beigetragen, daß das eigentliche und ursprüngliche Wesen der Religion verkannt wurde (207f.). Schleiermacher unterscheidet drei Dimensionen des Menschseins: die Praxis des Lebens, die nach bestimmten Grundsätzen verläuft, deren Erkenntnis und Beurteilung Gegenstand der Ethik sind; die Spekulation, die sich theoretisch mit dem Menschsein auseinandersetzt und zu metaphysischen Erwägungen vorstößt; und die Religion, die das Universum anschaut. «Praxis ist Kunst, Spekulazion ist Wißenschaft, Religion ist Sinn und Geschmak fürs Unendliche.» (212) Der Religion geht es um den Bezug alles einzelnen auf das Ganze, also einmal um die Erfahrung der Beschränktheit und Individuation, aber andererseits auch um die Erfahrung des Sinnzusammenhanges, an dem jeder Mensch teilhat. Selbstverständlich können sich moralische und metaphysische Erwägungen an der Religionserfahrung entzünden. Als solche sind sie aber sekundär und niemals konstitutiv für die Religion selbst. Überhaupt hat Religion ursprünglich nichts mit Handeln oder Nachdenken zu tun. Vielmehr ist sie Gefühl. Nun darf man den heutigen eingeschränkten Sprachgebrauch von «Gefühl» nicht zum Maßstab der Beurteilung dessen nehmen, was Schleiermacher unter «Gefühl» verstanden hat. Für ihn bedeutet Gefühl eine Haltung zum Universum, die durchaus kommunizierbar und kritisch ist, sich aber von moralischen und metaphysischen Begriffen unterscheidet, und nicht eine unkommunizierbare Betroffenheit, auf die neumodische Verwendungen dieses Begriffs hinauszulaufen scheinen. Damit distanziert sich Schleiermacher einerseits von Immanuel Kant, für den Religion unlösbar mit Moral verknüpft war,[6] und andererseits von dem Teil der abendländischen Tradition, von der Religion vor allem als metaphysische Spekulation über Existenz bzw. Nichtexistenz Gottes oder über die Unsterblichkeit begriffen worden ist. Gottheit und Unsterblichkeit sind «nicht die Angel und Hauptstüke der Religion» (243). Mit dieser provozierenden Bemerkung möchte Schleiermacher wieder die Passivität der religiösen Anschauung betonen, in der sich das Universum kundtut, ohne dafür einer ausgeklügelten spekulativen oder dogmatischen Basis zu bedürfen. Ein bestimmter Gottesbegriff darf also das Anschauen des Universums nicht behindern. Nicht ein Gottesbegriff, sondern «Sinn fürs Universum» (245) ist der Kern der Religion.

3. In der dritten Rede stellt Schleiermacher Gedanken über die Bildung des Individuums zu einem religiösen an. Religion läßt sich nicht vermitteln, sie ist vielmehr im Menschsein selbst vorgegeben. «Der Mensch wird mit der religiösen Anlage geboren wie mit jeder andern», nur wird eben meist sein Sinn für diese Anlage von verschiedenen Fakto-

ren im Erziehungsprozeß «verrammelt» (252). Für diese Störung der individuellen religiösen Entfaltung sind nun aber nicht die Kritiker und
Zweifler verantwortlich, sondern «die Verständigen und praktischen
Menschen... Von der zarten Kindheit an mishandeln sie den Menschen
und unterdrüken sein Streben nach dem Höheren.» (252) Schleiermacher
ergänzt jedoch sofort, daß es sich bei diesem Höheren nicht um eine
Übernatur handele. Vielmehr geht es dabei um die Gemeinschaft zwischen Mensch und Universum. Trotz dieser metaphysischen und moralischen Verzerrungen bricht aber auch jetzt das wirkliche religiöse Gefühl
an bestimmten Anlässen wie Geburt und Tod wieder durch. Die «Sehnsucht nach dem Unendlichen, nach dem Einen in Allem» wird immer
wieder von einer dunklen «Ahndung des Universums» geweckt (261).
Dabei ist es möglich, auf drei verschiedenen Wegen zum Kern der Religion vorzustoßen: nach innen zu auf das Ich nach Art der mystischen
Tradition, nach außen auf das Unbestimmte der Weltanschauung, und in
der innigsten Vereinigung zwischen beiden. Es ist also gleichgültig, auf
welchem Weg der Mensch seine religiöse Veranlagung von all den an-
gehäuften Sedimenten befreit. Wichtig ist allein zu erkennen, daß das
Universum sich selbst seine Betrachter und Bewunderer bildet (251). Re-
ligionsunterricht als Religionsbegründung wird so zum unmöglichen
Unterfangen (250).

4. In der vierten Rede geht Schleiermacher auf die soziale Dimension
der Religion ein. Er sieht die Religion wesensmäßig als «gesellig» an. Sie
drängt auf Mitteilung. Dabei geht es natürlich nicht darum, andere zu be-
kehren oder theologisch zu beglücken, sondern um den Austausch über
Anschauungen und Gefühle, die sich im Menschen passiv einstellen.
«Wie sollte er grade die Einwirkungen des Universums für sich behalten,
die ihm als das größte und unwiderstehlichste erscheinen?» (267) «Aber
religiöse Mittheilung ist nicht in Büchern zu suchen, wie etwa andere Begriffe und Erkenntniße. Zuviel geht verloren von dem ursprünglichen
Eindruk in diesem Medium...» (268) Damit ist auch Schleiermachers
Haltung gegenüber den heiligen Schriften deutlich. Diese können niemals Religion begründen. Schon in der zweiten Rede schrieb er: «Jede
heilige Schrift ist nur ein Mausoleum der Religion, ein Denkmal, daß ein
großer Geist da war, der nicht mehr da ist; denn wenn er noch lebte
und wirkte, wie würde er einen so großen Werth auf den todten Buch-
staben legen, der nur ein schwacher Abdruk von ihm sein kann? Nicht
der hat Religion, der an eine heilige Schrift glaubt, sondern welcher keiner bedarf, und wohl selbst eine machen könnte.» (242) Kriterium echter Religion kann daher nur die ursprüngliche Erfahrung des einzelnen
sein. Weder heilige Schrift, noch heiliges Amt können diese Erfahrung
ersetzen. Einen wesensmäßigen Unterschied zwischen Priestern und
Laien läßt Schleiermacher folglich nicht gelten. Er konstatiert nur einen
funktionalen Unterschied (270). Alle Menschen sind religiös veranlagt

und bilden deshalb ungeachtet aller unterschiedlicher historischer Vereinigung letztlich eine universale Einheit. So kann er sagen, «jede einzelne Vereinigung ist nur ein fließender integrirender Theil des Ganzen, in unbestimmten Umrißen sich in daßelbe verlierend, und fühlt sich auch nur so» (271). Jeder nimmt an der Religion der Gesellschaft teil. Schleiermachers Kirchenbegriff ist also im Kern universal («Die wahre Kirche ist in der That immer so gewesen...»; 273), wenngleich Kirche notwendig partikular auftritt. Schleiermacher lehnt nun auch jede staatliche Einflußnahme in religiöse Dinge kategorisch ab: «Hinweg also mit jeder solchen Verbindung zwischen Kirche und Staat!» (287) Wie dieses unselige Band zwischen Staat und Kirche im konkreten Fall seines Heimatlandes zu lösen sei, läßt er zwar offen, weist in diesem Zusammenhang aber auf die diesbezügliche Leistung der Französischen Revolution hin (288). Abschließend erörtert Schleiermacher noch die familiäre Häuslichkeit als organisches Bild menschlichen Zusammenlebens, welches durch neue technische und industrielle «Versklavung» von Menschen gefährdet sei. Die Befreiung des religiösen Gefühls geht mit der Befreiung des Menschen zu seinem wirklichen Selbst einher. Für diese bessere Zeit zu leben, wird von Schleiermacher als lohnende Aufgabe bezeichnet. Geradezu hymnisch faßt er zusammen: «Je mehr sich Jeder dem Universum nähert, je mehr sich Jeder dem Andern mittheilt, desto vollkommner werden sie Eins, keiner hat ein Bewußtsein für sich, jeder hat zugleich das des Andern, sie sind nicht mehr nur Menschen, sondern auch Menschheit, und aus sich selbst herausgehend, über sich selbst triumfirend, sind sie auf dem Wege zur wahren Unsterblichkeit und Ewigkeit.» (291) Selbst und Gemeinschaft sind von der Erfahrung der Religion her neu aufeinander bezogen und nicht mehr in sich allein begründet. Religion verweist damit immer schon auf die im Werden begriffene Einheit des Menschlichen («Menschheit» in Schleiermachers Sprachgebrauch).

5. Die fünfte Rede behandelt die Religionen in concreto, insbesondere die Verschiedenheit der Erscheinungsformen von Religion und die Stellung des Christentums in der Religionsentwicklung. Die Vielheit der Religionen wird von Schleiermacher als etwas Notwendiges und Unvermeidliches angesehen. Kein Mensch kann die Religion ganz haben. Religion als Anschauung des Universums ist vielmehr eine unendliche Aufgabe. Sie gewinnt in den verschiedenen Formen von Religion ihre jeweilige Gestalt. Die Religion an sich läßt sich also nur in den einzelnen Religionen entdecken (294). Deshalb beschäftigt sich Schleiermacher mit den «positiven Religionen», also den historischen Ausbildungen religiöser Traditionen, und lehnt die sogenannte «natürliche Religion» ab, also ein abgeschliffenes und ethisch-philosophisch überlagertes Religionsverständnis, wie es von verschiedenen Aufklärern vertreten wurde. Den Verächtern der Religion, an die sich die *Reden* wenden, wirft er vor, zu Un-

recht die natürliche Religion bevorzugt zu haben. Dieses Fehlurteil will
er nun korrigieren, indem er seine Leser einlädt, «jeden Glauben zu betrachten, zu dem sich Menschen bekannt haben» (298). Mit dieser Korrektur unterstreicht Schleiermacher noch einmal, daß Religion immer
konkrete Anschauung des Universums meint und eben nicht einen wie
auch immer philosophisch gewonnenen Begriff. Diese Anschauungen
müssen also in ihrer Individualität gewürdigt werden, um der philosophischen Verkürzung oder einem sektiererischen Uniformitätsdrang zu entgehen. Gerade dieser Individualität entbehrt aber nach Schleiermacher
jede natürliche Religion. So wendet er sich abschließend den positiven
Religionen zu.

Die jüdische Religion wird von Schleiermacher als «tote Religion» betrachtet. «Sie starb, als ihre heiligen Bücher geschloßen wurden, da wurde
das Gespräch des Jehova mit seinem Volk als beendigt angesehen.« (316)
Demgegenüber erstrahlt für ihn das Christentum in seiner ursprünglichen Anschauung des Universums. «Dieses, daß das Christenthum in
seiner eigentlichsten Grundanschauung am meisten und liebsten das Universum in der Religion und ihrer Geschichte anschaut, daß es die Religion selbst als Stoff für die Religion verarbeitet, und so gleichsam eine
höhere Potenz derselben ist, das macht das unterscheidendste seines Charakters, das bestimmt seine ganze Form.» (317) Nun darf man aber diese
Lobpreisung des Christentums nicht mit einer Preisung seines gegebenen
Zustandes verwechseln. Schleiermacher schreibt zwar, daß die Religion
nirgends so vollkommen idealisiert sei als im Christentum, betont jedoch
zugleich, daß es dessen ureigenste Aufgabe sei, gegen alles Wirkliche in
der Religion zu polemisieren. «Es wendet zuletzt seine polemische Kraft
gegen sich selbst, immer besorgt durch den Kampf mit der äußern Irreli-
gion etwas fremdes eingesogen, oder gar ein Princip des Verderbens noch
in sich zu haben.« (319) Er beschönigt also das «mannigfaltige Verder-
ben» (320) des Christentums nicht.

Das Charakteristische des Christentums liegt nicht in der Sittenlehre
seines Urhebers, noch in dessen eigentümlichem Charakter. Das «wahrhaft Göttliche ist die herrliche Klarheit, zu welcher die große Idee, welche darzustellen er gekommen war, die Idee daß Alles Endliche höherer
Vermittlungen bedarf um mit der Gottheit zusammenzuhängen, sich in
seiner Seele ausbildete» (321). Das Eigentümliche des Christentums liegt
demnach in Jesu Anregung unserer Anschauung dieses heiligen Zusam-
menhangs, den er so ursprünglich erlebt und erkannt hat. So kann auch
diese Grundanschauung Christi nicht mit aller Religion identifiziert werden. Dem heiligen Geist dürfen keine Grenzen gesetzt werden. Auch die
heiligen Schriften dürfen den Prozeß individueller Anschauung des Universums nicht abschließen, es sei denn um den Preis der Tötung von Religion. So darf sich das Christentum auch nicht als Herrscherin über alle
Religion gebärden. «Und so wie nichts irreligiöser ist als Einförmigkeit

zu fordern in der Menschheit überhaupt, so ist nichts unchristlicher als Einförmigkeit zu suchen in der Religion.» (325) Mit diesem Bekenntnis zur Pluralität der Anschauungen des Universums und einer letzten Einladung an die Leser, sich der Entwicklung von Religion in ihnen selbst nicht zu widersetzen, beschließt Schleiermacher seine *Reden*.

Mit diesem Werk hat Schleiermacher die Richtung seines religionsphilosophischen Denkens deutlich markiert: Er folgt weder Kants noch Spinozas Ansatz, d. h. er begründet Religion weder als Notwendigkeit eines moralischen Sollens im Sinne Kants, noch als Auflösung des Subjekts wie im spinozistischen Universum. Vielmehr versucht er sowohl den individuellen als auch den universalen Bezug der Religion zu wahren, indem er sie als individuelle Erfahrung des gesamten Sinnzusammenhangs begreift. Dieser Sinnzusammenhang ist nun aber nicht als reiner Naturzusammenhang gedeutet, sondern vornehmlich (wenn auch nicht ausschließlich) als sozialer Zusammenhang. Religiöse Erfahrung vermittelt das Gefühl eines nur intersubjektiv deutbaren Universums.[7]

In zwei Werken, die den *Reden* folgen, vertieft und illustriert Schleiermacher diesen religionsphilosophischen Ansatz weiter. In den *Monologen: Eine Neujahrsgabe*[8] (1800) beschäftigt er sich vornehmlich mit dem Begriff der Individualität. Dieser wird streng intersubjektiv gedacht. «Es trocknen mir in der Einsamkeit die Säfte des Gemüths, es stoket der Gedanken Lauf; ich muss hinaus in mancherlei Gemeinschaft mit den andern Geistern zu schauen, was es für Menschheit giebt, und was davon mir fremde bleibt, was mein eigen werden kann, und immer fester durch Geben und Empfangen das eigne Wesen zu bestimmen.» (36) Die Sprache leistet den Mittlerdienst zwischen Phänomen und Erkenntnis und zwischen den Erkennenden. Die *Monologe* beleuchten so von der Seite des Individuums erneut das Problem des Unendlichen, welches in den *Reden* als religiöses gedeutet worden ist. Wieder betont Schleiermacher das pluralistische Wesen menschlicher Erscheinung und Denkungsart sowie die Unendlichkeit menschlichen Denkens und Handelns. «Unendlich ist was ich erkennen und besizen will, und nur in einer unendlichen Reihe des Handelns kann ich mich selbst ganz bestimmen.» (89) Erneut wird deutlich, daß das Unendliche für ihn ein Grenzbegriff bleibt, der sich nicht aufheben läßt; gleiches gilt für die Individualität. Zwischen diesen beiden Polen muß auch die Ethik angesiedelt werden, ohne die eine oder andere Markierung absolut zu setzen. Wie die *Reden* dazu aufriefen, Religion auf vielfältige Weise darzustellen, so sind die *Monologe* ein Bekenntnis für die unendliche Darstellungsmöglichkeit des Menschlichen («der Menschheit»). Aber in beiden Texten wird die Intersubjektivität betont, die die jeweilige Entfaltung charakterisiert: Religion ist notwendig gesellig, und der einzelne kann sich nur aus seinem Verhältnis zur «Menschheit» angemessen als ein Selbst begreifen.

In seinem 1806 erschienenen Büchlein *Die Weihnachtsfeier: ein Gespräch*,[9] das von der Form her einem platonischen Dialog gleicht, erwägt Schleiermacher erneut das Wesen der Religion, der Individualität und der Intersubjektivität. Anlaß des «Gesprächs» ist das christliche Weihnachtsfest, dessen Sinn hier gemeinschaftlich erörtert werden soll. Schon die Form des Textes verweist auf den Dialogcharakter menschlichen Erkennens. Wieder wird die Bedeutung des Erkennens der «Beziehung auf das Unendliche» (241) herausgestellt und die notwendige Vielfalt religiöser Darstellung innerhalb des Christentums betont. Wieder aber verliert sich Schleiermacher nicht in dieser Vielfalt, sondern läßt seine Gesprächspartner deren inneres Gesetz suchen: «Das Christenthum ist ein einziges Thema in unendlichen Variationen dargestellt, die aber auch ein inneres Gesetz verbindet, und die unter bestimmte allgemeine Charaktere fallen.» (246f.) In jedem Menschen kann man das Schöne und Göttliche entdecken, es läßt sich allerdings nicht bilden, sondern ist immer schon (verborgen) da und strahlt nach allen Seiten in die Gemeinschaft aus. In diesem Sinne ist es hier für die Gesprächsteilnehmer wichtiger zu sehen, daß Weihnachten nicht durch irgendeine historische Absicherung zum Fest wird, sondern «daß wirklich das Religiöse das Wesen des Festes ist» (270). Wir feiern an Weihnachten also nicht eine historische Begebenheit, sondern ein «Fest der Wiedergeburt der Welt» (261), ein Fest, an dem der Bezug der Welt zum Unendlichen neu ins Bewußtsein tritt. «Dies ist die eigentliche Natur dieses Festes, daß wir uns des innersten Grundes und der unerschöpflichen Kraft des neuen ungetrübten Lebens bewußt werden, daß wir in dem ersten Keime desselben zugleich seine schönste Blüthe, seine höchste Vollendung anschauen.» (269).

Auch in seinem 1810 in erster Auflage erschienenen Werk *Kurze Darstellung des theologischen Studiums zum Behuf einleitender Vorlesungen* wird Schleiermachers religionsphilosophischer Ansatz sofort deutlich. In § 1 definiert er «Theologie» als «eine positive Wissenschaft, deren Teile zu einem Ganzen nur verbunden sind durch ihre gemeinsame Beziehung auf eine bestimmte Glaubensweise, d.h. eine bestimmte Gestaltung des Gottesbewußtseins; die der christlichen also durch die Beziehung auf das Christentum».[10]

Schließlich befaßt sich Schleiermacher in seiner Glaubenslehre (1821/22 in erster und 1830/31 in zweiter Auflage) erneut mit dem Begriff der Religion. Hier geht es ihm darum, auf der Grundlage eines immer schon vorgefundenen religiösen Gefühls die Besonderheit christlicher Glaubenssätze zu durchleuchten und zu bestimmen. Die *Reden* und *Der Christliche Glaube*[11] haben also das religiöse Gefühl als gemeinsamen Bezugspunkt. Gleich zu Anfang seiner dogmatischen Erörterung muß Schleiermacher deshalb auch den in den *Reden* vorgestellten religionsphilosophischen Rahmen wieder aufnehmen und weiterführen. Nur auf diesen Teil der Glaubenslehre kann ich an dieser Stelle näher eingehen.[12]

Unter Religionsphilosophie versteht Schleiermacher hier «eine kritische Darstellung der verschiedenen gegebenen Formen frommer Gemeinschaften, sofern sie in ihrer Gesamtheit die vollkommene Erscheinung der Frömmigkeit in der menschlichen Natur sind» (14). Religionsphilosophie arbeitet nach dieser Definition also phänomenologisch; ihr Hauptaugenmerk gilt dem Phänomen der Frömmigkeit. Diese wird in einem ersten Gedankengang, den Schleiermacher als «ethischen» bezeichnet, wie schon in den *Reden* scharf von Wissen und Tun abgegrenzt und als «eine Bestimmtheit des Gefühls oder des unmittelbaren Selbstbewußtseins» (14) vorgestellt. Wissen, Tun und Gefühl werden hier zwar unterschieden, jedoch nicht gegeneinander ausgespielt. So soll Frömmigkeit «keineswegs von aller Verbindung mit dem Wissen und Tun ausgeschlossen werden» (19). Vielmehr vermag Frömmigkeit Wissen und Tun anzuregen, aber sie darf nicht auf diese reduziert werden. Das Spezifische der Frömmigkeit wird sodann in die berühmt gewordene Definition gefaßt, nach der es das sich selbst gleiche Wesen der Frömmigkeit ist, «daß wir uns unsrer selbst als schlechthin abhängig, oder, was dasselbe sagen will, als in Beziehung mit Gott bewußt sind» (23). Dieses Gefühl der schlechthinnigen Abhängigkeit betont zum einen den passiven Charakter religiöser Empfindung und zum anderen deshalb die Unmöglichkeit, sich als Mensch autonom zu begründen. Das menschliche Selbst wird also nicht im Sinne Descartes' als autonom und vor allen historischen und sozialen Prozessen in absoluter Gewißheit primitiv gegeben aufgefaßt, sondern von Anfang an als in Wechselbeziehungen zu anderem als sich selbst stehend gedacht. Das menschliche Freiheitsgefühl kann nicht ohne das dazugehörige Abhängigkeitsgefühl gedacht werden. Das «Woher» von beiden wird von Schleiermacher als Gott bezeichnet. «Eben dies ist nun vorzüglich gemeint mit der Formel, daß Sich-schlechthin-abhängig-Fühlen und Sich-seiner-selbst-als-in-Beziehung-mit-Gott-bewußt-Sein einerlei ist, weil nämlich die schlechthinnige Abhängigkeit die Grundbeziehung ist, welche alle anderen in sich schließen muß. Der letzte Ausdruck schließt zugleich das Gottesbewußtsein so in das Selbstbewußtsein ein, daß beides … nicht voneinander getrennt werden kann.» (30) Die anthropologische Bestimmung des menschlichen Selbst kommt ohne die theologische nicht aus, weil gerade erst im Zusammenhang mit dem Woher und Wohin des Menschen dessen Wesen deutlich werden kann. Sie ist aber auch ohne die soziale bzw. kirchliche Dimension nicht vollständig, weil Menschsein nur im gesellschaftlichen Rahmen bewußt werden kann (41).

Auf diese «ethischen» Klärungen folgen nun die religionsphilosophischen Erörterungen im eigentlichen Sinne, die – wie gesagt – an den geschichtlich hervorgetretenen frommen Gemeinschaften interessiert sind. Das Hauptaugenmerk gilt natürlich dem Christentum, aber dieses wird im Rahmen eines Evolutionsschemas analysiert. In diesem Schema der

Gestaltungen der Frömmigkeit nehmen die monotheistischen «die höchste Stufe ein, und alle anderen verhalten sich zu ihnen wie untergeordnete, von welchen den Menschen bestimmt ist, zu jenen höheren überzu-
gehen» (51). Auf dieser Höhe erscheinen nach Schleiermacher «nur drei
große Gemeinschaften, die jüdische, die christliche, die muhamedanische,
die erste fast im Erlöschen [in den *Reden* sprach er von einer ‹toten Religion›], die andern um die Herrschaft in dem menschlichen Geschlecht
sich streitend» (55 f.). Und wieder bezeichnet er das Christentum als «die
reinste in der Geschichte hervorgetretene Gestaltung des Monotheismus»
(56). Ehe Schleiermacher von der religionsphilosophischen Sicht auf die
apologetische Diskussion des Wesens des Christentums übergeht, bemüht er sich noch um einige Begriffsklärungen. «Offenbarung» wird in
diesem Zusammenhang von der uns unmöglichen Erkenntnis der reinen
und ganzen Wahrheit geschieden. «Eine Kundmachung Gottes, die an
und in uns wirksam sein soll, kann nur Gott in seinem Verhältnis zu uns
aussagen; und dies ist nicht eine untermenschliche Unwissenheit über
Gott, sondern das Wesen der menschlichen Beschränktheit in Beziehung
auf ihn.» (74) Diese Einsicht in unsere Verstehensbedingungen darf nicht
vergessen werden, wenn man die dann folgenden Lehrsätze aus der Apo-
logetik liest.

Im Rahmen der Erörterung der Bedeutung Christi besteht Schleiermacher dann darauf, «daß seine Erscheinung auch als Menschwerden des
Sohnes Gottes etwas Natürliches sei. Denn zuerst muß doch, so gewiß
Christus ein Mensch war, auch in der menschlichen Natur die Möglichkeit liegen, das Göttliche, wie es eben in Christo gewesen ist, in sich aufzunehmen.» (89) Schleiermacher wird nicht müde zu betonen, daß wir
Menschen einerseits niemals das Wesen Gottes selbst erfassen können,
daß wir andererseits aber in einer Beziehung, eben der schlechthin abhän-
gigen, mit Gott stehen müssen, um überhaupt ein Gottesbewußtsein zu
erfahren.

III. Wirkung

Schleiermachers Religionsphilosophie hat seit dem Erscheinen der *Reden*
vor allem das theologische Denken des 19. und 20. Jahrhunderts beeinflußt, während die philosophische Diskussion, die zunächst von der Auseinandersetzung mit den großen Systemen Kants, Schellings, Fichtes und
Hegels bestimmt war, seinen Ansatz nicht in dem ihm gebührenden Maß
rezipierte. In jüngster Zeit nimmt aber die Diskussion der Philosophie
Schleiermachers wieder zu und damit auch deren Wirkung.[13] Allerdings
ist die Behandlung Schleiermachers immer noch von manchen Vorurtei-
len geprägt, die seine Leistung zu sehr mit der romantischen Perspektive
seiner Zeit verrechnen möchten.[14] Selbstverständlich greift Schleier-

macher die Probleme und Fragestellungen seiner Zeit auf, aber er führt sie gleichzeitig auch weiter, wenngleich seine Sprache, die in den *Reden* und *Monologen* sehr den romantischen Konventionen entspricht, den äußeren Eindruck romantischen Denkens suggeriert. Vor allem das Wort «Gefühl» ist oft in dieser Weise mißverstanden worden.[15] Weiterhin herrscht Uneinigkeit unter Philosophen, in welche philosophische Strömung Schleiermachers philosophisches Werk einzuordnen sei.[16] Und schließlich wird Schleiermacher wie schon zu seinen Lebzeiten verdächtigt, das Verhältnis von Philosophie und Theologie so sehr vernebelt zu haben, daß beide Disziplinen sich von ihm betrogen fühlen müssen.[17] Aus dieser verworrenen Rezeptionssituation kann nur ein solides Textstudium herausführen, das Schleiermacher nicht sofort mit irgendeiner Strömung identifizieren will, sondern sein Bemühen im Auge hat, sich mit allen intellektuellen Strömungen seiner Zeit kritisch auseinanderzusetzen.

Wie oben dargestellt, ist Schleiermachers Denkweise aber weder rein kantianisch, insofern er gegen Kant die Eigenständigkeit der Religion verteidigt, noch rein hegelianisch, insofern er gegen Hegel die Begrenztheit menschlicher Gotteserkenntnis behauptet, und auch nicht rein spinozistisch, insofern er anders als Spinoza deutlich zwischen Gott und Welt unterscheidet. Vielmehr vertritt er eine dreidimensionale Anthropologie, in der Religion, Denken und Handeln aufeinander bezogen sind, wobei Religion überhaupt erst den existentiellen Raum menschlichen Denkens und Handelns erschließt. Sie öffnet den Menschen für das Unendliche, welches ihn umgibt,[18] und für seinen natürlichen und sozialen Lebenszusammenhang. Auf diese Weise hilft sie ihm, sein Leben verantwortungsvoll zu reflektieren und zu gestalten.

Angesichts dieser Rezeptionslage läßt sich feststellen, daß Schleiermacher die religionsphilosophische Entwicklung in Deutschland zunächst also nicht direkt, sondern eher indirekt beeinflußte.[19] Schleiermacher-Forschung im engeren Sinn begann erst mit Wilhelm Dilthey. Er erkannte Schleiermachers Eigenständigkeit gegenüber dem romantischen Umfeld und bemühte sich insgesamt um eine differenziertere Durchdringung seiner Philosophie. Allerdings kam auch er zu keinem gleichbleibenden Urteil über Schleiermachers Religionsphilosophie. Einerseits preist er dessen Horizont, der das traditionelle kirchliche Christentum übersteigt, und bezeichnet ihn als «Kant der Theologie»,[20] andererseits beklagt er später das Defizit an existierender christlicher Religiosität.[21] Dieses Mischurteil ist auch für die Auseinandersetzungen mit Schleiermachers Religions- und Theologieverständnis charakteristisch, wie sie in der ersten Hälfte des 20. Jahrhunderts geführt wurde. So nehmen Karl Barth und andere Vertreter der dialektischen Theologie Schleiermacher als Gesprächspartner sehr wohl ernst,[22] lehnen aber seinen Religionsbegriff radikal ab und bekämpfen sowohl seine vermeintliche philosophische Überlagerung der Theologie als auch seine vermeintliche Bejahung eines symbiotischen Verhältnisses von Christentum und Kultur.[23] Diese Kritik an Schleiermacher wurde inzwischen allerdings nicht nur korrigiert, sondern insofern ausgeglichen, als das neuere Interesse an Schleiermachers Religionsverständnis gerade dessen Gespür für den Problemzusammenhang Religion–Philosophie begrüßt. Er verwechselte beide Bereiche gerade nicht, zeigte jedoch wiederholt die verschiedenen Beziehungen zwischen ihnen auf.[24]

Dieses Bemühen hat denn auch die Entwicklung der Religionsphilosophie nachhaltig beeinflußt.[25] Ernst Troeltsch lehnte zwar Schleiermachers Versuch ab, «die Erhebung des Geistes auf die höhere Potenz einfach auf das Christentum zu beschränken», begrüßte jedoch allgemein Schleiermachers phänomenologischen Ansatz in den *Reden*.[26] Rudolf Otto nahm ebenfalls Bezug auf Schleiermachers Religionsphilosophie. In seinem Werk *Das Heilige* versuchte er, Schleiermachers Begriff des «Gefühls der Abhängigkeit» in Hinsicht auf ein «Kreaturgefühl» weiterzuentwikkeln,[27] wogegen Rudolf Bultmann kritische Einwände erhob.[28] Bultmanns Religionsverständnis orientierte sich recht eng an Schleiermachers Denken, und so ergriff er auch wiederholt für Schleiermacher gegen Barth und dessen Gruppe Partei.[29] Auch Paul Tillich, der Schleiermachers religionsphilosophischem Denken sehr nahestand, empfahl, daß keine Theologie der Gegenwart «einer Auseinandersetzung mit Schleiermachers ‹Methode der Erfahrung› aus dem Wege gehen [sollte], sei es im zustimmenden oder ablehnenden Sinne».[30] Wie Bultmann bekämpfte er eine psychologische Mißdeutung des Begriffs des «Gefühls schlechthinniger Abhängigkeit». «‹Gefühl› bezieht sich in dieser Tradition nicht auf eine psychologische Funktion, sondern auf das Bewußtsein dessen, was Intellekt und Willen, Subjekt und Objekt überschreitet. ‹Abhängigkeit› war in Schleiermachers Definition auf der christlichen Ebene ‹teleologische› Abhängigkeit – eine Abhängigkeit, die sittlichen Charakter hat, die Freiheit einschließt und eine pantheistische und deterministische Deutung der Erfahrung des Unbedingten ausschließt.»[31] Tillich sah jedoch eine Gefahr in Schleiermachers Ansatz insofern, als letzterer (wie auch R. Otto) nicht deutlich und direkt genug das Heilige mit dem Gottesbegriff in Bezug gebracht habe.[32]

In der Zukunft wird die Schleiermacher-Forschung bemüht sein müssen, seine Fragestellungen und Gedanken zu einzelnen Themen verstärkt aus dem Gesamtzusammenhang seines Denkens zu deuten. Hier dürfte vor allem die Dialektik Schleiermachers eine größere Rolle spielen, weil in ihr schon einige wesentliche Einsichten aus unserem heutigen philosophischen Diskurs anklingen.[33] Dialektik ist für Schleiermacher die Kunst der Gesprächsführung.[34] Sie bildet also den Rahmen, in dem alle möglichen Fragestellungen erörtert werden können. Auch religionsphilosophische Erörterung muß nach Schleiermacher in diesem Sinne dialektisch geführt werden.[35] Damit sind von vorneherein alle dogmatistischen Beiträge diskreditiert, dafür aber all jene Beiträge erwünscht, welche unsere Einsicht in das Phänomen der Religion vertiefen und dabei selbstkritisch weitere Diskussionsbeiträge herausfordern. Wie in Schleiermachers Hermeneutik Approximation an den zu verstehenden Gegenstand das Ziel der Verstehensbemühung definiert,[36] so ist überhaupt jede Denkbemühung bestenfalls eine Annäherung an ihr Ziel, ohne es jedoch jemals erreichen zu können. Religion bleibt demnach Sinn für das Unendliche, ohne dieses jedoch je völlig auf den Begriff bringen zu können.

Horst Günther

GEORG WILHELM FRIEDRICH HEGEL
(1770–1831)

Kein anderer Philosoph der europäioschen Neuzeit hat eine so umfassende Philosophie der Religion entworfen wie Hegel. Philosophie der
Religion bedeutet, daß es sich nicht um spekulative Theologie oder um
die Vernunftkritik religiöser Meinungen handelt. Der gesamte Bereich
der Religion in seiner idealen zeitlichen Erstreckung von den religiösen
Empfindungen der Naturreligionen angefangen über die Religionen der
geistigen Individualität, vor allem im Judentum und in der griechischen
Antike, bis zur Versöhnung der Trennung von Göttlichem und Menschlichem in der Menschwerdung Gottes in der geoffenbarten Religion des
Christentums, die aber, um zu wissen, was sie bislang nur glaubt, Philosophie werden müsse, ist der Gegenstand der Religionsphilosophie.

I. Hegels Programm

Um sich den Eindruck eines solchen Theorieanspruchs auf die denkenden Zeitgenossen und die Abwehr dieses Anspruchs, in der Regel nicht
auf dem Boden Philosophie, vor Augen zu führen, ist die Forschungsliteratur zu Hegels Religionsphilosophie nur sehr begrenzt geeignet. Hegel
bewegt sich in der Freiheit seines selbstbewußten Denkens innerhalb eines
durch die Aufklärung hindurchgegangenen Protestantismus. Das scheint
ihm die glückliche Voraussetzung dafür, unter dem Gebot wissenschaftlicher Erforschung und denkender Durchdringung der religiösen Erscheinungen, welche die Menschheit in ihrer Geschichte durchlaufen hat, eine
Öffnung aus konfessioneller Enge und rationaler Dogmenkritik auf eine
universale Religionswissenschaft vorzunehmen. Die Entäußerungen des
Geistes in die Erscheinungen der historischen Zeit stellen sich als Aufgabe
dar und nicht als beliebiges Material. Die fortwirkenden Bildungsmächte
des Alten Testaments und der griechichen Kultur nehmen darunter einen
besonderen Rang ein. Aber selbst die mittelalterlichen Gottesbeweise werden nicht als überwunden abgetan, sondern von Hegel ausdrücklich als
gedankliche Bemühungen um das Absolute gewürdigt.

Hegels Programm ist es, seine Zeit in Gedanken zu fassen, diese (ver-
gängliche, aber aktuelle) Zeit zugleich zum Brennpunkt der gesamten historischen, erinnerbaren Zeit zu machen. Dazu kam, daß für ihn wie für
seine deutschen Zeitgenossen die Ausbildung zu einer geistigen Betätigung und zur philologischen Kenntnis der Antike noch durch die theo-

logischen Fakultäten führte. Das kollidierte in seiner Jugend mit dem gewaltigen Eindruck der Französischen Revolution, danach mit den romantischen Erneuerungsversuchen des Katholizismus und der politischen Instrumentalisierung der christlichen Konfession in der Epoche der Restauration.

Religion ernst zu nehmen bedeutet für Hegel, die Reduzierung der Religion auf das Gefühl abzulehnen. Diese Akkomodation einer romantischen Moderne verband sich vor allem mit dem Namen Schleiermachers und ging einher mit einer ungeschichtlichen Identifizierung des idealen mit dem historischen Jesus und mit dem Eskamotieren der jüdischen Vorgeschichte und Umwelt des frühen Christentums. Die protestantische Theologie des 19. Jahrhunderts unterlag einer heftigen Dissoziation und einer politischen Radikalisierung, die Hegels Anspruch kaum aufzunehmen bereit war, selbst wenn sie geistig dazu in der Lage gewesen wäre; und durch Orthodoxe wie Moderne ebenso wie durch solche, die ihren Glauben verloren hatten oder ausdrücklich Atheisten geworden waren, wurde eher Hegels eigene Christlichkeit in Frage gestellt als seine Herausforderung einer universalen Religionswissenschaft angenommen.

Im Verlauf des 19. Jahrhunderts verlor die protestantische Theologie auch den Überrest geistiger Bedeutung, den ihr einzelne Vertreter zu bewahren vermocht hatten. Sie nationalisierte sich, verbündete sich mit der politischen Macht und spezialisierte sich innerhalb ihrer derart, daß sie zu einer Antwort auf Hegels «Aufhebung» nicht imstande war. Selbst die Öffnung zu einer empirisch kontrollierten, objektivierbaren Religionswissenschaft verweigert sie, so daß man wissenschaftliche Erörterungen des ethnologisch und religionsgeschichtlich bereitgestellten Materials eher bei den klassischen Soziologen, Max Weber, Emile Durkheim und seiner Schule, vor allem Marcel Mauss, oder in der *Völkerpsychologie* Wilhelm Wundts findet, auch in Ernst Cassirers *Philosophie der symbolischen Formen*, als bei Theologen. Merkwürdigerweise setzte die Theologie in einem Zeitalter rapider Verwissenschaftlichung ganz im Gegensatz zu ihrer sonstigen Tendenz zur Modernität auf eine Verweigerung wissenschaftlicher Objektivierung.

Neben dieser Abgrenzung der Theologie gegen Hegels inhaltliche Erweiterung des Begriffs Religion und dem Zurückschrecken vor seinem gedanklichen Zugriff auf das Phänomen steht die äußere Geschichte von Hegels Philosophie, die sich mit dem Stichwort des Zusammenbruchs seines Systems verbindet. Dabei ist nicht leicht auszumachen, wer eigentlich zusammengebrochen ist. Hegels Schüler vor dem von ihrem Meister gesetzten Anspruch? Die Anwendungsversuche auch Hegels selbst gegenüber der Entwicklung der Einzelwissenschaften? Oder die Möglichkeit der nachhegelschen Philosophie, die divergierenden geistigen Tätigkeiten zu umfassen? Aus den unterschiedlichsten und nicht zuletzt politischen Gründen wurde der in den letzten Lebensjahren Hegels große und nach

Georg Wilhelm Friedrich Hegel (1770–1831)

seinem Tode zunächst fortwirkende Einfluß zerstört, so daß Hegel bald und vor allem in Berlin selbst, wie Lessing einst von Spinoza sagte, als toter Hund angesehen wurde, während er die angelsächsische Philosophie für eine Weile beherrschte.

II. Zeitgenössische Reaktion

Als Hegel lehrte und ohne äußere Veranlassung die Philosophie der Religion ab 1821 in den Zyklus seiner Vorlesungen aufnahm, suchten sich die Zeitgenossen, die nicht selbst Gelegenheit hatten, ihn zu hören, seine Auffassungen über Religion aus dem Kapitel der *Phänomenologie des Geistes* (1807) und aus den Paragraphen der *Enzyklopädie* (1817, 1827, 1830) heraus. Die später als *Theologische Jugendschriften* bezeichneten privaten Aufzeichnungen blieben unbekannt, bis Wilhelm Dilthey in seiner *Jugendgeschichte Hegels* (1905) davon berichtete und daraus zitierte, und bis Hermann Nohl sie (1907) auf Diltheys Veranlassung edierte. Die anonym publizierten Schriften wie *Glauben und Wissen* waren wenig bekannt oder wurden dem Mitherausgeber des *Kritischen Journals der Philosophie*, Schelling, nicht weniger als Hegel zugerechnet.

Als die religionsphilosophischen Vorlesungen in einer ersten, sehr knappen Redaktion veröffentlicht waren (1832), konnte der noch junge, bedeutende Kirchenhistoriker Ferdinand Christian Baur sein Buch *Die christliche Gnosis oder die christliche Religions-Philosophie in ihrer geschichtlichen Entwicklung* (1835) nach einer Typologie gliedern, die sich nach seiner Auffassung zu Beginn der christlichen Gnosis in der Spätantike ebenso wie in der Gegenwart aufzeigen lasse. Er glaubte, die Verwandtschaft von Hegels Religionsphilosophie mit der alten Gnosis und die von Schleiermachers Glaubenslehre mit der antijüdischen Gnosis des Marcion wiederzuerkennen. Baurs Darstellung unterscheidet sich nicht dadurch von anderen historischen Arbeiten, daß er aktuelle Gesichtspunkte in die vergangenen Auseinandersetzungen trug, sondern darin, daß er den Sachgehalt charakterisieren und einen zu bestimmten Zeiten wiederauflebenden Gegensatz als typisch erkennen konnte. Vielen späteren Studien fehlt diese Beziehung auf den Sachgehalt und auf eine Erkenntnisweise eigenen Rechts. Es wurden an Hegels Religionsphilosophie ganz andere Auseinandersetzungen und eigene Positionsbestimmungen durchgefochten.

Zur gleichen Zeit jedoch geriet der Eindruck von Hegels nur mit Anstrengung zu gewinnender Religionsphilosophie in den Strom polemischer und publizistischer Meinungskämpfe seiner Schüler. David Friedrich Strauß' die Öffentlichkeit schockierendes *Leben Jesu* (1835) wurde auf Hegels Rechnung gesetzt, Feuerbachs Vorlesungen, in denen nicht nur der junge Gottfried Keller das Opfer seines Kinderglaubens brachte, begannen als Auseinandersetzung mit Hegel. Der späte Schelling hatte in seinen Berliner Vorlesungen die Polemik gegen Hegel eröffnet, Kierkegaard in seinem literarischen Kampf im Namen eines ursprünglichen Christentums gegen das bestehende setzte sie fort; Bruno Bauer, der die zweite Auflage von Hegels religionsphilosophischen Vorlesungen bearbeitete (1840), liefert mit der *Posaune des jüngsten Gerichts* (1848) eine triviale Entlarvung von Hegels vermeintlichem Atheismus.

Ein erneutes Interesse an Hegels Religionsphilosophie setzte erst ein, als er Gegenstand historischer Bemühungen wurde und die Auseinandersetzung um den Anspruch auf Geltung seiner Philosophie abgeschlossen schien. Wilhelm Dilthey lenkte in seiner *Jugendgeschichte Hegels* (1905) das Interesse voller Sympathie auf die Jugendschriften religiöser Thematik. Er zitierte daraus und erblickte ihre Verwandtschaft mit Shaftesburys Rhapsodien und Hölderlins Hymnen, auch Berührung mit «der alten Mystik» sowie Ähnlichkeit mit «dem mystischen Kern der Ethik Spinozas». In der neuen Konzeption von Liebe und Leben sah er historisch die Wirkung von Fichtes absolutem Ich und Selbstreflexion, möglicherweise schon in Schellings Umformung, dahinter jedoch einen Sturz «in letzte Tiefen, wo, wie in Platons Symposion, das Sinnliche und das Geistige sich mischen». Dilthey nahm sie als Beitrag zur Lösung der religiösen Krisis seiner Gegenwart. Er spielte dabei, wie schon Rudolf Haym, den jungen Hegel gegen den reifen Systematiker aus und hob diese Schriften religiösen Inhalts auf Kosten der gleichzeitigen philosophischen und politischen Studien Hegels ausschließlich hervor. Damit sollte er breite Gefolgschaft finden und weitere detaillierte Studien anregen.

Diese Studien, die hier nicht im einzelnen zu verfolgen sind, haben seit Dilthey aus dem jungen Hegel einen eigenen Forschungsgegenstand gemacht, als müsse der Übergang zwischen dem jungen, im Vergleich zu den Jugendfreunden Hölderlin und Schelling eher unbegabten und dem schwer zu durchdringenden reifen Hegel gegen dessen eigene Publikationsabsichten offengelegt werden. Dabei fällt auf, daß diese Hegelforschung nur in geringem Maße an Hegels eigenen Fragestellungen interessiert ist.

III. Das Werk

1. Jugendschriften

Hegel erörtert religiöse Themen zur gleichen Zeit mit politischen und mit metaphysischen, die auf langem Wege zu seiner Wissenschaft der Logik führen. Der scharf herausgearbeitete Gegensatz zwischen der jüdischen Gesetzesreligion und dem Christentum als Religion der Liebe steht unter dem Eindruck der Französischen Revolution, die für Hegel eine grundlegende Veränderung der politischen wie der geistigen Wirklichkeit herbeiführen zu können versprach. Das Christentum erscheint als revolutionäre, das Denken und die Wirklichkeit verändernde Bewegung, und damit gerät die Verfassung des alten Reiches, die keine Wirklichkeit mehr hat, ebenso wie die alte Metaphysik und der Kantische Formalismus auf die Seite dessen, was überwunden werden muß. Hegels Fähigkeit, die Lebensbedingungen eines Glaubens, einer Gottesvorstellung, bei der Schilderung Abrahams und bei einem, wie im Johannesevangelium, an griechischem Denken genährten Christentum wahrzunehmen, ist bereits sehr ausgeprägt. Auf dem Wege zu einer die Trennung der Reflexion aufhebenden Philosophie der Vereinigung operiert Hegel, in Hölderlins Nähe und mit ihm schon über Fichte hinausdringend, mit den Begriffen Liebe und Leben, und setzt Vereinigung mit Sein gleich.

2. Glauben und Wissen

In den frühen publizierten Schriften, der *Differenz des Fichteschen und Schellingschen Systems* (1801) und *Glauben und Wissen* (1802) versucht Hegel, sich durch Klärung der gegenwärtigen philosophischen Situation die eigene Lage deutlich zu machen. Die Positionen charakterisiert Hegel nicht stets mit der inzwischen gewonnenen historischen Gerechtigkeit, sondern um sich davon abzustoßen. Die Arbeit der Vernunftkritik war getan, die erkennende Vernunft dabei verlorengegangen. Das Ergebnis der gewaltigen Arbeit der Philosophie lief darauf hinaus, «daß sie sich wieder zur Magd eines Glaubens macht». Hegel fordert das Verlorengegebene ein, er spricht von der Macht der Schönheit, von ewig sehnsuchtsvoller Liebe, von unendlicher Sehnsucht, die mit dem Dasein sich versöhnt. Die Reflexionsphilosophie der Subjektivität in den drei Formen, die Kant, Jacobi und Fichte ihr gaben, verbleibt nach aller theoretischen Entgegensetzung in den Grenzen der «Aufklärerei», eines endlichen (seine Idee verleugnenden) Menschenbildes und Eudämonismus. Hegel versucht zu zeigen, wie Kant sich bei aller bewunderungswürdigen Klarheit in Widersprüche verstrickt, er rettet einen besser verstandenen Spinoza gegen Jacobis Interpretation. Die Kantische Philosophie, welche «absolute Subjektivität und Endlichkeit in reiner Abstraktion setzt und dadurch die Objektivität und die Unendlichkeit des Begriffs gewinnt», ist der Jacobischen entgegengesetzt, die «Endlichkeit selbst nicht in den Begriff aufnimmt, sondern sie als endliche Endlichkeit, als empirische Zufälligkeit und Bewußtsein dieser Subjektivität zum Prinzip macht». Für beide «also ist das wahrhaft Absolute ein absolutes Jenseits im Glauben oder im Gefühl und nichts für die erkennende Vernunft».

Fichtes Formalismus der Selbstreflexion wird nicht, wie Jacobi es tat, Nihilismus vorgeworfen, sondern die Tatsache, daß er das absolute Nichts zu erkennen nicht imstande sei, da für ihn wie für Jacobi das Endliche, die Erscheinung, absolute Realität habe. Fichte scheitere an dem äußeren Gegensatz seiner Idealität und Realität. Der «Wahnsinn des Dünkels dieses Ich» erkennt die Welt nicht, die er der Vernunft absolut entgegensetzt. Die Schilderung der sittlichen Welt vollends erweist sich als «moralische Empfindelei», die weder die Realität erkennt noch ihre mögliche Versöhnung und die wirkliche Menschwerdung Gottes. Für diese Philosophie gelte wie für die Religion der neuen Zeit: «Gott selbst ist tot.» Und dieser «spekulative Karfreitag» müsse als Ergebnis dieser Analyse erkannt werden, damit «die höchste Totalität in ihrem ganzen Ernst und aus ihrem tiefsten Grunde, zugleich allumfassend, und in die heiterste Freiheit ihrer Gestalt, auferstehen kann und muß.»

3. Phänomenologie des Geistes

Klärung des Terrains und Konstruktion eines philosophischen Begriffs der Religion gehören zusammen. Das große Programm beschreibender Metaphysik, worin der Geist seine eigene Geschichte im Gang durch die Erscheinungen des Bewußtseins und Selbstbewußtseins bis zu dem im absoluten Wissen seiner selbst gewissen Geist anschaut und darstellt, hat es öfter mit der Religion zu tun, auch bevor ihr ein eigenes Kapitel gewidmet wird. Der ganze Prozeß der Bewußtwerdung und Objektivierung der Subjektivität berührt Phänomene, an denen sich Religion ausbildet und an denen sich eigenständige Formen der Erkenntnis der Natur und des Geistes entwickeln, die sich in eben diesem Prozeß von der Religion ablösen oder ihrerseits Religion als etwas Bestimmtes und Vereinzeltes aus der allgemeinen Erkenntnis absondern.

Diese Grundkonstellation eines universalen Religionsbegriffs von der frühgeschichtlichen und kindlichen Naturbeseelung bis zur reifen wissenschaftlichen Einsicht ist ebenso fruchtbar wie verwirrend und Hegels offenes Geheimnis. Religion ist die alles Tun und Leben durchdringende Erkenntnis des Absoluten. Darunter macht Hegel es nicht. Religion besteht nicht aus Sätzen, die sich bestreiten lassen, oder aus einem Gefühl, dem keine Erkenntnis entspricht, oder aus einer einzelnen Religion neben anderen. Religion umfaßt den Widerstreit gegen einzelne religiöse Lehren und den Glauben überhaupt ebenso wie die Fülle geschichtlicher Erscheinungen seit Anbeginn des «an die Zeit entäußerten Geistes» bis in die offene Zukunft. Es ist dabei Hegels Eigenart, von seinem Standpunkt zu seiner Zeit aus, wie es auch gar nicht anders möglich ist, diese Erinnerung vorzunehmen. Man würde aber seine und alle Philosophie verkennen, wollte man sie auf diesen Standort festlegen.

So beginnt die *Phänomenologie,* wie es die Religionsphilosophie noch einmal tun wird, genetisch mit der Wahrnehmung äußerer Gegenstände und der Kräfte der Natur. «Über der sinnlichen als der erscheinenden Welt [schließt sich] nunmehr eine übersinnliche als die wahre Welt

auf, über dem verschwindenden Diesseits das bleibende Jenseits.» Das
Bewußtsein schafft im Inneren der Dinge, das für es noch leer ist, das
Heilige. Das Selbstbewußtsein verdoppelt sich zu Herrschaft und
Knechtschaft. Damit entsteht ungleiches Anerkennen, Abhängigkeit
und der Erscheinungen mehr, die als religiös gelten. Knechtschaft «hat
die Furcht des Todes, des absoluten Herrn, empfunden». Das Selbstbewußtsein gerät tiefer in die Strudel der Dialektik. Es sucht sich eine
äußere – stoische – Freiheit und den – skeptischen – Widerspruch zu
erringen, und während es sich frei von äußerem Zwang und rein
von falscher Meinung glaubt, erfährt es sich als unglückliches Bewußtsein.

Von gesättigter Anschauung und analytischer Schärfe sind die Schilderungen aus dem religiösen Umfeld, die der Frommen und der Selbstge-
rechten: «Das Herzklopfen für das Wohl der Menschheit geht darum in
das Toben des verrückten Eigendünkels über, in die Wut des Bewußtseins, gegen seine Zerstörung sich zu erhalten, und dies dadurch, daß es
die Verkehrtheit, welche es selbst, aus sich herauswirft und sie als ein
Anderes anzusehen und auszusprechen sich anstrengt.« Eine tätige Nächstenliebe mit Verstand, ein allgemeines Wohltun, das vor allem Sache des
Staates sei, wird von unverständiger, schädlicher Liebe abgegrenzt. Gegenüber dem Vernünfteln des einzelnen wird die Allgemeinheit des
Rechts behauptet, der Geist als «das sittliche Leben eines Volks» begriffen, als «das Individuum, das eine Welt ist».

Die Konflikte des Handelns in der sittlichen Welt, Schuld und Schicksal, werden an der griechischen Tragödie, der *Antigone* und dem *König
Ödipus* des Sophokles veranschaulicht, wie es später noch einmal im
Kapitel Kunstreligion geschehen wird. Entschieden der eigenen Epoche
nähert sich die Analyse der Welt des sich entfremdenden Geistes, der Bil-
dung, und mit ihr der Verkehrung der Werte, wobei die 1805 erschienene
Übersetzung von *Rameaus Neffe* von Diderot durch Goethe eine glanz-
volle Verkörperung dieses Zustands lieferte: «Der Inhalt der Rede des
Geistes von und über sich selbst ist also die Verkehrung aller Begriffe und
Realitäten, der allgemeine Betrug seiner selbst und der andern; und die
Schamlosigkeit, diesen Betrug zu sagen, ist eben darum die größte Wahr-
heit.»

Tief in die Auseinandersetzungen des damals gerade vergangenen Jahrhunderts greift das Kapitel ‹Der Kampf der Aufklärung mit dem Aberglauben›. Die naive Aufklärung «weiß den Glauben als das ihr, der Vernunft und Wahrheit, Entgegengesetzte». Hinter der falschen Einsicht
wittert sie böse Absicht. Die Aufklärung «spricht hiervon, als ob durch
ein Hokuspokus der taschenspielerischen Priester dem Bewußtsein etwas
absolut Fremdes und Anderes für das Wesen untergeschoben würde, und
sagt zugleich, daß dies ein Wesen des Bewußtseins sei, daß es daran
glaube, ihm vertraue und sich es geneigt zu machen suche; [...] Sie sagt

unmittelbar das, was sie als ein dem Bewußtsein Fremdes aussagt, als das Eigenste desselben aus. – Wie mag also sie von Betrug und Täuschung sprechen?» In Äußerlichkeiten vermöge man das Volk zu täuschen, sagt Hegel und spielt auf Friedrichs II. von Preußen Preisaufgabe von 1778 an, ob es erlaubt sei, ein Volk zu täuschen, «aber in dem Wissen von dem Wesen, worin das Bewußtsein die unmittelbare Gewißheit seiner selbst hat, fällt der Gedanke der Täuschung ganz hinweg».

Die Formen dieses Wesens der Gewißheit seiner selbst ändern sich jedoch innerhalb der geschichtlichen Zeit, und deshalb kann Hegel die Aufklärung bis in ihre Paroxysmen in der Französischen Revolution, ‹die absolute Freiheit und der Schrecken›, verfolgen und von dort in die deutsche Enge der moralischen Weltanschauung und der schönen Seele, ehe er die Erscheinungswelt der Religion noch einmal aufrollt. Waren sie da Momente einer Bewegung des Geistes durch die Zeit, so erscheinen sie jetzt als Formen des Selbstbewußtseins des Geistes. Hegel gliedert die Erscheinungen zu einer Reihe, die im Maße zunehmender Bewußtwerdung aufsteigt von der natürlichen Religion über die Kunstreligion zur offenbaren Religion. Dabei ist aber der Gesichtspunkt geringerer oder größerer Richtigkeit oder dogmatischer Geltung religiöser Gedanken ausgeschlossen: «Die Reihe der verschiednen Religionen, die sich ergeben werden, stellt ebensosehr wieder nur die verschiednen Seiten einer einzigen, und zwar jeder einzelnen dar, und die Vorstellungen, welche eine wirkliche Religion vor einer andern auszuzeichnen scheinen, kommen in jeder vor.»

So ist die Reihe der Phänomene, in denen das Göttliche angeschaut wird, eine ideale, die sich durch historische Nachrichten mehr oder weniger bestätigen läßt. Das «Lichtwesen» ist bei den Parsen besonders, aber in vielen frühen Religionen von hoher Bedeutung und dabei rein von materieller Konkretion, aber gestaltlos. Der Fortgang verläuft vom Reinen zum weniger Reinen, er geht über «die Unschuld der Blumenreligion» in den «Ernst des kämpfenden Lebens, in die Schuld der Tierreligion», und führt weiter zum «instinktartigen Arbeiten» des Werkmeisters, der von geometrischen Formen zu organischen, zur Tiergestalt und zur «menschlich geformten Bildsäule» der Götter fortschreitet.

Diese Konzeption ist weit bedeutender, als es die Reihe der identifizierbaren Beispiele von Hegels etwas zufälliger archäologischer Kenntnis vermuten ließe. Und sie führt keineswegs geradlinig zum klassischen Bildungsideal, das sich allenfalls mit einem domestizierten Christentum harmonisieren ließe. Hegel entdeckt mit einem intensiven Blick, ähnlich dem, mit welchem Vico die Entstehung von Recht und Institutionen im imaginativen Chaos der frühen Menschen sah, die Entstehung der selbstbewußten Gestalt in der Arbeit des bildenden Künstlers: «und diese zweideutigen sich selbst rätselhaften Wesen, das Bewußte ringend mit dem Bewußtlosen, das einfache Innre mit dem vielgestalti-

gen Äußern, die Dunkelheit des Gedankens mit der Klarheit der Äußerung paarend, brechen in die Sprache tiefer schwerverständlicher Weisheit aus.»
Diese Ungeheuer werden zu Gedanken. «Der Geist ist Künstler.» Vorhanden sind diese Elemente in jeder Religion, der «wirkliche Geist», der
«in der Kunstreligion das Bewußtsein seines absoluten Wesens hat», ist
nicht irgendein, sondern «das freie Volk, worin die Sitte die Substanz aller
ausmacht». Es ist einer von Hegels genialsten und durch pedantische
Ausdeutung am meisten mißverstandenen Gedanken, die Kunsttätigkeit,
insofern sie wesentlich ist, vorübergehend, aber gänzlich in den Bereich
der Religion aufzunehmen. Die Kunst fängt nicht erst an, wenn sie
Kunstreligion wird, aber noch weniger hört sie auf, wenn sie, durch eine
innerlichere Religion bewogen, aus der plastischen Darstellung des Göttlichen in andere Gattungen drängt oder sich ihrer führenden Rolle durch
die Philosophie enthoben sieht und darauf selbst wieder durch stärkere
Vergeistigung reagiert. Sehr viel wichtiger als die Tatsache, daß Hegel faktisch das Paradigma der klassischen Kunst Griechenlands beschreibt, ist
sein Verfahren, die Phänomene darzustellen, ohne Namen und Werke zu
nennen. Er gibt keine verkürzte Geschichte der Künste im Altertum,
sondern eine Geschichte der Menschheit in ihren sich in Kunstwerken
objektivierenden Erfahrungen. Und er sucht die Erfahrungen dort, wo
sie sich am deutlichsten ausgeprägt haben.
Hegels Versuch, innerhalb der Religion auch die Kunst in Gedanken zu
erfassen, machte sich derart von seinem Urheber unabhängig, daß man
gerade auch bei seinen Gegnern im späteren 19. Jahrhundert darin das
produktivste Mißverständnis von Hegels Philosophie erblicken kann.
Keine Erneuerung griechischen Geistes, aber eine bürgerliche Kunstreligion, die in Herkunft oder Widerspruch auf das Christentum bezogen
blieb, gehört zur Signatur der Moderne, bei Schopenhauer oder Richard
Wagner ebenso wie bei Baudelaire oder Ruskin. Da die Kosmologie keinen Trost mehr bot, wurde der Kunst die im übrigen mißlungene Versöhnung zu leisten zugemutet.
Der griechische Mythos und die aus ihm entstehenden oder von ihm
zehrenden Kunstgattungen, das Epos Homers, die Tragödie und Komödie, die Hymnendichtung, aber auch die Architektur der Tempel und die
Plastik menschengestaltiger Götter sowie das Fest als lebendiges Kunstwerk bezeichnen eine Religion ohne Theologie, eine Religion der Schönheit. Eine Aufspaltung in sakrale und profane Kunst und in der Folge eine
Ablehnung von Kunst als weltlich oder antireligiös war dort nicht denkbar. Und aus der Krise oder dem Bruch dieser vom Mythos getragenen Religion der Schönheit wird die Philosophie hervorgehen. Hegel ist nicht
Geschichtsschreiber dieser Ereignisse, sondern er versucht, den durch ihre
Wirkung bestätigten allgemeinen Gehalt für die Bewegung des sich selbst
bewußt werdenden Geistes herauszuarbeiten. Dabei spielt die Individua-

tion des Künstlers etwa in der Darstellung der *Phänomenologie* eine größere Rolle als in den späteren, ausführlichen *Vorlesungen über Ästhetik*. Der Künstler schafft Götterbilder, die Gegenstand der öffentlichen religiösen Verehrung werden. Aber gerade bei der Bewunderung des von ihm beseelten Werkes durch die anderen erfährt der Künstler, «daß er kein ihm gleiches Wesen hervorbrachte». Er findet darin «nicht den Schmerz seiner Bildung und Zeugung, nicht die Anstrengung seiner Arbeit», und er weiß, «wieviel mehr seine Tat als ihr Verstehen und Reden ist». Je vollkommener das Werk die Gestalt des Gottes repräsentiert, desto stärker macht sich ein Ungenügen an seinem stummen, selbstbewußtseinslosen Dasein geltend. Für Hegel ist es das Kunstwerk selbst, das ein anderes Element seines Daseins erfordert und es in der Sprache findet. Jetzt nicht mehr in der Sprache des Orakels, das der priesterlichen Auslegung bedarf, um verstanden zu werden, sondern in der Sprache, die «das wahre, selbstbewußte Dasein» in der Poesie gewinnt. Diese Sprache macht sich verständlich, sie artikuliert öffentlich das Bewußtsein eines freien Volkes, dessen Bürger zur Beurteilung der Werke aufgerufen sind, die aus dem Mysterium stammen und Teil des Festes als lebendigen Kunstwerks sind.

Der Charakter des Vorübergehens, der Überschreitbarkeit, der ja nicht die Kunst allein, sondern alle Phänomene des Geistes und darunter die Religion betrifft, wird an den Formen der Kunst anschaulich. Das Epos Homers gibt den griechischen Göttern Gestalt, Leben und Leidenschaft. Als Werk der Kunst wird es stets Bewunderung hervorrufen, als Werk des Geistes hat es etwas vollbracht, was etwa dem nordischen Protestantismus abgeht. Diese schöne Vorstellung tut aber dem weiterdrängenden selbstbewußten Geist auf die Dauer nicht Genüge, die tiefer aufgefaßten Konflikte fügen sich nicht mehr in die Harmonie der Erzählung, sondern treten in der Tragödie in Gestalten auseinander und gegeneinander. Nichtsdestoweniger werden zeitlich lange nach der Tragödie Epen verfaßt werden, sogar solche, die nach Hegels Auffassung auf anderem Boden eine Welt in Gedanken erfassen, wie Dantes *Commedia divina*. Und Anspielungen auf Shakespearesche Tragödien können ein Moment erläutern, das in den erhaltenen griechischen Tragödien nicht genügend deutlich zu sein scheint.

Das Schicksal, das in dem «geistigen Kunstwerk» der Tragödie zur Anschauung gebracht wird, «vollendet die Entvölkerung des Himmels», und die Religion der Kunst stößt mit der Komödie (des Aristophanes) als Höhepunkt bewußter Individualität an ein höchst vergnügliches Ziel, bei welchem allerdings ein unglückliches Selbstbewußtsein zurückbleibt. «Es ist das Bewußtsein des Verlustes aller Wesenheit in dieser Gewißheit seiner und des Verlustes eben dieses Wissens von sich – der Substanz wie des Selbsts, es ist der Schmerz, der sich als das harte Wort ausspricht, daß Gott gestorben ist.»

«Den Werken der Muse fehlt die Kraft des Geistes, dem aus der Zermalmung der Götter und Menschen die Gewißheit seiner selbst hervorging.» Die Werke der Kunst sind nicht mehr, was sie einst gewesen sind, als sie religiöse Geltung hatten. Aber sie sind nicht weniger, sondern als «Er-innerung des in ihnen noch veräußerten Geistes» mehr als zu ihrer eigenen Zeit. Von diesem Verfahren ist die offenbare Religion nicht ausgenommen. Ihren Inhalt bestimmt Hegel als «Menschwerdung des göttlichen Wesens, oder daß es wesentlich und unmittelbar die Gestalt des Selbstbewußtseins hat». Auch diese, die absolute Religion, ist erst noch auf dem Wege dazu, Wissen des Selbstbewußtseins zu werden, und ihrerseits überschreitbar. Auch Elemente christlicher Mythologie allegorisiert Hegel, so etwa, daß der Geist «eine wirkliche Mutter, aber einen ansichseienden Vater hat».

Die geoffenbarte Religion wird historisch und geschichtsphilosophisch lokalisiert. «Die Hoffnungen und Erwartungen der vorhergehenden Welt drängten sich allein auf diese Offenbarung hin, anzuschauen, was das absolute Wesen ist, und sich selbst in ihm zu finden; diese Freude wird dem Selbstbewußtsein und ergreift die ganze Welt, im absoluten Wesen sich zu schauen; denn es ist Geist [...].» Dieser Prozeß kommt aber im ersten unmittelbaren Bewußtsein nicht an sein Ziel und ebensowenig in der Erinnerung an ein Gewesensein. Hegel, der auch sonst die bloß Geschichte und Kritik betreibende (protestantische) Theologie seiner Zeit ablehnt, muß die Naivität, als ließe sich im Leben Jesu oder in der Verklärung der Urgemeinde der Geist des Christentums finden, als verfehltes Beginnen widerlegen. Dafür gibt er eine dialektische Deutung des Sündenfalls, der Entzweiung im Gedanken, und der Versöhnung durch die Selbsterniedrigung des Göttlichen, die Menschwerdung und den Tod des göttlichen Menschen, der aber die Versöhnung noch nicht vollendet.

«Der vom Selbst ergriffne Tod des Mittlers ist das Aufheben seiner Gegenständlichkeit oder seines besondern Fürsichseins; dies besondre Fürsichsein ist allgemeines Selbstbewußtsein geworden. – Auf der andern Seite ist das Allgemeine eben dadurch Selbstbewußtsein, und der reine oder unwirkliche Geist des bloßen Denkens wirklich geworden.» Es ist die Abstraktion des göttlichen Wesens, die damit stirbt, wodurch dem unglücklichen Bewußtsein das schmerzliche Gefühl entsteht, «daß Gott selbst gestorben ist». Das Heilsgeschehen ist Bewegung des Geistes, und diese Bewegung bedarf zu ihrer Verwirklichung der Gemeinde. Aber die Versöhnung ist auch in ihr noch nicht vollzogen, sie ist «in ihrem Herzen, aber mit ihrem Bewußtsein noch entzweit, und ihre Wirklichkeit noch gebrochen». Der Geist der geoffenbarten Religion bleibt in den Bereichen des Vorstellens und in der Form der Gegenständlichkeit; «sein wirkliches Selbstbewußtsein ist nicht der Gegenstand seines Bewußtseins».

Die Vereinigung als Versöhnung des Bewußtseins mit dem Selbstbewußtsein ist schon geschehen, und auch in der Religion, aber dort nur unvollkommen und vorläufig, «denn die religiöse Seite ist die Seite des Ansich, welche der Bewegung des Selbstbewußtseins gegenübersteht».

Die Religion ist in ihrem ganzen Umfang am Ende der *Phänomenologie des Geistes* Gegenstand der Philosophie geworden. Sie kann die Philosophie nicht ihrerseits begründen oder über sie hinausgelangen, sondern sie bleibt ihrer bedürftig. Daß die Theologie auf das Angebot, das in dieser Philosophie der Religion liegt, nicht eingegangen ist und daß sie die Herausforderung des Gedankens aufzunehmen nicht in der Lage war, ist nur allzu offensichtlich. Aber auch die Hegelinterpretation hat ihre Schwierigkeiten damit, die seit Spinozas *Ethica* erste Philosophie, welche die Religion völlig einbegreift, zu erfassen.

4. Enzyklopädie

Zehn Jahre nach der *Phänomenologie des Geistes* legte Hegel zum Gebrauch für seine Vorlesungen als Grundriß seiner Philosophie die *Enzyklopädie* vor (1817, überarbeitete Fassungen 1827 und 1830). Die gedrängte Darstellung des ganzen Umfangs der Philosophie, die hier in einem Zyklus von Vorlesungen ausgeführt wurde, hat zu außerordentlich knappen und dichten Texten geführt. Auf wenigen Seiten handelt Hegel das abschließende Kapitel des absoluten Geistes ab, nachdem er durch den ganzen Text hindurch immer wieder Andeutungen über die Religion, den künstlichen Gegensatz von Glauben und Wissen, das Verhältnis von Staat und Religion usw. gegeben hat. Schon in den verschiedenen Vorreden wird die Aktualisierung und Politisierung der Religion in der zeitgenössischen Publizistik erkennbar.

Der Aufbau des Kapitels folgt in den wesentlichen Zügen dem der Kapitel ‹Die Religion› und ‹Das absolute Wissen› in der *Phänomenologie*. «Der Begriff des Geistes hat seine Realität im Geiste.» Gewonnen hat er diese Realität auf dem langen Wege durch die Erscheinungen des subjektiven und des objektiven Geistes. Der absolute Geist ist nun Identität, sein subjektives Bewußtsein jedoch seinerseits «in sich Prozeß», dessen Einheit «die Gewißheit von der objektiven Wahrheit ist». Der Geist auf dem Wege dazu, sich in der gelungenen Versöhnung im Ideal klassischer Schönheit anzuschauen, hat die Bedingungen der Naturformen und der künstlerischen Techniken zu überwinden und findet erste Verkörperungen in der Kunst der Erhabenheit, der symbolischen Kunst der orientalischen Völker und der Ägypter, worin der Gedanke mit der Gestalt der unendlichen Form des freien Geistes noch nicht fertig geworden ist und entweder (wie bei Juden und Muslimen) bildlos bleibt oder sich «rastlos und unversöhnt in allen Gestalten herumwirft, indem er sein Ziel nicht finden kann».

Über die *Phänomenologie* hinaus wird nun analog zu diesem Vorher der klassischen Kunst eine «andere Weise aber der Unangemessenheit der Idee und der Gestaltung» zugeschrieben, ihr Nachher in der von Hegel bereits mit der Krise der Spätantike und dem Einbruch des Christentums angesetzten romantischen Kunst der Innerlichkeit. In einer Anmerkung skizziert Hegel die «logische Notwendigkeit» der geschichtlichen Entwicklung und die «systematische Totalität», in welcher die Religion die Wirklichkeit eines Volkes darstellt, in einer Weise, die an die Rolle der Religion in der klassischen Soziologie Durkheims und Max Webers erinnert. In diesen umfassenden Rahmen tritt die Kunst ein. An ihr arbeiten sich, noch unvollkommen, die frühen Religionen ab, und wenn die Kunst vollkommen und ihrer in Freiheit bewußt geworden ist, weist sie jenen Religionen den Untergang an. «Die schöne Kunst hat von ihrer Seite dasselbe geleistet was die Philosophie, – die Reinigung des Geistes von der Unfreiheit.» Diese schöne Kunst ihrerseits «hat ihre Zukunft in der wahrhaftigen Religion».

Die geoffenbarte Religion hat zum Inhalt den absoluten Geist, und Hegel bestimmt ihn dadurch, daß er erkannt werden kann und muß. Dadurch setzt er sich zu allen Frommen und Romantikern, die Gott für unerkennbar ausgeben, in Gegensatz. Er tut es emphatisch und schreibt dem ein gleiches Gewicht zu wie Platons und Aristoteles' Wendung dagegen, daß Gott neidisch sei. Und bei einer geoffenbarten Religion bedeute es zugleich einen Widerspruch in sich selbst, zu sein wie die Heiden, «die von Gott nichts wissen».

Hegel geht nun den gesamten Prozeß des Geistes in seinen verschiedenen Momenten an. Der absolute Geist ist für ihn «Schöpfer Himmels und der Erde», der «aber in dieser ewigen Sphäre vielmehr nur sich selbst als seinen Sohn erzeugt», in ursprünglicher Identität damit bleibt und in sich aufhebender Vermittlung Geist ist. Eine dialektisch begriffene Trinität zerlegt sich nicht in die einzelnen Gestalten, sie ist jeweils Geist in unterschiedenen Momenten des Begriffs. Er ist einmal bei sich selbst bleibender Inhalt, dann Unterscheidung und damit Endlichkeit, die «sich zum Bösen verselbständigt», schließlich «unendliche Rückkehr und Versöhnung». Die drei Momente erscheinen als Allgemeinheit, Besonderheit und Einzelheit, sie entsprechen den Formen des spekulativen Denkens. Und weil das so ist, so erläutert der folgende und letzte Abschnitt ‹Die Philosophie›, ist «der Inhalt der Philosophie und der Religion derselbe».

5. Vorlesungen über die Philosophie der Religion

Hegel hat nicht auf äußere Veranlassung, sondern aus eignem Antrieb die Philosophie der Religion in den Zyklus seiner Vorlesungen aufgenommen. Er hat diese Vorlesungen nach schriftlichen Ausarbeitungen zuerst 1821 in Berlin gehalten und in veränderter Form dort 1824, 1827 und 1831 wiederholt. Eine erste Redaktion seines Manuskripts und verschiedener Nachschriften wurde schon 1832, ein halbes Jahr nach Hegels Tod, von Philipp Marheineke publiziert, eine zweite unter Marheinekes Namen von Bruno Bauer 1840.

Inzwischen liegen verschiedene, mehr oder weniger kritische Redaktionen vor, kritische Editionen einzelner und kombinierter Nachschriften, auch mit ausführlichem Kommentar. Wie bei den Jugendschriften ist auch hier zu bemerken, daß sich eine entwickelte Philologie an die von Hegel selbst nicht zur Publikation vorgesehenen Schriften heftet, die ihrerseits nicht den Sachgehalt von Religionsphilosophie erörtert. Die Vorlesungen enthalten Ausführungen der in den publizierten Schriften knapp formulierten Gedanken. Hegel liefert, so wird auch der Stil seiner Vorlesungen beschrieben, die Suche nach dem Gedanken, erläutert ihn durch variierende Paraphrasen und gibt sachliche Informationen aus der wissenschaftlichen Literatur und Kritik und Polemik, sowie Anspielungen auf zeitgenössische politische Zustände.

Im Wesentlichen umgibt Hegel in den Vorlesungen seinen Gedanken mit Meinungen. Dabei können wichtige Klärungen der so knapp gefaßten publizierten Schriften und bedeutende Interpretationen von Werken, die Hegel deutlich vor Augen standen, erscheinen. Im Vergleich zu den vorzüglich redigierten *Vorlesungen über die Ästhetik*, die auch für Hegels Religionsphilosophie von höchster Bedeutung sind, sind die *Vorlesungen über die Philosophie der Religion* als Text problematisch, obwohl sie durch die Editionsarbeit sehr gewonnen haben. In der Ästhetik charakterisiert Hegel einzelne Werke, aus teils vorzüglicher Kenntnis und mit häufig überraschenden, bedeutenden Einsichten. In der Darstellung der Religion muß er ihre Erscheinungen zusammensetzen, aus Reiseberichten, aus Beschreibungen der Missionare, aus Übersetzungen exotischer Literatur und aus antiquarischer Forschung. Mithin ist der Spielraum des Unsicheren, Zufälligen, der Mißverständnisse sehr viel größer. Die Kenntnis der gründlich und schon mit jugendlicher Begeisterung studierten griechischen Klassiker, die von seinem Denken Besitz ergriffen haben, konstrastiert mit der Beziehung zu gelegentlich unwillig zur Kenntnis genommenen Werken und der entsprechenden Ablehnung der *Bhagavad-Gita* oder der Schätzung der mystischen Poesie des Dschelaleddin Rumi. Dort greifen auch parteiliche und politisierte Stellungnahmen in die ästhetische und philosophische Würdigung ein. Durch die Romantiker und durch Friedrich Schlegel, den Hegel verabscheut wie dieser ihn, war die indische Philosophie und Religion katholisch gefärbt und vereinnahmt worden, während die arabisch-persische Welt, der Goethe im *West-östlicher Divan* seine Sympathie bekundete, einschließlich der des Alten Testaments für eher protestantlich galt.

Es ist deutlich, daß eine philosophische Kritik der Kunst und vor allem der Werke der Poesie sehr viel stärker entwickelt war als eine umfassende Religionswissenschaft, und daß sie Hegel ebenso wie seine Zeitgenossen auch mehr beschäftigte. Auffällig ist die fast völlige Abwesenheit theologischer Literatur. Werden Fragen religiöser Moralität erörtert, so steht zwischen dem Text der Bergpredigt und Reflexionen von Kant fast

nichts. Hier und da ein Gedanke aus mystischer Literatur, kein Kirchenvater, nicht einmal Augustinus, kein Duns Scotus und Thomas von
Aquin, die auch in der Geschichte der Philosophie bei Hegel schlecht
wegkommen. Das Mittelalter ist lediglich durch Anselm von Canterbury
mit seinem Gottesbeweis präsent. Die Theologie seiner jugendlichen
Schriften hat er aus guten Gründen beiseite gelassen, die spätere nimmt er
nicht zur Kenntnis, und wenn er dagegen polemisiert, die Religion auf
das Gefühl zu gründen, so meint er zwar Schleiermacher, aber ihn beschäftigt nur die falsche Haltung, der Ungedanke darin, nicht eine Argumentation.

Die Vernachlässigung theologischer Arbeit ist gewiß für das Unvermit-
telte, gelegentlich Krude des Gedankengangs und der Stellungnahmen
verantwortlich. Sehr viel stärker als in den *Vorlesungen über die Ästhetik*
wird die akademische Situation hörbar, Polemik und unvermittelt Lehr-
haftes nebeneinander bei einer oft nicht durchgearbeiteten Darstellung
des Gegenstands. Demgegenüber sollte man den Reichtum an Einsichten
und die Bedeutung des Gedankens, der mit dem Material und dem Ausdruck ringt, nicht übersehen. Und die Befreiung von aller Theologie, um
zu einer Philosophie der Religion zu kommen, ist ebenso bemerkenswert
wie kaum gewürdigt.

Hegel entwickelt, mit dem gleichen Recht, mit dem er über Homer
und Sophokles spricht, seine Interpretation des Evangeliums. Die Theologie ist dabei, wie Philologie und Historie, entweder Wissenschaft, über-
prüfbar und von allgemeiner Geltung, oder sie versteigt sich zu «apriori-
scher Verfahrensweise», zu Fiktionen, und dann ist die Philosophie eine
«lästige Nachbarin», wie Hegel es in der *Enzyklopädie* mit Blick auf
Niebuhr einmal darstellt. Es gibt keine eigene theologische Einsicht, unabhängig von der allgemeinen Vernunft, und für die Religion scheint es
besonders geboten, daß ihr Gehalt gedacht und zu Wissen werde.

IV. Wirkung

Hegels Religionsphilosophie ist, so knapp sie in den publizierten Schriften und so unausgearbeitet sie in den Vorlesungen erscheint, eines der
wenigen Beispiele einer wirklichen Philosophie der Religion. Er hat, wie
es nur Platon und Aristoteles in der Antike und Spinoza in der Neuzeit
taten, die Religion vollständig zu einem Gegenstand der Philosophie gemacht. Ihm ganz allein gehört die Entdeckung an, daß Kunst, Religion
und Philosophie den gleichen Gehalt haben und daß sie Stufen oder Momente einer einzigen Bewegung des Selbstbewußtwerdens des Geistes
sind. Die Religion gehört mit der Kunst und der Philosophie der Welt-
geschichte an. Innerhalb dieser Geschichte sind sie wiederum Momente.
Die frühen Religionen versuchen sich unvollkommen, aber notwendig an

der Kunst, die vollkommene Kunst nimmt die Religion in sich auf, für eine bestimmte Zeit, und in ihrer Krisis entsteht allererst die Philosophie. Alle drei verwandeln sich mit der geoffenbarten Religion, die den vollkommenen künstlerischen Ausdruck überschreitet, ohne doch die Kunst überflüssig zu machen, die selbst die Philosophie verwandelt und ihrer mehr noch als der Kunst bedürftig ist, um begriffen zu werden, um als Selbstbewußtsein gewußt zu werden.

Seit Spinoza hat niemand die Religion so vollständig in die Philosophie aufgenommen, den Zwiespalt von Glauben und Wissen überwunden, wie Hegel es getan hat. Auch die Vorwürfe von seiten der Theologie, Atheismus oder Pantheismus, blieben sich gleich. Die Fruchtbarkeit von Hegels Religionsphilosophie liegt in der prozessualen, geschichtsphilosophischen Deutung der Religion.

Nach Hegels Tod wollte es nicht mehr gelingen, die Religion in die philosophische Arbeit aufzunehmen. Eine Generation, die mit den Mächten einer sie bedrängenden Realität nicht fertig zu werden vermochte, hielt sich kompensatorisch an die Sedimente einer nicht mehr als geistige Tätigkeit betriebenen Philosophie. Der empirische Aufwand und die gelegentlich in das Leben ihrer Verfasser eingreifenden polemischen Stellungnahmen können nicht darüber hinwegtäuschen, daß vermeintliche Verteidigungen wie Destruktionen der Hegelschen Religionsphilosophie das Phänomen Religion reduzieren und die gedankliche Arbeit durch publizistische Geschäftigkeit ersetzen.

Bedrohlich für das Ansehen Hegels in der Folge und für die Chance einer ernsthaften Beschäftigung mit seinen, zum großen Teil erst nach seinem Tode aus Vorlesungsnotizen und -nachschriften redigierten Werken war die Tatsache, daß sich sowohl die konservative «Rechte» der Althegelianer wie die revolutionäre «Linke» der Neuhegelianer in ihrem Streit des Tages auf den verstorbenen Meister beriefen. Dabei wurde offenkundig, daß die theoretische Arbeit des deutschen Idealismus nicht stets mit der wissenschaftlichen Forschung der vergangenen Zeit gleichen Schritt gegangen war. Anders wären die Sensationserfolge bzw. Skandale auf diesem Feld kaum zu erklären. Historische Darstellungen glauben oft, die weitere Entwicklung eines Gedankens zu beschreiben, während die zeitgeschichtliche Realität sich ihnen entzieht. Ohne die politische Instrumentierung der christlichen Konfessionen in der europäischen Politik nach der Französischen Revolution hätten die religionskritischen Schriften dieser Zeit kaum Aufsehen erregen können.

Auf dem Felde der historischen Kritik der neutestamentlichen Überlieferung stellt das *Leben Jesu* (1835) von David Friedrich Strauß einen bescheidenen Beitrag dar. Die Erklärung des christlichen Evangeliums als Produkt einer mythenschaffenden Phantasie wäre ein dürftiges Beispiel philologischen Euhemerismus, wenn sie sich nicht tapfer gegen die orthodoxe Spekulation der hegelschen Rechten und der ihr teilweise zuneigenden Kultusbürokratie zu wehren versuchte. Ohne Erfolg für die Philosophie, wie zuletzt Strauß' Schrift *Der alte und der neue Glaube* (1872) mit einer bedingungslosen Unterwerfung unter den naturwissenschaftlich geprägten Positivismus belegt.

In der gegebenen politischen Situation vor 1848, die von Restauration und «Demagogenverfolgung» geprägt, von Carl von Rotteck in seinem *Staatslexikon* als «Belagerungszustand» beschrieben werden sollte, bedeutete Ludwig Feuerbachs *Wesen des Christentums* (1841) eine von der Jugend enthusiastisch begrüßte Befreiung. Die Reduktion zu Dogmen erhärteter religiöser Phänomene auf die natürlichen anthropologischen Grundbefindlichkeiten bedeutet eine wenig differenzierte Anwendung einer seit Xenophanes betriebenen Priester- mehr noch als Religionskritik. Im Vergleich zu Giambattista Vicos genialer Deutung der «poetischen Religion» der frühen Völker ist Feuerbachs Enthüllung, «daß das Geheimnis der Theologie die Anthropologie» sei (‹Schlußanwendung›), mit allen vorhergegangenen Geheimnissen der Glaubenslehre und der versuchten Vereinnahme Luthers dafür ein bescheidener Beleg für das, was Hegel selbst in der *Phänomenologie des Geistes* als mißglückte Aufklärung beschrieben hat.

Nicht als Anwendung Hegels auf seine Gegenwart, sondern als dessen Kritik nach eigenen soliden theologiekritischen Arbeiten verstand Bruno Bauer seine *Posaune des jüngsten Gerichts über Hegel den Atheisten und Antichristen* (1841) und die als Camouflage gemeinsam mit Arnold Ruge verfaßte Schrift *Hegels Lehre von der Religion und Kunst, vom Standpunkt des Glaubens aus beurteilt* (1842). Im Gewand des Pietisten und mit etwas pausbäckiger Ironie – einer Waffe, die Kierkegaard zur gleichen Zeit schärft und erstmals erprobt – versucht er die Selbstvergöttlichung von Hegels gottlosem Selbstbewußtsein zu entlarven, Hegels Aufhebung der Religion, die ihre Zeit gehabt und ihr Teil geleistet habe, in das denkende Selbstbewußtsein als Zerstörung der Religion zu erweisen. Vor der Frage, welche (historische Form einer nicht mehr lebendigen) Religion Hegel fruchtbar zerstört, versagt Bauers Kritik. Sie entbehrt jedes geschichtsphilosophischen Arguments und jeder vermittelnden Kraft. Bei einer sehr viel höheren Einschätzung Hegels zielt er schärfer als Strauß und Feuerbach auf die von Hegel implizierte Destruktion der Theologie. Dabei bleibt im Gegensatz zu Hegels Religionsphilosophie die Religion mit auf der Strecke.

Die Frage ist, ob sich bei einer notwendig gewordenen Destruktion christlicher Theologie und ihrer im Laufe des 19. Jahrhunderts sich verstärkenden, in ihrer Monstrosität an Byzanz erinnernden Vereinigung von Thron und Altar die Religion oder sogar das Christentum retten lassen. Die von Marx und Engels gemeinsam verfaßte *Heilige Familie, oder Kritik der kritischen Kritik* (1844/45) richtet sich auf dem Boden von Feuerbachs liberalem Humanismus gegen Bruno Bauer und zielt über die

Entlarvung der christlichen Projektion einer «verkehrten Welt» auf die Änderung menschlicher Verhältnisse in einer selbst im Übermaß mythenbildenden technischen Zivilisation.

Durch die polemische Verengung des Begriffs Geschichte auf die Geschichte einer das Weltende und die Innerlichkeit reflektierenden Religion wie das Christentum, das eigentlich seinem Selbstverständnis nach gar keine Geschichte haben dürfte, sich nicht auf die Geschichte der Welt, der ‹Temporalia› und ‹Saecularia›, hätte einlassen dürfen, ergibt sich für Kierkegaard zwangsläufig eine Wendung gegen die Geschichte und zu einer sich doch brillant nach außen darstellenden Innerlichkeit.

In der ursprünglichen Richtung kaum von den Denkern der Aufklärung unterschieden, wendet Nietzsche sich zunächst gegen das als falsch erkannte, forciert anempfundene Christentum seiner Kindheit, das er mit den säkularen Werten kontrastiert, welche die antiken Religionen zu integrieren vermochten. Der mit Machiavellis Kritik christlicher Moral und mit Gibbons weiträumiger Darstellung des Fehlschlags einer christlichen politischen Kultur instrumentierte Angriff auf das Christentum bezieht seine feineren Argumente aus der überlegenen Sachkenntnis von Nietzsches Kollegen und Freund Franz Overbeck. Dessen resigniertes Aufgeben des eigenen Glaubens angesichts christlicher Geschichte führte zu einer heftigen, meist unter Ausschluß der Öffentlichkeit geführten Polemik gegen eine modern sein wollende christliche (und das hieß damals protestantische) Theologie, deren Selbstaufgabe vor der politischen Macht im preußisch geeinten Deutschland offenkundig geworden war. Die Selbstvermittlung des Geistes mit der Religion, die Hegel noch einmal vollzogen hatte, war Geschichte geworden. Der wissenschaftlichen Analyse öffneten sich mit Max Webers Religionssoziologie neue Perspektiven, wobei nicht nur der universale, geschichtlich vermittelte Zugriff auf das Phänomen Religion Hegel nähersteht, als es dem Verfasser bewußt war, sondern ebenso die völlige Trennung von der Theologie.

Günter Figal

SØREN KIERKEGAARD
(1813–1855)

Søren Kierkegaard wäre gewiß nicht einverstanden gewesen, wenn man ihn einen Religionsphilosophen genannt hätte; er selbst hat sich als «religiöser Schriftsteller» verstanden, dessen «gesamte Wirksamkeit [...] in einem Verhältnis zum Christentum steht»,[1] und dem es, seinem Selbstzeugnis nach, um nichts anderes ging, als «ohne Vollmacht» eines kirchlichen Amtes «aufmerksam zu machen auf das Religiöse».[2] Religionsphilosophische Bemühungen hat er demgegenüber für «den systematischen Eifer des gleichgültigen Individuums» gehalten, «die Wahrheiten des Christentums in §§ zu arrangieren», bei dem «die Sorge des unendlich interessierten Individuums in bezug auf sein Verhältnis zu einer solchen Lehre» gar nicht erst aufkommen kann.[3] Dennoch ist es nicht unberechtigt, das Werk Kierkegaards zumindest auch als einen Beitrag zur Klärung des Verhältnisses von Philosophie und Religion und sogar zur philosophischen Klärung der Religion zu lesen. Wo Kierkegaard auf das Religiöse aufmerksam macht und das «unendliche Interesse» des Individuums am Christentum erörtert, bedient er sich auch der begrifflichen Mittel der Philosophie. Die meisten seiner Schriften sind nicht aus der Perspektive des Christentums geschrieben, sondern wollen das Christentum ihren Lesern erst nahebringen; und auch, wo Kierkegaard die Perspektive des Glaubens einnimmt, erörtert er seine Eigentümlichkeit nicht ohne philosophische Begriffe. Damit bestätigt Kierkegaard die Wichtigkeit der Philosophie für die Religion; seine Erörterungen der Religion und des Glaubens haben den Charakter einer Religionsphilosophie, in der die Philosophie immerhin das vorletzte Wort erhalten soll. Daß Kierkegaard sich in seinen Schriften über die Philosophie zum Glauben immer wieder vorarbeiten mußte, erklärt sich nicht zuletzt aus seiner Biographie.

I. Leben

Søren Aabye Kierkegaard wurde am 5. Mai 1813 als der jüngste Sohn des wohlhabenden Kaufmanns Michael Pedersen Kierkegaard in Kopenhagen geboren. Von früh an ist der Vater die ihn beherrschende Gestalt. Er erzieht ihn auf seine Weise im Geist eines pietistischen Christentums, auf eine Weise, die Kierkegaard selbst später «wahnsinnig» nennt: Das Kind «verhebt» sich «an den Eindrücken, unter denen der schwermütige alte Mann [...] selber zusammensank – ein Kind, auf wahnsinnige Weise dazu

verkleidet, ein schwermütiger alter Mann zu sein».[4] Vor allem verhebt
sich das Kind an der Vorstellung, eine Schuld liege auf der ganzen Familie, weil der Vater im Alter von zehn Jahren seinem Gott geflucht hatte
und nun dazu verdammt sei, als letzter seiner Familie zu sterben; Kierkegaard glaubt, wie sein ältester Bruder nicht älter als 34 Jahre zu werden.
Obwohl er dem Wunsch des Vaters entspricht und im Jahr 1830 mit dem
Theologiestudium beginnt, versucht er doch, sich von der «unmenschli-
chen Grausamkeit»[5] des Christentums zu befreien: Er bricht mit dem Vater, und statt sich der Theologie zu widmen, verkehrt er in den Literaten-
kreisen der dänischen Hauptstadt und gibt sich, inspiriert durch Mozarts
Don Giovanni und die Literatur der deutschen Romantik, den Anschein
eines Ästheten, dem sein Leben nur Anlaß zu ironischem Experiment
und unverbindlichem Genuß ist. Aber Kierkegaard ist außerstande, sich
vom Christentum und von seinem Vater wirklich zu lösen; er versöhnt
sich mit dem Vater im Jahr 1838, nimmt nach dessen plötzlichem Tod
auch das Studium wieder auf und schließt es 1840 mit dem theologischen
Examen ab. Im selben Jahr verlobt Kierkegaard sich mit der siebzehnjäh-
rigen Regine Olsen, doch die Verlobung dauert nicht länger als elf Monate; ohne rückhaltlose Offenheit erschien Kierkegaard eine Ehe unmöglich, und ebenso unmöglich erschien es ihm, zu seiner Verlobten von der
eigenen Familiengeschichte und den Jahren des Bohèmelebens zu sprechen. Innerlich löst er sich von Regine Olsen nie.

Nach dem Ende der Verlobung reist Kierkegaard für einige Monate
nach Berlin. Er besucht dort die Vorlesung Schellings zur «Philosophie
der Offenbarung» und begeistert sich anfangs für den letzten großen Vertreter der Philosophie des deutschen Idealismus, die ihn schon während
seiner Kopenhagener Studienjahre geprägt hatte. Doch recht bald ist
Kierkegaard von Schelling enttäuscht. In den verschlungenen Gedankengängen des alternden Philosophen findet er die Fragen und Probleme, die
ihn selbst beschäftigen, nicht wieder; Schelling redet zwar von der
«Wirklichkeit»,[6] aber es ist nicht die Wirklichkeit des Individuums, an
der Kierkegaard «unendlich interessiert» ist. Dafür wird Kierkegaard nun
endgültig frei für die eigene Art des Denkens und Schreibens. Mit *Entweder – Oder* veröffentlicht er 1843 sein erstes Hauptwerk; im selben Jahr
erscheinen *Furcht und Zittern* und *Die Wiederholung*. Dann folgen 1844
Philosophische Brocken und *Der Begriff Angst*, 1845 die *Stadien auf dem
Lebensweg*, 1846 die *Abschließende unwissenschaftliche Nachschrift*. Daneben veröffentlicht Kierkegaard «erbauliche Reden», die anders als die
genannten Schriften eindeutig religiösen Charakter haben. Doch christlich in Kierkegaards Verständnis sind auch die erbaulichen Reden nicht,
und zunächst hatte er auch keineswegs vor, sein Verständnis des Christentums als Schriftsteller zu behandeln; vielmehr wollte er sich nach der
Veröffentlichung der *Abschließenden unwissenschaftlichen Nachschrift*
endgültig um eine Pfarrstelle bemühen. Durch eine kurze Replik, die er

Søren Kierkegaard (1813–1855)

auf eine Rezension der _Nachschrift_ verfaßt hatte, zieht Kierkegaard jedoch die Aufmerksamkeit der satirischen Zeitschrift ‹Der Corsar› auf sich und wird in einer Reihe gehässiger Artikel zum Gespött der Stadt gemacht. Das fordert seine erbarmungslose Kritik der Kopenhagener und der bürgerlichen Gesellschaft im allgemeinen heraus; ins Zentrum von Kierkegaards Angriff gerät dabei das offizielle und, wie Kierkegaard denkt, routinierte und unwahrhaftige Christentum der dänischen Staatskirche. Ihm stellt er sein Verständnis des christlichen Glaubens entgegen; Kierkegaard zufolge ist der Glaube das einzig wahrhaftige Leben des Individuums, des einzelnen, unabhängig von jeder Institution. Seine wichtigsten Schriften aus dieser Phase sind das posthum veröffentlichte _Buch über Adler_, _Die Taten der Liebe_ aus dem Jahr 1847, die 1849 erschienene _Krankheit zum Tode_ und schließlich die _Einübung im Christentum_ aus dem Jahr 1850. Kierkegaards Kritik am offiziellen Christentum wird in seinen letzten Jahren immer radikaler und freilich auch immer stereotyper. Er greift den Bischof von Kopenhagen, Hans Lasse Martensen, an, weil er seinen Vorgänger, den ehemals von Kierkegaard verehrten Jakob Peter Mynster, einen «Wahrheitszeugen» genannt hatte und nach Kierkegaards Überzeugung kein Mensch die Wahrheit des Glaubens «bezeugen» kann. Zuletzt gründet Kierkegaard eine Zeitschrift, ‹Der Augenblick›, um seinen immer maßloser werdenden Ausfällen ein Medium zu verschaffen. Er braucht damit den Rest des väterlichen Vermögens auf, von dem allein er während der Jahre seiner Schriftstellerei gelebt hatte. Im Oktober 1855 bricht Kierkegaard auf der Straße zusammen und stirbt am 11. November.

II. Werk

Das umfangreiche, von nicht weniger umfangreichen Tagebüchern begleitete Werk Kierkegaards hat einerseits den Charakter einer Selbstverständigung: Es arbeitet die Flucht vor der frühen traumatischen Erfahrung des christlichen Glaubens auf und stellt den Versuch dar, den eigenen Glauben anzunehmen; das wiederum geschieht, indem die verschiedenen Ausprägungen eines nichtchristlichen Lebens dargestellt und in ihrer Unhaltbarkeit reflektiert werden. Damit gewinnt das Werk Kierkegaards andererseits den Charakter einer Mitteilung: Es macht seine Leser auf das Christentum «aufmerksam» und verhilft ihnen dazu, ihr eigenes Verhältnis zum Christentum zu reflektieren, um möglicherweise von sich aus in den Glauben zu finden.

1. Die Form des Werks

Die beiden genannten Charakterzüge des Kierkegaardschen Werkes prägen sich in einer eigentümlichen Form aus: Die meisten von Kierkegaards Schriften sind unter Pseudonymen veröffentlicht worden, und zwar keineswegs, um die Identifizierung ihres Autors zu verbergen; Kierkegaard konnte damit rechnen, daß seine Autorschaft den Lesern bekannt war. Die Pseudonyme sollen vielmehr einerseits zu verstehen geben, daß der Autor sich mit den von ihm dargestellten und reflektierten Lebensmöglichkeiten nicht identifiziert; ihre Darstellung und Reflexion ist ihm allein möglich, wo sie im faktischen Leben schon überwunden oder doch zumindest in Distanz gerückt sind. Die pseudonymen Helden bezeugen so gesehen die schriftstellerisch vollzogene und wenigstens ein Stück weit gelungene Selbstverständigung ihres Erfinders; indem Kierkegaard neben den pseudonymen Schriften «erbauliche Reden» unter seinem eigenen Namen veröffentlichte, unterstrich er diese Distanzierung von den pseudonym dargestellten Möglichkeiten des Lebens noch. Andererseits können die als solche durchschaubaren Pseudonyme verdeutlichen, daß ihr Erfinder Lebensmöglichkeiten vorführen und keine faktische Lebensgeschichte erzählen will; sie geben dem Leser Material für den Versuch an die Hand, Klarheit im Hinblick auf sein eigenes Leben zu gewinnen, ohne ihn dabei durch das Vorbild eines als beispielhaft dargestellten einheitlichen Lebens zu beeinflussen. Diesen Effekt hat Kierkegaard noch dadurch verstärkt, daß er die pseudonymen Autoren seiner Schriften zum Teil aufeinander Bezug nehmen läßt und sie so ausdrücklich miteinander vergleichbar macht.

Die Form der Kierkegaardschen Schriften ist von der Literatur der deutschen Romantik und insbesondere von den pseudonymen Erzählungen E. T. A. Hoffmanns beeinflußt. Wichtiger noch ist allerdings der Einfluß Platons, mit dessen Werk Kierkegaard in den Jahren seines Studiums schon früh bekannt geworden war und dem er nicht zuletzt verpflichtet ist, wo er sich mit seinem philosophischen Lieblingsfeind, der systematischen Philosophie des deutschen Idealismus und insbesondere Hegels, auseinandersetzt: Platons Werk präsentiert nicht die einstimmige Position seines Autors, sondern vergegenwärtigt ein Feld von Fragen, in dem verschiedene Personen, von denen keine als Sprachrohr Platons gelten kann, im Dialog miteinander vorgeführt werden. Wie Platon spielt Kierkegaard ein Spiel verschiedener Perspektiven; wie Platon zieht sich Kierkegaard aus dem Spiel seiner pseudonymen Autoren zurück und versteht deren fiktive Darstellung als indirekten Hinweis auf etwas, das jeder Leser für sich zu vollziehen hat. Wie die Platonischen Dialoge schließlich sollen auch die pseudonymen Schriften Kierkegaards den Leser «hineintäuschen in das Wahre»,[7] indem sie als Dichtungen zunächst sein Interesse wecken und sich zugleich in ihrem dichterischen Charakter durchschaubar machen; gerade das Spiel der Schriftstellerei soll auf den Ernst des Lebensvollzugs verweisen.

Zwischen den Platonischen Dialogdichtungen und den pseudonymen Schriften Kierkegaards besteht allerdings ein entscheidender Unterschied: Allein durch ihre dialogische Form geben die Platonischen Schriften zu verstehen, daß das ernsthafte Leben sich letztlich im Gespräch ausprägt, denn aus ihm kann wahrhafte, auch im Handeln leitende Einsicht entspringen; die Platonischen Dialoge wiederholen die Gesprächskunst des Sokrates im Medium des geschriebenen Wortes und lassen zugleich die Verschiedenheit des lebendigen Gesprächs vom Geschriebenen deutlich werden. Zwar hat auch Kierkegaard Sokrates verehrt und sich immer wieder auf ihn berufen; der Gestalt des Sokrates war bereits seine Magisterarbeit gewidmet, und wie Sokrates will auch er selbst keine Lehre vertreten, sondern an dem ansetzen, was man zunächst für gewiß hält, um es dann seiner Unhaltbarkeit zu überführen. Weil Kierkegaard mit seinen Schriften jedoch auf das Christentum aufmerksam machen will, ist das Ziel seiner «indirekten Mitteilung» nicht die im lebendigen Gespräch entspringende Einsicht, sondern der von jeder Einsicht radikal verschiedene Glaube: Was man einsehen kann, muß man nicht glauben, und was geglaubt wird, läßt sich nicht einsehen. Kierkegaards Schriften sind dem Anspruch unterstellt, auf etwas zu verweisen, das schlechterdings uneinsehbar ist; sie wollen nicht nur das vermeintlich Gewisse abbauen, um so zur wahrhaften Einsicht zu führen, sondern plausibel machen, daß man glauben und mit dem Glauben jede Orientierung an Einsicht und Gewißheit hinter sich lassen soll.

Dieser Anspruch des Kierkegaardschen Werkes ist paradox; er widerspricht sich, indem er erhoben wird, denn wenn der Glaube wirklich von jeder Einsicht radikal verschieden ist, läßt sich auch die Notwendigkeit des Glaubens nicht einsehen. Über die Paradoxie seines Anspruchs war Kierkegaard sich völlig im klaren. So hat er weder den Versuch unternommen, sie aufzulösen, noch sie verständlich zu machen – was seinerseits paradox wäre. In immer wieder neuen Anläufen wollte er jedoch mehr oder weniger direkt zeigen, daß die Paradoxie seines Anspruchs unumgänglich ist, weil sich in ihr die Struktur der menschlichen Existenz selbst ausprägt. Mehr oder weniger ausdrücklich sind alle seine Schriften Versuche, diese Struktur – nicht verständlich zu machen, sondern in ihrer unhintergehbaren Paradoxie zu beschreiben; durch die Beschreibung der menschlichen Existenz in ihrer Struktur will Kierkegaard dann auch dem Glauben ebenso seinen Ort anweisen wie seiner schriftstellerischen Erörterung.

2. Die Struktur der menschlichen Existenz

Die Beschreibungen der Struktur menschlicher Existenz, wie Kierkegaards Schriften sie bieten, können nicht auf ein ihnen zugrundeliegendes Schema reduziert werden. Jede Schrift hebt andere Aspekte dieser Struktur hervor, und aus der Sichtweise jedes pseudonymen Helden erscheint sie anders; es gibt keine Beschreibung, die alle anderen restlos in sich aufnehmen würde, denn wer die Struktur der menschlichen Existenz beschreibt, hält sich beschreibend in dieser Struktur; er bezieht ihr gegenüber keine «objektive» Einstellung, sondern vollzieht sie auf eine bestimmte Weise.

Dennoch kommt für die Beschreibung der Struktur menschlicher Existenz einer von Kierkegaards Schriften besondere Bedeutung zu: Der *Krankheit zum Tode.* In ihr ist die Struktur der menschlichen Existenz am reichsten herausgearbeitet, weil sie aus der idealisierten Perspektive des christlichen Glaubens geschrieben ist. Diese Perspektive nimmt Kierkegaard nicht für sich selbst in Anspruch, sondern leiht seine Feder dem pseudonymen Autor Anti-Climacus. Anti-Climacus ist, wie Kierkegaard in seinem Tagebuch notiert, «Christ [...] in außerordentlichem Maße»,[8] jemand also, der im Glauben nicht einfach nur lebt, sondern aus ihm heraus argumentiert – und darin den Glauben auch wieder verfehlt,[9] denn der Glaube, wie Kierkegaard ihn versteht, hat alle Einsicht hinter sich gelassen. Anti-Climacus hingegen verbindet die Perspektive des Glaubens mit der einer philosophischen Einsicht in die Struktur der menschlichen Existenz und will so deutlich machen, wie beides sich zueinander verhält. Er ist das Gegenstück zu Johannes Climacus, dem Autor der *Philosophischen Brocken* und der *Abschließenden unwissenschaftlichen Nachschrift,* der sich auf den Glauben nur in philosophischen Überlegungen zubewegen konnte, ohne ihn zu erreichen – und auch, ohne ihn erreichen zu wollen.[10]

Die menschliche Existenz in ihrer Struktur bezeichnet Anti-Climacus als «das Selbst». Das Selbst wiederum versteht er als «ein Verhältnis, das sich zu sich selbst verhält, oder das im Verhältnis, daß das Verhältnis sich zu sich selbst verhält».[11] Diese gedrängte und gewiß auch mißverständliche Formulierung läßt sich am besten verdeutlichen, indem man die beiden in ihr geltend gemachten Momente des «Selbst» voneinander unterscheidet. Der Mensch, verstanden als «Selbst»«, ist einerseits ein Verhältnis, er ist, wie es auch heißt, «eine Synthesis», und zwar von Endlichkeit und Unendlichkeit, von Möglichkeit und Notwendigkeit, von Zeitlichem und Ewigem. Der Mensch ist außerdem dadurch charakterisiert, sich in der «Synthesis», die er ist, zu verhalten. Die entscheidende Pointe von Anti-Climacus liegt freilich darin, daß er die beiden Aspekte des «Selbst», das Verhältnis und das Verhalten, in ihrer Zusammengehörigkeit betrachtet: Die Struktur der menschlichen Existenz ist niemals nur gegeben, sondern sie wird vollzogen und prägt sich, je nach der Weise des Vollzugs, verschieden aus.

Dem Vollzug der menschlichen Existenz, wie Anti-Climacus ihn versteht, ist es nun eigentümlich, die Momente, durch die er geprägt ist, niemals zugleich realisieren zu können. Aus eigener Kraft ist kein Mensch im Vollzug seines Lebens zugleich endlich und unendlich, möglich und notwendig, zeitlich und ewig, sondern er vernachlässigt in den drei Formen des Verhältnisses jeweils eines der beiden Momente.

Um zu verstehen, was das genauer heißt, muß man sich klarmachen, wie Anti-Climacus die von ihm unterschiedenen Momente der «Synthesis» im einzelnen erläutert. Die Endlichkeit ist für ihn die jeweilige Bestimmtheit und Begrenztheit des menschlichen Lebens, das also, was man, in welcher Hinsicht auch immer, *ist*. «Unendlich» ist demgegenüber, was man nicht ist, und das ist unbegrenzt viel. Sofern man nun das, was man nicht ist, sein kann, ist es «möglich», so daß das Verhalten in der Möglichkeit darin besteht, etwas sein zu wollen, was man nicht ist. Demgegenüber besteht das Verhalten in der Endlichkeit und Notwendigkeit darin, sich dem, was man ist, zu beugen. Wer sich nur an das hält, was er ist, leidet an einem Mangel an Unendlichkeit und, weil er nichts anderes sein will, als er ist, an einem Mangel an Möglichkeit; wer seine Bestimmtheit und Begrenztheit nicht sieht, leidet an einem Mangel an Endlichkeit und, sofern er immer anders sein will, als er ist, auch an einem Mangel an Notwendigkeit.

Beide Formen des Mangels müssen dem, der an ihnen leidet, nicht ausdrücklich werden, ebensowenig wie man auch einen körperlichen Mangel unter allen Umständen spürt. Wo der Mangel in der eigenen Existenz nicht empfunden und nicht gewußt wird, bleibt allerdings auch verborgen, daß man ein Verhältnis, eine Synthesis ist. Indem der Mangel erfahren wird, tritt auch die Synthesis der menschlichen Existenz hervor, und zwar so, daß sie nun in den beiden Momenten des Zeitlichen und des Ewigen erscheint: «Zeitlich» ist alles, was Anfang und Ende hat, alles Bestimmte also, das man ist oder als eine Möglichkeit zu sein anstrebt, und solange man lebt, ist man auf nichts Derartiges beschränkt; man ist nicht nur das, was man in der Zeit erlebt. Vielmehr ist man ebenso «ewig», und zwar in dem Sinne, daß die eigene Lebendigkeit immer auf zeitlose Weise präsent ist. Gemäß der Unterscheidung von Anti-Climacus ist zwar das Erlebte, nicht aber das Erleben selbst zeitlich.

Der Mangel in der eigenen Existenz tritt hervor, indem man darauf aufmerksam wird, daß nichts von dem, was man ist oder sein will, die zeitlose Präsenz der Lebendigkeit erfüllt. Über alles Bestimmte ist man in der eigenen zeitlosen Präsenz immer schon hinaus, und sobald man auf sie einmal aufmerksam geworden ist, kann man sich auch bei nichts Bestimmtem im Leben mehr beruhigen; im Hinblick auf die Unbestimmtheit und Offenheit der eigenen zeitlosen Präsenz wird alles Bestimmte fraglich. Auf diese Erfahrung kann man grundsätzlich in zweifacher Weise reagieren: Man kann versuchen, die eigene Lebendigkeit in ihrer zeitlosen Präsenz zu verleugnen und sich ganz an das Zeitliche halten zu wollen; oder man kann versuchen, über das Zeitliche insgesamt zu verfügen und es derart in die eigene Lebendigkeit zu integrieren. Das erstere gelingt nicht, weil man in seiner Lebendigkeit niemals auf das Erlebte und Erlebbare beschränkt ist; das letztere nicht, weil sich die eigene Lebendigkeit niemals durch das Zeitliche erfüllen läßt, wie entschieden man auch den Versuch macht, immer wieder auf andere Weise ein Bestimmter zu sein. Beide Male bleibt man doppelt in der Struktur der eigenen Existenz gefangen: Man will im Hinblick auf die eine Seite der Synthesis nicht sein, wie man ist, und es im Hinblick auf die andere Seite doch sein; man wehrt sich einerseits gegen die eigene Existenz und will andererseits doch existieren. Oder, mit Anti-Climacus gesagt: Man will «verzweifelt» man selbst sein, indem man nicht man selbst sein will. Aus eigener Kraft existieren zu wollen, ist «Verzweiflung».

Die Diagnose der Verzweiflung, wie Anti-Climacus sie entwickelt, ist von ihm mit einer Reihe von Fallbeschreibungen illustriert, in denen sich unschwer Lebensmöglichkeiten wiedererkennen lassen, die Kierkegaard auch in seinen früheren Schriften dargestellt hatte. So begegnen hier die rastlos mit dem eigenen Leben experimentierende «ästhetische» Existenz, es begegnet der Versuch, im «Ethischen» ein allgemeines Leben zu führen, die Melancholie des Fatalisten ebenso wie die Selbstgenügsamkeit des Spießbürgers. Alle diese Formen der Verzweiflung werden im ersten Abschnitt der *Krankheit zum Tode* nur «psychologisch», das heißt allein unter menschlichen Gesichtspunkten, beschrieben. Als Verzweiflung erscheinen sie, weil es in ihnen nicht gelingt, die beiden Momente des synthetischen Selbst gleichermaßen zur Geltung zu bringen, und ebensowenig, das jeweils vernachlässigte Moment loszuwerden.

Es ist nun kein Zufall, daß Anti-Climacus seine eindrucksvollsten Beschreibungen der Verzweiflung im Rekurs auf die beiden Momente des Zeitlichen und des Ewigen entwickelt. Mit diesen Momenten ist die Struktur der menschlichen Existenz, wie Anti-Climacus sie versteht, erst wirklich angemessen bestimmt. Bei ihrer Erörterung wird endgültig klar, daß Endlichkeit und Unendlichkeit, Notwendigkeit und Möglichkeit, das Zeitliche und das Ewige keine drei voneinander unabhängigen Begriffspaare sind, sondern verschiedene Fassungen derselben Synthese unter verschiedenen Gesichtspunkten: Die ersten beiden Bestimmungen heben am «Selbst» den Aspekt des Seins hervor; mit ihnen ist gesagt, was man ist und nicht ist. Die zweiten beiden Bestimmungen heben den Aspekt des Willens hervor und berücksichtigen damit, daß das, was man ist bzw. nicht ist, niemals ein für alle Mal festliegt, sondern durch den einzelnen selbst entschieden wird. Erst die beiden dritten Bestimmungen erfassen jedoch, daß man sich «zu sich selbst» verhält, und deshalb werden auch die anderen Bestimmungen durch sie erst als Bestimmungen des «Selbst» einsehbar: Sie erfassen, daß man sich nicht nur zu den jeweiligen Möglichkeiten des Existierens und ihren Grenzen verhält, sondern die Existenz in ihrem prekären Zusammenspiel von Offenheit und Begrenztheit selbst verstehen kann. Ein solches Selbstverständnis ist klarerweise erst möglich, wo man nicht mehr naiv oder «unmittelbar» im jeweiligen Sein befangen ist, sondern die Erfahrung des Unbestimmten in der eigenen Existenz macht.

Dieses Unbestimmte spielt auch in den Schriften der Vorgänger von Anti-Climacus eine zentrale Rolle: Vigilius Haufniensis nennt es in *Der Begriff der Angst* das «Nichts»,[12] Johannes Climacus spricht in den *Philosophischen Brocken* vom «Unbekannte[n], an dem der Verstand sich in seiner paradoxen Leidenschaft stößt».[13] Aber während Haufniensis die Erfahrung des Unbestimmten in seiner religiösen Bedeutung lediglich anspielt, indem er sie dichterisch am Sündenfall Adams darstellt, und während Climacus das Unbekannte mit dem Namen «Gott» benennt, ohne sich auf die weiteren Konsequenzen dieser Benennung einlassen zu wollen, will Anti-Climacus zeigen, daß man der Erfahrung des Unbestimmten im «Selbst» nur glaubend entspricht; man wird dieser Erfahrung nur gerecht, wo man sie nicht selbst zu bewältigen versucht.

3. Der Glaube

Im zweiten Abschnitt seiner Schrift betrachtet Anti-Climacus «das Selbst Gott gegenüber»,[14] und er zeigt, daß dies eine Umdeutung der Verzweiflung zur Sünde einschließt. Die Sünde aber kann von Gott vergeben werden, während man die Verzweiflung immer nur aus eigener Kraft zu überwinden versucht und sich dabei um so tiefer in sie hineinarbeitet. Nur im Glauben kann man wirklich das Selbst sein, das man ist, während man als Ungläubiger immer «ein Selbst der Möglichkeit nach»[15] bleibt; nur im Vollzug des Glaubens lassen sich die beiden Momente der Synthesis im Leben verwirklichen, während man als Ungläubiger immer von einem der beiden Momente des eigenen «Selbst» verschieden bleibt und so nicht wirklich ist, was man doch sein kann.

Es ist allerdings, wenn man Anti-Climacus folgt, nicht einfach der Glaube an einen Gott, sondern nur der Glaube an Jesus Christus, in welchem das Selbst in seiner ganzen Wirklichkeit vollzogen wird. Jesus Christus, der Mensch gewordene Gott, ist selbst durch die Synthesis von Endlichem und Unendlichem, Notwendigkeit und Möglichkeit, Zeitlichem und Ewigem charakterisiert, und zwar auf einzigartige Weise: Jesus Christus ist jeweils das eine Moment der Synthese, indem er das andere ist. In der gläubigen Aufmerksamkeit auf Jesus Christus hält man sich an etwas Zeitliches, also Endliches und in seiner Bestimmtheit Notwendiges, das nicht relativ zu anderem Zeitlichen steht, sondern als das Unendliche,

Mögliche und Ewige der zeitlosen göttlichen Gegenwart geglaubt wird. Im Glauben wird so gesehen das Unendliche, Mögliche und Ewige realisiert, indem man es in der zeitlichen Gestalt des Mensch gewordenen Gottes annimmt. Aus diesem Unendlichen, Möglichen und Ewigen gewinnt man zugleich seine eigene Endlichkeit, Notwendigkeit und Zeitlichkeit, indem man sich von Gott als dem Vergeber der Sünde angenommen glaubt. Gott «begreift», wie Anti-Climacus sagt, «die Wirklichkeit selber, alles einzelne«,[16] das heißt: Für ihn, dem in seiner ewigen Unendlichkeit alles möglich ist, kann das Endliche in seiner notwendigen Begrenztheit in der Zeit bestehen, ohne durch das ihm gegenüber verschiedene Unendliche relativiert und bedroht zu sein. Relativiert und bedroht ist es nur, wo es im eigenen Vollzug des Lebens realisiert werden soll und so immer wieder als das Verschiedene gegenüber der Unendlichkeit dieses Vollzugs erscheint. Erst im Glauben kommt damit auch die Leidenschaft für das Unbestimmte ins Ziel, durch welche man sich als «Selbst» entdeckt und ohne den Glauben immer wieder aufs neue in die Unruhe der Verzweiflung getrieben wird.

Anti-Climacus zufolge unterscheidet sich also die gläubige Existenz von der nichtgläubigen dadurch, daß in ihr die Existenz selbst in ihrer Struktur angenommen wird: Glaube ist der immer wieder neu zu leistende Verzicht darauf, diese Struktur einzusehen und, geleitet von der Einsicht, zur Einheit zu gestalten; er ist der «Sprung»[17] aus der eigenen Existenz, um so im Loslassen sie erst zu gewinnen. Der Glaube ist der einzig angemessene, aber keineswegs zwingende, sondern sogar uneinsehbare Vollzug der menschlichen Existenz. Der Glaube ist so paradox wie die menschliche Existenz selbst: Daß Gott Mensch geworden ist, läßt sich nicht verstehen, es ist, wie Anti-Climacus in seiner zweiten Schrift, der *Einübung im Christentum*, herausstellt, «das absolute Paradox»; und paradox ist die menschliche Existenz darin, daß jede Einsicht in ihre Struktur sich immer nur in einem Verhalten ausprägt, das dieser Struktur gerade nicht entspricht. Daß die Einsicht in die Struktur der menschlichen Existenz so zu bewerten ist, fällt jedoch auf das Unternehmen des Anti-Climacus selbst zurück, denn Anti-Climacus ist ja gerade um diese Einsicht bemüht.

4. Religion und Philosophie

Kierkegaards Anti-Climacus ist sich über den prekären Charakter seines Versuchs, eine Einsicht in die Struktur der menschlichen Existenz mit der Perspektive des Glaubens zu verbinden, durchaus im klaren. Zu Beginn des zweiten Abschnitts der *Krankheit zum Tode* gesteht er ein, daß seine Beschreibung dieser Struktur, christlich betrachtet, Sünde ist: Wo man die Verzweiflung reflektiert, bleibt man noch an sie gebunden, denn ohne eine gewisse Verliebtheit in die Verzweiflung ist ihre Reflexion nicht

möglich. Auf der anderen Seite ist sein Verhältnis zum christlichen Glauben das eines Schriftstellers; es ist in dem Sinne «ästhetisch», daß er sich
zum Glauben in der Phantasie verhält, statt ihn einfach nur zu vollziehen.
Anti-Climacus steht als Figur in der Spannung zwischen der Philosophie
und der christlichen Religion. Er trägt diese Spannung aus, indem er seine
philosophische Bestimmung der menschlichen Existenz in ihrer Struktur
auf die Perspektive des Glaubens bezieht und umgekehrt dem Glauben
seinen Ort in der Orientierung an der philosophischen Bestimmung des
«Selbst» zuweist. Ohne die mögliche Lösung des Existenzdilemmas im
Glauben bliebe einerseits der Gedanke einer «Wirklichkeit» des Selbst, in
der beide Synthesemomente gleichermaßen realisiert sind, eine Illusion,
von der man sich zugunsten einer «tragischen» Sicht der Existenz verab-
schieden müßte – zugunsten einer Sicht also, für die der Hinweis auf die
Unvollendetheit des menschlichen Lebens das letzte Wort wäre; ohne die
Beschreibung des Selbst in seiner Struktur wäre es andererseits Anti-Climacus unmöglich, auf die Wichtigkeit des Glaubens aufmerksam zu machen. Der christliche Aspekt seiner Schrift führt ihn zu einer «negativisti-
schen»[18] Beschreibung der menschlichen Existenz: Beschrieben werden
kann diese nur in den verschiedenen Formen ihres Scheiterns. Der philosophische Aspekt führt ihn zu einer Beschreibung des Glaubens, durch
welche dieser um nichts verständlicher, sondern gerade in seiner radikalen Unverständlichkeit herausgestellt wird. Die Religionsphilosophie des
Anti-Climacus ist ein Konzentrat von Kierkegaards Werk überhaupt: Sie
ist kein in sich Geschlossenes und Ganzes, sondern sie lebt aus der unauf-
gelösten und wohl auch unauflösbaren Spannung ihrer Perspektiven. So
wird sie der Eigenständigkeit der Religion ebenso gerecht wie dem philosophischen Anspruch, diese nicht fraglos hinzunehmen; beides aber
realisiert die Religionsphilosophie des Anti-Climacus allein, indem sie
Religion und Philosophie aufeinander abbildet und zugleich die Fragwür-
digkeit einer solchen Abbildung deutlich macht. Sie nimmt sich selbst zurück, um der Fraglosigkeit des Glaubens Platz zu machen und will auf die
Fraglosigkeit des Glaubens verweisen, indem sie sich zurücknimmt. Dadurch wiederum erscheint der Glaube als das Fragwürdigste. Anti-Climacus arbeitet die Kluft zwischen Glaube und Wissen in unüberbietbarer
Radikalität heraus.

III. Wirkung

Die Wirkung Kierkegaards ist im einzelnen unübersehbar. Sein Werk hat
Dichter wie Hendrik Ibsen und August Strindberg, Rainer Maria Rilke,
Franz Kafka und Ernst Jünger, Max Frisch und Friedrich Dürrenmatt beeindruckt, es hat Philosophen wie Martin Heidegger, Karl Japsers, Theo-
dor W. Adorno, Ernst Bloch, Martin Buber und Franz Rosenzweig ge-

prägt und Theologen wie Karl Barth, Emil Brunner und Rudolf Bultmann beeinflußt. Die Philosophen und Theologen, die von Kierkegaard gelernt haben, bewegen sich allerdings häufig in der Spannung von Religion und Philosophie, ohne sie als solche zu bewältigen. Bei aller Verschiedenheit der unter Kierkegaards Einfluß entwickelten philosophischen Konzeptionen ist für sie bezeichnend, daß in ihnen die Struktur der menschlichen Existenz und die Beschreibung verschiedener Lebensformen im Zentrum steht, während der Anspruch des religiösen Schriftstellers weitgehend abgeblendet bleibt; demgegenüber ist in der Theologie die Radikalität von Kierkegaards Auffassung des Glaubens vorwiegend daraufhin befragt worden, ob sie als Alternative zu seiner «anthropologischen» Beschreibung des «Selbst» gelten müsse oder nicht. Hält man sich an Kierkegaards Werk im ganzen, ist diese Frage unentscheidbar; seine Überzeugungskraft ebenso wie seine Schwäche liegen darin, daß er das Verhältnis von Philosophie und Religion auf kunstvolle Weise in der Schwebe hält. Dadurch bezeugt es die Überzeugungskraft und die Schwäche des Glaubens selbst – die Überzeugungskraft und die Schwäche einer Religion, die ihren Ort nur im Lebensvollzug des einzelnen hat.

Anhang

ANMERKUNGEN UND LITERATUR

FRIEDRICH NIEWÖHNER: EINLEITUNG

Anmerkungen

1 Stellvertretend hier: *Mahlmann, T.*: Was ist Religionsphilosophie? Versuch einer Ortsbestimmung, in: *O. Kaiser* (Hrsg.): Denkender Glaube. Festschrift Carl Heinz Ratschow, Berlin/New York 1976, 309–330 (mit weiterführender Literatur).

2 *Przywara, E.*: Religionsphilosophie katholischer Theologie, München/Berlin 1927.

3 *Rahner, K.*: Hörer des Wortes. Zur Grundlegung einer Religionsphilosophie (1941), München ²1963.

4 *Welte, B.*: Religionsphilosophie, Freiburg/Basel/Wien (1978), ³1980.

5 *Schaeffler, R.*: Religionsphilosophie, Freiburg/München 1983. Vgl. von *R. Schaeffler* auch: Die Wechselbeziehungen zwischen Philosophie und katholischer Theologie, Darmstadt 1980.

6 *Brunner, E.*: Religionsphilosophie evangelischer Theologie, München/Berlin (1927), ²1948.

7 *Tillich, P.*: Religionsphilosophie, Berlin 1925 (= Ges. Werke, Bd. I, Stuttgart ²1959).

8 *Mann, U.*: Theologische Religionsphilosophie im Grundriß, Hamburg 1961; *ders.*: Einführung in die Religionsphilosophie, Darmstadt 1970.

9 *Trillhaas, W.*: Religionsphilosophie, Berlin/New York 1972.

10 *Hubbeling, H. G.*: Einführung in die Religionsphilosophie, Göttingen 1981; vgl. *ders.*: Principles of the Philosophy of Religion, Assen 1987.

11 *Menne, E.*: Religionsphilosophie, Düsseldorf 1983.

12 *Dupré, W.*: Einführung in die Religionsphilosophie, Berlin/Köln 1985.

13 *Barth, K.*: Nein! Antwort an Emil Brunner, München 1934.

14 Vgl. die Forschungsberichte zur Religionsphilosophie: *Jaeschke, W.*: Die Flucht vor dem Begriff. Ein Jahrzehnt Literatur zur Religionsphilosophie 1971–1981, in: Hegel-Studien 18 (1983), 295–354; *Engstler, A.*: Aktuelle Themen und Positionen deutschsprachiger Religionsphilosophie, in: Zeitschrift für philosophische Forschung 46 (1992) Heft 2, 278–294; *Dupré, W.*: Neue Arbeiten zur Religionsphilosophie, in: Allgemeine Zeitschrift für Philosophie 17 (1992), Heft 1, 65–86; *Wagner, F.*: Religionsphilosophie und philosophische Theologie, in: Philosophische Rundschau 37 (1990) Heft 1–2, 44–59 (speziell zu Hegels Religionsphilosophie); *Caffarena, J. G.*: Filosofía de la religión. Invitación a una tarea actual, in: Isegoría. Revista de Filosofía Moral y Política 1 (1990), 104–130. Seit 1920 erscheint in Paris auch die «Revue d'Histoire et de Philosophie Religieuses», hrsg. von der Faculté de Théologie Protestante de l'Université des Sciences Humaines de Strasbourg.

15 Vgl. hierzu *Brock, E.*: Religionsphilosophie, hrsg. von *E. Oldemeyer*, Bern 1990, 7.

16 *Falaturi, A.*: Die islamischen Glaubensrichtungen aus religionsphilosophischer Sicht, in: *A. Halder, K. Kienzler, J. Möller* (Hrsg.): Religionsphilosophie heute, Düsseldorf 1988 (= Experiment Religionsphilosophie, Bd. III), 195.

17 *Niewöhner, F.*: Philosophie, jüdische, in: Historisches Wörterbuch der Philosophie, Bd. 7, Basel 1989, Sp. 900–904.

18 *Hirsch, S.*: Die Religionsphilosophie der Juden oder das Prinzip der jüdischen Religionsanschauung, Leipzig 1842 (N.D. Hildesheim 1986).

19 1. Lieferung, Leipzig 1845 (alles Erschienene).
20 *Goldenthal, J.*: Vortrag über das religionsphilosophische Werk Cusari, Wien (8. Mai) 1948.
21 *Kaufmann, D.*: Geschichte der Attributenlehre in der jüdischen Religionsphilosophie des Mittelalters, Gotha 1877. Ähnlich auch *Rosenthal, E.*: Griechisches Erbe in der Jüdischen Religionsphilosophie des Mittelalters, Stuttgart 1960.
22 *Spiegler, J. S.*: Geschichte der Philosophie des Judentums, Leipzig 1890. Die Neuzeit läßt Spiegler mit Spinoza beginnen, das Mittelalter mit dem Talmud.
23 *Bloch, Ph.*: (Samuel David) Luzzatto als Religionsphilosoph, in: S. D. Luzzato. Ein Gedenkbuch zum hundertsten Geburtstag, Berlin 1900; vgl. *Niewöhner, F.:* Vorüberlegungen zu einem Stichwort: «Philosophie, jüdische», in: Archiv für Begriffsgeschichte, Bd. XXIV, Heft 2 (1980), 195–220, speziell 218–220.
24 *Dienemann, M.*: Judentum und jüdische Religionsphilosophie im Urteil heutiger Katholiken, in: Der Morgen, Bd. II, Berlin 1926.
25 *Leisegang, H.*: Die jüdische Religionsphilosophie, in: *ders.*: Religionsphilosophie der Gegenwart, Berlin 1930, 3–15.
26 *Schoeps, H.J.*: Geschichte der jüdischen Religionsphilosophie der Neuzeit, Bd. I, Berlin 1934 (alles Erschienene). Im angelsächsischen Bereich ist zu nennen *Agus, J. B.*: Modern Philosophies of Judaism. A Study of recent Jewish Philosophies of Religion, New York 1941 (Reprint 1970).
27 *Löwith, K.*: Philosophie der Vernunft und Religion der Offenbarung in H. Cohens Religionsphilosophie, Heidelberg 1968.
28 *Mayer, R.*: Zur jüdischen Religionsphilosophie, in: *A. Halder* [a.a.O.], 186–194.
29 *Goodman-Thau, E.*: Spinozas Offenbarungslehre und der nachkantianische Idealismus in der jüdischen Religionsphilosophie Hermann Cohens, in: *H. Delf, J. H. Schoeps, M. Walther* (Hrsg.): Spinoza in der europäischen Geistesgeschichte, Berlin 1994, 332–364.
30 *Cohen, H.*: Religion der Vernunft aus den Quellen des Judentums, Frankfurt ²1929, 39.
31 *Ders.*: Der Begriff der Religion im System der Philosophie, Gießen 1915 (Philosophische Arbeiten, hrsg. von *H. Cohen, P. Natorp*, X. Band, 1. Heft), 43. Auch in dem Referat «Die Errichtung von Lehrstühlen für Ethik und Religionsphilosophie an den jüdisch-theologischen Lehranstalten» (1904) vermeidet Cohen soweit wie möglich den Begriff Religionsphilosophie, sondern spricht lieber von der «Philosophie des Judentums». (Jüdische Schriften, Bd. 2, Berlin 1924, 108–125.)
32 Ibd., 14. Auch *Otto Pfleiderer* läßt die Geschichte der Religionsphilosophie mit Spinoza beginnen: Geschichte der Religionsphilosophie von Spinoza bis auf die Gegenwart, Berlin ³1893.
33 So auch *Hessen, J.*: Die Religionsphilosophie des Neukantianismus, Freiburg 1919, 11–18; vgl. *Lewkowitz, A.*: Die Religionsphilosophie des Neukantianismus, in: Zeitschrift für Philosophie und philosophische Kritik, Nr. 144, 1911. Zu J. Hessen vgl.: *Weber, Ch.*: Der Religionsphilosoph Johannes Hessen (1889–1971). Frankfurt/M. 1994.
34 Vgl. *Niewöhner, F.*: Maimonides. Toleranz und Aufklärung im Mittelalter, Heidelberg 1988 (= Kleine Schriften zur Aufklärung, hrsg. von der Lessing-Akademie, I).
35 Vgl. *ders.*: «Es hat nicht jeder das Zeug zu einem Spinoza». Mendelssohn als Philosoph des Judentums, in: *M. Albrecht, E. J. Engel, N. Hinske* (Hrsg.): Moses Mendelssohn und die Kreise seiner Wirksamkeit, Tübingen 1994, 291–313.
36 Zum «Corpus Hermeticum»: *van den Broek, F., Quispel, G.*: Corpus Hermeticum, Amsterdam 1990; *Quispel, G.* (Red.): De Hermetische Gnosis in de loop der

eeuwen, Baarn 1992. Zu Jean Bodin: *Gawlick, G., Niewöhner, F.* (Hrsg.): Jean Bo-
dins «Colloquium Heptaplomeres», Wiesbaden 1995 (= Wolfenbütteler Forschungen). Zu Jacob Böhme: *Garewicz, J., Haas, A. M.* (Hrsg.): Gott, Natur und
Mensch in der Sicht Jacob Böhmes und seiner Rezeption, Wiesbaden 1994 (= Wolfenbütteler Arbeiten zur Barockforschung, Bd. 24).

37 Dann noch einmal erschienen als 1. Bd. von *v.* Storchenaus «Philosophie der Religion», 7 Bd., Augsburg 1773–1781.

38 *(Sigmund von Storchenau)*: Der Glaube der Christen, wie er seyn soll. Ein philoso-
phisch-theologisch-moralisch-praktisches Werk. Vom Verfasser der Religionsphilosophie, Augsburg 1792; vgl. *ders.* (anonym): Seltenere Urkunden aus dem innern
Archive der Religionsphilosophie, Augsburg 1791.

39 Vgl. zur Begriffsgeschichte *Jaeschke, W.*: Religionsphilosophie, in: Historisches
Wörterbuch der Philosophie, Bd. 8, Basel 1992, Sp. 748–763 (mit weiterführender
Literatur).

40 Nach wie vor ist *Ernst Troeltschs* Untersuchung zu diesem Problem eine empfeh-
lenswerte Lektüre: «Das Historische in Kants Religionsphilosophie. Zugleich ein
Beitrag zu den Untersuchungen über Kants Philosophie der Geschichte», Berlin
1904 (mit Besprechung der Arbeiten zu Kants Religionsphilosophie von K. Fischer,
O. Pfleiderer, A. Schweizer, E. Sänger, G. Hollmann und E. Arnoldt).

41 Vgl. *Schaeffler, R.*: Religion und kritisches Bewußtsein, Freiburg und München
1973.

42 *Jaeschke, W.* (Hrsg.): Religionsphilosophie und spekulative Theologie (Quellen),
Hamburg 1994 (= Philosophisch-literarische Streitsachen Bd. 3.1).

43 Berlin 1930. = Spinoza's Critique of Religion, transl. by E.M. Sinclair, New York
1965. Zu Spinoza vgl. außerdem den Beitrag von *R.* Specht in: Klassiker der Philosophie, hrsg. von O. *Höffe,* München ²1985, Bd. 1, 338–359.

44 In einem Brief an O. Wiegand vom 5.1.1841. Vgl. Sämtliche Werke, hrsg. von *W.*
Bolin, F. Jodl, Bd. 13, ²1964, 55.

45 Vgl. *von Bubnoff, N.*: Russische Religionsphilosophen. Dokumente, Heidelberg
1956; *Massaryk, T. G.*: Zur Russischen Geschichts- und Religionsphilosophie
(1913), 2 Bde., Düsseldorf 1965; *Goerdt, W.*: Russische Philosophie, in: Historisches Wörterbuch der Philosophie, Bd. 7, 1989, 775–781 (mit weiterer Literatur).

46 Graz 1938. Jetzt neu: *Schestow, L.*: Athen und Jerusalem. Versuch einer religiösen
Philosophie, a.d. Russ. übers. von Hans Ruoff, München 1994; vgl. *Baranoff, N.:*
Bibliographie des Œuvres de Léon Chestov, Paris 1975.

47 Schestow schrieb über Solovjev, «den ersten russischen Religionsphilosophen»,
1927/28 einen langen Aufsatz; vgl. Speculation and Revelation, transl. by Bernhard
Martin, Athens/Ohio 1982.

48 *Copleston, F. C.*: Russian Religious Philosophy. Selected aspects. University of
Notre Dame, Indiana 1988; vgl. auch *Kosslowski, P.* (Hrsg.): Russische Religionsphilosophie und Gnosis: Philosophie nach dem Marxismus, Hildesheim 1992.

49 Vgl. neuerdings hierzu *von Kügelgen, A.*: Averroes und die arabische Moderne.
Ansätze zu einer Neubegründung des Rationalismus im Islam, Leiden/New York/
Köln 1994 (= Islamic Philosophy, Theology and Science. Texts and Studies, Vol.
XIX); *Niewöhner, F., Sturlese, L.* (Hrsg.): Averroismus im Mittelalter und in der
Renaissance, Zürich 1994.

50 Die neuere Forschungsliteratur zu Ibn Ṭufail bei *Niewöhner, F.*: Johann Gottfried
Eichhorns Übersetzung des Ibn Tufail (1783) nebst seiner Vorrede zu dieser, in:
W. E. Müller, H. H. R. Schulz (Hrsg.): Theologie und Aufklärung. Festschrift für
G. Hornig, Würzburg 1992, 112–133; außerdem *Fradkin, H.*: The political thought

of Ibn Tufayl, in: *Ch. E. Butterworth* (Hrsg.): The political aspects of Islamic Philosophy, Cambridge/Mass. 1992, 234–261.

51 An neueren Übersetzungen sei verwiesen auf *Al-Ghazālī*: The remembrance of Death and the Afterlife (= Book XL of the Revival of the Religious Sciences), transl. by T.J. Winter, Cambridge 1989; *Al-Ghazālī*: Invocations and Supplications (= Book IX of the Revival of the Religious Sciences), transl. by K. Nakamura, Cambridge 1990; *Al-Ghazālī*: The ninety-nine beautiful Names of God, transl. by D.B. Burrell, N. Daher, Cambridge 1992.

52 Vgl. *Walker, P. E.*: The political implications of al-Rāzī's Philosophy, in: *Ch. E. Butterworth* (Hrsg.): The political aspects, a.a.O., 61–94, speziell 76.

53 In der Sondernummer «Aspects de la pensée arabe classisque» der «Revue Philosophique de Louvain» (Tome 87, No. 74, Mai 1989) hat *F. Brion* geschrieben über: Le temps, l'espace et la genése du monde selon Abū Bakr al-Rāzī, 139–164.

54 Vgl. hierzu *Niewöhner, F.*: Veritas sive Varietas. Lessings Toleranzparabel und das Buch Von den drei Betrügern, Heidelberg 1988, 246–247: «Die verlorene Handschrift».

HANS SCHWABL: PLATON

Literatur

1. Texte und Übersetzungen
Griech. Text:
1 *Hermann, C. F.*: I–IV, Leipzig 1853.
2 *Burnet, I.*: I–V, Oxford 1900–1907.
3 *Croiset, M./Méridier, L.* (u. a.): I–XIV, Paris 1919ff; mit frz. Übers.
4 Dass. mit bearb. dt. Übers. v. *F. Schleiermacher* (u. a.), Darmstadt 1977ff., 1990.
5 *Apelt, O.* (u. a.), Leipzig bzw. Hamburg 1913ff.
6 *Rufener, R.*: Zürich 1948ff., mit Einl. v. G. Krüger/O. Gigon.
Plato Latinus:
7 Hrsg. von *R. Klibansky*, 1–4, London bzw. Leiden 1940–1962.
Plato Arabus:
8 Hrsg. von *R. Walzer*, 1, London 1951.

2. Sekundärliteratur
9 *Alt, K.*: Diesseits und Jenseits in Platons Mythen von der Seele, in: Hermes 110 (1982), 278ff. und 111 (1983), 15ff.
10 *Baltes, M.*: Die Weltentstehung des platonischen Timaios nach den antiken Interpreten I–II, Leiden 1976–1978.
11 *Beierwaltes, W.*: Proklos. Grundzüge seiner Metaphysik, Frankfurt [2]1979.
12 *Blume, H.-D./Mann, F.* (Hrsg.): Platonismus und Christentum (= Festschrift H. Dörrie), Münster 1983.
13 *Brisson, L.*, in: Lustrum 30 (1988), 11ff (Forschungsbericht).
14 *Burkert, W.*: Griech. Religion der archaischen und klassischen Epoche, Stuttgart 1977.
15 *Despland, M.*: The Education of Desire. Plato and the Philosophy of Religion, Toronto 1985.
16 *Dörrie, H.*: Platonica minora, München 1976.

17 –, – (Hrsg., fortgeführt v. *Baltes, M.*): Der Platonismus in der Antike, bisher I–III, Stuttgart 1987–1993.
18 *Friedländer, P.*: Platon I–III, Berlin ²1954–1960.
19 *Fritz, K. v.*: Platon in Sizilien und das Problem der Philosophenherrschaft, Berlin 1968.
20 *Giannantoni, G.* (Hrsg.): Socratis et Socraticorum Reliquiae I–IV, Napoli 1990.
21 *Gigon, O.*: La teoria e i suoi problemi in Platone e Aristotele, Napoli 1987.
22 *Gigon, O., Zimmermann, L.*: Platon. Lexikon der Namen und Begriffe, Zürich 1975.
23 *Graeser, A.*: Platons Ideenlehre, Bern 1975.
24 *Gundert, F.*: Der platonische Dialog, Heidelberg 1968.
25 –,–: Platonstudien, Amsterdam 1977.
26 *Hadot, I.*: Le Problème du Néoplatonisme Alexandrin. Hiéroclès et Simplicius, Paris 1978.
27 –,–: Hierokles' Lehre vom Demiurgen, in: Kerygma und Logos (= Festschrift Andresen), Göttingen 1979, 258 ff.
28 *Hadot, P.*: Exercises spirituels et Philosophie antique, Paris 1981.
29 –,–: La Présentation du Platonisme par Augustin, in: Kerygma und Logos (= Festschrift Andresen), Göttingen 1979, 272 ff.
30 *Herter, H.*: Platons Akademie, Bonn 1944.
31 –,–: Kleine Schriften, München 1975.
32 *Hager, F.-P.*: Gott und das Böse im antiken Platonismus, Würzburg 1987.
33 *Krämer, H. J.*: Der Ursprung der Geistmetaphysik, Amsterdam 1964.
34 –,–: Platonismus und hellenistische Philosophie, Berlin 1971.
35 –,–: Platone e i fondamenti della metafisica, Milano 1987.
36 *Riedweg, Chr.*: Mysterienterminologie bei Platon, Philon und Klemens von Alexandrien, Berlin 1987.
37 *Ross, D.*: Plato's Theory of Ideas, Oxford 1951.
38 *Schwabl, H.*: Weltschöpfung, in: RE Suppl. IX, 1433 ff.
39 –,–: Zeus, ebd. Suppl. XV, 993 ff.
40 –,–: Vom Wandel des Gottesbilds im alten Griechenland, in: Wiener Stud. 98 (1985) 41 ff.
41 *Solmsen, F.*: Plato's Theology, Ithaca/New York 1942.
42 *Szlezák, Th. A.*: Platon und die Schriftlichkeit der Philosophie, Berlin 1985, erweitert Milano 1988.
43 *Theiler, W.*: Die Vorbereitung des Neuplatonismus, Berlin 1930.
44 –,–: Forschungen zum Neuplatonismus, Berlin 1966.
45 *Van Camp, J./Canart, P.*: Le sens du mot θεῖος chez Platon, Louvain 1956.
46 *Wallis, R. T.*: Neoplatonism, London 1972.
47 *Wehrli, F.*: Zum Problem des Platonismus in der christlichen Antike, in: Museum Helv. 42 (1985), 183 ff.
48 *Wilamowitz-Moellendorff, U.v.*: Platon, sein Leben und seine Werke, Berlin ³1929.
49 *Zintzen, C.* (Hrsg.): Der Mittelplatonismus, Darmstadt 1981.
50 –,–: Die Philosophie des Neuplatonismus, Darmstadt 1977.

RUDOLF RIEKS: SENECA UND STOA

Anmerkungen

1 Biographie nach *Grimal*; vgl. aber *Griffin* (I und II).

2 Sen. Helv. 19, 4–7.

3 Neben Seneca sind die Hauptquellen: *Tacitus* (Annalen); *Sueton* (Caesarenviten); *Cassius Dio* (Römische Geschichte).

4 Anthologia Latina 1,1, Nr. 236, V. 5–8.

5 *Sueton:* Nero 10,1.

6 *Tacitus:* Annalen 14, 53–56.

7 *Ders.*: Annalen 15, 60–64.

8 *Giancotti:* Cronologia; *Abel* (I), 155–170; *Griffin* (II), 395–411; *Grimal*, 185–229.

9 *Zwierlein*: Rezitationsdramen; sowie *Jacquot* u. *Lefèvre*.

10 Vgl. die Werke von *Jaeger; Gigon; Nestle; Pohlenz; H. Fränkel*.

11 *Cicero:* Tusculanen 5,10; vgl. Sen. ep. 71,7.

12 *Pohlenz*: Stoa, I, 9–21.

13 *Seneca*, ben. 4,19, 1–3, tadelt dies bei Epikur.

14 Der Logosbegriff steht im Zentrum der rhetorischen Bildungstheorie des Isokrates; *Marrou*, 121–136.

15 *Liddell, H. G./Scott, R./Jones, H.S./McKenzie, R.*: A Greek-English Lexicon, Oxford ⁹1940, 1057–1059, bes. III, IV, VI, IX.

16 Vgl. die demnächst erscheinenden Akten des Kongresses über Stoische Logik vom September 1991 an der Universität Bamberg (Hg. von *K. Döring, Th. Ebert*).

17 *Arnim*: SVF I 537; *Pohlenz*: Stoa I 108–110; II 62f., der eine in der Handschrift nach V.13 angedeutete Lücke durch einen aus SVF I 513 gewonnenen Vers ausgefüllt hat.

18 Clem. Alex. Protrept. 6,72 (= SVF I 557); in Strom. 5,14,110, verkürzt um das eingeklammerte Stück (V.6b–7a), ebenfalls zitiert.

19 *Epiktet:* Enchiridion, Kap. 53 (= SVF I 527).

20 Sen. ep. 107,10–11.

21 Sen. ep. 64,7; *Grimal*, 315–327: Chronologie der Briefe.

22 *Verf.*: Homo, Humanus, Humanitas, 89–137; *Hadot*, 83.

23 Dazu längere Darlegungen: ep. 65; 90; 95; wichtig und später immer wieder zitiert der Gottesbeweis in n. q. 1, pr. 13.

24 Sen. ep. 90,28; 118,1; ben. 4,8,1–3.

25 Sen. ep. 65,4–10 (mit Zitat von Plat. Tim. 22e); dann: 12–14. Vgl. *Maurach*, 132–137.

26 Prov. 1,2; 5,2; ep. 58,27; 73,6.

27 Clem. 1,5,7; Marc. 12,4; ben. 2,30,1; n. q. 5,18,13.

28 Ben. 4,6,1–6. *Reinhardt*: Poseidonios, 697–719.

29 Cic. N. D. 2,12ff.; Sen. ep. 117,6.

30 Ben. 6,23,6.

31 N. q. 7,30,3–6: Analogie zur abgestuften Mysterienweihe. Vgl. *Hadot*, 92–95.

32 Clem. 2,5,1; ep. 123,16.

33 C. D. 6,10–11. *Seneca*: Fragm. 31–43. Vgl. *Lausberg* I u. II.

34 Der letzte Ausdruck nach Konjektur von *Lausberg* I, 202f.

35 Ähnliche Kritik bei Sen. ep. 95,47–48.

36 Ausgewogenes Urteil bei *Lausberg* II, 1896f.

37 Hinweis auf das geplante Werk in ep. 65,1ff. Treffende Charakteristik bei *Abel* II, 743–745.

38 Ein Grundmotiv der christlichen Märtyrertragödie.
39 Vgl. *Groethuysen*, 47–69.
40 *Klingner*: Humanität und humanitas, 726–728; *Guardini, R.*: Nur wer Gott kennt, kennt den Menschen, Würzburg 1952; *Otto, W. F.*: Theophaneia, Hamburg 1956, 60 f.
41 Ep. 102,21 ff.
42 Helv. 6,6–7.
43 Ep. 41,1–5.
44 Ep. 80,2–3; vgl. ep. 74,16.
45 Ep. 87,3–5; vgl. ep. 41,4–8.
46 Ep. 76,9; 121,14; 124,11.
47 Ep. 76,16–19.
48 Ep. 31,11; 71,6; 73,16; ben. 4,25,1; 7,2,2.
49 *Benz*: Todesproblem, bes. 31 ff.; 73 ff.
50 Marc. 12,5; Polyb. 1,1; 10,5–6; 11,1–2; 17,2; ep. 63,15; 71,15; 99,8; prov. 5,7.
51 Marc. 10,2; 5; ep. 30,10–11.
52 Ep. 77,15.
53 Ep. 26,8–10.
54 Ep. 65,20; 80,4.
55 Ep. 70,14–19.
56 Ben. 1,1,9; 6,3,2; ep. 15,11; 57,4; 58,24–31; 91,6; n. q. 6,1,14; 6,2,4.
57 Ep. 121,14. *Dirlmeier*: Die Oikeiosislehre Theophrasts.
58 Brev. 14,1.
59 Brev. 2,4–5; 8,5; 9,1; 12,7; ep. 45,12–13.
60 Ep. 78,28. *Schmid, W.*: Ein Tag und der Aion, erschließt aus dem Poseidonioszitat und einer verwandten Sentenz Ciceros (Tusc. 5,5) ähnliche Formeln in der alten Stoa und bei Epikur.
61 Ep. 120,14. Vgl. n. q. 6,32,11–12.
62 Ep. 98,9.
63 Marc. 24,5; Helv. 11,7; 20,2; Polyb. 9,7–8; tranq. 16,4; ep. 57,9; 90,28; 117,6.
64 Ep. 102,2; 20–21; 22–30. Vgl. *Rabbow*: Seelenführung, 339.
65 Zu diesem Kapitel vgl. bes. *Trillitzsch* u. *Ross*.
66 *Tacitus:* Annalen 15,62,1.
67 Das pointierte Urteil von *R. Syme* (Tacitus, Oxford 1958, 552), ohne das Zeugnis des Tacitus könnte es den Staatsmann Seneca kaum geben, darf man nicht so verstehen, als ob Tacitus seine Darstellung erfunden oder die Wahrheit verfälscht habe.
68 Quint. inst. or. 10,1,125–131: Cicero und die republikanischen Redner seien Seneca vorzuziehen; seine Nachahmer blieben, da sie nur seine Schwächen kultivierten, weit hinter ihm zurück.
69 Belege bei *Trillitzsch*. Nachweis der Senecaimitation des Minucius Felix bei *Lausberg* I, 45–50; 197–227.
70 *Trillitzsch*, 1,130–143.
71 Vgl. *Lausberg* I, bes. 64–77.
72 Cic. off. 3,10,44.
73 *Chadwick, H.*: Art. «Gewissen», in: RAC 10,1978,1025–1107; 1049 f.
74 Anselm. Cant. *Proslogion*, Kap. 2. Informative Darlegung bei *Nothdurft*, 192–196. *Trillitzsch* (1,135–137; 2,367–368) und *Ross* (134 f. u. A.101 f.) halten einen gleichzeitigen, etwa über Lactanz (6,24,12–17) und Augustin (trin. 5,10) vermittelten Einfluß aus den Exhortationes (fr. 24 u. 14 Haase) für möglich. Ross irrt aber, wenn er Senecas Ausdruck *maius* in n. q. 1, pr. 13 aus dem Kontext als rein quantitativ

fassen will, da Seneca in § 14 noch hinzufügt: *quo neque formosius est quicquam nec dispositius nec in proposito constantius...*

75 Epist. 24,5. Die Briefe an Cicero: 24,3 u. 24,4.

76 Bezeichnend die drei Bücher *Über die Verachtung der Welt* (1342). Die antike Tradition der geistlichen Übungen ist, mit vielen Senecabelegen, dokumentiert bei *Rabbow*, Seelenführung.

77 Vgl. die ihrerseits sehr einflußreiche Schrift *Über die Heilmittel gegen beiderlei Schicksal* (1366), die bereits im Titel an Senecas verlorene Schrift *Über die Heilmittel gegen die Zufälligkeiten* erinnert.

78 Sen. n. q. 1, pr. 13. Eine einprägsame und, da sie aus dem Eingang dieses vielgelesenen Werkes stammt, oft zitierte Stelle.

79 *Platon:* Timaios 33b; *Aristoteles:* de caelo 2,13–14; *Strabon* 1,64f.; *Plinius:* naturalis historia 2,177ff.

80 Vgl. bes. Essais II 10; III 12. Gedankenreiche Erörterung bei *Cancik, Hg.*, 91–101: Selbstdarstellung als Existenzmitteilung.

81 Vgl. *Asmuth:* Die niederländische Literatur, 235–275.

82 Außerdem Politicorum ll. VI (1589); Manuductio ad stoicam philosophiam (1604); Physiologiae stoicorum ll. III (1604). Vgl. *Ross*, 147; *Asmuth*, 241–243.

83 *White, Chr.: P. P. Rubens.* Man and Artist, New Haven/London 1987, 75–78, Abb. 92 u. 93. Geistvoll, aber eigenwillig: *Liess, R.*: Die Kunst des Rubens, Braunschweig 1977, 9–12.

84 Umfassende Dokumentation bei *H. C. Lancaster.*

85 *Asmuth*, 245 ff.

86 Vgl. *Liebermann*: Die deutsche Literatur, 391–424.

87 *Barner, W.*: Produktive Rezeption. Lessing und die Tragödien Senecas, München 1973.

88 *Petrus Mussonius,* Tragoediae seu diversarum gentium et imperiorum magni principes, Flexiae 1621. Mindestens die vier in diesem Band enthaltenen Tragödien: Pompeius Magnus, Croesus liberatus, Cyrus punitus, Darius proditus hat er als Rhetorikprofessor in La Flèche (1604–1612) auf die Bühne gebracht.

89 Vgl. o. S. 22 mit A. 74.

90 *Schopenhauer, A.*: Parerga und Paralipomena, I 57 (Sämtl. Werke, hg. von *A. Hübscher*, Bd. 1–7, Wiesbaden ²1946–50, Bd. 5).

91 *Bertini, G.*: Motivi esistenzialistici nella filosofia morale di Seneca, in: Sophia 16 (1948) 373–378.

92 Augustin. C. D. vgl. 4,27; 6,5–12. Umfassende Darlegung bei *Lieberg*: Die ‹theologia tripertita›, in: ANRW I 4 (1973) 63–115.

93 Clem. 1,10,3. Trotz *Taeger, F.*: Charisma, Bd. 1–2, Stuttgart 1957/59; 2,297ff., 303ff., 502–5, und *Wolf, S.*: Die Augustusrede in Senecas Apocolocyntosis, Königstein 1986, glaube ich, daß Seneca, mindestens in Neros ersten Regierungsjahren, ohne Heuchelei ein günstiges Augustusbild gezeichnet hat.

94 *Tacitus*, Annalen 15,45. Nach *Grimal*, 168, stimmt dies nicht.

95 Quint. inst. orat. 10,1, 125–130.

96 Vgl. *Groß*: Naturales Quaestiones, 275–305; 326f.

97 Vgl. die Werke von *Rabbow* und *Hadot*.

Literatur

1. Werke

Ad Marciam de consolatione (Marc.); dt. Trostschrift an Marcia
De ira ll. III (ira); dt. Vom Zorn (3 Bb.)

Ad Helviam matrem de consolatione (Helv.); dt. Trostschrift für die Mutter Helvia
Ad Polybium de consolatione (Polyb.); dt. Trostschrift für Polybius
De brevitate vitae (brev.); dt. Von der Kürze des Lebens
Apocolocyntosis (Apoc.); dt. Verkürbissung (des göttlichen Claudius)
De clementia ll. II (clem.); dt. Von der Milde (2 Bb.)
De constantia sapientis (const.); dt. Von der Standhaftigkeit des Weisen
De vita beata (vita b.); dt. Vom glückseligen Leben
De tranquillitate animi (tranq. an.); dt. Von der Gemütsruhe
De beneficiis ll. VII (benef.); dt. Über die Wohltaten (7 Bb.)
De otio (ot.); dt. Von der Muße
Naturales quaestiones ll. VII; dt. Naturwissenschaftliche Fragen (7 Bb.)
De providentia; dt. Von der Vorsehung
Epistulae morales ll. XX; dt. Moralische Briefe (20 Bb.)
Außer den verlorenen Briefen und Reden kennen wir die Titel von fünfzehn nicht er-
haltenen Werken; hier seien nur genannt:
Exhortationes; dt. Ermunterungen zur Philosophie
Moralis philosophiae ll.; dt. Moralphilosophie (mehrere Bücher)
De superstitione; dt. Vom Aberglauben
2. Ausgaben
Dialogorum ll. XII, hrsg. von *L. D. Reynolds*, Oxford 1977.
Epistulae morales, vol. 1–2, hrsg. von *L. D. Reynolds*, Oxford 1965.
De beneficiis. De clementia, hrsg. von *C. Hosius*, Leipzig ²1915.
Naturalium quaestionum ll. VII, hrsg. von *A. Gercke*, Leipzig (¹1907) 1939.
Petronii saturae. Adiectae sunt Varronis et Senecae saturae similesque reliquiae, hrsg.
von *F. Bücheler, W. Heraeus*, Berlin ⁶1922.
Tragoediae. Incertorum auctorum Hercules [Oetaeus]. Octavia, hrsg. von *O. Zwier-
lein*, Oxford 1986.
L. A. S. opera quae supersunt vol. III, hrsg. von *F. Haase*, Leipzig 1853 (Supplemen-
tum, Leipzig 1902)

2. Kritische Literatur

Abel, K. (I): Bauformen in Senecas Dialogen, Heidelberg 1967.
– (II): Seneca. Leben und Leistung, in: ANRW II 32,2, hrsg. von *W. Haase*, Berlin/
New York 1985, 653–775.
Arnim, H. v.: Stoicorum veterum fragmenta, Bd. 1–4, Leipzig 1903–24.
Asmuth, B.: Die niederländische Literatur, 235–275 (s. *Lefèvre*).
Benz, E.: Das Todesproblem in der stoischen Philosophie, Stuttgart 1929.
Cancik, Hg.: Untersuchungen zu Senecas epistulae morales, Hildesheim 1967.
Costa, C. D. N. (Hrsg.): Seneca, London/Boston 1974.
Dirlmeier, F.: Die Oikeiosislehre Theophrasts, in: Phil. Suppl. 30, 1937, 1–100.
Giancotti, F.: Cronologia dei ‹Dialoghi› di Seneca, Turin 1957.
Griffin, M. T. (I): Imago Vitae Suae, 1–38 (s. *Costa*).
– (II): Seneca. A Philosopher in Politics, Oxford 1976.
Grimal, P.: Sénèque ou la conscience de l'empire (1978); dt. von *K. Abel*: Seneca.
Macht und Ohnmacht des Geistes, Darmstadt 1978 (danach zit.).
Groethuysen, B.: Philosophische Anthropologie, München/Berlin 1931.
Groß, N.: Senecas Naturales Quaestiones. Komposition, naturphilosophische Aussa-
gen und ihre Quellen, Stuttgart 1989.
Hadot, I.: Seneca und die griechisch-römische Tradition der Seelenleitung, Berlin 1969.
Jacquot, J. (Hrsg.): Les tragédies de Sénèque et le théâtre de la Renaissance, Paris 1964.

Klingner, F.: Humanität und humanitas, in: F. K.: Römische Geisteswelt, München ⁵1965, 704–746.

Lancaster, H. C.: A History of French Dramatic Literature in the Seventeenth Century, Part I–V (1929–42), Repr. New York 1966.

Lausberg, M. (I): Untersuchungen zu Senecas Fragmenten, Berlin 1970.

– (II): Senecae operum fragmenta: Überblick und Forschungsbericht, in: ANRW II 36,3, hrsg. von W. *Haase*, Berlin/New York 1989, 1879–1961.

Lefèvre, E. (Hg.): Der Einfluß Senecas auf das europäische Drama, Darmstadt 1978.

Lieberg, G.: Die ‹theologia tripertita› in Forschung und Bezeugung, in: ANRW I 4, hrsg. von H. *Temporini*, Berlin/New York 1973, 63–115.

Liebermann, W.-L.: Die deutsche Literatur, 371–449 (s. *Lefèvre*).

Marrou, H. I. [Irénée]: Histoire de l'éducation dans l'antiquité, Paris ⁵1960.

Maurach, G.: Der Bau von Senecas Epistulae morales, Heidelberg 1970.

Nothdurft, K.-D.: Studien zum Einfluß Senecas auf die Philosophie und Theologie des zwölften Jahrhunderts, Leiden/Köln 1963.

Pohlenz, M.: Die Stoa. Geschichte einer geistigen Bewegung, Bd. 1–2, Göttingen 1948/49.

Rabbow, P.: Seelenführung. Methodik der Exerzitien in der Antike, München 1954.

Reinhardt, K.: Art. «Poseidonios», in: RE 22,1 (1953), 558–826.

Rieks, R.: Homo, Humanus, Humanitas. Zur Humanität in der lateinischen Literatur des ersten nachchristlichen Jahrhunderts, München 1967.

Ross, G.M.: Seneca's Philosophical Influence, 116–165 (s. *Costa*).

Schmid, W.: Ein Tag und der Aion, in: Wort und Text. Festschr. f. F. Schalk, Frankfurt 1963, 14–33.

Trillitzsch, W.: Seneca im literarischen Urteil der Antike, Bd. 1–2, Amsterdam 1971.

Zwierlein, O.: Die Rezitationsdramen Senecas, Meisenheim 1966.

KLAUS KREMER: PLOTIN

Anmerkungen

1 Plotins Schriften sind in sechs Neunergruppen (= Enneaden) von seinem Schüler Porphyrios um 300 n. Chr. herausgegeben worden. Sie werden im folgenden nach der von P. Henry und H.-R. Schwyzer auf der Basis ihrer Standardausgabe geschaffenen Oxforder Ausgabe (s. Bibliographie) zitiert gemäß Enneade, betreffender Schrift (Traktat) der jeweiligen Enneade, Kapitel und Zeile der jeweiligen Schrift, z. B. VI 9,3,30. Die von Porphyrios verfaßte Lebensbeschreibung Plotins (Vita Plotini, zit.: VP mit Kapitel- und Seitenangabe) wird nach derselben Ausgabe zitiert. – Bei den anderen Ausgaben und Literaturangaben wird nur der Name des Autors mit Seiten- und eventuell auch Bandangabe notiert. Stammen von ein und demselben Autoren mehrere Werke bzw. Beiträge, so erhält der Name des Autors eine kleine Anmerkungsziffer. Die Aufschlüsselung dieser Abkürzungen findet sich innerhalb der Bibliographie.

2 Weitere Belege hierzu bei *Kremer*[4], Anm. 55–62 u. *Schwyzer*[6], 18. – In etwas veränderter Form erscheint dieser Artikel unter dem Namen «Plotin» auch in: *Fr. Ricken* (Hg.): «Philosophen der Antike» (Kohlhammer-Verlag Stuttgart) 1995 oder Anfang 1996.

3 «Gegen die Christen», Frg. 39 Harnack = Eusebius v. Cäsarea, Hist. eccl. VI 19, 6–7; vgl. *Schwyzer*[6], bes. 19–21, 25–28, 35–39.

4 Zu weiteren Schülern bzw. Hörern vgl. die tabellarische Übersicht in dem umfassenden Werk von *L. Brisson* u. a., 55 f.

5 Vgl. *Schwyzer⁴*, 266. Zum Diskussionsstand vgl. ANRW 543 u. 582 f. (s. Sammelbände).

6 Vgl. *Kremer³*, bes. 44–46, u. *Kremer⁶*, bes. XIII–XV.

7 S. Bibliographie.

8 Vgl. *Puech*, 161–90; *Henry*, LV–LVIII; *Harder²*, IIIb,414–18; *Schwyzer²*, 326, 1–328,17; *O'Meara*. Kurzer Überblick über den Forschungsstand in den letzten zwei Jahrzehnten bis 1985 bei *Corrigan/O'Cleirigh*, in: ANRW 584–87 (s. Sammelbände). Vgl. auch Sammelband «Plotinus amid Gnostics...», ferner *Beierwaltes⁴*, 25–27, 93–95, 110, 122, 184. Zur Identifizierung der von Porphyrios in seiner Plotinvita (16,1 ff.) genannten Gnostiker vgl. das in Anm. 4 gen. Werk, bes. 51–114. Über die Arbeiten an der Edition, Übersetzung u. Kommentierung der Nag Hammadi-Bibliothek berichtet *D. M. Scholer*, Nag Hammadi Bibliography 1948–69 (Leiden 1971) mit jährlichen Nachträgen in: Novum Testamentum. An international Quarterly for New Testament and Related Studies, Jg. 13 ff. (1971 ff.), jeweils Teil IV: Coptic Gnostic Library.

9 Vgl. *Schwyzer¹*, bes. 87–89, u. *Schwyzer²*, 553,9–554,3.

10 Vgl. Les Sources, bes. 370–72, 379–82, 389 f.; s. Sammelbände.

11 Vgl. dazu *Harder²*, IIb, 459 f., 469 f. u. die Arbeiten v. Blumenthal.

12 Vgl. *Schwyzer²*, 553,64–554,55.

13 Vgl. *Krämer*, 298–311; sodann *Charles-Saget*; ferner *J. Bertier, L. Brisson* u. a.: Plotin, Traité sur les nombres (Ennéade 6,6 [34]), Paris 1980.

14 Dazu *Schwyzer²*, 559,29–563,6; *Kremer⁶*, XXVIII–XXXVII.

15 Dazu *Beierwaltes⁵*, bes. XXX–XLII.

16 *Schwyzer³*, 376.

17 *Theiler*, in: *Harder²*, III b, 417. Zur plotinischen Mystik vgl. etwa *Hadot²* u. ³, *Trouillard*, *Beierwaltes³* u. ⁴, *Kremer³*.

18 Zu diesem Problemkomplex vgl. *Kremer⁵*.

19 Ebd.

20 Vgl. z. B. *O'Brien*, *Schwyzer⁴* u. *Narbonne*, bes. 28–30.

21 Vgl. hierzu *Kremer²*.

22 Dazu VI 8 u. *Beierwaltes⁵*, bes. XXXV–XLI.

23 Vgl. z. B. *Jonas³*.

24 Theait. 176a8–b2.

25 Vgl. zum Bisherigen *Schwyzer²*, 581,26–587,63 u. 328,18–38; ferner Zeugen-Nachweis (Index testium) in H–S¹, III, 420–35.

26 Vorlesungen über die Geschichte der Philosophie, II. Werke in 20 Bden., hg. v. *E. Moldenhauer* u. *K. M. Michel*, Bd. 19, Frankfurt/Main, 1971, 488.

27 *Kraus*, P.: Plotin chez les Arabes, in: Bulletin de l' Institut d' Égypte XXIII (1941), 263–95, hier 277, Anm. 1.

28 Diese setzen ebenfalls die Enneadenausgabe voraus: *Schwyzer*, Mus. Helv. 26/4 (1969) 257.

29 Vgl. *Schwyzer²*, 500,41–59 u. 320,17–46. Porphyrios als Verfasser behaupteten zuletzt: *Kutsch, W.*: Ein arabisches Bruchstück aus Porphyrios (?), Περὶ ψυχῆς und die Frage des Verfassers der «Theologie des Aristoteles», in: Mélanges de l'Université Saint Josef à Beyrouth 31 (1954), 265–86, hier 279; *Walzer, R.*: Porphyry and the Arabic tradition, in: Porphyre. Entretiens sur l'antiquité classique XII, Vandœuvres/Genève 1966, 273–99, hier 297. Die Studien von *Pinès* u. *Thillet* (s. Bibliogr.) wollen Porphyrios lediglich eine wichtige Rolle in der Geschichte der

«Theologie» und der arabischen ‹Plotiniana› zugestehen: vgl. das Resümee v. *Blumenthal*[3], 539–41. Wichtig jetzt auch *Nabi, Rosenthal* u. *Zimmermann* (s. Bibliogr.).

Literatur

1. Ausgaben und Übersetzungen (20. Jh.)

Plotini Opera, hrsg. v. *P. Henry, H.-R. Schwyzer*, 3 Bde., Paris 1951–73; Standardausgabe = editio maior = *H-S*[1].

Plotini Opera, hrsg. v. *P. Henry, H.-R. Schwyzer*, 3 Bde., Oxford 1964–82 = editio minor = *H-S*[2]; genauso wichtig wie die editio maior. Bd. III enthält Addenda zur gesamten Ausgabe. Dazu *Schwyzer, H.-R.*: Corrigenda ad Plotini textum, in: Museum Helveticum 44 (1987), 191–205.

Plotin: Ennéades. Texte établi et traduit par *É. Bréhier*, 6 Bde., Paris 1924–38, [2]1963–67; enthält wertvolle Einführungen (Notices) zu den einzelnen Schriften.

Plotins Schriften, übers. v. *R. Harder*, 5 Bde., Leipzig 1930–37 = *Harder*[1].

Plotins Schriften, übers. v. *R. Harder*, Neubearb. m. griech. Lesetext u. Anm., nach Bd. I a/b u. Bd. V c fortgef. v. *R. Beutler* u. *W. Theiler*, 6 Bde. in 12 Teilen, Hamburg 1956–71 = *Harder*[2].

Plotinus. The Enneads. Transl. by St. MacKenna, revised by *B. S. Page*, London 1921, [4]1969.

Plotino, Enneadi. Prima versione integra e commentario critico di *V. Cilento*, 3 Bde., Bari 1947–49.

Plotinus, with an English transl. by *A. H. Armstrong*, 7 Bde., Cambridge, Mass. 1966–88.

Übersetzungen ferner in Niederländisch, Spanisch, Japanisch, Polnisch und Hebräisch. Für kommentierte Teilausgaben/Übersetzungen vgl. unten ANRW unter «IV Sammelbände...» u. *Beierwaltes*[6] unter «V Monographien...».

2. Ausgaben u. Übersetzungen der «Theologia Aristotelis»

Dieterici, F.: Die sogenannte Theologie des Aristoteles aus arab. Handschriften zum ersten Mal herausgegeben, Leipzig 1882, Nachdr. 1965.

–,–: Die sogenannte Theologie des Aristoteles aus dem Arabischen übersetzt, Leipzig 1883.

Badawi, A.: Plotinus apud Arabes, in: Islamica XX, Cairo 1955; enthält die arab. Texte v. Theologia Aristotelis, Epistola de scientia divina u. Dicta sapientis Graeci.

Lewis, G.: Ein gegenüber Badawi verbesserter, jedoch noch ungedruckter arab. Text. Engl. Übers. dieses Textes v. Lewis (einiges v. Rosenthal) ist in *H-S*[1], Bd. II, gegenüber dem griech. Text abgedruckt.

3. Bibliographien und Lexikon

Mariën, B.: Bibliografia critica degli studi plotiniani, in: Bd. III der italien. Übers. v. Cilento (1949), 389–655; fast vollständige Bibliographie bis 1949.

Für die jüngere Literatur:

Blumenthal, H. J. für 1951–71, in: Aufstieg und Niedergang der röm. Welt, Bd. 36,1, hrsg. v. W. Haase, Berlin/New York 1987, 528–70, u. *K. Corrigan/P. O'Cleirigh* für 1971–86, ebd. 571–623.

Sleeman, J. H. (†)/*Pollet, G.*: Lexicon Plotinianum (Leiden 1980). Verbesserungen hierzu v. H.-R. Schwyzer, in: Museum Helveticum 44 (1987), 205–10.

4. Sammelbände und Festschriften

(ANRW =) Aufstieg und Niedergang der römischen Welt, Bd. 36,1, hrsg. v. *W. Haase*, Berlin/New York 1987.

Die Philosophie des Neuplatonismus, hrsg. v. *C. Zintzen*: Wege der Forschung 186, Darmstadt 1977.

Le Néoplatonisme (Royaumont 9–13 Juin 1969), hrsg. v. *P. M. Schuhl*, *P. Hadot*, Paris 1971.

Les Sources de Plotin: Entretiens sur l'antiquité classique, Bd. V (Vandœuvres/Genève 1960); enthält die Vorträge u. Diskussionen zehn international renommierter Plotinforscher v. 1957.

Parusia. Festschrift J. Hirschberger, hrsg. v. *K. Flasch*, Frankfurt/Main 1965.

Platonismus und Christentum. Festschrift H. Dörrie, hrsg. v. *H.-D. Blume*, *F. Mann*, Münster 1983.

Plotin, in: Revue internationale de philosophie 24/2 (1970), 170–357 (enthält 12 Aufsätze zu Plotin).

Plotino e il Neoplatonismo in Oriente e in Occidente (Roma 5–9 ottobre 1970), Rom 1974.

Plotinus amid Gnostics and Christians. Papers presented at the Plotinus Symposion held ad Free University Amsterdam, hrsg. v. *D. T. Runia*, Amsterdam 1984.

Zetesis. Album amicorum, door vrienden en collega's aangeboden aan E. de Strycker ter gelegenheid von zijn vijfenzestigste verjaarday, Utrecht 1973.

5. Monographien, Abhandlungen und Beiträge

Alt, K.: Philosophie gegen Gnosis. Plotins Polemik in seiner Schrift II 9, Stuttgart 1990.

–,–: Weltflucht und Weltbejahung. Zur Frage des Dualismus bei Plutarch, Numenios, Plotin, Stuttgart 1993.

Aouad, M.: La «Théologie d'Aristote» et autres textes du «Plotinus Arabus» in: Dictionnaire des Philosophes Antiques, Paris 1989, 541–98.

Armstrong, A. H.: The Architecture of the Intelligible Universe in the Philosophy of Plotinus, Cambridge 1940, Amsterdam [2]1967.

Baltes, M.: Rezension v. Schwyzer[6], in: Gnomon 56 (1984), 204–07.

Beierwaltes[1], W.: Johannes v. Skythopolis und Plotin, in: Studia Patristica, Bd. 12, Berlin 1972, 3–7.

–,–[2]: Platonismus und Idealismus, Frankfurt/M. 1972.

–,–[3]: Reflexion und Einung. Zur Mystik Plotins, in: *W. Beierwaltes*, *H. U. v. Balthasar*, *A. M. Haas* (Hrsg.): Grundfragen der Mystik, Einsiedeln 1974, 9–36.

–,–[4]: Denken des Einen. Studien zur neuplatonischen Philosophie und ihrer Wirkungsgeschichte, Frankfurt/Main 1985.

–,–[5]: Plotin. Geist-Ideen-Freiheit. Enneade V 9 u. VI 8. Griech.-Deutsch. Einl. u. Bemerkungen zu Text u. Übers., Hamburg 1990.

–,–[6]: Selbsterkenntnis u. Erfahrung d. Einheit. Plotins Enneade V 3, Frankfurt/M. 1991.

Blumenthal[1], H.J.: Plotinus' Psychology. His doctrines of the embodied soul, The Hague 1971.

–,–[2]: Soul, World-Soul and Individual Soul in Plotinus, in: Le Néoplatonisme 55–63 (s. Sammelbände).

–,–[3]: Plotinus in the Light of Twenty Years' Scholarship, 1951–71, in: ANRW 528–70 (s. Sammelbände).

Bréhier, É.: La philosophie de Plotin, Paris 1928, [4]1968.

Brisson, L./Goulet-Cazé, M.-O./Goulet, R./O'Brien, D./Porphyre: La vie de Plotin I. Travaux préliminaires et index grec complet, Paris 1982.

Bussanich, J.: The One and its Relation to Intellect in Plotinus, Leiden 1988.

Charles-Saget, A.: L'architecture du divin: Mathématiques et philosophie chez Plotin et Proclus, Paris 1982.

D'Ancona Costa, C.: Il tema della *docta ignorantia* nel Neoplatonismo Arabo. Un contributo all'analisi delle fonti di «Teologia di Aristotele», Mīmar II, in: Concordia discors. Festschrift G. Santinello, hrsg. v. *G. Piaia*, Padova 1993, 3–22.

Dodds¹, E. R.: Numenius and Ammonius, in: Les Sources 3–61 (s. Sammelbände).

–,–²: Tradition und persönliche Leistung in der Philosophie Plotins, in: Die Philosophie des Neuplatonismus 58–74 (s. Sammelbände).

Dörrie¹, H.: Ammonios, der Lehrer Plotins, in: Hermes 83/4 (1955), 439–77.

–,–²: Plotin, Philosoph und Theologe, in: Die Welt als Geschichte 23 (1963), 1–12 = ders., Platonica minora, München 1976, 361–74.

van Ess, J.: Jüngere orientalische Literatur zur neuplatonischen Überlieferung im Bereich des Islam, in: Parusia 333–50 (s. Sammelbände).

Hadot¹, P.: Etre, Vie, Pensée chez Plotin et avant Plotin, in: Les Sources 107–57 (s. Sammelbände).

–,–²: Plotin ou la simplicité du regard, Paris 1963, ³1989.

–,–³: L'union de l'âme avec l'intellect divin dans l'expérience mystique plotinienne, in: Proclus et son influence (Neuchâtel Juin 1985), hrsg. v. *G. Boss, G. Seel*, Zürich 1987, 3–27.

Hager, F.-P.: Plotin, in: Klassiker der Philosophie I, hrsg. v. *O. Höffe*, München 1981, 137–53.

Halfwassen, J.: Der Aufstieg zum Einen. Untersuchungen zu Platon und Plotin, Stuttgart 1922.

Harder, R.: Kleine Schriften, hrsg. v. *W. Marg*, München 1960 257–302.

Henry, P.: The Place of Plotinus in the History of Thought. Einl. zu der 3. u. 4. Aufl. der engl. Übersetzung v. *MacKenna* u. *Page* (s. Ausgaben u. Übersetzungen).

Jonas¹, H.: Gnosis und spätantiker Geist, Teil I, Göttingen 1934, ³1964.

–,–²: Gnosis und spätantiker Geist, Teil II 1, Göttingen 1954, ²1966.

–,–³: Plotins Tugendlehre. Analyse und Kritik, in: Epimeleia. Die Sorge um den Menschen. Festschrift H. Kuhn, hrsg. v. *F. Wiedmann*, München 1964, 143–73.

–,–⁴: The Soul in Gnosticism and Plotinus, in: Le Néoplatonisme 45–53 (s. Sammelbände).

Krämer, H. J.: Der Ursprung der Geistmetaphysik. Untersuchungen zur Geschichte des Platonismus zwischen Platon und Plotin, Amsterdam 1964, ²1967.

Kremer¹, K.: Die neuplatonische Seinsphilosophie und ihre Wirkung auf Thomas v. Aquin: Studien zur Problemgeschichte der antiken und mittelalterlichen Philosophie, Bd. I, hrsg. v. *J. Hirschberger*, Leiden 1966, ²1971.

–,–²: Gott und Welt in der klassischen Metaphysik. Vom Sein der ‹Dinge› in Gott, Stuttgart 1969.

–,–³: Selbsterkenntnis als Gotteserkenntnis nach Plotin, in: International Studies in Philosophy XIII/2 (1981), 41–68.

–,–⁴: Alexandrien – Wiege der neuplatonischen Philosophie, in: Aegyptiaca Treverensia, Bd. 1, hrsg. v. *G. Grimm, H. Heinen, E. Winter*, Mainz 1981, 37–52.

–,–⁵: Bonum est diffusivum sui. Ein Beitrag zum Verhältnis von Neuplatonismus und Christentum, in: Aufstieg und Niedergang der römischen Welt, Bd. 36,2, hrsg. v. *W. Haase*, Berlin 1987, 994–1032.

–,–⁶: Plotin. Seele-Geist-Eines. Enneade IV 8, V 4, V 1, V 6, u. V 3. Griech.-Deutsch. Einl. u. Bemerkungen zu Text u. Übers., Hamburg 1990.

–,–⁷: Mystische Erfahrung und Denken bei Plotin, in: TThZ 100/3 (1991), 163–86.

Kristeller, P. O.: Der Begriff der Seele in der Ethik Plotins, Tübingen 1929.

Lloyd, A. C.: The Anatomy of Neoplatonism, Oxford 1980, ND 1991.

Nabi, M. N.: Neoplatonism and Muslim Thought, in: Islamic Culture (Hyderabad) 53 (1979), 123–32.

Narbonne, J.-M.: Plotin et le problème de la génération de la matière, à propos d'un article récent, in: Dionysius 11 (1987), 3–31.

O. Brien[1], D.: Plotinus on Evil. A study of matter and the soul in Plotinus' conception of human evil, in: Le Néoplatonisme 113–46 (s. Sammelbände).

–,–[2]: Théodizée plotinienne, théodizée gnostique, Leiden 1993.

O'Daly, G. J. P.: Plotinus' Philosophy of the Self, Shannon 1973.

O'Meara, D. J.: Gnosticism and the Making of the World in Plotinus, in: *B. Layton,* (Hrsg.), The Rediscovery of Gnosticism, Bd. I: The school of Valentinus, Leiden 1980, 365–78.

Pinès, S.: Les textes arabes dits plotiniens et le courant «porphyrien» dans le Néoplatonisme grec, in: Le Néoplatonisme 303–13 (s. Sammelbände).

Puech, H.-C.: Plotin et les Gnostiques, in: Les Sources 161–90 (s. Sammelbände).

Rosenthal, F.: Plotinus in Islam. The power of anonymity, in: Plotino e il ... 437–46 (s. Sammelbände).

Schroeder, F. M.: Ammonius Saccas, in: ANRW 493–526 (s. Sammelbände).

Schwyzer[1], H.-R.: Die zwiefache Sicht in der Philosophie Plotins, in: Museum Helveticum 1 (1944), 87–99.

–,–[2]: Plotinos. Sonderausgabe des RE-Artikels, Bd. XXI,1 (1951), 470–595 mit den Ergänzungen im Supplementband XV, 311–28, München [2]1978.

–,–[3]: «Bewußt» und «unbewußt» bei Plotin, in: Les Sources 343–90 (s. Sammelbände).

–,–[4]: Zu Plotins Deutung der sogen. platonischen Materie, in: Zetesis 266–80 (s. Sammelbände).

–,–[5], Plotins letztes Wort, in: Mus. Helv. 33 (1976), 85–97.

–,–[6]: Ammonios Sakkas, der Lehrer Plotins. Vorträge Rhein.-Westfäl. Akad. d. Wiss., Geistesw. 260, Opladen 1983.

Theiler, W.: Ammonios, der Lehrer der Origenes: Quellen und Studien zur Geschichte der Philosophie, Bd. 10, hrsg. v. *P. Wilpert,* Berlin 1966, 1–45.

Thillet, P.: Indices «porphyriens» dans la Théologie d'Aristote, in: Le Néoplatonisme 293–317 (s. Sammelbände).

Trouillard, J.: Raison et mystique chez Plotin, in: Revue des Études Augustiniennes 20 (1974), 3–14.

Zeller, E.: Die Philosophie der Griechen III 2, Leipzig [5]1923.

Zimmermann, F. W.: The origins of the so-called Theology of Aristotle in the Middle Ages, in: Pseudo-Aristotle in the Middle Ages, hrsg. v. *J. Kraye, W. F. Ryan, C. B. Schmitt,* London 1986, 110–240.

CHRISTOPH HORN: AUGUSTINUS

Anmerkungen

1 Vgl. *Baguette, C.:* Une période stoïcienne dans l'évolution de la pensée de saint Augustin, in: Revue des Etudes Augustiniennes 16 (1970), 47–77.

2 Contra Faustum Manichaeum 2, 5 u. ö. Vgl. *Nobis, H. M.:* Art. ‹Buch der Natur›, in: Historisches Wörterbuch der Philosophie, Bd. 1 (1971), 957–959; *Solignac, A.:* Nature et vie spirituelle, in: Dictionnaire de Spiritualité, Bd. 29, Paris 1982, 44–55.

3 Nolis foras ire, in teipsum redi; in interiore homine habitat veritas: *De vera religione* 39, 72.
4 Vgl. *Tardieu, M. T.:* Principes de l'exégèse manichéenne du Nouveau Testament, in: *ders.:* Les règles de L'interpretation, Paris 1987, 123–146.
5 Die Unterscheidung stammt von *Hadot, P.:* Exercices spirituels et philosophie antique, Paris ³1993, 185–193. Hadot führt die erste Methode auf Platon und die zweite auf Plotin zurück.
6 Vgl. etwa *Halfwassen, J.:* Speusipp und die Unendlichkeit des Einen, in: Archiv für Geschichte der Philosophie 74 (1992), 43–73.
7 Zu Augustins Interpretation von ‹*Ego sum qui sum*› vgl. besonders *Enarrationes in Psalmos* CI.
8 ‹Métaphysique de l'Exode›: vgl. *Gilson, E.:* L'esprit de la philosophie médiévale, Paris 1948.
9 *Hadot, P.:* Porphyre et Victorinus, 2 Bde., Paris 1968; *ders.:* L'être et l'étant dans le néoplatonisme, in: *Trouillard, J., u. a.* (Hrsg.): Études néoplatoniciennes, Neuchâtel 1973, 27–39.
10 Die Unhaltbarkeit der pointierten Interpretation von K. Flasch (1990) zeigt die detaillierte Rezension von T. G. Ring (1994; vgl. Literatur).

Literatur

1. Werke
Sancti Aurelii Augustini opera omnia, studio monachorum ordinis s. Benedicti, 11 Bde., Paris 1679–1700.
Sancti Aurelii Augustini opera omnia, in: *Migne, J. P.:* Patrologiae cursus completus, series Latina Bd. 32–47, Paris 1841–49.
Augustini opera, in: Corpus scriptorum ecclesiasticorum Latinorum, Wien 1887ff.
Aurelii Augustini opera, in: Corpus Christianorum, series Latina, Turnhout 1954ff.

2. Hilfsmittel
Andresen, C.: Bibliographia Augustiniana, Darmstadt ²1973.
Augustine Bibliography: Reproduction des fichiers bibliographiques de l'Institut des études augustiniennes, 2 Bde., Boston 1972.
Augustinus-Lexikon, hrsg. v. *C. Mayer,* u. a., Basel/Stuttgart 1986–94, Bd. I.
van Bavel, T.: Répertoire bibliographique de saint Augustin, 1950–1960, New York/Oxford 1963.
Miethe, T. L.: Augustinian Bibliography, 1970–1980, Westport/London 1982.

3. Übersetzungen
Bibliothek der Kirchenväter, München 1911ff.
Bibliothèque augustinienne. Œuvres de saint Augustin, Paris 1947ff.
Deutsche Augustinus-Ausgabe. Hrsg. und übers. v. *C. J. Perl,* Paderborn 1955ff.
Sankt Augustinus, der Lehrer der Gnade. Lat.-dt. Gesamtausgabe seiner anti-pelagianischen Schriften, hrsg. v. *S. Kopp, T. G. Ring, A. Zumkeller,* Würzburg 1955ff.

4. Sekundärliteratur
Andresen, C. (Hrsg.): Zum Augustin-Gespräch der Gegenwart, 2 Bde., Darmstadt ²1975/1981.
Bonner, G.: St. Augustine of Hippo: Life and Controversies, Philadelphia 1963.
Brown, P.: Augustinus von Hippo, Frankfurt a. M. ²1982 (engl. Orig. Berkeley/Los Angeles 1967).

Chadwick, H.: Augustin, Göttingen 1987 (engl. Orig. Oxford 1986).

Flasch, K.: Augustin. Einführung in sein Denken, Stuttgart 1980.

–,–: Logik des Schreckens. Augustinus von Hippo: Die Gnadenlehre von 397, Mainz 1900.

Gilson, E.: Introduction à l'étude de saint Augustin, Paris 1929, ⁴1969.

Horn, Ch.: Augustinus. Leben – Werk – Wirkung, München 1995.

Henry, P.: La vision d'Ostie, Paris 1938.

Kirwan, Ch.: Augustine, London/New York 1989.

Kondoleon, Th.: Augustine's Argument for God's Existence *De Libero Arbitrio*, Book II, in: Augustinian Studies 14 (1983), 105–115.

Lienhard, J. T., Muller, E. C., Teske, R. J. (Hrsg.): Augustine. Presbyter Factus Sum, New York u. a. 1993 (Collectanea Augustiniana).

Louth, A.: The Origins of the Christian Mystical Tradition, Oxford 1981, 132–158.

Markus, R. A. (Hrsg.): Augustine. A Collection of Critical Essays, New York 1972.

Mayer, C. P., Chelius, K. H. (Hrsg.): Internationales Symposion über den Stand der Augustinus-Forschung, Würzburg 1989.

O'Daly, G. J. P.: Augustine's Philosophy of Mind, Berkeley/Los Angeles 1987.

Ring, T. G.: Bruch oder Entwicklung im Gnadenbegriff Augustins?, in: Augustiniana 44 (1994), 31–113.

du Roy, O.: L'intelligence de la foi en la trinité selon saint Augustin. Génèse de sa théologe trinitaire jusqu'en 391, Paris 1966.

Ruh, K.: Geschichte der abendländischen Mystik, Bd. 1, München 1990, 83–117.

Schindler, A.: Wort und Analogie in Augustins Trinitätslehre, Tübingen 1965.

–,–: Art. ‹Augustin›, in: Theologische Real-Enzyklopädie, Bd. 4, Berlin/New York 1979, 646–698.

Schmaus, M.: Die psychologische Trinitätslehre des hl. Augustinus, Münster 1927, ²1966.

Strauss, G.: Schriftgebrauch, Schriftauslegung und Schriftbeweis bei Augustin, Tübingen 1959.

5. Wirkungsgeschichte

Delius, H.-U.: Augustin als Quelle Luthers. Eine Materialsammlung, Berlin 1984.

Gutiérrez, D., Gavigan, H.: Geschichte des Augustinerordens, Würzburg 1975 ff. (bislang Bde. I 1, I 2, II und IV).

Koch, J.: Augustinischer und dionysischer Neuplatonismus und das Mittelalter, in: *Beierwaltes, W.* (Hrsg.): Platonismus in der Philosophie des Mittelalters, Darmstadt 1969, 317–342.

Sellier, Ph.: Pascal et saint Augustin, Paris 1970.

Smits, L.: Saint Augustin dans l'œuvre de Jean Calvin, 2 Bde., Assen 1956–58.

Zumkeller, A., Krümmel, A. (Hrsg.): Traditio Augustiniana. Festgabe für W. Eckermann, Würzburg 1994.

THEO KOBUSCH: DIONYSIUS AREOPAGITA

Anmerkungen

1 Vgl. *Suchla, B. R.:* Eine Redaktion des griechischen Corpus Dionysiacum Areopatiticum im Umkreis des Johannes von Skythopolis, des Verfassers von Prolog und Scholien, in: Nachrichten der Akad. d. Wiss. in Göttingen, Phil.-hist. Kl. 1985, 179–180.

2 Vgl. dazu vom Verf.: Metaphysik als Einswerdung. Zu Plotins Begründung einer neuen Metaphysik, in: *L. Honnefelder/W. Schüßler* (Hrsg.): Transzendenz. Zu einem Grundwort der klassischen Metaphysik, Paderborn u. a. 1992, 97f.; Origenes, der Initiator der christlichen Philosophie, in: Fschr. H. J. Vogt zum 60. Geb. (im Druck); und: Zeit und Grenze. Zur Kritik des Gregor von Nyssa an der Einseitigkeit der Naturphilosophie, in: Gregory of Nyssa, Eight Homilies on Ecclesiastes. English version and Studies. Proc. of the Eighth Intern. Coll. on Gregory of Nyssa, hrsg. v. *St. G. Hall, R. Moriarty* (im Druck).

3 Vgl. d.n. I,1; 109,4 und I,8; 121,8.

4 Vgl. de div. nom. IV, 11; 156, 16ff. Zur Henosis als «Intuition» vgl. auch I, 5; 116,11. Vielleicht ist auch II, 7; 131,4 statt henothentes das ebenfalls überlieferte epihallontes zu lesen, zumal es wenig später in einem parallelen Gedanken (131,11) wieder aufgenommen worden zu sein scheint. Zum plotinischen Hintergrund des Intuitionsbegriffs vgl. vom Verf. Art. «Intuition», HWPh Bd. 4, hrsg. v. *J. Ritter, K. Gründer*, Basel/Stuttgart 1976, 524ff., und den oben Anm. 2 angegebenen Aufsatz: Metaphysik als Einswerdung.

5 Vgl. vom Verf.: Mystik als Metaphysik des moralischen Seins. Bemerkungen zur spekulativen Ethik Meister Eckharts, in: Abendländische Mystik im Mittelalter (Symposium Kloster Engelberg 1984), hrsg. v. *K. Ruh*, Stuttgart 1986, 60/61.

6 Vgl. MT I, 3; 144,7.

7 Vgl. Ep. 9, 3; 202,11–203,5. Ähnlich auch c. h. 1,2; 8,5ff.

8 Plotin, Enn. I 6,7,11; V 5,10,12–14; VI 7,23,18–24; V 3,16,38–42; zu Porphyrios vgl. *P. Hadot*, Porphyre et Victorinus I, Paris 1968, 244. 246. 257.

9 Zur Kritik an Porphyrios vgl. *Hadot, P.*: a. a. O., 258–259, 272. Vgl. auch *Damascius*, Dub. et sol. I,27, hrsg. v. *C. A. Ruelle*, Paris 1889, I, 48,23. Ferner *Syrianus*, In Metaphysica, CAG VI, 1, hrsg. v. *G. Kroll*, Berlin 1902, 182,6. Zur Theorie des Proklos über diese Triade vgl. *Proclus*, The Elements of Theology, hrsg. v. *E. R. Dodds*, Oxford ²1963, 252–253; Théologie Platonicienne III, 9, und *Beierwaltes, W.*: Proklos, Grundzüge seiner Metaphysik, 93–118.

10 Vgl. dazu *Corsini, E.*: Il trattato De Divinis Nominibus dello Ps.-Dionigi e i commenti neoplatonici al parmenide, Turin 1962 (PFLUT 13/4), und *Beierwaltes, W.*: Denken des Einen. Studien zur neuplatonischen Philosophie und ihrer Wirkungsgeschichte, Frankfurt am Main 1985, 193–215.

Literatur

1. Ausgaben

Corpus Dionysiacum 1, hrsg. v. *B. R. Suchla*, Berlin/New York 1990 (= Patr. Texte und Studien 33).

Corpus Dionysiacum 2, hrsg. v. *G. Heil, A. M. Ritter*, Berlin/New York 1991 (= Patr. Texte und Studien 36).

Opera omnia, hrsg. v. *B. Corderius*, in: MPG III, Paris 1857 (ND Turnholt 1983).

Œuvres complètes du Ps.-Denys l'Aréopagite, hrsg. v. *M. de Gandillac*, Paris 1943.

The Works of Dionysius the Areopagite, hrsg. v. *J. Parker*, London/Oxford 1897/99.

2. Übersetzungen

Die angeblichen Schriften des Areopagiten Dionysius, übers. u. mit Abhandlungen begleitet v. *J. G. V. Engelhardt*, Sulzbach 1823.

Des heiligen Dionysius Areopagita angebliche Schriften über die beiden Hierarchien, aus dem Griechischen übers. v. *J. Stiglmayr*, Kempten/München 1911 (BKV² II).

Des heiligen Dionysius Areopagita angebliche Schriften über «Göttliche Namen», Angeblicher Brief an den Mönch Demophilus, aus dem Griechischen übers. v. *J. Stigl-mayr*, München 1933 (BKV² II 2).

La Hiérarchie céleste, eingel. v. R. Roques, hrsg. v. *G. Heil* u. mit Anm. versehen. v. *M. de Gandillac*, Paris 1958, ²1970 (SC 58).

Die Hierarchien der Engel und der Kirche, übers. u. eingel. v. W. *Tritsch*, München 1955.

Mystische Theologie und andere Schriften mit einer Probe aus der «Theologie» des Proklus, übers. u. eingel. v. W. *Tritsch*, München 1956.

Über die himmlische Hierarchie. Über die kirchliche Hierarchie, eingel., übers. u. mit Anm. versehen v. *G. Heil*, Stuttgart 1986 (BGL 22).

The Complete Works, transl. by *C. Luibheid*. Foreword, notes and translation collaboration by *P. Rorem*. Preface by *R. Roques*. Introductions by *J. Pelikan*, *J. Leclercq* and *K. Froelich*, Mahwah 1987.

Die Namen Gottes, eingel., übers. u. mit Anm. versehen v. *B. R. Suchla*, Stuttgart 1988 (BGL 26).

Von den Namen zum Unnennbaren, ausgew. u. eingel. v. *E. v. Ivánka*, Einsiedeln (1957), ³1990.

La Théologie mystique, Lettres. Présentation et notes par *A. Gozier*, trad. de *M. Cassingena*, guide thématique de *M. H. Congourdeau*, Paris 1991.

3. Bibliographien, Forschungsberichte, Lexikonartikel

Doherty, K. F.: Toward a Bibliography of Ps.-Dionysius the Areopagite 1900–1955, in: Mod. Schoolman 33 (1956), 257–268.

–,–: Ps.-Dionysius the Areopagite. 1955–1960, in: Mod. Schoolman 40 (1962), 55–58.

Hornus, J.-M.: Les recherches récentes sur le ps.-Denys l'Aréopagite, in: Rev. hist. phil. rel. 35 (1955), 404–448.

–,–: Les recherches dionysiennes de 1955 à 1960, in: Rev. hist. phil. rel. 41 (1961), 22–81.

O'Daly, G.: Art. Dionysius, in: TRE VIII (1981), Sp. 772–780 (Lit.!).

–,–: Art. Hierarchie, in: RAC XV (1991), 41–73.

Roques, R.: Art. Dionysius Areopagita, in: RAC III (1957), Sp. 1075–1121.

–,–: Denys l'Aréopagite (le Pseudo-), in: Dict. Spir. 3 (1957), Sp. 244–286.

Spearritt, P.: A Philosophical Enquiry into Dionysian Mysticism, (Diss.) Fribourg/Schweiz 1968/75 (Lit.!).

Völker, W.: Kontemplation und Ekstase bei Ps.-Dionysius Areopagita, Wiesbaden 1958, 1–24.

4. Zur Wirkungsgeschichte

Boissard, E.: Saint Bernard et le Pseudo-Aréopagite, in: Rech. de Théol. anc. et méd. 26 (1959) 214–263.

Bougerol, J. G.: Saint Bonaventure et le Pseudo-Denys l'Aréopagite, in: Études francis-caines XVIII Suppl. [Actes du Colloque Saint Bonaventure 9–12 sept. 1968] (1968), 33–123.

Des Places, E.: La théologie negative de Pseudo-Denys, ses antécédents Platoniciens et son influence au seuil du Moyen Age, in: Studia Patristica XVII/1 (1982), 81–92.

Dondaine, H. F.: Le Corpus dionysien de l'Université de Paris au XIIIᵉ siècle, Rom 1953.

Dufeil, M.-M.: IERARCHIA: un concept dans la polémique universitaire parisienne du XIIIème siècle, in: Misc. Med. 12/1 [Soziale Ordnungen im Verständnis des Mittelalters] (1979), 56–83.

Dumeige, G. et al.: [Denys l'Aréopagite (le Pseudo-)] Influence du Ps.-Denys en Occident, in: Dict. Spir. (1957), Sp. 318–429.

Grabmann, M.: Die mittelalterlichen lateinischen Übersetzungen der Schriften des Ps.-Dionysius Areopagita, in: *ders.*: Mittelalterliches Geistesleben I, Münster 1926, 449–468.

King-Farlow, J.: From Dionysius to Eriugena. A bridge for voluntarism or «divine freedom»? Laval théol. philos. 48 (1992), 367–378.

Louth, A.: The Influence of Denys the Aeropagite on Eastern and Western spirituality in the Fourteenth Century, in: Sobornost 4 (1982), 185–200.

Luscombe, D. E.: Conceptions of Hierarchy before the Thirteenth Century, in: Misc. Med. 12/1 [Soziale Ordnungen im Selbstverständnis des Mittelalters] (1979), 1–19.

–,–: Some Examples of the Use made of the Works of the Pseudo-Dionysius by University Teachers in the later Middle Ages, in: *J. Ijsewijn/J. Paquet*: The Universities in the Late Middle Ages [Mediaevalia Lovaniensia Ser. 1/Studia VI], Leuven 1978, 228–241.

–,–: Thomas Aquinas and Conceptions of Hierarchy in the Thirteenth Century, in: Misc. Med. 19 [Thomas von Aquin] (1988), 261–277.

–,–: The Reception of the Writings of Denis the Pseudo-Areopagite into England, in: D. Greenway (Hg.): Tradition and Change, Cambridge 1985, 115–143.

Murphy, A.: Bonaventure's Synthesis of Augustinian and Dionysian Mysticism. A new look at the problem of the One and the Many. Coll. Francisc. 63 (1993), 385–398.

O'Rourke, F.: Pseudo-Dionysius and the Metaphysics of Aquinas, Leiden/New York/Köln 1992 (Studien und Texte zur Geistesgeschichte des Mittelalters 32).

Rayez, A.: [Denys l'Aréopagite (le Pseudo-)] Influence du Ps.-Denys en Orient, in: Dict. Spir. 3 (1957), Sp. 286–318.

Ruh, K.: Dionysius Areopagita im deutschen Predigtwerk Meister Eckharts, in: Philos. Persp. 13 (1987), 207–223.

Stiglmayr, J.: Das Aufkommen der Ps.-Dionysischen Schriften und ihr Eindringen in die christliche Literatur bis zum Laterankonzil 649, in: IV. Jahresber. des öff. Privatgymn. an der Stella Matutina zu Feldkirch (1895), 3–96.

Théry, G.: Scot Érigène, traducteur de Denys, in: Arch. Lat. MA 6 (1931), 185–280.

–,–: Études Dionysiennes I, Hilduin, traducteur de Denys; II. Édition de la traducteur, Paris 1932/37 (EPhM 16, 19).

–,–: Scot Érigène, introducteur de Denys, in: New Schol. 7 (1933), 91–108.

–,–: Jean Sarrazin, ‹traducteur› de Scot Érigène, in: Studia medievalia, in honorem Raymundi Josephi Martin, Brügge 1969, 359–381.

Weisweiler, H.: Die Ps.-Dionysiuskommentare ‹In Caelestem Hierarchiam› des Skotus Eriugena und Hugos von St. Viktor, in: Rech. Theol. AM 19 (1953), 26–47.

5. Sonstige Literatur

Andereggen, J. E. M.: Diferencias en la comprensión medioval del De divinis nominibus de Dionisio Areopagita, in: Sap. 44 (1984), 197–210.

Balthasar, H. U. v.: Dionysius, in: *ders.*: Herrlichkeit. Eine theologische Ästhetik Bd. II: Fächer der Stile, Einsiedeln 1962, 147–218.

Baumgarten-Crusius, L. F. O.: De Dionysio Areopagita, Jena 1823.

Beierwaltes, W.: Denken des Einen, Frankfurt a. M. 1985.

Bernard, Ch. A.: Les Formes de la théologie chez Denys l'Aréopagite, in: Greg. 59 (1978), 39–69.

–,–: La doctrine mystique de Denys l'Aréopagite, in: Greg. 68 (1987), 523–546.

Bougerol, J. G.: Saint Bonaventure et la hiérarchie dionysienne, in: Arch. d'hist. doctr. et litt. du MA 36 (1970), 134–167.

Brons, B.: Gott und die Seienden. Untersuchung zum Verhältnis von neuplatonischer Metaphysik und christlicher Tradition bei Dionysius Areopagita, Göttingen 1976 (FKDG 26).

Carroll, W. J.: Participation and Infinity in Dionysius Areopagita, in: Patr. Byz. Rev. 2 (1983), 54–64.

Congar, Y.: Aspects ecclésiologiques de la querelle entre mendiants et séculiers dans la seconde moitie du XIIIe siècle et le début du XIVe siècle, in: Arch. d'hist. doctr. et litt. du MA 36 (1961), 114–145.

Corsini, E.: Il trattato De Divinis Nominibus dello Ps.-Dionigi e i commenti neoplatonici al Parmenide, Turin 1962 (PFLUT 13/4).

Dufeil, M.-M.: Guillaume de Saint-Amour et le polémique universitaire parisienne, 1250–1259, Paris 1972.

Engelhardt, J. G. V.: Dissertatio de Dionysio plotinizante, Erlangen 1820.

–,–: De origine scriptorum Areopagiticorum, Erlangen 1822.

Ewbank, M. B.: Diverse Orderings of Dionysius' triplex via by St. Thomas Aquinas, in: Med. Stud. 52 (1990), 82–109.

Gandillac, M. de: Ähnlichkeit – falscher Schein – Unähnlichkeit von Plato zu Ps.-Dionysius Areopagita, übers. v. A. Fuß, in: Persp. Philos. 14 (1988), 93–109.

Gersh, S.: From Iamblichus to Eriugena. An Investigation of the Prehistory and Evolution of the Ps.-Dionysian tradition, Leiden 1978.

Hathaway, R. F.: Hierarchy and the Definition of Order in the Letters of Ps.-Dionysius, Den Haag 1969.

Helfferich, A.: Die christliche Mystik in ihrer Entwicklung und in ihren Denkmalen, 2 Teile, Hamburg 1842.

Ivánka, E. v.: Plato Christianus, Einsiedeln 1964, 225–289.

Jeauneau, É.: Ps.-Dioysius, Gregory of Nyssa and Maxim the Confessor in the Works of John Scottus Eriugena, in: Carolingian Essays (1983), 137–149.

Louth, A.: Denys the Areopagite, London 1989.

–,–: Pagan Theurgy and Christian Sacramentalism in Denys the Areopagite, in: The Journal of Theol. Studies NS 37 (1986), 432–438.

Neidl, W. M.: Thearchia. Die Frage nach Gott bei Ps.-Dionysius Areopagita und bei Thomas v. Aquin, Regensburg 1976.

O'Rourke, F.: Being and Non-Being in the Pseudo-Dionysius, in: *Th. Finan/V. Twomey:* The Relationship between Neoplatonism and Christianity, Dublin 1992, 55–78.

Perl, E. D.: Hierarchy and Participation in Dionysius the Areopagite und Greek Neoplatonism. Amer. Cath. Phil. Quart. 68 (1994), 15–30.

Rist, J. M.: A note on Eros and Agape in Ps.-Dionysius, in: Vig. Chr. 20 (1966), 235–243.

Rittaco-Gayoso, G.: Intelligible Light and Love, in: New Schol. 63 (1984), 156–172.

Ritter, H.: Geschichte der Philosophie Bd. VI, Hamburg 1841, 515–535.

Roques, R.. Contemplation, extase et ténèbre chez le Ps.-Denys, in: Dict. Spir. 2 (1953), 1885–1911.

–,–: L'univers dionysien. Structure hiérarchique du monde selon le Ps.-Denys, Paris 1954 (Theol. [P] 29).

–,–: Structures théologiques. De la Gnose à Richard de Saint-Victor, Paris 1962 (BEHE.R 72).

Rorem, P.: Biblical and Liturgical Symbols within the Ps.-Dionysian Synthesis, Toronto/Leiden 1984.

–,–: Pseudo-Dionysius. A Commentary on the Texts and an Introduction to Their Influence, New York/Oxford 1993.

Ruh, K.: Geschichte der abendländischen Mystik I, München 1990, 31–82.

Saccaro Battisti, G.: Strutture e figure retoriche nel De caelesti Hierarchia dell Ps.-Dionigi, in: Arch. filos. 51 (1983), 293–319.

Schomakers, B.: Ps.-Dionysius de Areopagite. Over mystieke theologie, Kampen 1990.

Scouteris, C.: Malum privatio est: St. Gregory of Nyssa and Ps.-Dionysius on the existence of evil, in: St. Patr. 18 (1985), 539–550.

Sheldon-Williams, I. P.: The Ecclesiastical Hierarchy of Ps.-Dionysius, in: Downside Rev. 82 (1964), 293–302; 83 (1965) 20–31.

–,–: The Ps.-Dionysius, in: The Cambridge History of later greek and early Med. Philos., Oxford 1967, 457–472.

Spaerritt, P.: The Soul's participation in God according to Ps.-Dionysius, in: Downside Rev. 88 (1970), 378–392.

Steel, C.: L'Un et le Bien, in: Rev. sc. phil. theol. 73 (1989), 69–84.

Stiglmayr, J.: Der Neuplatoniker Proclus als Vorlage des sog. Dionysius Areopagita in der Lehre vom Übel, in: Hist. Jahrb. 16 (1895), 253–273, 721–748.

Suchla, B. R.: Die Überlieferung des Prologs des Johannes v. Skythopolis zum griechischen Corpus Dionysiacum Areopagiticum, in: Nachr. Akad. Wiss. Gött. [PH] 11 (1984), 177–188.

–,–: Eine Redaktion des griech. Corpus Dionysiacum Areopagiticum im Umkreis des Johannes v. Skythopolis, des Verfassers von Prolog und Scholien, in: Nachr. Akad. Wiss. Gött. [PH] 12 (1985), 179–194.

Tigerstedt, E. N.: The Decline and Fall of the neoplatonic Interpretation of Plato, Helsinki 1974.

Vanneste, J.: Le mystère de Dieu. Essai sur la structure rationelle de la doctrine mystique du Ps.-Denys l'Aréopagite, Paris 1959.

Vogt, C.: Neoplatonismus und Christentum, Berlin 1836.

Vogt, H. J.: Versuch einer Annäherung an Pseudo-Dionysius. Theol. Quart. 173 (1993), 113–132.

Weischedel, W.: Dionysius Areopagita als philosophischer Theologe, in: FS J. Klein, hrsg. v. *H. Fries,* Göttingen 1967, 105–113.

Wilberding, E.: A Defense of Dionysius the Areopagite by Rubens, in: J. Hist. Ideas 52 (1991), 19–34.

MEIR M. BAR-ASHER: ABŪ BAKR AL-RĀZĪ

Anmerkungen

Mein Dank gilt Herrn Prof. E. Kohlberg und Herrn Wolfgang v. Abel für ihre konstruktiven Anmerkungen und Frau Almuth Lessing für die Übersetzung aus dem Hebräischen.

1 Dieses Datum wurde durch den bekannten Gelehrten Abū Rayḥān al-Bīrūnī (verstorben im Jahre 1048) überliefert, der einen besonderen Brief der Auflistung von al-Rāzī's Werken gewidmet hat. Eine deutsche Übersetzung des Briefes wurde von Julius Ruska veröffentlicht (siehe Literatur).

2 Siehe *Ruska,* S. 32; andere Quellen geben andere Gründe für al-Rāzī's Interesse an dieser Wissenschaft an: siehe z. B. *Ibn Abī Uṣaybi'a,* 415.

3 Dieses Datum wird von al-Bīrūnī überliefert (*Ruska,* 33), andere Quellen geben andere Daten an; den Quellen nach ist al-Rāzī zwischen den Jahren 320–364 der moslemischen Zeitrechnung (932–974 n. Chr.) verstorben.

4 Siehe: Opera, 109, Zeile 9–11.

5 Siehe: Legacy, 323.

6 Die deutschen Titel der hier erwähnten Bücher wurden der Übersetzung von *Ruska* (s. Literatur) entnommen. Zur Beschreibung von al-Rāzīs Beitrag auf dem Gebiet der Medizin siehe auch: *Sarton*, 609–610, und ausführlicher: *Ullmann*, 128–136.

7 Siehe *Ruska*, 34–38.

8 Dieses Werk wurde von *Arberry* ins Englische übersetzt (siehe Literatur: Spiritual Physic).

9 Dieses Werk wurde in zwei europäische Sprachen übersetzt: ins Englische von *Arberry* (Apologia) und ins Französische von *Kraus* (Raziana I).

10 Siehe *Nāsir-i-Khūsraw*, 115–116; zit. aus Opera, 284–286. Die deutsche Übersetzung dieser Stelle stammt von *Pines*, 59.

11 Der oben erwähnte Mythos wird auch bei *Jonas*, 63 u. 162, zitiert, ohne daß seine Bedeutung für al-Rāzīs Schriften erwähnt würde; siehe auch seine Ausführungen (154ff.) zum Thema des Falles und der Erlösung der Seele.

12 Siehe *Plato*: Theaitetos, Paragraph 176; ebenso *al-Rāzī*: Opera, 108, Zeile 8–9: «inna al-falsafata hiya al-tashabbuhu billāhi bi-qadri mā fī ṭāqati al-insān».

13 Der Einfluß Galens auf al-Razī wird ausführlich in Aspects II, 119–125, behandelt. Siehe auch den folgenden Abschnitt über al-Rāzīs Wurzeln.

14 Siehe Opera, 17–19.

15 Siehe *Ruska*, 48 (Werke 173–174); die Stellen wurden dem Werk Kitāb a'lām al-nubuwwa entommen, die Zitate oder Paraphrasen entstammen den Werken von Abū Bakr al-Rāzī (der in diesem Werk al-mulḥid [«der Ketzer»] genannt wird). Sie wurden von *P. Kraus* in Raziana II veröffentlicht.

16 Der Brief von Ḥunayn Ibn Isḥāq an al-Rāzī wurde von *G. Bergstraesser* in: Neue Materialien zu Ḥunain Ibn Isḥāq's Galen, Leipzig 1932, Bibliographie, veröffentlicht; zu al-Rāzīs ergänzendem Brief siehe Fihrist, 704, sowie *Ruska* (Werk Nr. 175), 48.

17 Die Stadt Ḥarrān war ein wichtiges kulturelles Zentrum zur Zeit der Abbasiden (8. und 9. Jh. n. Chr.), das wichtige Gelehrte (der berühmteste unter ihnen war Thābit Ibn Qurra) hervorgebracht hat, die sich hauptsächlich mit der Übersetzung des griechischen Erbes ins Arabische beschäftigten.

18 Siehe zu diesem Thema *Pines*, 34–35 u. 56–60.

19 Al-Rāzīs Verbindung zum Manichäimus geht aus einigen Quellen hervor. Siehe z. B. die Aussage von *Abū Ḥatim al-Rāzī* in Raziana II, 363, sowie *Ruska*, 30–31.

20 Siehe *Kraus* und *Pines* unter «al-Rāzī» in der Enzyklopädie des Islam, Band 3, Leiden 1936, 1225.

21 *Maimonides, M.:* Der Führer der Unschlüssigen, Teil 3, Kapitel 12.

22 *Ders.:* Iggrōt Ha-rambām, hrsg. von *I. Shilat*, Band 2, Jerusalem 1988, 552 (= Opera, 169), sowie eine ähnliche Einschätzung bei *al-Qiftī*, 371.

Literatur

Apologia pro Vita Sua, in: Aspects of Islamic Civilization, University of Michigan 1967, 120–131 (zit. als Apologia).

Bar-Asher, M. M.: Quelques aspects de l'éthique d'Abū Bakr al-Rāzī et ses origines dans l'œuvre de Galien, in: Studia Islamica, 69 (1989), 5–38 (1. Teil) (zit. als Aspects I).

Ders.: Ebd. 70 (1989), 119–147 (2. Teil). (zit. als Aspects II).

Pines, S.: Beiträge zur islamischen Atomenlehre, Berlin 1936.

Ruska, J.: Al-Bīrūnī als Quelle für das Leben und die Schriften al-Rāzī's, in: Isis (International Review devoted to the History of Science and Civilization), 5 (1923), 26–50.

The Fihrist of al-Nadīm, hrsg. u. übers. von B. Dodge, Columbia University Press, New York and London 1970 (zit. als Fihrist).

Jonas, H.: The Gnostic Religion, Boston ²1963.

Meyerhof, M.: The Legacy of Islam, Oxford 1943.

Abi Bakr Mohammadi filii Zachariae Raghensis (Razis): Opera Philosophica (fragmentaque quae supersunt), collegit et edidit P. *Kraus*, Cairo 1939 (arab. Titel: Rasā'il falsafiyya li-Abī Bakr al-Rāzī) (zit. als Opera).

Ibn al-Qiftī: Ta'rīkh al-ḥukamā', hrsg. von J. *Lippert*, Leipzig 1903.

La Conduite du philosophe – traité d'éthique d'Abū Muḥammad b. Zakariyyā' al-Rāzī. Übers. und Anmerk. von P. *Kraus*, in: Orientalia (1935), 300–334 (zit. als Raziana I).

Extraits du Kitāb a'lām al-nubuwwa d'Abū Ḥātim al-Rāzī, hrsg. von P. *Kraus* mit einer Einführung, in: Orientalia (1936), 35–56 u. 358–378 (zit. als Raziana II).

Pines, S.: Rāzī's critique de Galien, in: Actes du septième congrés international d'histoire des sciences, Jerusalem 1953, 480–487.

Sarton, G.: Introduction to the History of Science, Baltimore 1927.

Ullmann, M.: Die Medizin im Islam, Leiden und Köln 1970.

The Spiritual Physic of Rhazes, aus dem Arab. übers. von A. J. *Arberry*, London 1950 (zit. als Spiritual Physic).

Ibn Abī Uṣaybi'a: 'Uyūn al-anbā' fī ṭabaqāt al-aṭibbā', Beirut 1965.

Kitāb wafayāt al-a'yān: Ibn's Khallikkān's Biographical Dictionary, aus dem Arab. übers. von Mac G. de Slane, Paris 1842–1868.

Nāṣir-i-Khūsraw: Zad al-musāfirīn, Berlin 1928 (wichtige Texte werden in Opera zitiert).

MAHMOUD ZAKZOUK: ABŪ ḤĀMID MUḤAMMAD AL-GHAZĀLĪ

Anmerkungen

1 Deutsche Ausgabe: *al-Ghazālī*, Der Erretter aus dem Irrtum. Übers. von A. A. El-schazlī, Hamburg 1988. Die Übersetzungen wurden hier anhand der arabischen Ausgabe teilweise umgeändert.

2 Ebenda, 12.

3 Siehe hierzu auch *Zakzouk, M.*: Der Mensch im Koran als Hörer des göttlichen Worts, Vortrag, erscheint in Kürze in einem Sammelband im Verlag St. Gabriel, Mödling bei Wien.

4 Erretter, 5; siehe hierzu auch *Obermann, J.*: Der philosophische und religiöse Subjektivismus Ghazālīs, Wien, 1921, 295 f.

5 Mi'rāǧ as-sālikīn, 298 f. (in: ar-rasā'il al-farā'id min taṣānīf al Imām al-Ghazālī, Kairo, o. J.).

6 Mīzān al-'amal, Kairo 1964, 409.

7 Koran: 27,62.

8 Für diese und folgende Ausführungen über Ghazālīs Grundlegung der Philosophie siehe *Zakzouk, M.*: Al-Ghazālīs Philosophie im Vergleich mit Descartes. Frankfurt/Bern/New York/Paris 1992 (Islam im Abendland, hrsg. von A. Falaturi, Bd. 5).

9 Ebenda.

10 *Mīzān*, 409.

11 Siehe hierzu *Zakzouk* (1992).

12 Hierzu gehören u. a.: a) Ad-Durra al-fākhira, «Die kostbare Perle», übers. von M. *Brugsch*, Hannover 1924; b) Bidāyat al-Hidāya, «Der Anfang der Leitung», in: J. *Hell*, «Von Mohammed bis Ghazali», Jena 1923 (auch in *Watt, W. M.*: The Faith

and Practice of Al-Ghazālī, London 1953); c) Minhāǧ al-ʿābidīn, «Der Pfad der Gottesdiener», übers. von *E. Bannerth*, Salzburg 1964.

13 Miʿyār al-ʿilm, Kairo 1961, 192.
14 Miḥakk an-naẓar, Beirut 1966, 93 f.
15 Erretter, 12 ff. Im folgenden werden Zitate aus diesem Werk zitiert: 14,15,29,31, 40,41,42,45,46.
16 Bidāyat al Hidāya (in Sammelband «Minhāǧ al-ʿābidīn», Kairo 1954), 262.
17 *al-ʿAqqad, A. M.*, Falsafat al-Ghazālī, Vortrag, Kairo 1960, 4.
18 Ausführlich behandelt in *Abū Rīdah, M.*, Al-Ghazālī und seine Widerlegung der griechischen Philosophie (Tahāfut al-Falāsifah), Madrid 1952.
19 *Abū Rīdah*, 63.
20 Kitāb al-mustaṣfā min ʿilm al-ʿuṣūl, 2 Bde., Kairo 1322–24 H.
21 al-Iqtiṣād fil-iʿtiqād, Kairo 1962, 107 f., u. a.
22 Deutsche Ausgabe: al-Ghazālī, Die Nische der Lichter, Hamburg 1987, übers. v. *A. A. Elschazlī.*
23 Ebenda, 15.
24 Ebenda, 39.
25 Ebenda, 57.
26 *Zakzouk*, (1992).
27 *Obermann, J.*: Der philosophische und religiöse Subjektivismus Ghazālīs, Wien 1921, 218.
28 Iḥyā ʿulūm ad-dīn («Wiederbelebung der Religionswissenschaften»), Kairo 1939, III, 398.
29 Miʿyār, 62, u. a.
30 Miʿyār, 247.
31 Maqāṣid al-falāsifa, Kairo 1961, 133.
32 *Al-Ghazālī*, Das Elixier der Glückseligkeit (Kīmiyāʾ as-saʿāda), übers. von *H. Ritter*, Düsseldorf 1959, 52 f.
33 ar-Risāla al-ladunīya, Kairo 1328 H., 36 f.
34 Maʿāriǧ al-quds, Kairo 1927, 59.
35 Erretter, 57.
36 Nische, 44.
37 Maʿāriǧ, 60.
38 Nische, 45 ff.
39 Ebenda, 47 f.
40 Siehe hierzu auch *Boer, T. de*: Die Widersprüche der Philosophie nach Al-Gazzali, Straßburg 1894, 111.
41 *Sayyid Murtaḍā*: Itḥāf as-sāda al muttaqīn, Kairo 1311 H., Bd. I, 9.
42 Auch erwähnt in The Cambridge History of Islam, Vol. IIB: *Gardet, L.*: Islamic Society and Civilisation, 600 (1970 Cambridge Univ.).
43 *Watt, W. M.*: Muslim Intellectual, 180, Edingburgh 1963.
44 Siehe hierzu auch The Encyclop. of Islam II, Fasc. 39, Leiden 1965, 1038 (*W. M. Watt*).
45 Siehe hierzu auch Enzyklopädie des Islam, Bd. 2, Leiden, 1928 (*D. B. Macdonald*); neu gedruckt im Handwörterbuch des Islam, 140 (1976); s.a. *Renan, E.:* Averroès et l'Averroïsme, Paris 1852, 96.
46 Siehe auch: Encyclopaedia of Religion and Ethics, V, New York, 1974 *(T. de Boer)*; s. a. *Obermann*, 307.
47 Siehe hierzu auch *Zakzouk* (1992); s. a. z. B. *Bertholet*: Wörterbuch der Religionen, Stuttgart 1985, 196.

48 Zum Thema der Verantwortung aus islamischer Perspektive siehe auch *Zakzouk, M.*: «Heutige Weltverantwortung in islamischer Sicht», in: Universale Vaterschaft Gottes, Sammelband, Freiburg 1987.

49 Siehe auch *Frick, H.:* Ghazālīs Selbstbiographie, Leipzig 1919, 83, sowie *Bertholet*, 196.

50 *Heiler, F.*: Die Religionen der Menschheit, Stuttgart 1959, 860.

51 *Watt, W. M.*: Islamic Philosophy and Theology, Edinburgh 1962, 121.

52 Zur Frage des Einflusses des islamischen Denkens auf die Entwicklung des allgemeinen philosophischen Denkens siehe auch *Zakzouk, M.*: On the Role of Islam in the Development of Philosophical Thought (englisch-arabisch), Kairo 1989.

53 *Obermann*, 309.

54 *Abū Rīdah*, 192 (*Macdonald*: The religious attitude and life in Islam, 218/9).

55 in *Zakzouk*: (1992).

56 Ebenda.

57 *Abū Rīdah*, 192f.

58 *Obermann*, 41.

59 *Watt*: Faith, 15.

Literatur

Abū Rīdah, M. 'Abd Al-Hādī: Al-Ghazālī und seine Widerlegung der griechischen Philosophie (Tahāfut al-Falāsifah), Madrid 1952.

Abrahamov, B.: «Al-Ghazālī's Supreme Way to Know God», in: Studia Islamica 77 (1993), 141–168.

Boyges, M.: Essai de chronologie des œuvres de Al-Ghazali (Algazel). Édité et mis à jour par Michel Allard, Beirut 1959 (Recherches publiées sous la direction de l'Institut de Lettres Orientales de Beyrouth, Tome XIV).

Frank R. M.: Al-Ghazālī on taqlīd. Scholars, theologians and philosophers, in: Zeitschrift für die Geschichte der arabisch-islamischen Wissenschaften 7 (1991/92), 207–252.

Glassen, E.: Der mittlere Weg. Studien zur Religionspolitik und Religiosität der späteren Abbasiden-Zeit, Wiesbaden 1981 (Freiburger Islamstudien Bd. VIII).

Goldziher, I.: Streitschrift des Ġazālī gegen die Bāṭinijja-Sekte, Leiden 1916.

Hourani, G. F.: A revised chronology of Ghazālīs writings, in: Journal of the American Oriental Society 104 (1984), 289–302.

Jabre, F.: La notion de certitude selon Ghazali. Dans ses origines psychologiques et historiques, Paris, 1958.

Laoust, H.: La politique de Ġazālī, Paris 1970.

Lazarus-Yafeh, H.: Studies in Al-Ghazali, Jerusalem 1975.

McCarthy, R. J.: Freedom and Fulfillment. An Annoted Translation of Al-Ghazālī's al-Munqidh min al-Ḍalāl and Other Relevant Works of al-Ghazali, Boston 1980.

Obermann, J.: Der philosophische und religiöse Subjektivismus Ghazālis. Ein Beitrag zum Problem der Religion, Wien/Leipzig 1921.

Al-Ghazālī in deutschen Übersetzungen

Über Intention, Reine Absicht und Wahrhaftigkeit. Das 37. Buch von al-Ġazālīs «Neubelebung der Religionswissenschaften». Übersetzt und erläutert von *H. Bauer*, Halle a. S. 1916 (Islamische Ethik Bd. I).

Von der Ehe. Das 12. Buch von al-Ġazālīs «Neubelebung der Religionswissenschaften». Übersetzt und erläutert von *H. Bauer*, Halle a. S. 1917 (Islamische Ethik Bd. II).

Erlaubtes und Verbotenes Gut. Das 14. Buch von al-Ġazālīs Hauptwerk der «Religionswissenschaften». Übersetzt und erläutert von *H. Bauer*, Halle (Saale) 1922 (Islamische Ethik Bd. III).

Al-Ghazālī: Die Kostbare Perle im Wissen des Jenseits. Aus dem Arabischen übersetzt von Mohamed Brugsch, Hannover 1924.

–,–: Das Elixier der Glückseligkeit. Aus den persischen und arabischen Quellen in Auswahl übertragen von *H. Ritter*. Mit einem Vorwort von *A. Schimmel*, Düsseldorf/ Köln ²1981.

Muḥammad al-Ġazzālīs Lehre von den Stufen zur Gottesliebe, die Bücher 31–36 seines Hauptwerkes (al-Iḥyāʾ), eingeleitet, übers. und kommentiert von *R. Gramlich*, Wiesbaden 1984.

Abū-Ḥāmid Muḥammad al-Ghazālī: Die Nische der Lichter. Miškāt al-anwār. Aus dem Arabischen übersetzt, mit einer Einleitung, mit Anmerkungen und Indices hrsg. von *ʿAbd-Elṣamad ʿAbd-Elḥamīd Elschazlī*, Hamburg 1987 (Philosophische Bibliothek Bd. 390).

Abū-Ḥāmid Muḥammad al-Ghazālī: Der Erretter aus dem Irrtum. al-Munqiḏ min aḍḍalāl, übers. a. d. Arab., mit einer Einleitung, mit Anmerkungen und Indices hrsg. von *ʿAbd-Elṣamad ʿAbd-Elḥamīd Elschazlī*, Hamburg 1988 (Philosophische Bibliothek Bd. 389).

Ulrich Rudolph: Ibn Ṭufail

Anmerkungen

1 Am ausführlichsten informiert über den Autor immer noch *Gauthier, L.*: Ibn Thofaïl. Sa vie, ses œuvres, Paris 1909. Zur Einführung vgl. die Artikel über Ibn Ṭufail in der Enzyklopädie des Islams, 1. Edition, Band II, 451ff. sowie 2. Edition, Band III, 957.

2 Und zwar bezüglich des Verhältnisses von Philosophie und Offenbarung; dazu *Hourani, G. F.*: Averroes on the Harmony of Religion and Philosophy, London ³1976.

3 Die verläßlichsten Übersetzungen des Textes sind die französische von *Gauthier* und die holländische von *Remke Kruk* (vgl. die Bibliographie). Im Deutschen fehlt eine vergleichbar genaue Übertragung, so daß man immer noch auf die Version von *Eichhorn* aus dem Jahre 1783 zurückgreifen muß. Sie entbehrt jedoch einer soliden philologischen Grundlage und verfehlt oft den Sinn des Textes. – Für eine Zusammenfassung des Inhaltes vgl. auch die ausführliche Darstellung bei *Fakhry, M.*: A History of Islamic Philosophy, New York/London ²1983, 264ff. und das Resümee von *Marmura, M. E.*, in: *Watt/Marmura*: Der Islam II. Politische Entwicklungen und theologische Konzepte, Stuttgart u. a. 1985, 377ff.

4 Sure 8/17.

5 Sure 36/82; 10/61 bzw. 34/3; 28/88.

6 Ursprünglich geschrieben von Paulus (1 Korinther 2,9 nach Jesaia 64,4), hat dieser Satz auch Eingang in die islamische Überlieferung gefunden und ist dort als Prophetenwort weitergegeben worden.

7 Die wissenschaftliche Literatur zu unserem Text ist bislang nicht sehr umfangreich. *Gauthiers* Monographie beschränkt sich auf Biographisches, *Hawis* Studie nähert sich dem Thema auf sehr abstrakte und wenig fruchtbare Weise. Es ist deswegen sinnvoller, die in der Bibliographie genannten Aufsätze, insbesondere den neuen Sammelband The World of Ibn Ṭufayl, zu Rate zu ziehen.

8 Zum Thema generell *Hourani, G. F.*, (wie Anm. 2) und *Gauthier, L.*: La théorie d'Ibn Rochd (Averroès) sur les rapports de la religion et de la philosophie, Paris 1909 (speziell S. 159 zu den Vorläufern des Ibn Rušd). Zur Verknüpfung dieser Vorstellung mit der politischen Philosophie vgl. *Endreß, G.*: Wissen und Gesellschaft in der islamischen Philosophie des Mittelalters, in: Pragmatik. Handbuch des pragmatischen Denkens, hrsg. von H. Stachowiak, Bd. I, Hamburg 1986, 218 ff.

9 Die grundsätzliche Orientierung an Avicenna spiegelt sich bereits im Titel und in den Personennamen unseres Textes. Auch Avicenna nämlich hatte eine Geschichte unter dem Titel *Ḥaiy Ibn Yaqẓān* geschrieben (vgl. *Goichon, A.-M.*: Le récit de Ḥayy ibn Yaqẓān commenté par des textes d'Avicenne, Paris 1959; *dies.*: Art. Ḥayy b. Yaḳẓān, in: Enzyklopädie des Islams, 2. Edition, Band III, 330 ff.). Und auch Avicenna hatte sich zu den Figuren Salamān und Absāl geäußert, wobei er hier offenkundig auf eine alte, uns im Original nicht mehr zugängliche Erzählung zurückgriff (*Ibn Sīnā*: al-Išārāt wa-t-tanbihāt, ed. Sulaiman Dunya, Band IV, Kairo 1968, 48 ff. mit dem Kommentar des Naṣīr ad-Dīn aṭ-Ṭūsī). Allerdings hat Ibn Ṭufail die Vorgaben Avicennas grundlegend verändert. Er übernahm nur die Namen und stellte sie in einen völlig neuen erzählerischen Kontext. Außerdem löste er sich bewußt von der Erkenntnislehre, die Avicenna in seinem *Ḥaiy Ibn Yaqẓān* (wie auch sonst) vertreten hatte (vgl. dazu unten 2.b *Der Brückenschlag zur Mystik*).

10 Im arabischen Text S. 3–20,5; in der deutschen Übersetzung von *Eichhorn* S. 5–16.

11 Vgl. dazu die grundlegende Studie von *Gutas, D.*: Avicenna and the Aristotelian Tradition. Introduction to Reading Avicenna's Philosophical Works, Leiden u. a. 1988, hier besonders 115 ff. Die Rolle Ibn Ṭufails in diesem Zusammenhang behandelt *Gutas* in seinem Aufsatz: Ibn Ṭufayl on Ibn Sīnā's Eastern Philosophy, in: Oriens 34 (1994), 222–241

12 Ibn Ṭufail nennt beide Autoren nicht namentlich, weist aber auf sie hin, indem er jeweils charakteristische Aussprüche zitiert: vgl. S. 4,10–12 (arab.), S. 6 (dt.).

13 S. 18,5 ff. (arab.)/S. 15 (dt.). Von al-Ghazālī hat Ibn Ṭufail im übrigen auch seine Kritik an al-Ḥallāǧ und al-Bisṭāmī übernommen; vgl. al-Ghazālīs Buch Miškāt al-anwār, dt.: Die Nische der Lichter, übers. von *A. Elschazli*, Hamburg 1987, 24.

14 S. 115,9 ff. (arab.)/S. 72 f. (dt.).

15 S. 5,1–6,2 sowie 7,7–10,9 (arab.)/S. 6 f. sowie 8 ff. (dt.).

16 Vgl. *Davidson, H. A.*: Alfarabi, Avicenna, and Averroes, on Intellect. Their Cosmologies, Theories of the Active Intellect, and Theories of Human Intellect, New York/Oxford 1992, speziell zu Ibn Ṭufail 146 ff.

17 Das früheste Zeugnis für den Muʿtazilitischen Standpunkt findet sich bei *Ašʿarī, K. al-Lumaʿ*, ed. u. übers. R. J. McCarthy u. d. T.: The Theology of al-Ashʿarī, Beirut 1953, § 119, wo Ašʿarī die Vorstellung der Muʿtazila bereits voraussetzt und widerlegt. Zur späteren aschʿaritischen Lehre und zum Motiv der Insel vgl. *al-Ǧuwainī*: Ġiyāṯ al-umam fī iltiyāṯ aẓ-ẓulam, ed. ʿAbd al-ʿAẓīm ad-Dīb, 2. Aufl., Kairo 1401 (Hidschra), S. 523 ff. §§ 838–844, besonders § 841; dazu *Tilman Nagel*: Die Festung des Glaubens, München 1988, 339 u. 356.

18 Dazu *R. C. Taylor*: Neoplatonic Texts in Turkey, in: Mélanges de l'Institut Dominicain d'Études Orientales 15 (1982), 251–266.

19 Vgl. *Heinrich u. Maria Simon*: Geschichte der jüdischen Philosophie, München 1984, 165.

20 Edition und Übersetzung von *Max Meyerhof* u. *Joseph Schacht*: The Theologus Autodidactus of Ibn al-Nafīs, Oxford 1968; dazu *Remke Kruk*: Neoplatonists and After (vgl. die Bibliographie).

21 Eine Liste der Übersetzungen gibt *Gauthier* im Vorwort zu seiner Edition, S. XXIX ff.

22 Die philosophische Rezeption in der Aufklärung ist noch nicht aufgearbeitet. Vgl. vorläufig die Hinweise bei *Hawi:* Islamic Naturalism zu Kant, Leibniz, Spinoza und anderen (Stellenangaben im Index) sowie *Friedrich Niewöhner:* Johann Gottfried Eichhorns Übersetzung des Ibn Ṭufail (1783) nebst seiner «Vorrede» zu dieser, in: Theologie und Aufklärung. Festschrift für Gottfried Hornig zum 65. Geburtstag, hg. von W. E. Müller und H. H. R. Schulz, Würzburg 1992, 112–133.

23 *Remke Kruk:* An 18th-Century Descendant of Ḥayy Ibn Yaqẓān and Robinson Crusoe: Don Antonio de Trezzanio, in: Arabica 34 (1987), 357–365.

24 Das gilt noch für *Ernst Bloch,* der sich in seiner Schrift: Avicenna und die Aristotelische Linke (in: Das Materialismusproblem, seine Geschichte und Substanz = Gesamtausgabe. Band 7, Frankfurt 1972, 479–546) auch mit Ibn Ṭufail auseinandergesetzt hat. Bloch übersieht zwar nicht die mystischen Tendenzen in unserem Text. Aber er will Ibn Ṭufail doch in die Ahnengalerie der Aufklärung aufnehmen und meint: «Der Roman ... bestärkte den Grundglauben der Aufklärung: daß der Mensch außer seiner Vernunft einen Glauben nicht brauche». Denn Ḥaiy Ibn Yaqẓān werde «eigenen Auges der Natur und Weisheit kundig, unverwirrt von Priesterlehre ...» (S. 489).

Literatur

1. Textausgaben
1.1 Werkausgabe
Hayy ben Yaqdhân. Roman philosophique d'Ibn Thofail. Texte arabe et traduction française, 2e édition, revue, augmentée et complètement remaniée par *L. Gauthier,* Beirut 1936.
1.2 Übersetzungen
Hajj ibn Jaqzan der Naturmensch. Ein philosophischer Robinson-Roman aus dem arabischen Mittelalter, übers. von *J. G. Eichhorn* (1783), hrsg. von *S. Schreiner,* Leipzig/Weimar 1983.
Hayy ben Yaqdhân, ins Französische übers. von *L. Gauthier* (vgl. Werkausgabe).
Ibn Tufayl's Hayy Ibn Yaqẓān. A philosophical tale, ins Englische übers. von *L. E. Goodman,* New York 1972.
Wat geen oog heft gezien, geen oor heft gehoord en in gen mensenhart is opgekomen. De geschiedenis van Ḥayy ibn Yaqẓân, ins Holländische übers. von *R. Kruk,* Amsterdam 1985.

2. Literatur
2.1 Monographien
Gauthier, L.: Ibn Thofail. Sa vie, ses œuvres, Paris 1909.
Hawi, S. S.: Islamic Naturalism and Mysticism. A Philosophic Study of Ibn Ṭufayl's Ḥayy bin Yaqẓān, Leiden 1974.
2.2 Aufsätze
Bürgel, J. C.: Ibn Tufayl and his Ḥayy Ibn Yaqẓān: A Turning Point in Arabic Philosophical Writing, in: The Legacy of Muslim Spain, hrsg. von S. Kh. Jayyusi, Leiden u. a. 1992 (Handbuch der Orientalistik. I. Abt. 12. Bd.), 830–846.
Ḥamīd, K. ʿA.: The Philosophical Significance of Ibn Ṭufail's Ḥaiy Ibn Yaqẓān, in: Islamic Culture 1 (1948), 50–70.
Hourani, G. F.: The Principal Subject of Ibn Ṭufayl's Ḥayy Ibn Yaqẓān, in: Journal of Near Eastern Studies 15 (1956), 40–46.

Kruk, R.: Neoplatonists and After: From Ibn Ṭufayl to Ibn an-Nafīs, in: The Neoplatonic Tradition. Jewish, Christian and Islamic Themes, Köln 1992 (dialectica minora, 3), 75–86.

Mahdi, M.: Philosophical Literature, in: The Cambridge History of Arabic Literature. Religion, Learning and Science in the 'Abbasid Period, hrsg. von *M. J. L. Young, J. D. Latham, R. B. Serjeant,* Cambridge u. a. 1990, 76–105.

Marmura, M. E.: The Philosopher and Society: Some Medieval Arabic Discussions, in: Arab Studies Quarterly 1 (1979), 309–323.

The World of Ibn Ṭufayl. Interdisciplinary Studies on Hayy ibn Yaqẓān, hrsg. v. *L. Conrad,* Leiden 1995.

OLIVER LEAMAN: AVERROES

Abkürzung

TT = Tahāfut al-tahāfut, hrsg. *Maurice Bouyges,* Beirut 1930, übers. von *Simon Van Den Bergh,* Averroes' Tahafut al-tahafut, London 1978 (3. Aufl.).

Anmerkungen

1 Vgl. *Leaman, O.:* «How to read Islamic philosophy», in: *ders.:* An Introduction to Medieval Islamic Philosophy, Cambridge 1985, 182–201.

Literatur

1. Textausgaben
1.1. Werkausgaben
Averroes Cordubensis commentarium magnum in Aristotelis De anima libros, hrsg. von *F. Crawford,* Cambridge/Mass. 1953.

1.2 Übersetzungen
Averroes' Tahafut al-tahafut (The Incoherence of the Incoherence), übers. von *S. Van Den Bergh,* London 1954, ³1978.

Averroes' Commentary on Plato's ‹Republic›, hrsg. und übers. von *E. Rosenthal,* Cambridge 1956, ³1969.

Averroes on Aristotle's ‹De generatione et corruptione›, übers. von *S. Kurland,* Cambridge/Mass. 1958.

Averroes on the Harmony of Religion and Philosophy (Faṣl al-maqāl – Decisive Treatise on the Harmony of Religion and Philosophy), übers. von *G. Hourani,* London 1961, ³1976.

Averroes' Epitome of Aristotle's ‹Parva Naturalia›, übers. von *H. Blumberg,* Cambridge/Mass. 1961.

Middle Commentary on Porphyry's ‹Isagoge› and on ‹Aristotle's Categoriae›, übers. von *H. Davidson,* Cambridge/Mass. 1969.

Averroes on Plato's ‹Republic›, übers. von *R. Lerner,* Ithaca 1974.

Averroes' Three Short Commentaries on Aristotle's ‹Topics›, ‹Rhetoric› and ‹Poetics›, übers. und hrsg. von *C. Butterworth,* Princeton 1983.

Averroes' Middle Commentaries on Aristotle's ‹Categories› and ‹De Interpretatione›, übers. und hrsg. von *C. Butterworth,* Princeton 1983.

Ibn Rushd's Metaphysics: a Translation with Introduction of Ibn Rushd's Commentary on Aristotle's Metaphysics, Book Lām, übers. von C. *Genequand,* Leiden 1984.
Philosophie und Theologie von Averroes, übers. von *M. J. Müller* mit einem Nachwort von *M. Vollmer,* Weinheim 1991.

2. Sekundärliteratur

2.1. Monographien

Hayoun, M.-R., de Libera, A.: Averroès et l'Averroisme, Paris 1991.
Kogan, B.: Averroes and the metaphysics of causation, New York 1985.
von Kügelgen, A.: Averroes und die arabische Moderne, Leiden 1994 (Der Anhang enthält eine vollständige Liste der deutschen Übersetzungen).
Leaman, O.: Averroes and his Philosophy, Oxford 1988.
Urvoy, D.: Ibn Rushd, ins Engl. übers. von *O. Stewart,* London 1991.

2.2 Aufsätze

Gätje, H.: Zu neuen Ausgaben von Texten des Averroes, in: Der Islam 67 (1990), 124–39.
Irvy, A.: Averroes on Intellection and Conjunction, in: Journal of the American Oriental Society 86 (1966), 76–85.
Jolivet, J.: Divergences entre les métaphysiques d'ibn Rushd et d'Aristote, in: Arabica 29 (1982), 225–45.
Leaman, O.: Averroes, le Kitab al-nafs et la révolution de la philosophie occidentale, in: Le Choc Averroes, Paris 1991, 58–65.
Leaman, O.: Is Averroes an Averroist?, in: Averroismus im Mittelalter und in der Renaissance, hrsg. von *F. Niewöhner, L. Sturlese,* Zürich 1994, 9–22.
Niewöhner, F., Sturlese, L. (Hrsg.): Averroismus im Mittelalter und in der Renaissance, Zürich 1994.
Niewöhner, F.: Averroismus vor Averroes? Zu einer Theorie der doppelten Wahrheit im 10. Jahrhundert, in: Mediaevalia Philosophica Polonorum XXXII (1994), 33–39.
Rosemann, P.: Averroes – A Catalogue of editions and schorlarly writings from 1821 onwards, in: Bulletin de philosophie medievale 30 (1988), 153–221.
Wolfson, H.: The twice-revealed Averroes, in: Speculum 36 (1961), 373–92.

Jakob S. Levinger/Hanna Kasher: Maimonides

Anmerkungen

1 In den letzten Jahren wurde viel über das Geburtsjahr Maimonides' geschrieben. Aber es scheint, daß die zutreffendsten Bemerkungen dazu von M. A. Friedman in Kathedra 40 (1986), 74, Anm. 33 gemacht wurden. Danach könnte er in jedem Jahr zwischen 1135 und 1138 geboren worden sein.
2 Von hier ab folgten wir in weitem Maße den Ausführungen von S. Baron in Simon Noweck (Hrsg.), übers. a. d. Engl. von Dr. *L. Kaufmann,* Große Gestalten des Judentums, Band 1, Zürich 1972, 123–129.

Literatur

Werke
Maimonides, M.: The Guide of the Perplexed. Translated with an Introduction and Notes by Shlomo Pines. With an Introductory Essay by *L. Strauss.* Chicago/London 1963.

ben Maimon, M.: Führer der Unschlüssigen. Dtsch. von A. Weiss. 3 Bde (1923). Mit einer neuen Einleitung in 2 Bden, hrsg. von *J. Maier*, Hamburg 1972 (Philosophische Bibliothek Bd. 184a–c).

Letters of Maimonides. Translated and Edited with Introduction and Notes by *L. D. Stitskin*, New York 1977.

Die «Mischneh Torah» ist von verschiedenen Übersetzern auf englisch unter dem Titel *«The Code of Maimonides»* in 14 Bänden der Yale University Press, New Haven/ London seit 1949 erschienen.

Maimonides, M.: Das Buch der Erkenntnis, hrsg. von *E. Goodman-Thau, Ch. Schulte*. Mit Nachworten von *E. Goodman-Thau, Ch. Schulte* und *F. Niewöhner*, Berlin 1994 (Jüdische Quellen Bd. 2) [= 1. Buch der Mischneh Torah, Hebräisch und Deutsch].

Maimonides: The Commandments. Vol. I: The Positive Commandments. Vol. II: The Negative Commandments. Transl. by Rabbi Dr. *Ch. B. Chavel*. 2 Vol., London/ New York 1967.

ben Maimon, M.: Acht Kapitel. Eine Abhandlung zur jüdischen Ethik und Gotteserkenntnis. Mit einer Einführung und Bibliographie von *F. Niewöhner*. Deutsche Übersetzung von *M. Wolff*, Hamburg, ²1992 (Philosophische Bibliothek, Bd. 342).

Maimonides Commentary on the Mishnah. Tractate Sanhedrin. Transl. by F. Rosner, New York 1981.

Literatur

Hartman, D.: Maimonides: Torah and Philosophic Quest, Philadelphia 1976.

Hyman, A. (Hrsg.): Maimonidean Studies. Vol. I, New York 1990ff. (mit einer Bibliographie in Bd. I von *D. R. Lachterman*: Maimonidean Studies 1950–1986, 197–216).

Leaman, O.: Moses Maimonides. London/New York, 1990.

Leibowitz, Y.: The Faith of Maimonides, Tel-Aviv 1989.

Niewöhner, F.: Maimonides. Aufklärung und Toleranz im Mittelalter, Heidelberg 1988.

Strauss, L.: Philosophie und Gesetz, Berlin 1935 (Philosophy and Law. Trans. by *F. Baumann*, Philadelphia 1987).

Twersky, I. (Hrsg.): Studies in Maimonides. Cambridge/Mass. 1990.

–,–: Introduction to the Code of Maimonides (Mishneh Torah), New Haven/London 1980.

Wolfgang Kluxen: Thomas von Aquin

Anmerkungen

1 Grundtext zu §1: ST I q. 1 a. 1–8. – Es wird jeweils ein «Grundtext» angegeben, dem die dargestellte Doktrin entnommen ist; für die Interpretation (ggf. weitere Belege) wird auf im Literaturverzeichnis unter 2.5 genannte Titel verwiesen, hier: *Kluxen*, Philos. Ethik 1980, Kap. 1 u. 2.

2 Sie ließe den Hörer «leer» ausgehen, so Quodl. IV, 9,3.

3 D.h. ein solcher, der nicht den gnadenhaften Glauben besitzt; aber für Thomas wäre nötig, daß er die Glaubensprinzipien für «wahr» hält.

4 Dazu vgl. *Seckler*, Instinkt 1961.

5 Thomas hält es für angemessen, daß eine «religio», d.h. ein religiöser Orden, zum Zwecke des «studium litterarum» eingerichtet werde, das allerdings in Zuordnung zum Studium der Hl. Schrift (der Theologie) zu betreiben ist: ST II–II q. 188 a. 5.

6 Grundtext zu § 2, 1: ST I q. 2 a. 1–2. – Vgl. dazu sowie zum folgenden Abschnitt *Van Steenberghen*, Le problème 1980 (umfassende Darstellung); *Oeing-Hanhoff*, Gotteserkenntnis 1974; *Kluxen*, Der Übergang 1993.

7 Text ST I q. 2 a. 3. – Lit. wie Anm. 6.

8 Grundtext ST I q. 3 a. 1–4; 8; q. 4 a. 1–3. – Zu den ontolog. Grundlagen: *Kluxen*, Th. v. A. Das Seiende 1990; *Oeing-Hanhoff*, Gotteserkenntnis 1974.

9 Grundtext ST I q. 13. – Zur Analogielehre wichtig *B. Montagnes*, La doctrine 1963; ferner *Kluxen*, Art. Analogie 1971.

10 Grundtexte zu § 3, 1 (nicht referiert, sondern zusammengefaßt): ST I q. 103 («Steuerung» durch Gott zum Ziel); S. c. gent. III c. 17–21 (Gott als Ziel), c. 69 (Eigenstand der Geschöpfe), c. 70 (Erst- u. Zweitursache). – Zum metaph. Horizont allgemein: *Fabro*, Participation 1961.

11 Zitat aus S. c. gent. III c. 69.

12 Grundtext zu § 3, 2: ST I–II q. 1–5 (Traktat über «beatitudo»). – Dazu *Kluxen*, Philos. Ethik 1980 (Kap. 7–9); kürzer *Kluxen*, Glück 1978.

13 S. c. gent. III, c. 25–63; das Zitat unten aus c. 48. – Vgl. dazu *Engelhardt*, Art. Desiderium naturale 1972.

14 Grundtext zu § 4: ST II–II q. 81 (religio); q. 82 (devotio); q. 83 (oratio); q. 85 (Opfer). – Dazu *Heck*, Der Begriff religio 1971.

15 ST II–II q. 85 a. 1. – Dazu *Kluxen*, Anmerkungen 1989.

16 In der ST II–II q. 186–189; zu den Darlegungen in den systematischen Werken kommen die in den – vgl. die Biographie – polemischen hinzu.

17 Das gilt auch für die theologische Behandlung des sakramentalen Kultes, selbst für die des Zeremonialgesetzes des Alten Bundes, ST I–II q. 101–103, bei dem Thomas auf Maimonides eingeht, aber die christologische Deutung vertritt.

Literatur

1. Werke

1.1 Gesamtausgaben:

Opera omnia iussu Leonis XIII edita cura et studio Fratrum Praedicatorum («Editio Leonina»; krit. Ausg., noch nicht abgeschlossen; von Hauptwerken fehlt der Sentenzenkommentar), Rom 1882 ff.

Opera omnia (iussu Pii V, «Editio Piana»), Vol. 1–18, Rom 1570–71 (erste Gesamtausgabe, die folgenden beiden drucken deren Text ab).

Opera omnia. Vol. 1–25. Parma 1852–72, Neudruck New York 1948–50 («Parmensis»).

Opera omnia, edd. *E. Fretté et P. Maré.* T. 1–34, Paris ²1889–90 («Editio Vivès»).

1.2 Wichtige Teilausgaben:

Allgemein gebräuchlich sind die Textausgaben des Verlages Marietti, Turin (bei Kommentaren werden gern deren Randnummern zitiert); Neubearbeitung seit 1948 (mit Text der «Leonina», soweit im Erscheinungsjahr vorh.), 33 Bände.

Kritische Ausgaben außerhalb der «Leonina»:

Expositio super librum Boethii de trinitate. Rec. *B. Decker*, Leiden 1955.

Super librum de causis expositio, ed. *H. D. Saffrey*, Fribourg/Louvain 1954.

Häufig benutzt:

Super libros Sententiarum, ed. *P. Mandonnet, F. Moos*, Paris 1929 ff., 4 Bde. (es fehlt die zweite Hälfte von Buch IV).

1.3 Deutsche Übersetzungen

Die deutsche Thomasausgabe. Deutsch-lat. Ausg. der Summa theol., hrsg. von Dominikanern und Benediktinern, Salzburg 1934 ff. (auf 63 Bde. geplant, bisher 30 Bde.; mit z. T. ausf. Kommentar).

Summe gegen die Heiden (Lat.-Deutsch), hrsg. und übers. von *K. Albert* u. a.: bislang 3 Bde., Darmstadt 1974 ([2]1987), 1982, 1990 (empfehlenswert).

Thomas von Aquin: Gott und seine Schöpfung, übers. von *P. Engelhardt, D. Eickel-schulte*, Freiburg 1963 (wichtige Texte aus ST I).

De ente et essentia. Das Seiende und das Wesen, übers. und hrsg. von *F. L. Beeretz*, Stuttgart 1979.

In der «Philosophischen Bibliothek» (Verlag F. Meiner, Hamburg) liegen vor:

Die Philosophie des Thomas von Aquin, System. Textauswahl, hrsg. von *E. Rolfes* 1920, Neudruck 1977.

Thomas von Aquin: Fünf Fragen über die intellektuelle Erkenntnis (= ST I, 84–88), übers. von *E. Rolfes* 1924, Neudruck 1977.

Thomas von Aquin: Die Gottesbeweise in der «Summe gegen die Heiden» und der «Summe der Theologie» (lat.-dt.), hrsg. von *H. Seidl* 1982 (mit ausf. Kommentar).

Thomas von Aquin: Von der Wahrheit. De veritate (Quaestio I), ausgew. und hrsg. von *A. Zimmermann* 1986 (geeignet zur Einführung).

Thomas von Aquin: Über Seiendes und Wesenheit, hrsg. von *H. Seidl* 1988 (mit Kommentar).

Thomas von Aquin: Über den Lehrer. De magistro (= De ver. XI und ST I, 117,1), hrsg. von *G. Jüssen* u. a. 1988 (mit Kommentar).

2. Literatur

2.1 Allgemeine wissenschaftliche Hilfsmittel:

Mandonnet, P./Destrez, J.: Bibliographie Thomiste. 2ème éd. revue et complétée par *M. D. Chenu*, Paris 1960 (verzeichnet Literatur 1800–1920, vor 1800 in Auswahl).

Bulletin Thomiste. Année 1–42, Paris 1924–65; Fortsetzung: Rassegna di letteratura tomistica, Rom ab 1966 (informiert umfassend über für Thomas wichtige Literatur, meist mit Rezensionen).

Totok, W.: Handbuch der Geschichte der Philosophie, Bd. II: Mittelalter, Frankfurt 1973 (377–455 bibliogr. Angaben zu Thomas).

Schütz, L.: Thomas-Lexikon, Paderborn [2]1895, Nachdruck Stuttgart 1958 (immer noch nützlich).

Der große Index thomisticus (vollständiges Wortverz., Konkordanzen usw.), hrsg. von *R. Busa*, 50 Bde., Stuttgart 1974, dient nur spezialisierten Forschungszwecken, der ihm beigegebene Thomas-Text hat keinen selbstst. wiss. Wert.

2.2 Zu Leben und Werk:

Eschmann, J.T.: A Catalogue of St. Thomas's Works, Bibliographical notes, in: *Gilson, E.*: The Christian Philosophy of St. Thomas Aquinas, New York 1956, 381–437 (informiert vollständig über Fragen der Echtheit, Chronologie usw. der Werke).

Torrell, J.-P.: Magister Thomas. Leben und Werk des Thomas von Aquin, Freiburg 1995 (bietet derz. Forschungsstand).

Chenu, M.-D.: Das Werk des heiligen Thomas von Aquin (Erg.Bd. der dt. Thomas-Ausgabe), Heidelberg 1960 (verbesserte Ausg. der Introduction à l'étude de saint Thomas d'Aquin, Montréal [2]1954; wichtig für ein historisches Verständnis Thomas').

Weisheipl, J. A.: Friar Thomas d'Aquino. His Life, Thought and Works, Washington [2]1983 (wichtig; die dt. Übers.: Thomas von Aquin. Sein Leben und seine Theologie, Graz (usw.) 1980, ist unzulänglich).

2.3 Einführungen, Gesamtdarstellungen:

Chenu, M.-D.: Thomas von Aquin in Selbstzeugnissen und Bilddokumenten, übers. von *O. M. Pesch*, Hamburg 1960 (Rowohlts Monogr. 45).

Pieper, J.: Hinführung zu Thomas von Aquin, München 1958.

Grenet, P.: Der Thomismus. Kompendium der Philosophie des heiligen Thomas von Aquin, übers. von R. *Tannhof*, Essen 1959 (kurze Einf.).

Sertillanges, A. D.: Der hl. Thomas von Aquin, übers. von R. *Grosche*, Köln ²1954 («Klassische» thomist. Darstellung).

Meyer, H.: Thomas von Aquin. Sein System und seine geistesgeschichtliche Stellung, Paderborn ²1961 (materialreich).

Gilson, E.: Le Thomisme. Introduction à la philosophie de saint Thomas d'Aquin, Paris ⁶1965 (beste Einführung); die 5. Aufl. liegt in englischer Fassung vor: The Christian Philosophy of St. Thomas Aquinas, New York 1956.

Pesch, O. H.: Thomas von Aquin. Grenze und Größe mittelalterlicher Theologie, Mainz 1988.

2.4 Sammelwerke

Einen Einblick in die Diskussionsbreite der Forschung – historisch wie systematisch – geben die zum Jubiläumsjahr 1974 erschienenen Festschriften, darunter:

Eckert, W. P. (Hrsg.): Thomas von Aquino. Interpretation und Rezeption, Mainz 1974.

Oeing-Hanhoff, L. (Hrsg.): Thomas von Aquin 1274/1974, München 1974.

Kluxen, W. (Hrsg.): Thomas von Aquin im philosophischen Gespräch, Freiburg 1975.

Maurer, A. u. a. (Hrsg.): St. Thomas Aquinas 1274–1974, 2 Bde, Toronto 1974, Commemorative Studies.

2.5 Zur gegebenen Darstellung der Lehre des Thomas:

Naturgemäß stützt sich die Darstellung zuerst auf eigene Arbeiten des Verfassers, insbesondere:

Kluxen, W.: Philosophische Ethik bei Thomas von Aquin, Hamburg ²1980 (zu §§ 1 und 3).

–,–: Thomas von Aquin. Das Seiende und seine Prinzipien, in: Grundprobleme der großen Philosophen, hrsg. von *J. Speck*, Bd. 1: Philosophie des Altertums und des Mittelalters, Göttingen ⁴1990, 171–214 (Ontol. Grundlagen).

–,–: Der Übergang von der Physik zur Metaphysik im thomistischen Gottesbeweis, in: Freiburger Zs. f. Philos. u. Theol. 40 (1993), 44–54 (zu § 2,1 u. 2).

–,–: Art. Analogie, in: Histor. Wörterb. d. Philos., hrsg. von *J. Ritter*, Bd. I, Basel 1971, 214–227 (zu § 2,4).

–,–: Glück und Glücksteilhabe, in: *G. Bien* (Hrsg.): Die Frage nach dem Glück, Stuttgart/Bad Cannstatt 1978, 77–91 (zu § 3,2).

–,–: Anmerkungen zur thomistischen Naturrechtslehre, in: Festschrift *P. Mikat*: Staat, Kirche, Wissenschaft in einer pluralistischen Gesellschaft, Berlin 1989, 119–128 (zu § 4).

2.6 Zur Wirkungsgeschichte

Art. «Thomismus» *(O. H. Pesch/D. Schlüter)* in: Lexikon für Theologie und Kirche Bd. 10, Freiburg 1965, Sp. 157–167.

Christliche Philosophie im katholischen Denken des 19. und 20. Jahrhunderts, hrsg. von *E. Coreth, W. M. Neidl, G. Pfligersdorffer*, Bd. 2: Rückgriff auf scholastisches Erbe, Graz/Wien/Köln 1988.

Für diese Darstellung wichtige Arbeiten:

Seckler, M.: Instinkt und Glaubenswille nach Thomas von Aquin, Mainz 1961.

Van Steenberghen, F.: Le problème de l'existence de Dieu dans les écrits de saint Thomas d'Aquin, Louvain 1980.

Oeing-Hanhoff, L.: Gotteserkenntnis im Licht der Vernunft und des Glaubens nach Thomas von Aquin, in: *Oeing-Hanhoff* (Hrsg.), a. a. O. 2.5, 97–124.

Montagnes, B.: La doctrine de l'analogie de l'être d'après saint Thomas d'Aquin, Louvain 1963.

Fabro, C.: Participation et causalité selon saint Thomas d'Aquin, Louvain 1961.

Engelhardt, P.: Art. Desiderium naturale, in: Histor. Wörterb. d. Philos., hrsg. von *J. Ritter*, Bd. II, Basel 1972, 118–130.

Heck, E.: Der Begriff religio bei Thomas von Aquin, Bonn 1971.

Loris Sturlese: Meister Eckhart

Anmerkungen

1 Die lateinischen und deutschen Werke Eckharts (LW, DW) werden nach Bandzahl und Seite der Stuttgarter kritischen Ausgabe zitiert. Eine erweiterte Fassung dieses Aufsatzes wurde unter dem Titel: Meister Eckhart. Ein Porträt, im Pustet-Verlag (Regensburg 1993) veröffentlicht.

2 Vgl. *Mojsisch* 1983, 21.

3 Vgl. *Quint* 1955, 460; *Flasch, K.*: Das philosophische Denken im Mittelalter, Stuttgart 1986, 408. Dagegen hat *Ruh* ²1989, 31 ff. eine neue Bewertung versucht.

4 Hierzu *Ruh* ²1989, a. a. O.

5 Zu Albert vgl. *Sturlese, L.*: Die deutsche Philosophie im Mittelalter. Von Bonifatius bis zu Albert dem Großen (748–1280). München 1993, 362–377; zu Dietrich vgl. *Flasch, K.*: Kennt die mittelalterliche Philosophie die konstitutive Funktion des menschlichen Denkens? in: Kant-Studien 63 (1972), 182–206.

6 Vgl. *Dietrich von Freiberg*: Opera omnia, I, Hamburg 1977, 14 ff.

7 Vgl. zuletzt *Ruh* ²1989, der aufgrund dieser Interpretation die Sammlung *Paradisus anime intelligentis* um die Jahre 1302/03 datiert.

8 Vgl. *Koch* 1972, 367–397; *de Libera* 1980; *Mojsisch* 1983, 42 ff. (S. 51 Literatur).

9 *Ruh* ²1989, 86.

10 Über die Univozität ausführlich *Mojsisch* 1983, 57 ff.

11 *Sturlese, L.*: Un nuovo manoscritto delle opere latine di Eckhart e il suo significato per la ricostruzione del testo e della storia dell'Opus tripartitum, in: Freib. Zs. f. Phil. und Theol. 32 (1985), 145–154.

12 Vgl. *Ruh* ²1989; *Langer* 1987.

13 *Mojsisch* 1983.

14 Vgl. *Trusen* 1989.

Literatur

1. Werkausgaben und Übersetzungen

Kritische Ausgabe: *Meister Eckhart*: Die deutschen und die lateinischen Werke, Stuttgart 1936 ff. Sie enthält:

DW = Die deutschen Werke, hrsg. von *J. Quint, G. Steer*, bisher Bde. I–III (Predigten) und V (mit Reden, Liber benedictus [Buch der göttlichen Tröstung und Predigt Von dem edeln Menschen], Von Abgeschiedenheit) erschienen, Bd. IV (Predigten) in Vorbereitung.

LW = Die lateinischen Werke, hrsg. von *E. Benz, C. Christ, B. Decker, H. Fischer, B. Geyer, J. Koch, E. Seeberg, L. Sturlese, K. Weiß, A. Zimmermann*. Bd. I/1: Prologi in Opus tripartitum, Expositio libri Genesis, Liber parabolarum Genesis; Bd. I/2: Prologi in Opus tripartitum, Expositio libri Genesis, Tabula libri parabolarum Genesis (synoptische Neuausgabe mit dem neuentdeckten Text der Oxforder Fassung der Werke); Bd. II: Expositio libri Exodi, Sermones et lectiones super Ecclesia-

stici 24 cap., Expositio libri Sapientiae; Bd. III: Expositio super Evangelium secundum Iohannem; Bd. IV: Sermones; Bd. V: Collatio in libros Sententiarum, Quaestiones Parisienses, Sermones Parisienses, Tractatus super Oratione dominica, Acta Echardiana. Bde. I/1, II–IV liegen vollständig vor; von Bde. I/2 und V sind bis jetzt je vier Lieferungen erschienen. Dem Originaltext ist eine deutsche Übersetzung beigegeben.
Neuhochdeutsche Übersetzung der deutschen Schriften auch in: Meister Eckehart. Deutsche Predigten und Traktate, hrsg. und übers. von *J. Quint*, 1955, ²1963.

2. Literatur

2.1 Bibliographie

Largier, N.: Bibliographie zu Meister Eckhart, Freiburg (Schw.) 1989.

2.2 Person, Leben und Prozeß

Koch, J.: Kritische Studien zum Leben Meister Eckharts, in: Kleine Schriften, I, Rom 1973, 247–347, zu ergänzen durch die Acta Echardiana (kommentierte Ausgabe der Dokumente zum Leben und zum Prozeß), hrsg. von *L. Sturlese*, LW V, 149ff.

Trusen, W.: Der Prozeß gegen Meister Eckhart, Paderborn 1988.

2.3 Monographien, Abhandlungen, Sammelbände

Albert, K.: Meister Eckharts These vom Sein, Kastellaun 1976.

Davies, O.: Meister Eckhart: Mystical Theologian, London 1991.

Flasch, K.: Die Intention Meister Eckharts, in: Sprache und Begriff. Festschrift B. Liebrucks, Meisenhem am Glan 1974, 292–318.

–,–: Procedere ut imago, in: Abendländische Mystik im Mittelalter, hrsg. von *K. Ruh*, Stuttgart 1986, 125–134.

Freiheit und Gelassenheit. Meister Eckhart heute, hrsg. von *U. Kern*, München/Mainz 1980.

Haas, A.: Meister Eckhart als normative Gestalt geistlichen Lebens, Einsiedeln 1979.

Imbach, R.: Deus est intelligere, Freiburg (Schw.) 1976.

Koch, J.: Kleine Schriften, I, Rom 1973.

Langer, O.: Mystische Erfahrung und spirituelle Theologie, München/Zürich 1987.

Libera, A. de: Le problème de l'être chez Maître Eckhart, Genève 1980.

Maître Eckhart à Paris. Une critique médiévale de l'ontothéologie, Paris 1984.

Mieth, D.: Die Einheit von vita activa und vita contemplativa in den deutschen Predigten und Traktaten Meister Eckharts und bei Johannes Tauler, Regensburg 1969.

Mojsisch, B.: Meister Eckhart. Analogie, Univozität und Einheit, Hamburg 1983.

Mystique (La) rhénane, Paris 1963.

Ruh, K.: Meister Eckhart. Theologe Prediger Mystiker, München ²1989.

Soudek, E.: Meister Eckhart, Stuttgart 1973.

Zum Brunn, E./Libera, A. de: Metaphysique du verbe et théologie négative, Paris 1984.

Tilman Borsche: Nikolaus von Kues

Anmerkungen

1 Für ausführlichere biographische Angaben vgl. die «Skizze einer Biographie» von *Meuthen, E.*: Nikolaus von Kues 1401–1464, Münster ⁶1982, sowie weitere Veröffentlichungen desselben Autors in den MFCG.

2 Dieses Prinzip ist das Kernstück der politischen Theorie des Cusaners. Vgl. hierzu *Sigmund, P. E.*: Nicholas of Cusa and Medieval Political Thought, Cambridge, Mass. 1963, bes. 119–157.

3 Francesco Zabarella (1360–1417), Professor beider Rechte in Padua, später Bischof von Florenz. Der Einfluß seiner konziliaristischen Lehre war auch während der Studienzeit des Nikolaus in Padua noch mächtig; vgl. *Morrissey, T. E.*: Cardinal Zabarella and Nicholas of Cusa, MFCG 17 (1986), 157–176.

4 «... superno dono a patre luminum a quo omne datum optimum, ad hoc ductus sum, ut incomprehensibilia incomprehensibiliter amplecterer in docta ignorantia per transcensum veritatum incorruptibilium humaniter scibilium»: De docta ignorantia [= DI] III, n. 263: Epistola auctoris ad dominum Iulianum cardinalem.

5 Vgl. den charakteristischen Titel eines der größeren Werke der späteren Jahre: De venatione sapientiae [= VS] (1462/63).

6 Vgl. z. B. De principio, n. 16.

7 Vgl. DI I cap. 24, n. 79: «Ita de iustitia et ceteris omnibus nominibus affirmativis, quae nos translative a creaturis deo attribuimus propter quandam perfectionem per ipsa nomina significatam.»

8 Vgl. dazu DI I cap. 25, n. 83 f. über die heidnischen Gottesnamen.

9 Vgl. DI I cap. 26, bes. n. 87: «verius per remotionem et negationem de ipso loquimur»; n. 89: «negationes sunt verae et affirmationes insufficientes in theologicis».

10 De coniecturis [= C] I cap. 5, n. 21: «Non est igitur coniectura de ipso verissima, quae admittit affirmationem, cui opponitur negatio, aut quae negationem quasi veriorem affirmationi praefert.»

11 C I cap. 5, n. 17: «magna enim atque occulta in lucem ducere temptabo».

12 C I cap. 6, n. 24: «divine secundum primae absolutae unitatis conceptum de deo ... dicendum».

13 So in C I cap. 4, n. 12; vgl. VS cap. 17, n. 49, Z10f.

14 C I cap. 6, n. 24: «de deo ... divinaliter ... explicavi»; vgl. auch cap. 4, n. 15: «mentem omnia complecti vel divine vel intellectualiter vel animaliter aut corporaliter: divine quidem, hoc est prout res est veritas».

15 Zum Ausdruck «dicendi modus» vgl. z. B. C I cap. 8, n. 34; zur Sache auch C I cap. 13, n. 69; C II cap. 17, n. 175.

16 C I cap. 5, n. 17: «Primo illa divina unitas... omnem praeveniens multitudinem, omnem etiam antevenit diversitatem, alietatem, oppositionem, inaequalitatem, divisionem atque alia omnia, quae multitudinem concomitantur.»

17 C I cap. 5, n. 21, Z10 f.: «absolutior igitur veritatis exstitit conceptus».

18 C I cap. 6, n. 24, Z5 f.; ähnlich cap. 5, n. 21, Z11 f.

19 De visione Dei, cap. 11, n. 46: «disiunctio pariter et coniunctio est murus coincidentiae: ultra quem existis absolutus ab eo quod aut dici aut cogitari potest».

20 C I cap. 5, n. 21, Z15 f.: «altior, simplicior, absolutior conformiorque responsio».

21 C I cap. 1, n. 5: «absoluta illa divina entitas est omne id quod est in quolibet quod est»; ähnlich an vielen anderen Stellen.

22 C I cap. 5, n. 21, Z14.18.

23 «Tunc vides contradictoria negari ab ipso [uno principio], ut neque sit neque non sit neque sit et non sit neque sit vel non sit vel non sit»: Diese Formulierung findet sich in der kleinen Schrift De principio von 1459, n. 19. Die entsprechende Formulierung in De coniecturis, die grammatisch unklar, möglicherweise aber auch durch die Überlieferung entstellt ist, lautet: «quod ipse nec est nec non est, atque quod ipse [nec] est et non est» (C I cap. 5, n. 21). Ausführlich und klar sind die Formulierungen in Idiota de sapientia II, n. 32, Z14–24; vgl. daneben auch VS cap. 13, n. 35, Z5–17.

24 C I cap. 5, n. 21, Z12: «infinitius».

25 C I cap. 5, n. 21, Z17: «subtilissima coniecturalis responsio».

26 Zu «unitas» vgl. DI I cap. 24, n. 75 ff.; zu «ipsum idem» und «idem absolutum» vgl. Dialogus de genesi I, n. 142. 144; zu «ipsum unum» vgl. De beryllo, cap. 12, n. 13.

27 Vgl. De principio, n. 35.

28 Vgl. Trialogus de possest, n. 14; VS cap. 13.

29 Vgl. De apice theoriae, n. 4–28.

30 «nomen infinitum»: DI I cap. 24 f., n. 79. 84; «nomen praecisum»: Idiota de mente, cap. 2, n. 68; «nomen nominum»: Trialogus de possest, n. 26; «nomen omnium nominabilium»: a.a.O., n. 53.

31 Vgl. Directio speculantis seu de non aliud, pass.; VS cap. 14.

32 Die cusanische Komplikationslogik wird dargestellt und insbesondere in ihrer Bedeutung für die Interpretation von Gegensätzen erläutert in: *Borsche, T.*: Was etwas ist, München 1990, Teil IV, 5. Kap., 202–211.

33 Vgl. VS cap. 3 f., n. 7–10; De ludo globi I, n. 45.

34 Vgl. VS cap. 4, n. 10, Z5; geläufig schon seit DI I, z. B. cap. 24, n. 77, Z6.

35 De pace fidei [= PC], cap. 3, n. 9: «omnem religionum diversitatem communi omnium hominum consensu in unicam concorditer reduci amplius inviolabilem».

36 PC cap. 1, n. 6: «... cessabit gladius et odii livor, et quaeque mala. Et cognoscent omnes, quomodo non est nisi religio una in rituum varietate.»

37 Vgl. PC cap. 4 f., n. 10–15.

38 PC cap. 5, n. 15, Z24: «variarum sectarum philosophi».

39 PC cap. 6, n. 16, Z15–17: «... aliud nemo intelligens astruere potest.»

40 «quando infinitas additur termino»: Complementum theologicum, cap. 4.

41 «tollitur terminatio... in uno intermino et ineffabili principio»: ebd.

42 Erstmals ausführlich dargestellt und belegt wird die Wirkungsgeschichte der ersten drei Jahrhunderte in der gelehrten und sehr reichhaltigen Schrift von *Meier-Oeser, S.*: Die Präsenz des Vergessenen, Münster 1989.

43 Nicolai de Cusa Cardinalis, utriusque Iuris Doctoris, in omnique Philosophia incomparabilis viri Opera, Basel 1565, Praefatio, zitiert in *Klibansky, R.*: Die Wirkungsgeschichte des Dialogs «De pace fidei», MFCG 16 (1984), 118.

44 Näheres bei *Klibansky*, a.a.O., 114–117.

45 Vgl. *Klibansky*, a.a.O., 122–125.

Literatur

1. Textausgaben:
Die ersten Drucke der Werke des Cusaners erschienen in Straßburg 1488 (ND 1967), Paris 1514 (ND 1962) und Basel 1565.
Im Auftrag der Heidelberger Akademie der Wissenschaften entsteht seit 1932 eine auf 20 Bde. angelegte kritische Gesamtausgabe:
Nicolai de Cusa opera omnia. Es liegen vor:

Bd. I: De docta ignorantia, Leipzig 1932.

Bd. II: Apologiae doctae ignorantiae, Leipzig 1932.

Bd. III: De coniecturis, Hamburg 1972.

Bd. IV: Opuscula I, Hamburg 1959.

Bd. V: Idiota de sapientia ([1]1937); Idiota de mente ([1]1937); Idiota de staticis experimentis, Hamburg 1983.

Bd. VII: De pace fidei, Hamburg [2]1970.

Bd. VIII: Cribatio Alkorani, Hamburg 1986.

Bd. XI, 1: De beryllo, Leipzig 1940.

Bd. XI, 2: Trialogus de possest, Hamburg 1973.

Bd. XI, 3: Compendium, Hamburg 1964.

Bd. XII: De venatione sapientiae; De apice theoriae, Hamburg 1982.
Bd. XIII: Directio speculantis seu de non aliud, Leipzig 1944.
Bd. XIV, 1–4: De concordantia catholica, lib. I–III, Indices, Hamburg 1959–1968.
Bd. XVI, 1–4: Sermones I (1430–1441), Hamburg 1970–1984.
Bd. XVII, 1: Sermones II (1443–1452), Hamburg 1983.
Als Lateinisch-deutsche Studienausgaben sind in der Philosophischen Bibliothek des
Meiner Verlags bislang folgende Bände erschienen:
Die belehrte Unwissenheit I–III, 3 Bde., 1964ff. u. ö., PhB 264a–c.
Mutmaßungen, 1988, PhB 268.
Der Laie über die Weisheit, 1988, PhB 411.
Sichtung des Korans I–III, 3 Bde. 1989/91, PhB 420a–c.
Über den Beryll, 1987, PhB 295.
Dreiergespräch über das Können-Ist, 1991, PhB 285.
Kompendium, 1982, PhB 267.
Die höchste Stufe der Betrachtung, 1986, PhB 383.

2. Hilfsmittel:
Mitteilungen und Forschungsbeiträge der Cusanus-Gesellschaft (= MFCG)
Bislang sind erschienen: Bd. 1 (1961) – Bd. 21 (1994).
Eine Bibliographie der älteren Cusanus-Literatur ist zu finden in: *Vansteenberghe, E.*:
Le Cardinal Nicolas de Cues, Paris 1920.
In den MFCG sind seither folgende Cusanus-Bibliographien erschienen:
  (1) 1920–1961, MFCG 1 (1961), 95–126 von H. Kleinen und R. Danzer.
  (2) 1961–1964, MFCG 3 (1963), 223–237 von R. Danzer.
  (3) 1964–1967, MFCG 6 (1967), 178–202 von W. Traut und M. Zacher.
  (4) 1967–1973, MFCG 10 (1973), 207–234 von M. Vásquez.
  (5) 1972–1982, MFCG 15 (1982), 121–147 von A. Kaiser.

3. Biographien und Gesamtdarstellungen (chronologisch geordnet):
Vansteenberghe, E.: Le Cardinal Nicolas de Cues. L'action – la pensée, Paris 1920 (ND
Frankfurt am Main 1963).
Cassirer, E.: Individuum und Kosmos in der Philosophie der Renaissance, Leipzig
1927 (ND Darmstadt 1963).
Meuthen, E.: Nikolaus von Kues 1401–1464. Skizze einer Biographie ([1]1964), Münster
[6]1982.
Jacobi, K.: Die Methode der Cusanischen Philosophie, Freiburg 1969.
Flasch, K.: Die Metaphysik des Einen bei Nikolaus von Kues. Problemgeschichtliche
Stellung und systematische Bedeutung, Leiden 1973.
Blumenberg, H.: Aspekte der Epochenschwelle: Cusaner und Nolaner, Frankfurt am
Main 1976.
Beierwaltes, W.: Identität und Differenz. Zum Prinzip des cusanischen Denkens, hrsg.
von der Rheinisch-Westfälischen Akademie der Wissenschaften, Opladen 1977.
Jacobi, K. (Hrsg.): Nikolaus von Kues. Einführung in sein Denken, Freiburg/München
1979.
Borsche, T.: Was etwas ist. Fragen nach der Wahrheit der Bedeutung bei Platon, Augu-
stin, Nikolaus von Kues und Nietzsche, München 1990, Teil IV: Nikolaus von Kues,
171–243.

4. Studien zu den religionsphilosophischen Schriften (chronologisch geordnet):

Hölscher, G.: Nikolaus von Kues und der Islam, in: Zeitschrift für philosophische Forschung 2 (1947), 259–274.

Haubst, R.: Johannes von Segovia im Gespräch mit Nikolaus von Kues und Jean Germain über die göttliche Dreieinigkeit und ihre Verkündigung vor den Mohammedanern, in: Münchner Theologische Zeitschrift 2 (1951), 115–129.

Decker, B.: Nikolaus von Kues und der Friede unter den Religionen, in: Humanismus, Mystik und Kunst in der Welt des Mittelalters. Studien und Texte zur Geistesgeschichte des Mittelalters, hrsg. von *J. Koch*, Bd. 3, Leiden/Köln ([1]1953) [2]1959, 94–121.

Seidlmayer, M.: «Una religio in rituum varietate». Zur Religionsauffassung des Nikolaus von Cues, in: Archiv für Kulturgeschichte 36 (1954), 145–207.

Sigmund, P. E.: Nicholas of Cusa and Medieval Political Thought, Cambridge, Mass. 1963.

Gandillac, M. de: Das Problem der Völkerverständigung nach den theologischen Grundsätzen und praktischen Vorschlägen des Kardinals Nikolaus von Kues, in MFCG 4 (1964), 278–295.

Grunewald, H.: Die Religionsphilosophie des Nikolaus Cusanus und die Konzeption einer Religionsphilosophie bei Giordano Bruno, (Marburg [1]1970), Studia irenica XIII, Hildesheim [2]1977.

MFCG 9 (1971): Nikolaus von Kues als Promotor der Ökumene. Akten des Symposions in Bernkastel-Kues vom 22. bis 24. September 1970, hrsg. von *R. Haubst*. Darin besonders:

Krämer, W.: Der Beitrag des Nikolaus von Kues zum Unionskonzil mit der Ostkirche, a.a.O., 34–52.

Schall, A.: Die Sichtung des Christlichen im Koran, a.a.O., 76–85.

Gandillac, M. de: «Una religio in rituum varietate», a.a.O., 92–105.

Heinz-Mohr, G.: Friede im Glauben. Die Vision des Nikolaus von Kues, a.a.O., 166–184.

Hanssler, B.: Die Idee der Völkergemeinschaft bei Nikolaus von Kues, a.a.O., 190–199.

Hagemann, L.: Der Kur'an in Verständnis und Kritik bei Nikolaus von Kues. Ein Beitrag zur Erhellung islamisch-christlicher Geschichte, Frankfurt a. M. 1976, (Frankfurter Theologische Studien Bd. 21).

Quillet, J.: L'irénisme dans la rencontre des cultures: Les figures de la Sapientia et le projet de concile universel des religions chez Nicolas de Cues, Actas del V Congreso Internacional de Filosofia Medieval (Madrid 1972), Madrid 1979, 1139–1149.

MFCG 16 (1984): Der Friede unter den Religionen nach Nikolaus von Kues. Akten des Symposions in Trier vom 13. bis 15. Oktober 1982, hrsg. von *R. Haubst*. Darin besonders:

Stallmach, J.: Einheit der Religion – Friede unter den Religionen. Zum Ziel der Gedankenführung im Dialog «Der Friede im Glauben», a.a.O., 61–75.

Colomer, E.: Die Vorgeschichte des Motivs vom Frieden im Glauben bei Raimund Lull, a.a.O., 82–107.

Kremer, K.: Die Hinführung (manuductio) von Polytheisten zum Einen, von Juden und Muslimen zum Dreieinen Gott, a.a.O., 126–159.

Gandillac, M. de: Das Ziel der una religio in varietate rituum, a.a.O., 192–204.

Morrissey, T. E.: Cardinal Zabarella and Nicholas of Cusa. From Community Authority to Consent of the Community, in: MFCG 17 (1986), 157–176.

5. Studien zur Wirkungsgeschichte (chronologisch geordnet):

Sigmund, P.: Das Fortleben des Nikolaus von Kues in der Geschichte des politischen Denkens, in: MFCG 7 (1969), 120–128.

Gawlick, G.: Zur Nachwirkung cusanischer Ideen im siebzehnten und achtzehnten Jahrhundert, in: Nicolò Cusano agli inizi del mondo moderno. Atti del Congresso internazionale in occasione del V centenario della morte di Nicolò Cusano. Bressanone 6–10 settembre 1964, Firenze 1970, 225–239.

Klibansky, R.: Die Wirkungsgeschichte des Dialogs «De pace fidei», in: MFCG 16 (1984), 113–125.

Meier-Oeser, S.: Die Präsenz des Vergessenen. Zur Rezeption der Philosophie des Nicolaus Cusanus vom 15. bis zum 18. Jahrhundert, Münster 1989.

PAUL RICHARD BLUM: MARSILIO FICINO

Anmerkungen

1 *Marcel* 1958, 740–746, hier 740; Catalogo Nr. 171, dort Nr. 172 zum Todesdatum.

2 Vita von Giovanni Corsi, in: *Marcel* 1958, 680–689, hier 682: Tu, inquit, Ficine corporibus, at Marsilius hic tuus animis medendis coelitus demissus est.

3 *Field* 1988, chapt. 6.

4 Suppl. Fic. II 81–87.

5 *Yates, F. A.*: Giordano Bruno and the Hermetic Tradition, London 1964, vor allem Kap. 2 u. 4.

6 Catalogo Nr. 139, 140.

7 *Hankins* 1991.

8 Laurus/Laurentius: *Marcel* 1958, 372.

9 Brief an Uranius von 1492, Opera 936. Im übrigen *Della Torre* passim, v. a. 26–31 u. 654–800.

10 *Della Torre* 599ff. Vgl. *Fubini* 1987.

11 Zu Ficino und Savonarola (der in dieser Sache mit Pico übereinstimmte) *Marcel* 1958, 555–579 und *Kaske* 1986.

12 Apologia contra Savonarolam (Supplementum Ficinianum II 76ff.).

13 *Pico, G.*: De ente et uno, in: De hominis dignitate, Heptaplus, De ente et uno, e scritti vari, hrsg. v. E. Garin, Firenze 1942, 390. Hierzu *Allen* 1986.

14 In Timaeum (Opera 1442): Platonem Christianae theologiae magis conciliabimus, sed caeteri Platonis interpretes reclamabunt.

15 Caesar Baronius, Annales Ecclesiastici (1624, p. 371), zit. nach *Marcel* 1958, 578f.

16 Nach *Leinkauf* 1992.

17 Ebd. XI 3; De amore VI 12–13.

18 De raptu Pauli 8 und 11 (Theol. Plat. 3, 353 u. 355 Marcel).

19 De amore VI 15–16; Theol. Plat. I 3–6.

20 *Kristeller* 1972, Kap. II 4; De amore VII 13, vgl. II 3.

21 *Mahoney* 1982, 188f.

22 Opera 1: liberemus (…) philosophiam, sacrum dei munus, ab impietate (…) religionem sanctam pro viribus ab execrabili inscitia redimamus.

23 *Schmitt* 1966 und 1970, *Walker* 1972, *Klutstein* 1987.

24 Für Einflüsse in Magie und Astrologie s. *Walker* 1958 u. 1972, sowie *Müller-Jahncke, W. D.*: Astrologisch-magische Theorie und Praxis in der Heilkunde der frühen Neuzeit, Stuttgart 1985; für die Theorie der Liebe s. *Nelson, J. Ch.*: Renaissance Theory of Love, New York 1958; für die Kunst: *Chastel* 1975; für einzelne

beeinflußte Autoren s. versch. Beiträge in: Studi e documenti 1986; für A. Kircher
SJ s. *Leinkauf* 1989.
25 *Vasoli* 1986 zeigt das am Beispiel von Francesco Giorgio Veneto.
26 *Leibniz, G. W.*: Die philosophischen Schriften, hrsg. von *Gerhard*, Berlin 1890,
Bd. 7, 147f.; *Blum, P. R.*: Platonismus I, in: Historisches Wörterbuch der Philosophie, Bd. 7, Sp. 978–986.

Literatur

1. Werke
Marsilii Ficini Opera omnia, Basel 1576 (Reprint Torino 1962), 2 Bde., Bd. II ab S. 1013
[zitiert: Opera].
Briefe des Mediceerkreises aus Marsilio Ficino's Epistolarium, übers. von Karl Mark-
graf von Montoriola [d. i. Karl Paul Hasse], Berlin 1926.
Supplementum Ficinianum, hrsg. von *P. O. Kristeller*, Florentiae 1937, 2 Bde. [zit.
Suppl. Ficin.].
Compendium Platonicae Theologiae, Argumentum in Platonicam Theologiam, lat.-
ital., in: *E. Garin* (Hrsg.): Filosofi italiani del Quattrocento, Firenze 1942, 292–327
und 328–372.
Five Questions concerning the mind, in: The Renaissance Philosophy of Man, hrsg.
von *E. Cassirer, P. O. Kristeller, J. H. Randall jr.*, Chicago 1948, 185–212.
Commentaire sur le Banquet de Platon, lateinisch-französisch, hrsg. von *R. Marcel*,
Paris 1956.
Théologie Platonicienne de l'immortalité des âmes, lateinisch-französisch, hrsg. von
R. Marcel, Paris 1964–1970, 3 Bde.
The Letters of Marsilio Ficino, transl. by members of the Language Department of the
School of Economic Science, London 1975–1994 (bisher 5 Bde.).
Consilio contra la pestilenza, a cura di Enrico Musaccio, Bologna 1983 (Universale Il
Portolano 12).
[Philebos-Kommentar] The Philebus commentary, hrsg. von *M. J. B. Allen*, Berkeley
usw. 1975.
[Phaidros-Kommentar] Marsilio Ficino and the Phaedran Charioteer, hrsg. von *M. J.
B. Allen*, Berkeley usw. 1981.
[Sophistes-Kommentar] *M. J. B. Allen*: Icastes. Marsilio Ficino's Interpretation of Pla-
to's Sophist, Berkeley usw. 1989.
Über die Liebe oder Platons Gastmahl, lateinisch-deutsch, übers. von Karl Paul Hasse,
hrsg. von *P. R. Blum*, Hamburg 1984, Neuauflage 1994 (Philosophische Bibliothek
368).
Three Books on Life. A Critical Edition and Translation with Introduction and Notes
by *C. V. Kaske and J. R. Clark*, Binghamton, N. Y. 1989 (Medieval and Renaissance
Texts and Studies 57).
Lettere I, Epistolarum familiarum liber I, hrsg. von *S. Gentile*, Firenze 1990.
Traktate zur Platonischen Theologie, lateinisch-deutsch, hrsg. von *E. Blum, P. R.
Blum, T. Leinkauf* [Argumentum in Platonicam Theologiam, Compendium Platoni-
cae Theologiae, Quaestiones quinque de mente, De felicitate], Berlin 1993.

2. Bibliographie
s. Studi e documenti = Kristeller 1987.

3. Studien

Marsilio Ficino e il ritorno di Platone. Mostra di manoscritti stampe e documenti, Catalogo a cura di S. *Gentile, S. Niccoli e P. Viti,* Firenze 1984 [zit. als Catalogo].

Marsilio Ficino e il ritorno di Platone, Studi e documenti, hrsg. von *G. C. Garfagnini,* Firenze 1986 (Istituto nazionale di Studi sul Rinascimento, Studi e testi 15) [zit. als Studi e documenti], mit Bibliographie [= Kristeller 1987].

Supplementum Festivum, Studies in Honour of Paul Oskar Kristeller, Binghamton, N. Y. 1987 (Medieval and Renaissance Texts and Studies 49), mit Beiträgen zu Ficino von *M. J. B. Allen, B. P. Copenhaver, S. Gentile, P. Moffitt Watts.*

Allen, M. J. B.: The Platonism of Marsilio Ficino, Berkeley usw. 1984.

–,–: The Second Ficino-Pico Controversy. Parmenidean Poetry, Eristic, and the One, in: Studi e documenti 1986 (s. o.), 417–455.

Beierwaltes, W.: Marsilio Ficinos Theorie des Schönen im Kontext des Platonismus, Heidelberg 1980.

Buhler, S. M.: Marsilio Ficino's De stella magorum and Renaissance Views of the Magi, in: Renaissance Quarterly 43 (1990), 348–371.

Bullard, M. M.: The Inward Zodiac: A Development in Ficino's Thought on Astrology, in: Renaissance Quarterly 43 (1990), 687–708.

Chastel, A.: Marsile Ficin et l'art, Genève 1975 (Travaux d'Humanisme et Renaissance 14).

Della Torre, A.: Storia dell'Accademia Platonica di Firenze, Firenze 1902 (Reprint Torino 1968).

Field, A.: The Origins of the Platonic Academy of Florence, Princeton 1988.

Fubini, R.: Ficino e i Medici all'avvento di Lorenzo il magnifico, in: Rinascimento 2a serie, 24 (1984), 3–52.

–,–: Ancora su Ficino e i Medici, ebd. 27 (1987), 275–291.

Gandillac, M. de: L'idee de la Renaissance chez Marsile Ficin, in: Historia Philosophiae Medii Aevi. Festschrift Kurt Flasch, hrsg. von *B. Mojsisch* und *O. Pluta,* Amsterdam/Philadelphia 1991, I 321–338.

Gentile, S.: Sulle prime traduzioni dal greco di Marsilio Ficino, in: Rinascimento 30 (1990), 57–104.

Hankins, J.: Cosimo de'Medici and the ‹Platonic Academy›, in: Journal of the Warburg and Courtauld Institutes 53 (1990), 144–162.

–,–: Plato in the Italian Renaissance, Leiden 1990, 2 Bde., Ficino in I 267–359, II 454–485.

–,–: The Myth of the Platonic Academy of Florence, in: Renaissance Quarterly 44 (1991), 429–475.

Kaske, C. F.: Ficino's Shifting Attitude towards Astrology in the «De vita coelitus comparanda», the Letter to Poliziano, and the «Apologia» to the Cardinals, in: Studi e documenti 1986 (s. o.), 371–381.

Klutstein, I.: Marsilio Ficino et la théologie ancienne, Firenze 1987.

Kristeller, P. O.: Die Philosophie des Marsilio Ficino, Frankfurt 1972 (italienische, verbesserte Ausgabe: Il pensiero filosofico di Marsilio Ficino, Firenze 1988).

–,–: Acht Philosophen der italienischen Renaissance, Weinheim 1986, Kap. 3.

–,–: Marsilio Ficino and his Work after Five Hundred Years, in: Studi e documenti 1986, a. a. O., 15–196. Dasselbe separat erschienen Firenze 1987 (Quaderni di «Rinascimento» 7), enth. umfangreiche Bibliographie.

Leinkauf, T.: Amor in supremi opificis mente residens: Athanasius Kirchers Auseinandersetzung mit der Schrift «De amore» des Marsilius Ficinus, in: Zeitschrift für philosophische Forschung 43 (1989), 265–300.

–,–: Platon und der Platonismus bei Marsilio Ficino, in: Deutsche Zeitschrift für Philosophie 40 (1992), 735–756.

Lohr, C. H.: Metaphysics, in: The Cambridge History of Renaissance Phislosophy, Cambridge 1988 [Ficino: 568–584].

Mahoney, E. P.: Metaphysical Foundations of the Hierarchy of Being According to Some Late-Medieval and Renaissance Philosophers, in: *P. Morewedge* (Hrsg.): Philosophies of Existence Ancient and Medieval, New York 1982, 165–257; Ficino: 188–192.

Marcel, R.: Marsile Ficin (1433–1499), Paris 1958 (Les Classiques de l'Humanisme, Études 6).

Nolte, J.: Pauli Mysteria. Zur theologischen Erkenntnislehre des Marsilio Ficino anhand von dessen Proöm einer Pauluskommentierung, in: Wort Gottes in der Zeit. Festschrift Karl Hermann Schelkle, Düsseldorf 1973, 274–287.

Otto, S.: Geometrie und Optik in der Philosophie des Marsilio Ficino, in: Philosophisches Jahrbuch 98 (1991), 290–313.

Schmitt, C. B.: Perennial Philosophy from Agostino Steuco to Leibniz, in: Journal of the History of Ideas 27 (1966), 505–532.

–,–: Prisca theologia e philosophia perennis: due temi del Rinascimento italiano e la loro fortuna, in: Il pensiero italiano del Rinascimento e il tempo nostro, Firenze 1970, 211–236.

Tarabochia Canavero, A.: S. Agostino nella Theologia Platonica di Marsilio Ficino, in: Rivista di filosofia neoscolastica 70 (1978), 626–646.

Trinkaus, C.: In Our Image and Likeness, Humanity and Divinity in Humanist Thought, Chicago 1970, 2 Bde. Ficino: II c. 9.

Vasoli, C.: Marsilio Ficino e Francesco Giorgio Veneto, in: Studi e documenti 1986, a. a. O., 533–554.

–,–: Per le fonti del «De christiana religione» di Marsilio Ficino, in: Rinascimento 2a serie, 28 (1988), 135–233.

–,–: Un «medico» per i «sapienti»: Ficino e i Libri de vita, in: Historia Philosophiae Medii Aevi. Festschrift Kurt Flasch, hrsg. von *B. Mojsisch* und *O. Pluta*, Amsterdam/Philadelphia 1991, II 1013–1028.

Walker, D. P.: Spiritual and Demonic Magic from Ficino to Campanella, London 1958.

–,–: The Ancient Theology. Studies in Christian Platonism from the Fifteenth to the Eighteenth Century, London 1972.

GENNARO AULETTA: MOSES MENDELSSOHN

Literatur

1. Werkausgabe

Moses Mendelssohn. Gesammelte Schriften. Jubiläumsausgabe. Begonnen von *I. Elbogen, J. Guttmann, E. Mittwoch*, fortgesetzt von *A. Altmann* s. A., *E. J. Engel*, in Gemeinschaft mit *M. Albrecht, F. Bamberger, H. E. Bödeker, H. Borodianski (Bar-Dayan), H. Lausch, R. Michael, S. Rawidowicz, R. Reichman, B. Strauss, L. Strauss, W. Weinberg*, 23 in 37 Bänden, Stuttgart 1972 ff. (zitiert als JubA).

2. Bibliographien

Albrecht, M.: Moses Mendelssohn. Ein Forschungsbericht, 1965–1980, in: Deutsche Vierteljahrsschrift für Literaturwissenschaft und Geistesgeschichte 57 (1983), 64–166.

Meyer, H. M. Z.: Moses Mendelssohn Bibliographie, Berlin 1965 (= Veröffentlichungen der Historischen Kommission zu Berlin, Bd. 26).

3. Literatur

Altmann, A.: Moses Mendelssohn. A Biographical Study, London 1973.

–,–: : Die trostvolle Aufklärung. Studien zur Metaphysik und politischen Theorie Moses Mendelssohns, Stuttgart 1982.

Albrecht, M.: Moses Mendelssohn 1729–1786. Das Lebenswerk eines jüdischen Denkers der deutschen Aufklärung, Weinheim 1986 (= Ausstellungskatalog der Herzog August Bibliothek Wolfenbüttel Nr. 51).

Bamberger, F.: Die geistige Gestalt Moses Mendelssohn, Frankfurt am Main 1929.

Bourel, D.: Blumen, Nische und Büste. Zur Geschichte von Moses Mendelssohns Echo in Deutschland, in: studi germanici XXVIII (1990), 19–38.

Engel-Holland, E.: The World of Moses Mendelssohn, in: Leo Baeck Institute Year Book XXXVI (1991), 27–43.

Katz, J.: Moses Mendelssohns schwankendes Bild bei der jüdischen Nachwelt, in: *M. Albrecht, E. J. Engel* und *N. Hinske* (Hrsg.): Moses Mendelssohn und die Kreise seiner Wirksamkeit, Tübingen 1994 (= Wolfenbütteler Studien zur Aufklärung, hrsg. von der Lessing-Akademie, Bd. 19), 349–362.

Lauer, S./Luginbühl-Weber, G.: Mendelssohn, Moses, in: Theologische Realenzyklopädie. Bd. XXII, Berlin/New York 1992, 428–439.

Levy, Z.: Johann Georg Hamann's Concept of Judaism and Controversy with Mendelssohn's «Jerusalem», in: Leo Baeck Institute Year Book XXIX (1984), 295–329.

Nehren, B.: Eine Dokumentation zum Streit über den Tod Moses Mendelssohns, in: *N. Hinske* (Hrsg.): Kant und die Aufklärung, Hamburg 1993 (= Aufklärung Jg. 7, Heft 1), 93–116.

Niewöhner, F.: «Es hat nicht jeder das Zeug zu einem Spinoza». Mendelssohn als Philosoph des Judentums, in: *M. Albrecht, E. J. Engel* und *N. Hinske* (Hrsg.): Moses Mendelssohn und die Kreise seiner Wirksamkeit, Tübingen 1994 (= Wolfenbütteler Studien zur Aufklärung, hrsg. von der Lessing-Akademie, Bd. 19), 291–313.

WERNER G. JEANROND: FRIEDRICH SCHLEIERMACHER

Anmerkungen

1 Vgl. *Peiter, H.*: Friedrich Schleiermacher, in: *H. Fries* und *G. Kretschmar* (Hrsg.), Klassiker der Theologie, Bd. 2, München 1983, 74–88.

2 *Schleiermacher, F. D. E.*, Kritische Gesamtausgabe (= KGA), hrsg. von *H.-J. Birkner, G. Ebeling, H. Fischer, H. Kimmerle, K.-V. Selge*, Berlin/New York 1980 ff. Vgl. auch *Rohls, J.*: Frömmigkeit als Gefühl schlechthinniger Abhängigkeit. Zu Schleiermachers Religionstheorie in der ‹Glaubenslehre›, in: *K.-V. Selge* (Hrsg.), Internationaler Schleiermacher-Kongreß Berlin 1984, Bd. 1, Schleiermacher-Archiv I, 1, Berlin/New York 1985, 221–252. *Rohls* untersucht Schleiermachers Verständnis des Gefühls schlechthinniger Abhängigkeit nicht nur in der Glaubenslehre, sondern auch mit Blick auf andere wichtige Werke Schleiermachers.

3 Ausführlichere Lebensbeschreibungen finden sich in *Redeker, M.*: Friedrich Schleiermacher: Leben und Werk, Berlin 1968, und in *Kantzenbach, F. W.*: Schleiermacher, Reinbek bei Hamburg 1967 (Rowohlts Monographien).

4 KGA I.2: Schriften aus der Berliner Zeit, hrsg. von *G. Meckenstock*, Berlin/New York 1984, 185–326. Die Seitenangaben im Text beziehen sich auf diese Ausgabe.

5 Zur Diskussion des literarischen Genus der Reden siehe *Novak, K.*: Schleiermacher und die Frühromantik. Eine literaturgeschichtliche Studie zum romantischen Religionsverständnis und Menschenbild am Ende des 18. Jahrhunderts in Deutschland, Göttingen 1986, 147.

6 Vgl. *Kant, I.*: Die Religion innerhalb der Grenzen der bloßen Vernunft (1. Auflage 1793), in: Werke in zehn Bänden, hrsg. von *W. Weischedel*, Bd. 7, bes. 758.

7 Zur Klärung des Begriffs «Universum» vgl. *Ringleben, J.*, Die Reden über die Religion, in: *D. Lange* (Hrsg.): Friedrich Schleiermacher 1768–1834: Theologe – Philosoph – Pädagoge, Göttingen 1985, 236–258, hier 246: «Universum, das ist für den Redner die schlechthin unfaßbare Totalität des Wirklichkeitsgeschehens, die sich zwar auch kosmologisch offenbart, aber zugleich unendlich jede solche inhaltliche Fixierung überschreitet.»

8 *Schleiermacher, F. D. E.*: Monologen nebst den Vorarbeiten, hrsg. von *F. M. Schiele*, erweitert und durchgesehen von *H. Mulert*, Hamburg 1978. Die Seitenzahlen im Text verweisen auf diese Ausgabe.

9 *Schleiermacher, F.*: Kleine Schriften und Predigten, Bd. 1: 1800–1820, hrsg. von *H. Gerdes*, Berlin 1970, 229–274. Die Seitenzahlen im Text verweisen auf diese Ausgabe.

10 *Schleiermacher, F.*: Kurze Darstellung des theologischen Studiums zum Behuf einleitender Vorlesungen. Krit. Ausgabe, hrsg. von *H. Scholz*, Darmstadt 1977, 1.

11 Im folgenden verweise ich auf den Text der zweiten Auflage der Glaubenslehre von 1830/31: *Schleiermacher, F.*: Der christliche Glaube, 7. Auflage, hrsg. von *M. Redeker*, Berlin 1960.

12 Die Unterschiede zwischen der ersten und der zweiten Auflage der Glaubenslehre können hier nicht näher erörtert werden. Vgl. hierzu *Peiters, H.*: Einleitung zur kritischen Ausgabe der Glaubenslehre von 1821/22 in KGA 1.7,1; sowie *Rohls, J.* : «Frömmigkeit als Gefühl schlechthinniger Abhängigkeit», a. a. O., 223–230.

13 Vgl. *Scholz, G.*: Die Philosophie Schleiermachers, (Darmstadt 1984), (Erträge der Forschung 217), bes. 27–44; und *Pleger, W. H.*: Schleiermachers Philosophie, Berlin/New York 1988.

14 Schleiermachers Gottesverständnis läßt sich zum Beispiel nicht auf den Begriff bringen, indem man von einem «Gott des Gefühls» spricht. Vielmehr wäre es angemessen, die Rolle des Gefühls bei der Gottes- und Selbsterkenntnis zu erörtern.

15 Vgl. Paul Tillichs Versuch, diesem Mißverständnis auch außerhalb Deutschlands zu begegnen und Schleiermachers Verständnis von «Gefühl» zu rehabilitieren. *Tillich, P.*: Religion des konkreten Geistes, übers. von *I. C. Henel*, Stuttgart 1968, bes. 14–19.

16 *Scholz*: Die Philosophie Schleiermachers, a. a. O., 7.

17 So lautet beispielsweise die Kritik seitens der Dialektischen Theologie.

18 Reden, 256.

19 Immer wieder wurden aber Begriffe und Gedanken aus seinen Werken aufgenommen. So spricht Ludwig Feuerbach zum Beispiel von Religion als Abhängigkeit von der Natur. Vgl. *Scholz*: Die Philosophie Schleiermachers, a. a. O., 26.

20 *Dilthey, W.*: Gesammelte Schriften XIV/2: Leben Schleiermachers, Bd. 2/2, hrsg. von *M. Redeker*, Göttingen 1966, 535.

21 Gesammelte Schriften, XIV/2, 589.

22 *Barth, K.*: Die protestantische Theologie im 19. Jahrhundert. Ihre Vorgeschichte und ihre Geschichte, 4. Auflage, Zürich 1981, 379: «An die Spitze einer Geschichte der Theologie der neuesten Zeit gehört und wird für alle Zeiten gehören der Name Schleiermacher und keiner neben ihm.»

23 «Seine Theologie ist von Haus aus, sie ist in ihrem innersten Heiligtum Kulturtheo-
logie: es geht in der Religion selber, die der eigentliche Gegenstand dieser Theologie ist, um Lebenserhöhung im umfassendsten Sinn, Erhöhung, Entfaltung, Verklärung, Veredlung des individuellen und sozialen Menschenlebens. Kultur als
Triumph des Geistes über die Natur ist das eigenste Werk des Christentums, wie
Christlichkeit ihrerseits die Spitze eines durchkultivierten Bewußtseins ist. Das
Reich Gottes ist nach Schleiermacher mit dem Fortschritt der Kultur schlechterdings und eindeutig identisch.» Ibid., 387f.

24 Vgl. u. a. *Gerrish, B.*: Tradition and the Modern World: Reformed Theology in the
Nineteenth Century, Chicago/London, 1977, 13–48; sowie ders.: Friedrich Schleiermacher, in: *N. Smart, J. Clayton, S. Katz* und *P. Sherry* (Hrsg.): Nineteenth Century Religious Thought in the West, Bd. 1, Cambridge 1985, 123–156, hier bes.
130–2.

25 Wenngleich Schleiermachers Ansichten über die außerchristlichen Religionen un-
haltbar sind, so hat doch sein religionsphilosophisches Denken besonders in den
Reden auch Einfluß auf die Religionswissenschaft ausgeübt. Vgl. u. a. *Mann, U.*:
Die Religion in den Religionen, Stuttgart 1975, 7.

26 *Troeltsch, E.*: Die Absolutheit des Christentums und die Religionsgeschichte, Mün-
chen/Hamburg (Siebenstern TB) 1969, 24f.

27 *Otto, R.*: Das Heilige, München 1973, 8–12.

28 Vgl. *Evang, M.*: Bultmanns Berufung auf Schleiermacher, in: *B. Jaspert* (Hrsg.):
Rudolf Bultmanns Werk und Wirkung, Darmstadt 1984, 3–24. Bultmann bemän-
gelte vor allem Ottos Verengung des Religionsverständnisses auf psychische Zustände.

29 Vgl. Karl Barth–Rudolf Bultmann Briefwechsel 1922–1966, hrsg. von *B. Jaspert*,
Karl Barth Gesamtausgabe V, 1, Zürich 1971.

30 *Tillich, P.*: Systematische Theologie, Bd. 1, Stuttgart/Frankfurt am Main, [6]1980,
52.

31 Ibid., 52f.; auch 182. Siehe auch *Tillichs* Aufsatz «Friedrich Schleiermacher», in:
ders.: Religion des konkreten Geistes, a. a. O., 9–36.

32 Systematische Theologie, Bd. 1, 251.

33 Vgl. neuerdings *Schleiermacher, F. D. E.*: Dialektik (1811), hrsg. von *A. Arndt*,
Hamburg 1986; und *Schleiermacher, F. D. E.*: Dialektik (1814/15) Einleitung zur
Dialektik (1833), hrsg. von *A. Arndt*, Hamburg 1988.

34 «Dialektik ist Darlegung der Grundsätze für die kunstmäßige Gesprächführung im
Gebiet des reinen Denkens.» Einleitung zur Dialektik (1933), 117.

35 *David Tracy* kommt diesem Anliegen in seiner religionsphilosophischen Reflexion
sehr nahe. Vgl. vor allem Plurality and Ambiguity: Hermeneutics, Religion, Hope,
San Francisco 1987; und Dialogue with the Other: The Inter-Religious Dialogue,
Louvain 1990.

36 *Schleiermacher, F. D. E.*: Hermeneutik, 2. Aufl., hrsg. von *H. Kimmerle*, Heidelberg 1974, 62.

Literatur

1. Werke

Sämtliche Werke, 30 Bände in 3 Abteilungen, Berlin 1834–64.

Kritische Gesamtausgabe (KGA), hrsg. von *H.-J. Birkner, G. Ebeling, H. Fischer,
H. Kimmerle, K.-V. Selge*, Berlin/New York 1980ff. Hier bes. wichtig: KGA 1.2:
Schriften aus der Berliner Zeit 1796–1799, hrsg. von *G. Meckenstock*, 1984; sowie
KGA 1,7,1–3: Der christliche Glaube nach den Grundsätzen der evangelischen Kir-

che im Zusammenhange dargestellt (1821/22) [1. Aufl.], 3 Teilbände. Teilbände 1 und 2 hrsg. von *H. Peiter*, 1980; Teilband 3 (Marginalien und Anhang) hrsg. von *U. Barth*, 1984.

Monologen nebst den Vorarbeiten, Kritische Ausgabe, hrsg. von *F. M. Schiele*, erweitert und durchgesehen von *H. Mulert*, Hamburg ³1978 (Nachdruck).

Die Weihnachtsfeier. Ein Gespräch, in: *H. Gerdes, E. Hirsch* (Hrsg.), Friedrich Schleiermacher, Kleine Schriften und Predigten, Bd. 1: 1800–1820, 229–274.

Kurze Darstellung des theologischen Studiums zum Behuf einleitender Vorlesungen, Kritische Ausgabe, hrsg. von *H. Scholz*, Darmstadt 1977.

Dialektik (1811), hrsg. von *A. Arndt*, Hamburg 1986.

Dialektik (1814/15). Einleitung zur Dialektik (1833), hrsg. von *A. Arndt*, Hamburg 1988.

Der christliche Glaube nach den Grundsätzen der Evangelischen Kirche im Zusammenhange dargestellt, auf Grund der zweiten Auflage und kritischer Prüfung des Textes neu herausgegeben und mit Einleitung, Erläuterungen und Register versehen von *Martin Redeker*, 2 Bde., Berlin ⁷1960.

2. Sekundärliteratur

Barth, K.: Die protestantische Theologie im 19. Jahrhundert, Zürich ⁴1981.

Gerrish, B.: Friedrich Schleiermacher, in: *N. Smart, J. Clayton, S. Katz und P. Sherry* (Hrsg.), Nineteenth Century Religious Thought in the West, Bd. 1, Cambridge 1985, 123–156.

Dilthey, W.: Leben Schleiermachers, 2 Bde (je 2 Halbbände). Gesammelte Schriften XIII, 1 + 2, und XIV, 1 + 2, hrsg. von *M. Redeker*, Göttingen 1966 (XIV) und 1970 (XIII).

Eckert, M.: Gott – Glauben und Wissen. Friedrich Schleiermachers Philosophische Theologie, Berlin/New York 1987 (Schleiermacher Archiv 3).

Jeanrond, W. G.: Theological Hermeneutics: Development and Significance, London: SCM, 1994.

Jørgensen, T. H.: Das religionsphilosophische Offenbarungsverständnis des späteren Schleiermacher, Tübingen 1977 (Beiträge zur historischen Theologie 53).

Junker, M.: Das Urbild des Gottesbewußtseins: Zur Entwicklung der Religionstheorie und Christologie Schleiermachers von der ersten zur zweiten Auflage der Glaubenslehre, Berlin/New York 1990 (Schleiermacher Archiv 8).

Kantzenbach, F. W.: Friedrich Daniel Ernst Schleiermacher, Reinbek bei Hamburg 1967 (Rowohlts Monographien 126).

Lange, D. (Hrsg.): Friedrich Schleiermacher 1768–1834: Theologe – Philosoph – Pädagoge, Göttingen 1985.

Novak, K., Schleiermacher und die Frühromantik. Eine literaturgeschichtliche Studie zum romantischen Religionsverständnis und Menschenbild am Ende des 18. Jahrhunderts in Deutschland, Göttingen 1986.

Pleger, W. H.: Schleiermachers Philosophie, Berlin/New York 1988.

Redeker, M.: Friedrich Schleiermacher. Leben und Werk, Berlin 1968.

Scholz, G.: Die Philosophie Schleiermachers, Darmstadt 1984 (Erträge der Forschung 217) (mit guter Bibliographie).

Selge, K.-V. (Hrsg.): Internationaler Schleiermacher-Kongreß Berlin 1984, 2 Bde, Schleiermacher-Archiv I,1 und 2, Berlin/New York 1985.

Simon, M.: La philosophie de la religion dans l'œuvre de Schleiermacher, Paris 1974.

Tice, T. N.: Schleiermacher Bibliography. With Brief Introduction, Annotations, and Index, Princeton, N. J. 1966 (Princeton Pamphlets 12).

–,–: Schleiermacher Bibliography. Corrections, New Information and Comments, Princeton, N. J. 1985.
–,–: Schleiermacher Bibliography (1784–1984), Princeton, N. J. 1985.

Horst Günther: Georg Wilhelm Friedrich Hegel

Literatur

1. Werke

Die zitierten Werke liegen in Einzelausgaben, die meisten Texte auch in einer Taschen-buchausgabe der Werke Hegels vor, daneben z. T. in kritischen und kommentierten Ausgaben.

Hegels theologische Jugendschriften, hrsg. von *H. Nohl*, Tübingen 1907 (Ndr. Frank-furt 1966); mehrere dieser Texte auch in der Werkausgabe, Bd. 1, Frankfurt 1977; Eigenschaften der Handschriften versucht die Ausgabe von *Hamacher, W.*: Hegel, Der Geist des Christentums. Schriften 1796–1800, Frankfurt/Berlin/Wien 1978, zu veranschaulichen.

Glauben und Wissen (1802) liegt als Einzelband vor, Hamburg 1962, und in der Werk-ausgabe, Bd. 2, Frankfurt 1986; entsprechend die Phänomenologie des Geistes (1807) und die Enzyklopädie (1817, 1827 und 1830).

Vorlesungen über die Philosophie der Religion, hrsg. von *G. Lasson*, Hamburg 1966 (2 Bände).

Vorlesungen über die Philosophie der Religion, Teil 1–3, hrsg. von *W. Jaeschke*, Ham-burg 1983–1985.

Vorlesungen über die Beweise vom Dasein Gottes, hrsg. von *G. Lasson*, Hamburg 1966; Werkausgabe Bd. 17.

2. Forschung

Die Forschungsliteratur verzeichnet (bis 1965): die Ausgabe der Vorlesungen über die Philosophie der Religion, hrsg. von *G. Lasson*, Hamburg 1966; (bis 1982): *Jaeschke, W.*: Die Religionsphilosophie Hegels, Darmstadt 1983.

3. Sekundärliteratur

Bauer, B.: Die Posaune des jüngsten Gerichts über Hegel den Atheisten und Antichri-sten. Ein Ultimatum (anonym), Leipzig 1841.
Ders./*Ruge, A.*: Hegels Lehre von der Religion und Kunst, vom Standpunkt des Glau-bens aus beurteilt (anonym), Leipzig 1842.
Baur, F. Ch.: Die christliche Gnosis, Tübingen 1835.
Dilthey, W.: Die Jugendgeschichte Hegels, Berlin 1905, u. ö.
Feuerbach, L.: Das Wesen des Christentums, 1841.
Haym, R.: Hegel und seine Zeit, Berlin 1857 (Ndr. Hildesheim 1962).
Henrich, D.: Hegel im Kontext, Frankfurt 1971.
Jaeschke, W.: Die Vernunft in der Religion, Stuttgart 1986.
Kierkegaard, S.: Über den Begriff der Ironie (1841).
–,–: Entweder – Oder (1843).
Löwith, K.: Die Hegelsche Linke, Stuttgart 1962.
Lübbe, H.: Die Hegelsche Rechte, Stuttgart 1962.
Marx, K./Engels, F.: Die Heilige Familie, oder Kritik der kritischen Kritik, gegen B. Bauer und Consorten, 1844/45.
Overbeck, F.: Über die Christlichkeit unserer heutigen Theologie, Leipzig ²1903; vgl. ders.: Christentum und Kultur, hrsg. von C. A. Bernoulli, Basel 1919.

Rosenkranz, K.: Hegels Leben, Berlin 1844 (Ndr. Darmstadt 1963).
Rosenzweig, F.: Hegel und der Staat, München/Berlin 1920.
Strauß, D. F.: Das Leben Jesu, 1835.
–,–: Der alte und der neue Glaube, 1872.
Theunissen, M.: Hegels Lehre vom absoluten Geist als theologisch-politischer Traktat, Berlin 1970.

GÜNTER FIGAL: SØREN KIERKEGAARD

Anmerkungen

Die Schriften Kierkegaards werden nach der von E. Hirsch und anderen besorgten Ausgabe zitiert.

1 Schriften über sich selbst, 21.
2 Schriften über sich selbst, 10.
3 Abschließende unwissenschaftliche Nachschrift. Einleitung, 14.
4 Schriften über sich selbst, 75.
5 Schriften über sich selbst, 75.
6 Vgl. Tagebücher I, 273 f. und Briefe, 93, 97, 104.
7 Schriften über sich selbst, 48.
8 Tagebücher III, 256.
9 Über Anti-Climacus schreibt Kierkegaard, es bleibe «seine persönliche Schuld, daß er sich selbst mit der Idealität verwechselt». Tagebücher III, 257.
10 Von sich selbst hat Kierkegaard gesagt: «Ich habe mich höher bestimmt als Joh. Climacus, niedriger als Anti-Climacus.» Tagebücher III, 257.
11 Krankheit zum Tode, 8.
12 Der Begriff Angst, 40.
13 Philosophische Brocken, 37.
14 Krankheit zum Tode, 77.
15 Ein selbst «katà dynamin». Krankheit zum Tode, 26, 32.
16 Krankheit zum Tode, 123.
17 An den hierfür entscheidenden Stelle der Krankheit zum Tode wird der Glaube «eine Bewegung auf der Stelle» oder, wie E. Hirsch übersetzt, «eine Bewegung an Ort» genannt (Krankheit zum Tode, 32): Der Glaube ist eine Bewegung auf Gott zu, um bei sich selbst wieder anzukommen, während die Verzweiflung eine «Bewegung von der Stelle» ist, eine Bewegung also, mit der man «von sich weg» will.
18 Vgl. *Theunissen, M.*: Das Selbst auf dem Grund der Verzweiflung. Kierkegaards negativistische Methode. Frankfurt/M. 1991.

Literatur

1. Werke
Samlede Vaerker, hrsg. von *A. B. Drachmann, J. L. Heiberg, H. O. Lange*, 14 Bde., Kopenhagen 1901–1906 (2. Aufl. 15 Bde., 1920–1936).
Papirer, hrsg. von *P. A. Heiberg* und *E. Torsting*, 20 Bde., Kopenhagen 1909–1948 (2. Aufl. hrsg. von *N. Thulstrup*, 1968 ff.).
Gesammelte Werke, übers. von *E. Hirsch* und anderen, 36 Abteilungen, Düsseldorf/ Köln 1950 ff.
Philosophisch-theologische Schriften, hrsg. von *H. Diem, W. Rest*, 4 Bde., Köln 1951 ff.
Werke, übers. von *L. Richter*, 4 Bde., Hamburg 1960 ff.

2. Literatur

2.1 Bibliographien, Forschungsberichte, Sammelbände

Anz, H. u. a. (Hrsg.): Kierkegaard und die deutsche Philosophie seiner Zeit, Kopenhagen und München 1980 (Text und Kontext, Sonderreihe Bd. 7).

Anz, H. u. a. (Hrsg.): Die Rezeption Søren Kierkegaards in der deutschen und dänischen Philosophie und Theologie, Kopenhagen/München 1983 (Text und Kontext, Sonderreihe Bd. 15).

Deuser, H.: Kierkgaard. Die Philosophie des religiösen Schriftstellers, Darmstadt 1985 (Erträge der Forschung 232).

Fahrenbach, H.: Die gegenwärtige Kierkegaard-Auslegung in der deutschsprachigen Literatur von 1948–1962, in: Philosophische Rundschau, Sonderheft: Kierkegaard-Literatur Beiheft 3 (1962).

Lapointe, F. H.: Søren Kierkegaard and his critics. An international Bibliography of Criticism, Connecticut/London 1980.

Pieper, A.: Sören Kierkegaard. Inter-esse zwischen Theorie und Praxis, in: Philosophische Rundschau 24 (1977), 129–145.

Schrey, H. H.: Sören Kierkegaard, Darmstadt 1971.

Theunissen, M.: Das Kierkegaardbild in der neueren Forschung und Deutung, in: Deutsche Vierteljahresschrift für Literaturwissenschaft und Geistesgeschichte 32 (1958), 576–612.

Theunissen, M./Greve, W. (Hrsg.): Materialien zur Philosophie Søren Kierkegaards, Frankfurt/M. 1979.

2.2 Monographien, Abhandlungen

Adorno, Th. W.: Kierkegaard. Konstruktion des Ästhetischen, Frankfurt/M. 1962.

Anne, Ch.: L'amour dans la penseé de Sören Kiekegaard. Pseudonymie et polynomie, Paris 1993.

Anz, W.: Zur Wirkungsgeschichte Kierkegaards in der deutschen Theologie und Philosophie, in: Zeitschrift für Theologie und Kirche 79 (1982), 451–482.

Brandes, G.: Sören Kierkegaard. Eine kritische Darstellung. Aus dem Dänischen. Eine anonyme Übersetzung, bearbeitet und mit Anmerkungen versehen von Gisela Perlet, Leipzig 1992.

Deuser, H.: Søren Kierkegaard. Die paradoxe Dialektik des politischen Christen, München 1974.

Disse, J.: Kierkegaards Phänomenologie der Freiheitserfahrung, Freiburg i. Br. 1992.

Fahrenbach, H.: Kierkegaards existenzdialektische Ethik, Frankfurt/M. 1968.

Figal, G.: Die Freiheit der Verzweiflung und die Freiheit im Glauben, in: Kierkegaardiana XIII, Kopenhagen 1984, 11–24.

Geismar, E.: Sören Kierkegaard. Seine Lebensentwicklung und seine Wirksamkeit als Schriftsteller, Göttingen 1929.

Greve, W.: Kierkegaards maieutische Ethik, Frankfurt/M. 1990.

Holl, J.: Kierkegaards Konzeption des Selbst, Meisenheim/Glan 1972.

Kirmmse, B. H.: Kierkegaard in Golden Age Denmark, Bloomington 1990.

Kodalle, K. M.: Die Eroberung des Nutzlosen – Kritik des Wunschdenkens und der Zweckrationalität im Anschluß an Kierkegaard, Paderborn/München/Wien/Zürich 1988.

Pieper, A.: Geschichte und Ewigkeit bei Kierkegaard. Das Leitproblem der pseudonymen Schriften, Meisenheim/Glan 1968.

Ringleben, J.: Aneignung. Die spekulative Theologie Søren Kierkegaards, Berlin 1983.

Rohde, P. P.: Søren Kierkegaard in Selbstzeugnissen und Bilddokumenten, Reinbek 1959.

Schulz, W.: Existenz und System, in: Fichte – Kierkegaard, Pfullingen ²1977.
Sløk, J.: Die Anthropologie Søren Kierkegaards, Kopenhagen 1954.
Theunissen, M.: Der Begriff Ernst bei Sören Kierkegaard, Freiburg/München 1958.
–,–: Das Selbst auf dem Grund der Verzweiflung. Kierkegaards negativistische Methode, Frankfurt/M. 1991.
–,–: Der Begriff der Verzweiflung. Korrekturen an Kierkegaard, Frankfurt/M. 1993.
Thulstrup, N.: Kierkegaards Verhältnis zu Hegel und zum spekulativen Idealismus, Stuttgart 1972.
Weston, M.: Kierkegaard and Modern Continental Philosophy. An Introduction, London/New York 1994.

PERSONENREGISTER

SACHREGISTER

In dieses Register sind diejenigen Stichworte **nicht** aufgenommen, die durchgängig von allen Autoren verwendet werden, wie z. B. Religionsphilosophie, Religion, Philosophie, Theologie, Gott, Glaube. Ebenso fehlen diejenigen Begriffe, die nur für je einen Autor spezifisch sind.

BILDQUELLENVERZEICHNIS

Platon: S. 15 (R. Boehringer, Platon. Bildnisse und Nachweise, Breslau 1935)

Seneca: S. 36 (Archiv für Kunst und Geschichte, Berlin)

Plotin: S. 57 (The Portraits of the Greeks, Hrsg. v. G. M. A. Richter, London 1965)

Augustinus: S. 71 (W. Schamoni, Das wahre Gesicht der Heiligen, Würzburg/Hildesheim/New York o. J.)

Dionysius Areopagita: S. 86 (Die Porträtsammlung der Herzog August Bibliothek Wolfenbüttel. Hrsg. von der Herzog August Bibliothek Wolfenbüttel. Bearbeitet von Peter Mortzfeld. Reihe A, Bd. 6, München 1988)

Abū Bakr al-Rāzī: S. 101 (Bildarchiv Preußischer Kulturbesitz, Berlin)

Abū Ḥāmid Muhammad al-Ghazālī: S. 114 (Tarif al Samman/Otto Mazal, Die arabische Welt und Europa, Graz 1988)

Abū Bakr Ibn Ṭufail: S. 128 (Titelblatt von: Ibn Ṭufail: »Ḥaiy Ibn Yaqẓān« in der Ausgabe von Fārūq Sacd. Beirut 1394 H., 1974)

Averroes: S. 144 (UNESCO-Kurier 9/1986)

Maimonides: S. 165 (nach einer spanischen Briefmarke)

Thomas von Aquin: S. 192 (Süddeutscher Verlag, München)

Meister Eckhart: S. 228 (Miniatur der Handschrift 227, Universitätsbibliothek, Bologna)

Nikolaus von Kues: S. 244 (Archiv Gerstenberg, Wietze)

Marsilio Ficino: S. 261 (siehe zu Dionysius Areopagita, a. a. O., Bd. 7)

Moses Mendelssohn: S. 274 (Gemälde von Johann Christoph Frisch, um 1780, Ruth Gay, Geschichte der Juden in Deutschland, München 1993)

Friedrich Schleiermacher: S. 287 (Archiv Gerstenberg, Wietze)

Georg Wilhelm Friedrich Hegel: S. 302 (Stich von L. Sichling nach einem Aquarell von L. L. Sebbers, Archiv H. F. Fulda)

Søren Kierkegaard: S. 321 (Zeichnung von N. Chr. Kierkegaard, Königliche Bibliothek, Kopenhagen)

Religion und Reflexion

Wilfried Härle / Harald Wagner (Hrsg.)
Theologenlexikon
Von den Kirchenvätern bis zur Gegenwart
2., neubearbeitete und erweiterte Auflage. 1994. 311 Seiten. Paperback
Beck'sche Reihe Band 321

Christoph Horn
Augustinus
1995. 185 Seiten mit 3 Abbildungen und 1 Karte. Paperback
Beck'sche Reihe Band 531. Reihe «Denker»

Tilman Nagel
Geschichte der islamischen Theologie
Von Mohammed bis zur Gegenwart
1994. 314 Seiten. Leinen

Rudolf Otto
Das Heilige
Über das Irrationale in der Idee des Göttlichen
und sein Verhältnis zum Rationalen
Von den Kirchenvätern bis zur Gegenwart
53. Tausend. 1991. VIII, 229 Seiten. Paperback
Beck'sche Reihe Band 328

Rudolf Otto
West-östliche Mystik
Vergleich und Unterscheidung zur Wesensdeutung
Überarbeitet von Gustav Mensching.
3., überarbeitete Auflage. 1971. XVI, 314 Seiten. Leinen

Henning Graf Reventlow
Epochen der Bibelauslegung
Band I: Vom Alten Testament bis Origines
1990. 224 Seiten. Leinen
Band II: Von der Spätantike bis zum Ausgang des Mittelalters
1994. 324 Seiten. Leinen

Kurt Hübner
Die Wahrheit des Mythos
1985. 465 Seiten mit 6 Abbildungen. Leinen

Wolfgang Röd
Der Gott der reinen Vernunft
Die Auseinandersetzung um den ontologischen Gottesbeweis
von Anselm bis Hegel
1992. 239 Seiten. Leinen

Verlag C. H. Beck München

Die Welt der Religionen

Peter Anthes (Hrsg.)
Große Religionsstifter
Zarathustra, Mose, Jesus, Mani, Muhammad, Nanak,
Buddha, Konfuzius, Lao Zi
1992. 242 Seiten mit 1 Abbildung. Leinen

Louise Bruit Zaidmam / Pauline Schmitt Pantel
Die Religion der Griechen
Kult und Mythos
1994. 256 Seiten mit 23 Abbildungen im Text. Leinen

Johann Maier (Hrsg.)
Die Kabbalah
Einführung – Klassische Texte – Erläuterungen
1995. 416 Seiten. Leinen

Arnold Angenendt
Heilige und Reliquien
Die Geschichte des Kults vom frühen Christentum
bis zur Gegenwart
1994. 470 Seiten mit 29 Abbildungen,
davon 8 im Text und 21 auf Tafeln. Leinen

Kurt Ruh
Geschichte der abendländischen Mystik
Band I: Die Grundlegung durch die Kirchenväter und die
Mönchstheologie des 12. Jahrhunderts
1990. 414 Seiten mit 12 Abbildungen im Text. Leinen
Band II: Frauenmystik und Franziskanische Mystik der Frühzeit
1993. 547 Seiten mit 14 Abbildungen. Leinen

Heinz Halm
Der schiitische Islam
Von der Religion zur Revolution
1994. 195 Seiten mit 14 Abbildungen. Paperback
Beck'sche Reihe Band 1047

Kurt Nowak
Geschichte des Christentums in Deutschland
Religion, Politik und Gesellschaft
vom Ende der Aufklärung bis zur
Mitte des 20. Jahrhunderts
1995. 389 Seiten mit 11 Tabellen. Leinen

Verlag C. H. Beck München